제7판

산업조직론

정갑영
김동훈
최윤정

박영사

제7판을 내면서

　제6판이 2021년에 발간된 지 4년 만에 제7판을 출간하게 되었다. 제6판이 산업조직론의 최신 이론을 보다 심도 있게 정리하고 소개하는 데 중점을 두었다면, 제7판은 이론과 관련된 새로운 사례들을 소개하였고 각 장의 자료들을 새롭게 업데이트하여 이론과 실제의 균형을 유지하도록 노력하였다.

　제7판은 제6판과 같이 총 22장으로 이루어져 있다. 제6판과 비교하여 새롭게 업데이트된 장을 소개하면 다음과 같다. 제1장에서 제4장은 기존과 같은 내용을 유지하였다. 제5장에서는 내구재 독점기업의 시간에 걸친 가격 차별화에 관한 실제 사례를 추가하였다. 제6장 과점시장 이론에서는 쿠르노 모형, 버트란드 모형 및 생산능력 제약하의 가격경쟁에 관한 실제 사례를 수록하였다. 제8장에서는 차별화된 재화 시장 이론의 사례로서 펩시콜라와 코카콜라의 경쟁을 수록하였다. 제9장과 제11장에서는 각각 한국의 시장집중도와 기업결합 관련 자료들을 최신 자료로 업데이트하였다. 그리고 제13장 진입 저지와 약탈자격 전략에서는 진입 저지 관련 새로운 사례들을 소개하였다. 제15장 담합 이론에서는 담합 판결의 실제 사례 및 부당 공동행위 사건 수와 과징금 관련 자료를 새롭게 하였다. 또한, 제19장 경매제도의 개념과 응용에서는 경매의 응용사례를 새로이 소개하였다. 마지막으로 제22장 독점규제와 공공정책에서는 기업결합 유형별 사례와 불공정거래행위 사례의 자료들을 업데이트하였다.

　최근 디지털화와 플랫폼 경제의 등장, AI 기술의 발전 등이 시장구조, 기업행동, 경쟁정책에 미칠 잠재적 영향은 산업조직 연구에서 중요한 주제로 부상할 것으로 예상되고 있다. 본 개정판은 이러한 수요를 충족시키기에는 여전히 부족함이 있지만, 학부와 대학원의 산업조직론 입문서로의 역할을 다 할 수 있도록, 새로운 이론을 보강하고 한국의 실증적 분석을 정리하는 데 최선을 다하였다. 여러 제약으로 인하여 미처 개정판에 포함되지 못한 내용들은 향후 추가적인 개정작업을 통하여 지속해서 내용을 수정해 나갈 계획이다. 내용이 완벽하지 못한 졸저(拙著)를 오랫동안 산업조직론의 기본 교재로 활용해주시는 많은 교수님께 감사드리고, 제7판을 출판하는 데 큰 도움을 주신 박영사의 조성호 이사와 배근하 차장을 비롯한 많은 분들께 감사의 말씀을 전하고자 한다.

2025년 1월

정갑영 · 김동훈 · 최윤정

초판서문

　산업조직론은 최근 급속한 발전을 이룩하고 있다. 전통적인 접근방법이 새롭게 체계화되고 있을 뿐만 아니라 분석범위도 크게 확대되어 가고 있다. 현대 산업사회의 새로운 기업전략과 다양한 시장행태가 산업조직의 범주에서 활발하게 이론화되어 가고 있다. 나아가 경제학의 여타분야와 경영학 등에서 산업조직의 개념과 변수를 이용하여 경제현상을 설명하려는 시도가 많이 이루어지고 있다.

　우리 경제에서도 최근 산업조직론에 대한 관심이 고조되어 가고 있다. 전통적으로 산업조직론은 성숙된 자본주의 사회를 배경으로 형성되어 주로 자원배분의 효율성과 이상적인 경제성과에 관해 논의해 왔다. 따라서 산업기반 자체가 취약한 개발경제나 자원배분의 효율성을 경시하는 체제에서는 산업조직에 대한 논의가 활발히 이루어지기 어렵다. 이러한 이유 때문에 과거 우리나라의 성장과정에서도 시장의 독과점화나 경제력집중과 같은 산업조직의 문제가 큰 관심을 끌지 못하였다. 그러나 이제 우리 경제가 개방체제의 선진산업 사회로 이행함에 따라 산업구조의 고도화와 시장의 경쟁화, 효율성 증대 및 기술혁신 등이 주요한 과제로 등장하고 있다. 제조업은 물론 금융·유통산업 등 서비스 부문에서도 적정기업규모와 시장구조 등이 활발하게 논의되고 있다. 이것은 모두 산업조직론에서 가장 많이 분석되고 있는 주제들인 것이다.

　이러한 여러 가지 변화를 고려하여 이 책은 다음과 같은 관점에서 산업조직에 관련된 이론을 정리하고 있다.

　첫째, 전통적인 접근방법에서부터 최근 등장하고 있는 이론까지 다양한 분석체계를 모두 소개하려고 노력하였다. 따라서 동일한 주제를 서로 다른 시각에서 접근하는 이론들을 비교적 자세히 다루고 있다.

둘째, 산업조직론이 경제학의 다른 분야에 응용되는 사례를 많이 포함하고 있다. 특히 거시경제의 균형과 시장구조의 관계는 물론 개방경제에서의 산업조직과 국제무역, 개발경제의 산업정책과 산업조직의 문제는 별도의 장에서 상세히 설명하고 있다.

셋째, 산업조직의 이론과 분석체계가 우리 경제에 어떻게 응용될 수 있는 가를 많이 설명하고 있다. 각 장마다 한국 산업에 대한 응용이나 사례 및 지금까지의 연구결과를 요약하였으며 향후 연구과제와 방향도 언급하고 있다.

이 책은 미시경제학에 대한 기초지식이 있는 독자가 쉽게 읽을 수 있도록 평이한 문장으로 쓰여져 있다. 따라서 학부 3, 4학년이나 대학원의 기초교재로 사용될 수 있을 것이다. 그러나 일부 절에서는 주요한 이론을 설명하기 위해 불가피하게 수리적 내용이 포함되어 있는 경우도 있다. 독자의 편의를 위하여 이러한 부분들은 각 절에 별도의 표시를 하였다.

이 책을 쓰는 동안 저자는 연세대학교 상경대학의 많은 교수님들로부터 도움을 받았다. 특히 학부에서부터 필자를 지도해 주신 尹錫範, 朴振根, 金浤嶧, 鄭暢泳 교수님과 산업조직연구를 항상 격려해 주신 尹起重, 金鍾彬 교수님께 감사드린다. 또한 대학원 과정에서 산업조직론을 가르쳐 주신 코넬대학교「마송」(Robert T. Masson) 교수의 세심한 지도가 없었다면 이 책은 빛을 보지 못하였을 것이다.

교정과 편집과정에서도 필자는 여러분들로부터 많은 도움을 받았다. 특히 처음부터 끝까지 원고를 읽고 내용의 오류와 부적절한 표현을 지적해 준 산업연구원의 고우섭 박사와 농협대학의 김위상 교수에게 사의를 표한다. 대학원 졸업 후에도 교정작업에 희생적인 노력을 아끼지 않은 김동궁, 김재성, 전용일 군에게도 크게 의존하였다. 또한 지난 수년간 원고집필과정에서 정성훈, 김기홍 군과 문계정 양도 많은 노력을 하였다.

이 조그마한 졸작을 내는 것이 필자의 능력으로는 너무나 벅찬 것이었음을 고백하지 않을 수 없다. 본래의 의도와는 달리 아직도 포함되지 않은 중요한 내용이 있을 뿐만 아니라 잘못 설명된 오류도 있으리라고 믿고 있다. 앞으로 同學과 독자들의 많은 비판과 질타를 기대하면서 초판을 선보일 따름이다.

이 책의 출판을 맡아준 박영사의 安鍾萬 사장과 李明載 상무, 편집부 여러분께 사의를 표한다. 이 책을 집필하는 동안 많은 시간을 함께하지 못했던 祉妍, 善云에게 사랑을 보내고 가족들의 이해와 배려에도 고마움을 표한다.

1991년 여름

저　자

차 례

제3장 게임과 전략

제4장 완전경쟁시장

제5장 독점시장

제6장　과점시장

제7장　가격차별화

제8장   차별화된 재화시장

제9장   시장구조

제10장 시장구조의 결정요인

제11장 기업결합

제12장 수직결합

제13장 진입저지와 약탈가격

제17장 연구개발과 기술혁신

제18장 네트워크 효과와 표준화

제22장 독점규제와 공공정책

제1장 서 론

Chapter 01

서 론

1.1 산업조직론의 의의

　기업의 생산활동은 국민경제에서 가장 핵심적인 역할을 담당한다. 기업은 노동과 자본을 비롯한 여러 생산요소를 기술적으로 결합하여 국민경제에 필요한 재화와 용역을 공급하는 중추적 기능을 하게 된다. 또한 기업으로부터 공급된 재화와 용역은 시장을 통하여 소비자에게 제공되며, 이러한 생산과 소비활동이 곧 국민경제의 근간을 이루게 된다.

　개별기업의 생산활동은 구체적으로 어떤 산업에서의 생산수준을 결정하게 되고 각 산업의 생산을 모두 통합하면 국민경제의 총공급이 된다. 한편 수요는 소비자의 소득과 선호에 의해서 결정되며 시장을 통하여 총공급과 총수요가 일치되는 수준에서 거시적인 국민경제의 균형이 달성된다.

　따라서 직접 생산을 담당하는 기업의 규모, 행태, 목표 등은 물론 이들 기업이 모여서 구성되는 산업의 구조와 조직, 그리고 시장의 기능 등이 모두 국민경제의 성과를 결정하는 중추적 기능을 담당하게 된다.

　산업조직론(Industrial Organization)은 일반적으로 이러한 산업활동을 사회적 수요(social demand)와 조화를 이룩할 수 있게 하는 문제를 연구하는 경제학의 분야이다. 예를 들면, 모든 기업의 생산활동이 반드시 사회적 수요를 만족시켜 주는 것은 아니며, 시장기능이 항상 국민경제의 이상적 목표를 실현시켜주는 것도 아니다. 따라서 사회후생의 극대화를 위한 적정기업규모와 이상적인 시장구조의 문제는 전통적으로 가장 많이 논의된 산업조직이론의 과제이다. 적정한 기업규모의 문제는 경영학에서도 이윤극대화나 개별기업의 다른 목표달성을 위해서 논의하겠지만, 산업조직론에서는 사회적 관점에서 후생의 극대화를 위한 산업별 적정기업규모를 평가하게 된다.

또한 시장의 불완전 정도에 따라서 경제의 성과가 좌우될 것이므로 시장구조가 경제에 미치는 영향을 분석하고 시장의 불완전성, 산업의 특성 등에 따라 정부의 시장개입과 규제 등을 다루는 공공정책(public policy) 또는 산업정책(industrial policy)도 산업조직론에서 많이 분석되는 과제이다.

이밖에 기술혁신에 관련된 경제적 분석과 시장구조의 변화 등 동태적 접근 및 국제무역에 관련된 산업조직의 영향 등도 산업조직론에서 활발히 논의되고 있는 주제라고 할 수 있다. 특히 정보통신산업의 발달과 더불어 망산업(network industry)에 관련된 산업의 특성과 정보재, 공공재의 문제 등도 산업조직에서 많이 다루어지고 있다.

1.2 산업조직론의 형성과 발전

산업조직론이 경제학의 독립된 분야로 연구되기 시작한 것은 불과 얼마되지 않은 1930년대부터였다. '산업조직론'이라는 명칭 자체는 1930년대 후반에 일반화되었으며, 경제학 분야 중에서는 가장 최근에 정립된 분야의 하나라고 할 수 있다.

1930년대 초 산업조직론의 형성에 가장 크게 기여했던 것은 「벨리와 민즈」(Berle & Means)의 저서 『현대기업과 사유재산(The Modern Corporation and Private Property)』이었으며 당시 대공황이라는 경제혼란과 더불어 기업조직과 산업의 형성구조에 대한 이론적·실증적 분석도구로서 산업조직론이 부각되기 시작하였다. 또한 미국가경제위원회의 경제력 집중에 관한 청문회와 최종보고서가 발표된 것도 산업조직론의 연구를 촉진하는 계기가 되었다(Grether, 1970).

이 결과 1936년에는 기업의 역할과 독과점 문제 및 기업조직에 관한 이론적 접근에 관한 구체적 내용이 「챔벌린」(Chamberlin)과 「메이슨」(Mason)에 의해 발표되었고 실증적 분석은 1940년대부터 「베인」(Bain)을 중심으로 본격적으로 이루어졌다(Mason, 1957; Bain, 1948). 초기의 이론적 접근은 기업조직, 가격결정과 시장지배력, 독점기업에 관한 연구를 절충주의적 방법으로 시도한 것으로서 서술적 분석이 대부분이었다.

　실증적 분석도 특정산업에서의 대기업의 가격설정과 독점기업의 행태를 연구하는 형태를 따랐다. 그러나「베인」은 전통적인 방법론에서 탈피하여 시장과 시장구조 및 성과를 분석하는 접근방법을 도입하고 광범위하게 산업과 경제성과에 관련된 문제를 실증분석하였다. 따라서「베인」은 산업조직론의 연구범위와 대상, 실증분석의 모형 등을 실질적으로 정립시켜 현대적 의미의 '산업조직론'을 형성시킨 학자라고 할 수 있을 것이다.

　「베인」이후 산업조직론의 연구방법론은 많은 변화와 발전을 가져 왔다. 하버드를 중심으로 한 구조론적 접근방법은 특정산업에 관한 연구에 집중하여 구조와 행태 및 성과의 인과관계를 분석하였다. 반면 시카고학파에서는 산업조직론을 기본적으로 미시경제이론 또는 가격론을 응용하는 연역적 방법과 실증적 검증을 주로 시도하였다. 따라서 구조론자들은 시장의 집중도와 구조 및 여타 제도적 요인을 산업조직분석의 핵심적 요인으로 파악한 반면, 시카고학파에서는 제도적 요인보다는 실제 시장에서의 가격설정행위와 같은 기업행태를 중시하는 태도를 견지해 왔다.

　이와 같은 방법론의 차이 이외에도 산업조직론은 연구범위와 분석방법에 있어서 많은 변화를 가져 왔다. 연구범위에 있어서는 종래 특정산업의 집중도 분석과 행태 및 성과연구에서 크게 확대되어 기업의 내부조직과 행태를 연구함은 물론, 기술혁신과 시장구조의 장기적 변화와 같은 동태적 분석을 시도하게 되었다.

　이와 함께 경제학의 다른 분야와 마찬가지로 산업조직론에서도 계량적 분석이 일반화되었고 수리화된 이론의 도입이 급속히 확산되었다. 따라서 기업간 또는 산업간 행태와 성과에 관한 통계적 검증이 전형적인 실증분석방법이 되고 있다.

　한편 산업조직론의 연구방법과 범위의 발전과정에서 개방경제의 산업조직에 관한 새로운 관심을 빼 놓을 수 없다. 종래 산업조직론은 수출과 수입의 비중이 매우 낮은 폐쇄경제를 대상으로 한 분석이었으나, 최근 세계각국에서 무역규모가 확대되고 신흥공업국의 경제에 대한 관심이 고조되면서 개방경제에서의 산업조직연구가 활발하게 이루어지고 있다. 특히 수출과 수입이 국내산업에 미치는 영향을 분석하고 시장구조적 요인이 수출과 수입에 주는 영향 등에 관한 연구가 많이 행해지고 있다. 최근에는 경매시장과 네트워크 산업 등에서 산업조직에 관련된 변수와 이론들이 널리 활용되고 있다.

1.3 시장과 산업

시장은 일반적으로 재화와 용역이 교환·거래되는 장소를 의미한다. 그러나 경제학에서 시장은 동일한 재화나 용역이 교환되는 기능을 갖는 추상적 개념이다. 예를 들어 자동차시장이나 청과물시장은 모두 어떤 장소를 의미하는 개념이 아니라 기능을 갖는 추상적 개념이다. 따라서 시장은 공급자인 생산자와 수요자인 소비자가 재화와 용역을 거래하게 해주는 기능을 갖고 있다.

한편 시장이 공급자와 수요자를 모두 반영하는 개념인 반면, 산업은 생산활동을 중심으로 정의된 개념이다. 예를 들어 자동차산업이라고 하면 자동차라는 재화가 생산되는 산업활동을 모두 포함하는 개념일 뿐 수요를 고려하고 있지는 않다.

산업조직론에서는 흔히 시장과 산업을 혼용하는 경우가 많다. 예를 들면 시장집중률은 산업집중, 시장성과는 산업성과 등으로 많이 쓰인다. 만약 어떤 산업을 '동질적인 재화'에 한정하여 정의한다면 그것은 곧 시장과 같은 개념이 된다.

경제이론은 기본적으로 산업보다는 시장에 초점을 두고 있다. 왜냐하면 어느 정도 대체성을 갖고 있는 동질적 재화를 대상으로 한 시장분석이 보다 더 합리적이기 때문이다. 반대로 대체성이 거의 없는 광범위한 재화를 대상으로 수요와 공급을 논의하는 것은 비합리적이기 때문이다. 따라서 경제학에서 의미하는 시장은 대부분 동일한 재화를 대상으로 하는 좁은 의미의 산업에 해당된다.

산업조직론에서는 주로 산업을 분석하지만 산업이 경제이론에 적합하게 분석되기 위해서는 어느 정도의 범위에서 시장으로 정의되어야 한다. 따라서 산업조직론에서는 시장이 곧 산업과 동일한 개념으로 이해될 수 있다. 산업조직론에서 분석되는 대부분의 변수들은 산업을 일정한 범위로 한정할 경우에만 중요한 의미를 갖게 된다. 그런데 '그 한정된 범위의 산업'은 곧 시장이 되는 것이다.

실제 모든 산업을 시장의 개념이 적용될 수 있도록 구체적 범위를 설정하는 것은 매우 어렵다. 그럼에도 불구하고 산업조직론에서는 산업을 한 개 또는 여러 개의 시장으로 파악하여 분석하게 된다. 따라서 시장을 형성하는 한 산업의 범위를 어떻게 설정하느냐가 중요한 과제가 된다.

1.4　시장의 정의

경제이론에서는 시장(market)을 잘 정의된 개념으로 파악하고 있다. 그러나 현실세계에서 시장을 정확히 정의하고 동일산업의 범주를 결정하는 것은 결코 쉬운 문제가 아니다.

예를 들어 가장 협의의 개념으로 시장을 정의하여 완전히 동질적 제품만이 동일시장에 속한다고 본다면 모든 시장은 각각의 개별기업에 의해 지배되게 된다. 왜냐하면 특정재화의 완전대체재가 되는 재화는 현실적으로 찾아보기 어렵기 때문이다. 기능상 동일하다 해도 모양과 여러 구입조건이 조금씩 다르므로 개별기업이 생산하는 특정재화가 모두 협의의 시장을 구성하는 유일한 재화가 되는 것이다.

그러나 현실적으로 대부분의 기업은 독점적 지위를 누리지 못하고 있다. 자사제품의 가격을 인상하면 다른 대체재화의 수요가 증대되는 것이 일반적이다. 따라서 완전히 동질적 재화만을 포함하는 협의의 시장개념은 현실적으로 설득력이 없다.

그렇다고 시장의 개념이 너무 광의로 정의되어서도 안 된다. 예를 들어 모든 재화간에 최소한 아주 적은 대체성이 존재한다고 할 때 이러한 대체성을 이유로 모든 재화를 포함하는 국민경제 전체를 단일시장이나 동일산업에 포함하는 것은 역시 현실적으로 설득력이 없는 것이다.

따라서 협의의 개념이나 너무 광의적 개념의 시장은 적절한 분석대상이 되지 못한다. 미시경제학의 관점에서는 최소한 부분균형의 분석이 가능하고 기업간의 적절한 상호작용이 반영되는 범위를 하나의 시장 또는 동일산업으로 취급하는 것이 가장 바람직하다.

실제로 시장의 개념을 정확히 정의하고 산업의 범위를 가장 적절하게 제시할 수 있는 단순한 이론적 기준은 존재하지 않는다. 그러나 시장을 어떻게 정의하고 산업의 범위를 어떤 수준에서 설정하느냐는 독점지배력과 공공정책 등 많은 산업조직의 분석에 매우 중요하므로 현실적으로는 다음과 같이 몇 가지 기준이 활용된다.

첫째 기준은 재화간 대체성이다. '적절한' 수준의 대체성을 지닌 재화를 포괄적으로 포함하여 어떤 시장을 정의하는 것이다. 예를 들어 에너지시장 또는 에너지산업은 석탄과 전력 및 원자력발전에 의한 전력 등 대체성을 기준으로 산업의 범위를 결정하는 것이다. 어떤 한 재화를 기준으로 가장 가까운 대체재를 찾고 연속적으로 대체재를 나열하면 어떤 점에서 대체성의 정도에 중요한 갭이 나타날 때까지를 동일시장의 범위로 파악하는 것이다.

이 방법은 「로빈슨」(Robinson)에 의해서 제시된 것으로서 실제 대체탄력성의 개념을 활용하여 현실세계에 적용할 수 있다(Robinson, 1933). 그러나 이 기준 역시 완벽하지 못하다. 탄력성 자체를 계측하기 어렵고 계측된다 해도 대체탄력성의 정도가 어떤 수준에 있어야만 '적절한' 갭이 되는 것인가에 대한 명확한 기준이 없다. 따라서 탄력성의 값만으로 정확히 시장의 범위를 구별하기는 어렵다.

특히 이 방법은 재화간 속성 또는 품질의 차이를 정확히 반영하지 못한다. 예를 들어 현대자동차에서 생산된 포니자동차와 주문생산에 의한 롤스로이스 자동차는 대체성의 관점에서 분명히 동일한 산업에 속한다. 그러나 과연 이 두 차종이 경제이론에서 말하는 동일한 시장내에 있는가?

대체성의 기준이 갖는 또 하나의 약점은 실제 생산자를 감안할 뿐 잠재경쟁자를 고려하지 않고 있다는 점이다. 잠재경쟁기업이란 현재 실제 생산에 참여하고 있지는 않지만 가격과 비용조건이 합당하면 언제라도 생산에 참여할 가능성이 있는 기업을 말한다. 잠재경쟁자가 갖고 있는 중요성은 제13장에서 구체적으로 논의되겠지만 현실세계에서는 잠재적 진입기업이 대체성에 많은 영향을 미침에도 불구하고 이를 반영하고 있지 못하다.

두 번째 기준으로 활용되는 것은 재화가격간 상관관계이다. 상호관련이 깊은 재화는 비용과 수요면에서 동일한 영향을 받으므로 가격의 변동도 높은 상관성이 있다고 보는 것이다.

그러나 가격의 상관성 역시 동일한 시장의 범위에 속하기 위한 필요조건의 하나가 될 수 있다 해도 충분조건은 되지 못한다. 대체성이 크지 않은 재화간에도 가격변화의 상관성은 나타날 수 있다.

이러한 많은 제약점에도 불구하고 경제이론에서는 시장을 하나의 잘 정의된 개념으로 전제하고 있다. 실증분석과 정책적 기준에서는 대체성과 가격변화 및 여타 시장여건을 고려하여 '실증적 기준'을 설정하고 있다.[1] 가장 일반적 기준 역시 대체성이고 현실적으로는 각국의 표준산업분류에 많이 의존하여 동일시장 또는 산업의 범위를 결정한다.

이제 대체성에 관하여 좀 더 구체적으로 살펴보기로 하자. 두 재화가 소비자와 생산자에게 모두 대체성이 높으면 당연히 동일한 시장의 분류에 속하게 된다. 따라서 경제적 의미에서 한 산업, 즉 시장을 정의하기 위해서는 재화간 대체성의 계측이 필요하다.

대체성은 수요의 교차탄력성(cross elasticity)으로 계측되는데 X, Y 재간의 교차탄력성은 다음과 같이 정의된다.

$$\eta_{XY} = \frac{P_Y}{Q_X} \frac{dQ_X}{dP_Y}$$

$\eta_{XY} > 0$이면 상호대체재, $\eta_{XY} < 0$이면 상호보완재로 정의한다. η_{XY}와 보완재 및 대체재의 관계는 〈그림 1-1〉과 같다.

소비자에게 대체재가 된다고 해서 항상 생산면에서도 대체성이 보장되는 것은 아니다. 예를 들면 소비자는 여가의 활용을 위해 책이나 연극입장권 등이 대체재가 될 수 있다. 그러나 생산면에서는 투입요소와 기술의 대체성이 거의

---

1) 예를 들어 미국 법무성에서는 독과점규제의 기준에 적용되는 동일산업을 "특정재화를 중심으로 대체성이 있는 재화를 포함시켜 나가면서 수요의 탄력성이 충분히 낮아 담합시에도 어느 정도의 마크-업(mark-up)이 가능한 범위"까지로 한다. 즉, A 산업은 $Q_A = \sum_{i=1}^{k} (q_i)$로서 k의 기준은 k까지를 포함한 재화군의 탄력성 (η_Q)이 충분히 낮아서 k기업이 담합할 경우에도 일정한 마크-업이 가능한 점까지의 대체재를 포함하여 A산업의 시장으로 파악한다.

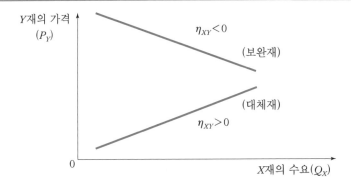

　대체재와 보완재

교차탄력성(η_{XY})이 0보다 적은 보완재의 경우에는 Y재 가격이 하락함에 따라 X재의 수요가 증가한다. 그러나 $\eta_{XY} > 0$인 대체재의 경우에는 Y재 가격이 상승함에 따라 X재의 수요가 증가한다.

없게 된다. 반대의 경우를 보면 여자용과 남자용 신발은 생산면에서는 대체성이 크나 수요면에서는 대체성이 거의 없다.

　따라서 수요의 교차탄력성 이외에도 생산면, 즉 공급의 교차탄력성(η^S_{XY})도 고려하게 된다. η^S_{XY}는 Y재 가격변화율에 대한 X재의 공급변화율로서 생산과정에서 재화간 투입요소의 이동이 얼마나 용이한가를 반영하고 있다. 이것은 곧 투입요소와 생산기술의 재화간 대체성을 반영하기도 한다.

　이미 언급된 바와 같이 대체성을 파악한다 해도 어떤 점에서 시장 또는 산업의 범위를 명확히 구분하느냐는 역시 실증분석의 과제이지 명확한 이론적 기준을 제시할 수는 없다. 일반적으로 재화의 공급지역을 고려한 시장의 지역적 한계, 수요와 공급의 교차탄력성, 기업간의 상호의존성 등을 고려하여 경제학적 의미의 시장이 현실적으로 성립될 수 있는 적절한 기준이 선택되어져야 한다.

　예를 들어 대체성이 높은 경우에도 재화의 품질과 사용자계층이 서로 다르게 나타나는 사례도 있다. 또한 지역간 시장의 분화가 나타날 경우에는 어떤 지역을 기준으로 시장을 정의해야 한다. 인근시장(local market)내에서는 경쟁도와 대체성이 높은 재화군이 지역시장(regional market)이나 전국시장(national market)에서는 비경쟁적 성격을 갖는 경우도 있다. 이러한 현상은 전국시장의 규모가 크고 지역간 이동이 제한될수록 더욱 두드러지게 나타난다. 지역을 기준으로 한 시장간의 상호경쟁의 제약은 〈그림 1-2〉의 〈A〉와 같이 표시될 수 있다. 동일한 재화라 할지라도 시장의 지역적 기준이 달라짐에 따라 경쟁의 정도는 서로 다르게 나타난다.

한편 〈그림 1-2〉의 〈B〉는 대체성을 기준으로 한 음료시장의 구분을 표시한 것이다. 음료시장은 과일주스, 청량음료, 주류 등으로 대별될 수 있으나 각 시장간의 대체성은 서로 다르게 나타난다. 또한 이들 시장간의 경계가 그림에서 표시된 것과 같이 불분명한 경우도 많다. 반면 이들 모든 제품을 음료시장으로 파악하면 시장의 정의가 너무 포괄적으로 규정된다. 그러나 과일주스시장으로 한정한다면 청량음료 등과의 대체성이 반영되지 않았으므로 시장의 정의가 너무 협의로 규정될 우려가 있다. 이와 같이 실제에서 재화의 특성과 대체성 등을 정확히 반영하여 이론에 적합한 '시장'을 정의하는 것은 어려운 과제라고 할 수 있다.

대체성 이외에도 실제 시장을 구분하기 위하여 적용할 수 있는 기준은 다

그림 1-2   시장과 경쟁

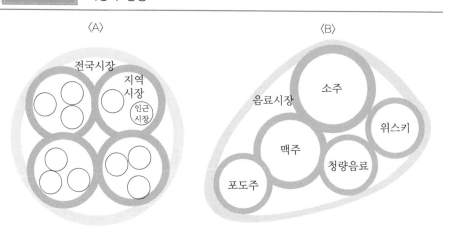

〈A〉에서와 같이 동일한 재화인 경우에도 시장의 지역성에 따라 대체성과 경쟁의 정도가 달라질 수 있다. 동일한 재화라도 백화점과 재래시장, 집앞의 가게와 대형할인매장간에는 대체성이 구별된다.
〈B〉에서는 음료시장에서 개별재화가 갖고 있는 대체성의 정도를 나타내고 있다. 맥주의 소주, 포도주, 위스키 등은 완전한 대체재는 아니지만 상당한 정도의 대체성을 갖고 있다. 실제 어떤 재화까지를 동일한 시장에 포함시켜야 하는 가는 쉽게 구별되지 않는 경우가 많다.

음과 같다. 첫째, 재화의 외부적 특성이나 사용목적에 따라 동일한 시장에 포함되는가의 여부를 결정할 수 있다. 이것은 곧 대체성의 이론을 현실에 적용하는 방법이다. 둘째, 재화간의 가격비교도 중요한 기준이 된다. 성격이 동일한 재화라도 가격차이가 큰 경우에는 서로 다른 시장의 범주에 속하게 될 가능성이 많다. 셋째, 두 재화의 가격변화가 상호의존적인가 또는 상호독립적인가를 평가한다. 가격이 독립적으로 변화한다면 대체성이 낮다는 것을 시사하게 된다. 넷째, 소비계층의 동질성 여부를 파악하는 방법이다. 서로 다른 계층에게 공급되는 재화는 동일한 시장에 속하지 않을 가능성이 많다.

이 밖에도 공급자의 차이, 생산비구조의 차이, 시장에 참여하고 있는 소비자와 생산자의 견해 등이 시장의 범위를 정의하는 기준으로 응용될 수 있다. 공정거래위원회와 같은 경쟁당국이 경쟁정책을 집행하기 위해서는 시장을 어떻게 정의할 것인가가 매우 중요하다. 시장을 정의한다는 것은 특정재화나 지역을 중심으로 경쟁자를 파악하는 것으로서 경쟁자의 포함범위에 따라 시장경쟁의 내용이 달라지게 된다. 주요국의 경쟁당국은 경쟁자를 파악하는데 있어 SSNIP(small but significant and non-transitory increase in price)테스트란 방법을 사용하고 있다. 직역을 하게 되면 "작지만 유의적이고 일시적이지 않은 가격인상"으로 해석이 된다. 여기서 작다는 의미는 통상적으로 5% 이상을 의미하며 일시적이지 않다는 말은 적어도 일년 이상이라는 말이다. 예를 들어 두 기업이 직접적으로 경쟁을 한다고 가정하자. 이 경우 한 기업이 가격을 인상하게 되면 고객들의 수요가 다른 기업으로 이동하게 되어 가격을 인상을 한 기업은 손실을 입게 된다. 이 경우 두 기업은 동일한 시장에서 경쟁하는 것으로 간주될 수 있다. 그러나 두 기업이 직접적인 경쟁자가 아닌 경우 한 기업이 가격을 인상하더라도 수요변동이 크게 일어나지 않고 오히려 초과 수익을 얻을 수 있다. 이 경우 두 기업은 다른 시장에 속해 있는 것으로 볼 수 있다. 가령 예들 들어, 현대차가 가격을 5% 인상하였을 경우 수요가 일본차나 독일차로 이동하여 손실을 입을 경우 현대차, 일본차 그리고 독일차는 동일한 시장에서 경쟁하고 동일한 시장에 속하는 것으로 간주될 수 있다. 결국 SSNIP 검정도 재화의 대체성을 기준으로 시장을 정의하는 방법으로 볼 수 있다.

1.5	**구조 · 행태 · 성과의 분석**

산업조직론의 가장 전통적인 분석방법은 각 산업의 특성을 구조와 행태 및 성과면에서 파악하고 상호관련성을 연구하는 것이다. 특히 1930년대 초기 산

그림 1-3   산업조직의 구성요소

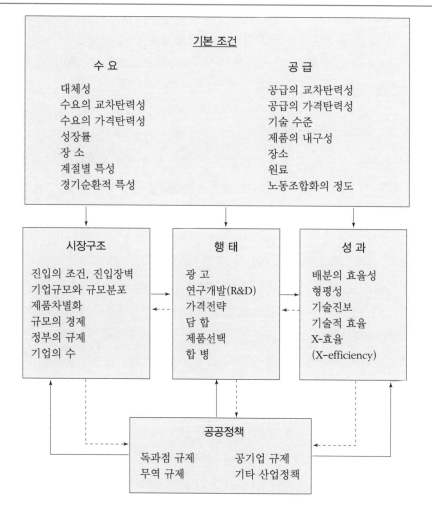

전통적인 산업조직론은 시장구조-행태-성과의 단순한 관계를 분석하였으나, 최근에는 각 변수의 상호 연관성을 동시적으로 검증하고, 기술진보와 마케팅, 수요조건 등 시장의 변수를 포괄적으로 포함하는 접근이 이루어지고 있다.

업조직연구에서 시장구조가 행태에 영향을 미치고 행태는 다시 성과에 영향을 주는 「베인」의 분석모형이 제기된 이후 수없이 많은 실증분석이 이 모형을 검증하여 왔다.

예를 들면 어떤 산업의 시장구조가 독점이면 독점적 행태를 가져오고 이것이 곧 독점적 성과를 가져오게 된다는 논리인 것이다. 이것은 곧 구조(structure: S)와 행태(conduct: C) 및 성과(performance: P)의 관계가 S → C → P의 방향으로 이루어지는 선형관계를 갖게 된다는 것이다.

이와 같은 분석방법을 구체적으로 설명하고 최근의 접근방법을 살펴보기 위하여 먼저 구조와 행태 및 성과를 구성하는 각 요소들을 파악하면 〈그림 1-3〉과 같다.

1.5.1 구조(Structure)

한 산업의 구조 또는 시장구조를 가장 단순한 형태로 표현하면 미시경제학에서 흔히 거론되는 경쟁시장이냐 불완전경쟁시장이냐의 문제이다. 시장구조는 일반적으로 완전경쟁, 과점, 복점, 독점적 경쟁 등으로 구별될 수 있다. 이러한 시장의 구조적 특성을 결정하는 주요 요인들은 동일산업내의 기업수, 기업규모의 분포, 제품차별화, 진입의 조건 등이 있다.

기업수는 독점과 완전경쟁시장 등 산업의 구조적 특성에 가장 큰 영향을 미치는 요인이 된다. 예를 들면 소수의 기업만이 존재하는 산업은 불완전경쟁적인 시장구조를 형성하게 되고 다수기업은 경쟁적 구조를 이룩하게 된다.

기업규모의 분포에서는 동일한 규모의 기업이 많이 존재할수록 경쟁적 시장구조를 나타내게 된다. 반면 기업수가 많은 경우라 할지라도 특정기업의 규모가 상대적으로 너무 크고 여타 기업은 모두 소규모로 운영된다면 대기업은 독점기업에 가까운 행태를 보이게 될 것이다.

제품차별도 구조에 영향을 주는 요소로서 차별화의 정도가 높을수록 생산기업은 독점자와 같게 행동할 것이다. 진입조건도 중요한 영향을 미치는 요소가 된다. 제도적으로 신규기업의 진입이 억제된 산업에서는 독점이 형성되고 진입여건이 좋은 산업은 경쟁적 구조를 갖게 된다. 제도적 진입장벽 이외에도 규모의 경제와 제품차별화 등 비용면의 차이로 인한 진입장벽이 존재한다.

따라서 모든 형태의 진입장벽은 시장구조를 독점화시키는 역할을 하게 된다.

한편 구매자의 수와 분포도 구조를 결정하는 요소로 작용할 수 있다. 이것은 흔히 보상력(countervailing power) 또는 견제세력으로 표현되는 것으로서 예를 들면 소수의 대량구매자가 소수의 대기업으로부터 제품을 구입할 경우 독점적 행태가 불가능하게 될 것이다. 이밖에 여러 방법으로 소비자집단은 구조에 영향을 미치고 나아가 행태와 성과에까지 영향을 주게 된다.

1.5.2 행태(Conduct)

기업의 행태는 가격차별, 광고, 전략적 대응 등 여러 형태로 나타나게 된다. 특히 불완전경쟁시장의 경우에 기업의 행태는 중요한 논의의 대상이 된다. 완전경쟁시장에서의 기업은 광고 등을 통한 신규기업의 진입을 억제하는 행태를 보이지 않는다. 하지만 불완전경쟁시장 특히 과점시장에서 기업의 행태가 중요한 논의대상이 된다.

담합(collusion)은 가장 대표적인 기업의 행태를 나타내는 요소이다. 상호독립적인 기업이 협력하여 생산량을 조절하고 가격을 인상시키는 것이 일반적인 담합의 행태이다.

특히 가격을 한계비용수준 이상으로 인상시키는 가격카르텔은 참가기업으로 하여금 생산량을 증가시키게 하는 인센티브를 주게 된다. 또한 이것은 신규기업의 진입을 자극하게 된다. 이러한 카르텔의 지속성 여부는 기업규모의 분포, 진입여건, 기업간 생산비 차이 등에 의해 결정된다.

기업의 전략적 행동(strategic behavior)은 과점시장에서 특히 많이 나타나는 기업행태로서 경쟁기업에 대한 대응전략, 진입가능성이 있는 잠재기업에 대한 대응 등 여러 가지 형태로 나타난다. 기업은 가격을 인하하거나, 수직결합, 연구개발투자 등 다양한 방법의 전략적 행동을 추구하게 된다.

광고나 연구개발(R&D)도 행태를 나타내는 중요한 요소이다. 광고는 제품차별화에 기여하고 진입장벽의 역할을 하며 기존경쟁기업 또는 진입가능성이 있는 잠재기업의 행태에 많은 영향을 미치게 된다. R&D는 제품의 품질을 향상시키거나 생산비용을 절감시키는 형태로 이루어지며 사회의 후생을 증대시켜주는 행태변수이다.

1.5.3 성과(Performance)

산업의 성과를 구성하는 요소는 이윤성(profitability), 자원배분의 효율성, 형평, 기술진보 등이다. 완전경쟁시장에서는 가격이 한계비용과 같게 되어 자원배분의 효율성이 달성된다. 또한 균형가격에서는 가격이 평균비용과 같게 되어 모든 기업이 정상이윤만을 획득하게 된다. 따라서 가격이 한계비용에 접근할수록 배분의 효율성이 달성되고, 정상이윤에 가까울수록 기업의 시장지배력이 약화되는 성과를 나타내게 된다. 이와 같이 산업의 성과면에서 가장 중요시 되는 것은 자원배분의 효율성이 어느 정도 달성되었느냐를 파악하는 것이다.

한편 기술진보는 위와 같은 배분의 효율성 또는 정태적 효율성이 아니라 동태적 효율성을 파악하는 요소이다. 정태적 효율을 달성하는 기업이 항상 기술진보를 이룩하여 동태적 효율을 달성하는 것은 아니므로 이 두 요소는 서로 다른 차원에서 파악되어야 한다. 기술진보면에서 경쟁기업과 독점기업 중 누가 우위에 있느냐의 논쟁은 이미 잘 알려져 있다.

한편 공공정책(public policy)은 독과점규제, 공정거래의 촉진, 공기업의 규제 등으로 구성되어 있으며 구조, 행태, 성과에 모두 영향을 미치게 된다. 최근에는 공공정책이 각 산업의 특수성과 환경을 고려하여 선별적으로 실시되는 경향이 있으므로 산업정책(industrial policy)의 일부로 파악하기도 한다. 산업정책은 또한 산업구조의 조정과 전략산업의 육성 등 거시경제정책과 밀접한 관련을 맺고 있다. 산업정책과 공공정책의 구체적 내용은 제25장과 제26장에서 상세히 논하기로 한다.

1.6 산업조직론의 연구방법

전통적인 산업조직론의 연구방법은 이미 앞에서 설명한 바와 같이 구조(S)·행태(C)·성과(P)의 관련성을 분석하는 것이었다. 특히, 「베인」을 비롯한 초기 연구자들은 시장구조의 중요성을 강조하여 구조가 행태에 영향을 미치고, 행태는 곧 성과를 결정하게 된다는 점을 주로 분석하였다. 즉, 구조·행태·성과의 인과관계가 S → C → P의 일방적인 선형관계를 형성한다는 것이었다. 예를 들면 시장구조가 독점인 산업은 독점지배력을 활용하여 행태면에서 독점가격을 책정하고, 이것은 다시 자원배분의 비효율이라는 성과를 가져오기 때문에 S → C → P의 관계로 설명되어질 수 있는 것이다.

　특히 이러한 관계를 특정한 산업에 적용하여 실증분석을 실시하는 것이 주류를 이루어왔다. 이와 같은 분석은 점차 여러 산업에 걸친 다양한 통계분석으로 발달하였고, S → C → P의 단순한 선형관계도 점차 상호관련성을 파악하는 모형으로 발전하였다.

　다시 말하면 구조는 행태에 영향을 주고 행태가 성과를 결정하는 단순한 선형의 인과관계가 아니라 행태가 구조에 영향을 주거나 성과가 구조와 행태에 영향을 미치는 상호작용이 존재한다는 것이다. 이와 같은 상호관련성 또는 반응효과(feedback)를 고려한 모형이 현실을 더욱 정확하게 설명할 수 있다는 것이다. 이러한 모형의 한 예는 〈그림 1-4〉와 같이 표시될 수 있다.

　따라서 최근의 S - C - P에 의한 분석모형은 전통적인 단순한 선형관계에서 발전되어 산업전체의 구조·행태·성과에 영향을 미치는 여러 요인들을 상호유

그림 1-4　구조·행태·성과의 상호관계

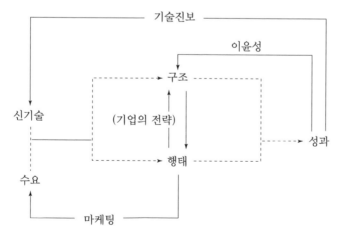

시장구조와 행태 및 성과가 단순한 인과관계로 결정되지 않고, 기술진보와 수요, 마케팅 등 여러 요인에 의해 동시에 복합적으로 결정되는 경향이 있다.

기적 관계 속에서 분석하고 있다.

한편 S - C - P의 분석모형에서는 전통적으로 기업의 시장지배력 행사가 산업의 성과를 비효율적 상태로 만들어주는 주된 요소로 파악되고 있다. 그러나 일부 학파에서는 정부의 시장개입이 독점이나 비경쟁적 행태를 만들어주는 주된 요인으로 파악하기도 한다. 전통적으로「아담 스미스」(Adam Smith)를 비롯한 고전학파가 이러한 보수주의적 사상을 가졌고 최근 시카고학파의 산업조직론에 관한 입장도 동일한 기반을 가지고 있다.

시카고학파의 산업조직이론에 대한 접근방법은 기본적으로 완전경쟁모형에 바탕을 둔 것으로서, 정부개입에 의해 창출되지 않은 모든 독점기업의 시장지배력은 일시적인 현상에 불과하다고 본다(Reder, 1982). 이들은 신규기업과 경쟁상대기업에 대한 기존기업의 전략이 지속적으로 성공할 수 없다고 파악하고 있다. 따라서 기술과 진입의 자유가 시장구조를 결정하며, 자유로운 진입만 보장되면 사회적으로 적정한 행태와 성과가 달성될 수 있다고 본다. 따라서 S - C - P간의 상호인과관계는 중요시되지 않으며 이들 세 구성요소가 상호독립적으로 기술과 진입의 자유에 의해 결정된다고 파악한다.

그러나 시카고학파의 견해를 뒷받침하는 실증적 연구는 아직까지 많지 않았다. 시카고학파의 많은 실증적 연구들은 지금까지 S - C - P 모형에 비판적인 것이 대부분이었으며 시장지배력의 행사가 일시적으로 나타나는 현상이라는 것을 증명하고 있지는 않다(Martin, 1988).

기본적으로 구조·행태·성과에 의한 분석에서는 기존의 미시경제학에 기초한 단순한 경제이론이 현실의 복잡한 현상을 분석하는 데 부적합하다는 입장을 취해왔다. 따라서 많은 실증분석을 통해 이론의 발전을 유도하고 정책처방을 제시해야 한다는 것이다. 이러한 접근은 이론적 기반이 취약하다는 비판도 있었고 시카고학파는 현실세계에서 관측된 자료에 오차가 존재하기 때문에 실증분석의 내용이 초보적 가격이론에서 제시되는 것과 달라진다고 지적하였다.

이러한 논의를 반영하여 최근 산업조직론에서는 현실세계의 복잡한 현상들을 이론화하려는 노력이 많이 이루어지고 있다. 종래 이론적 기반없이 실증적으로만 관찰되던 내용들이 대부분 이론화되어 실증분석과 조화를 이루고 있다. 특히 80년대 후반에는 종래의 단순한 가격이론을 정교하게 전개하고 발전시켜 현실세계의 기업활동과 산업행태를 반영하는 이론적 업적이 두드러지게 나타나고 있다(Tirole, 1988). 따라서 전통적인 S－C－P 분석체계와 이론을 중시하는 학파간에는 비록 정책처방에는 견해 차이가 많다 할지라도 분석방법은 상호보완적으로 발전된 것이라 할 수 있다.

실증분석도 최근에는 다양한 통계적 기법을 활용하여 복잡한 인과관계를 검증하고 대규모 자료를 동시에 처리하는 방법이 널리 활용되고 있다. 또한 국제무역과 경제발전 등을 산업조직적 관점에서 분석하는 경향도 많이 나타나고 있다. 산업조직론의 실증분석 영역과 대상이 대폭 확대되어 가고 있는 추세를 보이고 있는 것이다.

이와 더불어 개발도상국의 경제규모가 점차 확대되고 자원배분의 효율성을 중시하는 산업정책이 강조됨에 따라 개발도상국에서의 산업조직도 새로운 관심대상으로 등장하고 있다.

1.7 　신산업조직론

1980년대 초부터 산업조직에 연구에 '신산업조직론'(New Industrial Organi-zation)의 개념이 등장하게 되었다. 「슈말린지」(Schmalensee)에 의해 최초로 제기된 '신산업조직론'의 접근은 전통적인 접근방법에 새로운 이론모형을 접목하는 특징을 갖고 있다(Schmalensee, 1982). 전통적인 산업조직연구의 전형적인 예는 산업성과를 반영하는 변수와 구조를 나타내는 변수를 회귀분석하여 구조-성과의 관계를 검증하는 것이었다. 이러한 접근방법은 흔히 이론적 배경이 미비하거나 복잡한 현상을 너무 단순하게 파악한다는 지적을 받아왔다.

최근 등장한 신산업조직론적인 접근은 전통적 접근과 비교하여 다음과 같은 특징을 갖고 있다(Jacquemin, 1987). 즉, 전통적인 방법론과 비교하여 최근의 특징은 미시경 제이론과 불완전경쟁이론 및 게임이론(game theory)을 많이 활용한다. 또한 완전경쟁과 독점 등 양극단의 시장구조보다는 독점적 경쟁과 과점의 상호의존성, 「쿠르노-내쉬」(Cournot-Nash)의 균형 등을 많이 활용한다. 나아가 시장구조의 정태적 분석에 그치지 않고 시장경쟁과정을 통해 동태적으로 변화하는 산업구조를 파악하려고 시도하고 있다.

실제 시장구조의 동태적 변화과정에 대한 분석은 이미 「슘페터」(Schumpeter) 에 의해 제기되었던 과제이다. 그는 "새로운 공정과 재화를 개발하고, 시장경 쟁과정을 통해 산업을 재조직해 나가는 혁신적인 행태와 구조를 설명하는 것" 이 가장 가치있는 연구라고 지적한 바 있다(Schumpeter, 1975). 따라서 산업활 동의 동태적인 발전을 유도해 나가는 시장구조와 경제주체의 행태를 연구하는 것은 매우 중요한 과제이다. 이러한 주제의 접근방법으로 동태적 계획법 (dynamic programming), 적정제어이론(optimal control theory) 등이 응용되기도 한다. 또한 완전경쟁시장과는 달리 충분한 정보가 주어지지 않은 상태의 시장 균형을 분석하기도 한다.

따라서 전통적인 산업조직론이 모든 산업에 일반적으로 적용될 수 있는 분 석모형을 개발한 데 비해, 신산업조직론은 특수한 개별산업에도 응용될 수 있 는 이론적 모형들을 개발하고 있다고 볼 수 있다. 따라서 접근방법에서도 전 통적 방법이 '거시적'으로 산업을 파악하는 반면, 신산업조직은 '미시적'으로 각 개별산업과 기업을 동태적으로 파악하는 데 중점을 두고 있다. 실증분석에 서도 산업별 횡단면자료보다 기업별 또는 특정산업의 자료를 구체적으로 분석 하는 것이 선호되는 경향이 있다.

최근 연구에서는 시장과정(market process)과 산업구조의 형성과정도 중요 한 과제가 되고 있다. 시장구조의 형성과 적정한 기업규모에 관한 논의는 고전 학파에서부터 제기된 문제이지만 최근 이에 관한 두 가설이 새롭게 재론되고 있다. 즉, 첫번째 가설은 현존하는 생산구조와 시장형태 및 기업조직은 현재의 기술과 시장여건에서 가장 효율적으로 적응할 수 있도록 기업이 선택한 것이 라는 것이다. 주어진 기술과 자원의 제약 및 수요여건에서 기업은 거래비용과 생산비용을 최소화하려고 노력하고 이 결과 자연적으로 결정된 형태가 현재의 기업형태와 시장조직이라고 본다. 이 가설은 현존하는 산업조직의 모든 특성이 결국 주어진 제반여건에서 자연적 선택과정(natural selection process)을 통해 결 정된 효율적 형태라고 파악한다.

반면 경제주체의 역할을 강조하는 가설은 현재의 시장형태가 외부적 환경에 의해 결정된 것이 아니라 경제주체인 정부와 기업이 주어진 환경을 조정해 나가면서 형성된 결과라는 것이다. 예를 들면, 소수의 혁신기업은 시장환경을 조작하고 시장조건을 변경하여 결정된 것이라는 견해이다. 이것은 결국 정부와 기업의 행태가 시장형태에 인위적 영향을 미친다는 것을 강조한다. 이 가설에 의하면 시장구조-성과분석에서도 구조 자체가 행태에 영향을 받게 되므로 시장행태를 주요한 변수로서 분석한다. 또한 정부와 같은 사회제도가 미치는 영향을 중요시한다. 또한 최근에는 정보통신산업의 발달과 더불어 정보재에 관련된 산업의 분석, 망산업(network industry)의 특성 등도 산업조직의 새로운 영역으로 부상하고 있다. 우리나라에서는 기업의 지배구조와 공기업의 민영화, 공공부문의 규제문제도 산업조직의 주제로 등장하고 있다. 이러한 경향 역시 사회제도와 산업환경의 변화에 따라 산업조직에 대한 새로운 접근방법의 모색이라고 할 수 있다.

물론 신산업조직론의 접근은 전통적인 산업조직론의 접근방법과 대립되는 것은 아니다. 오히려 전통적 접근방법의 제약점을 극복하고 특수한 산업여건까지를 새로운 분석대상으로 하면서 산업조직 연구분야를 확장시키는 것이라고 볼 수 있다. 또한 종전보다 이론적 분석을 강화하고 시간에 따라 변화하는 동태적 현상을 더욱 구체적으로 분석하는 시도라고 할 수 있다.

제2장 기업이론

기업이론

2.1 기업의 본질

기업은 국민경제에서 생산을 담당하는 독립된 주체이다. 생산은 투입요소를 결합하여 시간과 공간의 차원에서 새로운 재화와 용역을 창출해내는 과정을 말한다. 따라서 제품을 만들어내는 것뿐만 아니라 운수, 보관, 도·소매 등과 법률가와 회계사의 서비스 등도 광의의 생산활동에 해당된다.

경제학에서 생산은 일반적으로 플로우(flow)의 개념으로 계측되므로 '일정기간의 산출'을 의미한다. 물론 생산을 계측할 경우에는 재화와 용역의 질적 변화가 없다고 가정하고 일정기간 동안의 산출률 또는 산출량의 변동을 이용하게 된다.

이러한 생산활동은 왜 대부분 기업이라는 조직을 통해서 이루어지고 있는가? 우선 기업의 존재이유와 본질을 설명하는 이론을 살펴보기로 하자(Marris & Mueller, 1980; Williamson, 1981). 먼저 거래비용이론은 경제조직으로서의 기업은 개별적으로 독립된 주체간의 계약관계에서 발생될 수 있는 거래비용을 절감할 수 있기 때문에 존재한다고 본다. 한편 단체생산이론은 조직화된 협동생산이 기술적 우위를 갖고 있으므로 기업이라는 경제조직이 존재한다고 평가한다. 이밖에 시장지배력을 확대하거나 정부의 가격통제를 회피하는 방편으로서 기업의 본질을 설명하기도 한다. 또한 기업고유의 상표(brand)에 의한 경제적 이익의 증진, 조직을 통한 투자와 단매 및 보증수리비용의 절약 등과 같은 조직에 따른 공동효과와 생산조직과의 관계에서 우월한 지위의 창출 등이 기업 존재의 이유로 설명된다.

본 절에서는 거래비용과 단체생산의 기술적 우위를 바탕으로 한 이론을 구체적으로 살펴보기로 한다.

2.1.1 거래비용

모든 재화와 용역은 기업이 아닌 각 개인에 의해서도 생산될 수 있다. 예를 들면 복잡한 생산과정이 수반되는 자동차의 생산도 이론적인 관점에서는 개인에 의해 생산이 가능한 것이다. 그러나 현실세계에서는 거의 모든 재화의 생산이 기업에 의해 이루어지고 있다.

개인보다는 기업이라는 조직을 통해 많은 생산활동이 이루어지는 이유를 경제학에서는 다음과 같은 기본적 경제원리로 파악하고 있다. 즉, 독립된 개인의 생산량을 합계하는 것보다 여러 개인이 협동적 조직을 통해 생산하는 것이 더욱 많은 산출량을 생산한다면 기업이 존재하게 된다.

기업을 조직하는 데는 물론 여러 비용이 수반될 수 있다. 조직에 관련된 비용과 조직의 행태를 감시하는 비용 등이 발생하게 된다. 따라서 이러한 비용과 기업조직의 결성에 따른 이익을 비교하여 생산면의 순증대효과가 큰 경우에 기업의 존재가 가능하게 된다.

이러한 관점에서 기업의 본질을 설명하는 대표적인 예가 거래비용이론(transaction cost theory)이다. 독립적인 경제주체간의 거래에는 계약의 협상과 배달, 검사, 품질보증 등에 관한 많은 거래비용이 수반된다. 그러나 거래에 관련된 독립된 주체들이 한 기업조직으로 흡수된다면 거래는 내부화되고 거래에 따른 많은 비용을 감소시키고 이것은 곧 기업의 존재이유를 설명하는 한 원인이 된다.

기업의 속성을 거래비용으로 설명하는 접근은 「코즈」(Coase)에 의해 제기된 이후 「윌리엄슨」(Williamson) 등에 의해 많은 발전이 이루어졌다. 「코즈」는 기본적으로 시장에서 개별 독립주체간에 거래가 이루어지고 이에 수반되는 비용이 기업조직에 의한 거래의 내부화와 조직경영에 따른 수익을 초과하는 경우에는 기업조직의 인센티브가 발생한다고 설명하였다(Coase, 1937). 이 이론에 의하면 기업은 거래를 내부화하는 조직으로서 존재하게 된다.

거래비용은 대부분 계약의 불완전성으로 인하여 발생되는 것으로, 「코즈」와 「윌리엄슨」은 개별주체간의 계약에 수반되는 거래비용을 다음과 같이 4종류로 설명하고 있다(Williamson, 1975). 1) 계약 당시에는 예측할 수 없었던 상황이 발생될 경우의 비용, 2) 계약 당시 예측이 가능했으나 너무 복잡하여 구체적인 내용을 계약에 명시하지 않음으로써 발생되는 비용, 3) 계약조건의 이행여부를 충분히 감시하지 못하여 발생되는 비용, 4) 계약불이행에 따른 피해보상요구 절차에 포함되는 비용 (예를 들면 법률비용) 등이다. 따라서 현실적으로 계약이 불완전하기 때문에 거래비용이 발생하고 이를 최소화하는 것이 조직구성의 주요 원인이 된다는 것이다.

예를 들어 몇 개인이 독립적으로 생산활동을 하며 생산요소와 생산된 재화를 교환하는 경우를 가정하자. 개인생산자는 시장을 통하여 교환을 하여야 하므로 시장가격을 파악하고 시장여건에 관련된 정보의 수집 등 비용이 수반된다. 또한 거래시마다 계약을 체결해야 한다. 장기계약을 체결할 경우에도 앞에서 논의된 장래의 불확실한 상황에서 발생되는 거래비용을 회피할 수 없게 된다. 계약을 구체화시켜 상세한 내용을 포함한다 해도 미래의 상황을 완벽하게 예측하고 시장의 여건을 정확하게 반영하는 완전한 계약은 불가능하다.

그러나 이들 생산자가 한 기업으로 조직된다면 구매자와 판매자가 상호의존하여 내부조직화되는 관계를 형성하므로 개별주체간의 계약이 갖는 불완전성의 한계를 극복하고 거래비용을 회피하거나 최소화할 수 있게 된다. 다시 말하면 내부조직간의 거래를 통하여 계약에 수반되는 모든 비용을 제거할 수 있게 된다.

한편, 기업조직을 통해 거래를 내부화하는 것이 항상 비용을 최소화시키고 효율을 극대화시킬 수 있는 것만은 아니다. 조직의 구성에 따른 비효율도 당연히 존재하기 마련이다. 따라서 비용을 최소화시키고 효율을 극대화시키는 적정기업규모의 문제가 등장하게 된다. 이것은 본 장의 제2절에서 다시 논의하기로 한다.

2.1.2 단체생산

각 개인이 독립적으로 생산을 하는 경우보다 그룹이나 팀(team)이 협동하여 단체생산을 하게 되면 더 많은 산출량을 생산하게 될 가능성이 있다. 즉, A, B, C 세 사람이 개별적으로 생산한 산출량이 각각 q_A, q_B, q_C이고 단체생산을 한 산출량이 Q_3이라면 $Q_3 > (q_A + q_B + q_C)$일 경우 단체생산의 인센티브가 주어지고 기업을 조직하게 되는 경제적 이유가 될 수 있다(Alchain & Demsets, 1972).

이와 같이 여러 주체의 협동적인 단체생산의 이익이 기업존재의 이유가 되기 위해서는 다음 조건이 성립되어야 한다. 즉, 조직구성에 수반되는 여러 형태의 비용보다 단체생산으로 인한 생산량 증대효과가 충분히 커야 한다. 환언하면, 단체생산에 따른 기술적 우위가 확보되어서 생산성 증대효과가 충분히 나타나야 한다. 특히, 각 경제주체가 갖고 있는 생산요소의 종류가 다양하고, 단체생산과정에서의 기여도에 따라 충분한 보상이 이루어질 때 생산성 증대효과가 크게 나타날 수 있다.

그러나 단체생산은 개별주체에 의한 생산과는 달리 생산에 대한 기여를 보상해 주는 기구가 완벽하지 못할 가능성이 있다. 개별생산이 이루어질 경우에는 자신의 노력이 곧 자신의 물질적 보상과 직결된다. 반면 단체생산과정에서는 각 개인의 생산에 대한 기여를 정확하게 계측할 수 없으며 노력의 투입이 적은 구성원에게도 보상이 돌아가게 된다. 따라서 노력의 정도가 보상에 반영되고 구성원의 노력을 극대화시킬 수 있는 인센티브를 부여하는 것이 중요한 과제가 된다. 특히 생산과정에서의 노력 정도에 따라 물질적 보상을 줄 수가 있는 동기부여의 구조(motivation structure)가 정립되어야 한다.

따라서 대부분의 기업은 종업원의 노력과 성과를 평가할 수 있는 기구를 갖고 있으며 구성원의 형태를 상호감시할 수 있는 제도를 갖고 있다. 감시기능을 통해 기업은 각 구성원의 생산량을 평가하고, 노력에 따른 보상을 부여할 수 있는 제도적 장치를 운영하는 것이다. 결국 궁극적인 구성원의 평가책임은 기업가나 고용주에 귀속된다.

단체생산에 의한 기술적 우위와 생산성 증대효과가 충분히 나타나고 이와 같이 구성원의 노력과 보상을 연계시키는 기구가 확립된다면 단체생산을 통하여 경제적 이익을 증대시킬 수 있게 된다. 이것이 곧 단체생산의 기술적 우위에 의한 기업본질의 설명이다.

풀 어 쓰 는 경제 1

미키 마우스의 탄생

'미키 마우스'를 만들어 낸 월트 디즈니(Walt Disney)는 1901년 시카고에서 목수의 넷째 아들로 태어났다. 그가 처음 설립한 스튜디오는 초라하게도 자기 집 차고였다. 그 것도 아버지에게 월 5달러의 임대료를 주고 계약한 것이었다. 그곳에서 디즈니는 '활동 사진'에 만화를 담는 벤처를 출범시킨다. 그러나 만화 몇 장으로 생계를 유지하려는 꿈 은 결코 이루기 쉬운 일이 아니었다. 이곳 저곳으로 무대를 옮기며 실패를 거듭한 디즈 니는 골드 러시(gold rush)의 행렬을 따라 캘리포니아로 옮겨간다. 그곳에서 온 가족이 힘을 모아 '만화 공장'을 출범시키는데, 그것이 바로 '디즈니 브라더스 스튜디오(Disney Brothers Studio)'였다. 형 로이가 200달러를 출자하고, 부모가 집을 저당 잡혀 2,500 달러를, 그리고 삼촌으로부터 500달러를 빌려 창업한 것이다. 1923년, 그의 나이 스물 두 살 때의 일이다. 그 스튜디오에서 탄생시킨 캐릭터가 바로 미키 마우스(Mickey Mouse)이다.

오늘날의 월트 디즈니는 더 이상 설명이 필요 없다. 우리 모두 〈인어공주〉나 〈라이언 킹〉을 한 번쯤은 본 적이 있지 않은가. ABC 방송사에서부터 영화, 캐릭터 산업에 이르 기까지 이제 연매출액이 3백 60억 달러를 넘어서는 대기업으로 성장했다. 만화 한 장 도 활동사진에 담을 수 있다는 벤처정신이 만들어낸 성공작이다.

물론 그의 성공에는 예기치 않은 우연과 행운도 뒤따랐다. '미키 마우스'라는 이름은 함께 일했던 부인 릴리안이 지은 것이다. 디즈니는 처음 남자 이름인 '모티머(Mortimer)' 를 고집했다고 한다. 디즈니는 한때 스타의 꿈을 안고 서부 영화의 엑스트라 일자리를 얻기도 했다. 그러나 하필이면 출연 첫날 비가 와버려 촬영을 하지 못했다. 날씨가 맑았 다면 스타 월트 디즈니가 탄생했을지 모른다.

용감한 형제가 만들어낸 대기업이 어찌 월트 디즈니뿐이겠는가. 가족끼리 생계유지 수단으로 시작한 사업이 성장한 사례는 많다. 재벌의 창업자도 대부분 '무'에서 '유'를 창조한 사람들이고, 작은 규모에서 시작해 자수성가한 기업인도 너무나 많다. 실제로 대부분의 기업은 가까운 친지끼리 운영하는 비공식 조직(informal organization)으로 출발한다. 아버지가 사장이고, 엄마가 총무과장을 맡는 것이다. 사업이 잘 되면 비공식 조직에서 중소기업으로 규모를 늘려나간다. 그리고 중소기업이 성장하면 또다시 규모를 늘려 대기업으로 발전하는 것이다.

경제발전의 정도에 따라 기업규모의 패턴도 달라진다. 저개발국에서는 비공식 조직 이 가장 많고, 산업화가 이루어짐에 따라 중소기업이 점점 많아지며, 대기업의 비중도 더 커지는 패턴을 보인다. 통계적 분석에 따르면 1인당 소득이 2,000달러 이하의 저개발 경제에서는 비공식 조직이 압도적으로 많다. 반대로 선진 경제에서는 대기업의 비중과 규모가 더욱 커진다. 최근에는 세계화 현상에 따라 세계적인 대기업이 규모가 종전보다 훨씬 커지는 경향을 나타낸다.

그렇다고 작은 기업이 모두 큰 기업으로 성장하는 것은 아니다. 때로는 그런 변화가 바람직하지 못할 때도 있다. 기업이 적정 수준 이상으로 비대화되면 효율성이 떨어질 수밖에 없기 때문이다. 이때 가장 대표적인 요인으로 꼽는 것이 바로 기업가의 능력이다. 아무리 유능한 사람이라도 자신이 효율적으로 관리할 수 있는 능력에는 한계가 있지 않겠는가. 이것을 경제학자 윌리엄슨은 합리성의 제약(bounded rationality)이라고 말한다. 규모가 커지면 조직 내부에서 정보유통의 효율성이 떨어지는 현상도 나타난다. 따라서 성공하는 기업도 결코 무한히 커질 수는 없는 것이다. 도(度)가 지나치면 오히려 화(禍)를 당할 수 있다. 행운이 함께 할 때도 적정한 관리능력을 잃지 말자.

정갑영, 『나무 뒤에 숨은 사람』, 21세기북스, 2012, p. 176.

2.2 | 기업규모의 제약

기업의 본질을 설명하는 이론에서 보면 독립된 개별주체가 결합하여 기업조직을 형성하면 거래비용과 생산성 향상 등에서 많은 긍정적 효과를 가져온다. 그렇다면 기업의 규모가 확대될수록 이러한 생산성 증대와 비용절감효과는 영구히 지속되는가? 이것이 바로 적정기업규모의 결정에 관련된 문제이다. 적정기업규모는 기본적으로 시장의 규모, 기술수준, 공급의 여건 등 경제환경에 의해 결정된다.

2.2.1 기업규모의 수평적 한계

기업규모를 결정하는 중요한 요소 중 하나는 기업이 어떠한 제품들은 얼마만큼 생산하여야 하느냐 하는 문제이다. 특정제품을 대량생산할수록 그리고 다양한 제품을 생산할수록 기업규모는 커지게 된다. 기업생산의 범위는 위에서 언급한 바와 같이 시장규모, 기술적 조건, 그리고 생산요소 확보에 따라 달라

질 수 있다. 그 중에서 기술적 조건으로는 규모의 경제와 범위의 경제를 들 수
있다. 기업이 특정재화를 대량생산할 유인은 규모의 경제에서 찾아볼 수 있다.
규모의 경제는 기업의 생산규모를 확대할수록 단위당 생산비용이 하락하는 현
상이다. 따라서 비용조건이 규모의 경제를 허락하는 한 생산량을 늘리는 것이
유리하며 생산설비 확대 등으로 기업의 규모가 커지게 된다. 또한 기업이 제품
생산을 다양화 할 경우도 여러 제품을 동일한 기업이 생산하게 되므로 기업규
모가 확대되는데 범위의 경제가 제품생산 다양화의 결정요인이 된다. 범위의
경제는 여러 제품을 각기 다른 기업이 또는 공장에서 생산하는 것보다 하나의
기업 또는 공장에서 생산할 때 전체 제품의 단위당 평균비용이 절감되는 현상
으로 이는 생산설비의 공유 등 비용 절감요소들이 존재하기 때문이다.[1]

2.2.2 기업규모의 수직적 한계

재화와 서비스의 생산은 많은 기업활동을 수반하게 된다. 생산을 위한 원
자재의 확보, 제품생산, 그리고 생산된 제품의 판매활동을 포괄하게 되는데 이
러한 일련의 과정을 통틀어서 기업활동의 수직적 체인(vertical chain)이라 한다.
생산활동의 수직적 체인을 어떻게 구성하는가에 따라서 기업의 규모가 달라진
다. 원자재 및 제품생산, 그리고 판매활동이 전부 한 기업을 통해서 이루어질
경우 기업규모는 확대될 것이고 다른 기업이 생산한 원자재를 구매하여 제품
생산을 하거나 제품판매가 다른 기업에 의하여 이루어질 경우 기업규모를 크
게 확대할 유인이 적게 된다. 기업활동의 일부를 다른 기업으로부터 조달(buy)
할 것인지 아니면 기업 스스로가 할 것인지(make)의 결정은 위에서 언급한 바
와 같이 규모의 경제 등의 기술적 요인과 계약에 따르는 거래비용에 따라 결정
이 된다. 시장에서 원자재를 생산하는 기업은 원자재 생산에 특화되어 있고 넓
은 시장수요를 충족시켜야 하기 때문에 규모의 경제를 이용하여 원자재 생산
비용을 낮출 수 있다. 반면 제품생산기업이 원자재를 스스로 생산하여 동일 기
업의 제품생산에 활용할 경우 원자재에 대한 수요가 제한되어 있어서 원자재
생산에 특화된 기업에 비하여 단위당 생산비용이 높을 가능성이 있으며 이 경

---

1) 규모의 경제나 범위의 경제가 나타나는 이유는 고정비용의 분산, 생산의 증가에 따른 노동생
   산성의 증가, 생산단위당 재고처리비용 감소 등을 들 수 있다.

우 외부에서 원자재를 조달하는 것이 유리하다. 판매활동도 마찬가지이다. 제품생산기업이 스스로 제품판매를 하기보다 소매시장에서 판매활동에 특화된 기업이 담당하는 것이 비용을 절감할 수 있는 방편이 될 것이다.

2.2.3 적정 기업규모의 결정

규모의 경제 또는 범위의 경제만 존재한다면 기업규모는 무한정 커질 수 있다. 그러나 현실에서 우리는 다양한 규모의 기업들을 목격하게 된다. 이것은 기업규모의 확대를 제약하는 요인들이 존재하기 때문이다.

첫째, 생산능력의 제약이다. 주어진 기술수준과 생산요소의 부존상태는 기업의 생산능력을 제한하게 되며 이에 따라 기업규모도 제약을 받게 된다. 생산능력의 제약은 주로 기술적 요인에서 비롯되며 규모의 경제 및 범위와 직접 연결되어 있다. 위에서 언급한 규모의 경제와 범위의 경제는 생산규모의 전 범위에서 나타나는 것이 아니라 특정범위에 한정될 수 있다. 생산이 증가할수록 노동비용의 증가, 특정생산요소를 지나치게 다양한 생산활동에 활용함으로써 생기는 비효율 등으로 인하여 생산비용이 오히려 상승하는 현상이 발생하게 되는 데 이를 규모의 비경제 또는 범위의 비경제라 한다. 이러한 현상들이 발생할 때에는 기업규모를 확대할 유인이 적게 된다.

또한 경영자의 관리능력한계도 기업규모를 제약하는 요인이 된다. 기업규모가 방대하고 위계조직이 확대되면 정보의 유통과 관리면에서 손실이 발생하고 내부조직간의 이해갈등이 발생된다. 「윌리엄슨」(Williamson)은 이 문제가 최고 경영층의 합리성의 제약(bounded rationality)과 기업내부의 정보유통의 불완전성(informal impactedness)에서 기인된다고 지적하였다(Williamson, 1975). 이것은 결국 최고경영층의 효율적 의사결정을 제약하고 하부 위계조직과의 원활한 조정을 불가능하게 한다. 따라서 기업규모는 적정한 수준에서 제약되게 된다.

둘째, 기업내부조직간의 조정비용(coordination cost)이 기업규모를 제약하게 된다. 개별주체가 결합하여 기업을 조직하면 거래의 내부화를 통해 비용을 절감할 수 있다. 이것은 독립된 주체간 또는 기업간 거래를 내부거래로 전환시킴에 따라 절약되는 계약과 감시비용에서 비롯된 효과이다. 그러나 기업규모가 어느 정도 이상으로 확대되면 기업내부의 거래도 복잡하고 다양해지므로 효율적인 운용이 어렵게 된다. 특히 기업내부의 조직간에 거래를 조정하고 이해관계를 절충하는 과정에서 많은 비용을 유발하게 된다. 이러한 조정비용의 증대가 결국 기업규모를 제약하는 요인이 된다.

셋째, 공급확대에 따른 외부비경제의 발생이다. 기업이 확장되면 재화시장은 물론 생산요소시장에 많은 영향을 미친다. 특히 다른 기업의 확장으로 인한 외부비경제효과는 결국 당해기업의 규모를 제약하는 역할을 하게 된다. 예를 들어 어떤 특정산업내 모든 기업이 상당한 규모로 확장하였다고 가정하자. 이것은 곧 생산요소시장에 영향을 미쳐 임금과 원료비용을 상승시키는 외부비경제효과를 가져온다. 이러한 효과는 결국 기업규모의 확대를 제약하는 요인이 된다.

기업규모는 이러한 여러 가지 이유로 무한대로 확장될 수는 없다. 그렇지만 많은 기업들은 시장지배력을 확대하거나 효율적인 규모의 경제성을 확보하기 위하여 기업규모의 확장을 시도하게 된다. 예를 들면 동일한 산업내에서 원료와 최종제품을 생산하는 기업간의 수직결합(vertical integration)이 나타나기도 하고, 동일한 생산단계의 기업간 합병현상도 나타난다. 그러나 국민경제적 차원에서는 시장규모와 산업의 특성이 감안된 적정한 규모가 가장 후생을 극대화할 수 있게 된다.

2.3 기업의 목적과 행태

미시경제학에서의 기업에 관한 분석은 일반적으로 이윤극대화의 가설하에서 이루어지고 있다. 기업의 존재이유와 본질을 설명하는 기업이론에서도 암묵적으로 기업의 목적이 이윤극대화임을 가정하고 있고 장기적 관점에서는 현재가치의 개념을 도입하여 순부(純富)의 극대화(net-wealth maximization)를 가정하고 있다.

그러나 현대 자본주의체제에서는 대부분의 기업이 소유와 경영이 분리되어 있어서 기업경영자는 소유주인 주주에게 귀속되는 이윤보다도 경영자 자신의 이익을 극대화시킬 수 있는 가능성이 존재한다. 또한 기업에 따라서는 이윤보다도 성장이나 규모를 중시할 수도 있다. 이와 같이 이윤극대화 이외의 여타 목표변수를 극대화하는 모형은 비이윤극대화(non-profit maximization) 또는 이윤극대화의 대체가설이라고 한다.

본 절에서는 먼저 이윤의 본질을 파악하고 이윤극대화가설과 이윤 이외에 여타 목적을 추구하는 기업의 행태를 살펴보기로 한다.

2.3.1 이윤의 본질

이윤은 총수입과 총비용의 차이로 정의된다. 따라서 이윤을 극대화하는 기업은 한계수입과 한계비용을 일치시키는 점에서 생산량을 결정하게 된다. 경쟁산업의 장기적 균형에서는 평균비용과 한계비용 및 가격이 모두 일치하여 정상이윤 이상의 초과이윤을 얻지 못한다. 반면 독점기업은 가격과 평균비용의 차이만큼 단위당 초과이윤을 획득하게 된다.

기업의 이윤은 경우에 따라서 수요변화로 인하여 변동될 수도 있고 생산기술의 변화로 인하여 움직일 수도 있다. 특정산업에서 가격인상으로 이윤율이 높아지면 진입장벽이 없는 상황에서는 결국 생산증대를 유발하고 자원의 재배분효과를 가져온다. 따라서 이윤은 시장에서 가격기능에 의해 효율적 자원배분을 촉진하는 변수가 되기도 한다.

그렇다면 이윤은 왜 존재하고 그 본질은 무엇인가? 이윤은 모든 기업의 생산활동에 필연적으로 발생하여야만 하는가? 이윤의 발생근거를 설명하는 이론은 무수히 많다. 일반적으로 기업가의 위험부담에 대한 대가와 불균형의 결과 및 불완전경쟁이 대표적인 이윤발생의 본질적 이유라 할 수 있다.

① 위험부담의 대가

이윤은 위험부담(risk taking)의 대가로서 발생된다. 새로운 기업활동을 시작하는 기업가는 여러 형태의 위험을 감수해야만 한다. 사업이 실패할 가능성도 있고 다른 사업보다 낮은 투자수익을 획득할 수도 있다. 기업가의 사업은 어떤 다른 경제주체로부터 결코 그 결과가 보장되지 않는다. 반면 근로계약에 의해 고용되는 노동자는 이러한 위험부담을 감수할 필요가 없다.

따라서 기업가에게는 위험부담을 극복할 수 있는 '미래의 기대수익'이 예상되어야만 투자의 인센티브가 부여된다. 예를 들어 1,000만원이 소요되는 투자사업을 가정하자. 투자원금을 모두 잃게 될 확률이 50%이고, 투자원금과 같은 규모의 순수익(총수익은 2,000만원)을 얻게 될 확률이 50%라고 하자. 이 사업에 대한 기대수익은 $-1,000+(0\times0.5)+(2,000\times0.5)=0$이 된다. 위험을 선호하지 않는 대부분 사람들은 이 사업에 투자하지 않을 것이다. 이 사업이 기업가에게 투자유인을 제공하기 위해서는 더 많은 위험부담의 대가가 주어져야 한다는 것을 알 수 있다.

이러한 관점에서 보면 이윤은 기업가가 위험부담을 감수한 대가로서 보상받는 부분이다. 이러한 요인으로 발생되는 이윤은 경제적 관점에서도 당연한 보상이라고 할 수 있다.

② 불균형의 결과

이윤은 시장의 불균형에 의해서 발생될 수 있다. 시장에서 '정상적' 수준보다 높거나 낮은 수익률이 발생될 때 시장은 불균형(disequilibrium)상태에 있게 된다. 완전경쟁시장의 장기균형에서는 모든 기업이 정상이윤만을 획득하게 된다. 그러나 단기에서는 수요와 공급측면에서 모두 불균형이 발생할 수도 있다. 예기치 않은 수요가 일시에 크게 증가했다거나 공급에 급격한 변화가 일어나면 시장의 불균형이 발생하게 된다. 이러한 불균형상태에서 기업은 초과수익을 획득할 수 있게 된다.

시장의 불균형에 의한 경제적 이윤은 일시적 현상으로 지적된다. 불균형에 의한 이윤론에서는 장기적으로 모든 경제적 초과이윤이 사라지고 정상적 이윤만 발생된다고 본다. 주의할 점은 불균형에 의한 일시적 이윤은 부(—)일 수도 있다는 점이다. 수요가 급격히 감소하거나 공급이 급증하면 단기적 손실이 발생할 수도 있기 때문이다. 이 경우에는 기업의 이탈과 생산감축으로 균형상태가 회복되게 된다.

③ 시장지배력의 행사

시장구조가 불완전경쟁인 상태에서는 독과점 기업의 시장지배력(market power) 행사가 가능하고 이 결과 이윤이 발생한다. 이미 미시경제학에서 분석된 바와 같이 독점기업은 이윤극대화를 위해 생산량을 축소하고 가격을 인상시킨다. 이러한 시장지배력을 행사하면 독점이윤이 발생될 수 있다. 기존의 독점기업이 신규기업의 진입을 봉쇄할 수 있는 한, 독점이윤은 장기에도 지속적으로 발생할 수 있다. 이러한 점에서 불균형에 의한 이윤과는 구별된다.

그러나 신규기업의 진입을 장기간 봉쇄하는 것은 현실적으로 곤란하므로 독점이윤도 결국 단기에만 발생한다고 보는 학자도 있다. 따라서 본질적으로는 불균형에 의한 이윤의 발생과 동일한 관점에서 파악될 수 있다. 시장지배력에 의한 이윤은 일반적으로 많은 사회적 비용을 수반하는 부작용이 있어 논란의 대상이 된다.

이상에서 살펴본 이윤의 본질에 관한 설명은 상호보완적 성격을 갖고 있다. 어떤 특정산업에서의 이윤은 위 세가지 요인이 상호결합되어 발생할 수도 있고, 한 가지 요인에 의해서만 나타날 수도 있다.

2.3.2 이윤극대화가설

기업의 목적과 행태에 관한 경제학의 이론은 대부분 이윤극대화의 가설에 바탕을 두고 있다. 이윤은 총수입과 총비용의 차이로 정의되므로 i기업의 이윤함수는 다음과 같다.

$$\pi_i = P(Q) \cdot q_i - C(q_i) \tag{2.1}$$

여기에서 Q는 산업전체의 생산량이며 q_i는 i기업의 생산량, $C(q_i)$는 비용함수이다. 식 (2.1)을 극대화하기 위한 1차 조건은 다음과 같다.

$$P(Q) + q_i \cdot \frac{dP(Q)}{dq_i} = \frac{dC(q_i)}{dq_i} \tag{2.2}$$

$dP(Q)/dq_i$는 i기업의 생산량 변화가 가격에 미치는 영향을 나타내므로 완전경쟁산업인 경우에는 0이 된다. 식 (2.2)의 우변은 한계비용, 좌변은 한계수입을 나타낸다. 따라서 극대화를 달성하는 조건은 한계수입과 한계비용을 일치시키는 것이다.

그런데 기업의 궁극적 목적과 행태가 현실세계에서 과연 이윤극대화의 가정에서 이루어지고 있는가? 경제학 교과서는 대부분 이 가설을 바탕으로 하고 있지만 현실에서는 기업의 운영이 이윤극대화가 아닌 다른 목표하에서 이루어지고 있는 것을 종종 목격할 수 있다. 또한 소유와 경영이 분리된 현대자본주의경제에서는 기업경영자와 소유주가 서로 다른 인센티브를 갖고 행동할 수도 있다.

이와 관련하여 산업조직론에서는 다음 두 가지의 논의가 제기되어 왔다. 첫째, 이윤극대화가설이 과연 기업의 행태를 현실적으로 바르게 설명하고 있는가라는 의문이다. 둘째는 이윤극대화가설에 대체될 수 있는 다른 가설에 관한 논의이다.

우선 이윤극대화가설이 기업의 행태를 예측하는 데 현실적이고 정확한 것인가를 검토해 보자. 기업가의 행태를 설명함에 있어서 실제 기업가가 의식적으로 이윤을 극대화하고 있다는 가정이 꼭 필요한 것은 아니다. 다만 기업가의 행태가 이윤의 극대화와 상치되지 않고, 마치 기업의 목표가 이윤극대화인 것처럼 행동하는 것을 가정할 뿐이다. 따라서 기업가가 이윤을 추구한다는 가정은 현실적이지만 한계수입과 한계비용을 일치시킨다는 극대화조건은 실제상황에서 적용되지 않을 수도 있다.

이 관계는 다음과 같은 예로 설명될 수 있다. 만약 물리학자가 당구장에서 당구를 치고 있는 사람의 행태를 예측하자면 당구치는 사람이 모든 물리법칙을 알고 있다고 가정하고 그들의 행태를 계측할 수 있다. 어떤 힘과 압력으로 각도를 고려하여 경기를 하면 득점할 수 있게 된다는 것을 예측할 수 있다. 그러나 실제 경기자가 모든 물리법칙을 알고 있다고 가정하는 것은 비현실적이다. 다만 반복된 경험에 기초하여 당구를 칠 따름이다.

「마클럽」(Machlup)은 이를 운전자의 예로 설명하고 있다. 운전자가 고속도로에서 추월하거나 전방의 차를 피하기 위해서는 날씨와 현재속도, 액셀러레이터의 강도, 현재의 위치, 브레이크의 상태 등 많은 내용을 고려하여 결정해야 할 것이다(Machlup, 1967). 이것을 과학적으로 계산하자면 고도의 수학과 물리학 지식을 필요로 한다. 그러나 실제 운전자는 이러한 계산을 할 시간적 여유도 없고 계산을 하지도 않는다. 다만 경험과 당시의 상황에 따라 즉각적 결정을 할 따름이다.

이윤극대화의 논리도 이와 같은 성질의 것이다. 이윤극대화의 모형에서는 완전한 정보가 주어져 있고 불확실성이 존재하지 않는 것을 전제로 하지만 실제 기업경영자에게는 완전한 정보가 반드시 있어야만 되는 것은 아니다. 고속도로상에서의 운전자나 당구경기자와 같이 기업가는 경험과 직관에 의해 상황에 대처하면서 모든 결정을 하게 될 것이다. 그러나 기업가가 이윤을 목표로 한다면 결국 이윤극대화의 가정에서 유도된 행태와 일치될 것이다.

두 번째 논의는 이윤극대화의 대체가설에 관한 것이다. 기업의 소유주는 이윤을 투자의 대가로 회수하므로 비용을 최소화하고 수입을 극대화하려 한다. 따라서 주주가 기업을 경영한다면 당연히 이윤을 극대화하는 행태를 보이게 된다.

그러나 경영과 소유가 분리된 상황에서 경영자는 비이윤극대화(non-profit maximization)의 행태를 나타낼 수 있다. 특히 경영자는 주주보다도 우월한 정보를 갖고 있고, 주주가 경영자의 행동을 적절히 감시할 수 없는 경우에는 경영자의 재량에 의한 비이윤추구적 행태가 등장하게 된다. 이것은 곧 경영자와 주주(소유주)가 갖고 있는 인센티브의 문제이며 주인-대리인(principal-agent)의 관계로서도 설명된다.

최근 산업조직론에서는 이와 같은 문제를 소유주가 경영자의 행태를 감시하며 경영자의 재량권을 제약하는 방법으로 접근하고 있다. 특히 금전적인 인센티브는 물론 생산물시장에서의 여타 기업과의 경쟁상태와 직접적인 감시기능의 도입 등으로 해결하고 있다(Tirole, 1988).

2.3.3 이윤극대화의 대체가설

이윤극대화의 가설이 모든 기업의 행태를 완전하게 설명하지 못하고 소유주와 경영자가 갖고 있는 인센티브의 상충으로 인하여 그동안 이윤에 대체되는 기업목표들이 많이 제시되었다. 이에 해당하는 대표적인 기업이론으로는 판매나 자산의 극대화, 부와 성장률 및 판매액의 현재가치 극대화 등을 제시할 수 있다.

이들 대체이론들은 단일한 목표를 제시하는 것과 여러 목표간의 상충관계를 반영하는 것으로 구별되며 기간에 따라서도 일기(一期)와 다기(多期)모형으로 구별하기도 한다. 또한 경영자와 소유자의 이해상충으로 나타나기도 하고

표 2-1	기업의 주요 극대화이론	
구 분	이 론	
일기(一期)모형	이윤극대화 매출 또는 자산극대화 경영자 효용극대화	
다기(多期)모형	부(富)의 극대화 매출증가율의 극대화 매출의 현재가치 극대화 목표수익률의 달성	
복합목표간의 상충모형	이윤과 여가 경영자 소득과 소유주 이윤 이윤과 안전 이윤과 통제 이윤과 사회적 책임 이윤과 품질의 완벽성 이윤과 경영자재량 이윤과 비금전적 보상 이윤과 지위, 권력, 특권 이윤과 종업원규모 이윤과 작업환경의 쾌적 이윤과 전문적 성취감	

자료: Clarkson(1980).

소유주 또는 경영자 내부의 이해상충과 관련된 것도 있다(〈표 2-1〉 참조).

본 절에서는 이윤극대화의 대체가설로서 대표적으로 논의되는 경영자의 효용과 판매극대화(sales maximization) 및 성장극대화모형을 보다 구체적으로 논의하기로 한다.

① 경영자의 효용극대화

소유와 경영이 분리된 상황에서 소유주가 경영자의 감시를 효율적으로 할 수 없을 경우에는 경영자의 재량에 의해 기업경영이 이루어진다. 경영자는 자신의 효용극대화를 위하여 자원을 배분하고 필요한 최소한의 이윤만을 달성하려 하게 된다. 예를 들면 경영자는 부하직원의 규모를 극대화(staff maximization)

| 그림 2-1 | 경영자의 효용극대화모형 |

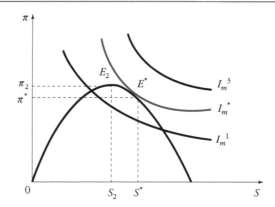

매출(S)이 증가하면 일정구간에서는 이윤(π)도 증가하지만 S_2 이상에서는 점차 감소한다. 경영자의 효용은 이윤(π)과 자신이 추구하는 여타 변수와의 함수로서 결정됨으로 I_m^1, I_m^3와 같은 형태가 된다. 이것은 마치 π와 S의 두 재화를 조합하여 효용을 극대화하는 소비자의 무차별곡선과 같다. 따라서 이윤과 매출의 제약조건에서 경영자의 효용극대화는 S^*의 매출과 π^*의 이윤을 얻는 E^*에서 이루어진다.

하거나 다른 자신의 이익을 추구할 수 있게 된다.

〈그림 2-1〉에 경영자의 효용극대화모형을 표시하도록 하자. X축은 부하직원의 규모 또는 여타 경영자의 효용증대를 위한 목표변수(S)를 나타낸다. Y축은 이윤(π)을 나타낸다. 경영자의 효용함수는 $U(S, \pi)$로 표시되며 $MU_S > 0$, $MU_\pi > 0$으로서 자신의 목표변수(S)와 이윤의 한계효용이 모두 양수라고 가정하자. 그렇다면 경영자의 무차별곡선은 I_m으로 표시된다. 따라서 이윤과 자신의 목표변수가 모두 보통재로서 효용을 증대시켜 줄 수 있다.

한편 이윤과 경영자의 목표변수는 2차함수적 관계에 있다고 가정하자. 예를 들어 직원의 규모가 S_2수준까지 확대되는 것은 이윤을 증대시킬 수 있지만, 그보다 큰 규모에서는 점차 이윤을 감소시키는 함수적 관계를 갖고 있다.

따라서 〈그림 2-1〉에 표시된 것은 π와 S의 제약조건하에서 경영자의 효용(I_m)을 극대화시키는 문제가 된다. 경영자의 효용은 무차별곡선과 제약조건이 접하게 되는 E^*에서 결정될 것이다. E^*점에서 경영자의 효용은 I_m^*이 되고 이윤은 π^*가 되며 간부의 규모는 S^*에서 결정된다. 그러나 E^*점에서는 주어진 제약조건에서 경영자의 효용은 극대화되지만, 실제 이윤은 E_2에서 극대화되는 것을 알 수 있다.

이 모형은 경영자의 목표변수를 변화시키면서 여러 형태로 전환시켜 응용할 수 있다. 또한 이윤에 제약조건을 두어(최소확보이윤을 확보하는 경우 등으로) 응용할 수 있다. 경영자는 여러 형태로 자신의 효용을 극대화시킬 수 있다. 예를 들면 소유주의 부를 극대화시키면서 자신의 월급을 높일 수도 있고, 매출과 자산의 증대를 통해 그 목적을 달성할 수도 있다. 경우에 따라서는 비금전적 형태의 효용증대를 목표로 하기도 하고 이윤증대와 정면으로 상충되는 목표를 가질 수도 있다(Williamson, 1966).

이 모형은 경영자의 다양한 목표를 효용극대화를 통해 실현시키는 모델이다. 기업이 이러한 행태를 보이기 위해서는 어느 정도의 시장지배력이 필요하다. 왜냐하면 완전경쟁시장에서는 기업의 생존을 위해 이윤극대화를 추구해야만 하기 때문이다. 완전경쟁산업에서의 기업이 이러한 행태를 추구하면 장기적으로 경쟁에서 생존할 수 없게 된다. 이 모형은 또한 소유주가 경영자를 감시하거나 감독하는 데 필요한 정보비용(information cost)이 커야만 가능하다. 소유주가 충분한 정보를 갖고 있고 경영자의 행태를 감시하는 비용이 저렴하다면 이와 같은 경영자의 재량과 효용추구는 곤란하게 된다.

한편, 경영자의 효용극대화모형은 성장극대화(growth maximization)로 전환될 수 있는데 S를 성장률 G로 대체하고 효용함수를 정의하면 새로운 균형점을 찾을 수 있게 된다. 「갈브레이스」(Galbraith)가 '신산업국가'(New Industrial State)에서 제시하고 있는 현대자본주의의 대기업에는 경영층의 이윤극대화와 판매 및 성장의 극대화추구 행태가 동시에 나타나고 있다.

② **판매극대화**

기업경영자는 이윤보다 판매량의 극대화가 자신의 물질적 보상과 사회적 지위의 유지에 더 중요하다고 생각할 수 있다. 이 경우 경영자는 최소한의 일정 이윤만을 확보하면서 판매를 극대화하는 행태를 보이게 되는데 이것이 바로 「보몰」(Baumol)이 제시한 판매극대화모형이다(Baumol, 1967).

판매극대화모형은 〈그림 2-2〉와 같이 표시된다. X축은 일정기간의 총판매

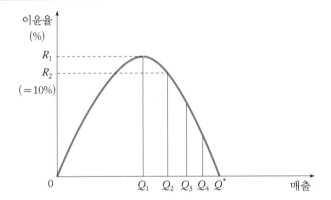

그림 2-2   판매극대화 모형

Q_1의 매출량까지는 이윤율이 증가하다가 그 이상에서는 이윤율이 감소한다. 경영자가 이윤율에 관심이 없고, 총매출을 극대화 한다면 Q^*의 매출을 달성하게 된다. 이 경우 이윤율은 중립재로서 경영자의 효용함수에 아무런 영향을 주지 못한다. 그러나 매출에 관심이 없고 이윤율을 극대화한다면 매출은 Q_1으로 감소되고, 이윤율은 R_1에서 극대화된다.

(Q)를 나타내고 Y축은 이윤율(총이윤/투자액)을 나타낸다. 그림에서와 같이 최대이윤율(R_1)은 Q_1의 매출에서 달성된다. 그러나 매출의 극대화는 Q^*에서 달성된다.

만약 특정한 이윤율의 달성목표가 제약조건으로 주어져 있다면(예를 들어 $R_2 = 10\%$) 이 이윤율을 달성하면서 매출이 극대화되는 점은 Q_2가 될 것이다. 〈그림 2-2〉에서는 이윤율의 제약조건이 Y축에 표시되어 있다. 이것은 경영층이 이윤율로부터는 아무런 효용을 얻지 못하는 것을 표시한다(앞의 〈그림 2-1〉과 비교). 즉, 이윤율은 경영자에게는 일종의 중립재이며 단지 총판매에만 관심을 갖고 있는 모형이 된다.

경영자는 과연 어떤 방법으로 매출극대화를 달성할 수 있겠는가? 만약 수요곡선이 탄력적이라면 가격을 인하하여 이 목적을 달성할 수 있을 것이다. 광고를 통하여 수요곡선을 우측으로 이동시킬 수도 있을 것이다.

많은 실증적 연구에서도 경영층의 소득이 이윤보다도 매출액과 높은 상관관계에 있음을 보여주어 이 가설을 간접적으로 지지하고 있다(McGuire, Chiu & Elbing, 1962).

2.3.4 기업행태가설의 평가

이윤극대화의 가설에 바탕을 둔 신고전학파의 기업이론에 대한 비판은 1950~60년대에 절정을 이루었다. 실제 기업의 행태는 이윤극대화가 아닌 다른 변수에 의해서도 설명될 수 있다. 이윤극대화는 기업의 행태를 단순화시킨 하나의 가설일 뿐이며 이 가설로 모든 기업의 동기를 완벽하게 설명할 수는 없다.

그렇다면 이윤극대화가설은 현실적 적용범위가 극히 제한적이고 이에 바탕을 둔 많은 이론들은 유효성을 잃게 되는가? 이윤극대화를 대체하는 어떤 가설이 더욱 큰 설명력을 갖고 있는가? 특히 산업조직의 분석에서 이윤극대화가설은 어느 정도 유효한가? 이러한 의문이 1970년대 이후 많이 제기되고 여러 행태로 검증되었다.

우선 실증적 검증결과를 보면 이윤극대화에 대체되는 많은 가설들이 지지되고 있음에도 불구하고 이윤극대화가설 역시 기업형태의 결정에 중요한 이론임을 입증하고 있다(Masson, 1971; Williamson, 1964). 따라서 실증분석의 관점에서 볼 때 이윤극대화는 기업형태를 설명하는 변수로서 큰 제약이 없다는 것을 보여준다고 할 수 있다.

이론적 관점에서는 신고전학파의 이윤극대화가설의 체계내에서 경영자의 효용극대화 문제를 해결하는 많은 발전을 가져왔다. 예를 들면 경영관리층도 일종의 시장기능을 통하여 수요와 공급이 결정된다고 파악하여 경영자의 영업실적이 곧 시장에서의 수요에 반영될 수도 있다. 또한 감시기능의 적절한 운용, 소유주와 경영자의 주인-대리인관계에서의 정보비용의 절감, 여타 경쟁기업과의 성과비교 등에 관한 이론이 제시되었다. 이러한 이론들의 기본적인 접근방법은 경영자의 재량을 소유주가 통제할 수 있다고 보며 재량권의 행사나 경영자의 비효율적 행태가 장기적으로 지속되지 못한다고 파악한다.

그럼에도 불구하고 신고전학파의 기업에 관한 이론은 아직도 모든 기업의 행태를 완벽하게 설명하고 있는 것은 아니다. 예를 들면 최근 기업이론이 설명하려고 시도하고 있는 것들은 다음과 같다. 경영자의 목적함수가 구체적으로 어떤 변수와 결합되어 형성되는가? 예를 들면, 특권, 에고(ego), 권력, 우정 등

기업가의 개인적 욕구와 행태가 어떻게 영향을 미치는가? 기업내부의 정보와 지식의 유통이 어떻게 제약되고 있는가? 동태적 관점에서의 조직구조의 변화와 그룹행태 등은 어떻게 이루어지는가?(Nelson & Winter, 1972) 이러한 과제들을 해결하기 위해서는 경제학뿐만 아니라 여타 학문의 접근방법도 동시에 적용되어야 할 것이다.

한편 경영자가 이윤극대화 이외에 다른 목적함수를 갖고 있다 할지라도 소유주가 실현된 비용에 관한 정보를 갖고 있으면 외부적으로 나타나는 결과는 이윤극대화가설과 일치하게 된다. 이것은 마치 운전자와 당구경기자의 예에서 지적된 바와 같이 실제 경영자가 이윤극대화의 논리를 무시하고 있다 할지라도 행동의 결과는 이윤극대화의 이론으로서 설명될 수 있는 것이다. 따라서 기업내부의 조직구성원간에 어떤 상호작용이 있다 해도 이윤극대화가설에 의한 기본논리는 유효성이 상실되지 않고 적용될 수 있다.

이러한 예를 다음과 같은 독점기업의 이윤함수로서 설명하기로 하자.

$$\pi = P(q) \cdot q - c(e, \epsilon) \cdot q - W \tag{2.3}$$

여기에서 q는 기업의 생산량, $P(q)$는 가격, c는 단위당 비용으로서 경영자의 노력(e)과 확률변수(ϵ)의 함수이다. 그리고 W는 경영자에 대한 보수이다. 이제 소유주가 e와 ϵ를 제외한 모든 변수를 알고 있다고 가정하자. 나아가 소유주는 실현된 단위비용 c를 알고 있다고 하자. 따라서 소유주는 경영자의 노력(e)과 확률변수(ϵ)를 개별적으로는 모르지만 이들이 결합되어 실현된 단위비용은 알고 있다는 가정이다.

이 경우 c는 충분통계량(sufficient statistic)으로서 e와 ϵ가 가진 정보를 모두 반영하고 있다. 경영자의 임금은 결국 실현된 c에 의해서 결정될 것이므로 c의 함수로서 표시될 수 있다[$W(c)$]. $W(c)$의 임금구조하에서 유도되는 경영자의 노력을 e라 하고, 소유주가 경영자의 행태를 완전히 알 수 있을 때의 경영자의 노력을 e^*라고 하자. 경영자의 재량에 의한 비효율이나 나태가 있을 경우에는 당연히 e와 e^*가 다르게 되며($e \neq e^*$), 경영자가 위험회피적일 경우에도 e와 e^*는 일치하지 않게 된다.

이제 소유주의 입장에서 이윤극대화문제를 살펴보자. 만약 적정한 임금구조 $W(\cdot)$에서 유도된 경영자의 노력 e 가 반영된 확률적 비용을 $\tilde{c} \equiv c(e, \epsilon)$라고 하자. $\tilde{c}$는 경영자의 노력 여하에 따라 높게 또는 낮게 나타날 수도 있는 확률적 개념의 비용(random cost)이라고 할 수 있다. 이제 소유주의 기대이윤은 다음과 같다.

$$E(\pi) = P(q) \cdot q - E(\tilde{c}) \cdot q - E[W(\tilde{c})] \qquad (2.4)$$

그런데 식 (2.4)를 극대화하기 위한 q의 선택은 경영자의 행태문제를 변화시키지 못한다. 즉, 소유주(또는 경영자)는 결국 $P(q) \cdot q - E(\tilde{c}) \cdot q$를 극대화시키는 q를 선택하게 된다. 이 결과는 마치 기업의 행태가 경영자의 재량과 비효율을 수반하지 않은 것과 같고, 또한 소유주가 완전한 정보를 갖고 있어서 효율적 수준의 노력 e가 반영된 비용분포 $\tilde{c}$를 갖고 있는 것과 같다. 따라서 경영자와 소유자간의 정보의 비대칭성으로 단위비용이 높은 수준으로 편향(biased)되었다 할지라도 전통적인 이윤극대화에 바탕을 둔 독점가격 결정이론이 유효하게 된다.

이것은 한 예에 불과하지만 경영자가 소유주보다 기업에 대한 정보를 더욱 많이 갖고 있는 비대칭적 정보구조나 경영자의 재량권 확대 등에서 오는 비이윤극대화적 행태도 전통적 분석체계내에서 수용될 수 있음을 보여주는 것이다. 따라서 내부조직내에서의 이해상충이 존재할 경우에도 이윤극대화가설의 적용범위가 결코 크게 제약되는 것은 아니다.

풀 어 쓰 는 경·제 2

장미의 기사

세대에 따라 연인에게 사랑을 표현하는 방법도 달라지게 마련이다. 요즘 신세대들은 자유분방하게, 때로는 너무 쉽게 사랑을 표시하지만, 기성세대에게는 사랑한다는 말 한 마디를 꺼내기 어려워 고민하던 시절이 있었다. '쉰세대' 부부들은 사랑의 언어를 쑥스럽게 받아들이며 평생을 지낸다. 아직도 벙어리 냉가슴 앓듯 달님이나 스치는 바람에 사랑의 메시지를 간청하던 예전의 기억에서 크게 벗어나지 못하고 있는 것 같다. 물론 서양은 우리보다 훨씬 적극적이다. 붉은 장미로 구애하고, 노랑 손수건으로 사랑을 재확인하며, 주위의 시선에 아랑곳하지 않고 포옹과 키스를 하지 않는가. 그러나 서양에서도 사랑을 전달하는 방식은 신분에 따라 큰 차이가 있었던 것 같다.

18세기 오스트리아 귀족은 사랑의 메신저로서 주로 '장미의 기사'를 활용했다고 한다. 장미의 기사는 사랑하는 연인에게 청혼의 표시로서 은으로 만든 장미꽃을 전달해주는 대리인을 말한다. 리하르트 게오르크 슈트라우스의 오페라 「장미의 기사」에는 당시의 관습이 희화적으로 잘 나타나 있다. 오크스 남작은 공작부인과 사랑에 빠져있는 옥타비안을 자신의 사랑을 담은 장미꽃을 보내는 사자(使者)로 선택한다. 옥타비안이 여자로 분장한 사실도 모르고 '장미의 기사'로 선발한 오크스는 엄청난 대가를 치르게 된다. 옥타비안은 사랑의 사자로서 부호의 딸 소피에게 은으로 만든 장미에 담긴 오크스의 청혼의 뜻을 전달한다.

그러나 어찌 운명이 그렇게 될 수 있는가? 꽃을 전달받는 순간부터 두 사람은 깊은 사랑의 묘약에 취하게 된다. 소피가 오크스 남작의 심부름꾼인 옥타비안을 사랑하게 된 것이다. 아름다운 멜로디와 고즈넉한 정취로 채색된 여러 우여곡절 끝에 옥타비안과 소피는 결혼하게 된다. 오페라는 대리인인 '장미의 기사'가 오히려 장미를 보낸 주인 오크스의 사랑을 빼앗는 희화로 끝낸다. 오크스는 '장미의 기사'를 잘못 선택한 그 결정 때문에 은장미는 물론 사랑마저도 잃게 된다.

어디 이런 일이 '장미와 기사'뿐이랴. 아무리 충복이라도, 대리인은 때로 주인의 뜻과는 다른 행동을 하게 마련이다. 주인과 대리인이 행동하는 목표가 서로 다르기 때문이다. 소유와 경영이 분리된 자본주의의 기업에서도 주인은 주주이지만, 대리인인 경영자에게 모든 경영권을 맡긴다. 주주는 주인으로서 이윤극대화를 원하지만, 경영자는 이윤만을 추구하는 것은 아니다. 때로는 이윤보다는 시장점유율을 중요시하거나, 기업규모나 조직의 확대에 더 많은 관심을 기울일 때가 많다. 이것은 장미의 기사가 꽃을 전달하는 것보다는 사랑을 빼앗는 일에 더 신경을 쓰는 것과 같다. 그래서 주주의 이익이 침해받는 경우도 나타난다. 이와 같이 주인과 대리인 관계에서 발생되는 비용을 '대리인 비용(agency cost)'이라고 한다.

대리인 비용은 자신이 직접 일하지 않고 대리인에게 위임하는 모든 부문에서 발생한다. 공기업은 주인이 국민이고, 대리인은 경영을 위탁받은 임직원들이다. 정부나 국회의 주인은 국민이고, 공무원과 국회의원은 대리인 역할을 하고 있다. 이 관계에서도 역시 대리인이 자신의 이익을 극대화 시킨다면, 사회 전체로는 엄청난 대리인 비용을 수반한다. 대주주의 횡포도 소액주주의 관점에서는 대리인 비용이 된다. 대리인 비용을 최소화하려면 장미꽃을 직접 자신이 전달해야만 한다.

그러나 어떻게 모든 일을 자신이 직접 처리할 수 있는가. 결국 충성스런 장미의 기사가 필요한 것이다. 충성심을 감시할 수 있는 감독장치도 필요하다. 이것은 바로 바람직한 지배구조의 문제와도 연결된다. 대주주의 횡포나 경영자의 성과를 감시할 수 있어야 하고, 국회나 공기업, 정부에서도 주인의 뜻을 제대로 수행하느냐를 감시할 수 있는 제도가 도입되어야 하는 것이다. 감독장치가 없는 지배구조는 엄청난 대리인 비용을 유발한다.

우리 주변에는 대리인이 주인이라는 착각 속에 자신의 이익을 먼저 생각하는 경우가 많다. 착각은 자유지만, 대리인 비용이 어디서 발생하고 있는지 챙겨볼 일이다. 행여 허울 좋은 장미의 기사가 사랑은 빼앗아가고, 거품만 남겨놓고 갈지도 모르지 않는가.

정갑영, 『열보다 더 큰 아홉』, 영진미디어, 2005, p. 24.

제3장 게임과 전략

Chapter 03

게임과 전략

3.1 게임과 전략

　게임이론(game theory)은 합리적인 의사결정자들의 행동 및 전략을 분석하기 위한 분야이다. 게임이론을 시장경쟁에 응용할 경우에는 각 기업을 경기자로 파악하여 각 기업의 행태와 전략 및 반응을 분석하게 된다. 각 기업은 경기자와 마찬가지로 전략을 선택하여 경쟁에서 이기려고 노력하고 이것은 곧 이윤을 극대화하는 것과 동일하다. 각 기업의 이윤은 곧 상대기업의 전략에 따라 영향을 받게 되므로 이것 역시 게임에서 각 경기자가 경쟁하는 것과 동일하다. 따라서 게임이론은 기업간의 전략적 선택이 중요한 과점시장의 행태를 분석하는 접근방법으로 많이 활용되고 있는 것이다.

　이제 본 절에서는 먼저 게임의 기초개념을 간략히 정의하고 어떻게 시장경쟁분석에 응용되는지를 설명하기로 한다(Gibbons, 1992). 게임은 크게 경기자(players), 전략(strategies), 게임의 법칙(rules) 그리고 보상(payoffs)으로 구성되어 있다. 경기자는 행동을 결정하는 주체이며 전략은 경기자가 할 수 있는 행동계획을 나타낸다. 게임의 법칙은 누가 언제 무엇을 할 수 있는지를 규정하고 보상은 경기자가 게임의 결말에서 얻을 수 있는 최종적인 이득이라 볼 수 있다.

　게임을 규정하는 형태는 크게 정상형(normal form)과 확장형(extensive form)으로 나누어 볼 수 있다. 〈표 3-1〉은 정상형 게임 중 죄수의 딜레마로 불리는 게임이다. 공범자(共犯者)인 두 죄수 X, Y가 별도의 감방에 갇혀 있다고 가정하자. 또한 범죄에 대한 결정적 증거를 확보하려면 죄수의 자백이 필요하다고 가정하자. 〈표 3-1〉에 나타나고 있는 바와 같이 X와 Y가 모두 범죄사실을 부인한다면 각각 1년씩의 징역형을 받게 되는 것을 가정하고 있다. 그런데 만약

표 3-1	죄수의 딜레마 게임

X의 전략 \ Y의 전략	부인	자백
부인	$(-1, -1)$	$(-10, 0)$
자백	$(0, -10)$	$(-6, -6)$

X만 자백을 하고 Y가 자백을 하지 않는다면 X는 석방되고 Y는 10년형을 받게 된다. 반대로 Y만 자백하고 X가 자백하지 않는다면 Y가 석방되고 X가 10년형을 받게 된다. 모두 자백하면 각각 6년형을 받게 된다고 하자. 경기자는 $\{X, Y\}$이며 X의 전략은 $\{$부인, 자백$\}$이며 Y의 전략 또한 $\{$부인, 자백$\}$으로 나타낼 수 있다. 게임의 결과는 $\{$(부인, 부인), (자백, 부인), (부인, 자백), (자백, 자백)$\}$으로 나타내어 진다. 게임의 결과에 따른 보상은 결과에 따라 달라지는데 만약 X가 부인을, Y가 자백을 선택한다면 X의 보상은 -10이 되며 Y의 보상은 0가 된다. X와 Y가 모두 부인을 할 경우 보상은 각각 -1이 된다.

3.2 우월전략균형과 내쉬균형

〈표 3-1〉과 같은 게임의 구조하에서 게임의 해를 구하기 위해서는 게임의 해법(equilibrium concepts)이 필요하다. 우선 우리는 우월전략(dominant strategy)의 개념을 이용하여 게임을 풀어보기로 하자. 우월전략은 상대방이 어떤 전략을 택하든지 경기자 본인의 보상을 항상 극대화 시키는 전략을 말한다. X의 입장에서 보면 Y가 부인을 선택할 경우 자백을 선택하는 것이 유리하며 Y가 자백을 선택하는 경우에도 자백을 선택하는 것이 유리하다. Y의 선택에 관계없이 자백을 선택하는 것이 X에게 항상 유리하기 때문에 자백이 X에게는 우월전략이라고 볼 수 있다. Y의 입장에서도 마찬가지이다. X가 부인 또는 자백을 선택하든지 상관없이 자백을 선택하는 것이 유리하며 자백이 Y의 우월 전략이다. 두 사람의 우월전략의 묶음인 $\{$자백, 자백$\}$을 우월전략균형(dominant strategy equilibrium)이라 하며 게임의 해를 푸는 한 방식이다. 그러나 문제는 우

표 3-2	가격설정게임	
X의 전략 \ Y의 전략	낮음	높음
낮음	(<u>20</u>, <u>20</u>)	(60, 0)
높음	(0, 60)	(<u>100</u>, <u>100</u>)

월전략이 항상 존재하는 것이 아니다. 이런 경우 우월전략균형은 존재하지 않게 된다. 〈표 3-2〉는 두 기업 X와 Y의 가격설정게임을 나타낸다. X와 Y가 모두 낮음을 선택할 경우 보상은 각각 20이 되고 X가 낮음을 Y가 높음을 선택할 경우 X의 보상은 60이며 Y의 보상은 0이 된다. X와 Y가 모두 높음을 선택하면 X와 Y의 보상은 각각 100이 된다. 이 게임에서는 X기업의 경우 Y기업이 낮은 가격을 선택할 경우 X기업도 낮은 가격을 선택하는 것이 유리하고 Y기업이 높은 가격을 선택하면 X기업도 높은 가격을 선택하는 것이 유리하다. 따라서 X기업에게 항상 유리한 전략은 존재하지 않고 Y기업의 전력에 따라 유리한 전략이 달라진다. 따라서 우월전략은 존재하지 않으며 우월전략균형도 구할 수 없다.

  그러면 어떻게 게임의 해를 구해야 하는가? 다른 종류의 균형이 존재하는지를 살펴보자. 우리는 내쉬균형(Nash equilibrium)의 개념을 이용하여 게임의 해를 구해보고자 한다. 내쉬균형을 정의하기 위해서는 우선 최적반응(best response)이라는 용어를 정의하여야 한다.

  기업 X의 최적반응(best response)함수는 기업 Y의 전략이 주어진 상태에서 기업 X의 보상을 극대화하는 전략들의 집합이라고 정의할 수 있다. 기업 Y의 최적반응도 동일하게 정의할 수 있다. 다음은 두 기업의 최적반응함수를 나타낸다.

  기업 X의 최적반응함수＝

$$\begin{cases} \text{기업 } Y \text{가 낮음을 선택하면 기업 } X \text{는 낮음을 선택} \\ \text{기업 } Y \text{가 높음을 선택하면 기업 } X \text{는 높음을 선택} \end{cases}$$

기업 Y의 최적반응함수＝

$\begin{cases} \text{기업 } X\text{가 낮음을 선택하면 기업 } Y\text{는 낮음을 선택} \\ \text{기업 } X\text{가 높음을 선택하면 기업 } Y\text{는 높음을 선택} \end{cases}$

〈표 3-2〉에서 밑줄친 부분인 {(낮음, 낮음), (높음, 높음)}은 상호간에 서로 최적전략이 되는 전략의 집합을 나타내는데 이를 내쉬균형이라 한다. 내쉬균형은 각 경기자들의 최적전략의 집합으로 한 경기자의 최적반응이 상대방 경기자에도 최적의 결과를 주어 균형을 이루는 전략집단이라고 할 수 있다. 상호간에 최적의 상태에 있기 때문에 현 상태로부터 벗어날 유인이 없는 균형상태라고 볼 수 있다. 〈표 3-2〉의 가격설정게임에서는 {낮음, 낮음}과 {높음, 높음} 두 개의 내쉬균형이 존재한다. 정상형 게임에서는 한 개의 내쉬균형이 존재할 수도 있고 여러개의 내쉬균형이 존재할 수도 있고 내쉬균형이 존재하지 않을 수도 있다. 〈표 3-1〉의 죄수의 딜레마 게임에서는 오직 하나의 내쉬균형만이 존재할 수 있음을 보일 수 있다. 그리고 우월전략균형은 항상 내쉬균형이나 내쉬균형이 항상 우월전략균형이 되는 것은 아님을 보일 수 있다.

3.3 부분게임완전균형(Subgame Perfect Nash Equilibrium)

확장형(extensive form)게임은 게임나무(game tree)를 이용하여 경기의 순서와 선택전략, 각 경기자의 보상(payoff)을 표시하는 구조를 따른다. 게임나무는 시작마디(node), 의사결정마디(decision node), 그리고 가지(branch)로 구성이 되어 있다. 〈그림 3-1〉의 게임에서는 두 경기자가 게임을 하게 되어 있는데 경기자 1이 먼저 좌 또는 우를 선택하면 경기자 2는 경기자 1의 선택을 관찰하고 좌′ 또는 우′를 선택하게 된다. 그리고 종결마디(terminal node)에 보상이 주어져 있다. 여기서 전략의 개념을 정의하는 것이 중요하다. 게임에 있어서 전략(strategy)은 경기자의 모든 가능한 행동계획의 집합이라고 정의할 수 있다. 경기자 1의 전략은 {좌, 우}이고 경기자 2의 전략은{(좌′, 좌′), (좌′, 우′), (우′, 좌′), (우′, 우′)}이다. 경기자 2의 경우 경기자 1이 좌 또는 우를 선택하는 상

| 그림 3-1 | 게임나무 |

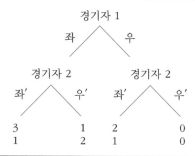

황을 고려하여 모든 가능한 경우의 실행계획을 세우게 되는데 이를 경기자 2
의 전략으로 정의할 수 있다. 이제 확장형 게임의 내쉬균형을 정상형으로 옮겨
서 구해 보자.

〈표 3-3〉은 확장형게임을 정상형으로 바꾼 모습이다. 위의 정상형 게임에
서 우리는 두 개의 내쉬균형이 존재하는 것을 알 수 있다. {좌, (우′, 우′)}와
{우, (우′, 좌′)}이다. 게임의 실제의 결과는 (우, 좌′)이나 내쉬균형은 실제의
결과가 아니라 경기자들의 모든 가능한 전략을 적시하게 된다. 균형은 모든 가
능한 행동에 대한 계획인 반면 결과(outcome)는 모든 가능한 상황이 아니라 실
제 발생할 가능성이 높은 행동을 나타낸다.

〈표 3-3〉에는 2개의 내쉬균형이 존재한다. 내쉬균형이 여러개 존재할 경
우 실제로 어떠한 균형이 실현될지 알 수 없는 문제점이 나타난다. 내쉬균형
중에는 비논리적인 균형이 존재할 수가 있는데 〈표 3-3〉의 두 개의 내쉬균형
중에서 {좌, (우′, 우′)}가 그러한 경우이다. 왜냐하면 경기자 2의 전략 중 경기
자 1이 좌를 선택할 경우 우′를 선택하겠다는 것은 합리적이나 경기자 1이 우

| 표 3-3 | 내쉬균형 |

경기자 1 \ 경기자 2	(좌′, 좌′)	(좌′, 우′)	(우′, 좌′)	(우′, 우′)
좌	3, 1	3, 1	1, 2	<u>1, 2</u>
우	2, 1	0, 0	<u>2, 1</u>	0, 0

를 선택했을 때 경기자 2가 우′를 선택하겠다는 것은 비합리적이다. 따라서 이러한 비논리적인 전략들로 구성된 균형들을 제거하여 내쉬균형을 정교화할 필요가 있는데 이에 따라 부분게임완전균형(subgame perfect Nash equilibrium)의 개념을 도입하게 된다. 부분게임(subgame)은 원래 게임의 하위게임들이다. 위의 게임에는 전체게임과 〈그림 3-2〉의 〈A〉와 〈B〉 2개의 부분게임을 합해 총 세 개의 부분게임이 있다.

어떠한 전략의 집합이 모든 부분게임에 대하여 내쉬균형을 유도할 때 이 결과를 부분게임완전균형이라 한다. 두 개의 내쉬균형 중 {우, (우′, 좌′)}는 부분게임완전균형이다. 우선 {우, (우′, 좌′)}는 정상형게임에서 찾아낸 바와 같이 전체게임의 내쉬균형이다. 그리고 경기자 2가 수행하게 되는 2개의 부문게임이 있는데 이 부분게임들은 경기자 2가 혼자 하는 단독게임이다. 단독게임에서 내쉬균형은 최적반응(best response) 그 자체이다. 즉, 우′는 부분게임 〈A〉의 내쉬균형이고 좌′는 부분게임 〈B〉의 내쉬균형이다. {우, (우′, 좌′)}를 구성하고 있는 행동계획들은 모든 부분게임들에서 내쉬균형이 되고 있다. 부분게임완전균형의 기본적인 개념은 실제 일어날 가능성이 없는 상황에서도 경기자의 행동이 적합하여야 된다는 조건을 부과함으로써 비합리적인 내쉬균형을 제거하는 것이다. 부분게임완전균형은 역진귀납법(Backward Induction)을 이용하면 쉽게 구할 수 있다. 우선 각각의 부분게임에서 내쉬균형을 찾는다. 두 개의 부분게임 중 부분게임 〈A〉에서 내쉬균형은 우′이고 부분게임 〈B〉에서 내쉬균형은 좌′이다. 두 개의 부분게임 내쉬균형이 주어진 상태에서 게임나무를 거꾸로 올라와서 경기자 1의 보상을 극대화 할 수 있는 행동을 선택하면 된다. 경기자 2가 부분게임 〈A〉에서 우′를 선택할 경우 보상은 (1, 2)로 주어지고 부분게임

그림 3-2 부분게임

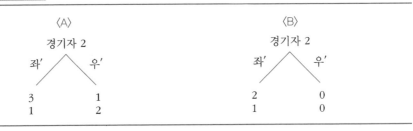

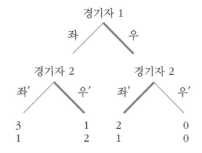

| 그림 3-3 | 부분게임완전균형 |

〈B〉에서 경기자 2가 좌′를 선택할 경우 보상은 (2, 1)로 주어진다. 이때 경기자 1이 좌를 선택하면 보상이 1이고 우를 선택할 경우 보상이 2가 되므로, 경기자 1의 입장에서는 우를 선택하는 것이 보상을 극대화하는 방법이다. 따라서 경기자 1과 2의 각 의사결정노드에서의 최적행동의 집합인 {우, (우′, 좌′}가 부분게임완전균형이 된다.

3.4 반복게임(Repeated Game)

〈표 3-4〉와 같은 같은 죄수의 딜레마 게임을 고려해 보자. 이 게임은 사실상 〈표 3-1〉과 같은 게임이라 볼 수 있다. 이 게임에서 내쉬균형은 {좌, 좌}임을 보일 수 있다. {우, 우}가 보다 나은 결과를 보장함에도 불구하고 협력적 결과를 얻지 못하는 것이 죄수의 딜레마 게임의 시사점이라 할 수 있다. 우리는 이러한 죄수의 딜레마 게임이 반복되었을 경우 미래의 행동에 대한 위협(threats)을 통하여 현재 경기자의 행동에 영향을 미칠 수 있음을 보일 수 있으며 협력적 결과인 {우, 우}가 유지될 수 있음을 보일 수 있다.

우선 위의 동일한 죄수의 딜레마 게임이 두 기간(t=1, 2)에 걸쳐 반복된다고 가정하자. 여러 기간에 걸쳐 게임이 진행될 경우 경기자들은 경기가 반복되는 기간 동안 보상의 현재가치를 극대화한다고 가정하자. 여기서는 단순화를 위하여 미래의 보상에 대한 할인이 없다고 가정하자. 역진귀납법의 방식으로

표 3-4	죄수의 딜레마 게임[2]	

X의 전략 \ Y의 전략	좌	우
좌	(1, 1)	(6, 0)
우	(0, 6)	(4, 4)

부분게임완전균형을 구해보자. 우선 제2기 게임의 해를 먼저 구하면 {좌, 좌}
가 내쉬균형이 된다. 왜냐하면 제2기에서 게임이 끝나기 때문에 제2기 게임은
일회성 죄수의 딜레마 게임과 동일하기 때문이다. 제1기에 발생했던 결과에 상
관없이 제2기에는 일회성 죄수의 딜레마의 해가 내쉬균형이 된다. 역진귀납법
에 의하여 제1기로 올라가면 경기자들은 제2기에는 {좌, 좌}가 선택될 것임을
예측할 수 있으므로 제1기에도 {좌, 좌}를 선택하게 된다. 제1기의 해를 구할
경우 제1기의 내쉬균형은 결국 제2기의 보상 (1, 1)을 〈표 3-4〉에 보상에 더하
여 구하는 것과 같다. 결국 2회 반복되는 죄수의 딜레마 게임에서 유일한 부분
게임완전균형은 {(좌, 좌), (좌, 좌)}로 일회성 게임의 내쉬균형인 {좌, 좌}가
반복되는 것이다. 이러한 2기간 반복게임은 유한한 T기까지 연장할 수 있고 일
회성 내쉬균형이 T기간 반복되는 것이 반복게임의 유일한 부분게임완전균형이
라고 할 수 있다. 기간이 유한한 경우에는 일회성 게임의 균형인 {좌, 좌}만
반복될 뿐 협력적인 결과인 {우, 우}를 얻을 수가 없다.

이제 죄수의 딜레마 게임이 무한 반복된다고 가정하자. 그리고 경기자들은
게임의 전체 기간 보상의 현재가치를 극대화 한다고 가정하자. 미래 보상에
대하여 할인율은 δ라고 하자. 따라서 보상의 현재가치는 $\pi_1 + \delta\pi_2 + \delta^2\pi_2 + \delta^2\pi_3$
$+ \cdots = \sum_{t=1}^{\infty} \delta^{t-1}\pi_t$ 이며 π_t는 t기의 보상이다. 이 무한반복게임에서는 게임의
끝이 없기 때문에 역진귀밥법을 사용하여 부문게임완전균형을 구할 수가 없다.
따라서 다음과 같은 방아쇠전략(trigger strategy)게임에 한정하여 부분게임완전
균형을 구하고 일회성 게임에서는 해가 될 수 없는 {우, 우}가 부분게임완전균
형의 해가 될 수 있음을 보일 것이다. 따라서 협력적 결과가 무한반복게임에서
는 나타날 수 있다는 것이다. 방아쇠전략은 다음과 같이 정의할 수 있다. 경기
자가 제1기에 우를 선택한다고 하자. 그리고 t기에는 그 이전 기의 결과가 모

두 {우, 우}일 경우에는 t기에도 우를 선택하고 그 이전에 {우, 우}가 아닌 결과가 관찰될 경우 t기에서부터 영원히 좌를 선택한다고 가정하자. 이 게임을 방아쇠전략이라 하는 이유는 경기자가 상대방이 협력할 경우에는 협력하지만 그렇지 않을 경우 비협력적인 행동을 영원히 선택하기 때문이다. 이 무한반복게임에는 두 종류의 부분게임이 있다. 한 종류는 1) 이전 기의 결과가 모두 {우, 우}인 게임이고 다른 종류는 2) 이전 기의 결과 중 적어도 한 번의 결과가 {우, 우}로부터 벗어난 경우이다. 이 무한반복게임에서는 부분게임이 원래의 전체게임과 동일하다. 부분게임완전균형을 찾아내기 위해서는 경기자들의 전략의 집합이 모든 부분게임에서 내쉬균형을 구성해야 한다. 우선 제1기 ($t=1$)의 전체게임과 그 이전 결과가 모두 {우, 우}인 부분게임에서 내쉬균형을 구해보자. 내쉬균형의 정의상 경기자 X가 방아쇠전략을 선택할 경우 경기자 Y도 방아쇠전략을 선택하는 것이 상호간에 최적반응이 되어야 내쉬균형을 찾을 수 있다. 경기자 X가 방아쇠전략을 선택한다고 하자. 이 경우 경기자 Y의 선택을 살펴보자. 그러면 첫 기와 전기에서 모든 결과가 {우, 우}인 경우 경기자 Y의 최적반응을 살펴보자. 경기가 X가 방아쇠전략을 선택하고 있을 때 경기자 Y가 좌를 선택할 경우 t 시점에서는 보상이 6이 될 것이나 X로부터 비협력적인 행동을 유발하게 되고 이는 다시 Y의 비협력적인 행동을 유발하게 된다. 그 이후 시점부터는 보상이 계속적으로 1이 되게 된다. 이 경우 보상의 현재가치는 다음과 같이 나타낼 수 있다. $6+1\cdot\delta+1\cdot\delta^2+1\cdot\delta^3+\cdots=6+\dfrac{\delta}{1-\delta}$ 이다. 반면 Y가 우를 선택하면 보상 4를 계속해서 얻게 된다. 따라서 보상의 현재가치는 $4+4\cdot\delta+4\cdot\delta^2+\cdots=\dfrac{4}{1-\delta}$ 이다. 따라서 우를 선택했을 때의 현재가치인 $\dfrac{4}{1-\delta}$가 $6+\dfrac{1}{1-\delta}$보다 클 경우, 즉 할인율 δ가 2/5보다 큰 경우 Y는 우를 선택하는 것이 최적반응이라 할 수 있다. Y가 방아쇠전략을 선택할 경우 X도 방아쇠전략을 선택하는 것이 최적반응이다. 따라서 {방아쇠전략, 방아쇠전략}은 내쉬균형이 된다. 이전 기의 결과가 {우, 우}와 다른 부분게임에서는 {좌, 좌}를 반복하는 것이 내쉬균형이 된다. 따라서 두 종류의 부분게임과 전체게임에서 X와 Y가 방아쇠전략을 구사하는 것이 내쉬균형이기 때문에 방아쇠전략은 부분게임완전균형을 구성하게 된다. 또한 부분게임완전균형에서 협력적 행위인 {우, 우}가 유지될 수 있음을 보일 수 있었다. 즉, 무한반복게임에서 상호간의 위협에 따른 행위의 상호의존성을 게임에 도입하게 되면 협력적인 결과가 도출되게 되는 것이다.

나는 고백한다

로건 신부는 어느 날 고해성사를 통해 켈러의 범행 사실을 알게 된다. 성당의 사제관에서 일하던 켈러는 돈을 훔치러 변호사의 집에 침입했다가 우발적으로 살인을 저질렀던 것이다. 신부는 성직자의 윤리를 지키려고 노력하지만, 현실은 전혀 엉뚱하게 뒤틀린다. 비밀을 지키려고 노력할수록 신부는 오히려 경찰로부터 진범으로 오인을 받게 되는 것이다. 게다가 범인 켈러마저도 신부를 진범으로 몰기 위해 계략을 꾸민다. 이 궁지에서 벗어나려면 범인의 고해성사 내용을 폭로해야 한다. 그러나 그것 역시 신부로서 지켜야 할 원칙을 위반하는 것이니, 누명에서 벗어나려는 로건의 갈등은 끝이 없다. 고백해야 하나, 자신이 덮어써야 하나?

알프레드 히치콕이 연출하고, 몽고메리 클리프트(로건 신부역)가 출연했던 명작 〈나는 고백한다〉의 줄거리다. 살인자의 고해성사를 들은 신부의 갈등이 사이코 스릴러의 영화 속에 인상적으로 그려져 있다. 신부의 갈등 못지않게 세상에는 말을 해야 할지, 말아야 할지를 고민하는 경우가 많다. 비록 살인범처럼 무거운 누명을 쓰는 일이 아닐지라도, 말 한 마디의 고백 여부가 큰 차이를 가져오는 일이 얼마나 많은가. 게다가 어떤 상대방과 연루되어 서로 의존적인 행동이 나타날 때는 더욱 그러하다.

예를 들어 A와 B가 공모하여 어떤 일을 저질렀다고 가정하자. A와 B는 각각 다른 방에서 검사의 조사를 받는다. 범행 여부에 대한 확증이 부족한 상황에서 두 사람이 모두 끝까지 범죄사실을 부인한다면 사건은 영원히 미궁에 빠질 수도 있다. 그러나 어디 그게 쉬운 일인가. A가 입을 다물어도, 다른 방에 있는 B가 비밀을 지킨다는 확신이 서지 않는다. 재수 없게 나만 침묵하고, 그 녀석이 나에게 모든 누명을 씌울 수도 있지 않은가. 차라리 내가 먼저 고백하는 게 나을지 모른다. 게다가 진실을 말하면 선처하겠다는 검사의 유혹까지 있다면, 믿음은 더욱 연약해진다. 의리고 뭐고, "나는 고백한다?"

전형적인 죄수의 딜레마(prisoner's dilemma)이다. 각자가 어떻게 행동하느냐에 따라 네 가지의 경우를 생각할 수 있다. 두 사람 모두 부인하면 무죄로 석방되고, 반대로 모두 고백해 버린다면 각각 5년형을 받게 된다고 하자. 또한 A만 자백하고 B는 부인한다면 자백한 A는 2년, 부인한 공범자 B는 7년을 받는다고 하자. B가 고백하고, A만 부인한다면 그 반대의 형량이 선고될 것이다. 상대방을 얼마나 신뢰하고, 내가 어떻게 행동을 하느냐에 따라 결과가 달라지는 것이다.

죄수의 딜레마는 경제학에서도 많이 응용된다. A와 B가 공범자가 아니고 치열하게 경쟁하는 두 기업이라고 해보자. 자백할 것이냐의 여부는 바로 기업의 전략적인 변수이다. 생산량을 늘릴 것이냐, 가격을 올릴 것이냐를 선택하는 것이다. A가 가격을 올리는데 B가 따라오지 않는다면 A의 전략은 당연히 실패로 끝난다. 담합을 해서 서로 보조를 맞출 수만 있다면 정말 좋을 것이다.

그러나 경쟁기업끼리 담합하기가 어디 쉬운가. 또한 공개적으로 담합하면 공정거래법에 위배되고 국제적으로도 문제가 될 수 있다. 다른 감방에서 공개적으로 얘기하지 못하는 죄수의 딜레마가 그대로 적용되는 것이다. 참여하는 기업이 서로 믿고 신뢰한다면 그만큼 전략적 선택이 용이해진다. 그러나 경쟁기업이 서로 적대적인 관계에 있다면 결국은 최악의 결과를 가져올 수 있다.

로건 신부는 결국 옛 애인이 사건 당일날 밤 같이 있었다는 사실을 증언함으로써 누명에서 벗어난다. 기업도 경쟁기업과 신뢰관계가 있으면 전략적 선택에 큰 비용을 지불하지 않아도 된다. 그러나 시장에서도 과연 신뢰가 존재하는가?

정갑영, 『나무 뒤에 숨은 사람』, 21세기북스, 2012, p. 192.

제4장 완전경쟁시장

Chapter 04

완전경쟁시장

| 4.1 | 완전경쟁시장의 개념 |

경제학에서 시장에 관한 이론을 분석할 때 가장 많이 다루는 것이 바로 완전경쟁시장이다. 완전경쟁시장은 일반적으로 다음과 같은 네 가지 조건을 갖추어야만 한다.

첫째, 다수의 판매자와 구매자가 존재하여야 한다. 이것은 기본적으로 어떤 특정한 판매자나 구매자가 시장가격에 영향을 미치지 않아야 된다는 조건을 말한다. 따라서 다수의 소규모 공급자와 수요자가 있어야 한다.

둘째, 각 기업이 생산하는 제품이 동질적이어야 한다. 동질적 제품이 생산되어야만 기업상호간에 완전한 경쟁이 가능하다. 만약 차별화된 제품을 생산한다면 경쟁도가 저하되고 각 기업은 어느 정도 비탄력적인 수요곡선을 갖게 되므로 기업수에 관한 논의는 무의미하게 된다. 현실적으로 완전히 동질적 제품이 생산되는 시장을 발견하기는 어렵지만, 이론적으로는 구매자가 시장에서 여러 기업의 제품 차이를 인식하지 못하는 정도의 동질성이 확보되어야 한다.

셋째, 진입(entry)과 이탈(exit)이 자유로워야 한다. 신규기업이 특정산업에 진입하고 기존기업이 이탈하는 데 아무런 제도적·기술적장벽이 없어야 한다. 또한 새롭게 진입할 당시에 투자되었던 시설과 기자재 등이 이탈시에 큰 손실 없이 처분될 수 있어야 한다. 환언하면 매몰비용(sunk cost)이 없어야 한다는 조건이며, 자원이동(resource mobility)의 비용이 없어야 한다는 것을 의미한다.

넷째, 완전한 정보가 주어져야 한다. 모든 기업은 현상태에서 이용가능한 기술을 알고 있어야 하며 시장가격에 관한 정보도 완벽하게 주어져 있어야 한다. 이와 같은 네 가지의 조건을 만족시키는 시장을 우리는 완전경쟁이라고 한다. 한편 「챔벌린」(Chamberlin)은 순수경쟁(pure competition)과 완전경쟁(perfect competition)을 구분하여 설명하고 있다(Chamberlin, 1939). 그에 의하면 순수경쟁은 동질적인 재화와 다수의 소규모 공급자로 이루어진 시장을 말한다. 반면, 완전경쟁은 순수경쟁에 몇 가지의 조건을 추가한 것으로서 신규기업의 진입에 따른 장벽이 없고 완전한 정보가 주어져야 한다는 것이다.

커피 씨를 두 개 심는 이유

88서울올림픽이 열리던 해, 지구상의 최빈국 에티오피아를 방문한 적이 있다. 에티오피아는 솔로몬과 만났던 시바 여왕의 후예로 미인이 많다. 우리에게는 셀라시에 황제와 맨발의 마라톤 선수 아디스 아베베로 널리 알려진 나라다. 한때는 아프리카 최강의 독립국으로 명성을 날렸다. 하지만 내전과 가뭄으로 수백만 명이 목숨을 잃었고 지금은 두 나라로 양분된 상태다. 그러나 이런 비극에도 아랑곳하지 않고 이곳의 자연은 여행객을 경탄케 한다. 수도 아디스 아바바는 해발 2,000미터의 고원에 있어 1년 내내 쾌적한 날씨가 지속된다. 한 가지 흠이라면 산소가 부족하다는 것. 그래서 세계적인 마라톤 선수가 많이 배출되는 모양이다.

기후 조건이 좋은 지역에는 항상 귀한 나무가 자라게 마련이다. 푸른 초원이 가득한 이 지역에서도 가장 흔하게 볼 수 있었던 작물이 바로 커피나무다. '에티오피아 커피'는 들어보긴 했다. 하지만 이곳이 바로 커피의 원산지라는 사실은 처음 알게 되었다. '코페'라는 지역이 바로 자연산 커피의 원조가 자랐던 곳이라고 한다. 아프리카 원산지의 커피가 세계 전역으로 퍼져 나간 것이다.

고작해야 알 커피나 끓인 커피를 먹는 우리에게는 커피나무를 보는 것도 빨간 버찌나 체리처럼 익은 커피 열매를 보는 것도 모두 신기하기만 했다. 커피나무의 종묘를 길러 내는 과정도 매우 인상적이었다. 종이컵 크기의 작은 모래주머니에 커피 씨를 두 개씩 심고 있는 주민에게 그 이유를 물으니 "몇 달 뒤 잘 자란 묘목만 고르고 다른 하나는 버린다"는 것이다. 그렇다면 하나만 심으면 충분할 텐데 왜 하필 두 개를 심는 것일까?

이 의문은 몇 년 후 브라질의 한 커피 농장을 방문하면서 풀리게 되었다. 에티오피아보다는 훨씬 전문적으로 현지에 정착한 일본인이 경영하는 대규모 커피 단지라서 자동차를 타고 돌아다녀야만 했다. 커피의 상태에 대해 접해본 일이 없는 터라 생소한 것들이 하나둘이 아니었다. 하지만 이 곳에서도 커피나무의 종묘 과정은 매우 특이했다. 역시 작은 용기에 커피 씨를 두 개씩 심고 일정 기간이 지난 뒤 잘 자란 것 하나만을 선택하는 것 이었다.

"왜 하필이면 두 개의 씨앗을 심습니까?" 그 답변은 전혀 뜻밖이었다. "경쟁해야 하니까요." 수십 년간의 경험을 통해 하나의 씨앗보다는 두 개를 심어야 잘 자란 종묘 하나를 얻을 수 있다는 것이다. 하나는 절대 크게 자라지 않고 세 개 이상도 좋은 결과를 얻지 못했다는 것이다. 그 작은 주머니는 두 개의 씨앗이 서로 경쟁하며 자라기에 적합한 공간이기 때문이라는 것이다.

동식물의 생태를 사회현상에 적용하는 경우가 많지만 선뜻 믿어지지 않았다. 아마도 생물학적으로는 또 다른 이유가 있을지 모르겠다. 그러나 농장 주인으로서는 경쟁의 결과 우량한 종묘를 얻을 수 있다니 두 개의 씨를 뿌리는 것이 너무나 당연한 선택이다. 이런 현상이 어디 커피뿐이랴. 소비자에게도 독점보다는 경쟁이 좋은 것 아니겠는가.

구멍가게도 하나보다는 둘이 있을 때 더 좋은 서비스를 받는다. 항공사도 통신 서비스 역시 경쟁을 해야 무언가 달라지지 않는가. 가격과 품질과 서비스가 역시 하나보다는 둘이서 경쟁을 할 때 더 좋아지는 것이다. 이것은 경제학의 또 하나의 십계명이다. 우리나라에서도 통신 서비스는 물론 항공 운송 서비스도 경쟁 체제로 바뀌면서 달라졌다. 자동차나 가전제품도 경쟁하기 때문에 좋아진 것 아니겠는가.

거대한 공기업의 민영화에도 똑같은 논리가 적용된다. 전력과 통신 등 거대한 공기업의 독점 체제를 경쟁할 수 있는 체제로 바꾸어주자는 것이다. 경쟁을 통해 경영의 효율성이 증가하고 그 혜택은 소비자인 국민과 종업원인 근로자에게 돌아간다는 당위성을 어떻게 반박할 수 있겠는가. 역설적으로 독점화된 공기업의 비효율성은 국민경제에 그대로 전가되어 국민이 부담하게 된다.

시장에서는 기업만 경쟁하는 것이 아니다. 기업 역시 소비자의 경쟁을 유도하여 가장 좋은 선택을 유도한다. 여행사마다 요금이 다른 것은 물론이다. 인터넷 구매를 해도 각양각색이며 출발 시간, 체류 시간, 여행 구간 등 몇 가지 조건에 따라 요금은 상당히 차이가 난다. 9시와 10시에 출발하는 비행기의 요금이 다를 때도 있다. 그래서 보잉 747은 350여 명의 승객이 모두 다른 요금을 낸다고 한다. 그렇다고 비싼 요금을 낸 승객이 안전하게 더 빨리 가는 것도 아니지 않는가. 시간에 따른 가격 차이가 어디 비행기 요금뿐인가. 극장에는 오전 관객을 위한 '조조할인'이 있고 심야 전력 사용에도 할인제도가 있다. 통신 서비스도 시간대에 따라 요금 체계가 다르다. 기차 요금도 주말에는 비싸며 휴가철에는 유원지의 요금이 껑충 뛴다. 한여름에는 전기 요금에 할증이 붙고 한밤중에는 택시와 버스 요금에 할증이 붙는다. 꼭 필요한 시간의 서비스일수록 더 높은 요금을 내게 되는 것이다.

기업이 가격을 차별화하면 소비자는 각각 구미에 맞게 적합한 가격을 선택한다. 이 과정에서도 경쟁은 나타난다. 정보의 경쟁이다. 가장 좋은 조건의 가격을 찾기 위해 정보 경쟁이 일어난다. 이 경쟁에서 앞선 소비자가 제일 먼저 좋은 조건을 차지한다. 단일 가격보다 훨씬 더 세상을 풍요롭게 한다. 바쁜 사람은 비싸게 내고라도 먼저 갈 수 있기 때문이다.

경쟁은 사회 후생을 극대화한다. 기업은 경쟁에서 살아남기 위해 적은 비용으로 좋은 품질의 제품을 만들어낸다. 소비자 역시 경쟁이 있어야 좋은 서비스를 선택할 수 있다. 경쟁은 사회 전체의 효율성을 높이고 경쟁이 있는 시장에서는 숨은 비용이 최소화된다. 기술적인 제약이 없다면 경쟁시장을 만드는 것이 바람직하다.

경제뿐만이 아니다. 경쟁이 없는 사회는 미래가 없다. 잘 자란 커피 씨를 선별하는 과정이 없기 때문이다. 적자생존의 진화론을 발견한 다윈도 시장경쟁의 사례를 도입하여 그의 이론을 설명했다고 한다. 시장경쟁에서 수많은 기업이 쓰러지고 경쟁력 있는 기업만 살아남는 과정이 바로 적자생존에서 좋은 종이 살아남는 것과 같다는 것이다. 생물학적인 진화론이 사회적인 현상으로 뒷받침되는 셈이다. 우리 사회도 예외가 아니다.

코페의 주민이 커피 씨를 두 개 심는 이유를 이해해야만 경제의 효율성을 높일 수 있다. 경쟁의 계명을 지켜야 국제 경쟁력이 길러진다.

정갑영, 『나무 뒤에 숨은 사람』, 21세기북스, 2012, p. 25.

4.2 완전경쟁과 효율

완전경쟁의 조건이 만족되면 각 기업은 무한히 탄력적인 수요곡선에 직면하게 된다. 경쟁시장에서의 기업은 시장규모에 비해 상대적으로 작기 때문에 주어진 시장가격에서 원하는 모든 양을 판매할 수 있게 된다. 기업은 이윤극대화를 위해서 한계수입(MR)과 한계비용(MC)이 일치되는 점에서 생산하게 될 것이며 완전경쟁시장에서는 결국 $P = MC = MR$의 생산점이 된다.

만약 단기에 정상수준 이상의 이윤이 발생하게 된다면 세번째 조건에 의하여 새로운 기업이 생산에 참여하여 공급이 증가하게 되고 가격이 하락하게 될 것이다. 이러한 과정을 거쳐 결국 장기의 균형에서는 정상이윤만을 획득하고 $P = AC = MC$가 되는 점에서 생산을 하게 될 것이다.

이 과정을 그림으로 나타내면 〈그림 4-1〉과 같다. 초기에 산업전체의 시장에서의 균형이 S_1과 D가 교차하는 Q_1의 생산량에서 이루어졌다면 시장가격은 P_1이고, 기업의 생산량은 q_1이 된다. 그러나 이러한 단기균형에서는 기업이 초과이윤을 획득하므로 신규기업의 진입이 발생하고 시장가격은 하락하게 된다.

결국 장기의 균형은 P_2의 가격과 Q_2의 생산량에서 이루어지고, 기업은 q_2를 생산하게 된다. 한편 신규기업이 일시적으로 많이 증가하여 가격이 P_2이하로 하락할 경우에도 평균가변비용을 상회하는 가격에서는 계속 생산을 하게 된다. 〈그림 4-1〉에서는 P_3가 기업의 조업중단가격이 되며 시장가격이 P_3보다 큰 경우에만 MC 곡선을 따라 개별기업의 공급곡선이 형성된다.

완전경쟁의 장기적 균형은 가격(P)과 평균비용(AC)과 한계비용(MC)이 모두 일치되는 점에서 달성되므로 자원배분의 효율성이 보장되는 성과를 이룩하게 된다. 개별기업은 평균비용의 최소점에서 생산하게 되며 정상이윤만을 획득하

그림 4-1 경쟁산업의 균형

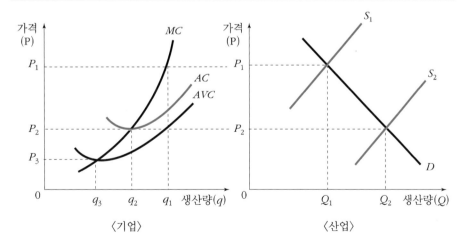

〈기업〉 〈산업〉

경쟁기업은 시장에서 결정된 가격 P_2를 주어진 것으로 받아들여 생산량을 결정한다. P_2는 기업의 한계수입(MR)이 되므로, $P = MC = MR$이 되는 자원배분의 효율성이 달성된다.

게 된다. 또한 생산비가 높은 비효율적 기업은 경쟁산업에서 탈락하게 되므로 결국 효율적 기업만이 생산활동을 하게 된다. 이러한 관점에서 경쟁시장은 자원배분의 효율을 극대화하고 경제적 후생을 최대화시키는 시장구조라고 할 수 있다. 이러한 평가는 독점시장과 비교되는 제6장에서 더욱 명확하게 나타나게 된다.

4.3 완전경쟁과 사회후생

완전경쟁의 결과로 얻게 되는 균형상태는 사회후생과 어떤 관계에 있는가? 이미 앞 절에서 산업내 경쟁의 결과 비효율적인 기업은 도태되고 가장 효율적인 기업만이 생존하여 생산에 참여하게 된다는 것을 지적한 바 있다. 이런 관점에서 보면 시장의 경쟁과정은 곧 비효율적 기업의 도태과정이며 「다윈」(Darwin)의 적자생존설과 같이 자연적 시장의 힘에 의해 효율적인 기업만이 살아 남게 되는 과정을 의미하기도 한다.

경쟁균형(competitive equilibrium)이 사회후생에 미치는 영향은 「애로우」(Arrow)와 「드브루」(Debreu) 등의 일반균형모형으로 설명될 수 있다(Varian, 1984). 먼저 경제재(economic goods)가 물질적 특성과 시간 및 장소 등에 의해서 규정되고 소비자에 의해서 소유되는 기업이 어떤 생산가능곡선을 갖고 있다고 하자.

완전경쟁시장을 가정하면 모든 경제주체는 가격순응자(price taker)가 된다. 소비자는 주어진 예산의 제약조건하에서 효용을 극대화하게 되고 이 결과 수요함수가 결정된다. 생산자 역시 주어진 기술여건에서 이윤극대화를 추구하게 되며 이것이 곧 공급함수를 결정하게 된다. 여기에서 경쟁균형이란 모든 시장에서 수요와 공급을 일치시키는 가격의 집합으로 정의된다.

경쟁균형의 존재여부와 안정성 등에 관한 이론적 증명은 논외로 하고 먼저 경쟁균형의 결과와 후생의 관계를 파악하기로 하자. 경쟁균형은 두 가지 기본적 후생정리(fundamental welfare theorem)를 제공하고 있다.

첫 번째 정리를 단순하게 요약하면 경쟁균형은 '파레토 적정성' 또는 '파레토 최적성'(Pareto optimality)을 만족시킨다는 것이다. 즉, 완전균형상태 보다도 사회의 모든 구성원에게 동시에 더 많은 효용을 줄 수 있는 자원배분점은 존재하지 않는다는 것이다. 실현가능한 어떤 자원배분점도 완전경쟁균형보다 모든 사회구성원의 효용을 증대시켜 줄 수 없게 된다.

두 번째 정리는 규모에 대한 수확체증을 제외하는 볼록성(convexity)의 가정 위에서 파레토 최적점은 시장경쟁에 의해 실현되어질 수 있다는 것이다. 이것은 바로 파레토 최적을 만족하는 자원배분이 적절한 가격의 선택과 소비자 간의 적절한 소득분배 등을 통해 시장경쟁의 과정으로 실현된다는 것을 의미한다.

경쟁균형의 가장 중요한 속성의 하나는 한계비용과 가격이 동일한 점에서 생산이 결정된다는 것이다. 가격이 한계비용을 초과할 때 생산자는 생산을 증가시킴으로써 이윤을 증대시킬 수 있다. 반대로 $P < MC$라면 생산을 감축함으로써 이윤을 증대시킬 수 있다. 이것은 매우 단순한 결과이지만 중요한 시사점을 갖고 있다. 소비자가 시장에서 직면하게 되는 시장가격은 추가적 1단위 생산에 소요되는 비용(한계비용)이 내재되어 있고, 이것은 결국 사회적으로 '정당한' 비용인 것이다. 경쟁균형에서 $P = MC$가 된다는 것은 결국 가격이 사회적으로 적정한 비용에서 결정된다는 것을 의미하며 소비자는 적정비용 이외에 다른 어떤 비용도 추가로 지불하지 않게 된다는 것을 말한다. 한편 소비자는 자신의 한계효용과 가격을 비교하여 재화를 선택한다. 가격이 재화로부터 얻게 되는 한계효용과 동일한 점에서 수요가 결정된다. 따라서 $P = MC$에서는 소비자와 생산자가 모두 적정한 균형을 이루게 된다. 이것이 곧 경쟁균형의 '파레토 최적성'을 설명해 주는 기본적 배경이 된다.

이와 같이 경쟁균형은 효율성이 보장되는 파레토 최적성을 만족시키는 사회후생상태를 가져온다. 그러나 경쟁균형의 자원배분이 항상 모든 후생의 문제를 완벽하게 해결해 주지는 못한다. 무엇보다도 중요한 것은 경쟁균형이 효율성을 만족시켜주지만 소득분배의 문제를 해결해 주지 못한다는 것이다. 미시경제에서 흔히 논의되는대로 에지워스상자를 이용한 그림을 통하여 경쟁균형이 소득분배에 관계없이 파레토 효율이 높은 배분점에서 성립하는 것을 쉽게 찾아볼 수 있다. 또한 경쟁균형이 이와 같은 효율성을 달성하기 위해서는 소비자간에 외부성이 존재하지 않고 공공재에는 적용이 배제되는 등 많은 제약이 있다.

4.4 경쟁시장과 소비자잉여

사회후생(social welfare)은 여러 가지 관점에서 계측될 수 있다. 그러나 가장 단순한 방법으로서 경제학에서 많이 사용되는 것은 소비자잉여(consumer surplus)와 생산자잉여(Producer surplus)이다.

먼저 소비자잉여에 대해서 살펴보기로 하자. 소비자잉여는 지불할 용의가 있는 가격과 실제 지불한 가격의 차이를 말하는 것으로서 흔히 「마샬」의 소비자잉여라고 불리어진다.

어떤 동질적 재화에 대하여 평가를 달리 하는 이질적인 소비자들이 있다고 하자. 소비자의 재화에 대한 평가는 주관적 가치판단에 의해 이루어지므로 각 소비자의 재화에 대한 평가를 V_i라고 하자. 모든 소비자가 재화 1단위를 구매하거나 또는 전혀 구매하지 않는다고 가정할 때 각 소비자의 잉여는 지불할 용의가 있는 가격(V_i)과 실제 지불하는 가격(P)의 차이만큼이 된다. 예를 들어 첫번째 소비자가 평가한 지불할 용의가 있는 가치(V_1)가 1,000원일 경우, 시장가격(P)이 500원이라면 이 소비자의 잉여는 (V_1-P)으로 500원이 될 것이다. 만약 가격 P가 소비자가 평가하는 가치 V_i보다 높다면 구매에 응하지 않을 것이므로 소비자잉여는 없게 된다.

이것은 〈그림 4-2〉와 같이 표시될 수 있으며 많은 소비자가 존재하는 경우에는 다음과 같은 함수로서 표시된다.

$$CS = \int_{P_0}^{\overline{P}} D(P)dp \tag{4.1}$$

CS은 소비자잉여(또는 소비자의 순잉여), P_0는 시장가격, $\overline{P}$는 수요가 나타나기 시작하는 최고가격(〈그림 4-2〉에서는 V_1)이다. 〈그림 4-2〉에서 소비자가 평가하여 지불할 용의가 있는 총액은 P_0점까지의 V_i의 총합계가 되므로

그림 4-2　　소비자잉여

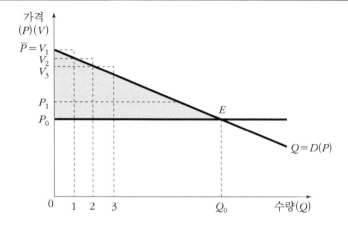

각 소비자가 평가하는 지불할 용의가 있는 가격은 각각 V_1, V_2, V_3 이지만, 실제 시장가격은 P_0 이므로 개별소비자는 단위당 V_1-P_0 , V_2-P_0 , V_3-P_0의 소비자잉여를 얻게 된다. P_0점까지의 소비자잉여의 총계가 바로 전체 소비자잉여가 된다.

$O\overline{P}EQ_0$가 된다. 그러나 소비자가 P_0의 가격에서 실제 지불한 것은 OP_0EQ_0에 불과하므로 양자의 차이가 바로 소비자잉여가 된다. 한편 가격이 P_0에서 P_1으로 상승할 경우에 소비자잉여의 변화는 다음과 같이 표시된다.[1]

$$\Delta CS = -\int_{P_0}^{P_1} D(P)dp \qquad (4.2)$$

이와 같은 개념은 단일소비자에게도 그대로 적용된다. 한 재화에 대한 한계효용은 체감하는 것이므로 재화의 소비가 증가하게 됨에 따라 그 재화에 대한 단위당 평가는 V_1에서 V_2, V_3 등으로 점차 감소한다. 따라서 위의 논리는 단일소비자인 경우에도 활용될 수 있다.

　생산자잉여는 총수입에서 총비용을 차감한 것으로서 기업의 이윤과 같다.

---

1) 한편 소비자의 총잉여(gross surplus) CS^g는 지불할 용의가 있었던 평가액을 모두 합계한 것으로 정의된다. 따라서 $CS^g = \int_0^{Q_0} P(Q)dQ$ 또는 $P_0 \cdot D(P_0) + \int_{P_0}^{\overline{P}} D(P)dP$로 표시된다. 일반적으로 소비자잉여는 총잉여(CS^g)에서 소비자가 지출한 비용 $P_0 \cdot D(P_0)$를 차감한 순잉여를 말한다.

〈그림 4-3〉에서 한계비용(MC)을 도입하여 생산자잉여를 설명하기로 하자. 완전경쟁하에서 한계비용은 공급곡선과 같게 되므로 가격은 P_0에서 결정된다. 총수입(TR)은 OP_0EQ_2와 같고 총비용은 한계비용을 적분한 값과 같다(만약 고정비용이 존재하는 경우에는 추가로 합계하여야 한다). 따라서 생산자잉여는 C_1P_0E의 색으로 표시한 삼각형이 된다.

사회후생은 소비자잉여와 생산자잉여의 합계로 표시되므로 결국 C_1P_2E의 삼각형이 된다. 여기에서 사회후생(총잉여)은 소비자가격이 한계비용과 일치되는 P_0에서 극대화되는 것을 알 수 있다. 이 모형은 $P=MC$를 가져오게 하는 완전경쟁이 사회후생을 극대화시켜 줄 수 있는 것을 부분균형분석으로 설명해 주고 있다.

이 모형은 또한 여러 가지 경제분석에 응용될 수 있다. 독점의 사회적 비용이나 조세의 후생효과분석에서도 많이 이용되고 있다. 예를 들어 재화에 t만큼의 세금을 부과할 경우의 후생효과를 분석할 수도 있다. 이 경우 MC는 $MC+t$로 이동하고 시장가격은 P_1에서 결정되므로 사회후생의 순손실은 C_2E_1E

그림 4-3 생산자잉여

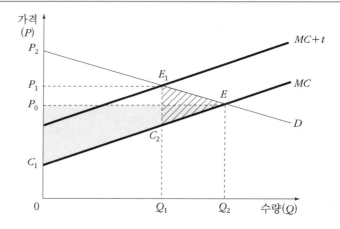

시장가격이 P_0이고, 기업의 한계비용이 MC라면, 생산자잉여는 C_1P_0E가 된다. 소비자잉여를 포함한 사회후생은 C_1P_2E가 된다. 만약 세금 t가 부과된다면 MC는 $MC+t$로 이동하고 C_2E_1E만큼이 사회후생의 순손실이 발생한다.

의 빗금친 삼각형이 된다. 물론 이 경우 총잉여에는 정부의 조세수입도 포함되어 있다.

소비자와 정부 및 생산자간의 금전이전은 잉여의 계산에서 고려되지 않고 있다. 즉, 기업의 이윤이 증가했건 소비자의 후생이 증가했건간에 총합계가 증가하면 사회후생이 증가한 것으로 본다. 이것은 기업의 소유주가 곧 소비자라는 관점에서 이해될 수 있다.

4.5 │ 유효경쟁

완전경쟁시장의 모형은 이론적으로 많은 유용한 결과를 제공해준다. 또한 일반적인 산업의 모형에서도 가장 널리 활용되는 이상적인 시장구조임에 틀림없다. 따라서 많은 이론적 분석이 완전경쟁모형을 기본전제로 하고 있다.

그러나 완전경쟁시장의 모형은 현실세계에서 찾아보기가 매우 어렵다. 무엇보다도 완전한 정보가 제공되기 어렵고 자원이동비용이 존재하지 않는 경우도 거의 없다. 제품의 동질성도 일부 농산품을 제외하고는 거의 찾아볼 수가 없다. 따라서 이론에서 제시되는 완전경쟁의 개념은 현실세계에서는 거의 실현불가능한 목표가 되는 것이다. 물론 완전경쟁의 비현실적인 조건들이 이론 자체를 무용하게 하거나 분석력을 크게 저하시키는 것은 아니지만 정책목표의 개념으로서는 많은 한계를 지니게 된다. 현실적으로 실현가능성이 없는 대상을 정책목표로 책정하는 것은 매우 비합리적이기 때문이다.

이러한 관점에서 현실적으로 실현가능하고 정책적으로 운용이 가능한 경쟁의 개념을 정의하려는 많은 노력이 있어 왔다. 대표적인 예로 「클라크」(Clark)는 실현가능한 또는 운용가능한 경쟁(workable competition)의 개념을 구조와 행태 및 성과로 구별하여 제시하였다(Clark, 1940). 그의 개념은 완전경쟁의 조건을 현실성 있게 완화하고 완전경쟁이 갖고 있는 효율성을 저하시키지 않는 최소한의 기준에 초점을 맞추고 있다. 따라서 이 기준을 흔히 유효경쟁(effective competition)의 조건이라고도 한다.

현실성 있는 운용가능한 경쟁의 일반적인 조건과 특성들을 요약하면 다음과 같다.

첫째, 구조적 기준으로 인위적 또는 제도적인 진입과 이탈의 제약이 존재하지 않고, 구매자와 판매자의 수가 규모의 경제가 허용하는 범위내에서 충분히 많아야 한다. 그러나 가격의 차이가 존재하는 한 품질의 차이도 존재할 수 있다고 본다.

둘째, 행태적 기준으로 기업간 담합이 존재하지 않고, 배타적이고 약탈적이거나 강압적인 시장행태를 나타내지 않아야 하며 부정수단에 의한 판촉활동이 없어야 한다. 또한 '후생을 저하시키는 유해한' 가격차별화가 실시되지 않아야 하며, 경쟁기업이 상대기업의 가격전략에 대한 충분한 정보를 가질 수 없어야 한다.

셋째, 성과의 기준으로 이윤이 기술혁신과 투자 및 효율을 보상받을 수 있는 정도로만 확보되고, 소비자의 수요에 따라 제품의 수량과 품질이 충분히 공급되어야 한다. 개별기업이 신기술과 신제품을 공급할 수 있는 능력을 갖고 있고, 판촉활동비가 '과다하게 많지 않으며', 개별기업이 효율적인 생산을 하여야 한다. 또한 가격변동으로 인한 경기순환적 불안정이 극심하지 않고, 소비자의 욕구를 가장 잘 만족시키는 판매자가 가장 많이 보상받아야 된다.

물론 이러한 분석은 경우에 따라 기준 자체의 개념이 모호하고 가치판단이 개입된 것으로서 실증경제학의 범주를 벗어난다는 비판을 받기도 하였다. 그러나 이와 같은 기준은 완전경쟁이론에서 제기된 비현실적 가정을 완화하여 운용가능한 기준의 개념을 제시한 것으로서 정책적 가이드 라인으로 사용될 수 있으며, 이 기준을 만족시키는 것은 곧 경쟁을 촉진시키는 표지(signal)로 해석될 수 있을 것이다.

제5장 독점시장

Chapter 05

독점시장

경쟁산업과는 달리 독점에서는 공급자가 유일하며 신규기업의 진입이 봉쇄되어 있다. 공급자가 하나밖에 없으므로 실제경쟁(actual competition)이 없으며, 진입이 봉쇄되어 있으므로 진입가능성이 있는 기업과의 잠재경쟁(potential competition)도 나타나지 않는다.

독점산업에서는 경쟁산업과는 달리 가격과 생산량에서 많은 자원배분의 왜곡을 초래한다. 본 장에서는 독점기업의 이윤극대화를 위한 가격설정행태를 검토하고 이로 인한 사회후생의 손실과 사회적 비용을 분석하기로 한다.

5.1 독점기업의 가격행태

경쟁산업에서의 기업은 가격순응자(price taker)로서 시장에서 주어진 가격에서 정해진 수량을 판매할 수 있는 완전탄력적 수요곡선에 직면하게 된다. 그러나 독점기업은 산업전체에서 유일한 공급자이므로 이윤극대화를 위한 가격을 설정하고 생산량을 결정하게 된다. 따라서 완전경쟁기업과는 달리 공급곡선이 존재하지 않고 우하향의 비탄력적 수요곡선을 갖게 된다.

독점기업이 생산량을 증대시키면 우하향의 수요곡선을 따라 가격은 하락하게 된다. 이러한 과정에서 1단위 추가생산으로 얻게 되는 한계수입은 점차 감소하게 되고 이윤극대화를 위한 조건인 한계수입과 한계비용이 일치하는 점에서 생산량이 결정된다. 가격은 이윤극대화를 위한 생산량이 수요곡선과 만나는 점에서 결정된다.

이러한 관계를 보다 구체적으로 분석하기 위해서 이제 독점산업의 수요곡선을 $Q = D(P)$라고 하고, 이의 역함수인 가격은 $P = P(Q)$, 비용함수는 $C(Q)$ 라고 하자. 이들 함수가 미분가능하고 일반적인 극대화분석을 위한 함수적 특성을 만족한다고 가정하자. 이 때 독점기업의 이윤은 식 (5.1)과 같다.

$$\pi = P(Q) \cdot Q - C(Q) \tag{5.1}$$

이윤극대화를 위한 1차 조건은 다음과 같다.

$$P(Q) + Q \cdot \frac{dP(Q)}{dQ} - \frac{dC(Q)}{dQ} = 0 \tag{5.2}$$

식 (5.2)는 한계수입(MR)과 한계비용(MC)이 일치되는 조건으로 표시된다.

$$P(Q) + Q \cdot \frac{dP}{dQ} = \frac{dC(Q)}{dQ} \tag{5.3}$$

수요곡선에서 $dP/dQ < 0$이므로 MR은 가격보다 작으며 1단위 추가적 생산이 이루어질 때마다 한계수입은 점차 체감한다.

식 (5.2)의 $dC(Q)/dQ$는 한계비용(MC)이므로, 다음과 같이 정리된다.

$$\frac{P - MC}{P} = \frac{1}{\eta} \tag{5.4)1)}$$

여기에서 η는 이윤극대화가격하에서 수요의 탄력성이다. 이윤극대화를 위한 2차 조건($d^2\pi/dQ^2 < 0$)은 만족된다고 가정한다.

또한 식 (5.4)는 상대적인 마크업의 비율을 표시한 것으로서 이윤마진 ($P - MC$)과 P의 비율을 나타내며 러너(Lerner)지수라고도 불린다. 마크업 비율은 곧 수요탄력성의 역수로서 독점기업의 경우 양의 값을 갖게 된다.

이것은 곧 사회적으로 바람직한 가격 ($P = MC$)보다 높은 수준에서 독점기업의 이윤극대화가격이 결정된다는 것을 의미한다. 따라서 러너지수의 값은 곧 독점기업의 시장지배력(market power)을 나타낸다. 이것은 곧 독점기업이 한계

---

1) 식 (5.2)에서 $P(Q) - \frac{dC(Q)}{dQ} = -Q \cdot \frac{dP}{dQ}$ 이고 이것은 또는 $\frac{P(Q) - MC}{P} = -\frac{Q}{P} \cdot \frac{dP}{dQ}$ 이며 수요탄력성은 부(−)의 값을 가지므로 $\eta = -\frac{P}{Q} \cdot \frac{dQ}{dP}$ 로 정의하면 $\frac{P - MC}{P} = \frac{1}{\eta}$ 로 표시된다.

비용을 초과하여 어느 정도 수준까지 가격을 인상하게 되는가를 나타내는 척도가 된다. 완전경쟁인 경우에는 물론 $P = MC$이므로 이 지수는 0이 될 것이다.

식 (5.2)는 곧 $MR = P\left[1 - \dfrac{1}{\eta}\right]$의 관계로 표시되며, $MR = MC$이므로 독점기업의 이윤극대화가격은 항상 수요가 탄력적인 구간에서 운용된다.[2] 탄력성이 1보다 작은 구간에서는 생산량이 증가함에 따라 총수입과 이윤은 감소하게 된다.

이와 같은 독점기업의 이윤극대화 균형은 〈그림 5-1〉과 같이 표시된다. $MR = MC$가 되는 E점에서 생산량 Q^m이 결정되고, 수요곡선과 만나는 F점에서 이윤극대화가격 P^m이 결정된다.

그림 5-1 독점기업의 이윤극대화

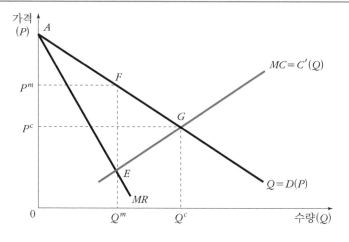

독점기업의 이윤극대화는 $MR = MC$의 생산량인 Q^m에서 이루어진다. Q^m의 공급량에 대응하는 수요는 F가 되며, 가격은 P^m에서 결정된다. 그러나 완전경쟁시장이라면 $P = MC$가 되는 가격인 P^c에서 공급량 Q^c의 균형이 이루어진다.

---

2) $MR = \dfrac{d}{dQ}(P(Q) \cdot Q) = P(Q) + Q\dfrac{dP(Q)}{dQ} = P\left(1 - \dfrac{1}{\eta}\right)$ 으로 $MR = P\left(1 - \dfrac{1}{\eta}\right)$이 된다. 이윤극대화균형에서는 $MR = MC$가 되므로 $MC > 0$ 구간에서는 항상 $\eta > 1$이 되어야 한다. $\eta = -\dfrac{P}{Q} \cdot \dfrac{dQ}{dP}$ 로 정의되었으므로, η는 양수로 처리됨).

한편 이윤극대화를 추구하면서 결정되는 독점가격(P^m)은 한계비용의 비감소함수(nondecreasing function)라는 특징을 가지고 있다. 이것을 증명하기 위해 미분가능한 두 비용함수 $C_1(\cdot)$, $C_2(\cdot)$를 가정하고, $q>0$인 점에서 $C_2{'}(q) > C_1{'}(q)$라고 하자. $C_1(\cdot)$과 $C_2(\cdot)$의 비용함수에서 결정된 독점가격과 생산량을 각각 (P_1^m, q_1^m), (P_2^m, q_2^m)이라고 하자.

다시 말하면 $C_1(\cdot)$의 비용함수에서는 독점기업이 (P_2^m, q_2^m)을 선택할 수 있었음에도 불구하고 이윤극대화를 위해 (P_1^m, q_1^m)을 결정한다는 것을 의미한다.

따라서 $C_1(\cdot)$의 함수에서 결정된 (P_1^m, q_1^m)의 이윤이 (P_2^m, q_2^m)에서 얻게 되는 이윤보다 크게 된다. 같은 이유로 $C_2(\cdot)$의 비용함수에서는 이윤극대화를 위하여 (P_2^m, q_2^m)을 선택한다. 이 관계는 각각 식 (5.5)와 식 (5.6)으로 정리된다.

$$P_1^m \cdot q_1^m - C_1(q_1^m) \geq P_2^m \cdot q_2^m - C_1(q_2^m) \tag{5.5}$$

$$P_2^m \cdot q_2^m - C_2(q_2^m) \geq P_1^m \cdot q_1^m - C_2(q_1^m) \tag{5.6}$$

식 (5.5)와 (5.6)을 합하면, 식 (5.7)과 (5.8)이 된다.

$$[C_2(q_1^m) - C_2(q_2^m)] - [C_1(q_1^m) - C_1(q_2^m)] \geq 0 \tag{5.7}$$

$$\int_{q_2^m}^{q_1^m} [C_2{'}(q) - C_1{'}(q)] \, dq \geq 0 \tag{5.8}$$

가정에서 모든 q에 대해 $C_2{'}(q) > C_1{'}(q)$이므로 식 (5.8)은 $q_1^m \geq q_2^m$이 된다. 이것은 곧 $P_2^m \geq P_1^m$을 의미하므로 독점가격은 한계비용에 대해 비감소함수가 된다. 즉, 한계비용이 상승하면 독점가격도 상승하게 된다.

5.2 시장지배력의 경제적 효과

5.2.1 자원배분의 왜곡

독점기업은 경쟁기업과 달리 시장지배력(market power)을 갖고 있으므로 러너지수에서 나타난 것과 같은 가격왜곡현상을 가져온다. 시장지배력(market power)은 기업이 재화의 가격과 공급량 및 여타의 시장여건에 미칠 수 있는 영향력을 말한다. 따라서 산업의 성과와 행태를 분석하는 산업조직의 연구에서는 시장지배력의 형성과 영향 및 결과를 중요시하게 된다. 독점기업의 시장지배력으로 인해 나타나는 왜곡현상은 사회후생의 변화로써 파악된다.

독점기업을 경쟁상태와 비교하면서 자원배분의 왜곡현상을 설명하기 위해 〈그림 5-2〉와 같은 단순한 모형을 고려하자. 한계비용(MC)과 평균비용(AC)이 동일하고 모두 c^*에 고정되어 있다고 가정하자.

완전경쟁시장의 가격(P^c)은 한계비용(MC)과 같고 생산량은 Q^c가 된다. 반

그림 5-2 독점과 사회후생

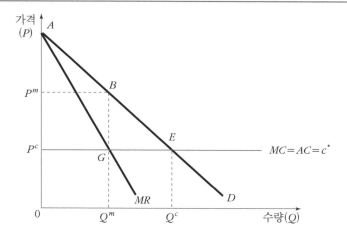

완전경쟁시장이 독점으로 변화되면 가격은 P^c에서 P^m으로 균형수급량은 Q^c에서 Q^m으로 변화한다. 이 결과 소비자잉여는 $P^c AE$에서 $P^m AB$로 감소한다. 이 중 $P^c P^m BG$는 기업의 이윤(생산자잉여)으로 환수된다. 그러나 GBE는 소비자와 생산자 모두 찾을 수 없는 사장된 순손실(deadweight loss)로 남게 된다.

면 독점기업은 P^m의 가격에서 Q^m을 생산하게 된다. 따라서 시장지배력이 행사되는 독점시장에서는 완전경쟁의 균형상태보다 가격은 높고($P^m > P^c$) 생산량은 적은($Q^m < Q^c$) 자원배분의 왜곡을 가져오게 된다. 또한 가격이 비용보다 높게 결정되고 독점기업의 초과이윤이 발생한다. 이러한 현상은 한계비용이 고정되지 않은 경우에도 〈그림 5-1〉에서와 같이 동일하게 나타난다.

이 산업의 추가적 1단위 생산의 사회적 비용은 바로 한계비용이며 이것이 곧 기회비용이기도 하다. 독점하에서는 생산량이 감소되고($Q^c \rightarrow Q^m$), 가격이 상승($P^c \rightarrow P^m$)하므로 생산비만을 지불하고 P^c에서 구입하려던 소비자는 다른 산업으로 소비대상을 전환하게 된다. 소비자는 자신의 이익극대화를 위하여 독점산업의 재화구입을 줄이는 대신 여타 재화의 구입을 증대시킨다. 이 결과 생산요소의 투입도 독점화된 재화에서 여타 재화로 배분된다. 소비자효용의 관점에서 보면 독점에서는 상대적으로 가격이 높고 수량이 적으므로 지출비용 1단위당 효용은 독점된 재화의 소비에서 더 크게 된다. 결국 사회적 관점에서 보면 독점산업의 재화는 충분히 공급되지 않고 여타 산업에서는 과다하게 생산되는 자원배분의 왜곡을 가져온다. 이것은 곧 시장지배력에 의한 사회후생의 감소와 소득재분배 현상을 야기하게 된다.

〈그림 5-2〉에서 보면 경쟁상태에서의 소비자잉여는 $P^c AE$이고 독점에서는 $P^m AB$가 된다. 따라서 소비자잉여의 감소부분은 $P^c P^m BE$가 된다. 이것은 다시 두 부분으로 구별되는데 $P^c P^m BG$는 생산자잉여로 흡수되고 BGE는 생산자도 찾아가지 못하는 소비자후생의 손실이다. 전자는 결국 소비자잉여가 생산자로 이전되는 소득재분배 효과를 나타낸다. 반면 후자는 소비자잉여의 감소이면서 생산자이윤으로도 흡수되지 못하는 사회후생의 순손실(net welfare loss)에 해당된다. 이것은 흔히 '사장된 손실'(deadweight loss)이라고 불리며 시장지배력으로 인해 야기되는 총후생의 감소를 의미한다.

생산자잉여와 소비자잉여를 동질적인 것으로 파악하여 양자간 소득재분배 현상이 사회후생에 미치는 영향이 없다고 가정하면 사장된 손실만이 곧 독점에 의한 사회적 비용이 된다. 양자간 소득재분배가 어떤 사회적 비용을 수반하고, 후생효과가 어떻게 나타나느냐에는 가치판단이 개입되고 정치적 문제로 연결되므로 전통적으로 경제학의 범위를 벗어난 것으로 파악하는 경향이 있다

(Harberger, 1971). 또한 경제학의 일반모형에서는 기업의 소유주가 곧 자본이라는 생산요소를 제공한 소비자라고 파악하기 때문에 양자간의 소득이전은 본질적으로 아무런 후생의 변화를 가져오지 않는 것으로 보기도 한다. 그러나 소비자로부터 생산자로 이전된 소득재분배가 사회적으로 용납될 수 있느냐의 여부는 국민경제가 갖고 있는 모든 여건에 따라 평가되어야 할 것이다.

〈그림 5-2〉에서는 자원배분으로 인한 후생의 순손실이 GBE로 표시되고, 선형의 수요와 한계비용에서는 $\Delta P = P^m - P^c$, $\Delta Q = Q^c - Q^m$이라면 $\frac{1}{2}\Delta P \cdot \Delta Q$와 같다. 또한 소득재분배는 $\Delta P \cdot Q^m$으로 표시되고, 다른 산업으로 이전된 소비자의 지출은 $P^c \cdot \Delta Q = Q^m GEQ^c$로 표시된다.

5.2.2 후생손실의 계측

① 하버거(Harberger)의 계측

독점이 갖는 시장지배력으로 인해 발생되는 사회후생의 손실을 계측하려는 노력은 「하버거」로부터 시작되었다(Harberger, 1954). 현실세계에서 만약 독점가격과 경쟁가격(P^m, P^c) 및 각각의 산출량 (Q^m, Q^c)을 알 수 있다면 후생손실은 쉽게 계측될 수 있다. 그러나 실제 계측될 수 있는 것은 판매수입($P^m \cdot Q^m$)에서 비용을 차감한 회계이윤(accounting profit)에 불과하다. 경제적 의미의 이윤을 구하기 위해서는 회계이윤에서 자본에 대한 정상수익률을 차감해야만 한다. 경제적 이윤을 파악할 수 있을 경우에만 독점으로 인한 사회후생의 손실을 계측할 수 있게 된다.

이제 사회후생의 손실(DL)을 아래와 같은 방법으로 계측하여 보자. P^m과 P^c는 각각 독점시장가격과 경쟁시장가격, c^*는 단위당 비용을 나타내고 있다. 그리고 $\Delta P = P^m - P^c = P^m - c^*$일 경우, DL은 다음과 같다.

$$DL = \frac{1}{2} \cdot \Delta P \cdot \Delta Q = \frac{1}{2} \cdot (\Delta P)^2 \cdot \frac{\Delta Q}{\Delta P}$$

$$= \frac{1}{2} \cdot \left[\frac{P^m - c^*}{P^m}\right]^2 \cdot \frac{P^m}{Q^m} \cdot \frac{\Delta Q}{\Delta P} \cdot P^m \cdot Q^m$$

$$= \frac{1}{2} \cdot \left[\frac{P^m \cdot Q^m - c^* \cdot Q^m}{P^m \cdot Q^m} \right]^2 \cdot P^m \cdot Q^m \cdot \eta$$

$$= \frac{1}{2} \cdot r^2 \cdot P^m \cdot Q^m \cdot \eta \qquad\qquad (5.9)[3]$$

식 (5.9)는 결국 다음과 같은 세 가지 항으로 구성되어 있다. 즉, r과 $P^m \cdot$ Q^m 및 η의 함수이다. 첫째, r은 매출에 대한 수익률로서 다음과 같이 표시 된다.

$$r = \frac{P^m Q^m - c^* Q^m}{P^m Q^m} = \frac{P^m - c^*}{P^m} \qquad\qquad (5.10)$$

DL의 계산식에서 두번째 항은 $P^m \cdot Q^m$으로 이것은 기업의 총매출액이다. 세번째 항은 수요의 가격탄력성(η)으로서 「하버거」의 경우에는 1로 가정하여 계산하였다. 그는 이와 같은 방법으로 73개 미국산업에 대한 후생손실을 계산 하고 여타 모든 제조업에 대해서도 동일한 비율을 적용하였다. 이 결과 「하버 거」가 발표한 독점으로 인한 후생의 손실(DL)은 GNP의 0.1%에 불과하였다.

② 탄력성과 후생손실

이와 같은 「하버거」의 계산은 독점으로 인한 후생손실비용이 매우 적은 것 이어서 많은 논란을 불러 일으켰다. 그의 결과는 후생손실의 하한(lower bound) 에 불과하다는 지적이 많이 제기되었다. 특히 「코울링과 뮬러」(Cowling and Mueller)는 다음과 같은 방법으로 후생손실의 상한(upper bound)과 「하버거」 계 측의 문제점을 제시하였다(Cowling & Mueller, 1978).

「하버거」의 계측에서는 수요의 가격탄력성을 1로 가정하였다. 그러나 〈그 림 5-3〉에서 보는 바와 같이 탄력성의 차이에 따라 동일한 가격과 비용조건에 서도 DL은 크게 변화할 수 있다. 탄력적 수요에서는 가격상승($P^c \rightarrow P^m$)에 따 라 수요의 감소분($\Delta Q_1 = Q^c - Q_1$)이 크게 나타난다.

---

[3] 여기에서는 $\Delta P = P^m - P^c > 0$이고 $\Delta Q = Q^c - Q^m = -(Q^m - Q^c)$로 정의되어 있으며 $\eta = -\frac{P^m}{Q^m} \cdot \frac{\Delta Q}{\Delta P} > 0$이 된다.

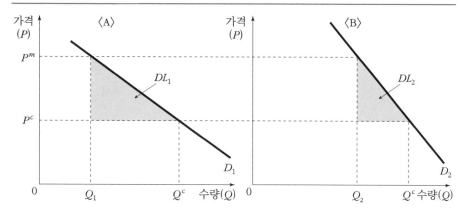

| 그림 5-3 | 탄력성과 후생손실 |

사회후생의 순손실(DL)은 수요의 탄력성에 따라 규모가 달라진다. 동일한 가격변동($P^c \rightarrow P^m$)에서도 수요가 탄력적인 A시장에서 DL이 훨씬 더 크게 나타난다.

반면 비탄력적 수요곡선에서는 가격상승($P^c \rightarrow P^m$)으로 인한 수요감소($\Delta Q_2 = Q^c - Q_2$)가 적게 나타난다. 이는 가격변화에 대한 수요의 변화가 비탄력적이기 때문이다. 따라서 두 시장에서 동일한 가격변화가 일어날 경우에도 후생의 손실은 탄력적 시장에 더욱 크게 나타난다. 이것은 식 (5.9)에서 η의 역할을 보면 분명해진다. 그러므로 탄력성이 1이라는 가정으로는 정확한 계측을 할 수 없다.

한편 기업이 이윤을 극대화한다는 가정에서는 수요의 탄력성을 임의로 가정하지 않고도 후생의 손실을 계측할 수 있다. 이미 앞 절의 식 (5.3)에서 유도된 바와 같이 매출이익률은 수요탄력성의 역수와 같다. 즉, $(P^m - MC)/P^m$은 $\frac{1}{\eta}$과 같게 되므로 이것을 이용하여 식 (5.9)의 η를 가격과 비용으로 대체하면 DL은 아래와 같다.

$$DL = \frac{1}{2} \cdot \left[\frac{P^m - c*}{P^m} \right]^2 \cdot P^m \cdot Q^m \cdot \eta$$

$$= \frac{1}{2} \cdot \left[\frac{P^m - c*}{P^m} \right] \cdot P^m \cdot Q^m$$

$$= \frac{1}{2} \cdot \left[\frac{P^m \cdot Q^m - c* \cdot Q^m}{P^m \cdot Q^m} \right] \cdot P^m \cdot Q^m$$

$$= \frac{1}{2} \cdot [P^m \cdot Q^m - c* \cdot Q^m] \tag{5.11}$$

이것은 결국 DL이 독점이윤의 1/2이 된다는 것을 보여주고 있다. 실제 현실세계에서는 독점기업이 이윤극대화를 완전히 실현하지 못하는 경우도 있고, 완전독점상태가 아닌 과점도 많으므로 식 (5.11)이 제시하는 후생손실의 계측치는 최대상한으로 간주되어야 할 것이다(Cowling & Mueller, 1981).

이밖에도 독점으로 인한 후생손실 계측치는 자본의 정상수익률과 독점화에 따른 비용(cost of monopolization)을 어떻게 조정하느냐에 따라서 달라진다. 정상이익률을 「하버거」와 같이 평균수익률로 할 경우에는 수익률이 높은 독점산업이 이미 평균수익률에 포함되어 있으므로 과대평가된다. 정상수익률이 과대평가되면 후생손실의 계측치는 과소평가된다.

또한 독점화에 따른 사회적 비용을 후생손실에 포함하여 계측할 수도 있다. 독점의 사회적 비용은 다음 절에서 상세히 논의되고 있는데 「코울링-뮬러」는 광고비용도 경쟁산업에서는 지출되지 않고 독과점에서만 지출되는 사회적비용으로 간주하고 있다. 「하버거」의 계측에서는 역시 이러한 사회적 비용이 누락되었으므로 후생손실을 과소평가하고 있는 셈이다.

이렇게 여러 가지 관점에서 평가할 때 「하버거」의 계측은 후생손실이 가장 많이 과소평가된 하한치를 반영하고 있고, 「코울링-뮬러」의 계측은 과대평가되어 상한치를 나타내고 있다고 할 수 있다. 참고로 두 방법에 의한 계측결과를 비교하면 〈표 5-1〉과 같다. 이 자료는 미국의 거대기업인 자동차회사 GM과 전화회사 AT & T 및 34개 기업은 물론 영국의 103개 대기업을 대상으로 분석한 것으로서 두 방법론에 의한 계측치의 실제 비교를 위해서 작성한 것이다. 「하버거」의 계측치(H)는 전체 생산량의 0.40%(단순한 DL)와 7.39%(사회적 비용을 포함한 경우의 DL)에 불과한 반면 「코울링-뮬러」의 계측치(C&M)는 각각 3.96%와 13.14%를 나타내어 양자가 상당한 격차가 있음을 보여주고 있다.

표 5-1	독점의 후생손실 계측치 비교			(단위 : 백만 $)
	단순한 후생손실(DL)		DL+광고	
	H	C & M	H	C & M
General Motors	123.40	1,060.60	770.20	1,780.30
AT & T	0.00	0.00	781.10	1,025.00
전체기업	448.20	4,527.10	8,440.10	14,997.60
기업매출량에 대한 비중(%)	0.40	3.96	7.39	13.14

주: 1) H의 방법에는 $\eta=1$로 가정됨.
  2) 1963~69년의 연평균자료를 바탕으로 계측된 것임.
  3) AT & T의 수익률은 분석기간 중 자본의 정상수익률 추정치인 12%보다 낮았으므로 DL의
     계측에서 사용되는 초과이윤이 0으로 계산되었음.
자료: Keith Cowling and Dennis C. Mueller(1981).

기업규모와 시장지배력

세계에서 가장 큰 기업의 규모는 얼마나 될까? 그런 대기업은 과연 국민경제에 어떤
영향을 미칠까? 단지 기업이 크다는 이유로 비난받아야 하는가? 우리나라에서는 아직도
재벌과 대기업에 대한 부정적 정서가 많다. 그러나 비난에 앞서 기업규모가 경제에 미
치는 영향을 먼저 분석하는 것이 좋을 것 같다.

2010년도 세계에서 가장 큰 기업은 매출실적으로 보면 월마트였다. 무려 4,218억 달
러의 실적을 올렸고 그 뒤를 로얄더치셸이 3,691억 달러와 엑슨모빌이 3,416억 달러의
실적을 올렸다. 위 세 기업의 실적을 합하면 우리나라의 총생산량인 약 9,800억 달러보
다도 훨씬 많다. 우리 기업은 어디에 서 있는가? 《포춘》지가 선정한 세계 500대 기업에
는 미국 139개사, 일본 71개사, 중국 46개사 등 전세계 대표적인 기업이 포함되어 있
다. 그러나 한국기업은 고작 10개사에 불과하며 그나마 50위권 안에 드는 기업은 삼성
전자 하나뿐이다. 최대기업이 이 정도이니 세계 속의 우리 '대기업'은 아직은 초라하기
그지없다.

기업규모가 커지면 무엇이 문제가 되는가? 물론 생산량이 많아지고 고용규모가 더
커지는 것은 긍정적인 기여이다. 기업은 당연히 규모를 늘리면서 여러 방법으로 단위당
생산비용을 줄이려 한다. 따라서 경쟁력을 높이는 수단의 하나가 바로 규모의 확장이

다. 규모를 증가시킴에 따라 평균생산비용이 하락하는 것을 규모의 경제라고 했다. 규모의 경제가 발생하면 생산용량이 많은 기업이 경쟁에서 우위에 서게 된다.

1만개를 생산하는 기업이 5,000개를 공급하는 기업보다 생산원가가 낮다면 시장은 결국 대기업이 지배하게 된다. 또한 규모가 큰 기업이 시장에 미치는 영향력도 크게 된다. 기업이 시장에 미치는 영향력을 '시장지배력(market power)'이라고 한다. 그러니까 규모의 확장은 시장지배력을 확보하기 위한 수단이 되는 셈이다. 물론 생산량을 무한히 늘릴수록 생산비가 지속해서 줄어드는 것은 아니다. 일정 수준이 넘으면 규모가 오히려 부담될 수도 있다.

또한 시장지배력이 향상되면 소비자에게 피해를 줄 수 있다. 인위적으로 가격을 올리거나 물량을 조절하고 소비자에게 불리한 조건의 거래를 강요할 수도 있다. 특정물건을 끼워서 판매할 수도 있고 신규기업의 진입을 의도적으로 방해할 수도 있다. 공정한 경쟁을 방해할 가능성이 높아지는 것이다. 그렇게 되면 소비자의 보호와 공정한 경쟁을 위한 정부규제의 필요성이 등장한다. 그러나 시장경쟁이 치열하고 소비자에게 불공정한 거래를 강요하지 않는 한, 대기업을 규제할 명분은 없다.

독점에 대한 규제가 가장 엄격한 미국에서도 이런 논리는 마찬가지다. 엑손도 1882년 록펠러에 의해서 스탠다드 오일로 설립된 후, 사세를 확장하다가 1911년에는 대법원에 의해 34개 회사로 분할명령을 받은 바 있다. 벨이라는 이름으로 유명한 통신회사인 AT&T도 1984년 분할명령을 받아 8개로 분사된 적이 있다. 마이크로소프트도 최근 분사의 위기에서 벗어나지 않았는가. 모두 시장지배력을 규제한 사례이며 기업규모 자체를 억제한 정책은 아니었다.

기업을 단지 규모가 크다는 이유 하나만으로 규제하는 것은 바람직한 접근이 아니다. 우리 기업도 외국의 초거대기업과 국내외에서 경쟁해야 하는 숙명적인 처지에 놓여 있지 않은가. 차라리 분할명령을 받을 만한 기업이라도 있으면 좋으련만.

정갑영, 『나무 뒤에 숨은 사람』, 21세기북스, 2012, p. 182.

5.3 독점의 사회적 비용

독점시장은 기업에게 독점이윤을 제공한다. 따라서 기업은 독점적 지위를 확보하고 유지하기 위하여 추가적 비용을 지불할 가능성이 높다. 예를 들어 국내시장에서의 독점확보를 위하여 수입규제를 강화하기 위한 입법활동이나 여타 기업의 참여를 제한하기 위한 로비를 가정할 수 있다. 독점이윤이 이러한 독점적 지위를 확보하기 위해 소요되는 비용보다 크다면 기업은 당연히 비용을 지불하고 독점권을 확보하려 할 것이다. 그러나 앞 절에서 논의된 독점으로 인한 사장된 손실에서는 이러한 독점적 지위의 확보비용이 전혀 포함되어 있지 않다. 앞서 논의된 후생손실은 독점이윤을 바탕으로 한 것이며, 독점이윤은 곧 지위확보에 따른 보상에 해당되는 것이라 할 수 있다.

독점적 지위의 확보에 소요되는 비용은 후생손실의 계산에는 포함되어 있지 않지만 사회적 관점에서는 결국 독점의 비용에 해당된다. 이것은 또한 산업이 경쟁일 경우에는 지불할 필요가 없는 사회적 비용 또는 낭비에 해당된다. 독점이나 높은 진입장벽은 결국 어떤 특혜적 이익(monopoly rent)을 보장해 주므로 이러한 독점적 이윤의 추구행태(rent seeking behavior)에는 비용이 수반될 수밖에 없다. 따라서 독점으로 인한 사회후생의 손실을 계측할 경우에는 독점이윤으로 인한 DL은 물론 독점권확보를 위한 전략에 소요되는 모든 비용을 포함하여야 할 것이다(Tullock, 1967; Posner, 1975).

실제 현실사회에서 이러한 사회적 비용은 여러 형태로 나타난다. 기존의 독점기업이 신규기업의 참여를 제한하는 제도적 진입장벽을 확보하기 위하여 의회나 정부관리를 매수할 수도 있다. 치열한 광고활동을 통해 신규기업의 진입을 억제할 수도 있다. 두 개 이상의 기업이 독점권을 확보하기 위하여 치열한 경쟁을 벌이며 자원의 낭비를 초래할 수도 있다.

이와 같은 독점의 사회적 비용은 어떻게 계측되고 실제 어느 정도의 규모인가? 단기적으로 독점권을 확보하기 위한 경쟁은 독점이윤을 모두 비용으로 사용하는 수준까지 계속될 것이다. 즉, 독점이윤을 π^m이라 하고, 지위확보에 따른 비용을 C^m이라 할 경우 $\pi^m \geq C^m$인 한, 독점권확보를 위한 전략적 경쟁이 지속될 것이다. 만약 $\pi^m = C^m$인 극단적인 경우에는 독점으로 인한 사회후생의 손실(DL^s)이 종전의 단순한 DL에서 DL과 독점이윤을 합계한 값으로 확대될 것이다. 이 경우 〈그림 5-2〉에서는 종전의 BGE에서 $DL^s = BGE + P^cP^mBG$로 증가되어 P^cP^mBE가 된다.

현실경제에서는 미래의 불확실성과 기업가의 위험회피 등으로 독점이윤을 전부 독점권확보에 사용하는 경우는 많지 않을 것이므로 DL^s가 독점으로 인한 후생손실의 최대상한이라고 할 수 있다. DL 자체는 사회적 비용이 고려되지 않은 후생손실의 하한이므로 현실세계에서의 후생손실은 DL과 DL^s 사이에서 결정된다.

실제 독점으로 인한 사회적 비용을 어떻게 파악하고 계측할 것인가는 상당히 복잡한 과제이다. 예를 들어 A와 B가 모두 독점권확보를 위해 많은 자원을 사용한다면 사회적 관점에서는 분명히 낭비에 속한다. A와 B의 노력결과 A가 독점권을 획득하였다면 B의 독점권확보를 위한 비용은 DL^s에도 포함되지 않는다. 또한 A가 독점권을 확보하였을 때 얻게 되는 독점이윤도 결국은 소비자잉여가 독점기업에 이전된 것에 불과하지 새로운 부(富)의 창출은 아닌 것이다. 따라서 독점으로 인한 특혜적 이익(monopoly rent)을 추구하기 위해 소요되는 비용은 사회적 낭비에 속하는 것이다.

이와 같은 논리는 도둑에 비유하여 설명될 수도 있다. 도둑은 물론 사회적 범죄행위이지만 국부의 관점에서는 한 개인(주인)의 소유물이 다른 개인(도둑)으로 이전되는 일종의 부의 이전현상으로 설명될 수 있다. 그렇다면 왜 도둑은 사회적으로 바람직하지 않은가? 도덕적이고 사회정의의 관점을 벗어나 순수한 경제적 의미에서 고려해 보자. 그 이유는 바로 도둑이 있기 때문에 이를 방지하기 위하여 많은 비용이 수반되기 때문이다. 예를 들면 경찰의 유지비와 방범시설의 설치 등이 모두 도둑이 있으므로 발생되는 사회적 비용에 해당된다. 도둑으로 인해서 어떤 물건의 주인이 바뀌는 부의 이전현상 자체는 사회적 관점에서 큰 비용을 수반하지 않지만 이를 방지하기 위한 사회적 비용이 엄청나게 큰 것이다. 이것은 사회적 낭비에 해당되며 도둑이 없었다면 활용될 수 있는 자원을 남용하게 되는 것이다. 방범시설이 고도화될수록 이에 대비한 도둑의 준비비용도 사회적 낭비에 속할 것이다.

이러한 논리는 그대로 독점의 사회적 비용에 적용될 수 있다. 독점으로 인하여 기업이 얻게 되는 이윤은 소비자에서 기업으로 가는 부의 이전에 해당된다. 독점이윤에 의한 부의 이전 몫은 비록 적다 할지라도 이러한 행위를 추구하거나 방지하기 위한 사회적 비용이 막대한 것이다. 독점기업은 독점권의 획득을 위하여, 정부는 독점의 방지를 위하여 독과점규제기구를 운용하는 등 비용을 지출한다. 독점권을 성공적으로 확보하는 기업도 물론 비용을 지불하게 된다.

　이와 같은 모든 사회적 비용을 감안하여 독점으로 인한 후생손실을 계측하면 그 규모는 더욱 증대될 것이다. 예를 들어 「포즈너」(*Posner*)는 미국에서 규제에 따른 사회적 비용(cost of regulation)이 오히려 독점의 비용보다 클 수도 있다는 것을 지적하고 있다(Posner, 1975). 결국 독점으로 인한 직접적 후생손실과 기업의 독점이윤(monopoly rent)확보를 위한 사회적 비용 및 정부의 규제비용이 모두 감안되면 독점의 경제적 피해는 대폭 확대될 것이다.

5.4 독점의 효율과 비효율

　독점은 항상 사회적 비용을 유발하고 자원배분의 왜곡을 가져오는 폐해를 유발하는가? 독점기업은 어떤 경우에도 정당화될 수 없는 사회적 악에 속하는가? 그렇다면 현실경제에서 독점기업은 왜 적극적으로 규제되지 않고 존재하고 있는가?

　독점기업이 항상 사회적 비용만을 유발하고 후생손실을 극대화하는 것만은 아니다. 이에 대한 논리적 근거로서 규모의 경제와 동태적 효율성의 개념 등을 설명할 수 있다.

　먼저 규모의 경제성에 관하여 분석하자. 시장규모가 일정한 경우 하나의 독점기업이 시장을 지배하면 당연히 여러 경쟁기업이 존재할 때보다 기업규모가 크게 된다. 따라서 독점기업은 경쟁시장의 기업보다 규모의 경제를 더욱 용이하게 실현시킬 수 있다. 생산규모가 증대될수록 평균비용이 지속적으로 하락하는 규모의 경제가 나타나는 산업에서는 소규모 경쟁기업보다 대규모 독점기업이 더욱 효율적일 수 있다. 이러한 경우의 극단적인 예는 바로 자연독점 현상이다. 규모의 경제가 지속적으로 발생하여 평균비용곡선이 지속적으로 하락한다면 이러한 시장에서는 대기업이 결국 시장을 독점하는 자연독점현상이 발생한다.

　자연독점이 아닌 경우에도 독점기업이 경쟁기업보다 절대적 비용우위를 갖고 있다면 독점은 오히려 경쟁보다 효율적일 수도 있다. 이것은 기업수준에서 규모의 경제가 대폭적으로 발생할 때 가능하다.

이와 같은 경우를 〈그림 5-4〉에서 살펴보자. 공급곡선 S는 수많은 경쟁기업의 한계비용을 수평적으로 합계한 것이다. 이것은 경쟁산업에서 도출된 공급곡선으로서 평균가변비용을 초과하는 한계비용의 합계이다. 수요곡선이 D이므로 경쟁시장의 균형가격과 생산량은 각각 P^c, Q^c에 해당된다.

이제 이 산업이 한 기업으로 독점화되어 규모의 경제가 발생한다고 가정하자. 독점기업의 한계비용은 MC^m으로 표시되고 한계수입은 MR^m이다. 따라서 독점하에서의 가격과 생산량은 각각 P^m, Q^m으로 결정된다. 〈그림 5-4〉에서 보는 바와 같이 독점가격은 경쟁균형가격보다 낮고($P^m < P^c$), 독점에서의 생산량은 오히려 증대되는($Q^m > Q^c$) 결과를 가져 온다. 이것은 바로 독점화에 따른 규모의 경제가 존재하기 때문이다. 이와 같은 예는 물론 특수한 경우에 존재할 수 있다.

이제 규모의 경제가 적은 폭으로 나타나는 일반적인 경우를 고려해 보자.

그림 5-4 독점과 규모의 경제

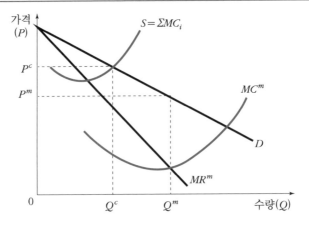

규모의 경제가 크게 나타나지 않을 경우에는 다수의 기업이 시장에서 공존할 수 있다. 그러나 규모의 경제가 크게 나타나는 산업에서는 독점이 오히려 경쟁시장보다 균형가격이 낮고, 생산량은 많아지게 된다. 이전 산업에서 MC_i를 갖는 소규모의 경쟁기업만 있다면 가격은 P^c, 생산량은 Q^c가 되어, 독점상태의 가격(P^m)보다 높고, 생산량은 Q^m보다 줄어들게 된다.

그림 5-5   독점의 효율성

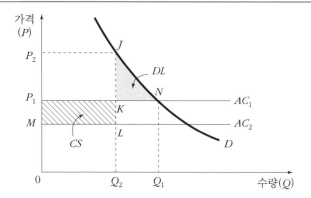

독점화로 인하여 평균비용이 AC_1에서 AC_2로 감소한다면 CS만큼의 비용절감효과가 나타나는 반면 DL만큼의 사회후생의 순손실이 발생한다. CS는 생산자잉여에 해당되므로 사회전체의 후생손실은 DL과 CS의 크기를 비교해야 한다.

〈그림 5-5〉에서 AC_1은 독점화되기 이전의 경쟁상태(또는 과점)의 평균비용이다. 이 때 가격은 $P_1 = AC_1$으로서 기업은 정상이윤만을 획득할 수 있다. 이 상태에서 기업의 합병이나 여타 전략으로 독점화가 이루어졌다고 가정하자. 그리고 독점화에 따른 규모증대로 평균비용이 AC_2로 하락하였다고 하자. 독점화 이후 새로운 생산량은 $MR = MC$가 되는 Q_2에서 결정되고 가격은 P_1에서 P_2로 상승하였다. 사회후생은 어떻게 변하였는가?

먼저 독점화로 인하여 생산량은 감소되고($Q_1 \rightarrow Q_2$) 가격은 인상되어($P_1 \rightarrow P_2$) 후생손실이 발생하였다. 순후생손실은 JNK만큼의 DL에 해당된다. 그러나 규모의 경제로 인하여 비용이 절감되었고($AC_1 \rightarrow AC_2$) 이윤도 증가하였다.

독점 후 이윤증가폭을 분석하면 순수한 독점화로 인한 이윤과 비용절감(cost saving) 효과로 인한 이윤의 증가로 분류할 수 있다. 〈그림 5-5〉에서는 MP_1KL에 해당되는 빗금친 부분(CS)만큼의 비용절감효과가 발생하였다. 이것은 곧 생산자이윤의 일부로 귀속되지만 독점화에 따른 규모의 경제로 인하여 창출된 효율증대분에 속한다. 이러한 비용절감효과가 충분히 크다면 독점으로 인한 후생손실 부분인 DL을 초과할 수도 있을 것이다. 즉, $CS > DL$인 경우에는 독점으

탄력성 가격상승률	3	2	1	0.5
5	0.44	0.27	0.13	0.06
10	2.00	1.21	0.55	0.26
20	10.38	5.76	2.40	1.10

표 5-2 후생손실이 상쇄될 수 있는 비용절하율 (단위: $\Delta AC/AC$, %)

로 인한 효율성 증대가 후생손실보다 크게 나타난다. 물론 이러한 효과는 기업의 합병 등을 통해 규모가 증대되고 생산비가 절감될 수 있을 때에만 가능하다.

그렇다면 어떤 정도의 비용절감효과가 발생하여야만 $CS > DL$의 조건을 만족시키고 독점의 긍정적 효과가 나타날 수 있는가? 이것은 물론 DL의 크기에 영향을 미치는 수요의 탄력성과 가격인상의 폭에 따라 결정될 것이다.

「윌리엄슨」(Williamson)이 계산한 $CS > DL$을 만족시킬 수 있는 비용의 절하율은 〈표 5-2〉와 같다(Williamson, 1979).

이 결과는 대부분의 경우 약간의 비용절하만 나타나도 독점으로 인한 후생손실이 상쇄될 수 있음을 보여주고 있다. 예를 들어 수요의 탄력성이 상당히 높아 2에 달하는 경우, 독점화로 인해 가격이 10% 상승하였다면 비용절감률이 1.21% 이상만 되면 후생손실(DL)은 비용절감(CS)효과에 의해 상쇄될 수 있는 것이다.

이와 같이 규모증대에 따른 비용절감과 독점화에 따른 후생손실의 상충(trade-off)관계를 파악하는 것은 앞 절에서 논의된 독점의 사회적 비용을 포함하고 있지 않으며, 또한 현실적인 여러 여건을 반영하지 않은 단순한 형태의 분석이다. 그러나 독점화에 따른 비용절감효과가 수반된다면 후생손실의 비용이 어느 정도 상쇄될 가능성이 있음을 명백히 보여주고 있다.

「윌리엄슨」 자신도 이러한 단순한 모형이 갖는 한계점을 다음과 같이 지적하고 있다. 즉, 대부분의 독점으로 인한 후생손실분석에서와 같이 이 모형도 부분균형에 입각한 것이므로 경제전체에 미치는 파급효과가 반영되어 있지 않다. 예를 들어 독점이 소득분배에 미치는 영향과 생산자 및 소비자잉여의 동질적 분석이 지적될 수 있다. 비용절감으로 효율이 증대된 결과 생산자잉여는 증가하였지만 소비자잉여는 가격인상으로 감소하고 있는 것이다. 또한 독점기업이 과연 규모의 경제를 통해 비용절감을 실현시킬 수 있느냐는 의문도 제기할 수 있다.

비용절감효과가 나타나는 경우에도 그러한 효과는 당해 기업에 국한되는 반면 가격인상의 파급효과는 국민경제 전체에 파급될 수 있다. 비용절감이 기술개발을 통해서 실현된다면, 독점과 경쟁기업 중 어떤 조직이 기술혁신을 더욱 촉진시킬 수 있느냐의 논의로 귀착된다(Leibenstein, 1966).

한편 「라이벤스타인」(Leibenstein)은 독점기업의 내부효율(internal efficiency)이 경쟁산업에서보다 더욱 저하된다고 평가하고 있다. 기업의 내부효율은 기업 내의 효율적 자원배분과 경영자의 적절한 관리를 통해 증진될 수 있는데 독점기업에서는 이러한 내부효율이 저하되고 X-비효율(X-inefficiency)이 발생한다는 것이다. 그는 독점기업이 갖고 있는 X-비효율로 인한 손실이 오히려 DL 보다 상대적으로 크다고 평가하고 있다.

X-비효율은 일반적으로 기업조직의 비효율적 관리와 경영자의 이윤극대화 추구에 대한 동기의 부족에서 발생한다. 따라서 이러한 비효율은 독점기업에는 물론 경쟁기업에서도 발생할 수 있다. 그러나 독점기업에게는 경쟁대상자가 존재하지 않기 때문에 기업내부의 효율을 증대시키려는 노력이 적게 나타난다는 것이다. 치열한 경쟁과 압력이 상존하고 있는 경쟁시장에서는 비용을 절감하기 위한 노력이 적극적으로 추진되지만 독점산업에서는 이러한 동기(Motivation)가 적게 나타나 X-비효율이 증대된다는 것이다.

경쟁의 압력은 기업내부의 효율뿐만 아니라 생산성 향상과 기술혁신 및 품질 개선에도 많은 영향을 미치게 된다. 이러한 관점에서 독점기업은 경쟁압력이 존재하지 않기 때문에 경쟁기업보다 소극적인 전략을 채택할 가능성이 있다. 이것은 곧 독점의 비효율이나 사회적 비용을 증대시키는 또 다른 요인이 되기도 한다.

독점기업의 효율성 여부는 정태적인 것과 동태적인 관점에서도 비교 설명될 수 있다. 독점기업이 비록 정태적 관점에서 자원배분의 왜곡이라는 비효율을 창출하지만 동태적 관점에서는 경쟁기업보다 더 효율적일 수도 있다는 논의도 있다. 예를 들어 현재 A산업은 독점화되어 있고 B산업은 경쟁산업이라고 하자. 이 결과 정태적 효율의 관점에서는 당연히 독점인 A산업이 자원배분의 왜곡을 초래한다. 그러나 장기적 관점에서는 기술혁신과 생산성 향상을 위한 투자를 어떤 기업이 더욱 활발하게 수행할 수 있겠는가? 그것은 바로 초과이윤을 통해 자금을 축적하고 있는 독점기업이라는 것이다. 경쟁기업은 정상이윤 이상의 이윤을 확보하지 못하므로 투자의 여력이 적다는 것이다. 이러한 논의는 결국 기술혁신의 우위가 경쟁기업에 있는가 또는 독점기업에 있는가의 논의와 연결된다.

5.5 기업효율과 시장지배력

앞 절에서 논의한 바와 같이 기업이 시장에서 시장지배력을 행사할 경우에는 경쟁균형보다 높게 가격을 설정할 수가 있다. 생산비용의 변동이 없다면 이는 기업의 이윤율이 상승하는 결과를 초래하게 된다. 결국, 독점적 시장구조하에서는 기업의 이윤율이 경쟁산업보다 높게 나타날 수 있다는 시사점을 도출할 수 있는데 이를 시장지배력가설(market power hypothesis)이라 한다. 산업조직론에서는 전통적으로 시장구조와 이윤율 등의 시장성과에 대한 실증분석을 많이 시도하였다. 시장구조가 기업들의 행태에 영향을 미치고 행태는 다시 산업성과에 영향을 미친다는 구조-행태-성과 패러다임에 기초를 둔 분석이라 할 수 있다. 초기 연구들은 주로 산업단위 자료들은 많이 사용하였는데 이러한 연구들은 시장지배력 가설을 옹호하는 실증분석 결과들은 많이 도출하였다. 독점적 구조하에서는 시장집중도가 높고 이러한 산업에서 시장집중도와 이윤율의 정(+)의 관계가 성립되는 것이다.

그러나 시장집중과 이윤율 간의 정(+)의 관계는 시장지배력보다 기업의 시장점유율이나 효율성과 관련되어 나타날 수 있다. 가령, 기업의 가격행태가 집중도에 의하여 좌우되지 않고, 각 기업의 이윤은 시장 점유율에 의하여 결정된다고 하자. 이러한 경우에도 산업별 자료에서는 결국 고집중산업이 저집중산업보다 높은 평균이윤율을 나타낼 수 있다. 왜냐하면 고집중산업의 대기업은 높은 점유율을 바탕으로 많은 이윤을 확보할 수 있으며, 이들 대기업의 이윤이

산업 전체 이윤에서 차지하는 비중이 높기 때문이다. 따라서 집중도가 기업행
태에 아무런 영향을 미치지 못하는 경우에도, 기업의 시장점유율과 이윤율의
정(+)의 관계는 곧 고집중산업의 고이윤을 의미하는 결과를 가져온다. 이러한
이유로 전통적인 구조-성과 분석에 비판적인 학자들은 집중도와 이윤율의 정
(+)의 관계가 시장집중도의 영향에서 비롯된 것이 아니라 각 기업의 시장점유
율(market share)에 의한 것이라고 주장하여 왔다.

이제 시장지배력보다는 기업의 효율이 더욱 중요한 성과의 결정요인이 된
다는 효율성 가성(efficiecny hypothesis)을 구체적으로 살펴보자. 효율성 가설에
의하면 기업이 효율화될수록 생산비가 낮아지며 비용의 우위를 확보하게 된다.
또한 생산량을 증가시킴에 따라 비용을 감소시킬 수 있는 기업은 당연히 생산
량을 증대시키고 가격을 인하한다는 것이다.

이러한 관계를 〈그림 5-6〉으로 설명하기로 하자. 그림에서 만약 한계비용
이 c_1에서 c_2로 인하되었을 경우 독점가격에 어떤 변화가 일어나는가? 이윤극
대화를 위해서는 $MR = MC$가 되어야 하므로 생산량을 오히려 Q_1에서 Q_2로
증대시키게 된다. 생산량증대에 따라 가격도 역시 P_1에서 P_2로 하락하게 된다.

그림 5-6 기업효율과 독점가격

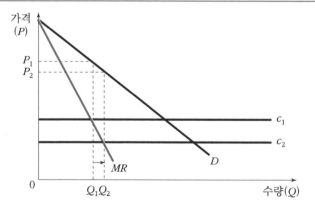

효율적인 기업이 생산비를 절감하여 c_1에서 c_2로 인하시킨다면, 이윤극대화를 위하여 가격을 P_1
에서 P_2로 인하시키고, 생산량도 Q_1에서 Q_2로 증가시킨다. 이 결과 시장점유율도 상승하게 된
다. 기업이윤의 증대는 항상 시장지배력을 통해서만 나타나지 않고, 효율적인 기업활동을 통해
나타날 수도 있다.

따라서 여타 조건이 동일하다면 효율적인 기업일수록 이윤극대화를 위해 생산량을 증대시키고 낮은 가격을 부과한다는 것이다.

기업의 효율은 신기술의 개발, 경영혁신 등을 통해 이루어질 수 있다. 효율화된 기업일수록 생산량을 증대시키고 낮은 가격에서 상대적으로 높은 이윤을 확보할 수 있게 된다. 따라서 시장집중도와 이윤율의 관계는 지배적 기업 간의 담합에 의한 결과가 아니라 기업효율을 바탕으로 한 높은 시장점유율에서 파악해야 된다는 것이다.

효율가설에서 우위의 기업(superior firm)은 신기술이나 경영혁신 및 신제품 개발로 평균비용을 상당수준으로 감축시킬 수 있어야 한다. 이 결과 여타 기업이 추종하는 기간 중에 높은 초과이윤을 획득할 수 있게 된다. 이러한 우월성을 확보한 기업만이 시장을 지배하는 대기업으로 급성장하게 된다.

효율가설에서 제시하는 우위기업(superior firm)은 〈그림 5-7〉로 설명될 수 있다. 〈그림 5-7〉의 〈A〉는 동일한 제품을 생산하고 있는 기업(①, ②, ③, ④,

그림 5-7　우위기업과 비용곡선

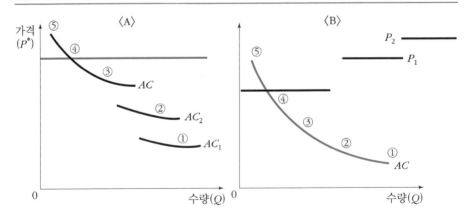

〈A〉에서 가격이 P^*로 동일하게 주어진 경우에도 ①과 ②는 기술혁신이나 효율성의 증대를 통해 높은 이윤을 확보하고 있다. 그러나 ③과 ⑤를 비교하면 동일한 비용함수에 ③은 규모의 경제를 통해 이윤을 확보하고 있다. ①과 ②는 비용함수가 전혀 다른 경우이며, ③, ④, ⑤는 동일한 비용함수에서 발생되는 현상이다.

〈B〉에서는 모든 기업이 동일한 비용함수를 갖고 있지만, ①과 ②는 새로운 제품을 개발하여 여타 기업보다 높은 수준의 가격인 P_1, P_2를 부과하고 있다. 따라서 이윤을 확보하게 되는 원천이 서로 다르게 나타나는 것이다.

⑤)의 평균비용곡선과 가격을 나타내고 있다. 가격은 P^*에서 동일하게 주어졌지만 각 기업의 비용이 크게 다르기 때문에 이윤도 큰 차이를 나타내고 있다. ③, ④, ⑤의 기업 중 ③은 규모의 경제를 실현하여 P^*에서 초과이윤을 실현하고 있다.

반면 ①과 ②는 ③보다 훨씬 높은 초과이윤을 실현하고 있다. ①, ②는 전통적 의미의 규모의 경제에 의한 효율성이 아니라 어떤 혁신적인 기술, 제품, 경영의 개발로 ③, ④, ⑤와는 전혀 다른 차원의 비용우위를 확보하고 있는 것이다. 이 때 기업 ①과 ②가 바로 혁신의 결과로 절대비용을 감축시킨 우위기업이 된다.

한편 〈그림 5-7〉의 〈B〉에서는 모든 기업이 동일한 비용곡선을 갖고 있다. 그러나 기업 ①과 ②는 새로운 제품을 개발하여 여타 기업보다는 높은 가격 P_1, P_2를 각각 부과할 수 있다. 따라서 혁신된 제품을 바탕으로 여타 기업보다 높은 이윤을 확보할 수 있으며 이들 기업도 우위기업에 해당되는 것이다. 이와 같이 효율성을 확보한 우위기업은 전통적인 규모의 경제와는 다른 차원의 비용절감을 실현하거나 신제품의 개발로 높은 이윤을 확보할 수 있는 기업을 말한다.

효율가설에 의하면 우위기업은 상당기간 동안 우월성을 만끽하고 시장점유율을 높은 수준에서 유지할 수 있다. 우위기업이 존재할 경우에는 산업별 구조-성과 분석에서 기업효율성의 결과로 시장집중도와 이윤율이 정(+)의 관계로 나타났음에도 불구하고, 마치 시장지배력에 의한 결과인 것처럼 왜곡되어 나타날 수 있다.

지금까지 많은 구조-성과의 실증분석 결과는 결국 산업간에는 물론 동일산업내에서도 상당한 이윤성의 차이가 나타날 수 있음을 제시하고 있다. 이러한 이윤성의 차이는 진입장벽과 시장지배력 또는 기업효율이 주요한 결정요인임을 시사하고 있다. 그러나 분석결과가 모두 동일한 방향으로 일치된 결론을 제시하고 있는 것은 아니며 분석기간, 자료, 방법론에서 많은 다양성을 보여주고 있다.

5.6 차선(次善)의 이론

산업의 독점화가 자원배분의 왜곡을 가져온다는 것은 이미 앞에서 논의되었다. 이 논리는 일반적으로 적용될 수 있지만 경우에 따라 산업의 독점화가 오히려 자원배분의 왜곡을 개선시킬 가능성도 있다는 것을 차선의 이론(Theory of second best)으로 설명하기로 하자. 현재 국민경제에 존재하는 N개의 산업 중 $1 \sim N-1$개까지는 모두 완전경쟁적이고 마지막 N번째 산업만이 독점이라고 하자. 즉, $X_1, X_2, \cdots, X_{N-1}$ 산업은 경쟁, X_N산업은 독점이라고 한다. 국민경제에서 $X_1, \cdots, X_{N-1}$ 산업은 너무 많이 생산되는 반면 X_N산업에서는 너무 적게 생산되는 상태에서 균형이 이루어진다. 이 경우 X_N산업이 경쟁화된다면 자원배분의 효율성이 증대될 수 있다.

반대의 경우를 생각해 보자. 즉, $Y_1, \cdots, Y_{N-1}$ 산업까지 모두 독점화되어 있고 마지막 Y_N산업만이 완전경쟁적이라고 하자. Y_1에서 Y_{N-1}산업까지는 너무 적게 생산되고, Y_N산업에서는 너무 많이 생산되는 균형을 갖게 된다. 이 때 Y_N산업이 독점화된다면 어떻게 될까?

다른 여건이 동일하다면 이것은 곧 재화간 한계대체율(MRS)과 한계전환율(MRT)을 재조정하여 국민경제의 자원배분을 적정화시켜 줄 수 있는 가능성을 갖고 있다.

이것은 특정산업의 경쟁화가 항상 최고의 해결방법(best solution)이 될 수는 없다는 것을 보여주는 대표적 사례이다. 많은 산업이 이미 독점화되어 있는 위와 같은 조건에서는 모든 산업을 경쟁화시킬 수 없기 때문에 오히려 특정산업의 독점화가 차선(second best)의 대책이 될 수 있는 것이다. 차선의 이론은 실제 현실세계에서 독점이 지속적으로 많이 존재하는 상태에서의 자원배분에 관한 분석으로 활용된다. 구체적으로는 농산물 시장의 분석에 많이 이용되어 왔다. 예를 들면 비농업부문에서처럼 이미 많은 독점화가 이루어져 있는 상태에서 농업의 독점화는 오히려 자원배분의 개선을 가져올 수도 있다는 논리이다.

이제 농업과 제조업 두 부문으로 구성된 경제를 예로 하여 설명하기로 한다. 먼저 제조업부문이 이미 독점화되어 있고 당장 독점구조를 해소할 여지가 없다고 하자. 반면 농업은 완전경쟁적 시장구조를 갖고 있다. 이제 제조업부문의 구조개선이 불가능하므로 농업을 독점화시킨다면 어떻게 되는가?

농업의 독점화는 농산물가격의 상승과 함께 생산자원의 제조업부문으로의 이동, 제조업의 수요증가 등 많은 변화를 불러오게 된다. 농업부문에 독점이윤이 발생하는 결과도 가져온다. 이러한 모든 변화의 결과 〈그림 5-8〉과 같은 균형이 성립되었다고 하자. 이 균형의 특징은 가격과 한계비용의 비율이 두 산업에 모두 동일하다는 점이다(〈그림 5-8〉에서 각각 40/20과 30/15가 된다). 이 결과 러너지수가 같게 된다.

이제 〈그림 5-8〉의 자원배분상태에서 생산요소의 이동(농업에서 제조업 또는 제조업에서 농업)이 국민경제의 산출량을 증가시켜 줄 수 있는가를 평가해보자. 만약 어떠한 방향으로의 생산요소 이동도 현재의 배분상태보다 산출량을 증대시켜줄 수 없다면 현재상태가 최대산출량을 가져오는 자원배분임을 알 수 있다.

먼저 농업부문에서 1억 5천만원의 생산자원의 제조업부문으로 이동시킨다

| 그림 5-8 | 모든 산업이 독점화되었을 경우의 자원배분 |

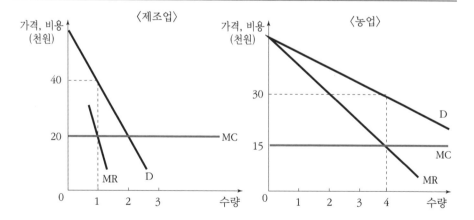

제조업과 농업이 모두 독점화될 경우에도 가격-비용의 비율이 두 산업에서 동일하게 나타날 수 있다. 이 상태에서는 생산요소가 농업에서 제조업, 또는 제조업에서 농업으로 이동하여도 총산출액이 증가되지 않는다. 따라서 양산업이 모두 독점화되고 가격과 한계비용의 비율이 동일한 현 상태에서 차선의 효율성이 달성된다.

면 어떻게 되는가? 이것은 곧 농산물의 생산비가 15,000원이므로 1만 단위의 농업생산량을 감축해야 하고, 제조업의 생산비가 20,000원이므로 7,500단위의 제조업제품이 추가생산될 수 있다. 이러한 변화를 시장가격으로 평가하면 제조업제품의 가격은 40,000원보다 약간 낮을 것이므로 3억원보다 약간 적은 산출량증가를 가져온다. 한편 농산부문에서는 1만 단위가 감산되었으므로 가격이 30,000원보다 높게 된다$(30,000+\varDelta P)$. 이 결과 농업에서의 산출량 감소액은 3억원보다 많게 된다. 즉, $(10,000) \cdot (30,000+\varDelta P)$가 된다. 따라서 생산요소가 농업에서 제조업으로 이동하는 것은 국민경제의 총산출액을 증가시키지 못한다.

　이와 반대로 제조업에서 농업으로 생산요소가 이동할 경우에도 동일한 결과를 가져온다. 예를 들면 제조업 생산을 1단위 감축하고 그 생산요소를 농업에 투입할 때도 총산출액이 증가하지 않게 된다. 따라서 양산업이 모두 독점화되어 있고 가격과 한계비용의 비율이 동일한 현재의 상태가 최대의 산출액을 가져온다.

　이것은 제조업부문의 독점을 완화할 수 없다는 것을 전제로 차선의 이론을 적용한 특수한 예라고 할 수 있다. 차선의 이론에 대한 구체적 증명은 본 서에서 다루지 않고 있지만(Lancaster & Lipsey, 1957) 다음과 같은 일반균형의 그림으로도 설명될 수 있다.

　〈그림 5-9〉에서 생산가능곡선(TT)과 사회후생함수(SW)가 접하는 E_1점 이 「파레토」의 효율기준을 만족시키는 기준이 된다. E_1점은 X재와 Y재가 모두 완전경쟁적으로 공급될 때 달성될 수 있다. E_1점에서는 두 재화의 가격비율(P_X/P_Y)이 SW의 기울기인 한계대체율(MRS_{XY}) 및 TT의 기울기인 한계전환율(MRT_{XY})과 모두 일치하게 된다.

　그러나 어떤 제도적 제약이나 다른 이유로 E_1의 달성이 불가능하고 CC선 상에서만 자원배분이 가능하다고 가정하자. 만약 E_3에서 배분이 이루어진다면 (X재가 독점, Y재가 경쟁일 경우 가능함) 사회후생의 수준은 SW_1이 된다. 따라서 E_3나 E_4에서는 $MRT_{XY}=MRS_{XY}$가 성립하지 않는다. 그러나 만약 E_2로 움직인다면 사회후생수준은 SW_2로서 SW_1보다는 크게 된다. E_2에서는 E_3보다 Y재

그림 5-9	차선의 이론

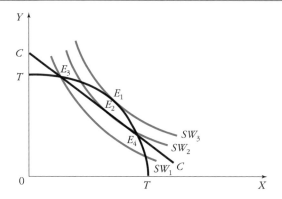

E_1은 X, Y재가 모두 완전경쟁시장에서 공급될 경우 달성될 수 있는 효율적인 자원배분점이다. 그러나 어떤 이유로 X재는 독점이고, Y재는 경쟁이라서 CC 선상에서만 자원배분이 이루어질 수 있다면 E_3와 E_4에서는 $MRT_{XY} = MRS_{XY}$가 성립되지 않고, 사회후생은 감소한다. 그러나 Y재마저 독점화시켜 E_2에서 균형이 달성된다면, 사회후생은 SW_1에서 SW_2로 증가된다. 최고인 SW_3보다 는 적지만 차선의 선택이 될 수 있다.

가 감소하고 X재가 증가된 상태이다. 이것은 바로 X, Y재 두 재화가 독점과 경쟁으로 구성되고 독점을 해소할 수 없을 경우 경쟁산업(Y)을 독점화하여 후생극대화를 꾀하는 차선의 논리가 된다. 따라서 차선의 이론에서는 어떤 파레토 효율이 달성될 수 없을 경우에 여타 한계조건도 동시에 위반하여 후생의 증가를 시도하게 된다.

차선의 이론은 경제정책의 당위성을 분석하는 데 사용되기도 한다. 여타 산업과의 연관관계가 지극히 낮은 산업의 파레토 조건 위배는 큰 문제가 되지 않음을 시사하기도 한다. 예를 들어 철강산업에 대한 산업정책은 이쑤시개산업의 상황에 영향을 받을 필요가 없게 된다.

차선의 이론은 자원배분의 왜곡이 이미 심화되어 있는 현실경제에서 다른 산업의 독점화를 정당화시키는 분석도구로 흔히 사용된다. 그러나 현실경제에 차선의 이론을 적용하는 데는 많은 한계가 있다. 우선 어떤 산업의 독점화가 후생을 증가시키기 위해서는 기존 산업의 독점화가 '어느 정도'이어야 한다는 기준을 설정하기가 곤란하다. 실제 〈그림 5-8〉은 매우 특수한 경우로서 일반적인 예는 아니다. 또한 실제 현실경제에서는 최종재화의 생산에 중간재가 많이 소요되고, 각종 대체재와 보완재가 존재하는 다양한 연관관계를 형성하고 있으므로 차선의 선택이 정당화될 수 있는 조건은 더욱 복잡하게 나타나게 될 것이다.

부록

5.A 내구재 독점 기업에 의한 시간에 걸친 가격차별화

앞 절에서 우리는 독점시장의 비효율성에 대하여 살펴보았다. 독점시장에서 독점기업은 완전경쟁 상태에 비하여 특정 상품 생산에 자원을 과소 투자하고 가격을 인상시켜 정태적 자원배분을 왜곡시킨다는 결론을 얻었다. 물론, 이는 독점기업의 입장에서는 이윤극대화를 위해 불가피한 선택이기도 하다. 이러한 결론의 근저에 있는 가정은 시장경쟁이 한번만 이루어지거나 또는 동일한 상태가 지속된다는 가정하에 얻어진 결론이다. 독점기업이 생산하는 제품의 관점에서는 비내구재를 생산할 경우 발생하는 독점균형에 관한 결론이다. 하지만, 독점기업이 내구재를 생산할 경우에는 독점기업이 시장가격을 높게 유지하는 것이 이윤극대화를 위한 바람직한 전략이 아니다. 비내구재는 바나나, 사과등 소비자들이 한번 소비하면 사라지는 재화인 반면 내구재는 자동차, 집 등시간에 걸쳐 서비스를 제공하는 재화이다. 내구재 소비와 비내구재 소비의 차이점은 내구재를 오늘 구매한 소비자는 내일 같은 내구재를 구입하지 않는다는 것이다. 결국, 내구재 독점기업은 오늘 내구재를 팔면 내일의 수요가 감소하는 딜레마에 봉착하게 된다. 내구재 생산 독점기업은 내일의 자기 자신과 경쟁을 하게 되는 것이다. 내일의 잔여수요를 충족시키기 위해서는 독점자는 결국 가격을 인하시킬 수밖에 없다. 책을 예를 들어보자. 책 생산에 있어서 하드커버나 페이퍼백은 생산 비용이 거의 차이가 없는 것으로 알려져 있다. 그렇지만 페이퍼백의 가격이 낮은 것을 관찰할 수 있다. 가격차는 생산비용의 차이에서 오는 것이 아니라 내구재 독점기업의 시간에 걸친 가격차별화에서 기인한 것이다. 오늘 학생들이 하드커버를 사면 내일 수요가 감소하기 때문에 페이퍼백 버전 가격이 하락하는 것이다. 영화의 소비에서도 동일한 현상을 발견할 수 있다. 홈비디오나 TV에서의 영화 상영가격은 극장상영 가격보다 훨씬 싸다. 이미 극장을 통해서 동일한 영화가 상당 부분 소비되어 잔여수요가 감소되기 때문에 낮은 가격을 부과하는 것이다. 결국, 내구재 기한이 영구히 지속된다면 내구재 독점 생산자는 가격이 지속적으로 하락하는 운명을 맞이하게 되며 결국 독점력을 상실하게 된다. 이를 코즈의 추론(Coase Conjecture)이라 한다 (Coase, 1972).

그럼 독점가가 이러한 시간에 걸친 가격차별화에 의하여 가격이 하락하는 현상을 막기 위한 방안은 무엇인가? 우선, 계획된 노후화(planned obsolescence)로 계획적으로 내구성을 줄이는 방법이다(Tirole, 1988). 내구성을 줄임으로써 다음기의 잔여수요를 증대하는 방안이며 또한 내구성 축소는 내일 가격을 인하시키지 않겠다는 의지의 표현이라 할 수 있다. 예로, 교과서 시장을 생각해 보자. 많은 경우 교과서는 몇 년에 한번씩 수정본이 발간되는 것을 발견할 수 있다. 교과서의 수정은 새로운 내용을 수록하는 측면도 있지만 수정 이전의 교과서의 가치를 떨어뜨려 내구성을 축소시키는 역할을 한다. 즉, 교과서 수정본은 중고책 시장을 죽이는 전략으로 작용할 수 있는 것이다. 두 번째 방안은 독점기업이 내구재를 판매하기 보다는 대여(lease)를 하는 방안이다. 내구재 수요에 미치는 다른 요인들이 동일하다면 리스를 통해서 동일한 내구재서비스 수요가 유지될 수 있을 것이다. 다음은 간단한 모형을 통해서 대여독점자가 판매독점자보다 높은 이윤을 얻는 사례를 살펴보자.

많은 소비자가 존재하고 소비자들은 자동차 서비스에 대하여 다른 가치를 가지고 있다고 가정하자. 독점자는 두 기간에 걸쳐 사용할 수 있는 자동차를 판매하거나 대여한다고 가정하자. 우선 각 기간 자동차 서비스에 대한 수요는 $P_t = 1 - Q_t$, $t = 1, 2$라 하자.

5.A.1 대여독점자

우선 대여독점자(renting monopoly)의 문제를 풀어보자. 자동차 대여는 한 기간마다 이루어진다고 가정하자. 각 기간 자동차 서비스에 대한 수요는 $P_t = 1 - Q_t$, $t = 1, 2$이다. 각 기간 독점자의 한계비용은 영이라 가정하자. 이러한 가정은 편의를 위한 것으로 결과에 영향을 미치지 않는다. 이 경우 총수입은 $TR_t = (100 - Q_t)Q_t$이고 한계수입은 $MR_t = 1 - 2Q_t$이다. 이윤극대화를 위해서 대여독점자는 한계수입과 한계비용을 일치하는 조건하에서 수량을 결정하게 되므로 $MR_t = 1 - 2Q_t = 0 = MC_t$로부터 $Q_t = 50, P_t = 50$가 결정이 되고 각 기간의 이윤은 $\pi_t = 2,500$, $t = 1, 2$가 되어 두 기간 총이윤의 합은 5,000이 된다.

5.A.2 판매독점자

위에서와 같이 두 기간을 가정하자. 자동차를 1기에 구매하게 되면 소비자는 1기와 2기 두기간에 걸쳐서 사용할 수 있다. P_1을 1기의 자동차 판매가격이라 하고 P_2를 2기의 가격이라 하면 제 2기의 가격은 1기의 판매수량에 의하여 결정될 것이다. 따라서 $P_2 = P_2(\widehat{q_1})$으로 표시할 수 있을 것이다. 여기서 $\widehat{q_1}$은 1기에 팔린 자동차 수량이다. 두 기간의 걸친 이윤극대화 문제를 풀기 위해서 후진귀납법(backward induction)의 방법을 사용하자. 따라서, 우선 제 2기의 문제를 풀자. $\widehat{q_1}$이 제 1기에 팔렸다고 가정하면 제 2기의 자동차 수요는 $q_2 = 100 - p_2 - \widehat{q_1}$, 또는 $P_2 = 100 - \widehat{q_1} - q_2$이다. 또한 한계비용은 $MC = 0$이라 가정하자. 이 경우 제 2기의 한계수입은 $MR_2(q_2) = 100 - \widehat{q_1} - 2q_2 = 0$이다. 따라서,제 2기의 잔여 수요는 $q_2 = 50 - \dfrac{\widehat{q_1}}{2}$이다. 결국 제 2기의 서비스에 대한 가격은 $P_2 = 100 - \widehat{q_1} - (50 - \dfrac{\widehat{q_1}}{2}) = 50 - \dfrac{\widehat{q}}{2}$가 되고 제 2기의 이윤은 $\pi_2 = (50 - \dfrac{\widehat{q_1}}{2})^2$가 된다. 그럼 이제 거꾸로 돌아가서 제 1기의 문제를 풀어보자. 제 1기 자동차 판매가격 P_1은 제 1기 서비스 가격과 제2기 서비스 가격의 합이다. 왜냐하면 차를 사면 두 기간 사용가능하기 때문이다. 따라서 제 1기의 가격은 $P_1 = 1 - \widehat{q_1} + P_2$이다. 여기서 $1 - \widehat{q_1}$은 제 1기 서비스에 대한 가격이다. 따라서 제 1기의 총이윤은 $\pi_1 = P_1 q_1 = (100 - \widehat{q_1} + 50 - \frac{\widehat{q_1}}{2}) = (150 - \frac{3}{2}\widehat{q_1})\widehat{q_1}$ 이 된다. 결국, 판매독점자는 두 기간 이윤의 총합을 결정하기 위해서 q_1을 결정하게 된다.[4] 판매독점자의 이윤을 극대화 하는 제 1기 판매량은 $q_1 = 40$이며 제 2기 판매량은 $50 - 40/2 = 30$이다. 제 2기의 가격은 $P_2 = 50 - 40/2 = 30$이며 $P_1 = 100 - q_2 = 40 + 30 = 90$이 된다. 따라서 총이윤의 합은 $\pi = p_1 q_1 + p_2 q_2 = 4,500$으로 대여독점자의 이윤 5,000보다 작다는 것을 알 수 있다. 판매보다는 대여함으로써 이윤을 증가시킬 수 있다. 그리고 두 기간 서비스에 대한 가격은 판매독점자의 경우 $P^{s_1} = 90$이며 대여독점자의 가격은 $P_1^R + P_2^R = 50 + 50 = 100$으로 대여독점자의 가격이 높다. 또한 판매독점자는 시간에 걸쳐서 가격차별화를 할 수밖에 없다$(P_1 = 90 > P_2 = 30)$는 것을 알 수 있다.[5]

내구재 독점자의 시간에 걸친 가격 차별화

비디오게임 게임기(console) 시장, 특히 소니의 플레이스테이션 시리즈는 내구재 독점자의 시간에 걸친 가격차별화의 대표적인 사례를 보여준다(Nair, 2007). 소니가 새로운 게임기를 출시하면 처음에는 가격민감도가 낮고 최신 기술을 습득하려는 얼리어탑터(early adopter)를 목표로 하여 높은 가격을 부과한다. 이 소비자들은 새로운 제품을 처음으로 경험하기 위해서 가격 프리미엄(premium)을 지불할 용의가 있었다. 시간이 지나면서 초기 수요는 만족이 되었고 소니는 점차적으로 가격을 낮추어서 보다 광범위한 소비자층이 제품에 접근할 수 있도록 하였다. 예를 들면, 소니가 플레이스테이션

---

4) 두 기간의 이윤의 합은 $\pi_1 + \pi_2 = (150 - \frac{3}{2}q_1)q_1 + (50 - \frac{q_1}{2})^2$이므로 이를 극대화하는 q_1, 즉 $\widehat{q_1}$은 다음과 같이 계산할 수 있다. $\frac{\partial(\pi_1 + \pi_2)}{\partial q_1} = 150 - 3q_1 - \frac{100 - q_1}{2} = 100 - \frac{5}{2}q_1 = 0$.

5) 여기에서는 하나의 사례로 대여독점자가 판매독점자보다 더 많은 이윤을 획득한다는 결론을 도출하였으나 모형에서 반드시 이러한 결과가 도출되는 것은 아니며 수요함수에 대한 가정 등에 의해 결과가 달라질 수 있음을 밝혀둔다.

3(PS3)를 출시하였을 당시 게임기는 프리미엄 가격으로 설정이 되었으나 몇 년을 거치
면서 소니는 가격에 민감한 소비자층을 유인하기 위해서 여러번 가격을 인하하였다. 이
러한 전략은 소니가 여러 시장부문에서 소비자 잉여를 흡수할 수 있도록 하였다. 내구
재 독점자의 시간에 걸친 가격차별화는 지급할 용의 정도가 다른 다양한 소비자군을
체계적으로 목표 설정하여 이윤을 극대화하는 역할을 한다(Waldman, 2003).

제6장 과점시장

Chapter 06

과점시장

6.1 과점시장의 특징

과점시장은 산업조직론에서 가장 많이 활용되는 시장모델이다. 과점시장은 첫째, 기업간 상호의존성이 잘 반영되어 있다. 따라서 기업간 경쟁, 전략적 의사결정, 산업내 점유율의 변화 등 여러 측면에서 유용한 결과를 제공한다. 특히 기업간 경쟁과 전략적 대응(strategic reaction)은 게임이론(game theory)에서 많이 다루어지고 있는데 최근에도 게임이론을 응용하여 과점행태를 설명하는 접근방법이 크게 확산되고 있다.

과점시장의 두번째 특성은 과점이 독점과 경쟁시장의 중간적 시장구조에 있기 때문에 이론의 일반화에 매우 유용하다는 점이다. 과점적 행태를 전제로 도출된 이론은 기업수가 무한히 많아지거나 1개로 줄어들면 곧 경쟁과 독점시장에 적용될 수 있다. 이러한 이유로 과점시장의 분석이 산업조직론에서 가장 많이 활용되는 시장모형이 되고 있다.

6.2 수량경쟁: 쿠르노 모형

먼저 동질적 재화를 공급하는 2개의 기업으로 구성된 과점시장을 고려해 보자. 신규기업의 진입가능성이 없고 모든 기업이 표준화된 동질적 재화를 공급한다고 가정하자. 수요의 역함수(inverse demand function)인 가격(P)은 다음과 같이 산업전체의 생산량(Q)에 대한 함수로 표시된다.

$$P = f(Q) \tag{6.1}$$

Q는 산업전체의 생산량이다. 두 기업의 생산량을 q_i와 q_j로 나타내면 $Q = q_i + q_j$가 된다.

과점시장에서 기업간 경쟁과 상호의존성을 설명하기 위하여 두 기업이 동시에 생산량을 결정하는 쿠르노 모형을 분석해 보자(Cournot, 1836). 먼저 i, j 기업이 존재하는 시장에서 i 기업의 이윤은 다음과 같이 정리된다.

$$\pi_i(q_i,\ q_j) = q_i \cdot P(q_i + q_j) - C_i(q_i) \tag{6.2}$$

여기서 $C_i(q_i)$는 기업의 비용함수이다. 각 기업은 상대기업의 생산량이 변하지 않는다고 가정하고 이윤을 극대화하는 생산량을 정한다고 가정하자. 이 때 i 기업의 이윤극대화를 위한 1차 조건은 식 (6.3)이 된다.

$$P(q_i + q_j) - C_i'(q_i) + q_i \cdot P'(q_i + q_j) = 0 \tag{6.3}$$

이 식의 앞 두 항은 가격과 한계비용의 차를 나타내므로 1단위 추가생산에 따른 이윤의 증가를 나타낸다. 세 번째 항은 1단위 추가생산과 이에 따른 가격 하락이 이윤에 미치는 영향을 나타낸다. 이 식은 실제 경쟁과 독점산업에도 적용된다. 경쟁시장에서는 세 번째 항이 0이 되고 독점시장에서는 q_i가 산업전체의 산출량이다.

쿠르노의 균형은 수요와 비용곡선이 선형인 경우에 쉽게 유도될 수 있다. 예를 들면 수요가 $D(P) = 1 - P$(또는 $P(Q) = 1 - Q$)로 표시되고, 비용곡선이 $C_i(q_i) = c_i \cdot q_i$라고 가정하자. 식 (6.3)의 1차 조건을 만족시키는 생산량은 $q_i = R_i(q_i)$로 표시하자. 여기에서 R_i는 i 기업의 반응곡선(reaction curve)으로서 1차 조건을 만족시키는 생산량(q_i)을 경쟁기업의 생산량(q_j)에 대해 정리한 것이다. 이윤극대화를 위한 1차 조건에서 반응함수는 다음과 같이 도출될 수 있다.

$$q_i = R_i(q_i) = \frac{1 - q_j - c_i}{2} \tag{6.4}$$

j 기업의 기업 반응곡선도 동일한 방식으로 도출이 되며 $q_j = R_j(q_i) = \dfrac{1 - q_i - c_j}{2}$ 가 된다. 〈그림 6-1〉은 두 기업의 반응곡선을 그림으로 나타내고 있다. i 기업

그림 6-1 쿠르노 균형

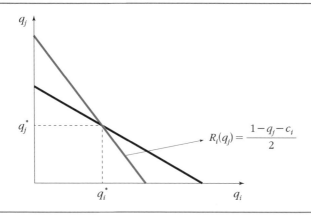

$R_i(q_j) = \dfrac{1 - q_j - c_i}{2}$

의 반응곡선은 q_j에 대해 우하향하는 함수가 되므로 상대기업의 생산량이 증가하면 i 기업의 이윤극대화 생산량은 감소한다는 것을 의미한다. 이 경우 생산량을 전략적 대체제(strategic substitute)라 한다. 즉, 이윤을 극대화하기 위해서는 상대방의 생산량이 증가할 경우 자신의 생산량을 감소하는 것이 도움이 된다는 것이다. 두 기업의 반응곡선이 교차하는 점에서 균형생산량 q_i^*와 q_j^*가 결정된다.

균형생산량은 식 (6.5)와 같이 나타낼 수 있으며 이 균형생산량을 이윤함수인 식 (6.2)에 대입하면 식 (6.6)과 같은 i 기업의 이윤식을 얻을 수 있다.

$$q_i^* = \frac{1 - 2c_i + c_j}{3} \tag{6.5}$$

$$\pi_i^* = \frac{(1 - 2c_i + c_j)^2}{9} \tag{6.6}$$

기업의 균형생산량은 한계비용이 증가함에 따라 감소하고, 상대기업의 한계비용이 증가하면 오히려 증가하게 된다. 이것은 c_j가 상승하면 j 기업이 생산량을 감소시키고 i 기업이 직면하는 잔여수요를 증가시켜 i 기업의 생산량 증대를 가져오게 하는 것이다. 위 식 (6.5)의 균형생산량에서 결정되는 가격은 독점가격보다 낮고 두 기업의 이윤을 합한 총이윤도 독점이윤보다 낮게 된다.

한편 기업의 한계비용이 증가할 경우에는 반응곡선을 원점방향으로 이동

| 그림 6-2 | 생산비용의 변화와 쿠르노 균형 |

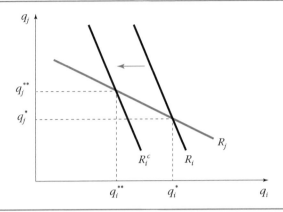

시킨다. q_j의 생산량이 주어진 조건에서 i 기업은 독점기업과 동일하게 행동하므로 i의 적정생산량 q_i^*는 한계비용 c_i에 대해 감소함수가 된다. 따라서 〈그림 6-2〉에서 한계비용의 증가는 반응곡선 R_i를 좌측으로 이동시켜 R_i^c가 된다. 균형생산량도 각각 q_i^{**}, q_j^{**}로 변하게 된다.

쿠르노 균형의 이러한 관계는 N개 기업이 존재하는 일반적인 경우로 확장시킬 수 있다. 일반화된 모형에서는 $Q = \Sigma q_i$가 되고 i 기업의 이윤극대화를 위한 1차 조건식은 다음과 같이 변형된다.

$$P(Q) - C_i'(q_i) + q_i \cdot P'(Q) = 0 \qquad (6.7)$$

모든 기업이 대칭적인 선형의 수요함수와 비용곡선을 갖고 있으며 수요는 $P(Q) = 1 - Q$이고 비용곡선은 $C_i(q_i) = c \cdot q_i$라고 하자. 이 경우 이윤극대화를 위한 1차 조건은 식 (6.8)이 된다.

$$1 - Q - c - q_i = 0 \qquad (6.8)$$

모든 기업이 동일하므로 $q_i = q$이고 $Q = Nq$이며 해당 기업의 생산량 q는 식 (6.9)와 같이 정리될 수 있다.

$$q = \frac{1-c}{N+1} \tag{6.9}$$

또한 시장가격은 식 (6.10)으로 나타내어지고, 각 기업의 이윤은 식 (6.11)이 된다.

$$P = 1 - Nq = c + \frac{1-c}{N+1} \tag{6.10}$$

$$\pi_i = \frac{(1-c)^2}{(N+1)^2} \tag{6.11}$$

시장가격과 각 기업의 이윤은 기업수가 증가함에 따라 감소한다. 나아가 N이 무한대로 접근하여 기업수가 커지면 시장가격은 경쟁가격인 한계비용 c에 접근한다. 따라서 기업수가 많아지는 쿠르노의 일반모형은 경쟁시장균형에 접근하는 것을 쉽게 파악할 수 있다. 이것은 각 기업이 시장에 미치는 영향이 적어지므로 마치 가격순응자처럼 행동하게 된 결과인 것이다.

6.3 선발자 – 후발자 모형: 스타켈버그 모형

쿠르노 모형에서는 두 기업이 동시에 생산량을 결정한다고 가정하였다. 이제 한 기업이 먼저 생산량을 결정하고 다른 기업은 이 생산량을 관찰한 다음 생산량을 결정한다고 가정할 경우 시장가격과 생산량이 어떻게 달라지는지 살펴보자(Stackelberg, 1934). 이 모형에서는 선발자가 생산이나 이윤에서 후발자에 비하여 우위에 있다는 것을 발견할 수 있다.

시장수요곡선은 $P = a - bQ$로 주어져 있고 $Q = q_1 + q_2$라고 하자. P는 시장가격이고 Q는 시장수요이며 q_1과 q_2는 각각 두 기업의 생산량이다. 비용함수는 $TC_i(q_i) = c_i \cdot q_i$라 하자. 그리고 한계비용은 두 기업이 동일하다고 가정하여 $c_1 = c_2 = c$라 한다. 우선, 후발자인 기업 2의 문제를 먼저 풀어보자. 이는 게임이론에서 역진귀납법(backward induction)을 이용하여 문제를 푸는 것과 같은 논리이다. 기업 2는 기업 1의 수량이 주어진 것으로 가정하고 이윤극대화를 위하여 q_2를 결정하게 된다.

$$Max\ \pi(\widehat{q_1},\ q_2) = P(\widehat{q_1} + q_2) \cdot q_2 - c \cdot q_2$$

$$= [a - b(\widehat{q_1} + q_2)]q_2 - c \cdot q_2 \qquad (6.12)$$

이윤극대화를 위한 1차 조건을 구하면 $\dfrac{\partial \pi}{\partial q_2} = a - b\widehat{q_1} - 2bq_1 - c = 0$이다. 이 1차 조건으로부터 기업 2의 최적반응함수(best response function)를 구할 수 있다.

$$q_2 = R_2(q_1) = \frac{a-c}{2b} - \frac{1}{2}q_1 \qquad (6.13)$$

여기서 $R_2(q_1)$은 최적반응함수를 나타내며 기업 2의 이윤을 극대화 하는 적정 수량 q_2는 q_1의 함수임을 나타낸다. 이제 선발자인 기업 1의 이윤극대화 문제를 풀어보자.

$$Max\ \pi(q_1,\ q_2) = P(q_1 + q_2) \cdot q_1 - c \cdot q_1$$

$$= \left[a - b\left(q_1 + \frac{a-c}{2b} - \frac{q_1}{2}\right)\right]q_1 - c \cdot q_1 \qquad (6.14)$$

선발자인 기업 1은 후발자의 생산량 q_2가 기업 1의 생산량의 최적반응함수라는 것을 고려하여 q_1을 결정하게 된다. 위의 식의 이윤극대화 1차 조건을 풀면 기업 1의 이윤을 극대화 하는 수량을 계산해 낼 수 있다. 그리고 기업 1의 적정 생산량을 기업 2의 최적반응함수에 대입하여 기업 2의 적정 생산량을 구할 수 있다. 각 기업의 생산량은 다음과 같다.

$$q_1 = \frac{a-c}{2b} \qquad q_2 = \frac{a-c}{4b} \qquad (6.15)$$

즉, 선발자인 기업 1의 수량은 후발자인 기업 2의 수량보다 크다. 또한 이 수량들을 시장수요함수에 대입하면 균형가격을 구할 수 있다.

$$p = \frac{a + 3c}{4} \tag{6.16}$$

선발자-후발자 모형에서 전체적인 수량은 쿠르노 균형에서 보다 크고 시장가격은 낮다는 것을 보일 수 있다. 또한 선발자의 이윤은 쿠르노 모형에서 기업들의 이윤보다 크고 후발자의 이윤은 쿠르노 모형에서의 기업 이윤보다 작다는 것을 보일 수 있다. 물론 동일한 시장수요함수와 비용함수의 가정하에서이다.

풀 어 쓰 는 경 제 7

석유산업에서의 쿠르노 경쟁

석유시장은 쿠르노 경쟁의 대표적인 사례를 보여준다. 특히 OPEC 회원국의 생산 결정은 이러한 특징을 가지고 있다. OPEC 회원국들은 자국의 생산량을 결정할 때 다른 회원국의 생산량을 고려하여 이윤 극대화 생산량을 결정한다. 이러한 행태는 기업들이 수량을 전략적 변수로 경쟁하고 생산량 결정이 시장가격을 결정하는 쿠르노 경쟁과 맥락을 같이한다(Laherrère, 1999; Karp & Newbery, 1993). 쿠르노 모형에서는 다른 경쟁자의 생산량이 주어져 있다고 가정하고 각자의 생산량을 결정한다. OPEC 회원국의 전략적 상호작용은 이러한 원리를 반영하고 있으며 회원국들은 생산량 기반의 경쟁을 통하여 세계 석유 가격에 영향을 미친다.

6.4 가격경쟁: 버트란드 모형

2개 기업이 존재하는 복점시장을 가정하자. 두 기업은 완전히 동질적인 재화를 생산하며 이 재화는 소비자들에게도 완전대체재가 된다고 가정하자(Bertrand, 1883). 이 경우 소비자는 당연히 가격이 저렴한 재화를 구입하게 된다. 두 기업을 i와 j로 가정하면 i기업의 이윤은 식 (6.17)과 같이 나타낼 수 있다.

$$\pi_i(P_i,\, P_j) = (P_i - c^*) \cdot D_i(P_i,\, P_j) \tag{6.17}$$

여기에서 P_i와 P_j는 i, j 기업의 가격, c^*는 단위당 생산비용을 나타내고 있다. i 기업의 수요(D_i)는 다음과 같다고 가정한다. 두 기업은 동일한 재화를 생산하므로 기업 j의 가격이 i의 가격보다 높은 경우 기업 j에 대한 수요가 없으므로 판매를 할 수 없고 전체 시장수요는 기업 i에 의하여 충족이 된다. 두 기업의 가격이 동일한 경우에는 시장을 양분한다고 가정한다. 그리고 기업 i의 가격이 높을 경우 기업 i에 대한 수요는 0이 된다.

$$D_i(P_i,\, P_j) = \begin{cases} D(P_i) & (P_i < P_j \text{일 경우}) \\ \dfrac{1}{2}D(P_i) & (P_i = P_j \text{일 경우}) \\ 0 & (P_i > P_j \text{일 경우}) \end{cases} \tag{6.18}$$

각 기업은 상대방의 가격이 주어져 있다는 가정을 하고 가격을 결정하게 되는데 각 기업의 이윤을 극대화시켜 주는 가격의 조합$(P_i^*,\, P_j^*)$을 내쉬-가격균형 또는 버트란드균형이라고 한다. 이 때 유일한 균형가격$(P_i^*,\, P_j^*)$은 $P_i^* = P_j^* = c^*$가 되는데 이것을 버트란드의 역설(Bertrand paradox)이라고 한다. 두 개의 기업만이 존재하는데 가격경쟁을 한다는 이유만으로 가격은 한계비용과 같고 기업들은 초과이윤을 획득하지 못하게 되는 것이다. 이러한 균형가격이 형성되는 이유는 상대방 기업보다 낮은 가격을 부과하면 시장수요를 전부 장악하게 되므로 두 기업이 가격인하(price cutting)경쟁을 하게 되고 결국 균형가격이 한계비용으로 수렴하기 때문이다. 또한 한계비용 이하로 기업이 가격을 인하하면 손실이 발생하기 때문에 균형가격은 한계비용 이하로 내려가지 않는다. 쿠르노 균형의 경우 가격이 한계비용 위에서 형성이 되고 기업들이 초과이윤을 얻는 것과 비교되는 것이라 할 수 있다.

버트란드 균형은 다음과 같이 증명된다. 먼저, 두 기업이 한계비용보다 높은 가격을 부과할 수 있는지 살펴보자. 만약 기업 1이 P_1^*를 부과하고 $P_1^* > P_2^* > c^*$라 하자. 이 때 기업 1의 수요와 이윤은 모두 0이 된다. 한편 기업 1이 $P_1^* = P_2^* - \epsilon$를 부과한다고 하자(ϵ는 작지만 0보다 큰 값이라 하자). 이 경우 기업 1

은 모든 시장수요, $D(P_2^* - \epsilon)$를 차지한다. 단위당 이윤은 곧 $P_2^* - \epsilon - c^*$가 된다. 따라서 기업 1에게는 $P_1^*(>P_2^*>c^*)$를 부과하는 것이 결코 이윤을 극대화하는 전략이 되지 못한다.

이제 기업 1이 $P_1^* = P_2^* > c^*$를 부과한다고 가정하자. 기업 1의 이윤은 $\frac{1}{2}$ $D(P_1^*)(P_1^* - c^*)$가 된다. 만약 기업 1이 가격을 약간 인하하면 $P_1^* - \epsilon$가 되고 이윤은 $D(P_1^* - \epsilon)(P_1^* - \epsilon - c^*)$가 된다. 이러한 상황에서는 각 기업이 가격을 조금만 인하하여도 많은 이윤을 획득하게 된다. 결국 두 기업은 가격인하경쟁을 할 것이고 가격은 한계비용까지 하락할 것이다. 그러나 어떤 기업도 한계비용이하로는 가격을 인하하지 않을 것이므로 가격과 c^*를 일치시킬 것이다. 두 기업이 모두 한계비용 보다 높은 가격을 부과하는 것은 가능하지 않다는 것을 알 수 있다. 마지막으로 한 기업은 한계비용만큼 가격을 설정하고 다른 기업은 한계비용을 상회하는 가격을 설정하는 것이 가능한지 살펴보자. 즉, $P_1^* > P_2^* = c^*$를 가정하자. 그렇다면 $P_2^* = c^*$ 상태에서 전혀 이윤을 획득하지 못하고 있는 기업 2가 가격을 약간 인상하여, $P_1^* > P_2^* + \epsilon$의 수준에서 많은 이윤을 획득하게 된다. 결국, 기업 1은 기업 2가 한계비용에서 가격을 설정할 때 한계비용 이상의 가격을 설정할 수가 없다. 위의 세 가지 경우를 종합해보면 결국 두 기업은 한계비용에서 가격을 설정하게 되는 것이다.

풀 어 쓰 는 경 제 8

항공산업에서의 버트란드 가격경쟁

항공산업은 기업들이 수량이 아니라 가격설정을 통해서 경쟁하는 버트란드 가격경쟁의 대표적인 사례를 보여준다. 이러한 경쟁에서 기업들은 시장점유율을 높이기 위해서 상대방 가격보다 낮은 가격을 설정하는 경쟁을 하게 되고 이러한 경쟁은 종종 가격을 한계비용 수준으로 낮추는 역할을 한다. 한 예는 저가 항공사인 사우스웨스트 에어라인 (Southwest airlines)과 전통적인 일괄서비스 항공사인 아메리칸 에어라인(American airlines)의 가격경쟁이다. 사우스웨스트 에어라인은 전통적인 항공사에 비하여 낮은 항공료를 제시함으로써 자주 공격적인 가격경쟁을 전개하였다. 이에 대응하여 아메리칸 에어라인이나 다른 항공사들은 공통 노선에서 항공료를 낮출 수밖에 없었다(Borenstein, 1989). 버트란드 모형에서 이러한 가격설정 행태는 기업들이 지속해서 가격을 낮추어 모든 경쟁자의 이윤을 낮추는 결과를 도출하게 된다. 항공사업과 같이 시장경쟁도가 높은 산업에서 공통적으로 나타나는 가격경쟁은 가격에 민감한 소비자들을 확보하기 위해서 경쟁자의 가격행태에 대응하여 공격적으로 가격을 조정하는 과정을 보여 준다(Stavins, 2001).

6.5 생산능력제약하의 가격경쟁

버트란드 모형의 예측은 현실성이 없어 보인다. 현실에서는 기업들이 가격경쟁을 하면서 초과이윤을 획득하는 것을 쉽게 목격할 수 있기 때문이다. 특히 2개의 기업만이 존재할 때 초과이득을 얻지 못하는 것은 더욱 그러하다. 그러면 현실과 이론 사이에 존재하는 괴리를 해결할 수 있는 방안은 무엇인가? 다음과 같은 상황에서는 기업들이 가격경쟁을 하더라도 가격을 한계비용까지 낮추지 않아도 됨을 보일 수가 있다.

첫째, 차별화된 재화를 생산하는 경우이다. 차별화된 재화를 생산할 경우에는 상대기업이 가격을 인하하더라도 모든 시장수요를 흡수할 수가 없다. 이는 특정재화를 선호하는 소비자가 존재하기 때문이다. 이 경우 각 기업은 한계비용 이상으로 가격을 유지할 수가 있다. 차별화된 재화시장에서의 가격경쟁은 다음 장에서 보다 자세히 알아 보도록 하자.

둘째, 동태적 가격경쟁하에서는 기업들이 가격을 한계비용 이상으로 유지할 인센티브가 존재할 수 있다. 버트란드 모형은 기업들이 한 번 경쟁을 하고 끝나는 1기 모형이기 때문에 기업들의 상호의존성을 인식하지 못한다. 기업들이 여러 기간에 걸쳐 경쟁을 할 때에는 한 기업이 가격을 인하할 경우 다른 기업들도 보복(retaliation)적인 가격인하경쟁을 하기 때문에 가격을 경쟁적으로 책정하기 보다는 한계비용 이상으로 유지할 인센티브가 존재하게 된다.

셋째, 생산능력제약(capacity constraints)하에서의 가격경쟁이다(Kreps and Scheinkman, 1983). 버트란드 모델에서는 가격을 낮게 책정하는 기업이 모든 시장수요를 차지하는 것을 가정하고 있다. 그러나 생산능력제약으로 인하여 모든 시장수요를 만족시키지 못할 수도 있다. 이러한 경우 가격경쟁은 쿠르노 수량경쟁에서와 같이 균형가격이 한계비용 보다 높게 형성이 될 수 있다.

차별화된 재화시장의 가격경쟁에 대하여서는 다음 장에서 구체적으로 설명하기로 하고 여기서는 생산능력제약하에서의 가격경쟁과 동태적 가격경쟁에 대하여 알아보기로 하자. 우선 생산능력제약하에서의 가격경쟁에 대하여 살펴보자. 이러한 경우의 예로는 호텔이나 노점상을 생각할 수 있다. 호텔들은 대개 객실에 대하여 가격경쟁을 한다. 손님들에게 이용가능한 호텔 객실의 수는 이미 주어져 있는 상태에서 말이다. 또한 노점상들은 그날 판매할 물건을 미리 확보하기 때문에 보통 특정한 날의 수요가 갑자기 증가하더라도 물건을 더 이상 판매할 수가 없다. 논의의 편의상 각 기업의 한계비용은 0이라고 가정하자. 이 경우 버트란드 가격경쟁의 균형은 $P_1 = P_2 = MC = 0$이 될 것이다. 이제 두 기업의 생산능력을 각각 k_1과 k_2라 가정하자.

〈그림 6-3〉에서 굵은 선은 두 기업의 생산능력의 합을 나타내는 선이다. 따라서 시장수요가 증가하더라도 공급은 $k_1 + k_2$를 능가하지 못한다. $P(k_1 + k_2)$는

| 그림 6-3 | 생산능력제약하의 가격경쟁 |

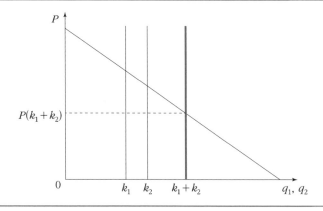

두 기업의 생산능력의 합과 시장수요가 일치하는 가격이다. 이 경우 두 기업은 $P_1 = P_2 = P(k_1 + k_2)$를 책정하는 것이 최선이고 $P_1 = P_2 > MC = 0$을 보일 수 있다. 즉, 시장가격이 한계비용 보다 크게 형성이 된다. 이를 다음과 같이 증명을 할 수가 있다. 기업 1이 $P_1 = P(k_1 + k_2)$를 책정하고 있을 경우 기업 2가 다른 가격을 설정하여 이윤을 늘릴 수 있는가? 두 가지의 경우가 있을 수 있다. 하나는 $P_2 < P(k_1 + k_2)$이고 다른 경우는 $P_2 > P(k_1 + k_2)$이다. 우선 $P_2 < P(k_1 + k_2)$인 경우 기업 2의 이윤이 늘어나는지 살펴보자. 기업 2는 이미 생산 능력이 k_2이므로 가격을 내려도 k_2보다 생산량을 늘리지 못하기 때문에 가격을 $P_2 = P(k_1 + k_2)$보다 내리지 못한다. 즉, 똑같은 수량을 낮은 가격에 판매할 필요가 없기 때문이다.

다음은 $P_2 > P(k_1 + k_2)$인 경우이다. 이 경우에 기업 2의 생산은 k_2 보다 낮은 수준에서 이루어지며 생산량이 k_2 보다 작은 경우 한계수입(MR)은 0(한계비용)보다 크다. 〈그림 6-4〉는 시장수요에서 기업 1의 생산량을 제외한 기업 2의 잔여수요곡선(residual demand curve)을 나타낸다. 이 잔여수요곡선으로부터 기업 2의 한계수입곡선을 도출할 수가 있다. 한계수입이 0보다 클 경우에는 생산량을 감소하는 것이 총수익을 줄이기 때문에 기업의 이윤은 감소하게 된다. 따라서 기업 2는 가격을 인상하여 생산량(판매량)을 줄이는 것이 이윤을 확대하는 방안이 안 된다. 따라서 결국 기업 2는 $P_2 = P(k_1 + k_2)$에서 가격을 책정하

그림 6-4 생산능력과 잔여수요곡선

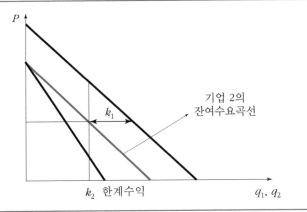

게 된다. 기업 1의 경우에도 동일한 논리가 적용되며 $P_1 = P(k_1 + k_2)$이 되도록 가격을 결정하게 된다. 산업의 생산능력이 시장수요에 비하여 적은 경우 균형가격은 생산능력과 수요가 일치하도록 결정되고 가격은 한계비용보다 크게 된다. 이에 따라 기업들은 정상이윤 이상의 이윤을 창출하게 된다.

호텔산업과 생산능력제약하에서의 가격경쟁

호텔산업은 생산능력제약하에서의 가격경쟁의 대표적인 사례를 설명해 준다. 성수기에 호텔은 예약 가능한 방이 부족한 상황에 처하게 되며 이는 생산능력 제약으로 작용하게 된다. 호텔 방에 대한 수요가 공급을 초과하게 되면 호텔들은 공급 부족을 고려하여 가격경쟁을 하게 된다. 특정 도시가 대규모 행사를 개최한다고 하면 제한된 방 이용으로 인하여 가격을 인상하게 된다. 물론 생산제약에 처한 다른 경쟁자의 행태를 고려해야 한다. 이 예는 기업들이 가격경쟁은 하지만 생산능력제약으로 인하여 시장 수요를 전부 만족할 수 없을 경우를 나타내는 생산능력제약하의 버트란드 모형을 나타낸다. 이러한 경쟁 환경하에서 기업들은 생산능력 제약을 고려하여 높은 가격을 설정하게 되며 경쟁자의 가격보다 낮게 설정하는 전략은 효과적이지 못하다는 것을 인식하게 된다(Kreps & Scheinkman, 1983). 남아 있는 방이 적은 호텔들은 초과수요를 이용하여 가격을 인상하는 한편, 가격 민감도가 높은 소비자들을 대상으로 다른 호텔과 가격경쟁을 하게 된다(Hendel & Nevo, 2006). 이러한 가격경쟁은 생산능력제약하의 기업들이 시장을 장악하고자 하는 욕구와 이용 가능한 자원 제약의 균형을 맞추면서 어떻게 가격전략을 구사하는지 보여 준다.

6.6 동태적 가격경쟁 모형(Dynamic Price Competition)

동태적 가격경쟁은 기업들이 가격경쟁을 다기간에 걸쳐 지속하는 경쟁이라 할 수 있다. 다음은 동태적인 가격경쟁하에서 동질적인 재화를 생산하는 두 기업이 가격경쟁할 때 어떠한 균형이 형성되는지 살펴보자. 여기서 궁극적으로 보이고자 하는 것은 기업들이 다기간에 걸쳐 경쟁을 할 경우는 비협력적인 경쟁을 하더라도 1기 모형인 버트란드 균형에서와 달리 협력적 또는 담합적 가격이 형성이 되고 결국 균형가격이 한계비용보다 높게 형성이 될 수 있음을 보이는 것이다(Friedman, 1971).

두 기업이 버트란드 가격경쟁을 한다고 가정하자. 그리고 시장수요는 $Q(P) = A - P$로 주어졌다고 가정하자. 각 기업의 비용함수는 $C(q) = c \cdot q$이다. 이 경우 1기 버트란드 모형에서의 균형가격은 $P_1 = P_2 = c$로 형성이 되고 두 기업의 이윤은 $\pi^1 = \pi^2 = 0$가 된다. 만약에 두 기업이 담합을 하여 독점자와 같이 행동할 경우에는 독점가격은 $p^M = p_1 = p_2 = \frac{A+C}{2}$가 되며 두 기업이 독점이윤을 양분하는 경우 각 기업의 이윤은 $\pi_1 = \pi_2 = \frac{\pi^M}{2} = \frac{(A-c)^2}{8}$가 된다.

이제 1기 모형인 버트란드 가격경쟁이 다기간에 걸쳐 지속된다고 가정하자. 이 경우 기업은 1기의 이윤의 아니라 다기간에 걸친 이윤의 합인 이윤의 현재가치를 극대화하기 위하여 가격을 책정하게 된다. 만약 기업이 두 기간에 걸쳐 동일한 버트란드 경쟁을 반복한다고 가정하자. 이 경우 우리는 역진귀납법(backward induction)의 방법을 이용하여 두 기간의 균형가격을 결정할 수 있다. 두 기간만이 존재하므로 먼저 제2기에서의 균형가격을 살펴보자. 제2기의 경쟁은 결국 버트란드 경쟁과 같기 때문에 균형가격은 $p_1 = p_2 = c$로 결정이 된다. 이러한 상황하에서 제1기의 균형가격을 살펴보기로 하자. 제2기의 결과가 예상되는 상태에서 제1기에서 기업들은 경쟁적인 가격을 설정하게 되어 제1기의 균형가격도 $p_1 = p_2 = c$가 된다. 이러한 논리는 유한기의 다기간 경쟁에도 똑같이 적용될수 있다. 즉, 동일한 버트란드 경쟁이 유한기에 지속될 경우에는 버트란드 균형이 계속 이어질 수밖에 없다.

이제 가격경쟁이 무한하게 지속된다고 가정하자. 이 경우는 역진귀납법을 이용하여 균형가격을 결정할 수가 없다. 왜냐하면 무한하게 반복되는 게임에서는 역진귀납법을 적용할 게임의 최종 시기가 존재하지 않기 때문이다. 따라서 무한히 반복되는 가격경쟁의 해를 구하기 위해서 두 기업이 방아쇠전략(trigger strategy)을 구사한다고 가정하고 균형가격을 구하기로 하자. 엄격하게 해를 구하기 위해서는 제3장에서 논의한 부분게임완전균형(subgame perfect Nash equilibrium)을 구해야 하나 여기서는 이를 생략하고 직관적으로 설명하기로 한다. 두 기업이 다음과 같은 방아쇠전략을 구사한다고 가정하자. 제1기에 각 기업은 $p_i = p^M$을 설정한다고 가정하자. 그 이후($t>1$)에는 이전 시장가격이 $p_1 = p_2 = p^M$이면 t기에도 두 기업 모두 $p_i = p^M$을 설정하고 만약 t기 이전에 어느 한쪽 기업의 가격이 $p_i = p^M$으로부터 벗어나면 이를 관찰한 다른 기업은 t기 이후 영원히 보복적인 가격인 $p_i = c$를 책정한다고 가정하자. 만약 t기를 앞으로 독점가격으로부터 벗어나 가격인하를 통하여 시장수요를 장악할려고 할 때 기업은 독점가격보다 조금 낮은 가격만 부과하면 충분하다. 왜냐하면 동질적인 재화를 생산하기 때문에 가격이 조금만 낮아도 시장수요를 흡수할 수가 있고 경쟁기업의 수요는 0이 된다. 즉, $p_i = p^M - \epsilon$를 부과하는 것이 유리하다. 여기서 p^M은 독점가격이며 ϵ은 아주 작은 수량을 나타낸다. 이 경우 이 기업의 이윤은 t기에 $\pi^M - \epsilon$이 된다. 이 이윤은 거의 독점이윤과 같기 때문에 $\pi^M - \epsilon \approx \pi^M$으로 볼 수 있다. 그러나 그 이후에 상대방 기업은 가격이 독점가격에서 벗어난 것을 관찰하고 보복적으로 가격을 책정하여 한계비용을 가격으로 책정하기 때문에 지속적으로 버트란드 균형에서와 같이 가격은 한계비용과 같게 되고 이윤은 0이 되게 된다. 즉, 기업이 독점가격에서 벗어나 가격을 책정할 경우 이 기업의 할인된 이윤의 현재가치는 다음과 같이 나타낼 수 있다. δ는 할인율은 나타낸다. 즉, 할인된 이윤의 현재가치는 1기의 독점이윤과 같게 된다.

$$\pi^M(\approx \pi^M - \epsilon) + \delta \cdot 0 + \delta^2 \cdot 0 + \cdots = \pi^M$$

만약 독점가격으로부터 벗어나지 않고 지속적으로 독점가격을 유지한 경우 두 기업은 독점이윤을 양분한다고 가정하자. 이 경우 시간에 걸쳐 할인된 이윤의 현재가치는 다음과 같다.

$$\frac{\pi^M}{2}+\delta\cdot\frac{\pi^M}{2}+\delta^2\cdot\frac{\pi^M}{2}+\cdots=\frac{1}{2}\frac{\pi^M}{1-\delta}$$

따라서 독점으로부터 벗어나지 않을 경우의 이윤의 현재가치가 클 경우, 즉 $\frac{1}{2}\frac{\pi^M}{1-\delta}>\pi^M$이면 독점으로부터 벗어날 인센티브가 없다. 할인율이 $\delta>\frac{1}{2}$인 경우 이 조건이 성립됨을 보일 수 있으며 $p_i=p^M$이 지속적으로 유지되는 것을 보일 수 있다. 여기서 중요한 점은 이러한 독점적 가격(협력적 가격)이 기업들의 명시적인 담합에 의하여 이루어진 것이 아니라 이윤극대화를 위한 개별적인 행동하에서 형성이 된다는 것이다. 즉, 기업들이 다기간에 걸쳐 경쟁을 하고 방아쇠전략을 구사할 경우 동질적인 재화시장에서 가격경쟁을 하더라도 경쟁적인 가격보다 높은 균형가격이 형성되게 된다.

제 7 장 가격차별화

Chapter 07

가격차별화

7.1 | 가격차별이란?

가격차별(price discrimination)은 "동일한 조건에서 생산된 동질적 재화나 용역이 다른 가격으로 서로 다른 소비자에게 판매되는 행위"를 말한다(Robinson, 1969).

'동일한 재화'가 서로 다른 소비자에게 '상이한' 가격으로 판매된다는 점이 가격차별의 핵심적 요소이다. 우리는 현실에서 가격차별의 많은 예를 관찰할 수 있다. 비행기의 이코노미 클래스좌석에 앉아서 서울에서 제주도까지 함께 타고 가고 있는 승객들이 지불한 항공료가 다른 경우, 동일한 아이스크림의 가격이 A지역의 슈퍼마켓과 B지역의 슈퍼마켓에서 다른 경우, 같은 영화관에서 동일한 시간에 동일한 영화를 보는데 고등학생과 성인이 다른 가격을 지불한 경우 등이 이에 해당한다.

가격차별은 일반적으로 불완전경쟁시장에서 나타난다. 그러나 경쟁시장에서도 균형으로의 조정과정에서 일시적인 가격차별이 존재할 수도 있다. 공급자는 가격을 차별화하면서 시장의 반응을 분석하고, 시장의 정보를 파악하며 새로운 균형과정으로의 조정을 시도하게 된다. 따라서 일반적인 관심의 대상은 일시적인 가격차별이 아니라 불완전경쟁시장에서의 체계적인 가격차별 행태이다.

기업이 동일한 가격을 책정할 수도 있음에도 가격차별을 실행한다는 것은, 기업이 가격차별을 통해 이익을 증가시킬 수 있음을 유추할 수 있다. 따라서 본 장에서는 가격차별에서 이익을 증가시키는 요인은 무엇인지 그리고 어떠한 조건하에서 가격차별의 실행이 가능한지에 대해 살펴보고자 한다. 더불어 가격

차별이 기업의 이익을 증가시키는 동시에 소비자의 후생과 사회전체의 후생에
는 어떠한 영향을 주는지에 대해서도 살펴보고자 한다.

7.2 가격차별의 조건

　기업이 어떤 재화나 용역에 대하여 가격차별화전략을 채택하기 위해서는
적어도 다음 네 가지의 필요조건이 만족되어야 한다.
　첫째, 기업이 직면하는 수요곡선이 우하향하여야 한다. 이는 기업이 시장
지배력을 가지고 있으며, 공급량을 증가시키기 위해서는 가격을 인하해야 함을
의미한다. 따라서 완전경쟁기업이 직면하는 완전탄력적 수요곡선은 이 조건을
만족시킬 수 없다.
　둘째, 기업이 소비자들의 수요에 대해 더 많은 정보를 가지고 있어야 한
다. 기업이 단일가격을 책정하는 경우 사용하는 수요곡선은 전체 소비자들의
최대지불용의금액, 즉, 유보가격에 대한 정보를 제공한다. 하지만 가격차별을
실행하기 위해서는 각기 다른 지불용의금액을 가지고 있는 소비자들을 식별할
수 있어야 한다. 즉 각각의 다른 유형의 소비자 수요에 대한 정보를 알아야 한
다. 예를 들어, 월급을 받는 직장인 그룹과 용돈을 받는 청소년 그룹은 영화를
보기 위해 지불하고자 하는 금액에 차이가 있을 것이다. 따라서 각각의 그룹에
다른 가격을 책정하고자 한다면, 어떠한 그룹이 존재하는지 그리고 각 그룹의
수요가 어떠한지 알아야 한다.
　셋째, 소비자가 낮은 가격에 구입한 동일제품을 다른 시장에서 높은 가격
에 재판매하여 이익을 얻는 차익거래가 불가능하여야 한다. 이러한 이유로 재
판매가 불가능한 용역(예를 들면 의료서비스)이나 저장이 불가능한 재화(예를 들
면 전기) 등에서 가격차별화가 많이 실시된다. 이 조건 역시 시장분할과 관계된
것으로서 실질적인 소비자의 분리를 가능케 하는 데 필수적이다.
　넷째, 소비자 유형에 따른 시장분할과 가격차별의 이익이 단일시장에서 단
일가격을 책정하는 경우의 이익보다 큰 경우에만 가격차별을 실행한다.
　위와 같은 네 가지의 필요조건 이외에도 기업이 신규기업의 진입을 통제할

수 있어야 하고 기존기업과의 경쟁에서도 어느 정도 우위에 있어야 한다는 조건이 제기되기도 한다. 그러나 자유로운 신규기업의 진입이 가능한 독점적 경쟁산업에서도 가격차별전략은 가능하므로 이 조건들은 필요조건이라 할 수 없다.

7.3 가격차별의 종류

가격차별화는 이윤극대화를 추구하는 기업이 어떤 형태로 소비자잉여를 회수하느냐에 따라서 몇 가지 종류로 구별된다. 「피구」(Pigou)에 의해서 제시된 세 가지 종류를 보면, 완전가격차별은 소비자잉여를 모두 기업의 수입으로 회수하는 경우이고 제2차와 제3차 가격차별은 수요의 탄력성에 따라 소비자잉여의 상당부분을 회수해가는 형태를 말한다. 이 세 가지 종류의 가격차별을 구체적으로 살펴보면 다음과 같다(Pigou, 1920; Enke, 1964).

7.3.1 제1차 가격차별: 완전가격차별

완전가격차별(perfect price discrimination)은 독점기업이 매 단위당 부과할 수 있는 최고가격을 받고 판매하는 가격차별을 말한다. 매 단위당 부과할 수 있는 최고가격은 곧 소비자가 지불할 용의가 있는 가격을 말하므로 소비자의 한계효용을 정확히 파악하여 완전한 가격차별을 실시하는 것이다. 이것은 제1차 가격차별(first-degree price discrimination)이라고도 하는데 〈그림 7-1〉과 같이 설명될 수 있다.

즉, Q_1에서는 소비자가 지불할 용의가 있는 유보가격(reservation price)인 P_1을 부과하고, Q_2에서는 다시 P_2를 부과하는 가격차별화 방법이다. 따라서 독점기업은 부과할 수 있는 최대가격을 매 단위당 소비자의 한계효용에 따라 차별하면서 이윤을 극대화하는 것이다. 이와 같은 방법으로 $P = MC$가 되는 Q_n 수준까지 가격을 차별화시키면 색으로 표시된 부분이 모두 독점기업의 독점적 폭리(monopoly rent)로 흡수된다. 환언하면, 독점기업의 완전가격차별은 소비자의 모든 잉여를 독점이윤으로 착취해가는 형태가 된다.

| 그림 7-1 | 완전가격차별 |

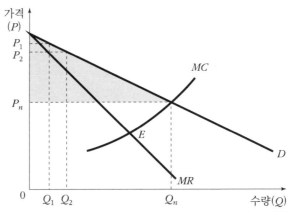

각 소비자가 지불할 용의가 있는 가격을 모두 파악할 수 있다면, P_1의 가격에 Q_1, P_2의 가격에 Q_2의 판매가 가능하다. 이러한 가격설정이 모든 소비자에게 가능하다면, 완전가격차별화가 성립한다. 이 경우 모든 소비자잉여는 공급자에게 이전된다.

완전한 가격차별의 예는 다음과 같은 보석상의 경우를 들 수 있다. 갑(甲)이 다이아몬드를 사기 위해 권위있는 보석상에서 구매상담을 하고 있다. 갑은 여러 종류의 다이아몬드를 보고 상담한 후 구매 여부를 결정하게 된다. 이 때 보석상과 가격을 흥정하는 과정에서 갑의 한계효용과 수요곡선이 점차 노출되고 보석상은 갑이 지불할 용의가 있는 최대가격에서 다이아몬드 가격을 결정할 수 있다. 물론 이 가격은 다른 소비자에게 부과되는 가격과는 다르게 독립적으로 될 수 있다. 이 경우 갑은 가격차별화의 '희생자'가 되는 것이다. 이 때 갑은 자기가 지불할 용의가 있는 최고의 유보가격을 주고 다이아몬드를 구입하였으므로 갑의 소비자잉여는 모두 보석상에게 착취되었고, 경제학적 의미에서는 다이아몬드 구매 전과 구매 후의 갑의 효용은 무차별하게 된다. 보석거래 이외에도 이와 같은 예는 관광기념품판매 등 구매기회가 한정된 재화를 흥정하는 경우에서 많이 찾아볼 수 있다.

완전가격차별은 사회후생의 측면에서 몇 가지 중요한 점이 있다. 이미 앞에서 설명한 바와 같이 이러한 형태의 가격차별은 소비자잉여의 전부를 독점기업의 이윤으로 흡수해 간다. 그러나 생산량의 제한이 주어지지 않기 때문에 사회후생의 순손실(deadweight loss)이 사라지게 된다.

완전가격차별과 사회후생의 관계를 〈그림 7-2〉에서 보기로 하자. P^m은 일반적인 독점가격이며 A_1은 P^m가격하에서 소비자잉여이다. A_2는 독점가격(P^m)과 생산량(Q^m)에서 발생되는 독점으로 인한 사회후생의 순손실로서 완전경쟁시장에 비해 독점시장의 효율이 저하되는 중요한 원천이 된다. 만약 완전가격차별이 실시된다면 소비자잉여 A_1은 독점기업의 이윤으로 흡수된다. 나아가 생산량이 Q_n까지 확대될 것이므로 종전 단일가격에 의한 독점에서 사회후생의 순손실 부분이었던 A_2도 독점기업이 이윤으로 흡수된다. 따라서 독점기업의 이윤은 종전 P^m의 가격하에서보다 $A_1 + A_2$만큼 증가된다.

따라서 이것은 소비자의 잉여를 감소시키지만 기업의 이윤증대를 통해 사회후생의 순손실을 제거하게 된다. 일반적으로 「칼도」(Kaldor)의 기준에서 파악되는 사회후생은 소비자잉여와 생산자잉여를 동질적으로 파악하므로 완전가격차별은 결국 사회후생을 독점의 경우보다 A_2만큼 증대시켜준다. 만약 사회

그림 7-2 완전가격차별과 사회후생

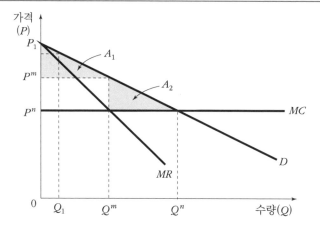

독점시장에서는 P^m의 가격에 Q^m이 공급되고, A_2만큼의 사회후생의 순손실이 발생한다. 이 경우 소비자잉여는 A_1이 된다. 그러나 완전가격차별의 경우에는 A_1과 A_2가 모두 공급자에게 귀속된다. 따라서 소비자잉여가 전혀 발생되지 않는다. 이 결과 사회후생의 순손실은 나타나지 않으므로, 사회전체의 후생은 A_2만큼 증가한다.

후생의 순손실을 극소화하는 것이 독과점 규제정책의 목표라면 완전가격차별은 당연히 단일가격에 의한 독점상태보다도 후생의 측면에서 바람직하다고 할 수 있다. 이는 제5장 제2절에서 논의된 사회후생의 순손실문제가 사라지기 때문이다.

그러나 이와 같은 낙관적 결론이 수용되기 위해서는 적어도 몇 가지 사항이 고려되어야 한다. 첫째는 가격차별전략을 실시하는 데 수반되는 독점기업의 비용문제이고, 둘째는 독점화의 사회적 비용문제이다.

독점기업이 완전한 가격차별을 실시하기 위해서는 각 소비자 계층의 유보가격(reservation price)을 모두 파악해야 하고, 소비자간 재판매행위를 금지시켜야만 한다. 이와 같이 독점기업이 완전한 가격차별을 실시하기 위해 추가적으로 소요되는 거래비용(transaction cost)을 T라고 하자. 독점기업은 단일가격에 의한 독점가격(P^m)과 완전차별가격($P_1, P_2, \cdots, P_n$) 중에서 이윤을 극대화할 수 있는 가격전략을 선택하게 된다.

따라서 만약 $A_1 + A_2 > T$의 조건이 성립되면 완전가격차별로 인해 얻게 되는 이윤이 P^m의 가격에서 얻게 되는 이윤보다 크게 될 것이다. 이 때 독점기업은 완전가격차별전략을 선택하게 된다.

그러나 사회적 후생의 관점에서 보면 완전한 가격차별로 인해 증대되는 사회적 후생은 결국 단일독점가격에서 발생되는 순손실(A_2)에 불과하다. A_2부분이 순손실에서 독점이윤으로 전환되는 것이다. 따라서 사회후생의 관점에서는 가격차별에 따른 거래비용(T)이 A_2보다 적은 경우에만($A_2 > T$) 완전가격차별이 단일독점가격보다 큰 사회후생을 가져올 수 있게 된다.

만약 거래비용(T)과 순손실부분(A_2)의 관계가 다음 식 (7.1)과 같은 경우에는 어떻게 될까? 이것은 전형적인 외부성(外部性)의 문제와 같다. 즉, 독점기업의 사적 이윤의 관점에서는 $A_1 + A_2 > T$이기 때문에 가격차별화가 이윤증대를 가져오지만 사회후생의 관점에서는 $T > A_2$이므로 가격차별이 단일 독점가격보다 사회후생을 오히려 감소시키게 된다.

$$A_1 + A_2 > T > A_2 \qquad\qquad (7.1)$$

한편, 독점기업의 완전가격차별이 사회후생의 순손실을 제거하고 $A_2 > T$ 의 조건이 만족된다 해도 독점에 따르는 사회후생의 일반적 비용을 간과해서는 안 된다. 완전가격차별의 사회후생증대 여부는 $A_2 > T$의 조건 이외에도 독점적 지위의 확보를 위한 비용이나 낭비적 자원배분 등에 따르는 사회후생의 손실이 모두 감안되어야 할 것이다.

시카고학파에서는 독점적 지위가 대기업이 갖고 있는 효율의 우위에 의해 확보된 경우나 효율증대를 위해서 투자된 자원은 사회적 낭비가 아니라는 입장을 견지하고 있다. 그러나 자원배분에 따른 구체적인 '사회적 낭비'의 기준은 현실적으로는 독과점규제제도에 의해서 통제되고 있다.[1]

또한 독점기업에 의한 가격차별이 사회후생의 순손실을 제거한다 할지라도 소비자의 후생을 독점이윤으로 이전시키는 성격을 갖기 때문에 많은 논란이 되기도 한다. 즉, 단일가격에 의한 독점에서 소비자는 A_1의 잉여를 확보했으나 완전가격차별에서는 A_1이 독점기업의 이윤으로 이전된다. 공공정책은 일반적으로 생산자잉여보다는 소비자잉여를 중시하는 경향이 있으므로 이와 같은 소득이전행위를 용납하지 않는 경우가 많다.

따라서 독점기업의 완전한 가격차별이 사회후생의 순손실을 제거시켜준다 해도 실제 사회후생의 관점에서 이득이 되느냐의 여부는 가격차별에 따른 거래비용의 규모, 독점이윤이 사회적으로 바람직하게 사용되느냐의 여부, 소비자잉여의 독점이윤으로의 이전에 대한 사회의 용인도(容認度) 등에 따라서 결정된다.

7.3.2 제3차 가격차별: 그룹가격차별

제3차 가격차별은 공급자가 소비자를 분할하여 분리된 시장에서 서로 다른 가격을 부과하는 것을 말한다. 대중교통요금체제에서 학생과 노인에게 주는 할인혜택, 극장이나 문화행사에서의 학생할인 등은 모두 제3차 가격차별에 해당된다. 따라서 제3차 가격차별을 실행하기 위해서는 소비자들을 지불용의금액을 바탕으로 그룹으로 분리할 수 있어야 하는데, 신분증으로 증명되는 연령,

---

1) 이에 관한 구체적 설명은 제5장을 참조할 것.

한국과 미국 등의 지리적 위치 등 관찰하기 쉽고 분리하기 쉬운 특성을 바탕으로 분리한다. 그리고 분리된 소비자 그룹마다 다른 가격이 책정되는 반면, 각 유형에 속하는 그룹내 소비자들에게는 동일한 가격이 책정된다. 소비자들은 주어진 가격에 원하는 수량을 선택하게 되는데, 이 때 각 소비자가 한 단위의 상품에 지불하는 평균가격은 최종단위에 지불하는 가격과 동일하기 때문에 선형가격전략이라고 불리기도 한다.[2]

〈그림 7-3〉은 독점기업이 분리된 시장 A와 B(또는 분리된 두 개의 소비자 그룹)에서 한계생산비용이 같은 재화를 다른 가격에 판매하는 경우를 보여준다. 시장 A와 B의 수요는 각각 D_A와 D_B이며 한계수입은 MR_A과 MR_B로 표시된다. 분석의 편의를 위해 일정한 한계비용(MC)을 가정하면 이윤극대화를 위한 생산량은 $MR_A = MR_B = MC$조건이 만족되는 곳에서 결정된다. 만약 A, B 어느 한 시장에서 $MR > MC$가 된다면 가격을 인하하면서 판매량을 증대시키면 총

그림 7-3	이윤극대화와 제3차 가격차별

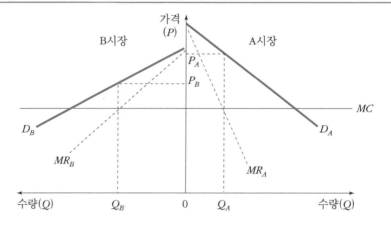

시장 A와 B에서 기업은 이윤극대화를 위해 $MR = MC$의 조건에서 생산량을 결정한다. 이 결과 수요가 비탄력적인 시장 A에서는 P_A, 탄력적인 시장 B에서는 P_B의 가격이 결정된다. 가격차별화의 결과, 수요가 비탄력적인 시장 A의 가격 (P_A)이 B시장의 가격 (P_B)보다 높다.

---

2) 그룹 A에서 상품의 가격이 P_A이고, 소비자가 Q_A단위를 구매하는 경우, 소비자의 총지불금액은 $P_A Q_A$으로 선형의 형태를 띠게 된다.

이윤이 증가하게 되는 것이다. 각 시장에서의 판매량과 가격은 각각 (Q_A, P_A), (Q_B, P_B)로 결정된다.

독점기업은 분리된 두 그룹의 소비자에게 서로 다른 가격을 부과하는데, 가격의 차이를 평가하면 $P_A > P_B$이므로 수요가 상대적으로 비탄력적인 시장 A에서의 가격이 수요가 탄력적인 시장 B에서의 가격보다 높은 것을 알 수 있다. 이와 같은 현상은 독점기업의 이윤극대화 행태를 나타내는 식 (7.2)와 식 (7.3)에서도 유도될 수 있다.

$$MR_A = P_A\left(1 - \frac{1}{\eta_A}\right), \quad \eta_A = -\frac{\partial Q_A}{\partial P_A} \cdot \frac{P_A}{Q_A} \tag{7.2}$$

$$MR_B = P_B\left(1 - \frac{1}{\eta_B}\right), \quad \eta_B = -\frac{\partial Q_B}{\partial P_B} \cdot \frac{P_B}{Q_B} \tag{7.3}$$

$MR_A = MR_B = MC$의 조건에서는 다음 식이 성립한다.

그림 7-4 가격차별화의 일반형태

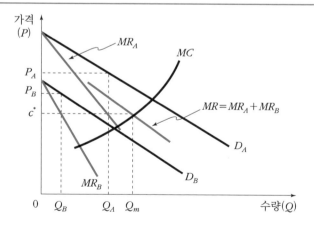

시장 A와 B에서의 한계수입의 합계는 MR과 같고, 한계비용은 MC이므로, Q_m에서 $MR=MC$를 만족시키는 이윤극대화 생산량이 결정된다. 그러나 두 시장의 수요탄력성이 다르므로, Q_m은 $MR_A=MR_B=MC$를 만족할 수 있게 분배된다. 이 결과 시장 A에서 P_A의 가격에 Q_A, 시장 B에는 P_B의 가격에 Q_B가 판매된다.

$$P_A\left(1-\frac{1}{\eta_A}\right)=P_B\left(1-\frac{1}{\eta_B}\right) \tag{7.4}$$

한편, 시장 B에서의 수요탄력성이 시장 A에서보다 크기 때문에 식 (7.4)를 만족시키기 위해서는 $P_A > P_B$가 되어야 한다.[3]

이제 한계비용이 일정하지 않고 변화하는 일반적인 모형으로 확대하면 〈그림 7-4〉와 같다. D_A와 D_B는 각각 A, B 두 그룹의 수요곡선이며 MR_A와 MR_B는 한계수입곡선이다. MR은 MR_A와 MR_B를 수평적으로 합계한 한계수입곡선이다. 가격차별화를 실시하는 독점기업은 두 계층의 수요탄력성을 파악하여 가격을 결정하여야 할 것이다.

MR은 두 계층의 한계수입을 수평으로 합계한 것이므로 이윤극대화의 생산량은 $MR = MC$가 되는 Q_m이 된다. 총생산량 Q_m은 $MR_A = MR_B = MC$를 만족하는 점에서 두 시장에 분할되어야 한다. Q_m을 생산할 때 한계비용은 c^*이므로, $c^* = MR_A$, $c^* = MR_B$에서 판매량이 분할되어 각각 Q_A와 Q_B에서 판매량이 결정된다. 따라서 시장 A에서는 OQ_A의 양이 P_A의 가격에서 판매되고 시장 B에서는 OQ_B가 P_B에서 판매된다. 수요가 상대적으로 비탄력적인 시장 A에서의 가격이 시장 B보다 높은 것을 알 수 있다.

이제 제3차 가격차별의 후생효과를 살펴보기로 하자. 〈그림 7-5〉는 독점기업이 단일 독점가격을 부과하는 경우와 제3차 가격차별을 하는 경우를 비교하여 사회적 후생(또는 효율성)의 변화를 분석한다. 독점기업의 제3차 가격차별이 제1차 가격차별에서와 같이 독점의 왜곡을 완화시키는지도 살펴본다. 두 시장에서 단일 독점가격을 부과하는 경우, 두 시장 수요곡선의 합인 전체 수요곡선 D에서 도출되는 한계수입과 한계비용인 만나는 $MR = MC$의 조건에서 P^m이 결정되고, q_A^m와 q_B^m의 수요가 결정된다. 그러나 두 시장에서 가격차별화를 실시하는 경우, 각 시장에서 $MC = MR_A$, $MC = MR_B$가 되는 곳에서 각 시장의 가격과 수요가 결정된다. 이 점은 시장 A에서 a점, 시장 B에서는 d'가 된다

---

3) 시장 B의 수요가 시장 A의 수요보다 탄력적인 경우 $(\eta_B > \eta_A)$, $\left(1-\frac{1}{\eta_B}\right)>\left(1-\frac{1}{\eta_A}\right)$이다. 따라서 $P_B < P_A$여야 한다.

| 그림 7-5 | 제3차 가격차별의 후생효과 |

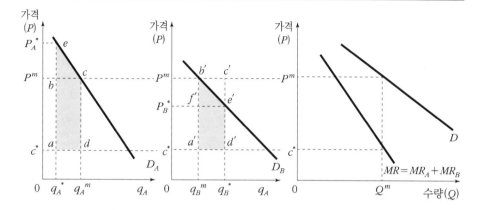

독점가격은 $MR=MC$인 P^m에서 결정되지만, 가격차별화는 $MC=MR_A$, $MC=MR_B$인 P_A^*와 P_B^*의 가격에서 결정된다. 이 결과 비탄력적인 시장 A에서는 독점보다 적은 양이 공급되어 사회후생의 감소효과가 나타나고, 수요의 탄력성이 큰 시장 B에서는 독점보다 사회후생이 증가되는 결과를 가져온다.

자료: Schmalensee(1981), pp. 242-247.

(그림에서 MR_A, MR_B는 생략되어 있음). 이 결과 차별가격은 각각 P_A^*, P_B^*가 되고 판매량은 q_A^*, q_B^*가 된다. 생산자는 A와 B 두 시장으로 소비자를 분할하고 A는 B에 비해 상대적으로 비탄력적 시장이라고 가정한다.[4] 이 경우 앞에서 본 바와 같이 비탄력적인 시장 A에서는 높은 가격에 적은 양이 판매되고 탄력적인 시장 B에서는 낮은 가격에 많은 양이 판매된다. 이 결과 시장 A에서는 판매량이 감소하므로 사회후생이 감소하게 된다. 이 후생의 감소는 두 요소로 구성되어 있다. 즉, 판매량이 단일 독점가격에서보다 적기 때문에 독점이윤이 감소한 것과 생산량 감소에 따른 소비자잉여의 감소이다. 〈그림 7-5〉에서 보면 이윤 감소와 소비자후생의 감소는 다음과 같다.

$$(P^m - c^*) \cdot (q_A^m - q_A^*) + bce \qquad (7.5)$$

---

4) 시장의 분할은 소비자계층에 따라 이루어지나 일반적으로 재판매가 어려운 지역간 분할이 많다. 예를 들면 국내시장과 수출시장의 분할도 여기에 해당된다.

반면, 탄력적 수요가 있는 시장 B에서는 생산량 증가와 가격인하로 이윤이 증가하고 소비자잉여도 증대된다. 이로 인한 사회후생의 증대부분은 〈그림 7-5〉에서의 다음과 같다.

$$(P^m - c^*) \cdot (q_B^* - q_B^m) - b'c'e' \tag{7.6)[5]}$$

이윤의 증가분은 $f'e'd'a'$, 소비자잉여의 증가는 $b'e'f'$이다. 따라서 식 (7.5)와 (7.6)을 합계한 순후생의 순증가는 식 (7.7)과 같다. 물론 가격차별화에 따른 거래비용을 감안하면 윗 식에서 공제되는 항이 더욱 증대될 것이다.

$$(P^m - c^*) \cdot (Q^* - Q^m) - (b'c'e' + bce) \tag{7.7)[6]}$$

가격차별화 이후 생산량의 증감여부는 단일 독점가격 P^m 주변에서 양 시장의 수요곡선 형태에 따라 결정될 것이다. 그림에서와 같이 만약 수요곡선이 선형이라면 단일 독점가격에서 3차 가격차별로 전환된다 해도 전체적인 생산량은 차이가 없게 된다(본 장의 부록 B 참조). 따라서 식 (7.7)의 첫번째 항의 값이 0이 되고 이 경우 가격차별화로 인한 사회후생효과는 순사회후생의 손실을 가져오게 된다.

두 번째 항인 $(b'c'e' + bce)$는 일종의 자원배분의 비효율에서 발생되는 후생감소효과라 할 수 있다. 가격차별화가 실시되면 비탄력적인 A시장에는 B시장에서의 차별가격 P_B^*에서 구매할 수 있으나 실제는 $P_A^*(> P_B^*)$의 가격 때문에 구매하지 못하는 소비자가 존재한다.

반면 B시장에서는 A시장의 가격인 P_A^*에서는 구매할 수 없는 수요자가 낮은 가격수준 $P_B^*(< P_A^*)$이기 때문에 구매하는 경우가 발생한다. 이것이 바로 가격차별화가 창출하는 전형적인 특징으로서 실제 재화를 구매하는 수요자(시장 B의 소비자)의 가격보다 높은 가치로 그 재화를 평가하는 소비자(시장 A의 소비

---

5) 가격차별화로 인해 독점기업의 실제이윤은 P^m에서보다 $(P^m - P_B^*) \cdot q_B^m$만큼 줄어드는 부분이 발생한다. 그러나 이 부분은 소비자잉여로 이전되므로 사회후생의 감소가 아니다.

6) 식 (7.6)의 증가에서 식 (7.5)의 감소를 차감하면 다음과 같다.
$(P^m - c^*)(q_B^* - q_B^m) - b'c'e' - (P^m - c^*)(q_A^m - q_A^*) - bce$
$= (P^m - c^*)(Q^* - Q^m) - (b'c'e' + bce)$, (여기에서, $Q^* = q_A^* + q_B^*$, $Q^m = q_A^m + q_B^m$)

자)가 있음에도 불구하고 이들이 당해 재화를 구매하지 못하는 현상이 발생한다. 자원의 효율적 배분은 모든 소비자가 특정재화의 한계생산물에 동일한 가치를 부여하는 것인데 가격차별화는 이러한 기능을 왜곡시키는 것이다. 따라서 두번째 항은 항상 부(−)의 값을 갖게 된다. 가격차별화로 인한 생산량 증대효과(첫번째 항)가 이를 상쇄시킬 정도로 크다면 후생증대에 기여하게 된다. 특히 단일가격에 의한 독점이 불가능한 시장에서는 가격차별이 이루어지면 후생증대효과가 나타날 가능성이 크다. 그러나 가격차별로 인하여 생산량이 감소되거나 생산량에 변화가 없는 경우의 가격차별화는 사회후생을 감소시키게 된다.

하지만, 위의 분석은 독점기업이 단일 독점가격을 책정하는 경우에도 시장 A와 B 모두에 판매를 한다는 가정을 전제로 한다. 하지만, 만약 단일가격을 설정하여 시장 A와 B에 모두 판매를 하여 얻어지는 이윤보다 비탄력적인 시장 A에서만 판매를 하여 얻어지는 이윤이 더 큰 경우에는 독점기업은 시장 A에만 제품을 공급하고 시장 B에는 제품을 공급하지 않을 것이다. 예를 들어, 수요가 상대적으로 탄력적인 아프리카시장과 수요가 비탄력적인 미국시장이 있다고 가정해 보자. 만약 독점기업이 단일가격으로 두 시장에 모두 제품을 공급해야 한다면 그 때의 단일가격은 미국시장에만 공급하는 경우의 가격보다 상당히 낮을 수 있으며, 이는 낮은 이윤으로 이어진다. 따라서 이러한 경우에는 탄력적인 아프리카시장을 포기하고 비탄력적인 미국시장에만 제품을 공급을 하는 선택을 할 수 있으며 사회후생은 미국시장에서만 발생하게 된다. 하지만 제3차 가격차별이 가능해져 독점기업이 아프리카시장에서는 낮은 가격에 제품을 공급하고 미국시장에서는 높은 가격에 제품을 공급하면 아프리카에서의 추가적인 사회후생이 발생하게 된다. 따라서 경우에 따라서는 제3차 가격차별이 사회후생의 증가를 가져올 수도 있음을 알 수 있다.

7.3.3 제2차 가격차별

기업이 시장에 존재하는 다양한 유형의 소비자들을 식별할 수 없는 경우에는 그들의 유형에 따라 그룹을 분리할 수 없으므로 제3차 가격차별을 시행할 수 없다. 이러한 경우 기업은 소비자 그룹의 분리 대신, 단위당 가격이 다른 복수의 제품패키지를 제공하여 소비자들이 자신의 지불용의가격을 바탕으로 자신에게 최적인 제품패키지를 선택하도록 유도하는 전략을 사용할 수 있다. 이렇게 제공되는 다양한 제품패키지의 단위당 가격이 다르게 설정되는 것을 제2차 가격차별(second-degree price discrimination)이라고 한다. 구매 규모에 따라 다른 가격을 부과하는 수량의존적 가격차별이 사용되는 경우가 많다. 예를 들어 전기요금을 부과할 때 일정한 최초의 사용량까지는 높은 가격을 부과하고, 그 이상의 규모에서는 낮은 할인가격을 부과하는 것은 제2차 가격차별이다.[7] 슈퍼마켓에서 일정수준 이상의 다량 구매자에게 할인가격을 부과하는 것도 여기에 해당되는 가격차별이다. 예를 들어 슈퍼마켓에서 낱개로 파는 제품이 동시에 묶음으로도 판매되는 경우에 고수요 소비자는 묶음상품을 사고 저수요 소비자는 낱개의 상품을 구매하는 경향이 있다. 그리고 일반적으로 묶음판매 제품의 단위당 가격이 낱개로 구매시의 가격보다 낮다. 슈퍼마켓은 두 종류의 메뉴—낱개의 제품과 묶음제품— 을 제공하여 소비자 스스로가 자신의 유형이 고수요 소비자인지 저수요 소비자인지를 드러내도록 만든다. 이 때 각 유형의 소비자는 궁극적으로 다른 단위당 가격을 지불하게 한다. 따라서 이러한 제2차 가격차별을 메뉴가격이라고 부르기도 한다.

이제 〈그림 7-6〉에서 고수요 소비자와 저수요 소비자가 존재하는 경우에서의 제2차 가격차별을 좀 더 자세히 살펴보도록 하자.[8] 이 때 기업은 규모가 다른 두 종류의 제품을 제공하여 소비자가 자신의 유형을 스스로 드러내는 소비를 하도록 유도할 수 있다. 즉, 고수요 소비자는 많은 수량(Q_A)으로 구성된 제품 A를 구매하고 저수요 소비자는 적은 수량(Q_B)으로 구성된 제품 B를 구매하도록 만들어야 한다.[9] 이를 위해서는 다음의 조건을 만족하는 가격 P_A와 P_B를 설정하여야 한다. 첫째, 소비자유형이 자신의 유형에 맞게 고안된 제품을 구매하는 경우 소비자잉여(consumer surplus)가 0보다 크거나 같아야 한다. 둘

---

7) 우리나라의 경우에는 에너지 소비절약을 위하여 일정사용량까지 기본요금을 부과하고 초과 사용량에 대하여는 블럭을 설정하여 높은 가산요금을 설정하고 있다. 이러한 누진적 요금제 도도 일종의 가격차별화라고 할 수 있다.

8) 예를 들어, 저수요 소비자의 수요곡선은 $Q = 6 - P$로, 고수요 소비자의 수요곡선 $Q = 12 - P$로 가정하여 〈그림 7-6〉의 제2차 가격차별을 분석해 볼 수 있다.

9) 고수요 소비자와 저수요 소비자를 위한 제품의 수량은 각각의 수요곡선과 기업의 한계비용이 만나는 곳에서 결정한다고 가정하자.

째, 자신의 유형에 맞게 고안된 제품을 소비하여 얻는 소비자잉여가 그렇지 않는 제품을 소비하여 얻는 소비자잉여보다 커서 다른 제품으로의 소비전환이 일어나지 않도록 해야 한다.

〈그림 7-6〉에서 이러한 두 가지 조건을 만족하며 기업의 이윤을 극대화시키는 가격설정을 살펴보자. 이 때 단순화를 위해 abc와 $a'b'c'$의 크기, $bcde$와 $b'c'd'e'$의 크기, cef와 $c'e'f'$의 크기가 동일하다고 가정하자.

먼저 첫 번째 조건을 만족하기 위해서는, 〈그림 7-6〉에서 고수요 소비자가 제품 A에 대해 지불할 수 있는 최대가격은 Q_A를 소비시 얻는 후생($agif$)의 크기와 같고, 저수요 소비자가 제품 B에 대해 지불할 수 있는 최대가격은 Q_B를 소비시 얻는 후생($a'd'e'c'$)의 크기와 같다. 이들의 크기는 P_A와 P_B의 상한가격이 된다.

이제 두 번째 조건이 만족되기 위해서는, 고수요 소비자가 제품 A를 소비하는 경우 얻는 소비자잉여가 제품 B를 소비했을 때 얻는 소비자잉여 보다 크게 만드는 가격 P_A을 설정해야 한다. 제품 B의 가격 P_B가 첫 번째 조건에서 구한 상한가격($a'd'e'c'$의 크기)이라고 가정해 보자.[10] 고수요 소비자가 제품 B를 가격 P_B에 구매하여 Q_B를 소비하는 경우, 즉 $gh(=d'e')$만큼 소비하는 경우

그림 7-6 　제2차 가격차별

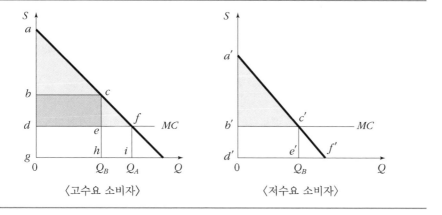

〈고수요 소비자〉　　　　　　〈저수요 소비자〉

---

10) 이 가격은 저수요 소비자의 후생을 모두 기업으로 전환시키는 가격으로, 즉 기업이 저수요 소비자로부터 얻을 수 있는 최대이익이다.

고수요 소비자 후생의 크기는 $aghc$이다. 이 때 가격 P_B을 빼주면 가격의 크기는 $a'd'e'c'(=adec)$이므로 고수요 소비자에게는 양($+$)의 소비자잉여($dehg$)가 발생한다. 따라서 고수요 소비자가 양의 소비자잉여를 발생시키는 제품 B로 소비를 전환하는 것을 방지하기 위해서는 제품 A를 소비하는 경우에도 적어도 $dehg$크기의 소비자잉여를 누릴 수 있게 해 주어야 한다. 따라서 제품 A의 가격은 앞서 설정한 상한가격의 크기 $agif$에서 $dehg$를 뺀 만큼의 크기로 설정되어야 한다.

이제 저수요 소비자가 제품 A로 전환할 유인이 있는지 알아보도록 하자. 만약 저수요 소비자가 제품 A의 Q_A를 소비한다면 음의 순후생($efih$)을 얻게 되므로 제품 A로의 소비전환은 일어나지 않음을 알 수 있다.

정리해 보면 제품 A의 가격은 $agif$에서 $dgeh$를 뺀 크기로 설정되고, 제품 B의 가격은 $a'd'e'c'$의 크기로 설정된다. 그림에서도 알 수 있듯이 제품 A의 단위당 가격이 제품 B의 단위당 가격보다 낮음을 알 수 있다. 고수요 소비자는 대량구매에 대한 할인을 받고 있는 것이다.[11] 또한 제2차 가격차별에서 기업은 저수요 소비자에게는 최대지불용의가격을 부과하고 있으나 고수요 소비자에게는 최대지불용의가격을 부과하지 않고 소비자잉여를 남기고 있다. 따라서 제2차 가격차별은 완전가격차별보다 소비자잉여의 이윤흡수 정도가 낮은 형태이다.

〈그림 7-7〉은 또다른 제2차 가격차별의 예로, 기업은 Q_4의 판매량까지는 모두 P_4를 부과하고, 다음 단계인 Q_8까지는 P_8의 가격을 부과하고 있다. 따라서 완전가격차별과는 달리 모든 생산단위에서 소비자가 지불할 용의가 있는 최대가격을 부과하지 않고 있다. 다만 일정한 양에 따라서 블록에 대한 가격을 설정하고 있다.

이와 같은 가격차별화는 단일가격에 의한 독점의 수입(P^m에서의 수입)보다 더 많은 수입을 보장하고 있다. 즉, 제2차 가격차별로 인한 기업의 수입은 〈그림 7-7〉에서 $P_8 \cdot (Q_8 - Q_4) + P_4 \cdot Q_4$이다. 반면 단일 독점가격에서의 수입은 $P^m \cdot Q^m$이다. 색으로 표시한 부분만큼 소비자잉여를 생산자의 이윤으로 이전시키고 있다. 가장 극단적인 제2차 가격차별화는 결국 완전가격차별에 접근한

---

11) 단위당 가격이 수량에 따라 달라지므로 수량기준의 제2차 가격차별은 비선형가격전략이라고도 한다.

그림 7-7	제2차 가격차별

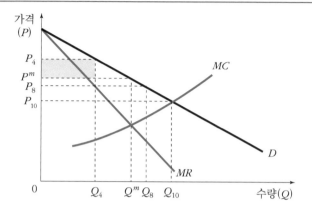

수량이 적은 Q_4에서는 P_4를 부과하고, 수량이 많은 Q_8에서는 P_8을 부과하면 2차 가격차별이 이루어진다. 독점가격(P^m)과 비교하면 색으로 표시한 부분만큼의 소비자잉여가 생산자잉여로 이전된다.

다고 할 수 있다.

따라서 제2차 가격차별을 시행하는 경우에는 단일 독점가격 또는 제3차 가격차별에 비해 시장거래량이 증가하여 자중손실이 감소한다.[12] 그리고 이러한 거래량 증가로 인한 대부분의 잉여는 기업에게 흡수되기 때문에 기업의 이윤이 증가함을 알 수 있다.

7.4 | 가격차별화와 효율

7.4.1 가격차별화가 필수적인 산업

가격차별화가 없이는 산업의 존재 자체가 불가능한 경우도 발생한다. 〈그림 7-8〉에서 두 시장의 수요곡선이 각각 d_1과 d_2로 분리되고 전체시장의 수요곡선은 D_T라고 가정하자.

---

12) 예를 들어, 〈그림 7-7〉에서 판매량에 따라 P_4, P_8, P_{10}을 책정한다면 시장거래량이 사회후생을 극대화하는 시장거래량과 동일함을 알 수 있다.

그림 7-8   가격차별화의 필수적인 산업

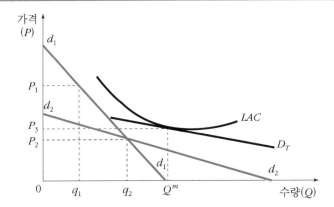

수요의 탄력성이 서로 다른 d_1과 d_2의 시장에 단일가격을 부과하면, 장기평균비용을 커버할 수 없는 경우가 발생한다. 이 경우에는 P_1과 P_2로 가격을 차별화해야만 장기적으로 생존할 수 있다.

이제 장기의 평균비용곡선(LAC)이 시장전체의 수요곡선보다 높은 위치에 있는 경우를 보자. 만약 독점기업이 이윤극대화를 위한 단일가격을 부과한다면 이 경우에는 어떤 단일가격하에서도 장기의 평균비용을 커버할 수 없다. 따라서 이러한 산업에서는 단일가격만을 부과할 수 없으며 가격차별화가 있어야 생산활동이 가능하다.

3차 가격차별이 가능하다면 어떻게 될까? 그림의 단순화를 위해 한계수입과 한계비용곡선을 생략하고 차별화된 가격이 각 시장에서 P_1과 P_2라고 하자. 각 시장에서 판매되는 생산량은 q_1과 q_2이므로 전체생산량은 $Q^m(=q_1+q_2)$이 된다. 두 시장에서 판매되는 가격의 가중평균치 (P_3)는 $P_3=(P_1q_1+P_2q_2)/Q^m$이고 〈그림 7-8〉의 예에서는 Q^m 생산수준에서의 장기평균비용과 일치하게 된다. 따라서 이 경우에는 독점기업이 가격차별을 통해 소비자잉여의 일부를 이윤으로 흡수하지 않는 한 공급이 불가능하며 가격차별이 없는 한 이 산업은 장기적으로 존재할 수 없게 된다.

7.4.2 생산시설의 활용도 제고

가격차별은 생산시설의 활용도를 높임으로써 자원배분의 효율을 개선시킬 수도 있다. 예를 들어 야간에 전화나 전기요금을 인하하여 생산설비의 활용도를 증가시키는 것도 가격차별화를 통한 효율의 증대에 속한다. 공휴일에 서비스요금을 인하하여 평일과 차별화시키는 것도 생산시설활용도 제고에 기여한다.

따라서 한가한 시간(off-peak period)의 요금이 가변비용과 최소한의 고정요금을 보전하는 수준에서 결정되고, 그것이 분주한 시간(peak period)보다 저렴하다면 생산시설의 활용도(utilization)를 높히는 효과를 가져온다.

7.4.3 가격차별화와 경쟁효과

가격차별화는 주어진 시장여건에서 이윤을 극대화하려는 기업의 시장행태에서 비롯된다. 따라서 소비자의 후생을 기업의 이윤으로 전환시키는 현상이 나타난다. 기업은 또한 가격차별화를 통해 시장지배력을 형성하고 일단 확립된 지배력을 지속적으로 유지하려고 시도한다. 수요의 탄력성에 따라 가격을 인하·인상시키면서 이러한 노력을 전개한다. 이 과정에서 가격차별화는 시장의 경쟁을 촉진시키는 역할을 하기도 하고, 경우에 따라서는 경쟁을 저하시키는 역작용을 유발하기도 한다.

가격차별화가 시장경쟁에 미치는 영향을 여러 기준에서 판단될 수 있다. 가장 단순한 평가의 기준은 가격차별화를 실시하는 기업의 시장점유율과 차별행태의 경제적 요인을 분석하는 것이라 할 수 있다. 가격차별자의 시장점유율이 높은 경우에는 일반적으로 경쟁제한적(anticompetitive)인 차별형태가 많이 발생한다. 반면 시장점유율이 낮은 중소기업에 의한 차별화 형태는 경쟁촉진적 효과를 가져온다. 또한 가격차별화가 일정한 기간과 계획하에 체계적으로 실시될 경우에는 경쟁제한적 효과를 가져오는 경우가 많다. 이것은 진입을 제한하고 차별기업의 시장점유율 유지를 의한 수단으로 활용될 경우가 많다. 반면 산발적으로 발생되는 가격차별(sporadic discrimination)은 일반적으로 경쟁촉진적 효과를 가져온다(Adelman, 1959).

| 그림 7-9 | 가격차별화의 경쟁효과 |

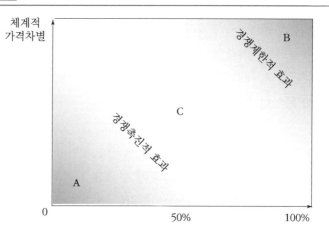

시장점유율이 낮은 기업이 산발적인 가격차별을 실시하면, 경쟁촉진효과가 있다. 반면 시장지배력이 큰 기업이 체계적 가격차별화를 실시하면, 경쟁제한적 효과가 나타난다.

자료: Shephard(1985), p. 289.

이와 같은 평가는 〈그림 7-9〉로 단순화될 수 있다. A지역에서는 점유율이 낮은 기업에 의해 산발적인 가격차별이 발생하는 경쟁촉진적인 영역이다. 반면 B지역은 시장지배적 기업에 의한 체계적 가격차별화로서 비경쟁적 또는 경쟁제한적 가격차별 영역이다. 반면 C지역은 각 사례별로 구체적인 경쟁효과를 평가해야 하는 중간적 영역이라고 할 수 있다. 가격차별의 경쟁효과는 두 차원에서 발생할 수 있다. 첫째는 제1차적 효과로서 가격차별자와 경쟁기업간에 나타난다. 이것은 가격차별화의 생산재가 속해 있는 시장에서 발생되는 것으로서 차별자와 경쟁기업의 시장점유 및 이윤에 영향을 미친다.

제2차적 효과는 차별자의 재화를 구입해서 판매하는 기업간에 발생한다. 따라서 생산라인의 하부단계에서 나타나는 경쟁유발효과라고 할 수 있다. 예를 들어 정유회사가 유류가격을 차별화하면 유류를 원료로 사용하는 유류화학제품업계에서 발생되는 경쟁효과를 말한다. 물론 가격차별화의 경쟁효과는 차별가격의 종류와 기업의 성격 및 형태 등에 따라서 개별적으로 평가되어야 한다. 그러나 가격차별자의 시장점유율과 차별형태 및 시장에 미치는 1·2차 파급효과는 가격차별의 경쟁촉진 여부를 평가하는 데 유용하게 이용될 수 있다.

7.5 가격차별화의 응용

7.5.1 비용곡선이 다른 경우

가격차별은 일반적으로 동질적 재화를 서로 다른 계층 또는 지역의 소비자에게 다른 가격으로 판매하는 것을 말한다. 따라서 동질적인 제품이기 때문에 비용함수가 같은 경우가 일반적이다.

〈그림 7-10〉은 A와 B시장에서 동일한 제품이 각각 한계비용이 다르고 수요곡선도 다른 경우에 가격차별화가 어떻게 실시되는가를 보여주고 있다. 각 시장에서의 $MR = MC$ 조건에 의해서 가격차별은 $P_A = 15$, $P_B = 12$로 결정된다. 두 시장의 한계비용의 차이는 5이지만, 가격차이는 3이다. 또한, 각 시장에서 가격과 한계비용의 비율을 검토하면 A에서는 1.5, B에서는 2.4가 된다. 따라서 B시장에서의 소비자가 A시장보다 불리한 차별가격을 적용받고 있음을 알 수

그림 7-10 비용조건이 다른 경우의 가격차별

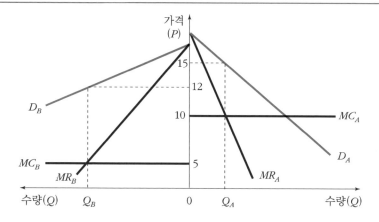

비용조건이 다른 두 시장에서도 $MR_A = MC_A$와 $MR_B = MC_B$의 조건을 적용하여 Q_A와 Q_B를 생산하고, 가격은 각각 15원과 12원에서 결정된다.

있다.

Phlips(1983)에 따르면 가격의 차이가 생산비용의 차이와 동일하다면 가격차별이 아니다. 예를 들어 자동차 C의 가격이 3천만원이고 뒷 자석 에어백을 설치하는데 추가비용이 3백만원인 경우에 뒷자석 에어백이 부착된 자동차 C의 가격이 3천 3백만원이라면 가격차별이 아니다.

반면 독점기업이 단일가격을 부과한다 해도 비용이 다른 경우에는 가격차별에 해당된다는 것을 주의할 필요가 있다. 예를 들어 서울에 있는 꽃집이 꽃배달 서비스를 제공할 때 배달지역과는 상관없이 배달비용을 포함하여 5만원이라는 동일가격에 배달을 한다면 이는 가격차별에 해당한다. 왜냐하면 서울시내에서 배달하는 경우와 부산으로 배달을 하는 경우 배달비용에 차이가 있음에도 불구하고 이를 고려하지 않고 동일한 가격을 부과한 것이기 때문이다.

7.5.2 최대부하시간의 가격책정

가격차별화의 전형적인 응용은 이미 앞에서 언급한 바 있는 분주한 시간과 한가한 시간의 분리가격책정이다. 전기, 전화 등 공공서비스는 흔히 시간대에

그림 7-11   최대부하시간의 가격책정

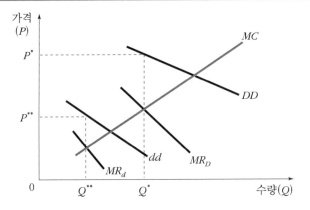

수요가 집중되는 시간에는 MR_D와 MC가 일치하는 Q^*에서 공급되고, 가격은 P^*에서 결정된다. 반면 수요가 적은 시간에는 $MR_d = MC$가 되는 Q^{**}에서 공급되고, P^{**}에서 가격이 설정된다. 수요가 많아지는 최대부하시간에는 한계비용도 커지기 때문에 가격차별화가 실시되어야 한다.

따라 수요가 크게 변화하게 된다. 이 경우 최대부하현상이 나타나는 분주한 시간의 가격(peak-load price)과 한가한 시간의 가격(off-peak price)을 분리하는 것이다. 〈그림 7-11〉에서 DD를 분주한 시간의 수요라 하고 dd를 한가한 시간의 수요라 하자. 한계비용이 우상향한다면 각각의 이윤극대화를 위한 가격은 P^*와 P^{**}로 결정된다. 수요가 몰리는 분주한 시간에 높은 가격이 부과됨을 쉽게 알 수 있다.

　이러한 유형의 가격책정은 엄격한 의미에서는 가격차별이 아니라는 논의도 있다. 왜냐하면 분주한 시간과 한가한 시간의 수요는 각각 서로 다른 재화 또는 서비스에 대한 수요로 간주될 수도 있기 때문이다.

7.5.3 가격차별의 실례

　가격차별의 실제 예는 우리 생활에서 많이 찾아볼 수 있다. 시간대별 또는 그룹별로 다른 극장요금, 예약시기에 따라 다른 비행기 요금 등 많은 예를 들

표 7-1　가격차별의 종류

종류	가격차별의 사례
Ⅰ. 대인가격차별	1. 소득계층별 가격차별 　(고소득층에 대한 차별가격: 의료서비스, 법률상담) 2. 특별서비스에 의한 가격차별 3. 흥정에 의한 가격차별 4. 사용량에 따른 차별 5. 사용시간대에 따른 차별
Ⅱ. 단체가격차별	1. 수출, 내수시장의 차별 2. 운송요금의 차이에 따른 차별 3. 경쟁상대에 대한 약탈가격 4. 신규고객에 대한 차별 5. 탄력성에 따른 차별 6. 중간상의 보호를 위한 차별 7. 다량구매자에 대한 차별
Ⅲ. 제품차별화	1. 브랜드에 의한 차별 　(동질제품이나 상표에 따른 의류, 음식, 페인트 가격차별) 2. 계층별 제품 서비스의 차별화 3. 비행기 1등석, 기차의 특실요금

수 있다. 의료서비스도 가격차별화의 예로 많이 인용된다. 간단히 설명하면 고
소득층의 의료서비스에 대한 수요는 〈그림 7-11〉의 DD와 같고 저소득층의 수
요는 dd와 유사하기 때문에 소득계층별 차별가격이 가능하다.[13] 이 경우 비용
은 동일하다고 가정할 수 있으므로 3차 가격차별이 이루어지게 된다. 이와 함
께 소득수준에 비례하는(income sliding scale) 가격차별도 실시된다. 〈표 7-1〉은
일반적으로 많이 실시되는 가격차별을 종류별로 구별한 것이다.

조조할인의 비밀

　몇 해 전 여름 LA공항에서의 일이다. 시카고로 가는 국내선을 타기 위해 출발 30분
전에 겨우 도착했다. 휴가철인 데다 미국 경제의 호황으로 주요 항공편은 연일 만원사
례를 이루었다. 여러 차례 예약을 재확인했지만 늦게 도착하여 노심초사하고 있는데,
아니나 다를까 체크인 카운터의 직원이 초과예약 때문에 탑승권을 내주지 않고 기다리
라고 한다. 드디어 출발 15분 전, 안내방송이 나왔다. "유감스럽게도 예약이 초과되었습
니다. 몇 분의 승객께 다음 편으로 양보를 부탁합니다. 먼저 두 시간 뒤에 떠나는 항공
편으로 가실 수 있는 분에게는 80달러의 보상권을 드리겠습니다." 가방을 멘 한두 학생

---

13) 의료서비스에 대한 계층별 수요곡선은 일반적으로 다음과 같이 평행인 두 수요곡선으로 표
　　시된다. D^h와 D^l은 각각 고소득층과 저소득층의 수요이며 고소득층의 수요가 어떤 가격하
　　에서도 저소득층보다 비탄력적이다. 따라서 고소득층에게는 어떤 가격에서도 저소득층보다
　　많은 수요가 존재하고 요금도 일반적으로 높게 부과된다.

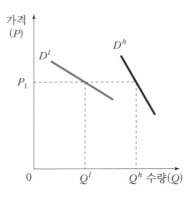

이 달려 나갔다. 그래도 좌석이 모자랐던지, "오늘밤에 떠나실 수 있는 승객에게는 150 달러를…" 이렇게 해서 다음날 떠날 수 있는 사람에게 200달러를 제공하는 선에서 그 날의 초과예약은 쉽게 정리되었다.

멱살을 잡을 수 있는 험악한 상황을 돈으로 해결하니, 양보한 사람은 조금 늦긴 했어도 기분 좋게(?) 절반 가격으로 시카고를 갈 수 있게 되었다. 나도 최종 순간에 마음이 약간 흔들렸지만, 이런 일에 익숙한 재빠른 사람들을 당해낼 수 없었다. 계획된 일정을 바꿀 수 없는 사람은 비싼 여행을 할 수밖에 없다. 그야말로 시간이 돈 아닌가. 항공사는 대개 10% 내외의 초과예약을 받는다. 확률적으로 나타나지 않는 비율을 계산한 결과이다. 그러다 예약한 사람이 모두 나타나면 항공사마다 좌석을 양보한 사람을 보상하는 BDC(Boarding Denied Compensation)를 실시한다. BDC는 결국 시간에 따라 차별화된 가격을 통해 제한된 자원을 서로 만족스럽게 배분하는 기구인 셈이다.

실제로 비행기 요금은 천차만별이다. 서비스가 서로 다른 일등석과 비즈니스석, 이코노미석의 요금이 크게 차이나는 것은 당연하지만, 동일한 이코노미석에서도 언제 어디서 구입했느냐에 따라 제각각이다. 가장 비싼 요금을 내는 사람은 아마도 공항에서 긴급하게 구입한 경우이겠지만, 어떤 때는 출발 직전의 공석이 가장 쌀 때도 있다. 여행사마다 요금이 다른 것은 물론이고, 인터넷 구매도 각양각색이며, 출발시간, 체류기간과 여행구간 등 몇 가지 조건에 따라 요금은 상당히 차이가 난다. 9시와 10시에 출발하는 비행기가 각각 요금이 다를 때도 있다. 그래서 "보잉 747은 350여 명의 승객이 모두 다른 요금을 낸다"고 한다. 그렇다고 비싼 요금을 낸 승객이 안전하게 더 빨리 가는 것도 아니지 않는가. 동일한 서비스를 제공받으면서도 서로 다른 요금을 내고 있다.

시간에 따른 가격 차이가 어디 비행기 요금뿐인가. 극장에는 오전 관객을 위해 조조 할인이 있고, 심야전력 사용에 대해서는 할인제도가 있으며, 통신 서비스도 시간대에 따라 다르다. 기차 요금도 주말에는 비싸며, 휴가철에는 호텔과 유원지의 요금이 껑충 뛰게 된다. 한여름에는 전기요금에, 한밤중에는 택시와 버스요금에도 할증이 붙는다. 꼭 필요한 시간의 서비스일수록 더 높은 요금을 내게 된다.

이와 같은 동일한 재화나 서비스에 서로 다른 가격을 부과하는 것을 경제학에서는 '가격차별화'라고 부른다. 물론 서로 다른 시간에 제공되는 서비스는 완전히 동일한 서비스라고 할 수는 없을 것이다. 한밤중의 전기와 한낮의 전기는 비록 물리적 특성은 같을지라도 소비자의 측면에서는 완전히 다른 서비스나 다름없기 때문이다. 즉, 한밤과 한낮의 전기는 서로 대체될 수 없기 때문이다. 공급비용과 판매가격의 비율도 정확히 계산해보면, 당연히 큰 차이가 난다. 전력회사는 수요가 많은 낮에 공급하는 전기에서 더 많은 수익을 얻으려 할 것이다.

영화도 마찬가지다. 극장측에서 보면 오전이나 골든타임이나 영화 한 편을 상영하는 데 드는 비용이 동일하다. 그러나 아침 시간대에는 관객이 적기 때문에 값을 싸게 해서라도 비어 있는 자리를 메우는 것이 바람직하다. 이와 같이 분주한 피크 타임과 한가한 시간을 구별하여 요금을 다르게 책정하는 것이 이윤을 극대화시킬 수 있다. 물론 요금을 달리 책정해도 수요에 큰 변화가 없다면, 가격을 차별화해야 할 이유가 없다. 가격을 달리할 경우 얼마나 많은 수요가 움직일 것인가에 따라서 차별화 전략이 결정되어야 한다.

똑같은 서비스를 서로 다른 가격에 받게 되니 불공평하다고 할 수도 있다. 과연 그러할까? 아니다. 오히려 경제적 효율성이 높아진다. 자, 가격차별화의 비밀을 열어보자. 기업은 이익을 증대시킬 수 있고, 소비자는 저렴하게 인생을 즐길 수 있다.

정갑영, 『열보다 더 큰 아홉』, 21세기북스, 2012, p. 81.

부록

7.A 가격차별과 생산량 증대 효과

가격차별화는 완전경쟁적 시장구조에서는 나타날 수 없다. 가격차별화를 실시하기 위해서는 기업이 최소한의 시장지배력을 보유하여야만 한다. 따라서 가격차별은 일반적으로 독점적 행태의 하나로서 인식되고 사회후생과 효율을 감소시키는 행위로 지탄받는 경우가 많다. 그러나 이미 앞에서 분석된 바와 같이 일정한 조건하에서의 가격차별은 적어도 단일가격에 의한 독점보다는 생산량을 증대시키고 자원배분의 효율성을 제고시킬 수도 있다. 특히 1차와 2차 가격차별은 일반적으로 단일가격에 의한 독점보다 생산량을 증대시켜주는 결과를 가져온다.

완전가격차별의 경우에는 이미 후생증대효과를 구체적으로 논의했으며, 2차 가격차별은 1차의 단순한 형태로서 파악되기 때문에 후생효과가 동일하다고 할 수 있다. 3차 가격차별로 인한 후생증대효과 여부는 수요곡선의 형태에 따라 다르다. 수요곡선이 선형인 경우에는 이미 앞에서 분석된 것처럼 증감효과가 나타나지 않는다. 그러나 다음과 같이 특수한 조건에서는 3차 가격차별도 생산량 증대효과를 가져올 수 있다.

「로빈슨」(Robinson)은 두 시장의 분할이 가능할 경우 상대적으로 탄력적인 수요곡선이 비탄력적인 수요곡선보다 원점에 대하여 더 볼록하다면 3차 가격차별이 생산량증대를 가져오는 것을 보여주고 있다(Robinson, 1969).

〈그림 7-12〉에서 이 경우를 분석하기로 하자. 시장전체의 수요는 D_T이며, D_1과 D_2의 수요함수를 가진 두 시장으로 분할이 가능하다고 가정하자. 전체시장의 한계수입은 MR_T, 각 분할된 시장의 한계수입곡선은 MR_1과 MR_2로 표시되어 있다. 만약 가격차별화가 없는 경우에는 MR_T의 곡선과 한계비용 MC가 만나서 E_T에서 균형이 이루어지고 Q_T가 이윤극대화의 생산량이 되며 가격은 P_T가 된다.

그러나 두 시장으로 분할된 경우에는 이윤극대화를 위한 균형점이 MR_1 및

그림 7-12 3차 가격차별과 생산량 증대효과

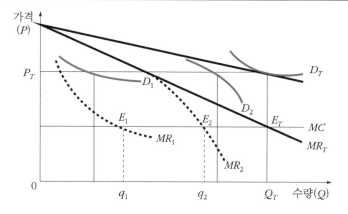

가격차별화가 없는 상태에서는 전체 수요곡선(D_T)에서 도출된 한계수입(MR_T)과 한계비용(MC)이 일치하는 Q_T에서 생산량이 결정된다. 그러나 두 시장으로 분할하여 가격차별화를 실시하면 $MC = MR_1$, $MC = MR_2$를 만족하는 q_1, q_2에서 생산량이 결정되어, Q_T보다 많은 양이 공급된다.

MR_2가 MC와 교차하는 점에서 결정되므로 E_1과 E_2가 된다. 생산량은 각각 q_1과 q_2가 되므로 가격차별화가 없는 상태의 생산량인 Q_T보다 많아지게 된다. 즉, $q_1 + q_2 > Q_T$가 되는 것이다. 이것은 곧 탄력적 수요를 갖고 있는 첫 번째 시장에서의 수요곡선(D_1)이 비탄력적 시장의 수요곡선(D_2)보다 원점에 대하여 더 볼록하기 때문이다(실제 〈그림 7-12〉에서는 D_2 수요곡선은 오목한 형태로 그려져 있음). 「로빈슨」은 이와 같은 논리에 입각하여 실제 현실세계에서도 3차 가격 차별이 생산량 증대효과를 가져올 가능성이 있다고 제시하였다. 특히 비탄력적 시장에서는 높은 가격에서도 소비자의 구매습관이 변하지 않는 반면 탄력적 시장에서는 인하된 가격으로 소비자의 구매량이 획기적으로 증대될 수 있음을 시사하고 있다.

　이와 같은 여러 가지 생산량 증대효과를 갖고 있는 가격차별이 사회후생에 미치는 영향은 물론 앞 절에서 논의된 바와 같이 가격차별화에 따른 거래비용과 소비자 및 생산자잉여 등을 감안하여 평가해야 할 것이다.

7.B 가격차별과 사회후생

7.B.1 제3차 가격차별과 사회후생

　본 절에서는 여러 종류의 가격차별화에 따른 사회후생을 함수식을 이용하여 분석하기로 하자. 먼저 독점기업이 단일재화를 $C(q)$의 비용함수로 생산하고 시장을 m개로 분할할 수 있다고 가정하자. m개의 시장은 m개의 우하향 수요곡선을 가지며 연령, 직업, 성, 지역 등 외생변수로 구별된다고 가정한다. 독점기업이 수요곡선을 모두 알고 있고 가격차별의 조건이 만족된다고 가정하면 3차 가격차별이 가능하게 되어 m개의 시장에 서로 다른 가격을 부과할 수 있다. 이런 의미에서 3차 가격차별은 다시장(multimarket) 가격차별이라고도 한다(Tirole, 1988).

　독점기업이 부과하는 차별가격을 $\{P_1, \cdots, P_i, \cdots, P_m\}$이라 하고 각 시장에서의 수요는 $\{q_1 = D_1(P_1), \ldots, q_i = D_i(P_i), \ldots, q_m = D_m(P_m)\}$이라고 하면

전체시장의 수요는 $Q = \sum_{i=1}^{m} D_i(P_i)$가 된다.

독점기업은 이윤극대화를 만족시키는 가격설정을 위해 이윤함수인 식 (17.B.1)을 극대화하는 P_i를 결정하게 된다.

$$\pi = \sum_{i=1}^{m} P_i D_i(P_i) - C\left\{\sum_{i=1}^{m} D_i(P_i)\right\} \tag{7.B.1}$$

이것은 결국 여러 재화를 생산하는 독점기업의 이윤극대화에서 특수한 경우가 된다. 즉, 이미 제4장에서 본 바와 같이 다음 조건이 모든 i시장에 대해 성립한다.

$$\frac{P_i}{P_i - MC_i} = \frac{1}{\eta_i}, \quad \eta_i = -\frac{\partial D_i / D_i}{\partial P_i / P_i} \tag{7.B.2}$$

여기에서 η_i는 i시장 수요의 가격탄력성이다. 독점기업이 단일가격 대신 차별가격을 부과하는 이유는 이윤극대화에 있기 때문에 결국 비탄력적 시장의 수요자는 가격차별로 인하여 본래의 독점가격보다 비싼 가격을 지불하게 되고, 탄력적 시장의 소비자는 낮은 가격을 지불하게 된다.

이제 가격차별이 없는 단일가격과 여러 차별가격 부과시의 후생을 분석해 보자. 차별가격(P_i)하에서 수요는 $q_i = D_i(P_i)$이고, 소비자잉여의 총계는 $\sum S_i(P_i)$가 되며, 한계비용과 평균비용이 c^*에서 고정된 것으로 가정하면 $C\left(\sum_i q_i\right) = c^*\left(\sum_i q_i\right)$가 된다. 그리고 기업의 이윤은 $\sum_i (P_i - C^*) \cdot q_i$가 된다.

가격차별 대신 단일 독점가격(P^m)을 부과하면, 수요는 $q_i^m = D_i(P^m)$이고 이윤은 $\sum_i (P^m - c^*) \cdot q_i^m$이 된다. 또한 소비자잉여의 총계는 $\sum_i S_i(P^m)$이고 $\Delta q_i = q_i - q_i^m$이라 하자. 이 때 총사회후생의 변화(ΔSW)는 각 시장에서 차별가격을 설정할 때와 단일독점부과시의 소비자잉여와 이윤총계를 비교하면 알 수 있으므로 다음과 같이 표기된다.

$$\Delta SW = \left\{\sum_i [S_i(P_i) - S_i(P^m)]\right\} + \left\{\sum_i (P_i - c^*) \cdot q - (P^m - c^*) \cdot q_i^m\right\} \tag{7.B.3}$$

ΔSW의 상한과 하한을 구하기 위하여 순잉여함수가 가격에 대하여 볼록

| 그림 7-13 | 소비자 잉여함수의 특성 |

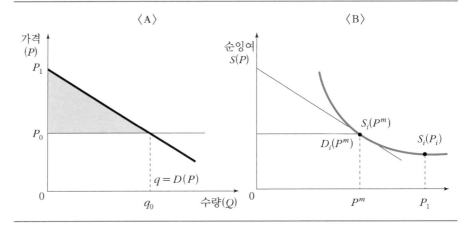

(convex)한 성질을 활용한다.[14] 블록함수의 특성은 〈그림 7-13〉에서와 같이 접선의 함수값보다는 볼록함수의 값이 크므로 다음이 성립한다.

$$S_i(P_i) - S_i(P^m) \geq S_i'(P^m) \cdot (P_i - P^m) \tag{7.B.4}[15]$$

그런데 $S_i'(P^m) = -D_i(P^m)$ 이므로, 식 (7.B.3)은 식 (7.B.5)가 된다.

$$\Delta SW \geq \sum_i (P_i - c^*) \cdot \Delta q_i, \quad \Delta q_i = q_i - q_i^m \tag{7.B.5}$$

---

14) 잉여함수는 〈그림 7-13〉의 A에 표시된 부분으로 수요함수 $D(P)$를 이용하여 다음과 같이 표시된다.

$$S(P) = -\int D(P)dP$$

예를 들어, 가격이 P_0와 P_1에서 변화할 경우 i)이 되며, 가격에 대한 1차 미분은 ii)가 된다.

i) $S(P) = -\int_{P_0}^{P_1} D(P)dP$

ii) $S'(P) = -D(P)$이고, $S''(P) = -D'(P)$

15) 잉여 $\dfrac{S_i(P_i) - S_i(P^m)}{P_i - P^m}$ 은 두 점 $S_i(P_i)$, $S_i(P^m)$ 을 직접 연결하는 선의 기울기인 반면 $S_i'(P^m)$ 의 접선 기울기로서 $D_i(P^m)$ 을 나타낸다. 따라서 위의 볼록함수에서는 다음을 만족한다.

$$\dfrac{[S_i(P_i) - S_i(P^m)]}{P_i - P^m} \geq S_i'(P^m)$$

같은 방법으로 식 (17.B.6)으로 나타낼 수 있다.

$$S_i(P^m) - S_i(P_i) \geq S_i{}'(P_i) \cdot (P^m - P_i)$$

$$\Delta SW \leq \sum_i (P^m - c^*) \cdot \Delta q_i \qquad\qquad (7.B.6)$$

따라서 가격차별의 결과 총생산량이 증가되지 않는다면 $\sum_i \Delta q_i < 0$이 되고, 사회후생은 감소하게 된다($\Delta SW < 0$). 이것은 가격이 비용보다 큰 구간에서 항상 성립하는 가격차별의 후생증대를 위한 필요조건이다(Schmalensee, 1981).

이제 「로빈슨(1969)」이 제시한 선형의 수요함수를 응용한 예를 보면 다음과 같다(Robinson, 1969). 시장 i에서 수요함수는 $q_i = a_i - b_i \cdot P_i$이고, $a_i > c^* \cdot b_i$라 가정한다. 독점기업은 각 시장에서 차별가격 P_i를 부과하여 이윤 $(P_i - c^*) \cdot (a_i - b_i \cdot P_i)$를 극대화하게 된다. 균형가격과 생산량은 $P_i = (a_i + c^* b_i)/2b_i$와 $q_i = (a_i - c^* b_i)/2$이다.[16]

한편 독점기업이 모든 시장에 단일가격 P^m을 부과한다면 이윤은 식 (7.B.7)이 되고, 가격과 생산량은 각각 식 (7.B.8)과 식 (7.B.9)로 나타난다.

$$\pi = (P^m - c^*) \cdot \left[\sum_i a_i - \left(\sum_i b_i \right) \cdot P^m \right] \qquad (7.B.7)$$

$$P^m = \left[\sum_i a_i + c^* \cdot \left(\sum_i b_i \right) \right] \Big/ 2 \cdot \left(\sum_i b_i \right) \qquad (7.B.8)$$

$$\sum_i q_i{}^m = \left[\sum_i a_i - c^* \cdot \left(\sum_i b_i \right) \right] \Big/ 2 \qquad (7.B.9)$$

여기에서 모든 시장에 공급되기 위해 단일가격과 차별가격하의 총생산량은 결국 같게 되어 $\sum_i q_i = \sum_i q_i{}^m = \sum_i \Delta q_i = 0$이 된다. 따라서 가격차별화의 사회후생은 단일가격보다 오히려 감소하게 된다.

---

16) $\max \pi_i = \max (P_i - c^*) \cdot (a_i - b_i P_i)$

$$\frac{\partial \pi_i}{\partial P_i} = a_i - 2b_i P_i + c^* b_i = 0$$

$$P_i = \frac{a_i + c^* b_i}{2b_i}$$

$$q_i = a_i - b_i P_i = a_i - b_i \frac{a_i + c^* b_i}{2b_i} = \frac{a_i - c^* b_i}{2} \quad (단, \ a_i > c^* \cdot b_i)$$

7.B.2 이중구조의 요금과 사회후생

지금까지 본 장에서의 가격차별은 모두 서로 다른 계층에 차별적 요금을 부과하는 것을 고려하였다. 그러나 택시요금, 전화 및 전기요금 등과 같이 요금체계가 기본료와 사용료로 구성되어 있는 경우에는 어떻게 되겠는가? 이와 같이 이중구조의 요금(two-part tariffs)이 부과될 경우에는 동일한 소비자에게도 사용량에 따라 차별화된 가격이 부과된다. 이제 이중구조의 요금체계가 기업의 이윤과 사회후생에 어떤 영향을 미치는가를 분석해 보기로 하자.

기본료와 사용료로 구성된 이중구조의 요금체계에서는 소비자의 효용이 다음과 같이 표시될 수 있다.

$$U = \begin{cases} \theta \cdot V(q) - T(q) & : T\text{를 지불하고 }q\text{를 구매한 경우} \\ 0 & : \text{구매하지 않을 경우} \end{cases} \quad (7.B.10)$$

여기에서 T는 이중요소로 구성된 요금체계로서 $T(q) = A + P \cdot q$로 표시된다. A는 고정된 요금의 성격을 갖고 있고, P는 사용량에 따라 지불하는 대가이다. θ는 선호관계를 나타내는 모수(parameter)로서 개인마다 다를 수 있다. V는 선호함수로서 $V(0) = 0$, $V'(q) > 0$, $V''(q) < 0$의 성격을 가짐으로써 한계효용체감을 반영한다.[17]

이제 θ_1의 소비자가 λ만큼 있고, θ_2의 값을 가진 소비자가 $1-\lambda$만큼 존재한다고 가정하자. 그리고 $\theta_2 > \theta_1$이며 고정된 한계비용(C)은 $C < \theta_1 < \theta_2$라고 하자.

계산의 단순화를 위해 $V(q)$를 식 (7.B.11)로 정의하면 $V'(q) = 1 - q$로서 이것은 q의 선형함수가 된다.

---

[17] 소비자의 효용이 소득과 결합되어 나타날 경우에는 모든 소비자의 선호가 $U(I-T) + V(q)$로 표시될 수 있다. 여기에서 I는 소득을 나타내므로, 순소득$(I-T)$과 수량(q)을 기준으로 선호가 분리되고 있음을 말한다. 또한 $U' > 0$, $U' < 0$, $V(0) = 0$, $V' > 0$, $V'' < 0$이 일반적으로 적용된다. 만약 q에 지출된 비중이 소득에 비해 상대적으로 아주 작은 경우$(T \ll I)$에는 위의 함수가 $U(I) - T \cdot U'(I) + V(q)$로 표시될 수 있다. 결국 소비자의 선택에서 중요한 것은 $\theta \cdot V(q) - T$라고 할 수 있으며 θ는 소득의 한계효용을 역수로 표시한 값이다(즉 $\theta \equiv 1/U'(I)$). 따라서 개인간 선호의 차이(θ)는 소득의 차에서 비롯된다고 단순화시킬 수 있다.

$$V(q) = \frac{1 - (1-q)^2}{2} \tag{7.B.11}$$

이러한 상황에서 가격차별의 후생효과를 파악하기 위해 먼저 θ_i를 갖는 소비자가 P에 직면할 때의 수요함수를 파악하자. 소비자는 이 수요함수와 고정된 프리미엄(기본요금)을 고려하여 그 재화를 구입할 것인가, 구입하지 않을 것인가를 결정하게 된다.

소비자의 효용극대화문제는 식 (7.B.12)로 나타나며, 극대화의 1차 조건은 식 (7.B.13)이 된다.

$$U_i = \{\theta_i \cdot V(q) - A - P \cdot q\} \tag{7.B.12}$$

$$\theta_i \cdot V'(q) = P \tag{7.B.13}$$

식 (7.B.11)에서 $V'(q) = 1 - q$이므로 이를 식 (7.B.13)에 대입하면 식 (7.B.14)의 수요함수를 구할 수 있다.

$$q = D_i(P) = 1 - P/\theta_i \tag{7.B.14}$$

따라서 이 때 소비자의 순잉여(net consumer surplus)는 식 (7.B.15)가 된다 (여기에서 고정요금은 고려치 않고 있음).

$$S_i(P) = \theta_i \cdot V(D_i(P)) - P \cdot D_i(P) \tag{7.B.15}$$

즉, 위의 특별한 예에서 소비자의 순잉여는 식 (7.B.16)으로 나타난다.

$$S_i(P) = \theta_i \cdot \left[\frac{1 - [1 - D_i(P)]^2}{2}\right] - P \cdot D_i(P) \tag{7.B.16}$$

$$= \frac{(\theta_i - P)^2}{2\theta_i}$$

한편, $S_i(\theta_i) = 0$이고 $\theta_2 > \theta_1$인 경우 θ_2의 소비자가 항상 많은 잉여를 갖게 되므로 수요곡선과 소비자잉여는 〈그림 7-14〉와 같다.

그림 7-14 수요곡선과 소비자잉여

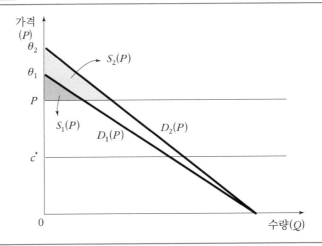

① 완전가격차별

독점기업이 θ_i를 모두 알고 있다면, 독점기업은 완전가격차별이 가능하고 $P_1 = c^*$의 한계비용과 같은 가격을 부과한 후, 각 소비자마다 다른 고정요금을 부과하여 소비자잉여 $S_i(P)$를 전부 흡수할 것이다. 이 경우 소비자 i에 대한 고정 프리미엄요금은 식 (7.B.17)이 된다.

$$A_i = S_i(c^*) = \frac{(\theta_i - c^*)^2}{2\theta_i} \tag{7.B.17}$$

A_i는 높은 가격의 수요자에게 높게 적용된다. 두 소비자만 있는 경우($i=2$) θ가 θ_1과 θ_2의 가중평균치로서 식 (7.B.18)로 정의되면, 총체적 수요의 합계는 식 (7.B.19)가 되며, 기업의 이윤은 식 (7.B.20)이 된다.

$$\frac{1}{\theta} \equiv \frac{\lambda}{\theta_1} + \frac{1-\lambda}{\theta_2} \tag{7.B.18}$$

$$D(P) = \lambda \cdot D_1(P) + (1-\lambda) \cdot D_2(P)$$
$$= 1 - P/\theta \tag{7.B.19}$$

$$\pi_1 = \lambda \cdot \frac{(\theta_1 - c^*)^2}{2\theta_1} + (1-\lambda) \cdot \frac{(\theta_2 - c^*)^2}{2\theta_2} \qquad (7.B.20)$$

이것은 완전가격차별에서 생산자가 소비자잉여를 모두 이윤으로 가져가는 것을 보여주고 있다.

② 독점가격

독점기업이 소비량에 따른 선형의 가격체계를 적용하면 $T(q) = p \cdot q$가 되고 A는 사라지게 된다. 이것은 제도적으로 고정프리미엄을 부과하는 것이 금지되어 있거나 θ_i을 독점기업이 관찰할 수 없는 경우에 적용될 수 있다.

독점가격 P_2(또는 P^m)는 $(P - c^*) \cdot D(P)$를 극대화하는 가격이 되며 총수요 $D(P)$는 위의 예에서 $D(P) = 1 - P/Q$가 된다. 따라서 독점가격 P_2와 이윤 π_2는 식 (7.B.21)과 식 (7.B.22)로 나타난다.

$$P_2 = \frac{c^* + \theta}{2} \qquad (7.B.21)$$

$$\pi_2 = \frac{(\theta - c^*)^2}{4} \qquad (7.B.22)$$

여기에서 유의할 점은 θ_1과 θ_2의 모든 소비자에게 공급하는 것을 가정하고 있다는 점이다. 그러나 만약 독점가격 $P_2 = \frac{c^* + \theta_2}{2} > \theta_1$이라면, 기업은 θ_2형의 소비자에게만 공급한다. 따라서 여기서는 $P_2 = \frac{c^* + \theta_2}{2} \le \theta_1$이거나 λ가 충분히 커서 두 시장에 모두 공급되는 것을 가정한다.

③ 이중구조의 요금

두 시장에 모두 공급되는 것을 가정하여 설정하도록 하자. θ_1형의 소비자에게 부과될 수 있는 최고의 고정프리미엄은 $A = S_1(P)$가 된다. $S_2(P) > S_1(P) = A$를 가정하고 있으므로 A의 고정프리미엄에서는 θ_2형의 소비자도 구매하게 된다. 따라서 독점기업은 다음의 π_3를 극대화하려 한다.

$$\pi_3 = S_1(P) + (P - c^*) \cdot D(P) \qquad (7.B.23)$$

  독점기업은 최소한 선형의 가격체계(P^m)보다는 같거나 높은 이윤을 획득하려 할 것이므로 식 (7.B.22)의 가변이윤에 해당되는 $(P-c^*)\cdot D(P)$에 모든 유형의 소비자로부터 얻게 되는 $S_1(P)$를 합하게 된다(여기에서 $A=0$을 고려하면 선형요금체계로 변화하므로 이중구조가격의 특수한 형태가 바로 P^m임을 알 수 있다).

  π_3를 극대화하기 위한 가격 (P_3)은 식 (7.B.24)와 같이 된다.

$$p_3 = \frac{c^*}{2-\theta/\theta_1} \tag{7.B.24}$$

④ 사회후생의 비교

  위의 세 가지 경우, 이윤을 비교하면 $\pi_1 \geq \pi_3 \geq \pi_2$의 관계가 성립한다. 완전가격차별에서 최대이윤을 얻고 선형가격보다는 이중가격체계가 이윤을 더 증대시킨다. 가격과 후생을 비교하면, 모든 유형의 소비자에게 공급되는 것을 가정할 경우 가격은 식 (7.B.25)의 관계가 성립하며 이중구조의 가격 또는 2차 차별가격인 P_3는 완전가격차별과 독점가격의 중간이 된다.

$$P_1 = c^* < P_3 < P_2 = P^m \tag{7.B.25}$$

  이와 같은 관계는 다음과 같이 설명될 수 있다. 독점가격인 $P^m(=P_2)$에서 가격이 조금 인하되었다고 하자. 예를 들어 $\delta P < 0$이 되어 가격이 약간 하락할 경우 고정프리미엄이 어떻게 변화하는가 살펴보자. 이것은 가변이윤$(P-c^*)\cdot D(P)$에 영향을 미치고 소비자잉여를 증대시켜주는 효과를 가져온다. 특히 독점기업은 가격인하에 비례하여 고정프리미엄을 인상시킬 수 있게 된다. 즉, 식 (7.B.26)과 같이 가격변화에 비례하여 A를 인상시킨다.

$$\delta A = \delta S_1(P) = -D_1(P)\cdot \delta P > 0 \tag{7.B.26}$$

  반면 완전경쟁가격인 P_1에서 점차 가격을 인상시키고($\delta P > 0$), 이에 비례하여 고정프리미엄을 적절히 인하시키면 θ_1유형의 소비자로부터는 완전가격차별을 통해 동일한 이윤을 얻게 된다. 따라서 적은 가격변화는 θ_2유형의 소비자로부터 얻게 되는 이윤을 변화시키게 된다. θ_2유형으로부터 얻게 되는 이윤은 소비자잉여에 영향을 미친다. θ_2유형의 소비자는 $D_1(c^*) \cdot \delta P$만큼의 고정프리미엄을 절약하는 반면, $D_2(c^*) \cdot \delta P$를 더 지불하게 된다(수요의 변화로 인한 이윤의 변화도 가정할 수 있으나 $P = c^*$인 상황에서는 독점기업의 가변이윤이 수요변화에 영향을 받지 않는다). 따라서 이윤에 미치는 순변화는 식 (7.B.27)로 나타나며, 이 식이 양수가 되려면 적정한 한계가격 P_3가 $P_1 < P_3 < P_m$이 되어야 할 것이다.

$$(1 - \lambda) \cdot [D_2(P) - D_1(P)] \cdot \delta P > 0 \qquad\qquad (7.B.27)$$

한편 후생의 관점에서는 이중구조적 요금에서 한계가격이 낮으므로 두 유형의 소비자가 모두 소비량을 증대시키므로 후생수준이 높다고 할 수 있다. S_1^g가 θ_i유형 소비자의 총잉여(gross surplus)라면 총후생(aggregate welfare)은 식 (7.B.28)이 된다.

$$SW = \lambda S_1^g(P) + (1 - \lambda)S_2^g(P) - C^*[\lambda D_1(P) + (1 - \lambda)D_2(P)] \qquad (7.B.28)$$

위 식은 $P \geq c^*$일 경우 P에 대하여 감소함수가 되므로 P가 하락할수록 SW는 증가하게 된다. 따라서 고정프리미엄 형태로 기본요금이 포함된 이중구조의 가격(P_3)하에서 단일요금체계의 독점가격(P^m)보다 낮으므로, P^m보다 P_3에서 사회후생이 더 크게 된다. P_3에서는 두 유형의 소비자가 모두 P^m에서보다 P_3에

그림 7-15 이중구조의 요금과 소비자효용 극대화

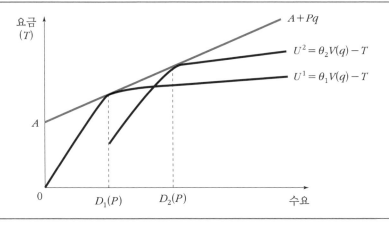

서는 많은 양을 소비하게 된다. 이중구조요금 $A+Pq$에서 두 계층의 소비자효용 U_1, U_2의 극대화와 수요 $D_1(P)$와 $D_2(P)$는 〈그림 7-15〉와 같이 결정된다.

이중구조의 요금체계에서는 독점기업이 고정요금에 추가하여 부과하는 한계가격을 단일독점가격(P^m)보다 낮게 부과하고, 고정프리미엄을 조정하여 이윤을 보충하게 된다. 따라서 고정프리미엄이 바로 가격을 낮추는 역할을 하게 되고 후생을 증대시키는 효과를 가져온다.

제8장 차별화된 재화시장

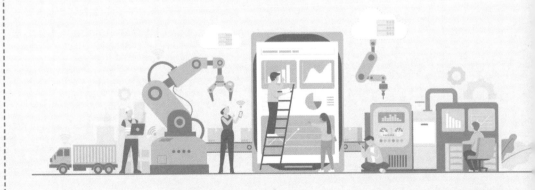

Chapter 08

차별화된 재화시장

8.1　제품차별화

이 장에서는 차별화된 재화시장에서의 과점적 경쟁에 대하여 살펴보기로 하자. 우리는 자동차 산업 등 대다수의 많은 산업들이 비슷하지만 동일하지 않은 제품을 생산하는 것을 관찰할 수 있다. 그리고 이러한 산업들이 소수의 기업에 의하여 생산과 판매가 집중화 되어 있는 것을 발견하게 된다. 제품차별화는 수평적 차별화(horizontal differentiation)와 수직적 차별화(vertical differenti-ation)로 나눌 수 있다. 수평적 차별화인 경우 소비자 개인마다 제품에 대한 선호가 달라 제품의 품질 및 특성에 대하여 주관적인 우선순위만 있을 뿐이나 수직적 차별화인 경우 소비자들이 제품의 품질 및 특성에 대하여 동의하게 되는 경우이다. 소비자들이 렉서스 차량이나 현대차의 제네시스에 대하여서는 소비자 특성에 따라 선호를 달리하지만 자동차의 최고급 승용차와 저가의 승용차 차량의 대하여서는 품질이나 성능의 우열에 대하여 동의를 하게 된다. 동질적인 재화는 완전대체제인 반면 차별화된 제품은 불완전대체재(imperfect subsititues)이다. 이는 소비자들의 선호가 제품에 다양하게 나타나게 되기 때문이다.

차별화된 시장에서는 개별재화가 각기 수요곡선을 갖게 된다. 두 개의 차별화된 재화가 있을 경우 역수요곡선(inverse demand functions)은 다음과 같이 나타낼 수 있다(Dixit, 1979).

$$p_1 = \delta - \pi_1 q_1 - \pi_2 q_2 \tag{8.1}$$

$$p_2 = \delta - \pi_2 q_1 - \pi_1 q_2 \tag{8.2}$$

p_1과 p_2는 각각 재화의 가격을 나타내고 q_1과 q_2는 수량을 나타낸다. π_1은 자기가격효과(own price effect)를 나타내고 π_2는 교차가격효과(cross price effect)를 나타낸다. 만약 π_1과 π_2가 동일한 경우 재화 1과 재화 2는 완전대체재이고 동일적인 재화가 된다. 통상적으로 자기가격효과를 나타내는 π_1이 교차가격효과를 나타내는 π_2보다 크다고 가정을 한다. 식 (8.1)과 (8.2)로부터 다음과 같은 개별 수요곡선을 도출할 수가 있다.

$$q_1(p_1, p_2) = \alpha - \beta p_1 + \gamma p_2 \tag{8.3}$$
$$q_2(p_1, p_2) = \alpha - \beta p_2 + \gamma p_1 \tag{8.4}$$

위의 수식들로부터 다음과 같은 관계를 도출할 수가 있다.

$$\alpha = \frac{\delta}{\pi_1 + \pi_2}, \quad \beta = \frac{\pi_1}{\pi_1^2 - \pi_2^2}, \quad \gamma = \frac{\pi_2}{\pi_1^2 - \pi_2^2} \tag{8.5}$$

$\beta > \gamma > 0$인 경우 두 재화는 불완전대체재이고 $\beta > -\gamma > 0$인 두 재화는 보완재이다.

8.2 차별화된 재화시장의 가격경쟁

i기업은 상대방 기업의 가격 p_j가 주어진 것으로 가정하고 자신의 가격 p_i를 결정한다. i기업의 이윤함수는 $\pi(p_i, p_j) = (\alpha - \beta p_i + \gamma p_j)p_i$이다. 기업의 수요량(식 (8.3) 및 식 (8.4))에 가격을 곱하여 이윤을 산정하였으며 편의상 한계비용은 0으로 가정을 하였다. 이윤극대화를 위한 1차 조건은 $\frac{\partial \pi_i}{\partial p_i} = \alpha - 2\beta p_i + \gamma p_j = 0$이다. 이 1차 조건으로부터 다음과 같이 i기업의 최적반응함수를 구할 수 있다.

$$p_i = R_i(p_j) = \frac{\alpha + \gamma p_j}{2\beta} \tag{8.6}$$

차별화된 재화시장에서의 가격경쟁의 경우 최적반응함수의 기울기는 양
(+)인데 이는 상대방 기업이 가격을 올릴 경우 이윤극대화를 위해서는 해당
기업도 가격을 인상하여야 한다는 것을 의미한다. 이 경우 가격을 전략적 보완
재(strategic complements)라 한다. 반면 쿠르노 수량경쟁의 경우 수량은 전략적
대체재(strategic substitutes)라 한다. 수량경쟁의 경우에는 상대방 기업이 수량을
늘릴 경우 해당 기업은 이윤극대화를 위해서는 수량을 감소시켜야 한다. 왜냐
하면 해당 기업도 수량을 늘리면 시장가격이 낮아져 오히려 손실이 발생하기
때문에 수량을 감소시키는 것이 이윤을 늘리는 방법이다. 쿠르노 수량경쟁의
경우 최적반응함수 곡선의 기울기가 음(-)인 이유가 여기에 있다.

차별화된 재화시장의 균형가격은 두 기업의 최적반응함수가 교차하는 점
에서 결정이 되며 균형가격은 $p_i^* = \dfrac{\alpha}{2\beta - \gamma} = \dfrac{\delta(\pi_1 - \pi_2)}{2\pi_1 - \pi_2}$이다. 이는 식 (8.6)과
같이 주어진 두 기업의 최적반응함수를 동시에 만족시키는 기업 i와 기업 j의
가격을 의미한다. 이 균형가격을 수요함수에 대입하면 균형수량인 $q_i^* = \dfrac{\alpha\beta}{2\beta - \gamma}$
을 구할 수 있다. $\pi_i^* = \dfrac{\alpha^2\beta}{(2\beta - \gamma)^2} = \dfrac{\delta^2\pi_1(\pi_1 - \pi_2)}{(2\pi_1 - \pi_2)^2(\pi_1 + \pi_2)}$은 기업의 이윤을 나
타낸다. 동질적 재화인 경우 $\pi_1 = \pi_2$이므로 균형가격은 한계비용인 0과 같게

| 그림 8-1 | 최적반응함수 |

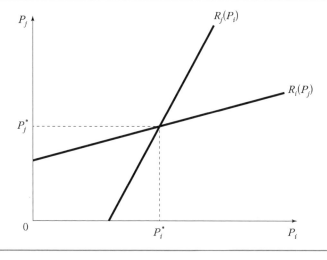

된다. 또한 각 기업의 이윤도 0이 된다. 이것은 결국 버트란드 균형의 경우와 일치하게 되는 것이다. π_1과 π_2의 차이가 커질수록 제품차별화의 정도가 커지고 기업의 이윤은 증가하게 된다. 앞 장에서 설명한 바와 같이 버트란드의 역설을 해결하는 한 가지 방안은 제품차별화를 모형에 도입하는 것이다. 제품차별화가 존재할 경우 개별기업은 생산제품에 대하여 시장지배력을 행사할 수 있으며 가격을 한계비용 이상으로 인상을 할 수가 있다. 이는 차별화된 재화들이 불완전대체재로서 가격이 인상이 되어도 특정재화를 선호하는 소비자들이 존재하기 때문이다.

8.3 │ 수평적 제품차별화

다음은 수평적 제품차별화 모형 중 하나인 위치모형(location models)에 대하여 살펴보기로 하자. 위치모형에서는 제품차별화의 원인으로서 재화를 구매하기 위하여 소비자가 지불해야 하는 교통비용(거래비용)을 들고 있다. 소비자는 시장에서 판매자가 제시하는 가격을 관찰하고 가격과 거래비용의 합이 최소화되는 판매자로부터 제품을 구매하게 된다. 위치모형의 한 예로서 Hotelling (1929)의 선형도시모형(linear city model)에 대하여 먼저 살펴보기로 하자. 길이가 L인 선형의 도시가 존재한다고 가정하자. 소비자들은 선형도시를 따라서 무한하게 존재하며 균등하게 분포되어 있다고 가정하자. 소비자 x는 소비자들의 집합인 $[0, L]$ 중 한 명이다.

두 기업(판매자)은 선형도시 위에서의 위치를 제외하고는 동일한 재화를 판매한다고 가정하자. 또한 단순화를 위해서 재화의 생산비용은 0으로 가정한다.

두 개의 기업 1과 기업 2가 있을 경우 기업 1 또는 기업 2에 가기 위해서

그림 8-2 │ 선형도시

0 L

> **그림 8-3** 판매자의 위치

는 단위거리당 t_c의 교통비용(거래비용)이 발생한다고 가정하자. 원점으로부터 기업 1까지의 거리를 a라 하고 종점인 L로부터 기업 2까지의 거리를 b라 하자.

이 경우 소비자 x가 기업 1로부터 구매할 경우 거래비용은 $t_c|x-a|$이고 기업 2로부터 구매할 경우의 거래비용은 $t_c|(L-b)-x|$이다. x에 위치한 소비자의 총비용은 기업 1로부터 구매할 경우 $p_1+t_c|x-a|$이고 기업 2로부터 구매할 경우 $p_2+t_c|L-b-x|$이다. p_1, p_2은 각각 기업 1과 기업 2가 부과하는 가격이다. 소비자가 재화 한 단위 소비로부터 얻은 효용은 $\overline{u}$라고 하자. 이 경우 기업 1로부터 구매하였을 경우의 순효용은 $\overline{u}-p_1-t_c|x-a|$으로 정의할 수 있다. 소비자 중에는 기업 1로부터 구매하거나 기업 2로부터 구매할 때 동일한 효용을 얻는 구매가가 있을 것이고 이 구매자를 x_e라 하자. 이 소비자는 기업 1과 기업 2 사이에 존재한다고 가정하자. 즉, $a<x_e<L-b$를 가정하자. 이 소비자의 경우 $\overline{u}-p_1-t_c(x_e-a)=\overline{u}-p_2-t_c(L-b-x_e)$가 된다. 위 식으로부터 소비자 x_e의 위치를 구할 수 있다. 즉, $x_e=\dfrac{p_2-p_1}{2t_c}+\dfrac{(L-b+a)}{2}$가 된다. 소비자 x_e의 왼쪽에 존재하는 소비자는 기업 1로부터 구매를 하는 것이 유리하고 오른쪽에 존재하는 소비자는 기업 2로부터 구매를 할 것이기 때문에 결국 x_e가 기업 1의 수요가 되고 기업 2의 수요는 전체 도시의 크기인 L로부터 x_e를 빼서 구할 수 있다. 즉, 기업 2의 수요는 $L-x_e=\dfrac{p_1-p_2}{2t_c}+\dfrac{(L+b-a)}{2}$이다. 두 기업의 수요는 기업 1과 기업 2의 가격에 의하여 결정이 됨을 알 수 있다.

이제 기업 1과 기업 2는 이윤극대화를 위해서 가격을 결정한다고 가정하고 차별화된 재화시장에서의 균형가격과 이윤을 구해보자. 먼저, 기업 1의 이윤은 다음과 같이 나타낼 수 있다. 기업 1은 이윤을 극대화하기 위하여 p_1을 결정해야 한다. 기업 1의 이윤은 기업 1의 수요량에 가격을 곱하여 구할 수 있다. 한계비용은 0으로 가정하였다.

$$\pi_1 = \frac{p_2 p_1 - (p_1)^2}{2t_c} + \frac{(L-b+a)p_1}{2} \tag{8.7}$$

이윤극대화를 위한 1차 조건은 다음과 같이 나타낼 수 있다.

$$\frac{\partial \pi_1}{\partial p_1} = \frac{p_2 - 2p_1}{2t_c} + \frac{L-b+a}{2} = 0 \tag{8.8}$$

또한 기업 2의 경우 이윤함수는 다음과 같이 나타낼 수 있다.

$$\pi_2 = \frac{p_2 p_1 - (p_2)^2}{2t_c} + \frac{(L+b-a)p_2}{2} \tag{8.9}$$

기업 2의 이윤극대화를 위한 1차 조건을 다음과 같이 나타낼 수 있다.

$$\frac{\partial \pi_2}{\partial p_2} = \frac{p_1 - 2p_2}{2t_c} + \frac{L+b-a}{2} = 0 \tag{8.10}$$

기업 1과 기업 2의 이윤극대화 1차 조건을 동시에 풀면 다음과 같이 기업 1과 기업 2의 균형가격을 구할 수 있다.

$$p_1^* = \frac{t_c(3L-b+a)}{3} \quad p_2^* = \frac{t_c(3L+b-a)}{3} \tag{8.11}$$

위의 균형가격들을 기업 1과 기업 2의 수요함수에 대입하면 각각을 구할 수가 있다. 기업 1의 수요는 $x_e = \frac{3L-b+a}{6}$가 되고 기업 2의 수요는 $L-x_e$가 된다. 만약 $a=b$인 경우는 $x_e = \frac{L}{2}$가 될 것이다. 또한 이 경우 기업 1의 이윤을 다음과 같이 나타낼 수 있다.

$$\pi_1 = x_e p_1^* = \frac{t_c(3L-b+a)^2}{18} \tag{8.12}$$

위의 균형가격과 이윤에서 알 수 있는 것은 동질적인 재화를 판매하더라
도 소비자가 인식하고 있는 거래비용(교통비용)때문에 제품차별화가 이루어지
고 있다는 것이다. 거래비용이 커질수록 특정판매자 인근의 소비자들은 다른
판매자에게서 구매를 할 수 없고 인근판매자에게 포획되는 현상이 발생하게
된다. 결국 이는 인근판매자에게 독점력을 주게 되어 가격을 한계비용 이상으
로 인상할 수 있게 하고 정상이윤 이상의 이윤을 획득하게 된다. 만약 t_c가 0
인 경우에는 가격은 버트란드 균형에서와 같은 결과를 얻는다.

다음은 Salop(1979)의 원형도시모형(Circular city model)에 대하여 살펴보기
로 하자. 이 모형의 특징은 독점적 경쟁(monopolistic competition)하에서 시장에
진입하는 기업이 모형안에서 내생적으로 결정되는 것이라 할 수 있다. 기업 i
는 다음과 같은 이윤함수를 가지고 있다고 가정하자.

$$\pi_i(q_i) = \begin{cases} (p_i - c)q_i - F_i & \text{만약 } q_i > 0 \\ 0 & \text{만약 } q_i = 0 \end{cases} \tag{8.13}$$

생산을 하게 되면 한계비용과 고정비용을 고려하여 이윤이 결정되고 생산
을 하지 않을 경우 이윤은 0이 된다. 여기서 c_i는 한계비용을 나타내고 F_i는 고
정비용을 나타낸다. 고정비용은 시장진입비용으로 볼 수 있다.

그림 8-4 원형도시

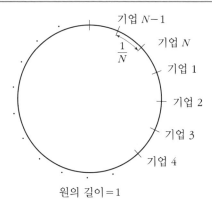

원둘레가 1인 원형도시에 소비자들이 균등하게 분포되어 있고 N개의 기업들이 균등하게 분포되
어 있다.

〈그림 8-4〉에서와 같이 원둘레가 1인 단위원(unit circle)의 원형도시에 소비자들이 균등하고 무한히 분포되어 있다고 가정하자. 소비자는 한 단위의 재화를 구매하고 소비함으로써 $\overline{u}$만큼의 효용을 느끼며 구매를 하기 위해 재화의 가격 이외에도 거리단위당 t_c만큼의 교통비용(거래비용)이 유발된다고 가정하자. 소비자는 $\overline{u}$에서 가격과 거래비용을 뺀 순효용을 극대화하는 브랜드를 한 단위 구매한다고 가정하자. 〈그림 8-4〉에서와 같이 원형도시 안에는 N개의 기업들이 균등한 거리를 유지하면서 원 주위에 위치해 있다. 따라서 두 기업간의 거리는 $1/N$이 된다.

구체적인 기업의 수는 내생적으로 결정이 되는데, 원형도시내의 모든 기업이 0의 정상이윤을 얻을 때까지 진입과 퇴출이 일어나게 된다. 이 때, 모든 잠재적 진입기업들은 같은 생산비용을 가지고 있다고 가정하자. 원형도시내의 각 기업에게는 2개의 경쟁기업이 존재한다. 예를 들어, 기업 1 주변에는 〈그림 8-5〉와 같이 경쟁기업인 기업 2와 기업 N이 존재한다.

먼저 기업 1의 수요를 살펴보자. 이 때, 기업 2와 기업 N은 동일한 생산조건을 가지고 있기 때문에 $\overline{p}$의 가격을 부과한다고 가정하자. 또한 x_e를 기업 1에서 구매하거나 기업 2에서 구매하던지 동일한 효용을 얻는 소비자라고 하자. 이 경우 다음과 같은 식이 성립한다.

$$\overline{u}-p_1-t_c x_e = \overline{u}-\overline{p}-t_c\left(\frac{1}{N}-x_e\right) \tag{8.14}$$

그림 8-5 소비자들의 분포

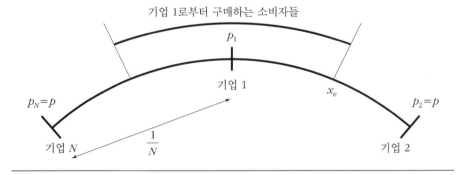

위 식으로부터 $x_e = \dfrac{\overline{p} - p_1}{2t_c} + \dfrac{1}{2N}$ 임을 보일 수 있다. 기업 1은 기업 N과도 동일한 경쟁을 하기 때문에 기업 1에 대한 수요는 $2x_e$가 된다.

$$q_1(p_1, \overline{p}) = 2x_e = \frac{\overline{p} - p_1}{t_c} + \frac{1}{N} \tag{8.15}$$

모든 기업은 동일한 입장에 있기 때문에 이를 일반화 할 수가 있다. 즉, 기업 i는 다른 기업의 가격이 $p_j = \overline{p}(i \neq j)$로 주어진 경우 다음과 같이 이윤을 극대화하기 위하여 p_i를 결정하게 된다.

$$\pi_i(p_i, \overline{p}) = p_i q_i(p_i) - (F + c q_i(p_i)) = (p_i - c)\left(\frac{\overline{p} - p_i}{t_c} + \frac{1}{N}\right) - F \tag{8.16}$$

또한 독점적 경쟁에서의 균형은 모든 기업들의 이윤이 0일 될 때까지 자유로운 진입과 이탈이 허용되므로 $\pi_i(p_i, \overline{p}) = 0$의 조건이 추가적으로 부과가 된다. 우선 이윤극대화 1차 조건으로부터 다음과 같은 수식을 도출할 수 있다.

$$\frac{\partial \pi_i(p_i, \overline{p})}{\partial p_i} = \frac{\overline{p} - 2p_i + c}{t_c} + \frac{1}{N} = 0 \tag{8.17}$$

모든 기업이 동일한 조건을 가지고 있으므로 결국 $p_i = \overline{p} = c + \dfrac{t_c}{N}$가 도출된다. 또한 자유로운 진입조건으로부터 다음의 식을 도출할 수 있다.

$$\pi_i(p_i, \overline{p}) = (\overline{p} - c)\frac{1}{N} - F = \frac{t_c}{N^2} - F = 0 \tag{8.18}$$

결국 자유로운 시장경쟁에 의한 진입기업의 수는 $\overline{N} = \sqrt{\dfrac{t_c}{F}}$ 가 된다. 그리고 $\overline{p} = c + \dfrac{t_c}{N} = c + \sqrt{t_c F}$이며, 각 기업에 대한 수요는 $\overline{q} = \dfrac{1}{N}$ 이 된다. 따라서 시장진입의 기업수는 고정비용(F)에 반비례하고, 거래비용(t_c)에 비례함을 알 수 있다.

이제 자유경쟁에 의한 시장진입 기업의 수와 사회적으로 바람직한 적정기업의 수를 비교해 보자. 이 모형에서는 몇 개의 기업이 시장에 진입하든 소비자는 재화 1단위만을 소비하며 동일한 효용을 충족하기 때문에 소비자효용은 적정기업수의 결정에 문제가 되지 않는다. 사회적 후생을 극대화하는 계획가 (social planner)가 존재한다면 결국 경제전체의 거래비용과 고정비용을 최소화하는 적정 기업의 수를 결정할 것이다. N개의 기업이 진입했을 경우 총고정비용은 NF가 되고 총거래비용은 다음과 같이 나타낼 수 있다.

$$TC(N) = 2N \times t_c \times \left(\int_0^{\frac{1}{2N}} x \, dx \right) = 2Nt_c \left[\frac{x^2}{2} \right]_0^{\frac{1}{2N}} = \frac{t_c}{4N} \qquad (8.19)$$

따라서 총거래비용과 총고정비용의 합은 $SC = TC(N) + NF = NF + \dfrac{t_c}{4N}$ 이다. 이를 최소화하기 위한 조건은 $\dfrac{\partial SC}{\partial N} = F - \dfrac{t_c}{4N^2} = 0$ 이며 적정 기업수는 $N^* = \dfrac{1}{2}\sqrt{\dfrac{t}{F}}$ 이다. 따라서 사회적으로 바람직한 적정 기업의 수는 자유경쟁에 의한 시장진입 기업보다 작다. 사회후생 측면에서 많은 기업의 시장진입은 소비자의 거래비용을 감소시키고 제품의 다양성을 제공하는 반면 총고정비용의 증가(또는 높은 평균생산비용) 때문에 상충되는 측면이 존재한다. 식 (8.19)는 기업 수의 감소가 사회후생을 증가시킬 수 있음을 보이고 있다.

8.4 수직적 제품차별화

다음은 수직적 제품차별화 모형을 살펴보기로 하자(Gabszewicz & Thisse, 1979). 수직적 제품차별화는 시장에서 판매되는 제품들의 품질 차이에 대하여 소비자들이 동의를 하는 경우이다. 우선 소비자의 선호를 다음과 같이 정의해 보자. U는 특정품질 S_i를 지닌 제품 한 단위를 소비하여 얻은 효용에서 제품의 가격 P_i을 제한 소비자의 순효용을 나타낸다.

$$U = \begin{cases} \theta S_i - P : \text{소비자가 제품 한 단위를 소비하는 경우} \\ \quad 0 \quad : \text{소비자가 제품을 소비하지 않는 경우} \end{cases} \qquad (8.20)$$

그림 8-6 소비자선호(θ)의 분포

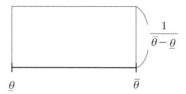

품질에 대한 소비자의 선호를 나타내는 파라미터 θ는 $\underline{\theta}$와 $\overline{\theta}$ 사이의 값을 가지며 균등하게 분포되어 있다고 가정한다.

이제 두 기업이 각각 제품 1과 제품 2를 생산하고 이들의 품질은 S_1과 S_2이며 $S_2 > S_1$임을 가정하자. 그리고 각 제품의 가격은 P_1과 P_2라고 하자. 단위당 생산비용은 c로 두 기업의 생산비용은 동일하다고 가정한다.

θ는 품질에 대한 소비자의 선호를 나타내는 파라미터로, 0보다 크고 $\underline{\theta}$부터 $\overline{\theta}$까지 균등하게 분포되어 있다. 큰 θ를 가진 소비자는 높은 품질의 재화를 구입하고 작은 θ를 가진 소비자는 낮은 품질의 재화를 구입한다. 그리고 $\overline{\theta} > 2\underline{\theta}$라고 가정하자. 이는 소비자의 품질에 대한 이질성이 충분히 크게 분포되어 있다는 것을 의미한다. 이제 두 기업이 생산하는 재화로부터 동일한 효용을 가지는 소비자의 선호파라미터를 θ_e라고 하자. 이 경우 다음이 성립한다.

$$\theta_e S_1 - P_1 = \theta_e S_2 - P_2 \tag{8.21}$$

식 (8.21)로부터 $\theta_e = \dfrac{P_2 - P_1}{S_2 - S_1}$를 계산할 수 있다.

이에 따라 두 재화의 수요는 〈식 8-22〉와 같이 정의할 수 있다. 즉, θ_e보다 낮은 θ를 가진 소비자들(〈그림 8-7〉에서 θ_e의 왼쪽에 위치하는 소비자들)은 상대적으로 품질이 낮은 제품 1을 구매하고 θ_e보다 높은 θ를 가진 소비자들(오

그림 8-7 θ_e의 위치

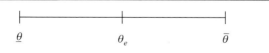

른쪽에 위치한 소비자들)은 상대적으로 높은 품질의 제품 2를 구매하게 된다.

$$D_1(P_1, P_2) = \frac{P_2 - P_1}{S_2 - S_1} - \underline{\theta}, \quad D_2(P_1, P_2) = \overline{\theta} - \frac{P_2 - P_1}{S_2 - S_1} \tag{8.22}$$

각 기업은 다음의 이윤을 극대화하는 가격을 결정한다.

$$\pi_i = (P_i - c) \cdot D_i(P_i, P_j) \tag{8.23}$$

이윤극대화를 위한 1차 조건으로부터 두 기업의 최적반응함수를 다음과 같이 도출할 수 있다.

$$P_1 = R_1(P_2) = \frac{(P_2 + c - \underline{\theta}(S_2 - S_1))}{2} \tag{8.24}$$

$$P_2 = R_2(P_1) = \frac{(P_1 + c + \overline{\theta}(S_2 - S_1))}{2} \tag{8.25}$$

최적반응함수는 타기업 재화가격, 한계비용 그리고 두 재화 품질 차이의 함수이다. 위의 두 식을 동시에 풀면 다음과 같은 균형가격을 얻을 수 있다.

$$P_1^C = c + \frac{\overline{\theta} - 2\underline{\theta}}{3}(S_2 - S_1), \quad P_2^C = c + \frac{2\overline{\theta} - \underline{\theta}}{3}(S_2 - S_1) \tag{8.26}$$

위의 두 식으로부터 가격은 한계비용보다 크다는 것을 알 수 있다. 제품의 수직차별화를 통해서 가격경쟁에서의 버트란드 역설이 깨어짐을 알 수 있다. 그리고, P_2^C가 P_1^C보다 크다는 것을 알 수 있다. 즉, 높은 품질의 재화를 판매하는 기업이 더 높은 가격을 부과하는 것이다. 각각의 수요는 다음과 같이 정리할 수 있다.

$$D_1^C = (\overline{\theta} - 2\underline{\theta})/3, \quad D_2^c = (2\overline{\theta} - \underline{\theta})/3 \tag{8.27}$$

그리고 각 기업의 이윤은 다음과 같으며 높은 품질의 제품을 생산하는 기업 2의 이윤이 높게 나타나고 있다.

$$\pi_1(S_1,\,S_2) = (\overline{\theta} - 2\underline{\theta})^2 \cdot (S_2 - S_1)/9$$

$$\pi_2(S_1,\,S_2) = (2\overline{\theta} - \underline{\theta})^2 \cdot (S_2 - S_1)/9 \qquad\qquad (8.28)$$

만약 두 제품이 동질적이라면 $S_2 = S_1$이 될 것이다. 이 경우 가격은 $P_1 = P_2 = c$가 되고 $\pi_1 = \pi_2 = 0$이 될 것이다. 즉, 버트란드 가격경쟁에서의 결과와 동일하게 된다.

풀 어 쓰 는 경 제 11

펩시와 코카콜라의 차별화된 제품 시장의 가격 경쟁

펩시와 코카콜라의 경쟁은 차별화된 재화 시장 가격경쟁의 대표적인 사례이다. 이 두 기업은 탄산음료 시장에서 수십 년간 경쟁하였고 브랜드 이미지와 소비자 충성도를 이용하여 가격전략을 차별화하여 왔다(Schmalensee, 1978). 펩시와 코카콜라는 유사한 제품을 판매하였지만 다른 마케팅 전력과 가격전략을 활용하여 각자의 틈새시장(market niches)을 개척하였다. 예를 들면, 펩시는 젊은 소비자 시장을 목표로 가격을 낮추었으나 코카콜라는 품질과 전통을 강조하면서 조금 높은 가격을 유지하였다(Allen & Rao, 2000). 이러한 차별화된 가격경쟁을 통하여 두 기업은 다른 시장부문을 확보하게 되었다. 또한, 두 기업은 다양한 지역시장에서도 지역 소비자들의 선호와 구매력을 고려하여 다른 가격전략을 구사하였다. 이 두 기업의 가격경쟁은 단순한 가격 인하 경쟁을 넘어서서 복잡하고 다양한 마케팅 전략과 소비자 행태에 대한 분석에 기반을 두고 있으며 차별화된 재화 시장 가격경쟁의 대표적인 사례로 평가된다(Rao & Monroe, 1989).

제9장 시장구조

시장구조

9.1 │ 시장구조의 계측

　시장구조는 산업조직론의 모형에서 가장 중요한 역할을 하는 요소의 하나이다. 시장구조에 관한 정보가 제공되어야만, 그 산업의 경쟁도를 파악할 수 있고 이론적으로 어떤 모델이 활용될 수 있으며 정책적으로는 어떤 수단이 적용될 수 있는가를 모색할 수 있다. 따라서 경쟁의 정도 또는 독점의 정도를 어떤 방법으로 계측하여 시장구조를 분석하는가는 매우 중요한 과제이다.

　시장구조의 계측은 어떤 특정한 산업에서의 경쟁의 정도를 파악하는 것이므로 산업의 정의 또는 범위를 설정하고 경쟁의 개념을 정립하는 것도 논의의 대상이 된다. 산업의 정의는 이미 제1장에서 시장의 정의로서 설명하였으며, 경쟁산업의 정의는 미시경제학에서 일반적으로 논의되는 내용을 수용하게 된다. 즉, 산업의 경쟁도는 시장에서의 가격조절능력 또는 가격순응자의 여부, 초과이윤, 제품의 동질성 및 진입장벽의 여부에 따라 평가될 수 있다. 이와 같은 관점에서 산업의 경쟁도 또는 독점도는 어떤 기업 또는 기업군의 독립적인 행태 여부, 이윤을 비롯한 성과면의 여러 지표, 매출 등으로 계측될 수 있다.

　독립적 행태의 계측은 주로 기업의 가격조절능력으로 파악될 수 있으나 수요곡선을 추정하는 데 많은 제약이 있어서 실증적으로는 활용되기 어려운 약점이 있다. 시장성과를 기준으로 파악되는 시장구조는 주로 기업의 초과이윤 여부와 가격-한계비용의 마진 등으로 측정되며 성과지수로서 활용된다.

　한편, 집중지수(concentration index)는 특정기업군이 산업내에서 차지하는 매출, 자산, 고용 등의 비중을 파악하는 것으로서 산업조직론의 실증분석에서 가장 많이 활용되고 있다. 특히 상위 몇 개 기업의 집중도와 기업분포의 불균등도 일반화된 집중지수로서 경제학 이외의 분야에서도 널리 사용된다.

9.2 집중지수의 특성

경제학자들은 오랜 기간 동안 산업내 기업규모의 분포(size distribution of firms in the industry)를 측정하려고 노력해 왔다. 예를 들면, 한 산업내에서 대기업의 비중은 어느 정도이며, 제조업 전체에서 소수 대기업이 차지하는 점유율은 얼마인가 등이 기업규모의 분포를 나타내는 기초지표로 활용되어 왔다.

집중지수(concentration index)는 기업규모의 분포와 경쟁의 정도를 계측하여 어떤 지표로 표시하는 것을 말한다. 일반적으로 널리 통용되고 있는 산업집중(industrial concentration), 시장집중(market concentration), 경제집중 또는 기업집중이 모두 집중지수의 개념에서 파생된 것으로서, '집중'(concentration)의 의미는 곧 경쟁의 정도를 나타내는 한 척도가 된다.

집중지수는 한 산업의 기업규모분포를 반영하는 통계치이며 시장지배력에 영향을 주는 요소를 지수화한 것이므로 다음과 같은 특성을 가져야만 한다.

첫째, 집중지수는 산업구조에 관한 몇 가지의 요소를 단순한 지수로 나타내어 기업규모분포의 특징을 반영해야 한다. 일반적으로는 집중지수가 기업수와 불균등도(inequality)라는 두 구조요소의 함수로써 표시된다. 따라서 일반화된 집중지수를 C_R이라 하면 다음과 같이 정의된다.

$$C_R = f(N, I) \tag{9.1}$$

N은 기업수, I는 불균등도를 나타낸다.

둘째, 기업수가 많고 불균등도가 낮을수록 집중지수는 감소하여야 한다. 이것은 과점이론에서 일반적으로 제기되는 논리를 반영하는 것으로서, 기업수가 적고 불균등도가 높아질수록 대기업의 시장지배력이 커지는 경향이 있기 때문이다. 따라서 집중지수 C_R는 함수적으로 $f_N < 0$, $f_I > 0$인 성격을 갖고 있다.

셋째, 집중지수가 기업수 N과 불균등도 I를 반영하는 지표일 경우에는 이들 두 구조적 요소의 변화에 대응되는 집중곡선의 도출이 가능하며, 다음과 같은 등집중곡선(iso-concentration curve)을 그릴 수 있다(Davies, 1979).

〈그림 9-1〉에 표시된 등집중곡선 C_R^1, C_R^2, C_R^3는 동일한 곡선상에서 N과 I가 변화함에도 불구하고 각각 동등한 집중도를 나타내고 있다. 예를 들면 C_R^1의 경우 A와 B점은 모두 동일한 집중도를 나타내는데 A점에서는 B점보다 기업수가 작지만 대신 불균등도가 낮기 때문에 이러한 결과를 가져온다. C_R^1과 C_R^2, C_R^3를 비교할 경우에는 C_R^3가 가장 높은 집중도를 나타내는데, 이것은 기업수가 일정한 점에서(예를 들면 N_2) 불균등도가 높아가는 것을 가상하면 바로 이해될 수 있다. 등집중곡선은 기본적으로 무차별곡선 또는 등량곡선과 유사한 성격을 갖고 있다.

넷째, 집중지수는 N과 I의 함수이므로 기업수(N)를 결정하는 산업의 정의 또는 산업의 포함범위에 따라 변화하고, 불균등도(I)를 나타내는 기준의 선택에 따라서도 큰 영향을 받게 된다. 즉, 산업의 범위가 좁으면 좁을수록 N은 자연히 감소하게 되므로 동일한 불균등도하에서는 집중지수가 상승하는 경향이

그림 9-1 등집중곡선(iso-concentration curve)

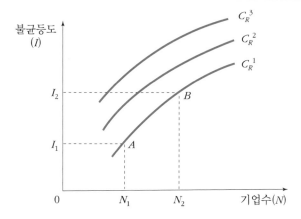

집중지수는 기업수(N)가 많아질수록, 불균등도(I)가 낮아질수록 낮아지는 특성을 갖고 있다. 따라서 동일한 불균등도(I_2)에서는 기업수가 N_1에서 N_2로 많아질수록 집중지수(C_R)가 하락한다. 이 과정을 거쳐 동일한 집중지수를 나타내는 기업수의 불균등도의 조합을 연결한 선이 등집중곡선이다.

있게 된다.

　불균등도(I)의 기준으로서 널리 활용되고 있는 것은 매출액, 자산규모, 고용원규모 등이며 어떤 기준도 이론적으로 절대적인 비교치가 되지 못한다. 따라서 편의성과 자료이용의 가능성에 따라 선택적으로 활용되는 것이 일반적이다.

　다섯째, 집중지수는 비교 기준을 설정하여 기업의 상대적 비중을 바탕으로 계측되고 있다는 점이다. 예를 들어 매출액이 기준이 될 경우에는 i 기업의 상대적 비중 또는 점유도는 S_i가 되며, $S_i = q_i / Q$로 정의된다. 여기에서 q_i는 i 기업의 규모(예를 들면 불균등도의 기준이 되는 매출액, 자산규모, 고용원수 등), Q는 산업전체의 규모이다. 이 경우 산업전체 $Q = 100$이고 기업규모 $q_i = 20$이라면 $S_i = 0.2$가 된다. 그런데 대부분의 집중지수는 이 S_i를 바탕으로 어떤 가중치를 주거나 특수한 함수형태를 취하여 계측되고 있다는 점이다.

　이와 같은 집중지수의 여러 가지 특성을 고려하면서 이제 집중지수의 종류와 계측방법 등을 구체적으로 살펴보기로 한다.

9.3　집중지수의 종류

　여러 종류의 집중지수를 분석하기 위해서 우선 산업내 기업의 분포가 상위기업으로부터 하위기업으로 규모별 순위에 따라 나열되어 있다고 가정하자. 즉, 기업의 수가 N일 경우, 첫번째 기업의 규모가 가장 크고 N번째 기업규모가 가장 작다고 가정한다. 만약 모든 기업의 규모가 동일하다면 앞서 정의한 i 기업의 점유율 S_i는 $1/N$로서 모두 같게 된다. 이 경우 기업의 상대적 점유율과 기업수는 역의 관계에 있게 된다.

　집중지수의 계측은 산업조직이론에서 가장 활발하게 논의되어 왔던 연구과제의 하나였으므로 많은 학자들에 의해 각종 측정치가 발표되었다. 여기에서는 일반적으로 널리 활용되고 있는 주요 지수를 요약하고 각 지수의 특성을 설명하기로 한다.

9.3.1 상위기업집중률

상위기업집중률은 N개 기업 중 상위 n번째 기업($N \geq n$)까지의 시장점유도를 합계한 것으로서 일종의 누적집중지수이므로 n의 크기에 따라 다양하게 결정된다. 예를 들어 상위 k번째까지의 점유율의 합계는 상위 k기업 집중률(CR_k)이라 하며 다음과 같이 정의된다.

$$CR_k = \sum_{i=1}^{k} S_i \qquad\qquad (9.2)$$

k가 3일 경우에는 일반적으로 CR_3로 표기하고 상위 3대 기업의 집중률이라 한다.

이 지수는 N개 기업 중 상위 k개 기업의 점유도만 알면 쉽게 계산할 수 있고 설명이 용이하므로 현실적으로 가장 많이 활용되고 있다. 우리나라의 경우에도 CR_3가 많이 사용되며 영국에서는 CR_5, 독일에서는 우리나라와 같이 CR_3, 그리고 미국에서는 CR_4, CR_8, CR_{20} 등이 광공업센서스의 자료를 기초로 발표되고 있다.

그림 9-2 누적집중률과 CR_k

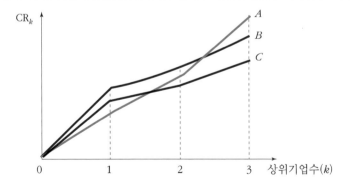

상위 k기업의 시장집중률을 누적시키는 CR_k는 상위기업을 몇 개까지 포함하느냐에 따라 크게 달라진다. 가장 큰 기업 하나만 비교할 경우에는 $CR^A < CR^C < CR^B$가 되지만, 3대 기업까지 포함하면 $CR_3^C < CR_3^B < CR_3^A$가 된다. 따라서 CR_k는 k의 범위에 따라 시장지배력을 왜곡시킬 수 있다.

CR_k를 활용함에 있어서 주의할 점은 이 지수가 누적집중률의 성격을 갖고 있다는 점이다. 〈그림 9-2〉에서 CR_2를 측정하면 B산업의 집중도가 가장 높다. 그러나 CR_3를 비교할 때는 A산업의 집중률이 가장 높게 된다.

이와 같이 CR_k는 k의 기준에 따라 산업별 집중도가 달라질 수 있으므로 산업의 특성과 규모 등을 파악하여 적절한 k를 선택하여야만 합리적인 집중지수로서 사용될 수 있다.

9.3.2 허핀달지수

허핀달지수(Herfindahl Index)는 산업내 모든 기업의 점유율을 제곱하여 합계한 것으로서 다음과 같이 정의된다.

$$H = \sum_{i=1}^{N} S_i^2 \tag{9.3}$$

「허쉬만」(Hirschman)은 이 지수의 제곱근인 $\sqrt{H}$를 다른 형태의 집중지수로 제시하였는데 이것은 본질적으로 H와 동일하므로 흔히 허핀달지수를 허쉬만-허핀달지수라고 한다(Hirschman, 1964).

모든 기업의 규모가 동일할 경우 $S_i = 1/N$이므로 허핀달지수는 $H = 1/N$이 되며 순수독점인 경우에는 1이 된다.[1] 따라서 이 지수는 0과 1 사이에서 변화하고 N이 일정한 경우에는 H가 커질수록 높은 불균등도를 나타낸다. 또한 N이 다른 두 산업의 경우에는 두 산업 모두 균등한 기업규모분포를 유지하고 있다 할지라도 H의 값이 서로 달라지게 된다. 따라서 H지수가 산업간 불균등도를 정확히 반영한다고는 할 수 없다.

그러나 H지수는 CR_4와 달리 산업내 모든 기업의 점유율을 포함하므로 기업분포에 관한 정보를 많이 내포하고 있는 장점이 있다. 따라서 H지수는 이론적 분석에 널리 활용되는 집중지수가 되고 있다. 반면 H지수는 산업내 모든 기업의 점유율을 알고 있어야만 계측할 수 있으므로 실증적 분석에는 많은 제

---

1) $S_i = \frac{1}{N}$이면 $H = \sum_{i=1}^{N} S_i^2 = \sum_{i=1}^{N}\left(\frac{1}{N}\right)^2 = \sum_{i=1}^{N}\left(\frac{1}{N^2}\right) = N \cdot \frac{1}{N^2} = \frac{1}{N}$이 된다. $N = 1$이면 순수독점으로서 $H = 1$이 된다.

약이 있다.

한편 허핀달지수는 몇 가지 유용한 통계적 특성을 가지고 있다. 먼저 d_i는 표준편차로서 i기업의 점유도와 산업내 전체기업의 평균점유율과의 차이로 정의하면 H지수와 기업수 N의 관계를 알 수 있다.

$$d_i = S_i - \sum_{i=1}^{N} S_i / N$$

$$\sum_{1}^{N} d_i^2 = \sum_{1}^{N} S_i^2 - \left(\sum_{1}^{N} S_i\right)^2 / N$$

$$= \sum_{1}^{N} S_i^2 - 1/N \left(\sum_{1}^{N} S_i = 1\right) \tag{9.4}$$

이를 다시 H지수의 정의에 따라 정리하면 식 (9.5)가 된다.

$$H = \sum_{1}^{N} d_i^2 + 1/N \tag{9.5}$$

윗 식의 첫번째 항은 분산동등치(variance equivalent)이며 두번째 항은 기업수동등치(numbers equivalent)이다. 만약 모든 기업이 균등한 분포를 갖고 있다면 $\sum d_i^2 = 0$이고 $H = 1/N$이 된다.

또한 이 관계에서 N이 증가함에 따라 H지수가 단조적으로 감소하지만 $\sum d_i^2$의 영향을 받으므로 N과 H는 고정된 선형관계에 있지 않다(Adelman, 1969). 특히 점유도의 분산은 $\sigma^2 = \dfrac{\sum d_i^2}{N}$이므로 식 (9.6)과 같이 변형된다.

$$H = N\sigma^2 + 1/N \tag{9.6}$$

허핀달지수의 이러한 성격들은 실제 산업조직론의 분석에서 여러 형태로 응용되고 있다. 예를 들면 동등한 규모의 기업으로 구성된 산업은 $H = 1/N$이기 때문에 어떤 H지수가 주어져 있을 경우에 그 산업에서 균등한 규모의 기업체만 존재할 경우의 가상적인 기업수는 H의 역수, 즉 $N = 1/H$가 된다.

구체적인 예로서 3개 기업만 존재하는 산업에서의 각 기업의 점유도가 $S_1 = 0.67$, $S_2 = 0.17$, $S_3 = 0.16$이면 $H = 0.50$이 된다. 이 경우 실제 기업수는 3개로서 구성되어 있지만 H지수가 제시하는 가상적인 균등규모의 기업수는 2개가 된다. 따라서 실제의 기업수와 H지수 그리고 H지수에서 제시되는 균등규모의 기업수를 각각 비교하면 산업의 불균등도와 구조적 특성을 쉽게 파악할 수 있다.

9.3.3 엔트로피지수

엔트로피(Entropy)지수는 물리학에서 도입된 개념으로서 다음과 같이 정의된다.

$$E = - \sum_{i=1}^{N} S_i \log_2 S_i \qquad (9.7)[2]$$

이 지수는 본래 불확실성과 불균형 정도를 계측하기 위해 개발된 것으로서 모든 기업이 균등한 규모를 갖고 있을 경우에는 $E = \log_2 N$이 된다. 반면 순수 독점일 경우에는 $S_i = 1$이 되어 $E = 0$이 된다. 따라서 엔트로피지수는 다른 지수와 달리 작은 값일수록 높은 독점도 또는 불균등도를 나타낸다. 이러한 E 지수의 약점을 보완하기 위하여 다음과 같은 상대적 엔트로피지수(relative entropy index) R을 사용하기도 한다.

$$R = \log_2 N - E \qquad (9.8)$$

9.3.4 로젠블루-홀·타이드먼지수

이 지수는 「로젠블루」(Rosenbluth) 및 「홀·타이드먼」(Hall & Tideman)에 의해서 제시된 것으로서 다음 RHT와 같이 정의된다(Hall & Tideman, 1967).

$$RHT = \frac{1}{\left(2\sum_{i=1}^{k} i \cdot S_i\right) - 1} \qquad (9.9)$$

이 지수는 외견상 복잡해 보이지만 기업규모의 순위를 나타내는 i가 중요

---

[2] 시장점유율 $S_i \leq 1$이므로 $S_i < 1$일 경우 $\log S_i < 0$이 된다. 따라서 지수의 값을 양수로 전환하기 위하여 일반적으로 마이너스 부호를 추가하여 사용한다.

한 가중치의 역할을 하고 있다. 즉, 첫번째 상위기업인 경우 $i = 1$로서 분모에서 가중치가 낮지만 하위기업은 i값이 커서 높은 가중치를 갖게 된다. 이것은 결과적으로 하위기업은 적은 S_i에 큰 값의 i를, 상위기업은 높은 S_i에 작은 i를 곱하게 되어 기업수가 증가함에 따라 S_i가 감소하는 효과를 상쇄하게 된다. RHT지수는 순수독점일 경우 1이 되고 모든 기업이 균등한 경우에는 $\frac{1}{N}$이 된다.

9.3.5 집중지수의 선택

어떤 산업의 시장구조를 완벽하게 계측한 지수를 선택하는 것은 거의 불가능하다. 앞에 설명한 여러 가지의 집중지수와 불균등지수 및 성과지수는 시장구조지표로서의 약점이 있으며 현실적으로 계측이 곤란한 것도 있다. 따라서 특정한 시장구조의 지표를 직접 활용하여야 하는 실증적 분석에서는 어떤 지수를 선택하느냐가 과제로 등장하게 된다. 선택의 기준은 물론 산업에서의 경쟁의 정도를 이론적으로 정확히 반영하고 현실적으로 이용이 가능하여야만 할 것이다. 이러한 관점에서 이제 각 지수가 갖는 공통점과 제약점 그리고 현실적 활용성 등을 구체적으로 분석하기로 한다.

시장구조를 반영하는 여러 지수 중에서 일반적으로 많이 사용하는 것은 성과나 불균등지수보다도 경쟁도를 쉽게 파악할 수 있는 집중지수라고 할 수 있다. 물론 성과지수나 지니계수 등을 이용한 연구들도 많이 있지만 이들 지수보다는 집중지수가 간편하게 계산해 낼 수 있고 응용될 수 있기 때문이다.

특히 집중지수 중에서도 상위기업집중률과 허핀달지수 등이 가장 많이 활용되고 있는데 이들간에는 다음과 같은 관계가 성립한다. 즉, 집중지수의 일반형태를 다음과 같이 식으로 정의하면 대부분의 집중지수가 이 함수에 포함된다(Waterson, 1984).

$$C_R = \sum_{i=1}^{N} S_i g(S_i), \quad 0 \leq g(S_i) \leq 1 \tag{9.10}$$

C_R은 일반형 집중지수로서 기업점유도 S_i에 점유도의 함수인 $g(S_i)$를 곱한 것인데 $g(S_i)$는 곧 S_i의 함수로서 표시되는 일종의 가중치가 된다.

환언하면, 허핀달지수의 경우에는 가중치 자체가 점유도로서 $g(S_i) = S_i$이므로 $H = \sum_{i=1}^{N} S_i^2$ 이 된다. 엔트로피지수는 $g(S_i) = -\log S_i$ 의 가중치가 주어졌으며 상위대기업 집중률도 가중치를 변형한 결과이다. 즉, $CR_k = \sum_{i=1}^{k} S_i$ 이므로, k개 기업까지는 $g(S_i) = 1(i = 1, \ldots, k)$, $k+1$부터 N까지는 $g(S_i) = 0(i = k+1, k+2, \ldots, N)$인 것이다. 따라서 대부분의 집중지수가 S_i에 어떤 가중치를 주어 계측되어지는 것을 알 수 있다. 실증적 분석에서도 H와 E, CR_k는 상당히 높은 상관관계를 나타낸다.

집중지수간의 차이를 파악하기 위하여 4개 산업의 예를 〈표 9-1〉에서 보기로 하자. 이들 산업은 각기 기업규모의 분포가 다른 산업으로서, 시장집중도가 A에서 D로 갈수록 낮아지는 것을 가정하였다. 따라서 지니계수를 제외한 여타의 집중지수는 모두 A에서 D로 갈수록 집중도가 낮아지고 있음을 보여주고 있다. 특히 A와 D산업의 지니계수가 같다는 것을 유의할 필요가 있다.

실제 집중지수의 선택에서는 경제이론과 현실적 이용가능성 등을 기준으로 결정하여야 한다.

첫째, 경제이론의 관점에서 비교하면 각 지수의 장단점을 다음과 같이 요약할 수가 있다. 이미 설명한 바와 같이 동질적 제품의 과점시장에서 비협조적인 경쟁을 할 경우에 기업간 한계비용만 차이가 난다면 허핀달지수가 가격-비용의 차이를 이론적으로 가장 적정하게 설명한다. 상위대기업의 집중률 CR_k도 과점의 행태 특히 선도기업의 행태와 시장지배력을 설명하는 데 타당한 지수

표 9-1   집중지수의 비교

산업 \ 지수	CR_3	CR_8	H	E	G
A	1.00	1.00	0.50	1.00	0.00
B	0.76	1.00	0.38	1.99	0.48
C	0.50	0.90	0.13	3.12	0.28
D	0.30	0.80	0.10	3.32	0.00

A산업: $S_1 = 0.5$, $S_2 = 0.5$(2개 기업)
B산업: $S_1 = 0.6$, $S_2 = 0.1$, $S_i = 0.06(i = 3, 4, 5, 6, 7)$(7개 기업)
C산업: $S_1 = S_2 = 0.2$, $S_3 = S_4 = S_5 = S_6 = 0.1$, $S_i = 0.05(i = 7, 8, 9, 10)$(10개 기업)
D산업: $S_i = 0.1(i = 1, \cdots, 10)$(10개 기업)

가 된다. 엔트로피지수는 정보이론에 기초한 것으로서 소비자의 구매에 관련된 정보를 가장 많이 포함하고 있다.[3]

둘째, 공리적 기준에서 특정한 지수가 집중지수로서 보유하여야만 할 특성을 갖고 있느냐의 여부이다. 집중지수의 공리적 특성은 이미 등집중곡선에서 설명하였는데 「한나」와 「케이」는 다음과 같은 특성을 추가하고 있다(Curry & George, 1983). 즉, 기업합병은 집중도를 높게 하여야 하고, 소규모기업의 진입은 집중지수에 큰 영향을 미치지 않아야 하는 지수의 안정성조건이다.

셋째, 통계적 특성치에 관한 기준이다. 예를 들어 엔트로피지수는 가분적이므로 시장을 분할하거나 소규모단위로 구분할 때 큰 장점이 있다. 또한 이와 반대로 어떤 산업의 기업분포에 관한 특성치를 먼저 알고 있다면 이 산업에 관한 집중지수의 선택은 매우 쉽게 된다.

마지막 선택의 기준은 자료이용에 따른 편의성이다. CR_k를 제외한 대부분의 집중지수는 산업을 구성하고 있는 모든 기업의 점유도(S_i)를 알고 있어야만 계산이 가능하다. 그러나 현실적으로 자료가 부족한 경우에는 추정치 또는 근사치를 계산할 경우가 많다. 특히 자료가 있는 기업을 대상으로 산업전체의 집중지수를 통계적 방법으로 도출하는 것도 많이 사용되고 있다.

실제 이용에서는 산업분류방법에 따라 집중지수가 크게 변화할 수 있다는 것을 유의해야 한다. 일반적으로 산업의 정의가 광의적일수록 CR_k 등은 감소하는 경향이 있고 협의의 산업에서는 증가하는 경향이 있다. 따라서 적정한 산업분류가 적정한 집중도 산출의 기본전제가 된다.

이와 같은 여러 가지 선택기준의 비교에도 불구하고 모든 기준을 만족하는 지수를 이용하기는 어렵다. 따라서 기본적으로 지수간 상관관계가 높다는 점을 고려하고 현재 이용가능한 자료와 정보를 최대한 활용할 수 있는 집중지수를 선택하는 것이 가장 합리적이다. 이런 관점에서 보면 현실적으로 CR_k가 가장

---

3) 가장 간단한 예로서 만약 'A가 특정한 상표의 맥주만 구입한다'고 하자. 시장에서 맥주가 독점적으로 공급될 경우 A의 구매행위가 시사하는 정보내용은 $\log S_i = 0$이 된다. 그러나 시장에서 여러 상품의 맥주가 공급된다면 A의 구매행위가 시사하는 정보내용은 크게 된다. 따라서 정보내용은 기업 i의 점유율이 감소할수록(기업수가 많아질수록) 크게 된다. $\log(1/S_i)$는 이러한 특성을 잘 반영하고 있으며 독립적인 구매행위에 대해서는 합산시킬 수 있는 장점이 있다.

많이 활용되는 이유가 충분히 있는 것이다. 물론 집중지수가 갖는 많은 제약점을 간과하지 않아야 한다.

<h2>9.4   불균등지수</h2>

불균등지수(inequality index)는 기업의 집중도와 성과보다는 분포의 불균등도를 계측하는 것으로서, 가장 대표적인 예가 지니계수(Gini coefficient)이다.

지니계수는 소득분포의 불균등도 계측에서 많이 활용되는 로렌츠(Lorenz)곡선의 개념을 활용한 것이다. 〈그림 9-3〉에서 Y축은 시장점유의 누적비율, X축은 기업수의 누적분포를 나타내고 있다. 기업의 분포순위가 대기업부터 소기업으로 되어 있다면 그림에서와 같이 로렌츠곡선은 대각선 위쪽에 있게 된다. 대각선은 완전균등분포선으로서 A점에서와 같이 10%의 기업이 10%의 점유율을 유지하고 있게 된다. 그러나 로렌츠곡선상의 B점은 실제 산업의 불균등도를 나타내는 것으로서 5%의 기업이 10%의 시장점유율을 보유하고 있다.

그림 9-3   로렌츠곡선과 불균등도

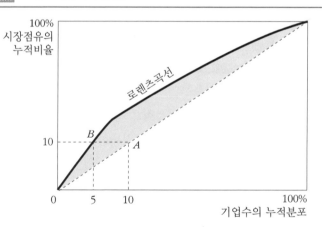

모든 기업이 균등하게 분포되어 있다면, 5%의 기업이 5%의 시장점유율을 나타내 대각선상에 위치하게 된다. 그러나 상위기업의 규모가 큰 경우에는 5%의 기업이 5%보다 많은 시장점유율을 확보할 수 있다. 기업수와 시장점유율의 누적분포의 관계를 나타낸 선이 로렌츠곡선이다. 로렌츠곡선이 대각선에서 멀어질수록 기업규모의 불균등도는 더욱 심화된다.

실제 지니계수는 대각선으로 자른 삼각형의 넓이를 분모로 하고 로렌츠곡선과 대각선 사이의 색으로 표시된 부분을 분자로 하여 측정된 값이다(윤창호 & 이규억, 1985). 따라서 모든 기업이 균등한 규모를 갖고 있다면 지니계수는 0이 되고, 순수독점일 경우에는 1이 된다. 또한 지니계수는 본질적으로 불균등지수이기 때문에 기업수에 관계 없이 모든 기업이 균등하게만 분포되어 있으면 그 값이 0이 되므로 집중지수로 활용할 때 유의해야 한다. 즉, 3~4개의 균등한 기업이 과점체제를 이루고 있는 산업과 다수의 균등기업이 경쟁구조를 형성하는 산업이 모두 0의 지니계수를 나타낸다.

9.5 | 성과지수

성과지수는 시장구조를 직접적으로 계측하는 방법으로서 실제 시장에서 시장지배력의 결과를 지수화한 것이다. 따라서 성과지수는 특정기업 또는 기업군의 독점지배력을 가격과 비용의 개념을 활용하여 직접 계측한 시장구조지수의 하나이다. 가장 일반적으로 사용되는 성과지수는 러너지수, 베인지수, 파판드로우지수 등이다.

9.5.1 러너지수(Lerner Index)

러너지수는 가격과 한계비용을 활용하여 독점지배력을 직접 계측하는 것으로 이미 제5장에서 설명되었다. 러너지수(L_l)는 다음과 같이 정의된다.

$$L_l = \frac{P - MC}{P} \tag{9.11}$$

P는 제품의 판매가격이고 MC는 한계비용을 나타내므로 시장지배력을 전혀 발휘할 수 없는 완전경쟁인 경우에는 $L_l = 0$이 될 것이다. 또한 독점적 지배력이 강화될수록 1에 접근하게 된다. 러너지수는 기본적으로 가격이 한계비용과 얼마나 차이가 나는가를 계측하는 것이며, 제품 1단위당의 가격-비용 마진을 의미하게 된다.

러너지수를 측정하기 위해서는 한계비용에 관한 자료가 있어야 하며 가격도 동질적 제품에 대한 자료가 일관성 있게 준비되어야만 한다. 특히 기업간 또는 산업간 러너지수를 비교하기 위해서는 위와 같은 자료의 이용여부가 현실적인 문제가 된다.

러너지수의 특성을 다른 지수와 비교하면, 러너지수는 시장에서 결과적으로 나타난 '실현된' 독점지배력을 계측하지만 집중지수는 '잠재적인' 시장지배력을 계측하는 경향이 있다. 예를 들면 상위 3대 기업의 집중률이 80%라는 것은 시장성과와 행태면에서 80%만큼의 시장지배력을 행사할 수 있는 잠재력을 의미한다. 그러나 러너지수는 시장집중도에 관계 없이 실제로 실현된 독점지배력 또는 가격 – 비용 마진을 계측한 것이다.

러너지수는 정태적인 비교분석의 결과이므로 계측시점에서 실현된 독점지배력의 결과를 의미할 뿐이며, 이 결과가 과거의 행태에 의한 것인지 또는 어떤 시장여건에 연유한 것인지는 설명하지 않고 있다.

한편, 러너지수가 독점지배력의 사회적 영향 또는 사회적 비용의 개념으로 활용되는 데는 큰 약점이 있는 것으로 지적된다. 왜냐하면 러너지수는 동일하지만 독점지배력으로 인한 사회적 후생손실이 서로 다른 경우가 나타나기 때문이다.

이제 〈그림 9-4〉에서 이 관계를 설명해보기로 하자. 먼저 각기 다른 시장에 제품을 공급하는 두 독점생산자를 가정하자. 첫번째 기업 A의 수요곡선을 D_A, 기업 B의 수요곡선을 D_B라 하고, D_B와 기업 A의 한계수입곡선 MR_A가 일치한다고 가정한다. 또한 두 기업의 한계비용이 일치한다고($MC_A = MC_B$) 가정한다. 이 경우 MR_A는 D_A의 1/2에 해당하고, MR_B는 역시 MR_A의 1/2에 해당한다. 또한 두 기업은 어떤 주어진 가격하에서도 서로 동일한 가격탄력성을 갖는 수요곡선에 직면하고 있다.

독점기업의 이윤극대화원리에 입각하여 두 기업이 선택하는 독점가격은 P^m이 된다. 이제 P^m에서 두 기업의 러너지수를 계산하면, 가격과 한계비용이 모두 동일하므로 러너지수도 동일하게 된다. 그러나 이윤극대화의 생산량은 각기 다르게 된다. 즉, 기업 A는 $MR_A = MC_A$에서 q_A를 생산하고 기업 B는 $MR_B = MC_B$에서 q_B를 생산하게 된다. 또한 각 기업이 창출하는 사회후생의 순손실

그림 9-4	러너지수와 사회후생

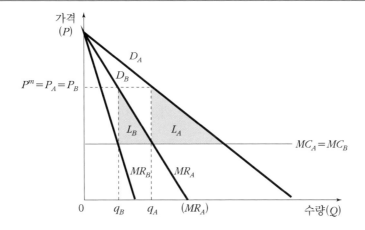

서로 다른 시장을 독점하고 있는 A기업의 수요(D_A)가 B기업의 수요(D_B)보다 2배 많고, 한계비용
은 동일하다면, 이윤극대화가격은 $P_A = P_B$가된다. 이 경우 두 시장에서 러너지수는 동일하지만
독점으로 인한 사회후생의 순손실은 A산업이 L_A로서 B산업의 손실규모 L_B보다 훨씬 크게 된다.
러너지수가 곧 사회후생의 손실규모를 나타내는 것은 아니다.

(deadweight loss)은 각각 L_A과 L_B로 결정된다. 따라서 이 경우에는 제품 1단위
당 가격-비용의 마진을 나타내는 러너지수가 두 기업에게 모두 동일함에도 불
구하고, 이들 기업이 미치는 사회후생의 손실효과는 생산량이 많은 기업 A가
훨씬 크게 된다. 이것은 기업간 러너지수의 비교가 곧 사회후생의 손실 또는
사회적 비용을 직접적으로 나타내지는 않는다는 것을 의미하게 된다.

9.5.2 베인지수(Bain Index)

현대 산업조직론의 선구자인 「베인」(Bain)은 기업의 이윤에 바탕을 둔 성
과지수를 제안하였다(Bain, 1941). 즉, 기업의 이윤은 시장지배력을 반영하는 것
이며 지속적으로 초과이윤이 발생하는 것은 시장구조에서의 독점적 요소와 관
련되어 있다는 논리이다. 또한 기업의 이윤에 관한 자료는 한계비용이나 수요
의 탄력성 등과 달리 쉽게 이용할 수 있으므로, 이윤을 활용한 성과지수가 현
실적으로 유용하다고 보았다. 다만 기업이 발표하는 이윤의 자료는 회계원칙에
입각한 이윤이므로 경제학적 의미의 이윤과는 상이하기 때문에 실제 이윤자료

의 활용에서 약간의 조정이 필요하게 된다. 이와 같은 논리에서 베인지수(B_I)는 다음과 같이 정의된다.

$$B_I = \frac{\pi_e}{V} \qquad (9.12)$$

여기에서 π_e는 경제학적 의미의 이윤이고 V는 투자규모를 말한다. 한편 π_e는 회계원칙에 입각한 이윤에서 투자액의 기회비용을 차감한 것이므로 다음과 같이 정의된다.

$$\pi_e = TR - C - D - rV \qquad (9.13)$$

TR은 총수입, C는 경상비용, D는 감가상각이며 r은 투자의 기회비용을 반영할 수 있는 수익률을 말한다. 회계학적인 의미에서 장부상으로 나타나는 일반적인 이윤은 $TR - C - D$로 정의되므로 경제학적인 이윤은 장부이윤에서 rV 항을 추가로 차감한 것이다. 따라서 베인지수는 대체로 가격과 평균비용과의 차이와 밀접한 관련이 있고(왜냐하면 이윤은 가격-평균 비용에서 도출되므로) 러너지수는 가격-한계 비용의 차이를 반영한다. 만약 평균비용과 한계비용이 일치한다면 두 지수는 매우 유사하게 된다.

베인지수는 일반적으로 독점지배력을 측정함에 있어서 러너지수보다 설명력이 제약되어 있다. 즉, 독점지배력이 있는 기업이 지속적으로 초과이윤을 획득할 수는 있지만, 독점력으로 인한 초과이윤이 항상 보장되어 있는 것은 아니다. 환언하면 독점적 요소가 존재하면서도 초과이윤을 획득하지 못하는 경우에 베인지수는 그 독점적 요소를 전혀 반영하지 못한다. 특히 수요가 충분하지 않을 경우에는 순수독점기업도 경제학적 의미의 이윤을 획득하지 못할 수도 있게 된다. 결과적으로 베인지수는 기업의 사후적인 영업활동의 결과를 바탕으로 독점지배력의 가능성을 계측하고 있지만 직접적인 시장구조의 계측치는 되지 못한다.

| 9.6 | 한국의 산업 분류 |

시장의 범위를 명시적으로 설정하여 구체적인 분석의 자료로 활용하려면 어떤 기준이 필요하다. 우리나라에서는 통계청이 발표하는 한국표준산업분류 (Korea Standard Industry Classification; KSIC)가 바로 이런 기준에 해당된다. 물론 KSIC는 산업활동을 중심으로 생산의 대체성을 중시하여 작성한 분류표로서 앞 절에서 정의된 "시장"과는 상당한 차이가 있지만, 실제 산업분석에서는 시장에 유사한 개념으로 널리 활용되고 있다. 시장구조에 관련된 집중지수와 시장행태 등에 관련된 자료도 모두 KISC를 기준으로 발표되고 있다.

〈표 9-2〉는 2024년 1월에 통계청에서 고시한 KSIC의 분류체계를 요약한 것이다. 대분류 산업은 A에서 U까지 21개로 구분되어 있고, 중분류 산업은 두 자릿수로 표기하여 대분류 산업을 세분화시킨 것이다. 예를 들어 대분류상의 제조업(C)은 식료품(10), 음료(11) 등 77개의 중분류 산업으로 세분되어 있다. 소분류 산업은 중분류 산업을 다시 구분하여 세 자리 숫자로 표기한 것으로서 234개로 분류되어 있다. 세분류와 세세분류는 각각 네 자리와 다섯 자리로 더 분류한 것으로써 601개와 1,205개 산업으로 구성되어 있다.

KSIC는 생산의 대체성을 기준으로 분류되기 때문에 경제이론에서 제시되는 "시장"의 개념과는 차이가 있는 경우가 많으므로 실제 활용에서는 주의가 필요하다. 실제 동일한 산업에 속해 있어도 수요의 대체성이 전혀 없는 경우도 있다. 세세분류의 산업에서는 비교적 대체재가 많이 포함되어 있지만 이것도 생산 측면을 기준으로 작성된 것이라는 사실에 염두를 두어야 한다.

한편 시장구조를 비교할 경우에는 분류의 단위가 포괄적일수록 동일한 산업에 포함되는 산업의 종류가 많아지므로 집중도가 낮아지는 경향이 있다. 세세분류 산업에 해당되는 전자 축전기 제조업(26291)에서 산업집중도를 계측하지 않고 세분류 산업인 기타 전자부품 제조업(2629)을 기준으로 하면 계측 기준이 되는 분모가 커지므로 집중도가 낮아지게 된다. 산업분류가 포괄적일수록 더 많은 사업자가 포함되고 시장의 범위도 넓어지기 때문이다. 따라서 산업별이나 국제간 시장집중도의 비교에서는 산업분류의 기준을 동시에 고려해야 한다.

| 표 9-2 | 한국의 표준산업분류(KSIC) | | | | | | (2024년 1월 개정) |

대분류		중분류*			소분류		세세분류
A	농업·임업 및 어업	10	식료품 제조업	21	261	반도체 제조업	26291 전자 축전기
B	광업	11	음료 제조업	의료용 물질 및	262	**전자 부품**	제조업
C	**제조업**	12	담배 제조업	의약품 제조업		**제조업**	26292 전자 저항기
D	전기, 가스, 증기 및	13	섬유제품 제조업:	22 고무제품 및 플	263	컴퓨터 및 주변	제조업
	공기 조절 공급업		의복 제외	라스틱 제품 제		장치 제조업	26293 전자카드
E	수도, 하수 및 폐	14	의복, 의복 액세	조업	264	통신 및 방송장	제조업
	기물 처리, 원료		서리 및 모피제품	23 비금속 광물		비 제조업	26294 전자코일, 변
	재생업		제조업	제품 제조업	265	영상 및 음향기	성기 및 기타
F	건설업	15	가죽, 가방 및	24 1차 금속 제조업		기 제조업	전자 유도자
G	도매 및 소매업		신발 제조업	25 금속 가공제품	266	마그네틱 및 과	제조업
H	운수 및 창고업	16	목재 및 나무제	제조업: 기계 및		학매체 제조업	26295 전자 감지장치
I	숙박 및 음식점업		품 제조업: 가구	가구 제외			제조업
J	정보통신업		제외	26 **전자 부품, 컴퓨**	**세분류**		26299 그 외 기타 전
K	금융 및 보험법	17	펄프, 종이 및 종	**터, 영상, 음향 및**	2621	표시장치 제조업	자 부품 제조업
L	부동산업		이제품 제조업	**통신방지 제조업**	2622	인쇄회로기판 및	
M	전문, 과학, 및	18	인쇄 및 기록매	27 의료, 정밀, 광학		전자부품 실장기	
	기술 서비스업		체 복제업	기기 및 시계 제		판 제조업	
N	사업시설, 관리	19	코크스, 연탄 및	조업	2629	**기타 전자 부품**	
	사업지원 및 임대		석유정제품 제조	28 전기장비 제조업		**제조업**	
	서비스업		업	29 기타 기계 및			
O	공공 행정, 국방	20	화학물질 및 화	장비 제조업			
	및 사회보장행정		학제품 제조업:	자동차 및 트레			
P	교육 서비스업		의약품 제외	일러 제조업			
Q	보건업 및 사회			기타 운송장비 제			
	복지 서비스업			조업			
R	예술, 스포츠 및			가구 제조업			
	여가관련 서비스업			기타 제품 제조업			
S	협회 및 단체, 수			산업용 기계 및			
	리 및 기타 개인			장비 수리업			
	서비스업						
T	가구 내 고용활동						
	및 달리 분류되지						
	않는 자가소비생						
	산활동						
U	국제 및 외국기관						

주: *중분류는 제조업, 소분류 이하는 262에 해당하는 계열품목만을 분류한 것임.
자료: 통계청, 「한국표준산업분류」, 2024.

9.7 한국산업의 시장구조

개별국가의 시장구조는 여러 지표와 기준으로 파악할 수 있다. 전체산업에 대한 기업규모의 분포를 분석할 수도 있고, 개별상품별로 시장구조를 계측할 수도 있다. 또한 특정 대기업 집단이나 상위 대기업군의 시장점유율을 기준으로 평가할 수도 있다.

본 절에서는 우리나라 제조업을 대상으로 품목별 시장집중을 먼저 설명하고 산업별 집중도와 대기업 집단의 경제력 집중, 기업 규모별 분포를 파악하기로 한다.

9.7.1 품목별 시장집중

경제이론에서 말하는 시장의 정의에 가장 근접하여 시장구조를 측정할 수 있는 지표가 바로 품목별 시장집중도라 할 수 있다. 품목별 시장집중은 개별상품이 시장에서 차지하고 있는 집중의 정도를 말하는 것이므로, 가장 좁은 의미의 시장을 대상으로 구조를 계측한 지표가 된다. 한국표준산업분류(KSIC)에 따르면 개별상품은 8단위 숫자로 표기되어 있다.

〈표 9-3〉은 우리나라 제조업의 상품시장구조를 2018~2021년까지 요약한 것이다. 표에서 A는 CR_3가 20% 미만으로 경쟁시장에 공급되는 경우를 말하며, B는 CR_3가 20~40%인 낮은 수준의 과점형, C는 CR_3는 40~60%인 중위 수준의 과점형, D는 CR_3가 60~80%인 중·고위 과점형, E는 CR_3가 80% 이상인 초고위과점형을 나타낸다.

품목수와 출하액을 기준으로 보면 2018년 이후 우리나라 제조업에서는 경쟁형 상품이 점진적으로 증가되고 있음을 알 수 있다. 2018년 경쟁형 품목(A)은 전체 품목의 4.3%였으나 2021년에는 4.6%를 나타내었다. 또한 출하액 기준에서도 이러한 추세가 나타나 경쟁형 품목(A)의 비중은 2018년에 12.0%였으나, 2021년에는 12.6%로 증가하였다. 낮은 수준의 과점형(B) 품목수의 비중이 2018년 16.2%에서 2021년 15.4%로 감소한 반면 중위 수준이 과점형(C)의 비중은 동 기간에 19.9%에서 20.9%로 증가하였다. 출하액에서도 낮은 수준의 과

표 9-3	품목별 시장집중				(단위: %)
구분	분류	2018	2019	2020	2021
품목수	A	4.3	4.4	4.7	4.6
	B	16.2	15.9	15.9	15.4
	C	19.9	19.9	20.3	20.9
	D	21.4	21.8	21.4	20.7
	E	38.1	38.1	37.7	38.3
	합계	100.0	100.0	100.0	100.0
	품목수(개)	2,188	2,189	2,185	2,187
출하액	A	12.0	12.2	12.6	12.6
	B	18.2	16.1	19.5	15.0
	C	12.2	13.6	12.4	15.2
	D	19.3	20.7	19.8	20.6
	E	38.3	37.4	37.4	36.7
	합계	100.0	100.0	100.0	100.0
	출하액(조원)	1,521	1,495	1,461	1,720

주: A: CR_3, 20% 미만; B: CR_3, 20~40%; C: CR_3, 40~60%; D: CR_3, 60~80%; E: CR_3, 80%
이상.
자료: 한국개발연구원, 「시장구조조사」, 각 호.

점형과 중위 수준위 과점형은 비슷한 경향을 나타내었다.

품목수에서 중고위 과점형(D)과 초고위과점형(E)은 출하액 기준과는 다른 변화를 보이고 있다. 중고위 과점형 품목수의 비중이 21.4%에서 20.7%로 감소하였으나 초고위과점형 품목수의 비중은 38.1%에서 38.3%로 증가하였다. 반면 출하액 기준으로는 중고위과점형의 비중이 2018년 19.3%에서 2021년 20.6%로 증가하였고 초고위과점형의 비중은 2018년 38.3%에서 2021년 36.7%로 하락하였다.

9.7.2 산업별 집중

산업별 집중도는 한국표준산업분류(KSIC)에 따라 개별산업내에서 상위 대

표 9-4	산업별 시장집중도의 변화				(단위: %)
기준	CR_3	2018	2019	2020	2021
산업수	80~100	10.4	10.2	11.9	11.7
	60~80	12.3	12.5	10.4	10.6
	40~60	22.3	20.0	21.5	21.7
	20~40	33.8	36.9	35.4	34.4
	0~20	21.3	20.4	20.8	21.7
	합계	100	100	100	100
출하액	80~100	22.8	21.5	21.5	22.4
	60~80	15.9	20.7	17.1	17.7
	40~60	13.7	13.1	16.1	18.8
	20~40	28.2	25.5	25.6	22.1
	0~20	18.3	19.2	19.8	19.0
	합계	100	100	100	100

자료: 한국개발연구원, 「시장구조조사」, 각 호.

기업의 시장점유율을 기준으로 평가할 수 있다. KSIC의 5단위 분류인 세세분류산업을 기준으로 상위 3대 기업의 집중도를 2018년에서 2021년까지 분석하면 〈표 9-4〉와 같다.

먼저 산업수를 기준으로 보면 2018년 세세분류산업 중 CR_3가 80% 이상에 달하는 독점형 산업은 10.4%이고, CR_3가 20% 미만으로 경쟁형으로 분류될 수 있는 산업은 21.3%에 달하였다. 2021년에는 독점형 산업은 11.7로 증가하였고, 경쟁형 산업 또한 21.7%로 증가하여 이 기간 중 우리나라 시장구조가 경쟁적 시장과 독점형 산업은 증가하고 과점형 산업은 감소하는 모습을 보이고 있다.

출하액면에서는 경쟁형 산업이 2018년 18.3%에서 2021년 19.0%로 증가하였으나, 독점형 산업의 비중은 2018년 22.8%에서 2021년에는 22.4%로 감소하였다.

9.7.3 기업집중

품목이나 산업별 집중보다는 대기업에 의한 시장집중이 어느 정도인가를 파악하는 것도 중요하다. 대기업이 품목에 관계없이 전체산업의 출하액에서 얼마나 높은 시장점유율을 갖고 있느냐를 나타내는 것이 바로 기업집중이다. 대기업의 집중도는 품목이나 산업의 종류를 불문하고 계측하므로, 이것을 흔히 일반집중률(overall concentration)이라고 한다.

〈표 9-5〉는 2017년 이후 우리나라 50대와 100대 기업이 광업 및 제조업에서 차지하는 비중을 나타낸 일반집중률을 분석한 것이다. 출하액 기준으로 우리나라 50대 기업과 100대 기업은 2017년에 광업 및 제조업 전체의 40.8%와 46.3%를 차지하였다. 50대와 100대 기업의 일반집중률은 2019년과 2020년에 감소하다가 2021년에서는 다시 증가하는 모습을 보이고 있으며 2021년에 50대와 100대 기업의 일반집중률은 40.9%와 46.4%로 나타나고 있다.

고용자수를 기준으로 한 대기업의 일반집중률도 2017년 이후 비슷한 수준을 유지하고 있다. 50대 기업의 고용비중은 2017년 14.3%에서 2021년에는 14.1%로 조금 감소하였으나, 100대 기업의 고용비중은 같은 기간 중 17.2%에서 17.5%로 확대되었다.

표 9-5 일반집중률의 변동추이

	출하액		고용	
	50대 기업	100대 기업	50대 기업	100대 기업
2017	40.8	46.3	14.3	17.2
2018	41.6	47.0	14.1	17.1
2019	41.2	46.6	14.6	17.9
2020	38.8	44.3	14.2	17.2
2021	40.9	46.4	14.1	17.5

자료: 한국개발연구원, 「시장구조조사」, 각 호.

9.7.4 대규모 기업집단과 경제력집중

대규모 기업집단이란 상호출자·채무보증제한 기업집단으로 소유관계를 통해 기업상호간 지배 또는 계열관계를 형성하고 있는 조직을 말한다. 2021년 공정거래위원회에서 발표한 '상호출자제한 기업집단'에 속하는 대규모 기업집단의 수는 총 71개이며 계열사수는 2,612개사다.

우리나라의 재벌기업군에 속한 기업들은 법률적으로는 독립기업인 경우가 대부분이다. 그러나 소유관계나 자본의 구조상 계열기업내 여러 기업과 상호연계되어 있고 궁극적으로 재벌을 직접적으로 통제하는 소수계층에 의해 지배되고 있다고 할 수 있다. 또한 재벌기업들은 여러 산업분야에서 독과점적인 시장지배력을 확보하고 있는 경우가 많다. 따라서 재벌을 실질적으로 소유·지배하는 소수계층이 여러 산업분야에서 시장지배력을 행사할 수 있게 된다. 이러한 구조로 인하여 재벌기업은 법률적으로는 독립된 1개의 기업이지만 실질적으로는 다변화된 시장에서 독과점적 지위를 행사할 수 있게 된다. 이것은 또한 소수계층이 다변화된 여러 산업부문에서 많은 실질적 영향력을 행사하게 되는 경제력집중(concentration of economic power)의 문제를 야기하게 된다. 이와 같은 재벌기업의 특수성으로 인하여 한국산업의 집중을 분석할 경우에는 반드시 대규모 기업집단의 경제력집중을 파악해야만 한다.

우리 경제에서 대규모 기업집단이 차지하고 있는 상대적 비중과 경제력집중의 현황을 보면 〈표 9-6〉과 같다. 2019년의 경우 대규모 기업집단은 59개로 2,103개의 계열기업을 보유하고 있으며, 광업 및 제조업 출하액의 47.9%, 부가

표 9-6 광업 및 제조업 기준 대규모 기업집단 비중 (단위: 조원, 천명)

	출하액		부가가치		종사자수	
	2019	2021	2019	2021	2019	2021
대규모기업집단	740	862	258	307	563	577
비중, %	47.9	48.7	46.2	47.7	19.1	19.6
광업, 제조업 전체	1,545	1,769	559	644	2,940	2,949

자료: 한국개발연구원, 「시장구조조사」, 각 호.

표 9-7	대규모 기업집단의 규모별 분포								(단위: %)
	출하액			부가가치			종사자수		
	2019	2020	2021	2019	2020	2021	2019	2020	2021
상위 5대	29.4	29.5	30.2	32.4	31.7	34.0	11.6	11.8	12.2
상위 10대	38.1	36.7	39.0	38.6	36.6	40.3	14.5	14.2	14.8
상위 15대	39.0	37.7	39.3	39.7	37.6	40.7	15.2	14.9	15.2
상위 30대	42.8	41.1	43.7	41.5	39.4	42.9	16.2	15.9	16.4

자료: 한국개발연구원, 「시장구조조사」, 각 호.

가치의 46.2%를 차지하고 있다. 그리고 고용에서는 그 비중이 19.1%에 달하고 있다. 2021년에는 그 비중이 출하액에서 48.7%, 부가가치에서 47.7%, 고용에서 19.6%를 차지하고 있다. 한편, 출하액, 부가가치, 종사자수의 상대적 비중을 보면 대규모 기업집단은 출하액 및 부가가치에 비해 고용창출에 기여하는 비가 미흡한 것으로 나타나고 있다.

한편 대규모 기업집단의 규모별 분포를 분석하면 〈표 9-7〉과 같다. 광업 및 제조업에서 5대 집단이 2021년 기준 전체 출하액, 부가가치, 고용에서 차지하는 비중은 30.2%, 34.0% 그리고 12.2%이다. 상위 10대 기업집단의 비중은 세 부문에서 39.0%, 40.3% 및 14.8%의 비중을 나타내고 있다. 2021년 대규모 기업집단이 전체 광업 및 제조업에서 차지하는 비중이 48.7%(출하액), 47.7%(부가가치), 19.7%(종사자수)인 점을 고려하면 상위 10대 기업집단에 의한 경제력집중이 아주 크다는 것을 알 수 있다. 한편, 상위 30대 기업집단의 비중은 각각 43.7%(출하액), 42.9%(부가가치) 그리고 16.4%(종사자수)를 나타내고 있다. 출하액, 부가가치 비중에 비하여 고용의 비중이 낮다는 것을 알 수가 있으며 상위 30대 대규모 기업집단의 고용은 주로 상위 10대 기업에 집중되어 있음을 알 수 있다. 상위 30대 기업의 광업 및 제조업에서 차지하는 고용의 비중이 16.4%인데 14.8%가 상위 10대 기업에 속해 있다.

9.7.5 기업규모의 분포

시장구조는 동일한 시장에서의 기업규모의 분포를 통해서도 평가할 수 있다. 예를 들면, 산업을 구성하고 있는 *N*개 기업의 규모가 얼마나 균등하게 분포되어 있는가를 파악하여 시장구조를 평가할 수 있다. 기업규모의 균등분포는 흔히 지니(Gini)계수로도 측정되지만, 더 간단한 방법으로는 기업규모별 분포를 살펴보면 된다.

우리나라 제조업의 기업분포를 요약하면 〈표 9-8〉과 같다. 종업원 규모별로 파악하면 고용규모 19명 이하의 영세업체가 2021년 기준 전체 사업체수의 53.03%를 차지하고 있다.

이들 영세업체는 고용과 출하액에서 각각 17.3%와 7.5%를 점유하고 있어서 우리나라 기업의 영세성을 여실히 보여 주고 있다. 특히 종업원 규모 100명 미만인 중소기업이 총사업체수의 94.5%를 차지하고 있다. 반면 사업체수의 0.5%를 차지하고 있는 500명 이상을 고용하고 있는 대기업이 출하액에서는 47.4%를 점유하고 있어서 대기업과 중소기업이 큰 격차를 나타내고 있다. 반면 200명 이상을 고용하고 있는 기업체수도 제조업 전체의 2.1%에 불과하여 우리나라는 주요 선진국에 비해 영세소기업의 비중이 절대적으로 높으며 대기업의 비중은 상대적으로 낮은 것으로 나타나고 있다.

따라서 우리나라의 기업규모분포를 분석하면 아직도 중소기업의 비중이

표 9-8 고용인원별 추이(2021)

종업원 규모	사업체수		종업원수		출하액	
	개	%	천명	%	십억원	%
계	73,260	100.0	2,981,764	100.0	2,040,332	100.0
10~19	38,813	53.0	516,058	17.3	152,532	7.5
20~49	24,140	33.0	717,063	24.0	267,412	13.1
50~99	6,222	8.5	425,491	15.8	194,079	10.4
100~199	2,606	3.6	355,850	14.3	209,477	9.51
200~299	707	1.0	170,123	5.7	118,000	5.8
300~499	436	0.6	165,491	5.6	132,491	6.5
500명 이상	336	0.5	631,688	21.2	966,340	47.4

자료: 통계청, 「광업·제조업 통계조사」, 2017.

절대적으로 높으며, 특히 종업원 50명 미만의 소규모 생산조직이 대부분인 특징을 갖고 있다. 또한 중소기업은 대부분 낙후된 기술 등 구조적 영세성을 벗어나지 못하고 있으며, 대기업과의 규모격차가 매우 큰 특징을 갖고 있다. 또한 100~300명 규모의 중견기업도 상대적으로 많지 않아, 기업규모의 분포가 중소기업중심으로 편중되어 있음을 알 수 있다. 이것은 곧 독자적인 전문기술과 제품시장을 확보하고 대기업과 대등한 관계 속에서 영업활동을 할 수 있는 중소기업이 매우 적다는 것을 의미한다.

이상에서 본 바와 같이 우리나라 제조업의 시장구조는 대규모 기업집단을 중심으로 한 대기업에 의한 시장집중도가 높은 반면, 중소기업은 구조적 영세성을 벗어나지 못하고 있는 특징을 갖고 있다. 그러나 국제적 관점에서 보면 국내 대기업마저도 글로벌 경쟁에서 생존할 수 있는 규모의 경제성을 확보하지 못하고 있는 것으로 나타나고 있다. 경제력집중 역시 소규모 개방경제로서는 선진국보다 더 심화되었다고 단정지을 수 없는 특징을 갖고 있다. 따라서 중소기업은 물론 대기업도 규모 자체가 글로벌 경쟁력을 확보할 수 있는 수준으로 확대되어야 하며, 동시에 공정거래의 기반도 확충되어야 하는 과제를 안고 있다.

풀어쓰는 경제 12

대기업 집단은 베스트 프랙티스?

대기업 집단의 개혁은 우리 사회의 중요한 화두가 되어 왔다. 과연 재벌이라 지칭되는 대기업 집단은 경제적 기여보다 폐해가 더 많은 사회의 공적인가? 글로벌 시대에는 반드시 없어져야만 할 기업형태인가?

재벌은 출자나 혈연관계를 통해서 상호계열관계를 맺고 있는 기업군을 일컫는다. 공정거래법에서는 일본에서 유래한 재벌이라는 말 대신에 기업집단이라는 용어를 사용한다. 실제 선단식이나 문어발식이라고 불릴 만큼 서비스 산업에서 제조업, 금융업에 이르기까지 다양한 기업을 거느리고 있는 것이 우리 재벌의 현실이다. 흔히 30대 재벌이라고 하지만, 그 중에서도 부익부 빈익빈이 심하여 5대 재벌의 지배력이 훨씬 막강한 것이 사실이다.

　그렇다면 왜 재벌이라는 기업형태가 등장하게 되었는가. 혹자는 정부주도의 수출지향적 정칙이 빚어낸 부산물이라고 지적한다. 옳은 말이다. 그러나 경제적 논리는 이보다 더 포괄적인 설명을 한다. 기업조직에도 진화론, 즉 적자생존의 원리가 적용되기 때문이다. 바꾸어 말하면, 기업은 항상 주어진 환경에 가장 잘 적응할 수 있는 조직으로 형성되며, 그렇지 못한 기업의 경우 도태되게 마련인 것이다. 따라서 재벌이라는 조직도 우리의 정치, 경제 사회적 환경에 가장 잘 적응할 수 있는 조직의 하나로 탄생된 것이다. 이것을 흔히 최상의 현실적응(best practice) 모형이라고 말한다.

　그렇다면 그 이유는 무엇인가? 우선 여러 업종에 계열 기업을 거느리게 되면 사업의 안정성이 강화된다. 경기는 항상 순환하고 불확실한 것이므로, 특정업종에 집중투자하는 것보다 분산하는 것이 투자위험을 감소시킬 수 있기 때문이다. 계열기업이 많으면 서로 사주고(상호구매), 서로 도와주어(상호보조) 불황을 겪는 계열기업을 회생시킬 수도 있다. 모험적인 사업에 신규투자하거나 투자성과가 불확실한 연구개발사업을 공동으로 추진할 수도 있다. 특히 첨단산업에 신규진출할 경우에는 위험을 회피할 수 있는 안전장치로서의 기능이 중요하다.

　정치경제학적인 논리로도 설명될 수 있다. 금융산업이 발달되지 못한 개발도상국에서는 큰 재벌이 작은 기업보다 안정성이 높기 때문에 당연히 높은 점수를 준다. 금융기관의 입장에서도 재벌이 독립된 개별기업보다 안정성이 높기 때문에 당연히 높은 점수를 준다. 게다가 정경유착이 심하고, 정부의 규제와 간섭이 많은 경제에서는 재벌과 같은 조직이 있어야 모든 일을 원만하게 추진할 수 있는 힘이 생기게 된다. 정부 또한 일단 신규산업에 진출하면, 독과점적인 지위로 프리미엄(Entry Premium)을 보장하지 않았는가.

　이것은 글로벌 환경하에서도 마찬가지이다. 국제적인 신인도가 약한 초기 단계에서는 대기업 집단이 신뢰도 구축에 유리하고, 여러 업종을 기반으로 패키지 딜(Package Deal)을 할 수 있으며, 브랜드 이미지(Brand image)를 쉽게 구축하여 해외에 진출할 수 있다. 다시 말하면, 세계시장에서 개도국 기업이 맞닥뜨리는 높은 진입장벽을 대기업 집단이 더 쉽게 극복할 수 있는 것이다. 이런 이유로 영국의 「이코노미스트」지는 한국의 재벌해체에 의문을 제기한 바 있다.

　이러한 경제적 논리를 바탕으로 우리의 대기업 집단이 형성되었다. 대기업 집단은 생성과정에서 보면 우리의 경제환경에서 적자생존하기 위해 탄생된 당연한 귀결이라고 볼 수도 있다. 과연 기업집단의 기반 없이 한국경제의 성장과 세계적 위상을 갖는 기업의 탄생이 가능했을까? 그러나 시장이 경쟁적 환경으로 바뀌면 기업은 생존을 위한 변신을 다시 시도하여 새로운 조직으로 탄생할 것이다. 환경과 제도는 그대로 둔 채 기업 조직을 바꾸라고 강요한다면, 경쟁력은 당연히 떨어질 수밖에 없다. 이것은 순수한 경제논리적 설명이다. 그렇다면 대기업 집단을 왜 개혁하라고 하는가?

정갑영, 『열보다 더 큰 아홉』, 영진미디어, 2005, p. 130.

제10장 시장구조의 결정요인

시장구조의 결정요인

시장구조를 결정하는 요인은 기술적 요인과 제도적 요인 및 확률적 요인 등으로 구별될 수 있다. 기술적 요인은 산업 고유의 기술적 특성에 관련된 것을 말하며 일반적으로 최소효율규모(minimum efficient scale: MES)와 같은 기술적 진입장벽, 기업의 적정규모에 필요한 최소자본규모 등을 포함한다. 제도적 요인은 국가별 특수요인으로서 경제정책과 제도 등에 의해서 결정되는 여러 가지 규제와 보호 및 진입장벽 등을 포함한다. 한편 확률적 요인은 기술적 또는 제도적 요인으로는 파악되지 않는 변수로서, 예를 들면 소비자의 기호 변화, 경제외적 여건의 변화 등을 말한다. 특정한 산업의 기본조건이 갑자기 변화하여 시장구조에 영향을 미치는 것도 일종의 확률적 요인으로 파악될 수 있다.

기술적 요인은 각 산업마다 특수한 성격을 갖고 있는 변수가 많으므로 산업별 요인이라고도 하며, 제도적 요인은 국가별로 결정되는 변수이며, 확률적 요인은 산업과 국가에 관계 없이 영향을 미친게 된다. 이제 각 요인을 구체적으로 살펴보자.

10.1 산업별 요인

시장구조를 결정하는 산업 고유의 특정한 요인(industry-specific factor)들은 규모의 경제에서 발생되는 기술적 요인과 산업별 진입장벽을 들 수 있다. 「베인」은 규모의 경제 자체도 신규기업에게 진입장벽의 역할을 하므로 이들 요인들을 모두 각 산업의 기술적 진입장벽에 포함하였다(Bain, 1962). 규모의 경제 또는 최소효율규모 이외에 진입장벽으로 지적되는 것은 일반적으로 제품차별화(product differentiation)와 자본소요량(capital requirements) 등이라 할 수 있다.

본 절에서는 시장구조의 결정요인으로서 기술적 요인에 해당되는 규모의 경제와 최소효율규모를 설명하고, 제품차별화와 자본소요량 등의 진입장벽을 검토하기로 한다.

10.1.1 규모의 경제(Economies of scale)

시장구조를 설명하는 가장 중요한 요인으로 지적될 수 있는 것이 바로 규모의 경제이다. 규모의 경제란 생산량을 증가시킴에 따라 평균비용이 감소하는 현상을 말하는 것으로서 일반적으로 다음 세 가지 요인에 의해 발생한다.

첫째, 단일재화의 생산량을 아주 적은 양에서 점차 증대시키면 일정한 생산량 수준까지는 평균비용을 절하시킬 수 있다. 이러한 유형의 규모의 경제를 제품생산의 증대에 따른 경제성(product-specific economies)이라고 한다.

둘째, 공장의 활용도 증대에 따른 경제성(plant-specific economies)으로서 일정한 공장규모에서 소량의 생산량을 점차 대량화시킴에 따라 발생되는 단위당 비용절감효과를 말한다.

셋째, 기업차원의 경제성 증대효과로서 한 기업이 확장되거나 또는 여러 공장을 운용하여 생산량을 증대시킴으로써 생산단위당 비용을 절감시킬 수 있다. 이러한 유형의 규모의 경제를 기업규모에 관련된 경제성(firm-specific economies)이라 한다.

이와 같이 여러 가지 원인으로 생산량 증대에 따라 발생되는 모든 형태의 비용절감 또는 효율성의 증대효과를 규모의 경제라고 한다. 규모의 경제는 평균비용곡선에 반영되어 우하향(右下向)하는 곡선형태를 만들게 된다. 규모의 경제는 일반적으로 일정한 생산량 수준까지는 지속적으로 실현될 수 있지만 생산량이 계속 증가한다고 해서 무한히 나타날 수는 없다. 왜냐하면 규모의 경제는 수확체증현상을 반영한 것인데 현실경제에서는 일반적으로 규모에 대한 수확체감현상이 존재하기 때문이다. 따라서 가장 일반적인 평균비용곡선의 형태는 U자형으로 나타난다. 이것은 곧 일정한 생산량 수준까지 규모의 경제가 실현되고 그 이후로는 오히려 비경제가 발생하게 되는 것을 의미한다. 특히 U

자형의 꼭지점은 평균비용의 최소점을 나타내므로 이 점에서의 생산규모를 최소
효율규모(minimum efficient scale: MES) 또는 최소적정규모(minimum optimal scale: MOS)라고 한다.

〈그림 10-1〉에서 보면 q^*구간까지의 생산량에서는 규모의 증대에 따라 평
균비용이 하락하므로 규모의 경제가 실현되고 있고 q^{**} 이상의 생산량에서는
반대로 평균생산비가 증대되므로 규모의 비경제가 나타나고 있다. 또한 q^*q^{**}
구간에서는 규모에 대한 수확불변(constant returns to scale)이 나타나고 있다. U
자형의 비용곡선에서는 꼭지점이 최소비용수준을 반영하므로 여기에서의 생산
량이 MES가 된다.

이 그림에서는 최소비용이 실현되기 시작하는 q^*점이 바로 최소효율규모
(MES)가 된다. 따라서 MES는 비용곡선에 반영된 기술수준으로 평가할 때 가
장 효율적인 규모를 갖출 수 있는 최소의 생산량을 나타낸다.

만약 L자형의 평균비용곡선이 존재한다면 최소효율규모는 최초로 평균비
용의 최소점이 실현되는 꼭지점이 된다. 또한 자연독점이 존재하는 경우와 같
이 수확체증현상만이 존재하는 특수한 조건에서는 평균비용이 지속적으로 하

그림 10-1 규모의 경제와 최소효율규모(MES)

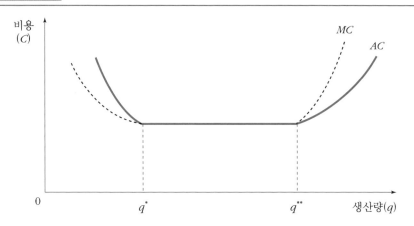

최소효율규모(MES)는 평균비용이 최소화되는 생산량을 말한다. 따라서 q^*가 MES의 생산량이다.
q^*와 q^{**}의 생산량에서는 평균비용이 동일하지만, q^*의 생산량으로도 평균비용이 최소화되기
때문에 MES는 q^*가 된다.

락하는 비용체감이 나타나므로 AC는 계속 우하향(右下向)하며 MES는 곧 최대 생산량수준이 된다. 따라서 MES는 주어진 생산기술과 시설규모에서 생산단위 당 비용이 최소화되는 점에서의 생산량수준을 의미하게 된다.

① 고정비용과 규모의 경제

이제 규모의 경제와 시장구조 및 고정비용의 관계를 파악하기 위하여 간 단한 형태의 비용함수를 가정하기로 한다.

규모의 경제를 반영시킬 수 있는 가장 간단한 비용곡선으로 고정비용(F)과 일정한 한계비용(c)을 포함하는 식 (10.1)을 가정하고 평균비용을 구하면 식 (10.2)와 같다.

$$C(q) = cq + F \tag{10.1}$$
$$AC(q) = c + (F/q) \tag{10.2}$$

이 함수에서 생산량(q)이 증가함에 따라 평균비용(AC)은 감소하게 된다. 만약 고정비용(F)이 큰 경우에는 생산량 증대에 따른 규모의 경제가 크게 나 타날 것이고 작은 경우에는 그 반대현상이 나타난다.[1] 따라서 고정비용이 큰 산업일수록 규모의 경제의 중요성이 커지게 된다.

이제 과점시장에서 모든 기업이 「쿠르노」(Cournot)의 가정하에서 행동하 는 것을 전제로 한다. i기업의 잔여수요[2]는 시장전체의 수요(Q)에서 여타 기 업이 차지한 수요를 공제한 것으로서 i기업이 직면한 수요곡선이 된다. i기업 은 잔여수요에서 유도된 한계수입(MR_i)과 비용함수에서 도출된 한계비용을 일 치시킴으로써 이윤극대화의 생산량을 결정하게 될 것이다.

시장에서의 수요곡선이 다음과 같다고 하자.

---

1) 규모의 경제에 대한 미시경제학적 계측은 일반적으로 평균비용과 한계비용의 비율을 나타내 는 함수계수(function coefficient: FC)로서 파악될 수 있다. 위의 비용함수에서 $FC = AC/MC = \{c + (F/q)\}/c = 1 + (F/cq)$가 된다. 만약 AC가 MC보다 클 경우에는 산출량 증대에 따라 AC가 감소하고 대량생산에 따른 규모의 경제가 발생하므로 FC가 규모의 경제 를 반영하는 계측치가 된다. 위에서는 고정비용(F)이 한계비용(c)에 비해 상대적으로 크면 클수록 함수계수의 값은 커지게 된다.

2) 시장전체의 수요가 Q이고 i를 제외한 여타 기업의 수요가 Q_i라면 i기업의 잔여수요 $d_i = Q - Q_{-i}$가 된다.

$$P = a - bQ \tag{10.3}$$

이 때 i기업의 한계수입은 식 (10.4)가 된다.

$$
\begin{aligned}
MR_i &= P + q_i(\varDelta P / \varDelta q_i) \\
&= P - bq_i \\
&= a - bQ - bq_i \tag{10.4}
\end{aligned}
$$

한편 $MC = c$이므로, $MR = MC$인 이윤극대화 조건은 식 (10.5) 또는 (10.6)이 된다.

$$a - bQ - bq_i = c \tag{10.5}$$

$$Q + q_i = (a-c)/b \tag{10.6}$$

한편 시장수요곡선 식 (10.3)에서 가격이 MC와 같게 되는 점에서의 수요로 표시되는 시장규모(Q^*)는 식 (10.7)이 된다.

$$Q^* = (a-c)/b \tag{10.7}$$

이것은 곧 완전경쟁시장에서의 수요규모와 동일한 개념으로서 시장규모를 나타내게 된다.

이제 모든 기업이 동일한 비용함수를 갖고 있다면 자연히 동일수준의 산출량 q^*를 생산하게 될 것이다. 또한 N개 기업으로 구성된 산업전체의 생산량은 $Q = Nq^*$가 된다. 이것을 식 (10.6)과 결합하여 단기의 균형생산량으로 표시하면 다음과 같다.

$$
\begin{aligned}
Nq^* &+ q^* = (a-c)/b \\
q_{SR}^* &= Q^* / (N+1) \tag{10.8}
\end{aligned}
$$

q_{SR}^*은 단기의 균형생산량으로서 N개 기업이 모두 q_{SR}^*을 생산하고 이윤극대화를 추구한다면 단기의 균형시장가격(P_{SR})은 식 (10.9)가 된다.

$$P_{SR} = a - bQ$$

$$= c + bq^*_{SR} \quad (MR = MC, \ q_i = q^*_{SR})$$
$$= c + bQ^*/(N+1) \tag{10.9}$$

식 (10.9)는 과점시장에서 많이 논의되는 것처럼 시장규모(Q^*)가 일정한 경우, 기업수가 증가하면 과점시장의 가격이 한계비용에 접근하는 것을 의미한다. 한편 식 (10.9)의 단기균형가격에서 각 기업의 이윤을 계산하면 식 (10.10)이 된다.

$$\pi_{SR} = \left\{ c + \frac{bQ^*}{N+1} \right\} \cdot q - (cq + F)$$
$$= b \left\{ \frac{Q^*}{N+1} \right\} - F \tag{10.10}$$

단기의 초과이윤이 있을 경우 신규기업의 진입이 증가하게 된다. 또한 기업수(N)가 증가함에 따라 기업당 산출량은 감소하며, 평균비용은 증가하고 이윤은 점차 하락하는 것을 의미한다.

결국 장기의 균형점에서는 이윤이 0이 될 것이며, 이윤을 0으로 하는 균형기업의 수(N^*)는 식 (10.11)로 나타낼 수 있다.[3]

$$N^* = \frac{Q^*}{\sqrt{F/b}} - 1 \tag{10.11}$$

따라서 고정비용(F)이 증가하는 경우에는 규모의 경제가 크게 나타나고 적정기업수는 감소하며 집중도는 증가하는 결과가 가져온다. 규모의 경제가 크게 실현되는 산업일수록 장기의 시장구조가 고집중화되는 것을 말한다. 대량생산에 의한 규모의 경제가 큰 산업은 산업 고유의 기술적 특성상 장기적으로 집중도가 높아져야 하는 것을 의미한다.

한편 규모의 경제가 지속적으로 발생될 수 있는 경우는 일반적으로 고정비용이 큰 산업으로, 이 때 자연독점현상이 나타나게 된다. 예를 들어 전기나

---

3) 일반적으로 식 (10.11)의 N^*는 정수로 나타나지 않는다. 실제 기업수 N^a는 $N^* - 1 \leq N^a \leq N^* + 1$의 정수로 결정된다. 신규기업의 추가적인 진입이 모든 기업에게 손실을 초래할 때까지 기업수는 증가하고 손실이 발생한 후에는 다시 감소하게 된다.

전화서비스 등은 막대화 고정투자가 소요되는 산업으로서 규모의 경제가 크고 자연독점현상이 나타날 수 있다.

② 범위의 경제

한편 규모의 경제는 한 공장에서 여러 재화를 생산할 경우에도 응용될 수 있다. 실제 현실에서도 단일공장에서 여러 재화를 생산하는 경우가 많다. 「보 몰」(Baumol) 등은 1개 이상의 재화를 생산할 경우에 나타나는 경제성을 「범위 의 경제」(economies of scope)라고 정의하고 있다(Baumol, Panzar & Willig, 1982).

이제 〈그림 10-2〉를 이용하여 범위의 경제를 설명하기로 하자. 이 그림은 3차원을 표시하는 것으로서 수평축에 재화 A와 B의 수량 Q_A와 Q_B를 나타내 고, 수직축에는 두 재화의 평균비용을 합계한 생산비를 나타낸다. 그림에서 빗 금친 ZC_1C_2는 두 재화를 다양한 방법으로 결합생산할 경우의 평균비용을 나 타내고 있다. $0q_A$를 받침으로 한 수직평면은 재화 B가 전혀 생산되지 않는 상 태($q_B = 0$)를 반면한 것으로서 비용곡선 ZC_1은 재화 A의 평균생산비를 반영하 고 있다. 반면 $0q_B$를 받침으로 한 수직평면은 재화 A가 전혀 생산되지 않는

그림 10-2 범위의 경제와 선평균비용

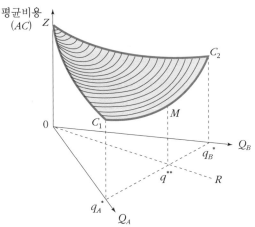

두재화 A, B를 동시에 생산하는 경우에는 A와 B의 결합비율에 따라 기업의 생산비가 달라진다. $0R$은 A, B의 결합비율에 따라 최소의 생산비를 나타내는 선이 된다. 이것은 ZC_1C_2로 이어지는 비용평면의 최저면을 A와 B의 결합에 따라 연결한 것이다.

상태($q_A = 0$)이므로 ZC_2는 재화 2의 평균생산비로 반영하고 있다. 두 수직평면의 밑바닥을 연결하는 빗금친 비용평면(cost surface)은 q_A와 q_B의 다양한 결합생산이 이루어지는 상태의 평균비용을 나타낸다. 비용평면의 최소점을 연결한 C_1MC_2를 선평균비용(ray average cost)이라고도 한다.

만약 $0q_A$와 $0q_B$를 45°에서 절단하는 수직평면이 주어진다면, 이 평면은 C_1과 C_2를 연결하는 비용평면을 자르게 될 것이다. 이 평면은 또한 재화 A와 B의 선형조합(linear combination)생산이 이루어지는 점을 나타내게 된다. 예를 들면 C_1과 C_2의 중간점인 M은 $0q_A^*$의 절반과 $0q_B^*$의 절반을 생산하는 조합의 평균비용을 나타낸다.

〈그림 10-2〉와 같이 C_1C_2의 비용평면이 아래로 볼록하게 주어진다면 재화 A와 B를 적절히 조합생산하는 것이 평균비용을 더욱 절감시키게 된다. 즉, 재화 A만을 생산할 경우($0q_A^*$)나 재화 B만을 생산할 경우($0q_B^*$)에는 평균비용이 각각 C_1과 C_2이지만, $0q_A^*$와 $0q_B^*$의 50%씩을 조합생산하면 평균비용은 C_1이나 C_2보다 작은 M에 불과하다. 그림에서 $0R$은 두 재화의 결합비용을 나타내는 선이다.

만약 $0R$을 따라서 생산할 경우 q^{**}에서 평균비용은 최소화되고 이 점이 바로 가장 효율적인 범위의 경제가 실현되는 점이다. 이와 같이 2개 이상의 재화를 동시에 생산하여 평균비용이 절감되는 것은 범위의 경제가 존재하기 때문이다. 그러나 만약 비용평면이 〈그림 10-2〉와 반대방향으로 볼록하다면 오히려 범위의 비경제(diseconomies of scope)가 존재한다. 이 경우에는 두 재화 이상의 결합생산보다 각 재화를 분리하여 서로 다른 공장에서 생산하는 것이 더욱 효율적이다.

범위의 경제가 존재하는 경우에는 당연히 다재화생산의 경향이 높아진다. 범위의 경제는 또한 시장의 수요조건보다 기술수준에 의해서도 큰 영향을 받는다. 시장수요가 작은 경우에는 1재화를 대량생산하는 규모의 경제보다 다재화를 소수공장에서 소량생산하는 방식의 범위의 경제를 추구한다. 범위의 경제는 물론 상호연관된 재화의 생산에만 적용될 수 있으며 규모의 경제와 동일하게 기술적인 진입장벽의 역할을 하게 된다.

③ 최소효율규모(Minimum efficient scale)의 계측

실제 *MES*는 산업 전체생산량의 몇 % 규모라는 상대적 개념으로 계측된다. 만약 *MES*수준의 단일공장만을 가진 기업만이 존재한다면 이 기업의 생산량은 곧 기업의 시장점유율이 될 것이다. 예를 들면, q_{MES}^*가 *MES*수준의 생산량이고 모든 기업이 q_{MES}^*만을 생산하는 효율적 기업으로 구성된 산업이 있다고 하자. 이 때 각 산업의 *MES*는 산업 전체생산량과 비교된 q_{MES}^*로 계측되므로, $MES = q_{MES}^*/Q$가 된다. 또한 적정기업수(N^*)는 $N^* = 1/MES$가 되어 *MES*가 0.1일 경우에는 10개가 될 것이다. 이 때 상위 3개 기업의 점유율은 곧 $CR_3 = 3 \cdot MES$가 되므로 *MES*와 *CR*은 직접적인 관계를 갖게 된다. 나아가 각 기업의 시장점유율이 *MES* 또는 $1/N^*$가 될 것이므로 허핀달지수도 $1/N^*$이 된다.

만약 시장의 집중률이 규모의 경제나 *MES*에 의해서만 결정된다면 시장구조를 조정하기 위한 독과점규제정책은 무력하게 될 것이다. 왜냐하면 장기적으로 시장집중도는 *MES*에 의해서 결정되고 이것은 다시 비용함수에 의해서 결정될 것이기 때문이다. 따라서 정확한 MES의 계측은 기술적 요인에서 제시되는 적정한 산업별 집중도를 제시해주는 중요한 과제가 되는 것이다.

최소효율규모(*MES*)는 결국 비용함수를 정확히 추정하는 작업인데 다음과 같이 세 가지 방법이 활용될 수 있다.

첫번째 방법은 통계적 분석에 의한 비용함수의 추정방법이다. 이것은 각 기업의 생산량과 비용에 관한 자료를 바탕으로 계량경제학적인 추정방법을 실시하는 것이다. 따라서 최근 컴퓨터의 발달과 함께 가장 많이 사용되고 있는 방법이 되고 있다.

그러나 특정산업의 비용함수를 추정하기 위해서는 같은 산업내에 있는 모든 기업이 동질적인 재화를 생산한다는 전제가 필요하다. 시계열 자료를 활용하는 추정일 경우에는 기술수준이 시간의 변화에도 불구하고 고정되어 있다는 가정이 필요하다. 특히 더욱 큰 제약은 산업조직론의 연구대상으로서 가장 중요한 독과점산업인 경우, 비용과 생산에 관한 자료가 소수기업뿐이어서 추정이 불가능하다는 점이라고 할 수 있다. 예를 들어 U자형 비용함수라면 최소한 3개 이상의 기업자료가 필요하게 된다. 그러나 독점산업일 경우에는 1개 기업만이 존재하여 자료가 부족하므로 추정에 필요한 자유도를 만족시킬 수 없게 된다.

두번째 방법은 생존기법(survival technique)으로서 장기간에 걸친 기업자료를 활용하는 방법이다. 「세이빙」(Saving)에 의해서 제시된 이 기법은 어떤 규모의 기업이 가장 많이 존재하였고 좋은 성과를 거두었는가를 시계열 자료로 파악하여 최소효율규모를 추정하는 방법이다(Saving, 1970). 이 방법은 장기간에 걸친 자료가 필요하고, 시간의 경과에 따른 산업분류의 변화, 기술수준의 차이, 품질의 개선 등을 적절히 반영시킬 수 없는 약점을 가지고 있다.

세번째 방법은 공학적 기법에 의한 추정(engineering estimate)으로서 「베인」에 의해 제시된 계측방법이다. 해당 산업의 전문기술자들은 일반적으로 공장규모와 생산비용에 관한 전문지식을 갖고 있을 것이므로 이들에게 조사문의하는 방법으로 MES를 추정한다는 것이다.

이 방법은 여타 방법에 의한 계측치보다 정확도가 높은 것으로 알려져 있으나 전문가의 주관적 견해에 의해 계측치가 좌우될 수 있고 실제 조사방법에서 너무나 많은 비용이 소요된다는 약점이 있다.

이와 같은 여러 가지 계측상의 난점으로 실제 산업조직론의 연구에서는 직접적인 계측치보다 간접적인 추정치를 활용하는 경우가 많다. 실제 직접적인 계측치와 간접적인 추정치를 비교 분석한 결과에서도 이들간 상관관계가 매우 높게 나타나 있다. 또한 MES가 산업별 기술적 특성을 나타낸다는 사실에 착안하여 선진국이나 외국의 추정치를 우리나라의 산업에 직접 적용하는 경우도 있다. 그러나 이 경우에는 각국의 산업분류가 서로 상이하다는 것을 주의하여야 한다.

간접적인 추정치로서 가장 많이 활용되는 것은 「플로렌스」(Florence)와 「와이스」(Weiss)에 의해 제시된 것이 있다. 「플로렌스」는 각 산업의 규모별 기업분포에서 중위(median)에 해당하는 기업의 규모를 MES로 파악한다. 반면 「와이스」의 방법은 기업규모별 누적 생산량분포에서 전체 산업생산량의 50% 이상에 해당되는 기업의 평균규모를 MES로 파악한다.[4] 이와 같은 간접적 추정

---

4) 「와이스」의 방법은 동일산업내 기업의 규모가 큰 순위로 배열하여 그림과 같이 누적 생산량 분포를 표시하였을 경우 $1{\sim}k$구간에 있는 기업의 평균규모를 MES로 파악한다.

치에 따른 비용면의 차이를 반영하여 조정하는 방법을 활용하기도 한다.

10.1.2 제품차별화

기업의 제품차별화(product differentiation)는 여러 가지 형태로 나타난다. 제품의 본질적인 기능은 같지만 형태를 변경하거나 디자인을 바꾸고 단순한 기능을 추가하기도 한다. 이러한 제품차별화전략은 자사의 제품이 경쟁회사의 제품보다 우월한 차이를 갖게 하여 매출액의 증대를 꾀하는 것이다. 따라서 기업의 제품차별화는 광고활동을 통해서 가장 많이 나타나게 된다.

경제학에서는 기업의 제품차별화를 반영하는 지표로서 광고활동(advertising activity)을 가장 많이 활용한다. 본 절에서도 논리전개의 단순화를 위하여 광고를 기업의 제품차별화의 지표로서 사용하기로 한다.

광고활동이 제품차별화를 반영하는 지표로서 신규기업에게 진입장벽의 역할을 하게 되는 것은 다음과 같은 유형으로 구별될 수 있다.

① 광고효과의 시차

광고는 일반적으로 과점시장 또는 독점적 경쟁산업에서 활발하게 이루어진다. 그런데 만약 T기에 이루어진 광고가 T기의 수요증대에만 영향을 미친다면 광고의 진입장벽효과는 존재하는가? 이 경우 기존기업이나 신규기업이 모두 같은 시점에서 광고를 시작하는 것과 같으므로 기존기업의 우위가 나타나지 않을 것이다. 따라서 광고의 진입장벽으로서의 역할은 나타나지 않게 된다.

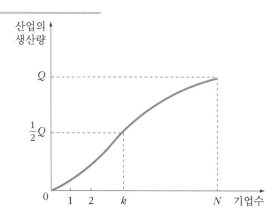

그러나 광고의 효과는 여러 기간에 걸쳐 나타나는 것이 일반적이다. T기의 광고는 T기의 수요에도 영향을 미치지만 $T+1$기 또는 $T+2$, $T+3$기의 수요에도 영향을 준다. 기업의 광고는 소비자에게 그 제품에 대한 이미지를 형성시키고 나아가 상표에 대한 신뢰도(brand loyalty)를 구축하는 데 기여하기 때문이다.

따라서 T기에 진입하려는 신규기업은 기존기업이 T기에 실시한 광고보다도 훨씬 많은 매출단위당 광고지출을 하여야만 할 것이다. 왜냐하면 과거에 광고활동이 없었기 때문에 소비자에게 새로운 이미지를 구축하는 데 훨씬 더 많은 비용이 소요되기 때문이다.

이것이 바로 기존기업이 갖고 있는 비용면의 절대우위이고, 신규기업에게는 진입장벽의 요인이 된다. 광고로 인하여 형성된 제품에 대한 이미지가 장기간 지속되는 산업에서는 신규기업의 광고에 의한 진입장벽의 효과가 크게 나타나게 될 것이다(Clarke, 1976).[5] 광고의 효과가 지속적이지 못한 산업에서도 신규기업은 새로운 이미지를 개발하여야 하기 때문에 진입초기에 기존기업보다 많은 광고 비지출을 하여야 할 것이다. 이것은 결국 광고비의 지출이 일시적인 경상비지출의 성격을 갖고 있지 않고 자본재지출의 요소를 지니고 있는 것과도 관련된다고 할 수 있다.

② 광고와 규모의 경제

광고활동에서도 규모의 경제가 발생하게 된다. 광고량이 증가할수록 평균광고비용은 일정구간에서 하락하기 때문이다. 다량의 광고를 하게 되면 광고비 자체를 할인받을 수도 있을 뿐만 아니라 광고로 인한 수요증대효과가 광고량 증대에 따라 체증하기 때문이다. 따라서 광고비지출 단위당 수요증대효과는 광고량이 적은 기업보다 광고량이 많은 기업에서 더욱 크게 나타난다. 이와 같은 규모의 경제가 존재하는 경우에는 신규기업이 다량의 광고를 실시하고 있는 기존기업보다 비용면에서 열위에 있게 됨은 물론 진입장벽을 높게 하는 요인이 된다.

---

5) 광고의 효과가 지속되는 기간은 산업마다 크게 다르게 나타난다. 저가의 일회용 상품인 경우 광고효과의 지속기간은 비교적 짧게 나타나고, 내구재는 길게 나타나는 경향이 있다(Clarke, 1976).

이러한 관계를 〈그림 10-3〉에서 살펴보기로 한다. 기존기업과 신규진입기업이 모두 동일한 평균생산비곡선 AC_p를 갖고 있고, AC_a는 광고비지출에 소요되는 단위당 평균광고비용곡선이라고 하자. 기존기업의 평균비용곡선은 AC_a와 AC_p를 합한 AC_s로 표시된다. 이 경우 MES는 q_3로 표시된다.

한편 신규기업은 기존기업과 달리 제품판매의 초기단계에서 상표의 이미지를 확립하기 위한 시장침투비용이 소요될 것이다. 신규기업의 평균시장 침투비용은 AC_N으로 표시할 수 있다. 따라서 신규기업의 평균비용곡선(AC_E)은 $AC_p + AC_a + AC_N$으로 나타나게 될 것이다. 이 경우 신규진입기업의 MES는 q_2가 된다.

따라서 광고비를 포함한 비용면에서 기존기업은 신규진입기업보다 우위에 있게 되고 가격면에서는 P_{ent}와 P_S의 차이만큼 여유가 있게 된다. 환언하면 기존기업은 q_3에서 생산하고 생산비수준인 P_S보다 높은 P_{ent}수준까지 가격을 인상해도 진입을 유발하지 않게 된다. 이것은 생산비의 조건(AC_p)이 동일하면서

그림 10-3 광고와 규모의 경제

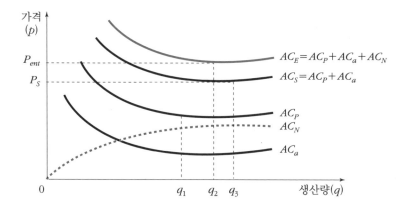

생산비 조건이 동일해도 시장개척비용이 많이 소요될 경우에는 진입조건이 달라진다. 시장개척을 위한 신규진입기업의 광고비가 AC_N이라면, 이 기업의 전체 평균비용은 AC_E가 된다. 따라서 기존기업은 AC_E와 동일한 수준인 P_{ent}의 가격에서도 신규기업의 진입을 억제할 수 있다.

도 시장개척에 따른 진입장벽이 존재하기 때문이다.

이와 같은 광고 또는 제품차별화로 인한 진입장벽은 신규기업의 진입에 영향을 미치고, 결국은 시장점유율 또는 시장구조를 결정하는 요인이 되는 것이다.

10.1.3 자본소요량

기존기업의 비용우위(cost advantage)는 자본소요면에서도 나타날 수 있다. 신규진입기업은 기존기업보다 확고한 명성이나 위치를 확보하고 있지 못하므로 자본소요액을 조달함에 있어서도 기존기업보다 높은 금융비용을 부담하게 된다. 이러한 현상은 자본시장이 완전경쟁시장의 구조를 갖고 있지 않을 경우에 더욱 두드러지게 나타난다. 또한 신규기업의 성패 여부가 불확실한 경우에도 더욱 큰 진입장벽의 요소로 부각될 수 있다.

특히 규모의 경제가 크게 나타나는 산업에서는 MES가 크고 고정비용의 비중이 높아지므로 자본소요액도 크게 나타나며, 이에 따른 신규기업의 비용면의 불이익도 증가하게 된다. 따라서 규모의 경제가 크게 나타나는 산업에서는 자본소요액의 진입장벽도 역시 높아지고 이것은 결국 시장구조의 고집중화에 기여하게 된다.

10.2 확률적 요인

지금까지 시장구조는 산업 특유의 기술요인, 광고활동, 시장규모, 기업합병, 정부의 정책, 기업내부조직의 효율성 등에 의해서 결정되는 것을 설명하였다. 그러나 일부 경제학자들은 이상과 같은 접근방법과는 완전히 구별되는 확률요인을 시장구조의 결정요인으로 지적하고 있다. 확률적 요인에 의한 시장구조의 설명이론에 따라 극단적으로 표현하면 "어떤 특정시점에서 계측된 시장구조는 순수하게 우연에 의한 결과이다"라고 할 수 있다. 즉, 우연에 의해 결정되는 것이므로 과거의 영업실적이나 현재의 규모 등에 관계 없이 독립적으로 결정된다는 것이다.

구체적인 예를 들면 다음과 같다. 50개의 기업으로 구성된 한 산업을 가정하자. 모든 기업이 첫해에 1억원의 매출을 기록하여 각각 2%의 시장점유율을 유지하였다고 가정하자. 이제 이 기업들이 점차 성장하기 시작하며 모든 기업이 동일하게 X%의 성장전망을 갖고 있었다고 하자. 그러나 실제 한 해가 지난 후에는 각 기업의 성장실적은 동일하지 않고 통계적인 분산을 갖게 될 것이다. 어떤 기업은 어떤 특정연도에 다행히 운이 좋아서 높은 성장률을 기록하기도 하고, 불운한 기업은 낮은 성장률을 기록할 것이다. 그러나 분명한 것은 모든 기업이 동일한 성장가능분포(distribution of growth possibilities)에 직면하게 된다는 사실이다. 그리고 특정기업의 실제 성장률은 그 성장가능분포에서 임의표본 (random sample)을 추출한 것과 같은 것이다.

이것은 마치 수많은 사람들이 주사위를 던져서 얻게 되는 값을 결정하는 것과 같다. 불특정 다수인이 주사위를 던져서 얻게 될 숫자의 가능분포는 모두 동일하지만 실제 얻게 되는 주사위 값은 불균등하게 나타날 것이다. 그러나 6을 많이 얻은 사람이 특별한 재주나 속임수를 썼다고 할 수는 없으며 다만 우연히 확률적으로 결정되었을 따름이다. 6을 얻게 될 확률은 사실 모두에게 동일한 것이다.

이와 같이 모든 기업이 직면하는 성장가능분포는 동일함에도 불구하고 실제 기업규모에 차이가 나고 시장구조가 집중화되는 것은 어떻게 설명할 수 있는가? 그 대답은 바로 각 기업의 운이라는 것이다. 일부 기업들은 운이 좋아서 높은 성장률을 기록하고 시장점유율을 확대하게 되며, 오히려 그 반대에 직면하는 기업도 등장한다. 실제 운이라고 설명될 수 있는 요인은 시장외부적 요인, 급격한 외생적 변화 등이다. 그러나 일단 시장점유율을 확대한 대기업이 등장하게 되면, 그 시점에서 대기업과 중소기업의 성장가능률이 동일하다 할지라도 대기업은 지속적으로 선도기업의 역할을 하게 될 것이다. 이 결과 시장구조는 불균등한 형태로 결정되게 된다.

기업수가 일정할 때 각 기업이 직면하게 되는 성장률의 분포는 기업규모나 과거의 실적에 관계 없이 동일하다는 논리의「지브랏」(Gibrat)에 의해 제시되었으며, 지브랏의 비율성장의 법칙(law of preportionate growth)이라고 하기도 한다. 이 법칙은 실제 컴퓨터를 이용한 시뮬레이션에서도 검증된 바 있다(Scherer, 1980).

이 결과에 따르면 지브랏의 법칙을 적용한 성장의 결과는 기업규모의 분포와 성장률의 관계가 로그정규분포형태로 된다. 이것은 쉽게 정규분포로 전환될 수 있고 분포의 통계적 특성을 활용하면 시장구조와의 관계를 더욱 정확하게 파악할 수 있게 된다. 예를 들면 평균성장률과 분산이 크면 클수록 기업규모의 분포는 더욱 불균등하게 된다. 또한 새로운 기업의 진입과 이탈을 확률변수로 고려하고, 기업성장률자료를 이용하면 시장구조의 결정요인을 「지브랏」의 모형내에서 설명할 수 있다(정갑영, 1986).

확률과정에 의한 시장구조의 결정을 설명하는 모형은 몇 가지 점에서 비판받고 있다. 무엇보다도 먼저 모든 시장구조가 순수한 확률요인에 의해서만 결정된다면 많은 국가에서 동일한 산업의 집중도가 유사한 현상을 설명할 수 없게 된다. 이것은 물론 극단적인 경우 기업성장이 모두 확률적 요인에 의해 결정된다고 주장할 수도 있다. 산업이 생명주기에 따라 시장구조가 결정되었다는 설명도 가능하다. 그러나 그것은 모두 완벽한 설명이 되지 못하며 산업고유의 기술적 요인이 내재되어 있음을 부인할 수 없다.

또한 모든 기업이 과거의 실적이나 현재 규모에 관계 없이 동일한 성장가능성에 직면한다 해도 실제 성장률이 기업가의 능력이나 판매기법 등 다양한 기업 고유의 특성에 관계 없이 모두 운에 의한 우연의 결과라는 설명에도 무리가 있다. 물론 모든 기업이 외부의 확률변수적 성격을 지닌 충격과 운 등에 무차별적으로 영향을 받고 성장가능성의 분포가 동일한 것은 사실이다. 그러나 대규모 기업일수록 안정적인 성장을 나타내는 경향 등은 기업의 성장이 규모에 관계 없이 모두 우연에 의한 것이라고 설명하기 어렵다.

지브랏의 모형이 제시하는 중요한 시사점의 하나는 성장률의 분산이 크면 클수록 시장집중의 심화가 빨리 나타나게 된다는 사실이다. 기업간 성장률의 분포가 불균등할수록 시장구조의 독과점화가 촉진된다는 점이다.

또한 성장률의 분산은 산업마다 다를 것이며 제품의 특성과 경쟁상태 등에 따라 결정될 것이다. 특히 제품의 디자인이 급격히 변화하거나 기술진보가 신속하게 이루어지는 경우, 소비자가 제품의 광고에 쉽게 매혹되는 경우에는 성장률의 변화가 크게 나타날 것이다. 이 산업에서 새로운 포장과 광고, 차별화된 제품판매 등으로 성공하는 기업은 신속하게 시장점유율을 높이게 되고,

그렇지 못한 기업은 급격한 타격을 보게 될 것이다.

이와 같이 확률변수적인 성격을 가진 요인들이 실제 시장구조의 결정에 결정적 작용을 하는 것은 사실이다. 그러나 실제 시장구조는 확률요인뿐만 아니라 여타 요인들이 함께 결합되어 결정된다.

지브랏의 발견

지브랏은 일찍이 미국 기업의 흥망사를 분석하며 신기한 사실을 발견하였다. 70년 이상 걸친 수천 개의 기업자료에 의하면, 내일 얼마나 성장할 수 있는가 하는 기업의 운명은 오늘의 기업규모와는 관계없이 결정된다. 한마디로 잘 나가는 대기업과 규모가 작은 중소기업이 직면하는 생존의 확률은 모두 같다는 것이다. 이른바 지브랏의 법칙이다.

얼마 전까지도 이 법칙은 한국에는 적용되지 않는 것 같았다. 쓰러져가는 대마(大馬)를 붙들기 위해 정부가 나서고 멀쩡한 계열기업이 담보가 되었고 금융기관이 볼모가 되어왔다. 예외 없는 법칙이 없다고 하지만, 이제는 불행히도 이 예외에서 벗어나지 못하게 되었다. 30대 재벌이 지금 몇 개나 변변히 살아남았는가? 현대건설이 그렇게 쉽게 벼랑에 떨어지는 것을 누가 예측할 수 있었겠는가. 실제로 1980년에서 2007년까지의 자료를 보면 30대 재벌 중 14개가 순위에서 탈락했다. 그 중 10개 그룹은 해체되거나 다른 기업에 인수되는 비극을 맞았다.

그러나 이런 현상은 고도성장에 친숙했던 우리에게만 생소했을 뿐 이미 선진국에서는 보편화된 사실이었다. 지난 10년 동안 미국의 100대 기업에 신규로 진입한 기억이 213개나 되었고 수명은 평균 4.8년에 불과하였다. 경제의 글로벌화로 불확실성이 커졌다. 기업의 수명은 짧아지고 있으며 내일의 운명은 더욱 점치기 어렵게 되었다. 대기업이 사라져야 우리 경제가 활력을 찾을 수 있다고 믿는 사람은 쾌재를 부르겠지만, 이것은 기업규모와 상관없이 나타나는 현상이다. 우리 힘으로는 도저히 거역할 수 없는 추세라서 경제기반이 모두 무너질 수도 있는 잠재적 위협이 되는 셈이다.

이러한 불확실성 속에서 우리 경제는 아직도 어려운 고통에서 벗어나지 못하고 있다. 한때 한국을 대표한다던 현대그룹과 세계경영의 상징이라던 대우그룹은 이미 역사 속으로 사라지고 있다. 우리 경제는 아직도 IMF 외환위기 이후 투입된 막대한 공적자금의 부담에서 벗어나지 못한다. 해외의 경제여건이 좋은 것도 아니다. 더욱 심각한 것은 이런 어려움이 언제까지 지속될지 아무도 예측할 수 없다는 사실이다. 이런 위기와 변화속에서 우리 경제가 어떻게 살아남을 수 있을까?

우선, 기업의 흥망성쇠가 언제라도 달라질 수 있다는 사실을 자연스럽게 받아들여야 한다. 모든 경제주체가 이런 변화를 수용할 수 있을 때 경제의 생존력은 오히려 더 강화된다. 따라서 일정기간 한시적으로 구조조정을 완료하겠다거나, 쓰러져가는 대기업을 고용불안이나 정치적 고려로 연명시키려는 발상도 버려야 한다. 구조조정은 일상적이고 지속해서 일어나는 현상이며 어려워지면 시장에서 자연스럽게 퇴출당하는 것이 사회적 비용을 최소화하는 길이다. 이런 사실을 인식하는 데 더는 학습비용을 지급해서는 안 될 것이다.

기업이 시장환경에 신축적으로 적응할 수 있도록 유연성을 부여하는 것도 중요하다. 고용의 유연성은 물론이고 신규투자와 퇴출에 이르기까지 신속히 적응할 수 있는 부드러운 환경이 만들어져야 한다. 수익성과 무관하게 기존사업을 유지하는 경직적인 전략이나 구조조정을 거부하는 강경한 노사대립은 결국 퇴출을 앞당길 뿐이다. 역설적으로 근로자가 원하는 고용의 창출은 신속한 구조조정을 통해 이루어질 수 있다는 사실을 받아들여야 한다. 특히 시장이 어려울수록 신속한 구조조정이 필요하다. 구조조정은 피할 수 없는 선택이지만, 실업은 피할 수도 있는 결과이다.

시장에 역행하는 기업행태도 과감히 버려야 한다. 기업은 시장에서 살아 움직이는 생명체이다. 그 시장에서 버림받고서 어떻게 생존할 수 있단 말인가. 기업규모가 커질수록 시장의 영향력은 당연히 증대된다. 정부의 정책도, 기업의 전략도, 노조의 투쟁도 모두 시장이 지켜보고 있다. 수없이 많은 사람이 소리 없이 바라보고 있다. 오늘 시장을 거스르는 선택은 내일 엄청난 사회적 비용을 유발하게 될 것이다. 경제의 위기는 항상 기회와 함께 온다. 수십 년 동안 성장한 우리 경제가 몇 년 침체되는 것은 결코 특이한 현상이 아니다. 문제는 침체가 아니라 얼마나 더 많은 학습비용을 지급해야 생존의 지혜를 발견할 수 있는가이다.

정갑영, 『나무 뒤에 숨은 사람』, 21세기북스, 2012, p. 188.

10.3 제도적 요인

제도적 요인은 경제발전의 정도, 경제의 구조적 성격, 산업정책 등에 따라 결정된다. 경제가 저개발된 나라에서는 일반적으로 정부의 산업규제와 보호가 많이 나타나므로 시장구조가 고집중화되는 경향이 나타난다. 반면 이미 산업화가 이루어진 선진 공업국에서는 정부의 시장개입이 적은 경향이 있고, 결과적으로 제도적인 시장구조의 결정요인이 큰 영향을 미치지 못한다.

개발정책의 방향에 따라서도 시장구조를 결정하는 제도적 요인이 크게 달라진다. 예를 들어 대기업이나 특정전략산업의 육성으로 단기간에 높은 경제성장을 이룩하려는 인위적 요소가 많게 되는데, 이것은 곧 그 산업에서 제도적 진입장벽을 높게 하는 역할을 한다. 특히 수출에서 국제경쟁력을 확보하거나 연구개발투자의 성과를 위하여 규모의 경제를 위주로 효율을 추구하는 산업정책에서는 신규기업의 진입을 제도적으로 규제하게 된다. 이러한 경우에는 특정산업에 높은 제도적 진입장벽이 존재하므로 결과적으로 고집중산업구조를 형성하게 된다. 이밖에 산업합리화나 불황극복을 위하여 특정기간 중에 유치산업과 불황산업을 보호하는 정책도 대부분 제도적 진입장벽의 형성요인이 된다.

개발전략도 경우에 따라 시장구조를 결정하는 중요한 제도적 요인이 된다. 불균형성장의 개발전략을 채택하여 산업연관효과가 큰 산업을 대기업 위주로 중점육성하려는 정책은 전략산업의 시장구조를 독과점화시키는 요인이 된다. 예를 들면 특정전략산업에 소수기업만을 인정하고 신규기업의 진입을 규제하는 정책은 산업의 기술적, 확률적 요인에 관계 없이 시장구조를 독과점화하게 된다.

제도적 요인은 구체적으로 각종 법규와 인·허가과정에서의 행정적 규제, 독과점 규제 및 공정거래제도 등을 통해서 영향을 미치게 된다. 국제경쟁력의 확보와 불황극복을 위한 산업합리화 또는 연구개발과 기술혁신 등을 위해서 특정한 법령을 제정하여 산업규제를 직접적으로 실시하는 경우가 대부분이다. 또한 직접규제는 하지 않지만 인·허가과정을 통해 간접적으로 규제하는 방법을 활용하기도 한다. 산업정책적 측면에서는 세제와 금융면의 특혜 또는 규제 등을 동시에 병행하는 것이 일반적이다.

이 경우 보호·규제받는 산업은 대부분 유치산업이거나 전략산업에 해당되지만 장기적인 규제나 보호는 자원배분의 왜곡을 초래하게 된다. 따라서 제도적 진입장벽을 형성하는 규제는 자원배분의 왜곡과 산업정책의 목표를 적절히 조화시켜 결정되어야 한다.

한편 모든 제도적 요인이 항상 시장구조를 독과점화하는 방향으로 움직이지는 않는다. 예를 들어 독점을 강력히 규제하거나 금지시키고 경쟁을 촉진시키려는 독점규제제도 또는 공정거래제도는 산업의 경쟁화에 영향을 미치는 제도적 요인이 된다. 자본주의경제에서는 산업이 고도로 발전함에 따라 유치산업이나 전략산업을 보호·규제하려는 정책보다는 독점규제와 공정거래제도를 강력히 확립하려는 경향이 나타나게 된다.

10.4 시장구조의 동태적 변화

시장구조는 산업의 성장과 경쟁상태에 따라 지속적으로 변화한다. 산업별 요인에서 제시된 최소효율규모도 기술수준의 변화에 따라 달라질 수 있다. 특히 확률적 요인은 시간이 변화함에 따라 시장구조에 크게 영향을 미칠 수 있다. 신규기업이 진입하여 시장구조가 변화될 수 있다. 이러한 여러 가지 요인에 의해 시장구조는 동태적으로 변화하며 산업의 경쟁상태도 지속적으로 달라질 수 있다.

시장구조의 변화과정을 설명하는 동태적인 경쟁이론(theory of dynamic competition)은 시장구조를 변화시키는 동태적 요인이 산업의 생명주기(industry life cycle)와 관련되어 있다고 파악한다. 산업의 생명주기설은 모든 산업이 시간의 경과에 따라 일정한 순환과정을 거친다고 파악한다. 즉, 모든 산업은 도입기와 성장기를 거쳐 성숙기를 지나 쇠퇴하게 된다는 것이다. 이와 같은 산업의 생명주기는 〈그림 10-4〉와 같이 표시된다. 각 단계별 시장구조와 경쟁여건 및 성과를 요약하면 다음과 같다.

첫번째 단계는 제품이 시장에 처음 도입되는 도입기(introduction period)로

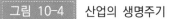

그림 10-4   산업의 생명주기

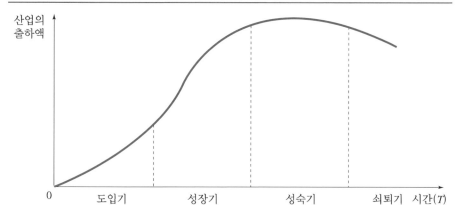

산업의 생명도 4단계의 주기를 갖고 있다. 각 주기에 따라 시장구조와 성과가 달리 나타난다. 따라서 시장집중과 산업성과도 산업의 생명주기에 의해 영향을 받게 된다.

이 기간에 시장구조는 소수혁신기업에 의해 지배되는 독과점구조가 나타난다. 시장규모는 느린 속도로 성장하고 혁신기업의 이윤도 불안정적이다. 신제품의 개발판매에 성공하는 기업은 높은 이윤을 획득할 수 있으나, 실패하는 기업은 손실을 입게 된다.

두번째 단계는 시장규모가 급속히 확대되는 성장기(growth period)로서, 이 기간에는 신규기업의 진입이 활발히 이루어지고, 각 기업의 시장점유율이 매우 유동적이라고 할 수 있다. 많은 신규기업의 진입이 발생하며 제품의 차별화와 다양한 형태의 기술혁신이 나타난다. 이 기간 중 기업은 높은 이윤을 획득한다.

세번째 단계인 성숙기(maturity period)는 시장규모가 어느 정도로 확대된 시기로서 각 기업의 시장점유율이 안정적이고, 기업의 이윤도 정상수준에 접근한다. 각 기업의 순위가 안정적으로 결정됨은 물론 제품차별화현상도 점차 정지되는 구간이다.

네번째 단계는 쇠퇴기(decline period)로서 시장규모가 축소되는 여타 제품으로 점차 대체되는 시기이다. 기업수가 점점 감소하고 경쟁은 가격과 비용 인하를 통해 이루어진다. 이윤이 감소하고 이탈기업이 증가하게 된다. 이와 같은 산업의 쇠퇴현상은 흔히 여타 대체산업의 발달로 인하여 발생한다.

물론 이와 같은 산업의 생명주기가 모든 산업에게 항상 공통적으로 나타나는 것은 아니다. 산업에 따라 한 구간을 뛰어 넘어 성장하는 산업도 존재한다. 예를 들면 도입기에서 바로 성숙기로 진행할 수도 있고, 도입기에서 성장·성숙기를 거치지 않고 쇠퇴기로 이전되는 경우도 많다. 또한 각 기별 지속기간도 산업에 따라 크게 달라진다.

산업의 동태적 성장과정이 시장구조에 미치는 영향을 요약하면 도입기에는 독과점적 구조, 성장기에는 신규기업의 진입과 경쟁의 심화, 성숙기에는 안정적인 시장구조가 유지된다. 반면 쇠퇴기에는 다시 가격경쟁이 치열해지고 기업의 이탈이 발생하게 된다.

한편, 성과면에서는 도입기에 발생되는 기업의 초과이윤은 시장지배력에 의한 초과이윤과 구별되어야 한다. 신제품을 시장에 도입함으로써 얻게 되는 이윤은 기술혁신에 의한 결과이며, 「슘페터」에 의하면 이것이 바로 '창조적 파괴과정'이라고 할 수 있다.

부록

10.A 한국산업의 시장구조 결정

한국산업의 시장구조를 결정하는 요인을 정확히 분석하기 위해서는 제도적 요인과 산업별 요인 및 확률적 요인을 모두 고려해야 한다. 제도적 측면에서는 그동안 고도성장과정에서 소수전략산업을 육성하고, 정부주도의 성장정책을 추진한 결과 많은 산업에 제도적 진입장벽이 높은 현상을 유발하였다. 예를 들면 각종 인·허가과정을 통하여 정부가 인위적으로 시장구조를 통제하는 정책을 실시하여 왔다고 할 수 있다.

그러나 이와 같은 제도적 진입장벽은 수치로 계량화하기가 어려우며 따라서 그 영향을 분석하기가 매우 힘들다. 또한 제도적 진입장벽의 형성은 단지 우리나라에만 특수하게 나타나는 현상이 아니며 많은 개도국에서 정부주도형 산업개발과정에서 발생하여 왔다.

따라서 제도적 요인이 한국산업의 시장구조에 미친 영향을 구체적으로 분석하기 위해서는 산업별로 제도적 진입장벽을 계량화하고 각국과 비교 분석해야만 한다. 그러나 이와 같은 연구는 아직 본격적으로 실시되지 않았다. 다만 기존의 산업정책과 독점규제제도 등을 통해 평가할 때 경쟁을 촉진시키는 정책보다는 시장구조의 독과점화를 유발하는 정책이 많이 채택되어 왔다고 할 수 있다.

한국산업의 시장구조 결정요인을 기술적 요인과 확률적 요인으로 설명한 연구결과들은 대부분 최소효율규모(*MES*)와 광고집약도 및 최소자본규모 등 산업별 진입장벽이 중요한 결정요인이 되고 있음을 보여주고 있다(김기태, 1984). 시장구조와 여러 방법으로 계측된 *MES*와의 관계를 분석한 결과에서도 최소효율규모라는 기술적 산업변수가 시장구조결정의 가장 중요한 요인이 되고 있음을 보여 주고 있다(정갑영, 1986). 이 연구에서는 시장구조를 산업별 요인인 진입장벽과 확률적 요인인 성장률에 의해서 결정되는 모형으로 파악하고 동태적인 경쟁과정을 반영하여 전기의 신규진입을 시장구조의 결정요인으로 포함하여 다음과 같은 시장구조의 결정모형을 검증하고 있다.

$$CR_t = \alpha_0 + \alpha_1 B_t + \alpha_2 GRO_t + \alpha_3 ENT_{t-1} + \mu_t \tag{10.A.1}$$

CR_t는 t기의 상위 3사 집중률, B_t는 t기의 진입장벽을 나타내는 벡터, GRO_t는 t기의 산업성장률, ENT_{t-1}는 $t-1$기의 진입률을 나타낸다. B_t는 구체적으로 최소효율규모, 절대자본소요량, 광고·매출액의 비율을 포함하고 있다. 특히 기업규모의 확률적 분포와 지브랏법칙에 의한 진입확률분포의 개념을 활용하여 확률적 요인에 의한 시장구조의 결정을 분석하였다.

이 분석모형을 32개의 소비재산업과 30개의 생산재산업에 적용하여 분석한 결과, 여러 형태의 규모의 경제변수와 진입장벽이 시장구조결정에 많은 영향을 미치고 있음을 설명하고 있다. 예를 들어 전 산업(62개)부문에 대한 추정결과는 다음과 같다.

$$CR_3 = 38.515^* + 1.232^*MES + 0.279^*CAR + 2.774^{**}ASR + 0.154^*GRO - 0.101^{**}ENT^{6)}$$

$$(9.99) \quad (5.67) \quad\quad (2.72) \quad\quad (1.71) \quad\quad (2.19) \quad\quad (1.76)$$

최소효율규모(MES)[7]와 최소자본소요량(CAR), 광고집약도(ASR) 등 진입장벽은 모두 시장구조에 정(正)의 유의적(有意的)인 영향을 미치고 있고, ENT는 부(負)의 영향을 미치고 있다. 또한 GRO도 시장구조에 정의 영향을 미친 것으로 분석되고 성장률이 높은 산업에서도 상위 3사의 집중률이 낮아지지 않고 있음을 보여주고 있다.

한편 한국경제를 '생산에 필요한 자본재와 중간재 등 생산요소를 외국으로부터 수입하여 이를 조립·가공하여 생산한 완제품 또는 반제품을 다시 외국에 수출하는 형태의 자본순환이 지배적인 가공무역 후진경제'로 규정하고 이러한 경제구조가 산업조직에 많은 영향을 미치고 있다고 평가하는 연구도 제시되었다(강철규 & 장석인, 1987).

이러한 구조적 요인 때문에 시장구조면에서는 1) 경쟁으로부터 독과점화로 변화하지 않고 조기독과점화가 이루어지며, 2) 수출시장을 대상으로 하는 조립가공업의 대형화 현상이 나타나고, 3) 반면 중간재와 자본재를 공급하는 산업과 중소기업의 낙후가 불가피하고, 4) 산업생명주기가 단축되고 높은 진입장벽으로 경쟁배제현상이 나타난다고 지적하고 있다. 이러한 분석은 시장구조를 결정하는 여러 요인 중 국가별 특수성에 따라 결정되는 요인(country- specific factor)을 파악하는 접근방법이라 할 수 있다.

우리나라 산업의 시장구조 결정요인에 대한 연구는 앞으로 제도적 요인을 더욱 정확히 파악하고, 구조·성과·형태간의 동시성을 고려하며 상당기간의 시계열을 분석하는 작업이 이루어져야 할 것이다. 또한 시장구조의 변화과정을 동태적으로 파악하여 어떤 요인이 장기적인 시장구조결정에 영향을 미치는가를 파악하여야 한다(Jeong & Masson, 2003).

---

6) ( )내의 숫자는 t통계량, *와 **는 각각 1%와 5%의 유의수준을 나타낸다.

7) 이 분석에서 MES는 기업별 비용의 불이익률(cost disadvantage ratio)이 반영된 최소효율규모이다.

제11장 기업결합

Chapter 11

기업결합

11.1 기업결합의 형태

기업은 생산활동을 수행하는 경제주체이다. 생산활동이란 노동과 자본 등의 생산요소를 기술적으로 결합하여 어떤 산출물이나 용역을 공급하는 것을 말한다.

이러한 생산활동을 경제학에서는 흔히 생산함수의 개념으로 축약하여 사용하고 있다. 예를 들면, 노동(L)과 자본(K)을 결합하여 재화(Q)를 생산하는 관계를 $Q = f(L, K)$로 간단히 표시한다.

그러나 이러한 생산함수가 실제 기업에서 어떤 과정과 조직을 통해 실현되고 있는가를 파악하면 매우 복잡하다. 어떤 기업은 단일공장에서 소수의 노동자와 간단한 기계설비로 재화를 생산한다. 반면 대기업은 대규모의 노동인력과 기계설비로 여러 공장을 운영하기도 하고, 여러 기업을 결합시킨 기업군을 거느리기도 한다. 기업내부의 조직과 의사결정과정도 매우 다양한 형태로 이루어지고 있다.

따라서 기업이 생산함수를 현실화시키면서 재화와 용역을 공급하는 것은 사실이지만, 어떤 조직과 과정을 거쳐서 이루어지는가를 파악하는 것은 매우 방대한 작업이다. 이러한 의미에서 흔히 기업은 생산함수를 안고 있는 블랙박스(black box)와 같다고 표현하기도 한다.

특히 기업의 조직과 구성은 다양한 형태로 이루어지고 있다. 많은 기업이 단일한 조직체를 유지하면서 독립된 개별기업으로 존재하지만, 복합기업의 성격을 유지하는 기업도 상당히 많다. 예를 들면 독립된 개별기업을 서로 합병하기도 하고, 독립성을 유지하면서 상호협력체제를 구축하기도 한다. 동일한 재화를 생산하는 기업간에 합병하기도 하고, 원료 및 중간재를 공급하는 기업과 최종재를 생산하는 기업간에 결합이 이루어지기도 한다.

산업조직론에서는 다양한 형태의 기업결합을 다음과 같이 구별한다. 첫째, 동일한 재화를 공급하는 기업간의 결합은 수평결합(horizontal integration)이라고 한다. 예를 들면 동일한 재화를 생산하는 기업이 결합하여 지역별로 공장을 보유하고 있는 것이 여기에 해당된다. 수평결합은 운송비를 줄이거나 원재료의 공급을 원활히 하기 위해서 이루어지는 경우가 많다. 운송비가 많이 드는 시멘트산업에서 한 기업이 여러 지역에 여러 공장을 보유하거나, 원료의 생산지마다 생산라인을 확보하는 경우가 모두 수평결합에 해당된다. 또한 동일한 재화가 아닌 경우에도 동일산업의 차별화된 제품을 생산하는 기업간의 결합도 수평결합에 해당된다. 이것은 특정지역의 공장에서 차별화된 특정제품만을 생산하는 체제이므로 많은 산업에서 널리 활용되고 있다.

두번째 형태의 기업결합은 생산단계가 서로 다른 기업간의 결합이다. 원료를 공급하는 기업과 최종재를 생산하는 기업과의 결합이나 최종재 생산기업과 판매전담기업과의 합병이 여기에 해당된다. 이러한 형태의 합병은 수직결합(vertical integration)이라고 한다.

수직결합의 대표적 예는 석유화학산업에서 찾아볼 수 있다. 원유정제에서부터 시작하여 각 생산공장마다 석유화학의 원재료와 중간재가 생산되고, 다시 이를 활용하여 다음 단계의 재화를 생산하게 된다. 이 과정에서 원재료부터 최종재까지 일관된 생산체제의 확립을 위하여 수직결합이 이루어진다.

세번째 형태의 기업결합은 단일결합이 수평적으로나 수직적으로 관계가 없는 다양한 재화를 생산하는 기업을 합병하는 형태이다. 예를 들어 전자제품을 생산하는 기업이 섬유산업과 화학산업의 기업을 합병하는 형태이다. 이러한 기업결합의 형태는 일반적으로 복합형태(conglomerate mergers) 또는 혼합결합이라고 불리워진다.

복합결합의 결과로 형성된 대기업 또는 복합기업은 단일기업이면서 생산품목에 따라 독립성이 많이 부여된 부서(예를 들면 사업본부)를 거느리고 있는 경우가 많다. 복합기업은 현대 자본주의에서 대기업이 갖는 중요한 특성의 하나로 지적되기도 한다. 복합기업은 흔히 신문이나 TV에서 '문어발식 기업확장'

| 그림 11-1 | 기업결합의 형태 |

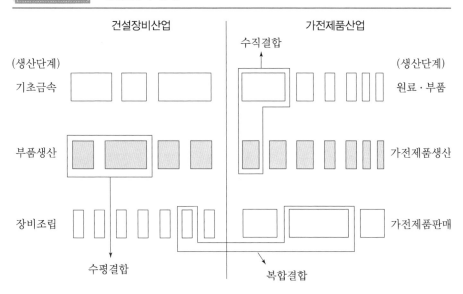

수직결합은 동일산업에서 생산단계가 서로 다른 기업간에 나타나며, 수평결합은 동일한 생산단계에 있는 기업간에 이루어진다. 복합결합은 여러 산업에 걸쳐 나타나는 기업결합을 의미한다.

으로 지적되기도 한다. 이와 같은 세 가지 형태의 기업결합은 〈그림 11-1〉과 같이 표시된다.

한편 우리나라에서 주로 거론되는 재벌 또는 기업집단은 외견상 독립된 재벌기업들이 소유관계나 상호출자 및 금융거래 등을 통하여 모기업을 중심으로 연계되어 있는 형태를 지칭하고 있다. 또한 기업집단은 수평결합과 수직결합된 형태의 기업을 포함하고 있음은 물론 생산과정에서 직접적 상호관계가 없는 여타 기업들도 포함된 복합기업군의 성격을 갖고 있다고 할 수 있다.

이와 같은 형태의 기업결합이 발생되는 원인은 여러 관점에서 찾아볼 수 있다. 가장 일반적으로 제시되는 것은 시장지배력 또는 독점적 지위의 확보라고 할 수 있다. 또한 기업의 본질적 목표 중 하나인 성장의 극대화도 기업결합의 중요한 동기로 지적된다. 이외에도 기업간 거래를 합병을 통해 내부거래화함으로써 거래비용(transaction cost)을 감축시키는 것도 주요 동기가 된다. 물론 이러한 합병의 궁극적 목표는 기업의 이윤극대화와 깊은 관련이 있다. 또한 결합의 형태마다 서로 다른 동기와 효과를 가져오게 된다. 따라서 구체적 결합동기와 후생효과는 합병형태에 따라 분석되어져야 할 것이다.

한편, 자본시장이 고도로 발달된 선진공업국(특히 미국)에서는 주식의 매매를 통해 기업의 매수, 합병, 취득이 용이하게 이루어질 수 있으므로 경제상황과 기업경쟁상태에 따라 많은 합병사례가 중장하고 있다. 이와 관련된 주식시장에서의 행태, 합병의 후생효과 및 독과점 규제정책 등도 최근 활발히 논의되고 있다.

이제 본 장에서는 수평결합과 혼합결합을 설명하고 수직결합은 다음 장에서 논의하기로 한다.

11.2 | 수평결합

수평결합은 두 가지 유인으로 이루어진다. 하나는 기업규모의 확대를 통한 시장지배력의 확대이고, 다른 하나는 규모의 증대에 따른 효율성의 제고이다. 수평결합은 동일한 생산단계에 있는 기업간의 결합이므로, 공장설비의 증대와 같은 효과를 가져온다. 따라서 일정구간에서는 규모의 경제를 기대할 수 있다. 또한 시장경쟁이 충분히 이루어지지 않는 상황에서는 수평결합을 통해 시장지배력의 확대가 나타날 수도 있다. 이 경우 효율성의 제고는 사회후생의 증대에 기여하지만, 시장지배력의 확대는 사회후생에 부정적 영향을 가져올 수 있다. 따라서 양자간에 상충효과가 나타날 수 있다.

이제 〈그림 11-2〉에서 수평결합의 효과를 비교해 보기로 하자. 수평결합 이전에 경쟁체제를 유지하고 있었던 산업을 고려해 보자. 따라서 한계생산비와 가격이 일치하므로($MC_1 = P_1$), 결합이전의 가격과 생산량은 각각 P_1, q_1에서 형성되었다. 경쟁시장이므로 사회후생의 순손실도 나타나지 않는다.

만약 이 시장에서 수평결합이 나타났다고 하자. 경쟁상태의 작은 기업들을 합병하여 수평결합이 이루어지고, 대기업이 등장하였다고 하자. 시장은 불완전경쟁으로 변화하고, 기업의 수요곡선은 비탄력적인 형태로 변화한다. 따라서 시장지배력은 확대될 것이다. 반면 여러 개의 작은 기업이 하나로 통합되었으

| 그림 11-2 | 수평결합과 사회후생 |

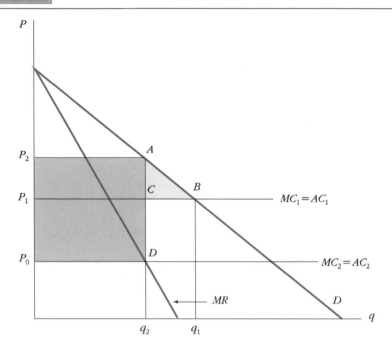

경쟁시장에서 두 기업이 수평결합을 통해 시장지배력을 확대시키면, 규모의 증가로 인한 효율성 증대와 사회후생의 순손실이 동시에 나타난다. 한계비용이 MC_1에서 MC_2로 하락하여, P_0P_1CD만큼의 효율성 증대로 인한 이윤증가가 발생하고, 시장지배력으로 인한 이윤증대가 P_1P_2AC만큼 나타난다. 사회전체적으로는 결과적으로 ABC만큼의 순손실이 나타난다.

므로, 생산과정에서 효율성이 제고되어 비용이 절감되었다고 하자. 이 결과 한계비용은 MC_1에서 MC_2로 감소하였지만, 가격은 $MR = MC$의 조건에 따라 P_2로 상승하였다. 기업차원에서 효율성의 증대는 있었지만, 불완전경쟁으로 인한 사회후생의 손실이 발생하는 경우이다.

〈그림 11-2〉에서 비용절감으로 인한 효율성의 증대는 P_0P_1CD로 표시된다. 또한 기업의 시장지배력으로 인한 이익증대분은 P_1P_2AC로 표시된다. 따라서 이 기업은 합병이후에 P_0P_2AD만큼의 초과이윤을 얻게 된다. 소비자 입장에서는 가격인상으로 인해 P_1P_2AB만큼의 후생손실이 나타난다. 그 중에서 P_1P_2AC는 기업의 이윤으로 흡수되지만, ABC의 삼각형은 아무도 찾아가지 못

하는 사회후생의 순손실이 발생한다.

사회후생은 일반적으로 소비자잉여와 생산자잉여의 합계로 표시되기 때문에 소비자로부터 기업으로 이전된 P_1P_2AC부분은 논란의 대상이 되지 않는다. 그러나 P_0P_1CD는 비용절감으로 새롭게 창출된 사회후생이고, ABC의 삼각형은 시장의 불완전경쟁으로 잃어버리게 된 사회후생의 순손실이다. 따라서 수평결합의 사회적 효과를 보기 위해서는 이 양자의 크기를 비교해야만 한다. 비용절감효과(P_0P_1CD)가 사회후생의 순손실(ABC)보다 크다면, 사회전체적으로는 후생을 증대시키는 수평결합이라고 할 수 있다. 따라서 두 효과를 비교해야만 수평결합이 가져오는 사회적 효과를 평가할 수 있다. 물론 이 경우에도 소비자로부터 생산자에게 이전된 P_1P_2AC부분이 과연 동질적인 것이냐 하는 사회적 논쟁은 남아 있을 수 있다. 실제 위의 분석은 윌리엄슨의 상충효과(Williamson's trade-off)와 같은 접근방법이다.

11.3 수평결합과 효율

수평결합은 기업의 효율을 증진시킬 수도 있다. 합병을 통한 시장지배력의 확대가 중요한 수평결합의 목표지만, 효율을 증가시키는 경우도 나타난다.

수평결합이나 동종산업에서 기업간 합병이 효율을 증대시킬 수 있는 근거는 비효율적 경영자의 도태를 촉진하고, 다공장과 초과설비의 효율적 관리가 이루어질 수 있기 때문이다. 이러한 요인을 구체적으로 설명하면 다음과 같다.

첫째, 증권시장에서의 합병과 인수는 경영자로 하여금 효율적 기업관리를 유도하는 인센티브가 된다. 만약 어떤 경영층이 비효율적 기업경영을 하게 된다면 이윤이 낮아지고 그 기업의 주가도 낮게 형성될 것이다. 만약 이 기업의 경영층이 완전히 교체되고 효율적인 경영이 이루어진다면 높은 이윤과 높은 주가를 기대할 수 있다. 따라서 이러한 기업은 증권시장을 통한 인수와 합병의 대표적인 표적이 된다. 낮게 형성된 현 수준의 주가에서 주식을 매입하고 경영을 쇄신한다면 높은 수익을 올릴 수 있기 때문이다. 따라서 이러한 합병과 인수의 위협은 기업경영을 더욱 효율적으로 유도하는 중요한 압력이 될 수 있다.

특히 동일산업의 여타 기업에 비해 성과가 현저히 낮은 기업은 이러한 인수와 합병의 위협에 직면하게 되는 것이다.

둘째, 수평결합은 다공장을 보유하게 되는 지름길이 되기 때문에 다공장 경영의 경제성(economies of multiplant operation)을 확보할 수 있다. 예를 들면 대량생산에 따른 고정비용을 여러 공장의 보유를 통해 분산시킬 수 있다. 생산 재화의 수송비가 많은 경우에는 수평결합을 통해 지역별로 공장을 운영하고 운송비용을 절감시킬 수 있다. 따라서 가격에 비해 수송비가 상대적으로 많은 경우에는 다공장보유를 촉진하게 된다. 또한 다공장을 통한 제품의 차별화가 단일공장에서의 제품차별화보다 효율적일 수도 있다. 예를 들면 합병이전에 단일기업인 A공장에서 여러 재화를 동시에 생산하는 것보다 다기업을 결합하여 공장마다 재화생산을 전문화시키면서 기업차원의 제품차별화를 유도하는 것이 효율적일 수도 있다.

셋째, 초과설비의 관리면에서 단일독립기업보다 수평결합된 기업이 더욱 유리하다. 수요가 감소할 경우 1개의 공장만을 갖고 있는 기업은 공장의 폐쇄나 생산의 감축이 기업의 존폐에 직접 영향을 미친다. 그러나 수평결합된 기업은 일반적으로 다공장을 보유하고 있으므로 가장 비효율적인 공장부터 점차 폐쇄시키면서 효율을 증진시키는 기술을 모색할 수 있게 된다.

한편 산업의 생명주기(industry life cycle)와 관련하여 합병은 초기의 도입기나 성장기에 있는 기업보다 성숙기에 있는 기업에서 많이 이루어진다고 본다. 설립된지 얼마되지 않은 기업은 명성과 신용이 확립되지 않은 경우가 많다. 따라서 금융시장에서도 일반적으로 높은 금융비용을 부담하게 된다. 이러한 높은 금융비용이 여타 기업의 합병에 필요한 자금조달을 어렵게 하고 결국은 합병 활동 자체를 억제하게 된다는 것이다.

합병에 관련된 여러 이론들은 실증분석에서 모두 뒷받침되고 있다. 우리나라에서는 아직 수평결합의 경제적 효과에 대한 분석이 활발히 이루어지고 있지 않다. 그러나 미국을 대상으로 한 Barton & Sherman(1984)의 분석결과는 수평결합이 시장지배력을 확대함과 동시에 효율증진에도 기여하고 있음을 보여주고 있다. 따라서 수평결합이 사회후생에 미치는 효과는 시장지배력 확대와 효율증진의 상충효과를 동시에 고려하여 평가되어야 할 것이다.

11.4 복합결합과 기업집단

복합결합은 여러 산업에서 재화나 용역을 생산하는 기업간의 합병을 말한다. 예를 들면, 자동차를 생산하는 기업과 관광서비스를 제공하는 기업간의 결합이 바로 복합결합의 형태이다. 상호관련된 산업간에 복합결합이 나타날 수도 있으나, 관련이 적은 산업간에 이루어질 수도 있다. 따라서 복합결합은 사업의 전문화와는 대비되는 개념으로서, 사업다각화의 전략으로 이루어지는 경우가 많다.

우리나라의 기업집단은 수직결합과 복합결합이 혼합된 형태라고 볼 수 있다. 다만 복합결합은 기본적으로 두 기업의 합병을 전제로 하지만, 기업집단은 혈연이나 출자관계로 연결된 기업그룹을 의미하므로 엄격한 의미에서는 차이가 있다. 특히 복합결합은 단일기업으로 통합되기 때문에 지배구조가 하나밖에 없지만, 기업집단은 각 계열기업이 법적으로 독립된 지배구조를 유지하고 있다. 그러나 기업집단을 형성하는 동기는 복합결합의 유인과 동일하다. 단지 복합기업은 완전히 하나의 기업으로 합병되지만, 기업집단에서는 계열관계를 유지하면서 복합결합의 장점을 추구한다. 기업집단의 지배구조가 소수 오너에 집중되어 있다면, 형식적으로는 독립된 계열기업의 의사결정이 실질적으로는 합병된 하나의 기업처럼 이루어진다. 따라서 복합결합의 유인과 장단점 등은 기업집단에게도 그대로 적용될 수 있다.

기업은 이윤극대화를 추구하는 주체이기 때문에 당연히 기업집단이나 복합결합을 유발하는 경제적 유인이 존재한다. 반드시 기업집단이나 복합결합의 결과 효율성의 제고를 통한 이윤의 증대가 나타나거나, 시장지배력의 확대를 통한 이윤의 증대가 나타나야만 된다.

11.4.1 복합결합의 유인

① 거래비용과 시장의 불완전성

시장이 완전경쟁적이면 내부에서 조달하거나 외부에서 조달하거나 아무런 차이가 없다. 왜냐하면 경쟁시장에서는 가격과 한계비용이 일치하기 때문에 합병을 통해 내부에서 조달(make)하거나, 외부에서 구입(buy)하거나 조달비용이 같게 된다. 따라서 합병의 인센티브가 사라진다. 그러나 시장이 불완전하면 조달비용과 구입비용이 차이가 나기 때문에 자체적으로 조달하는 것이 유리하게 된다.

이런 경우에는 다른 기업으로부터 구입하는 것보다 계열기업을 통해 구입하거나 또는 합병된 기업에서 내부생산하는 것이 비용을 절감하게 된다. 다시 말하면 거래비용의 내부화를 통해서 조달비용을 절감하고, 기업이나 기업집단의 이윤을 증대시킬 수 있는 수단이 된다. 이것이 곧 거래비용의 내부화라는 차원에서 기업결합의 유인이 된다. 수직결합의 경우에는 원재료와 부품, 중간재 등을 서로 구입해야 하는 관계를 갖고 있기 때문에, 거래비용이 기업결합의 가장 중요한 유인이 된다. 수평결합에서는 구입과 조달관계가 직접적으로 형성되지 않기 때문에 거래비용은 큰 유인이 되지 못한다. 그러나 복합결합에서는 여러 산업에 걸쳐 구입과 조달관계가 형성될 수 있기 때문에 거래비용이 수직결합에서와 같이 주요한 합병유인이 된다고 볼 수 있다.

한국의 기업집단이 여러 산업에 걸쳐 다양한 사업을 하는 요인의 하나도 바로 시장의 불완전성이다. 예를 들어 전자산업이 주력이면서 관광과 골프, 건설산업에까지 비관련산업에 대한 다각화를 추진하는 것도 바로 이런 시장의 불완전성으로 인한 거래비용의 절감이 중요한 원인이라고 볼 수 있다.

② **범위의 경제**

일부 재화는 개별기업에서 독립적으로 생산되는 것보다 한 기업에서 결합생산될 때 평균생산비가 더욱 절감될 수 있다. 이러한 현상을 단일재화생산시 나타나는 규모의 경제에 대응된 개념으로 범위의 경제(economies of scope)라고 한다.[1] 범위의 경제가 발생하는 원인은 여러 가지로 설명된다. 예를 들어, 두 재화 이상이 동시에 생산될 때 생산요소를 공동으로 활용함으로써 나타날 수 있다. 광고와 연구개발투자에서도 범위의 경제가 나타나므로 독립된 두 기업이 투자할 때보다 단일기업에 의한 투자가 더 효과적일 수 있다. 이러한 여러 가지 요인으로 인하여 다재화를 생산할 경우 단일재화생산의 경우보다 평균비용

---

[1] 범위의 경제에 관한 상세한 설명은 제10장 제1절을 참조할 것.

을 절감할 수 있다. 이와 같이 범위의 경제가 존재한다면 혼합결합을 통해 생산비를 절감하고 이윤을 증대시킬 수 있게 된다. 그러나 물론 범위의 비경제 (diseconomies of scope)도 존재할 수 있으므로 모든 형태의 혼합결합이 항상 비용절감을 가져오는 것은 아니다.

③ 위험분산과 안전성

여러 산업에 걸쳐 많은 기업을 합병하면 당연히 기업의 불안정성을 축소시키고 안정적 이윤확보에 기여할 수 있다. 여러 업종의 기업을 혼합결합하고 있으면 각 업종의 경기변동이 다르기 때문에 위험분산이 가능하다. 즉, 통계적으로 완전상관관계에 있지 않은 두 기업을 합병하면 당연히 두 기업의 이윤을 합한 전체이윤의 분산이 줄어들어 기업의 위험을 감소시키게 된다.

혼합결합이 기업의 위험도를 낮출 수 있다면 다음 두 가지의 긍정적 효과를 가져온다. 첫째, 주주가 위험회피적(risk averse)이라면 모든 여타 조건이 동일할 때 혼합결합된 기업의 주식에 대한 시장가치는 혼합이전 두 기업 주식가격의 합보다 크게 된다. 둘째, 은행과 같은 자금의 공여자가 위험회피적이라면, 자연히 혼합결합된 다변화기업에게 낮은 금리로 자금을 제공하게 된다. 따라서 금융조달비용은 결합이전 두 개의 독립기업보다 줄어들게 된다.

그러나 이와 같은 혼합결합의 잠재적 이익은 자본시장의 불완전성이 존재할 경우에만 나타나는 현상이다. 자본시장에서 거래비용과 정보비용이 전혀 없는 경쟁시장이라면 개인투자가들은 적정한 위험과 수익비율에 의거 손쉽게 투자를 다변화시킬 수 있기 때문이다. 그러나 거래비용과 정보수집비용이 어느 정도 존재하는 현실에서는 다변화로 인한 안정성의 제고가 중요한 혼합결합의 인센티브가 될 수 있다.

④ 경영의 비효율과 매수

혼합결합의 유인은 경영비효율이론(managerial inefficiency theory)으로도 설명될 수 있다. 이것은 이미 앞 절에서 설명된 수평결합과 효율의 증진에 미치는 첫째 요인과 같은 내용이다. 어떤 기업(A)의 경영이 비효율적으로 이루어지면 수익성이 하락하고 주식시장에서 주가가 하락한다. 이 결과 A기업의 자산가치가 낮게 평가되는 현상이 나타난다. 만약 A기업의 주주가 경영자에 대한 완전한 정보를 갖고 있다면 당연히 경영자를 해고할 수 있을 것이다. 그러나 불완전한 정보를 갖고 있어서 비효율적 경영자를 문책하지 않는다면 주식시장에서 A기업의 주가가 하락하고, A기업의 자산저평가현상이 나타난다. 따라서 경영자에 대한 정보가 완전한 경우에는 이론적으로 주식시장에서 자산저평가현상이 나타날 수 없다.

만약 B기업의 경영자가 A기업의 경영이 부실하다는 것과 주가가 낮게 평가되었다는 사실을 알고 있다면 어떠한 인센티브가 주어지는가? B기업의 경영층은 A기업의 주식을 싼값으로 매수하고, 능력이 없는 경영층을 해고시킨 다음 경영쇄신을 통해 이윤을 증대시킬 수 있게 될 것이다. 이것은 곧 B기업으로 하여금 A기업을 합병하여 이윤을 증대시키는 인센티브가 된다. 이러한 현상이 나타나기 위해서는 시장에 정보의 불완전성이 존재하며 B기업의 경영자가 A기업의 경영층보다 더 현명하다는 비대칭성이 전제되어야 한다. 실제 재벌기업이 무명의 부실기업을 인수하여 수익성이 높고 건실한 기업으로 육성하는 사례는 이와 같은 경영의 비효율에 따른 매수현상으로 설명될 수 있다.

⑤ 자본의 효율적 이동

독립된 기업이 A산업에서 B산업으로 자본을 투자하거나 이동시키기 위해서는 많은 거래비용을 수반한다. 즉, 자본시장을 통하거나 기타 번거로운 절차를 거쳐야 하며, 경우에 따라서는 자본이동의 비용이 수익보다도 커지는 현상도 나타난다.

그러나 A산업의 기업과 B산업의 기업이 합병한다면 산업간 자본이동은 기업내 이전(intrafirm transfers)으로 단순화된다. 따라서 거래비용을 절감시킬 수 있고 복잡한 절차를 회피할 수 있다. 따라서 혼합결합은 산업간 효율적인 자본이동을 가능케 하여 이윤을 증대시켜 줄 수 있다. 이러한 이유로 어떤 산업에 신규로 진출하려는 기업들은 새로운 설립절차 대신에 이미 생산활동을 하고 있는 소규모기업을 합병하는 방법을 많이 활용한다.

⑥ 정치적 영향력 증대

혼합결합의 유인은 정치적 영향이론(political influence theory)으로 설명되기도 한다. 기업규모가 확대되면 당연히 정치적 영향력도 확대되기 때문에 혼합결합은 정치적 의사결정과정에 기업의 압력을 증대시키는 효과를 가져온다. 이론적으로는 정치적 영향력을 증대시키는 활동에도 규모의 경제가 존재한다고 본다. 예를 들면 독립된 기업이 개별적으로 로비활동을 하는 것보다 결합된 대기업이 담당하는 것이 더 효율적이라고 본다. 물론 여기에는 로비활동을 하지 않는 동종산업내 여타 기업도 동일한 혜택을 받게 되므로 외부성의 문제가 개입된다. 만약 정치적 영향력의 증대를 통해 기업의 로비활동이 효율적으로 이루어질 수 있다면 이것도 역시 혼합결합의 경제적 인센티브가 된다.

이밖에도 혼합결합은 정치적 영향력 확대를 통해 조세감면이나 금융특혜면에서 상대적으로 유리한 위치를 확보하는 경우가 많다. 정치적 영향력과 관계없이 기업가의 대규모기업군을 지향하는 욕구 자체가 혼합결합의 인센티브가 된다는 설도 있다(Mueller, 1969).

11.4.2 혼합결합과 시장지배력

혼합결합은 기업의 시장지배력을 높여 시장가격을 상승시키는 경우가 많다. 복합결합이 가격을 상승시킬 수 있는 요인이 되는 것은 교차보조와 잠재경쟁 및 상호구매 등으로 설명될 수 있다. 물론 여기에서 논의되는 사항은 기업집단에게도 그대로 적용될 수 있다.

① 교차보조

교차보조(cross-subsidization)는 서로 다른 재화나 용역을 공급하는 기업간의 상호보조금 지급을 말한다. 교차보조이론에 의하면 혼합결합된 기업간의 상호보조가 가격인상의 요인이 될 수 있다고 본다.

예를 들어 혼합결합된 기업 A가 동일집단의 기업 B에게 교차보조를 실시한다고 가정하자. A기업은 호황으로 흑자를 실현하였으나 B기업은 적자를 입고 있어서 B기업의 손실을 A가 보존해 주는 것이다. 만약 B기업의 손실이 동일산업내 여타 기업과의 경쟁과정에서 덤핑을 실시하였기 때문에 발생하였다고 하자. 또한 B기업은 장기적으로 시장점유율을 확대하기 위하여 덤핑전략을 통해 경쟁기업을 시장에서 축출하려고 시도하고 있다고 하자.[2]

---

2) 이와 같은 경쟁상대기업을 축출하기 위하여 낮은 가격을 부과하는 덤핑행위를 약탈가격

이러한 과정에서 A기업의 교차보조가 없다면 물론 B기업의 덤핑행태는 크게 제약되고 장기간 지속될 수 없다. 그러나 교차보조로 인하여 B기업은 시장에서 성공적으로 경쟁기업을 축출하고 독점적 지위를 확보할 가능성이 높아진다. 일단 독점적 지위를 확보하면 시장가격은 높아지게 된다.

A기업의 B기업에 대한 교차보조는 결국 B기업으로부터 미래의 초과이윤 확보를 해서 동일집단에 속한 A기업의 현재이윤을 투자하는 것과 동일한 성질을 갖고 있다. 이러한 교차보조행위는 결국 복합기업집단에 속해 있는 기업간에만 가능하며 독립된 기업간에는 발생할 수가 없다. 따라서 혼합결합은 서로 다른 산업에 있는 기업을 동일한 기업집단으로 계열화하여 특정한 기업(예를 들면 B)에게 교차보조를 실시하여 시장지배적 위치를 확보할 수 있게 한다. 이 결과 가격을 상승시키는 영향을 미치게 된다.

② 잠재경쟁

잠재경쟁(potential competition)은 현재 생산에 참여하고 있는 기업과 미래에 참여할 가능성이 있는 잠재적 기업간의 경쟁을 말한다. 잠재경쟁은 진입장벽과 잠재적 진입기업(potential entrant)의 행태에 따라 많은 자원배분효과를 가져올 수 있다 (이에 대한 상세한 설명은 제13장에서 다루어지고 있다).

혼합결합이 가격상승을 유발시킬 수 있다는 요인은 잠재경쟁론에서도 파악된다. 가장 단순한 경우를 예로 들어 보기로 하자. 〈그림 11-3〉에서 잠재경쟁을 고려하지 않는 독점기업의 가격과 생산량은 각각 P^m과 Q^m에서 결정된다. 이 기업이 독점적 지위를 지속적으로 확보하려면 새로운 기업의 진입을 억제하여야 한다. 만약 진입할 가능성이 있는 잠재기업의 비용을 MC^p라고 가정하고, 독점기업이 MC^p 이하에서 독점가격을 부과하면 신규기업의 진입이 불가능하다. 이러한 가격을 진입저지 또는 진입제한가격(limit price)이라고 하고 P^l로 표시되어 있다. 기존기업의 생산비는 MC^m 이므로 P^l에서도 독점기업은 일정한 초과이윤을 확보하게 된다. 결국 P^l은 현재의 초과이윤을 줄이면서 장기적인 시장점유율을 유지하는 가격이 된다.

이 상황에서 기존기업은 3가지의 전략을 세우게 된다. 첫째는 P^m을 부과

(predatory pricing)이라고 한다. 이에 대한 상세한 설명은 **제13장 제5절**을 참조할 것.

그림 11-3 잠재경쟁과 독점가격

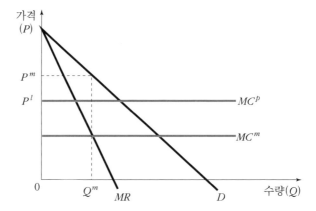

독점기업의 이윤극대화를 위한 가격은 P^m이지만, 신규기업의 진입을 저지하기 위해서는 P^m대신 P^l에서 가격을 설정할 수 있다. 이 경우 독점기업은 초기에 이윤의 일부를 포기하지만, 신규진입을 억제하여 시장지배력을 유지하는 효과를 거둘 수 있다. 이것은 MC^p의 비용조건을 가진 잠재기업이 있는 경우에 채택될 수 있는 전략이다.

하고 신규기업의 진입을 허용하는 것이고, 둘째는 P^l을 부과하여 독점적 지위를 지속적으로 유지하는 것이다. 셋째는 잠재적 참여기업을 합병시키고 P^m을 부과하는 전략이다. 혼합결합에 응용될 수 있는 논리는 바로 세번째 경우이다. 잠재적 진입기업이 기업집단에 흡수합병되면 기존기업은 당연히 P^l이 아닌 P^m을 부과하게 되므로 가격상승을 유발한다.

　이 이론은 수평결합에서도 적용될 수 있으나 잠재적 진입기업이란 동종산업에서 실제 생산을 하고 있지 않지만 진입할 가능성이 있는 기업으로서 관련산업에 참여하고 있는 기업이 많다. 예를 들면 기존 A기업이 TV를 생산하고 있다면 '잠재적' 진입기업(B)은 실제 TV를 생산하고 있는 기업이 아니라 음향기기를 공급하는 기업인 경우가 많다. 따라서 A와 B의 결합은 혼합결합이된다.

　한편, 잠재경쟁이론으로 혼합결합의 가격상승을 설명하기 위해서는 기존기업이 어느 정도 독점적 지위를 확보하고 있어야 한다는 전제조건이 필요하다.

③ 상호구매와 영향력 증대

상호구매(reciprocity)는 기업 상호간에 특정한 조건하에서 구매하는 행위를 말한다. 예를 들면 기업 A가 B로부터 일정한 수량을 구매하면 기업 B도 기업 A로부터 일정한 수량을 구매하는 행태를 말한다. 상호구매는 기본적으로 바터(barter)무역과 동일한 개념이다. 혼합결합된 기업간에는 상호구매가 많이 발생하며 일종의 내부거래와 같은 성격을 갖게 된다. 상호구매는 정책당국의 가격규제를 회피하거나 거래비용의 절약, 간접비용의 절감 등을 이유로 실시된다. 상호구매이론에 의하면 상호구매행위가 시장의 가격기능을 통하여 이루어지지 않으므로 자원배분의 효율을 악화시킬 수 있고, 또한 그룹내 기업간 교차보조의 수단으로 활용될 수 있다고 본다. 예를 들어 계열기업간 상호구매가격이 시장의 경쟁가격보다 낮게 책정된다면 교차보조와 동일한 영향을 미치게 된다. 이러한 여러 가지 이유로 결국 혼합결합된 기업은 시장지배력 행사에 기여하게 된다.

한편, 영향권이론(spheres of influence theory)에 의하면 단일시장에서만 상대기업과 경쟁하는 기업보다 여러 산업에서 경쟁하는 기업이 적극적인 가격경쟁을 실시하지 않는다고 본다. 예를 들어 혼합결합된 기업들은 사업다변화로 인해 여러 시장에서 동시에 경쟁하게 되는 경우가 많으므로 단일시장에서만 참여하는 비재벌기업보다 비경쟁적 가격행태를 선호한다는 것이다.

실제 여러 시장에 참여하는 복합기업집단은 새로운 영향권을 형성하고 기업집단간에 경쟁이 되는 시장에서는 암묵적인 관행이나 담합을 통해 경쟁제한적 시장행태를 나타내는 경우가 많다. 예를 들면 과도한 경쟁을 억제하고, 가격을 고정시키던가, 아니면 사전적으로 시장을 분할하는 경우도 있다. 따라서 이러한 경쟁제한적 행태도 가격상승의 원인이 될 수 있는 것이다.

11.5 │ 한국산업의 기업결합

우리나라 산업에서도 기업결합이 매우 활발하게 다양한 형태로 이루어지

	1981~2000	2005	2010	2015	2020	2023
수평결합	1,306 (23.7)	192 (29.2)	172 (34.5)	188 (28.1)	118 (23.0)	348 (37.5)
수직결합	922 (16.8)	73 (11.1)	82 (16.5)	85 (12.7)	85 (16.5)	96 (10.4)
혼합결합	3,278 (59.5)	393 (59.7)	245 (49)	396 (59.2)	311 (60.5)	483 (52.1)
계	5,506 (100)	658 (100)	499 (100)	669 (100.0)	514 (100.0)	927 (100.0)

표 11-1 유형별 기업결합의 추이

주: ( ) 안의 수는 해당 연도에 각 결합이 차지하는 비중 퍼센트임.
자료: 공정거래위원회, 『공정거래백서』, 『통계연보』, 각년도.

고 있다. 1981년 공정거래법에 기업결합의 신고가 법제화된 이후 기업결합의 실적은 〈표 11-1〉과 같다. 1981~2000년도까지 수평과 수직, 혼합결합을 모두 합한 결합건수는 총 5,506건이며, 혼합결합이 59.5%로 가장 높은 비중을 차지하고 있고, 수평결합과 수직결합이 각각 23.7%와 16.8%를 차지하고 있다. 그 이후로 매년 결합의 수는 꾸준히 증가하고 있으며 결합 유형별 비중도 비슷하게 유지되고 있다.

2023년 기준 자산총액을 기준으로 분류된 상호출자제한기업집단의 현황은 〈표 11-2〉와 같다. 상호출자제한집단은 동일기업집단에 속하는 국내 소속회사의 자산의 합계가 5조 이상인 기업집단을 말하며 당초 상호출자제한기업집단과 별도로 출자총액제한기업집단을 지정하였으나 2009년 3월 출자총액제한제도가 폐지되면서 상호출자제한기업집단만을 지정하고 있다. 2016년 9월에는 공정거래법 시행령 개정으로 기준이 되는 자산규모가 10조 원으로 상향되었고, 2024년에는 공정거래법 개정으로 명목GDP의 0.5%(약 10조 4000억 원) 이상인 기업으로 변경되었다. 상호출자제한집단에 속하는 회사는 계열사간 상호·순환출자가 금지되고, 금융보험사의 의결권 행사 및 계열회사간 채무보증이 제한되며, 기업집단 현황 공시 등 공시의무 및 총수일가 사익편취 규정 등의 적용을 받는다.

2023년 기준 82개 기업집단이 공시대상기업집단3)으로 지정되었고 소속회사 수는 총 3,076개이다. 상호출자제한기업집단으로는 자산총액 10조 원 이상인 48개 기업집단이 지정되었고 소속회사 수는 2,169개이다. 상위 5개 기업집단과 10개 기업집단의 계열사 수 비중은 약 14%와 26%, 그리고 자산총액 비중은 49%와 65%로 상위집단의 쏠림현상이 지속적으로 유지되고 있다.

표 11-2	2023년도 공시대상기업집단 지정 현황						
					(2023.5.1. 기준, 단위: 개, 조원)		
순위	기업집단명	동일인	계열회사수	자산총액(공정자산)	2010년		
					순위	계열사수	자산총액
1	삼성	이재용	63	486.4	1	67	192.8
2	에스케이	최태원	198	327.3	5	75	87.5
3	현대자동차	정의선	60	270.8	4	42	100.7
4	엘지	구광모	63	171.2	6	53	78.9
5	포스코	포스코홀딩스㈜	42	132.1	8	48	52.8
6	롯데	신동빈	98	129.7	7	60	67.2
7	한화	김승연	96	83	16	48	26.3
8	지에스	허창수	95	81.8	10	69	43
9	HD현대	정몽준	32	80.7	11	16	40.1
10	농협	농업협동조합중앙회	54	71.4	—	—	—
11	신세계	이명희	52	60.5	27	12	12.4
12	케이티	(주)케이티	50	45.9	14	30	27
13	씨제이	이재현	76	40.7	23	54	13
14	한진	조원태	34	37.8	13	37	30.3
15	카카오	김범수	147	34.2			
16	엘에스	구자은	59	29.5	20	44	16.1
17	두산	박정원	21	26.5	15	29	26.7

---

3) 2017년 7월 지정대상 기업집단 명칭이 공시대상기업집단으로 변경되었고 기준금액은 5조원으로 정해졌다.

18	DL (구 대림)	이준용	41	26.4	24	16	12.9
19	에이치엠엠	에이치엠엠(주)	5	25.8	—	—	—
20	중흥건설	정창선	52	23.3	—	—	—
21	현대백화점	정지선	28	21.6	41	29	6.8
22	부영	이중근	22	21.1	29	15	9.1
23	네이버	이해진	51	20.9	—	—	—
24	미래에셋	박현주	36	20.3	50	26	5.7
25	에쓰-오일	에쓰-오일㈜	2	19.7	31	2	9.1
26	금호아시아나	박삼구	25	17.9	12	45	34.9
27	하림	김홍국	50	17.1	—	—	—
28	영풍	장형진	28	16.9	49	23	5.7
29	에이치디씨	정몽규	35	16.7	45	15	6.6
30	SM	우오현	61	16.5	—	—	—
31	효성	조석래	54	15.9	30	40	9.1
32	셀트리온	서정진	9	15.1	—	—	—
33	호반건설	김상열	42	14.6	—	—	—
34	케이티앤지	㈜케이티앤지	13	13.8	48	6	5.8
35	케이씨씨	정몽진	14	13.3	33	10	8.7
36	대우조선해양	대우조선해양㈜	3	12.4	21	13	15.9
37	장금상선	정태순	27	12.5	—	—	—
38	오씨아이	이우현	21	12.3	38	18	7.7
39	코오롱	이웅열	47	12.1	43	37	6.8
40	태영	윤세영	80	11.9	—	—	—
41	넷마블	방준혁	33	11.8	—	—	—
42	세아	이순형	28	11.8	52	19	5.1
43	넥슨	김정주	18	11.6	—	—	—
44	엘엑스	구본준	15	11.3	—	—	—
45	쿠팡	쿠팡㈜	11	11.1	—	—	—
46	이랜드	박성수	33	10.7	—	—	—

47	한국타이어	조양래	24	10.4	—	—	—
48	DB	김준기	21	10.4	—	—	—
49	삼천리	이만득	47	9.9	—	—	—
50	금호석유화학	박찬구	13	9.3	—	—	—
51	다우키움	김익래	49	9.2	—	—	—
52	태광	이호진	19	9.1	—	—	—
53	교보생명보험	신창재	15	8.9			
54	동원	김재철	27	8.9	—	—	—
55	KG	곽재선	31	8.9	—	—	—
56	HL	정몽원	13	8.5	—	—	—
57	아모레퍼시픽	서경배	12	8.4	—	—	—
58	한국항공 우주산업	한국항공 우주산업(2)	4	7.9	—	—	—
59	대방건설	구교운	42	7.7	—	—	—
60	중앙	홍석현	90	7.6	—	—	—
61	두나무	송치형	13	7.4	—	—	—
62	에코프로	이동채	26	6.9	—	—	—
63	애경	장영신	34	6.9	—	—	—
64	한국지엠	한국지엠(주)	3	6.9	35	4	8.1
65	동국제강	장세주	10	6.6	32	12	9.1
66	엠디엠	문주현	15	6.4	—	—	—
67	삼양	김윤	13	6.4	—	—	—
68	크래프톤	장병규	5	6.4	—	—	—
69	고려에이치씨	박정석	28	6.1	—	—	—
70	보성	이기승	69	6.1	—	—	—
71	글로벌세아	김웅기	19	6.0	—	—	—
72	신영	정춘보	33	5.9	—	—	—
73	DN	김상헌	8	5.8	—	—	—
74	오케이금융 그룹	최윤	18	5.7	—	—	—

75	아이에스지주	권혁운	42	5.6	–	–	–
76	하이트진로	박문덕	15	5.5	46	16	6.2
77	한솔	조동길	23	5.5	–	–	–
78	유진	유경선	52	5.3	–	–	–
79	농심	신동원	32	5.3	–	–	–
80	삼표	정도원	50	5.2	–	–	–
81	반도홀딩스	권홍사	20	5.1	–	–	–
82	BGF	홍석조	17	5.1	–	–	–
합계	82개 기업집단		3,076	2,832.9			

* 「대우조선해양」은 2023.7.23. 지정제외되었음.
주: 자산총액 10조원 이상 1~48위 기업집단을 상호출자제한기업집단으로 지정함.
자료: 공정거래위원회, 『공정거래백서』, 각년도.

솔리스트와 코러스

루치아노 파바로티의 노래를 들으면 가슴속에 응어리졌던 모든 것들이 한꺼번에 녹아내린다. '라 보엠'에서 로돌포 역을 노래하는 천부적인 목소리가 수많은 사람들의 마음을 일순간 멈추게 한다. 그 목소리의 고운 질감, 마음 깊은 곳을 넘어 멀리 뻗어나가는 육중한 성량과 맑고 깨끗한 색감 앞에 어느 누군들 자신의 작은 가슴을 지탱할 수 있으랴. 감동을 주는 목소리는 물론 파바로티뿐만이 아니다. 자동차 베르나 광고로 널리 알려진 안드레아스 숄과 같은 중성의 아름다움도 빼놓을 수 없으리라. 카운터테너의 그 목소리는 영화 '파리넬리' 속의 카스트라토처럼 남성이 소리내기 어려운 여성의 음역을 개발하여 부드럽고 풍요로운 메조 소프라노의 음색과 남성적인 다이너미즘이 조화된 감미로움을 더해준다.

목소리 자체를 악기로 갖고 태어나는 성악가들은 그 악기 하나로 객석을 사로잡는다. 카라얀은 지휘봉으로, 정경화는 바이올린으로 세계를 사로잡았다. 하나의 악기에 평생을 거는 음악가야말로 가장 전문화된 직업이라 할 수 있다. 그러나 음악적 감동은 물론 한 사람의 재능에서만 비롯되는 것은 아닐 것이다. 때로는 개개인의 능력이 합쳐진 합창이나 오케스트라에서도 파토스의 심연을 움직이는 감흥을 느낄 수 있다. 헨델의 '메시아'처럼 합창은 한 사람만으로는 표현할 수 없는 웅장한 스케일을 갖고 있지 않는가.

기업의 전문화와 다각화의 논리도 음악에 비유하고 싶다. 파바로티가 최고의 테너로 꼽히는 것처럼 기업도 한 제품으로 전문화하여 세계를 제패할 수도 있고, 오케스트라처럼 다양한 사업의 복합된 응집력을 통해 경쟁력을 유지할 수도 있다. 경제학에서는 한 제품의 생산을 전문화하여 규모를 늘릴수록 비용이 절감되는 것을 규모의 경제(economies of scale)라고 한다.

반면 다양한 제품을 동시에 생산하면서 나타날 수 있는 효율성의 제고를 범위의 경제(economies of scope)라고 한다. 자동차 하나를 생산하는 것보다는 전자제품을 동시에 생산하는 것이 두 산업에서 모두 생산성을 증가시킬 수 있다는 논리이다.

이것은 여러 가지로 설명할 수 있다. 우선 기술과 정보, 판매망과 상표, 조직 등의 생산적 자원을 공동으로 사용할 수 있는 장점이 있다. 공동으로 사용할 수 있는 범용 자원이 많아질수록 다각화의 인센티브는 더욱 강렬하게 작용한다. 우리처럼 자본시장이 불완전하면 다각화된 기업일수록 외부자금의 융통이 수월하고, 내부에서 창출된 현금흐름을 효율적으로 분배할 수 있다. 이는 은행이 누구에게 먼저 돈을 빌려주는가를 생각하면 더욱 분명해진다. 사회적 신뢰기반이 약한 문화도 다각화를 유발한다. 사회적 신뢰가 약하면 소비자나 투자자들은 독립된 한 기업보다는 다른 계열사를 많이 가지고 있는 기업집단을 더 믿게 된다. 한 계열기업이 잘못되어도 다른 계열기업에 의존할 수 있기 때문이다.

대규모 투자사업을 성공적으로 추진시키려 하는 대기업 집단의 계열기업이 성공의 안정성이 높기 때문이다. 최근 민영화되는 공기업이 대기업에게 매각될 가능성이 높은 이유도 바로 여기에 있다.

따라서 다각화는 범위의 경제를 유발하는 효과가 있으므로 부정적으로만 평가해서는 안 된다. 그런데 왜 대기업 집단의 다각화가 비난의 대상이 되는가. 다각화된 대기업 집단은 산업간의 상호보조와 상호구매가 가능하므로 복합적인 '힘'이 생기고 그것이 곧 시장을 지배할 수 있는 영향력을 형성할 수도 있기 때문이다. 그 힘으로 대기업 집단의 총수가 과다한 영향력을 행사할 수도 있고, 다른 전문기업을 도태시킬 수도 있다. 다각화된 기업은 '두툼한 주머니(deep pocket)'가 있기 때문에 다양한 시장전략으로 다른 기업을 도태시킬 수도 있다.

만약 다각화의 비효율이 범위의 경제보다 크다면 전문화로 가야 한다. 그러나 전문화는 특정산업에서 세계적으로 경쟁력이 있어야만 성공할 수 있다. 코러스보다는 파바로티와 같은 솔리스트가 필요한 것이다. 그것은 결코 쉬운 일이 아니다. 마치 파바로티가

몇 세기 만에 등장하고, '파리넬리'도 18세기 유럽에서 거세당한 4,000여 명의 카스트
라토 가운데 겨우 한 사람만이 성공할 수 있었던 것처럼. 그래서 선진국 기업들도 정도
의 차이는 있지만 여러 업종에 다각화를 영위하고 있다. 문제는 다각화 그 자체가 아니
라 다각화의 폐해를 줄이는 데 있다.

정갑영, 『열보다 더 큰 아홉』, 21세기북스, 2012, p. 201.

제 12 장 수직결합

Chapter 12

수직결합

12.1 수직결합의 의의

　수직결합(vertical integration)은 관련산업내에서 생산단계가 서로 다른 기업 간의 결합을 말한다. 예를 들면, 생산의 초기단계에서 기초원료를 생산하는 A 기업과 그 원료를 활용하여 다음 단계의 제품을 생산하는 B기업과의 결합이 바로 수직합병에 해당된다. 가장 대표적인 수직결합은 석유화학산업의 수직계 열화를 들 수 있다. 석유화학산업에서는 이러한 수직적 계열화가 여러 생산단 계를 거치면서 이루어지고 있는 것이 일반적이다.

　수직결합은 다시 두 가지 형태로 분류된다. 생산단계가 기초원료의 공급 에서 중간재, 최종재로 구분될 경우 각 단계의 생산기업을 각각 A, B, C라고 가정하자. 이 때 A기업(기초원료 생산기업)이 생산의 다음 단계에 있는 B기업(중 간재 생산기업)을 결합할 경우를 전방결합(forward integration)이라고 한다. 반면 최종재를 생산하는 기업 C가 중간재를 공급하는 B기업을 결합할 경우에는 후 방결합(backward integration)이라고 부른다.

　실제 현실경제에서는 두 가지 형태의 수직결합이 모두 빈번히 일어난다. 예를 들면 가전제품을 생산하는 기업이 부품을 공급하는 기업을 결합하거나 (후방결합), 또는 판매를 담당하는 기업체를 인수하는 경우(전방결합)도 모두 수 직결합에 해당된다.

　수직결합은 여러 동기에 의해서 이루어지는데 대표적 원인은 거래비용의 절감과 시장지배력의 제고이다. 거래비용의 절감은 생산비를 감소시켜 효율을 증대시켜주고, 시장지배력의 제고는 기업이윤을 증가시켜주는 결과를 가져온다.

　최종재화를 생산하는 기업이 원료공급업체를 흡수·합병하여 수직결합을 하게 되면 두 기업간 거래행태에 중요한 변화를 가져온다. 즉, 결합이전에 두 '독립기업간'의 거래가 결합이후에는 '기업내부간' 거래로 변화된다. 이 결과 기업간 거래에서 발생할 수 있었던 거래비용(transaction cost)을 기업내부거래를 통해 절감시킬 수 있게 된다.

수직결합의 동기로서 거래비용의 절감이론은 특히 「윌리엄슨」(Williamson)에 의해 강조되어 왔다(Williamson, 1975). 이론적으로 생산요소시장이 완전경쟁적이라면 기업은 항상 한계비용과 요소가격이 일치되는 점에서 원재료를 조달할 수 있게 된다. 따라서 모든 생산단계에서의 거래가격이 $P = MC$가 되는 효율적 배분이 이루어지므로 거래비용이 큰 문제가 되지 않을 수 있다.

그러나 현실세계에서는 시장의 효율성이 항상 완벽하게 보장되어 있지 않다. 물론 시장구조 자체가 불완전경쟁적 구조를 이루고 있는 경우도 많다. 또한 다른 기업간의 거래에서 발생되는 계약은 항상 완벽하게 이루어지기가 어렵고 많은 불확실성이 존재한다. 따라서 거래비용의 문제가 발생한다. 이제 수직결합의 요인을 각 항목별로 구체적으로 살펴보기로 하자.

12.1.1 합리성의 제약

인간의 정보처리와 의사결정능력은 유한하게 제한되어 있다. 현실세계는 복잡하고 불확실하며 이에 대비하는 정확한 예측과 정보의 처리 등이 요구된다. 그러나 인간이 갖고 있는 능력의 한계로 인하여 완벽한 결정을 하는 데 많은 제약이 있게 된다. 「사이먼」(Simon)은 이러한 능력의 제한을 인간이 갖고 있는 합리성의 제약(bounded rationality)이라고 하였다. 이러한 제약으로 기업은 변화하는 복잡한 환경적 요인을 모두 반영하는 완벽한 계약을 체결하고 이를 수행하는 것은 불가능하다. 따라서 독립된 원료공급업체와 원재료를 공급받는 기업간의 거래는 항상 불완전한 요소를 안고 있다. 합리성의 제약 이외에도 급격한 상황의 변화, 투입요소의 질적인 차이, 예측치 못한 원재료의 공급차질 등이 기업간 거래의 불완전성을 높이게 된다.

원재료를 공급하는 기업이 완제품 생산기업과 결합한다면 원료투입과 재화생산을 연결하는 과정이 기업간 계약에서 기업내부거래로 변화된다. 따라서 기업간 거래에 따른 계약의 불완전성을 극복하고 거래비용을 절감시킬 수 있게 된다.

한편, 합리성의 제약은 수직결합의 동기가 됨과 동시에 과대한 기업결합을 제약하는 요인도 될 수 있다. 왜냐하면 기업규모가 수직결합을 통해 적정수준 이상으로 확대되면 경영자의 능력제약으로 효율적인 경영이 불가능하게 되기 때문이다. 즉, 조직의 확대에 따른 기업내부의 비효율이 증대되어 결합에 따른 효율성의 증대를 상쇄할 수 있게 된다. 따라서 합리성의 제약은 기업규모의 무한정한 확대를 제약하는 요인도 된다.

12.1.2 계약의 불완전성과 기회주의

기업간 계약은 항상 완벽한 형태로 이루어질 수 없다. 계약시점에서는 미래에 발생할 소지가 있는 모든 요인을 명시할 수 없기 때문이다. 완제품을 생산하는 기업은 부품조달업체로부터 항상 완벽한 품질의 원재료공급을 보장받기 어렵다. 원료공급업체는 자신의 이윤극대화를 위해 불완전한 정보나 잘못된 자료를 완제품생산기업에 제공할 수도 있다. 원재료나 중간재를 생산하는 기업은 자신의 이윤극대화를 위해 기회주의적 행태를 나타낼 수도 있다. 즉, 원료를 적기에 공급하지 않거나 가격조작 또는 생산량을 조절할 수도 있고 여타 최종재를 생산하는 기업과의 사이에서 여러 형태의 기회주의적 행동을 유발할 수도 있다.

이와 같은 기회주의적 행태와 계약의 불완전성은 수직결합을 통해 극복될 수 있다. 원재료공급기업을 합병하여 내부조직의 한 단위로 흡수하게 되면 기업간 거래에서 나타나는 계약의 불완전성문제를 해결할 수 있기 때문이다. 또한 원료를 안정적으로 확보하고 중간재의 품질수준을 높여서 거래비용을 절감시킬 수도 있게 된다. 따라서 이와 같은 계약의 불완전성과 원재료공급기업의 기회주의적 행태는 수직결합의 주요한 동기가 되고 있다.

12.1.3 소수교섭의 문제

원재료를 공급하는 기업이 소수일 경우에는 원재료의 적정한 확보가 중요한 문제로 대두된다. 특히 이 경우 원료공급업체와의 교섭(bargaining)은 완제품생산 기업에게 많은 비용을 발생시키는 요인이 된다. 또한 원재료 공급기업이 소수일 경우에는 이들이 원료시장에서 시장지배력을 행사할 수 있으므로 더욱 교섭을 어렵게 한다. 이와 같은 소수 원료제공기업과의 교섭문제 역시 기 업결합의 인센티브가 될 수 있다.

특히 원료공급시설을 갖추기 위한 투자가 매우 특수하고 매몰비용(sunk cost)이 큰 경우에는 더욱 수직결합의 인센티브가 크게 작용한다. 기존 완제품 생산기업의 원료생산에 투자된 자산이 매우 특수한 경우에는, 기업이탈시 회수하지 못하고 매몰되는 비용도 크게 된다. 이러한 이유로 매몰비용이 큰 산업에는 기존기업의 진출이 크게 억제된다. 원재료생산시설에 필요한 자산이 고도의 특수성을 요구할수록 기존기업은 신규투자보다는 기존 원료공급업체를 수직결합하려고 한다. 따라서 시설에 투자된 자산의 특수성(asset specificity)이 크면 클수록 수직결합의 인센티브는 더욱 커지게 된다(Barton & Sherman, 1984).

소수교섭의 문제가 심각하게 나타나는 경우는 일반적으로 생산계열화과정에서의 각 단계별 집중도가 높다는 것을 의미하고 이러한 산업일수록 수직결합의 인센티브도 크게 된다. 같은 이유로 원료공급업체가 소수일 경우에는 그 산업의 시설자산에 대한 특수성이 높은 경우가 많고 이것은 곧 수직결합의 동기가 되는 것이다.

12.1.4 전략적 요인

과점산업에서 기업의 수직결합은 상대경쟁기업에 대한 전략의 하나로서 추진되기도 한다. 예를 들면, 상대경쟁기업의 투입요소비용을 증가시키거나 진입에 따른 절대자본비용을 증대시키기 위한 전략으로 활용된다. 또한 진입을 유발하지 않고 가격을 인상시킬 수 있는 수준(진입제한가격)을 높이는 수단으로도 활용된다.

이와 같은 전략적 요인에 의한 수직결합은 특히 원료공급기업이 소수일 경우에 많이 나타난다. 이 때 원료공급기업을 수직결합한다면 원료시장에서 시장지배력을 행사할 수 있고, 경쟁기업에 대한 원료공급도 전략적으로 제한할 수 있다. 이것은 결과적으로 경쟁기업의 생산활동을 크게 제약하게 되며, 또한 이러한 산업에의 진입장벽을 높이게 되고 진입비용도 크게 증대시킨다.

한편 산업의 생명주기설(life-cycle theory)과 관련하여 급속히 성장하는 산업에서는 수직결합이 많이 발생한다는 점에 유의할 필요가 있다. 산업의 성장기에 완제품을 생산하는 기업은 독립된 원료공급기업으로부터 충분한 원재료를 완전하게 공급받지 못할 가능성이 높아진다. 또한 완제품시장의 지배적 기업이 급속한 수요증가를 효율적으로 처리하지 못하는 경우가 많게 된다. 이 결과 시장지배적 기업의 매출이 급속히 증가하는 성장기에는 수직결합의 인센티브가 높아지게 된다. 결국 시장지배적 기업은 원재료를 공급하고 판매를 담당하는 기업을 모두 수직결합하여 일관된 생산판매라인을 형성하고 대량생산과 대량판매를 시도하는 경향이 나타난다. 이러한 현상은 대부분의 산업이 고도성장기를 맞고 있는 개발도상국이나 신흥공업국에서도 많이 나타난다.

12.1.5 수직결합의 저해요인

수직결합은 일반적으로 기업간 거래를 기업내부거래로 전환하였을 경우 비용이 절감되거나 시장지배력을 제고시킬 수 있는 경우에 발생한다. 이것은 곧 기업결합을 통한 조직확대가 어떤 경제성을 가져오는 효과가 있기 때문이다. 그러나 수직결합의 확대가 항상 비용의 절감이나 경제성을 가져오는 것은 아니다. 이러한 긍정적 효과를 감소시키는 요인도 존재한다. 만약 수직결합을 억제하거나 저해하는 요인이 전혀 없다면 극단적으로 전체산업을 한 개의 기업으로 결합시키는 것이 가장 바람직할 것이다.

이미 지적된대로 기업의 수직결합을 억제하는 대표적 요인은 합리성의 제약(bounded rationality)이다. 인간의 능력이 제약되어 있으므로 효율적인 기업의 경영범위도 자연히 제약되어 있다. 생산단계가 서로 다른 기업들이 어느 규모 이상으로 계속 결합된다면 생산은 점차 비효율적으로 이루어지게 된다.

그러므로 기업경영이 가장 효율적으로 이루어질 수 있는 수직결합의 범위는 분명히 일정수준에서 유한하게 결정된다. 따라서 수직결합은 경영의 비효율이 발생하지 않는 범위내에서 억제되어야 하는 것이다.

12.2 수직결합과 효율

모든 형태의 기업결합은 기업의 시장지배력을 높여주는 효과를 가져온다. 그러나 기업결합이 반드시 사회후생을 감소시키는 것은 아니며 오히려 사회적 후생의 증가를 가져오는 경우도 많다.

이제 수직결합이 사회후생에 미치는 영향을 분석하기로 하자. 먼저 A기업이 원료를 생산하여 B기업에 공급하는 경우를 가정하자. 그리고 B기업의 완제품 1단위 생산에는 A기업이 생산하는 원재료 1단위가 반드시 소요된다고 가정하자. 이것은 곧 고정투입계수를 갖고 있는 생산함수를 의미한다.

이러한 가정하에 A와 B기업이 상호결합하게 되면 수직결합의 전형적인 예가 된다. 이 경우 A와 B가 처한 시장구조적 여건에 따라 어떠한 후생효과가 발생하는가를 설명하기로 한다. 우선 결합이전에 A가 공급하는 원재료의 가격을 P_A, 원재료의 생산비를 MC_1, B가 생산하는 최종재의 가격을 P_B, 최종재의 생산비를 MC_0라 하자. 그리고 결합이후의 가격과 비용에는 각각 *로 표시하고(예를 들면 P_B^*, MC_0^*) 다음 각 경우를 분석하자.

12.2.1 경쟁기업간의 수직결합

A와 B가 각각 경쟁산업의 한 기업으로 생산활동을 영위하다가 결합하는 경우를 보자. 결합이전에도 이들 기업은 경쟁산업에 속해 있기 때문에 가격과 한계비용을 일치시키게 된다. 따라서 결합이전에 A가 공급하는 원재료가격 (P_A)은 한계비용(MC_1)과 같게 되며, B의 산출물인 최종재화의 가격(P_B)도 한계비용(MC_0)과 일치하게 된다.

다시 말하면 결합이전에 이미 A기업이 완전경쟁적 가격설정을 하므로 초과이윤이 전혀 없는 상태의 가격을 부과하게 된다. 실제 시장가격은 산업전체의 수요·공급에 의해서 결정되고, P_A는 A에게 주어진 가격이 되는 셈이다. 이 경우 완성된 재화를 생산하는 기업 B가 A와 결합한다면 B에게 어떤 이익이 돌아오게 되는가?

결합이전에 이미 B는 A로부터 원재료를 $P_A = MC_1$에서 공급받고 있었으므로 결합이후에도 이러한 조건에는 큰 변화가 없게 될 것이다(결합이후에는 물론 A와 B가 동일기업이므로 가격개념은 적용되지 않는다. 그러나 결합된 기업의 효율성을 파악하면 원재료의 사용비용이 한계비용과 동일해야 하므로 $P_A = MC_1$와 같게 된다). 또한 B기업도 완전경쟁기업이므로 결합이전과 이후에 모두 완제품의 가격(P_B)이 한계비용(MC_0)과 일치하게 된다.

A와 B는 모두 경쟁기업이므로 두 기업의 결합이 산업전체의 구조적 변화를 초래하지 않게 된다. 따라서 이러한 요인들을 모두 고려한다면 경쟁산업내에서 작은 두 기업간의 결합은 가격은 물론 시장전체의 균형에 아무런 영향 을 주지 않는다. 이것은 곧 경쟁기업간의 수직결합이 기업의 이익증대에 기여 하지 못함을 의미한다. 경쟁산업에 속한 두 기업의 수직결합에 따르는 인센티 브가 존재하지 않게 된다.

이러한 이론적 분석에도 불구하고 실제 현실세계에서 원료와 제품생산을 담당하는 두 완전경쟁기업간에 수직결합이 발생하는 원인은 무엇인가? 경제학적 관점에서 보면 수직결합에 따른 부대비용이 결합으로 얻게 되는 효율증대 보다 적게 될 경우 결합의 인센티브가 주어진다. 결합에 따른 비용(integration cost)이란 법률적 합병비용과 여타 소요비용을 말한다.

수직결합으로 인한 효율증대가 있다면 이것은 곧 두 기업의 비용에 반영될 것이다. 다시 말하면 완제품생산기업의 한계비용이 결합이전보다 감축되는 것을 말한다. 따라서 효율증대가 결합비용보다 크게 되면 B기업의 한계생산비는 결합이후에 하락하고 이것은 결합의 인센티브를 제공하기에 충분하다.

그런데 결합이후에도 B는 결국 경쟁산업내의 한 기업에 불과하다. 이러한 시장구조에서는 B가 A를 결합한 후 한계비용을 절감시켰다면 이것은 곧 시장가격의 하락을 가져올 수밖에 없다. 시장가격의 하락은 곧 소비자후생의 증대를 가져오게 된다.

이상에서 설명한 바와 같이 완전경쟁산업에서 원재료를 공급하는 A기업과 완제품을 생산하는 B기업간에는 수직결합의 직접적 인센티브가 존재하지 않는다. 그럼에도 불구하고 수직결합이 발생하기 위해서는 결합으로 인한 효율증대가 수반되어야 한다.

그런데 완제품을 생산하는 B기업도 완전경쟁기업이므로 결합에 따른 효율증대는 곧 시장가격을 인하시키고 사회후생을 증진시키게 된다. 이것은 곧 경쟁구조하에서 두 기업간의 수직결합은 사회후생의 증대를 가져올 수 있음을 보여주는 것이라고 할 수 있다.

12.2.2 경쟁기업과 독점기업의 결합

원재료공급시장은 경쟁상태에 있으므로 A기업의 원재료공급가격(P_A)은 한계비용(MC_1)과 일치한다. 따라서 완제품을 생산하는 B기업은 A기업과의 결합이전에도 원재료 구입시 한계비용에 해당하는 가격만을 지불한다.

만약 B기업이 A기업과 후방수직결합한다면 어떻게 될까? 이제 B기업은 P_A를 지불하고 A로부터 구입하지 않고 한계비용만을 지출하게 된다. 결합 후 원재료생산비는 MC_1^*인데 결합이전에 원재료가 경쟁시장에서 공급되었으므로 $MC_1^* = MC_1$이 된다. 결과적으로 B기업의 원재료구입비용에는 아무런 변화가 없다.

따라서 완제품의 생산비도 결합이전과 이후가 동일하게 될 것이다. 이것은 궁극적으로 원료공급이 경쟁구조속에서 이루어지기 때문에 나타나는 현상이다. 결국 B기업은 이윤극대화를 위해 완제품시장에서 한계수입과 한계비용이 일치하는 점($MR_0 = MC_0$)에서 가격과 생산량을 결정한다. MC_0는 결합 전후 아무런 변화가 없으므로 시장의 균형여건에 영향을 미치지 않는다. 이것은 곧 첫번째 경우로 지적된 경쟁기업간의 수직결합과 같은 경우가 된다.

이와 같은 수직결합에 인센티브가 주어지기 위해서는 결합이후의 한계비용이 결합이전보다 감소되어야만 한다. 즉, $MC_1^* < MC_1$이 되어야 한다. 수요조건에는 아무런 변화가 없으므로 한계비용의 하락은 곧 가격의 하락을 의미한다. 따라서 사회후생은 증가한다고 볼 수 있다.

이것은 물론 정태적 분석의 결과이고 결합이후 원재료공급시장에 아무런 변화가 없음을 전제로 한다. 실제 원재료산업은 완전경쟁이므로 한 기업(A)이 합병으로 없어진다 해도 별 영향이 없다. 또한 A에서 생산된 원재료가 B의 완제품 생산 에 고정비율로 투입되는 것을 가정하고 있다. 투입비율이 가변적으로 이루어지면 B의 결합이후 독점지배력이 더욱 증대될 가능성이 존재한다.

여하튼 경쟁기업(원재료)과 독점기업(완제품)의 수직결합은 사회후생의 증대를 가져올 가능성이 있음을 보여주고 있다. 이것은 물론 고정투입계수에 의한 생산과 원재료시장의 경쟁적 구조에 기인된 결과라고 할 수 있다.

12.2.3 독점기업간의 결합

완제품을 생산하는 B기업의 제품 1단위당 A기업의 원재료가 1단위 소요되는 가정이 적용된다고 하자. 두 기업간 결합의 인센티브가 충분히 주어지기 위해서는 결합이전 두 독점기업의 이윤의 합($\pi_A + \pi_B$)이 결합이후의 기업의 총이윤보다 적어야 한다. 두 독점기업간의 결합은 과연 이 조건을 만족할 수 있으며 사회후생은 어떻게 변화하는가?

먼저 결합이전 두 기업의 가격과 이윤을 고려해보자. A기업은 원재료시장에서 독점적 지위를 누리고 있으므로 원재료가격(P_A)은 한계비용보다 높은 수준에서 결정된다. 즉, $P_A = MC_1 + \alpha$가 되며, α는 독점기업의 이윤확보를 위한 마크업(mark up)이 될 것이다. 한편, 원재료에 대한 수요는 파생수요로서 최종재화의 생산에 따라 결정된다. A가 생산하는 원재료는 B의 완제품생산에 필수적으로 소요되므로 완제품의 한계생산비는 식 (12.1)과 같다.

$$MC_0 = P_A + k = MC_1 + \alpha + k \tag{12.1}$$

k는 A가 생산하는 원재료 이외에 추가적으로 투입되어야 하는 비용이다.

이 관계를 〈그림 12-1〉로 설명하자. 결합이전 최종재의 생산량은 Q^0, 가격은 P_B^0에서 결정된다. A기업은 Q^0에서 생산하고 P_A^0를 부과한다. 이 경우 두 개별기업의 이윤은 각각 π_A^0, π_B^0가 된다.

이 상태에서 완제품생산기업 B가 A를 후방결합한다면 어떤 변화를 가져오는가? 결합이후 B는 A가 생산하던 원재료를 자체내 생산으로 조달하기 때문에 종전 구입가격(P_A) 대신 생산비용만을 지불하게 된다. 즉, 결합이후 B의 최종재생산 한계비용(MC_0^*)은 결합이전보다 α만큼 줄어들게 되며 식 (12.2)의 관계로 나타난다.

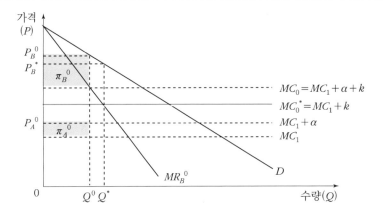

| 그림 12-1 | 독점기업간의 수직결합 |

결합이전에 A와 B기업은 원재료와 완제품시장에서 각각 π_A^0와 π_B^0의 이윤을 확보한다. 그러나 결합이후에는 완제품의 시장가격이 P_B^0에서 P_B^*로 하락하고, A를 합병한 B기업이 이윤도 π_B^0보다 많아진다.

$$MC_0^* = MC_1 + k < MC_0 = MC_1 + \alpha + k \qquad (12.2)$$

〈그림 12-1〉에서는 가격이 P_B^0에서 P_B^*로 하락하고, 생산량은 Q^0에서 Q^*로 증대된다. 또한 B기업의 이윤은 결합이전 π_B^0보다 훨씬 많게 된다(결합 전과 후의 B기업의 이윤을 직접 비교해보면 알 수 있다). 따라서 B기업에게는 충분한 결합의 인센티브가 되고, 사회적 관점에서는 종전보다 낮은 가격에 많은 생산량을 공급하는 후생효과를 가져온다.

그렇다면 결합이후 B의 이윤은 결합이전 두 기업의 이윤의 합($\pi_A^0 + \pi_B^0$)보다 충분히 큰가? 충분히 클 경우에만 두 기업 모두에게 결합의 인센티브를 줄 수 있다. 이 관계를 〈그림 12-2〉에서 살펴보자. 결합이전 두 기업의 이윤은 각각 π_A^0와 π_B^0로 표시된다. 기업결합 이전 원재료를 공급하는 A기업의 이윤은 Q^0의 생산량(완제품 1단위에 원재료 1단위가 투입되는 것을 가정함)에 α의 마진을 곱한 것이므로 그림에서 빗금친 부분 π_A^0로 표시된다.

한편 결합이후 원재료와 완제품을 동시에 생산하는 B기업의 한계생산비

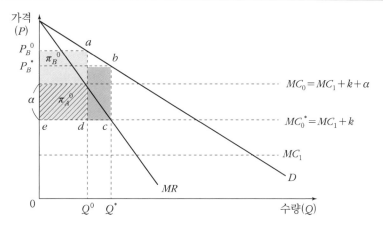

| 그림 12-2 | 결합이전과 이후의 이윤비교 |

결합기업 B의 이윤은 결합이전의 A, B 기업의 이윤의 합($\pi_A^0 + \pi_B^0$)보다 많게 되므로, 두 독점기업에게 결합의 유인이 주어진다.

는 이제 MC_0^*가 된다. 이것은 결합이전의 MC_0보다 α만큼 낮게 된다 이윤은 어떻게 변화하는가? 먼저 결합이전에 두 기업에게 귀속된 이윤의 합($\pi_A^0 + \pi_B^0$)을 평가해보자. 〈그림 12-2〉에서 보는 바와 같이 이것은 결합된 기업이 MC_0^*의 한계생산비에서 Q^0를 생산하고, P_B^0의 가격을 부과할 때의 이윤에 해당된다. 그런데 MC_0^*의 생산비에서 기업의 최대이윤은 Q^0가 아닌 Q^*에서 결정된다. 즉, Q^0에서 생산하고 P_B^0를 부과하면 $\pi_A^0 + \pi_B^0$의 이윤을 획득할 수 있으나, Q^*에서 생산하는 것이 더 많은 이윤을 얻게 된다는 것이다. 따라서 Q^*에서 얻게 되는 결합된 기업의 이윤(면적 $P_B^* bce$)이 결합이전 두 기업의 이윤의 합(면적 $P_B^0 ade$)보다 크게 되는 것이다.

이것을 요약하면 결합기업의 이윤(π_{VI}^*)은 결합이전 두 기업의 이윤과 결합이득(V)으로 구성되어 식 (12.3)과 같다.

$$\pi_{VI}^* = \pi_A^0 + \pi_B^0 + V \tag{12.3}$$

여기에서 V가 두 기업의 결합을 유인하는 인센티브가 된다. 한편 결합이후 생산량은 Q^0에서 Q^*로 증대되고, 가격은 P_B^0에서 P_B^*로 하락하게 된다. 따라서 이러한 형태의 결합은 기업의 이윤을 증대시킬 뿐만 아니라 사회후생도 증가시켜 주는 결과를 가져온다.

이 모형은 기본적으로 원재료가 고정투입요소로서 활용되는 것을 전제로 한 것이지만 가변투입요소의 경우에도 독점기업간의 결합에는 동일한 결론을 얻을 수 있다.

12.2.4 독점기업과 경쟁기업의 결합

독점기업과 경쟁기업의 후방수직결합이 이루어질 경우에는 결합이후 완제품시장의 구조변화와 투입요소 가변성 여부에 따라 후생효과가 달라진다. 만약 결합이후에도 완제품시장에서 완전경쟁이 이루어진다면 후방수직결합의 인센티브가 사라진다. 왜냐하면 결합이후에도 경제적 이윤이 없는 경쟁균형을 이룩하기 때문이다. 그러나 결합이후에 여타 기업에게 원재료의 공급을 제한하거나 차별가격을 적용할 경우에는 다양한 후생효과를 가져온다. 물론 시장지배력의 행사로 인한 후생손실의 가능성도 존재한다.

한편, 투입요소가 여타 생산요소와 대체될 수 있는 가변요소로서 사용될 경우에도 다양한 후생효과를 가져온다. 이 경우 합병이전에는 $MC_1 + \alpha$로서 원재료가 공급되었으나 합병이후에는 MC_1으로 공급되므로 α만큼의 비용절감 효과를 가져온다. 그러나 원료시장이 독점이므로 결합기업이 원재료를 여타 기업에 어떻게 공급하느냐에 따라 다양한 후생효과가 발생한다. 만약 결합이후에도 완제품시장에 완전경쟁이 유지된다면 결합의 직접적 인센티브는 없으나 결합이 이루어지면 효율증대를 통한 사회후생의 증가를 가져올 수 있다. 이것은 경쟁기업간의 결합과 같은 후생효과를 가져오게 된다.

그러나 하나뿐인 원재료공급기업(A)을 완제품시장의 경쟁기업(B)이 합병하면 완제품시장의 여타 기업이 어떻게 원재료를 공급받게 되겠는가? 이에 대한 결합기업의 행태에 따라 후생효과는 크게 달라진다.

풀 어 쓰 는 경제 15

GE와 맥도날드

발명왕 에디슨을 모르는 사람은 없을 것이다. 초등학교 시절 3개월 만에 퇴학을 당하고 어머니로부터 거의 모든 교육을 받았다. 그가 일생 무려 1,000개가 넘는 특허를 받아냈으니 누가 이 대기록을 깰 수 있겠는가. 그는 "천재란 99퍼센트의 땀과 1퍼센트만의 영감으로 이루어진다"는 유명한 말을 남기기도 했다. 가난 때문에 겪어야 했던 그의 고달픈 역경은 "나는 발명을 계속하기 위한 돈을 얻기 위해, 언제나 발명을 한다"는 고백 속에 모두 숨겨져 있는 것 같다.

에디슨의 많은 일화가 알려져 있다. 하지만 그가 발명한 전등이 GE 설립의 불꽃이 되었다는 사실은 그리 알려지지 않았다. 1878년 에디슨의 특허를 독점적으로 사용하는 에디슨 회사가 창립되었다. 조명 장치를 비롯한 많은 발명품을 생산하는 여러 계열사도 연이어 설립되었다. 1892년에는 계열사들이 사업 확장을 위해 톰슨 휴스턴 사와 합병하여 탄생하게 된 것이 오늘의 GE이다. 에디슨이 "나는 전등을 발명했으나 전혀 이익을 얻지 못했다"고 불평한 것을 보면, GE가 설립되면서 그에게 귀속된 혜택은 많지 않았던 모양이다. 그러나 기업으로서의 GE는 승승장구하여 20세기 최고의 기업으로 성장했다. 1981년부터 2001년까지 GE 회장을 맡았던 잭 웰치는 최고의 경영자로 손꼽혔다. 1996년 웰치는 다우존스 인덱스 100주년을 기념하는 뉴욕증권거래소에서 개장벨을 울렸다. 그것은 100년 동안이나 상장된 기업이 오로지 GE밖에 없었기 때문이다.

GE는 한마디로 성공적인 다각화의 신화이다. 실제로 GE의 다각화는 상상을 초월한다. 설립의 원천이 되었던 조명 부문에서부터 항공기 엔진, 가전, 금융 보험, 발전 설비, 의료, 기계, 화학, 운수 장비, 정보 서비스 등에 이르기까지 20개가 넘는 산업에 참여하기 때문이다. 또한, NBC를 인수하여 방송 사업에 뛰어들었으며 전자 상거래로 대표되는 e-Business에도 진출했다.

GE는 1980년대 획기적인 구조 조정을 했다. 그 과정에서도 신규사업을 확장하는 전략은 변함이 없었다. 100억 달러의 한계 사업을 정리하면서 무려 190억 달러에 달하는 새 사업을 인수하여 여타 기업이 감히 상상하기조차 어려운 과감한 전략을 선택했던 것이다. GE는 오히려 적극적인 다각화 전략으로 지난 100여 년간 불확실한 시장 위험을 극복하면서 134.2빌리언 달러 이상의 매출을 올리는 "세계에서 가장 존경받는 기업 Financial Time"으로 성장했다. GE의 성공 사례는 소수 산업에 집중적으로 투자하여 핵심 역량을 구축해야만 살아남을 수 있다는 논리를 무색게 한다. 1,000여 개의 계열사를 거느린 일본의 히타치도 같은 사례이다.

물론 한 우물로 성공한 사례도 많다. GE가 다각화로 성공한 예라면 햄버거 체인점 맥도날드는 전문화된 기업의 대표격이라 할 수 있다. 1940년대 후반 맥도날드 형제가 시작한 조그만 음식점은 크록 R. Kroc과 합작(1955)하면서 현재의 모습으로 탈바꿈하게 된다. 그는 남들이 정년을 준비하는 53세에 맥도날드에 뛰어들어 사내 대학을 설립하고 기술 훈련을 강화시킨 후, 미국은 물론 전 세계에 체인망을 확장했다. 단 9개 종류의 햄버거와 프렌치프라이로 승부를 시작한 맥도날드. 아직도 그 품목에는 변함이 없지만 2만 3,000여 개의 체인점에서 연 450억 달러 이상의 매출을 올리는 세계 30대 기업으로 성장했다. 오늘 이 시간에도 지구촌 어디선가 5시간마다 새로운 맥도날드가 들어서면서 인류의 음식 문화를 표준화시키고 있다는 사실은 놀라운 일이 아닐 수 없다.

그렇다면 과연 우리나라 기업에는 어떤 모델이 이상적인가. 우리는 가장 전문화가 잘 되었던 기아와 한보 그룹이 제일 먼저 부실화되는 비운을 맞봤다. 획일적으로 소수 업종에 전문화를 유도하는 것은 상당히 위험한 발상이다. 최고의 모형은 시장의 불확실한 미래에 가장 신축적으로 대응할 수 있는 사업 구조일 뿐이다. 그것을 어떻게 성공하느냐는 시장 환경에 달린 것이기 때문이다.

정갑영, 『열보다 더 큰 아홉』, 21세기북스, 2012, p. 198.

12.3 수직결합과 사회후생

이제까지 수직결합이 대부분 자원배분의 효율성과 사회후생을 증진시키는 경우를 분석하였다. 그렇다면 수직결합은 항상 바람직하며 사회후생의 증대를 가져오게 되는가? 모든 종류의 수직결합은 적극 장려되어야 하는가? 수직결합 이후에 가격은 하락하고 공급은 증가되는 현상이 일반적으로 나타나는가? 이러한 관점에서 수직결합을 평가할 때는 다음 사항에 유의할 필요가 있다.

첫째, 지금까지의 수직결합에 관한 분석은 최종재의 생산함수가 일정한 비율의 원재료를 반드시 필요로 하는 고정투입계수를 고려하고 있다. 따라서 생산요소간 대체가 가능한 생산함수일 경우에는 후생효과가 달라진다. 이 경우에는 결합된 기업이 생산하는 요소를 적절히 배합하거나 여타 기업에 대한 공급을 제한하는 방법 등으로 수직결합 이후 가격을 상승시키거나 시장지배력을 높일 수 있다.

둘째, 수직결합에 대한 분석은 정태적인 관점은 물론 동태적 파급효과를 고려해야 한다. 결합된 기업이 정태적 관점에서는 효율을 증진시켜 가격을 인하시킬 수 있다 해도 동태적 관점에서는 진입장벽을 높히고 독점지배력을 행사하여 가격을 인상시킬 수도 있다. 즉, 원재료공급업체가 독점일 경우에는 이를 합병한 결합기업이 시간이 지남에 따라 시장지배력을 행사할 가능성이 높다. 또한 결합기업은 여타 기업보다 기술과 자본 및 마케팅 등에 절대적 우위를 유지할 수도 있다. 비용면에서도 절대적으로 유리한 위치에 있을 수 있다. 이러한 현상들은 결국 수직결합으로 인한 후생증진의 효과를 상쇄할 요인으로 작용할 가능성이 있다.

셋째, 수직결합은 당해 산업만을 고려한 부분균형분석이라는 사실이다. 결합기업이 여타 산업부문에 영향을 미치거나 경제의 다른 분야에 부정적 효과를 가져올 수 있다. 예를 들어 결합기업에 대한 경제력 집중은 분배면에 영향을 미칠 수도 있다. 결합기업은 경우에 따라 가격차별화를 실시하여 여타 산업부문에 부정적 영향을 미칠 수도 있다.

넷째, 수직결합의 영향평가에서 가장 중요한 기준은 결합이후에 산업의 경쟁여건이 지속적으로 향상될 수 있느냐의 여부이다. 만약 결합이후 경쟁여건이 호전된다면 수직결합은 사회후생의 증진을 가져오게 된다. 특히 결합이후에 잠재경쟁의 여건이 지속적으로 유지된다면 수직결합은 긍정적 효과를 가져올 가능성이 높다.

실제 수직결합은 수평결합과 달리 사회후생을 증진시켜 줄 수 있는 경우도 있다. 이것은 기업결합을 항상 부정적으로 파악하는 것과는 상치된 결론으로서, 수직결합 자체를 무조건 제한하는 규제정책은 불합리하다는 것을 시사하고 있다. 모든 형태의 결합은 사회후생의 증진 여부를 고려하여 선별적으로 평가되어야 한다. 실제 수직결합은 합병이후 시장의 경쟁여건, 최종재 생산함수의 특성, 기술조건 등에 따라서 수직결합의 영향은 크게 달라질 수 있다. 이와 같은 경우를 설명하는 사례는 Mallela & Nahata(1989), Lee(1987), Hamilton & Lee(1986) 등에 나와 있다.

부록

12.A 수직결합과 시장지배력

지금까지 시장구조가 서로 다른 경우에 수직결합이 미치는 영향을 분석하였다. 고정된 원재료의 투입이 이루어질 경우에는 대부분 수직결합으로 인해 효율이 증진되고 사회후생도 개선되는 것을 알 수 있었다. 이제 이러한 관계를 일반화하여 분석하기로 하자.

B기업이 A기업의 생산물을 투입하는 경우에는 앞에서 적용된 고정투입계수의 가정에 따라 다음과 같은 B기업의 이윤함수(π_B)를 정의할 수 있다.

$$\pi_B = P_B q - P_A q - kq \tag{12.A.1}$$

q는 B기업의 생산량, P_B는 최종재 B의 가격, P_A는 원재료 A의 가격, k는 A 이외의 원재료가격을 의미한다. 이 식에서 볼 수 있듯이 A가 생산하는 원재료 1단위가 B재와 1단위 생산에 필수적인 것을 가정하고 있다.[1] kq는 원재료 A 이외에 추가적으로 투입되는 비용이다. 식 (12.A.1)의 이윤극대화조건은 다음과 같이 되며, 2차 조건은 만족된다고 가정한다.

$$\frac{d\pi_B}{dq} = P_B + q \cdot \frac{dP_B}{dq} - P_A - k = 0 \tag{12.A.2}$$

이윤극대화조건에서는 $MR = MC$이고, $MR = P_B(1 - 1/\eta_B)$이므로 다음과 같이 정리된다.

$$P_B\left(1 - \frac{1}{\eta_B}\right) - P_A - k = MR_B - P_A - k = 0 \tag{12.A.3}$$

η_B는 최종재 B에 대한 수요의 가격탄력성이다. 이 조건은 최종 재를 생산하는 B기업의 이윤극대화조건이므로, 원재료 A에 대한 파생수요는 식 (12.A.3)

---

1) 예를 들면 완제품은 자동차(B)이고, 중간재는 자동차 엔진(A)인 경우이다.

에서 다음과 같이 도출할 수 있다.

$$P_A = MR_B - k$$
$$= MR_B(q,\, P_B) - k \tag{12.A.4}$$

한편 원재료를 생산하는 A기업은 다음과 같은 이윤함수를 갖고 있다.

$$\pi_A = P_A \cdot q - c \cdot q \tag{12.A.5}$$

여기에서 c는 한계비용(평균비용), q는 최종재를 생산하는 B기업의 산출량이다.

A기업의 이윤극대화를 위한 1차 조건은 한계수입과 한계비용이 일치되는 $P_A(1 - 1/\eta_A) = c$로 정리된다. 그런데 A기업 제품에 대한 파생수요는 식 (12.A.4)와 같으므로 이를 이윤함수에 대입하면 다음과 같이 된다.

$$\pi_A = MR_B \cdot q - (c+k) \cdot q \tag{12.A.6}$$

식 (12.A.6)의 1차 조건을 정리하면 다음과 같다.

$$\frac{d\pi_A}{dq} = \frac{d(MR_B \cdot q)}{dq} - (c+k) = 0 \tag{12.A.7}$$

식 (12.A.7)의 좌항은 최종재의 생산증가에 따라 생산요소 제공기업의 한계수입의 증가(marginal revenue of derived demand)라고 할 수 있고 MD라고 표기하자.[2)]

이 관계는 〈그림 12-3〉과 같이 표시된다. A, B가 각각 독립기업으로 이윤을 극대화하므로 위에서 도출된 결과에 따라 생산량과 가격이 결정된다. 즉, 원재료 공급체인 A는 $MD = c + k$의 조건에 따라 q_B에서 생산하고 P_A의 가격을 부과한다. 식 (12.A.4)에서 A기업의 수요는 $P_A = MR_B - k$로 표시되므로 d점이 된다. 따라서 가격은 P_A에서 결정된다. B는 $P_A + k$가 한계비용이 되므로 이를 한계수입(MR_B)과 일치시켜 q_B에서 생산하고 P_B를 부과한다. 이 결과 사

---

2) 일반적으로 한계수입(MR)은 $MR = d(P \cdot q)/dq$이고, $MD = d(MR \cdot q)/dq$이므로 MR과 MD의 관계는 수요곡선 $P(Q)$와 MR의 관계와 동일하다.

그림 12-3 두 독점기업의 수직결합

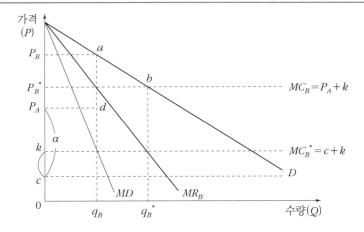

완제품시장에서 독점인 B기업이 원재료생산기업인 A를 후방결합하면, B기업의 한계생산비는 MC_B에서 MC_B^*로 감소한다. 이 결과 생산량은 q_B에서 q_B^*로 증대되고, 가격은 P_B에서 P^*로 하락한다.

회전체의 최종재생산량은 q_B, 가격은 P_B로 결정된다.

　이제 A와 B가 수직결합한다면 어떤 결과를 가져오게 되는가? B가 A를 후방결합하면 B가 원재료 취득을 위해 지불하는 가격은 P_A가 아니라 본래의 한계생산비인 c에 불과할 것이다. 결합이전 $P_A = c +$ "α"로서 A의 독점이윤(α)이 포함되어 있다. 따라서 B의 전체 한계생산비는 $MC_B^* = c + k$가 된다. 이제 $MR_B = MC_B^*$에서 이윤극대화를 추구하므로 생산량과 가격은 q_B^*와 P^*에서 결정된다. 수직합병의 결과 두 단계의 독점에서 한 단계의 독점으로 축소되었다. 결합이후 B기업은 결합이전 A기업이 취득한 단위당 α만큼의 초과이윤을 얻게 된다. 이것을 결합이전과 비교할 때 생산량은 q_B에서 q_B^*로 증대되었고, 가격은 P_B에서 P_B^*로 하락한 것을 알 수 있다. 따라서 수직결합으로 사회 후생이 증대되는 것을 보여주고 있다. 이것은 결국 생산과정에서 독점화된 단계가 많아질수록 생산량이 감소하고 가격이 상승하는 것을 의미하기도 한다.

　한편, 두 기업 A, B가 결합하지 않고 카르텔을 형성하여 공동이윤을 극대화한다면 어떻게 될까? 먼저 이윤함수는 다음과 같이 표시된다.

$$\pi_A + \pi_B = P_B \cdot q - (c+k)q \qquad (12.A.8)$$

이를 만족시키는 1차 조건은 다음과 같다.

$$P_B(1-1/\eta_B) = c+k \qquad (12.A.9)$$

이것은 결국 $MR_B = c+k$가 되어 두 기업이 결합하여 나타난 결과와 동일하게 된다. 이상에서 논의된 생산조건에서는 수직결합이 두 기업의 공동이익극대화를 추구한 결과와 동일한 균형을 가져온다. 이것 역시 쌍방독점의 경우보다는 가격이 저하되고 생산량은 증가되는 후생증진의 결과를 가져온다.

제13장 진입저지와 약탈가격

Chapter 13

진입저지와 약탈가격

13.1 잠재경쟁의 의의

일반적으로 논의되는 시장경쟁은 현재 재화를 생산, 판매하고 있는 기업 간의 경쟁을 말한다. 예를 들어 현재 생산에 참여하고 있는 기업의 수가 5개라면 시장구조는 과점이 되고 5개 기업간에 경쟁이 발생한다. 그러나 5개 기업으로 구성된 산업이 여타 산업보다 이윤율도 높고 성장전망이 밝다면 새로운 기업이 신규로 참여할 가능성도 높다. 이 때 현재 생산에 참여하고 있는 기업을 기존기업(established firm)이라고 하며 새롭게 진입할 가능성이 있는 기업을 잠재기업(potential firm) 또는 잠재적 진입기업(potential entrant)이라고 한다.

전통적 의미의 경쟁은 바로 기존기업간의 경쟁을 의미하는 것으로서 잠재기업의 역할을 배제하고 있다. 경제원론이나 미시경제학에서 논의되는 독점과 과점 등은 모두 기존기업만을 대상으로 한 분석이다. 그러나 기존기업의 가격설정이나 판매전략은 잠재기업으로부터 영향을 받지 않을 수 없다. 따라서 기존기업간 경쟁을 분석할 경우에도 잠재기업의 행태를 고려하여야만 한다.

이러한 예를 설명하기 위하여 기존기업이 2개밖에 없는 복점을 가정하자. 현재 두 기존기업간에는 담합이 이루어져 결합이윤(joint profit) 또는 공동이윤을 극대화하고 있다고 가정하자. 이 산업에 만약 잠재기업이 없다면 이 두 기업은 지속적으로 공동이윤을 극대화시키는 가격을 설정할 수 있을 것이다. 즉, 기존기업이 높은 이윤을 추구해도 새롭게 참여할 가능성이 있는 기업이 존재하지 않는다면 기존기업은 안심하고 초과이윤을 추구할 수 있다.

그러나 동일한 조건에서 이 산업에 참여할 잠재기업이 존재하는 경우를 살펴보자. 신규기업의 참여는 이윤에 따라 결정될 것이다. 만약 기존기업이 높은 초과이윤을 획득한다면 잠재기업은 당연히 신규진입하여 생산에 참여하게 될 것이다. 이 결과 기존기업의 초과이윤은 점차 감소하게 될 것이다.

그렇다면 잠재기업이 존재하는 상황에서 기존기업의 전략은 어떻게 나타날 것인가? 잠재기업이 존재하지 않는 경우에는 물론 단기적 이윤극대화만을 추구하면 된다. 그러나 잠재기업이 존재할 경우에는 무조건 이윤극대화를 목표로 하는 것이 아니라 잠재기업의 진입을 적절히 저지하면서 장기적 이윤을 극대화하여야 한다. 잠재기업의 진입을 저지하는 방법으로서 가격인하도 고려될 수 있을 것이다.

여기에서 주의할 점은 잠재기업이 실제 생산에 참여하지 않았지만 기존기업은 잠재기업의 참여가능성을 의식하여 가격을 인하할 수 있다는 점이다. 이것은 곧 잠재기업의 진입위협(threat of entry)으로 인하여 기존기업이 경쟁적 행태를 보이는 것이다. 이러한 형태의 경쟁을 잠재적 경쟁(potential competition)이라고 한다.

잠재경쟁은 기존기업과 잠재기업간의 경쟁을 말하며 잠재기업이 실제 생산에 참여하지 않은 상태에서 발생한다. 이와 구별하여 실제생산에 참여하고 있는 기업간의 경쟁을 흔히 실제경쟁(actual competition)이라고 한다. 실제경쟁은 곧 일반적으로 논의되는 시장경쟁이다.

기존기업과 잠재기업을 구분하는 기준은 물론 실제생산에 참여하고 있느냐의 여부이다. 그런데 잠재기업이 언제라도 실제생산에 참여할 수 있다면 잠재기업은 기존기업과 거의 동일한 기능을 하게 된다. 잠재기업이 참여할 수 있는 가능성이 얼마나 높은가는 바로 진입장벽에 의해서 결정된다. 진입장벽이 높으면 잠재기업의 진입가능성이 낮고, 진입장벽이 낮으면 진입가능성이 높게 된다. 또한 이론적으로 진입장벽이 전혀 없다면 기존기업과 잠재기업의 기능이 동일하게 된다.

진입장벽과 잠재경쟁의 관계를 표시하면 〈그림 13-1〉과 같다. 전체산업은 잠재기업과 기존기업으로 구성되며 진입장벽이 경계선이 된다. 경계선이 약하면 잠재기업의 위협이 크고, 잠재경쟁이 치열해진다. 그러나 경계선이 강하고 진입장벽이 높으면 진입의 위협은 적고 잠재경쟁은 약화된다.

진입장벽은 이미 제10장 제1절에서 논의된 바와 같이 제도적·기술적 요인

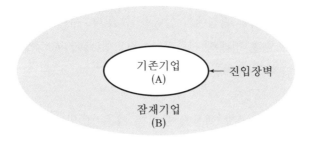

그림 13-1 진입장벽과 잠재경쟁

시장에는 실제 생산에 참여하고 있는 기업군(A)과 향후에 진입할 가능성이 있는 잠재기업군(B)이 있다. 진입장벽이 높을수록 잠재기업의 참여가능성은 적어지고, 진입장벽이 낮을수록 잠재기업의 참여가능성이 높아진다.

등이 있다. 특정한 법률로 기존기업이 보호되어 있어서 제도적 진입장벽이 높으면 잠재기업의 참여가능성은 적어지고 잠재경쟁은 나타나지 않는다. 기술적 요인으로 결정되는 여타 진입장벽도 동일한 역할을 하게 된다.

잠재경쟁은 실제경쟁과 달리 기존기업과 잠재기업을 동시에 고려하며 일정시점의 정태적 이윤극대화보다는 장기적 또는 동태적 이윤극대화를 추구하는 과정에서 많이 발생한다.

13.2 정태적 진입저지

잠재경쟁이 이루어지는 산업에서 기존기업은 잠재기업의 위협을 의식하여 여러 형태의 가격전략을 선택한다. 가장 흔한 전략의 하나는 기존기업이 현재의 위치를 고수하는 전략이다. 즉, 잠재기업의 진입을 저지하면서 현재의 시장점유율을 지속적으로 확보, 유지하려는 전략인 것이다. 이를 위해서는 가격을 낮게 유지하여 잠재기업의 진입을 억제하거나 기존 소규모기업이 규모를 확장하지 않도록 유도하여야 한다. 예를 들어 기존기업의 이윤극대화 가격이 P^m이라면, 잠재기업의 진입을 저지하기 위해서는 P^m보다 낮은 가격을 유지하여 잠재기업이 갖고 있는 진입의 인센티브를 박탈하는 전략인 것이다. 이와 같이 진입을 저지 또는 제한하여 현재의 시장점유율을 유지하려는 시장지배적 기업의 행태는 정태 또는 동태적 관점에서 설명할 수 있다. 시간개념을 도입하지 않은 현재점유율 유지모형은 정태적 진입저지가격모형(static limit price model) 이라고 한다. 또한 진입을 억제하는 가격을 진입제한가격 또는 진입저지가격(limit price)이라고 한다.

진입저지모형에서 가장 핵심적 문제는 기존기업의 행태와 잠재기업의 진입결정이다. 진입에 영향을 주는 기본요인은 물론 이윤이라고 본다. 특히 신규로 참여하여 생산하였을 때 경제적 이윤을 획득할 수 있느냐의 여부가 진입결정에 가장 중요한 역할을 한다. 진입 이후의 이윤이 여타 산업보다 높거나 정상이윤을 초과하는 경제적 이윤이 발생한다면 잠재기업이 새롭게 참여하려는 인센티브를 갖게 된다. 만약 진입 이후에 이윤을 기대할 수 없다면 잠재기업은 참여하지 않을 것이다. 그런데 진입 이후의 이윤은 진입 이후의 시장가격에 의해서 결정된다. 또한 진입 이후 시장가격은 다시 기존기업과 신규기업의 생산을 포함한 공급과 시장수요에 의해서 결정된다. 따라서 잠재기업의 진입 여부는 진입 이후의 시장여건과 기존기업의 저지전략 등 다양한 요인에 의해 결정된다.

13.2.1 잔여수요

잠재기업은 진입에 앞서 진입 이후의 시장여건과 이윤획득 여부를 평가할 수 있어야 한다. 따라서 기존기업의 생산비용 등에 대한 정보와 진입 이후 잠재기업이 직면하게 되는 시장의 수요에 대해 알아야 한다.[1]

그 중 잠재기업이 참여한 이후 직면하게 될 수요곡선은 전체 시장수요에서 기존의 시장지배적 기업들이 차지하고 있는 수요를 제함으로써 구할 수 있다. 이 과정을 간단히 설명하기 위하여 우선 다음과 같은 가정을 도입하자. 즉, 기존기업은 신규기업의 진입이 발생한 이후에도 종전과 동일한 생산량을 유지한다는 가정이다.[2]

---

1) Milgrom & Roberts(1982)는 신규진입기업이 기존기업의 생산비용을 알지 못하는 불완전 정보 하에서의 진입저지모형을 제시한다. 이는 부록 13.A를 참조할 것.
2) 이 가정은 「사일로-라비니」(Sylos-Labini postulate)공준이라고 한다.

그림 13-2	잔여수요곡선

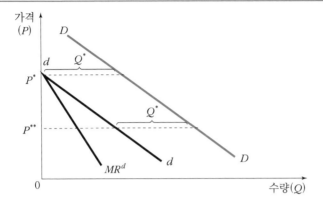

잠재기업의 진입에도 불구하고 기존기업이 종전과 동일한 생산량을 유지한다고 가정하면, 기존기업의 생산량은 P^* 이하의 가격에서도 Q^* 로 고정되어 있다. 잠재기업의 수요는 전체시장의 수요(D)에서 기존기업의 생산량(Q^*)을 차감한 잔여수요(dd)가 된다. 잠재기업은 잔여수요를 기초로 MR과 MC를 계산하여 이윤극대화 가격을 설정할 수 있다.

이 가정을 이용하면 〈그림 13-2〉와 같이 신규기업의 수요를 도출할 수 있다. 현재 시장전체의 수요곡선은 DD이고 P^* 에서 시장가격이 유지되고 있다고 하자. 기존시장(시장지배적 기업)의 생산량은 Q^* 라고 하자. 또한 잠재기업이 신규로 참여하여 생산을 시작한다고 하자. 앞의 가정에서 기존기업은 신규기업의 참여가 있을 경우에도 종전과 같은 생산량을 유지한다고 했으므로 기존기업의 생산량은 어떤 가격에서도 Q^* 로 고정되어 있다.

시장가격이 P^* 이하로 하락하면 주어진 수요곡선에 따라 시장수요는 증가한다. 그런데 기존기업은 Q^* 에서 고정된 생산수준을 유지하고 있으므로 전체수요(DD)에서 Q^* 를 공제한 잔여수요(residual demand)가 바로 신규기업의 수요곡선이 된다. 가격이 P^{**} 일 경우에도 기존기업은 Q^* 만을 고수한다고 가정하였으므로 잔여수요는 P^* 에서보다 증가되어 있다. 이와 같은 방법으로 가격선을 따라 시장전체수요에서 기존기업의 생산, 판매량 Q^* 를 공제하면 신규기업의 수요인 잔여수요를 파악할 수 있으며 〈그림 13-2〉에서는 dd로 표시되어 있다.

잔여수요곡선 dd를 기준으로 한계수입곡선을 도출하면 MR^d와 같다. 이제 MR^d를 기준으로 잠재기업은 진입이후 시장여건과 진입 여부를 평가할 수 있게 된다.

13.2.2 진입기업의 생산결정

진입기업의 생산결정은 물론 이윤극대화의 원칙하에서 이루어진다. 따라서 한계수입과 한계비용을 일치시키는 점에서 생산량을 결정하게 된다.

이러한 진입기업의 생산량 결정과정을 〈그림 13-3〉으로 설명하자. DD는 이미 앞 절에서 설명된 시장수요곡선이다. 「사일로-라비니」의 가정에 의해 기존기업이 진입이후에도 종전과 동일한 수준의 생산량을 유지하므로, 잔여수요는 시장수요와 평행인 dd곡선으로 표시된다. 잠재적 진입기업의 한계수입은 MR^d, 한계비용은 MC^E, 평균비용은 AC^E로 표시되어 있다.

〈그림 13-3〉에서 신규진입기업의 이윤을 극대화시키는 $MR^d = MC^E$의 생산량은 q^*가 된다. 이것은 잠재기업이 잔여수요를 기준으로 설정한 이윤극대

그림 13-3　진입기업의 생산

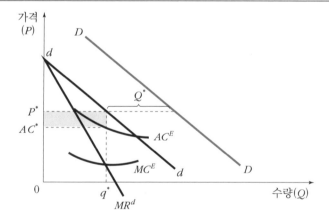

잠재기업의 잔여수요는 dd이고, 한계수입과 한계비용은 각각 MR^d와 MC^E이므로, q^*에서 생산하고 P^*의 가격을 부과하면 색으로 표시한 부분만큼의 초과이윤을 기대할 수 있다. 그러나 잠재기업의 비용(AC^E)이 높다면, P^*에서는 초과이윤을 기대할 수 없다.

화 생산량이 된다. 이제 시장의 공급량은 기존 시장지배적 기업의 생산량 Q^* 와 진입기업의 생산량 q^*를 합한 $Q^* + q^*$가 되며 P^*의 가격에서 균형을 이루게 된다.

실제 진입기업이 참여할 것인가는 P^*의 시장가격에서 q^*를 생산할 경우 이윤을 획득할 수 있는가에 달려 있다. 이윤획득 여부는 곧 q^*를 생산하는 잠재기업 평균생산비가 가격 P^*보다 낮은가에 달려 있다.

그림에서 평균비용곡선은 진입에 소요되는 고정비용 때문에 생산량이 증가할수록 감소한다. q^*의 평균생산비(AC^*)는 P^*보다 낮으므로($P^* > AC^*$) 진입기업은 이윤을 얻게 된다. 따라서 진입기업이 실제시장에 참여하면 색으로 표시한 부분만큼의 이윤을 획득하게 된다. 그러나 잔여수요가 적어서 dd곡선이 평균비용(AC^E) 아래로 이동할 경우에는 손실이 발생하게 될 것이다.

지금까지 진입기업의 생산 여부 결정은 물론 기존의 시장지배적 기업이 생산량수준을 고정되게 유지한다는 가정에서 출발하였다. 또한 실제 진입이 이루어진 것이 아니라, 진입이 발생할 경우에 대한 분석이었다. 실제 진입 여부는 기존기업의 현실적 대응과 잠재기업의 비용곡선에 크게 좌우된다. 만약 시장가격(P^*)이 잠재기업의 평균비용 아래로 하락하면($P^* < AC^E$) 신규기업은 이 시장에 참여하여 이윤을 획득할 수 없다. 따라서 기존기업이 인위적으로 가격을 인하하여 시장가격을 AC^E 미만으로 유지할 경우에도 진입은 발생되지 않는다. 이러한 여러 요인들은 곧 진입기업의 참여결정이 기존기업의 전략과 잠재기업(진입기업)의 비용조건 등에 의해 복합적으로 결정된다는 것을 의미한다. 이제 기존의 시장지배적 기업의 대응전략을 분석하기로 한다.

13.2.3 진입저지가격

현재의 시장구조가 완전경쟁이라면 기업의 신규진입과 이탈이 자유롭게 이루어진다. 현재 생산에 참여하고 있는 기존기업은 잠재기업을 의식하지도 않고, 또한 잠재기업의 진입을 저지할 수도 없다. 따라서 기존기업에 의한 잠재기업의 진입저지는 불완전경쟁시장에서 발생한다.

잠재기업이 존재하는 불완전경쟁시장에서 기존기업은 여러 형태로 잠재기업의 진입을 억제하려고 노력하게 된다. 예를 들어 기존의 시장지배적 기업이 생산량을 충분히 증대시키면 시장가격은 하락하고 잠재기업의 진입이 불가능한 여건을 만들 수 있다. 기존기업의 생산량이 증대될수록 진입기업에 대한 잔여수요곡선은 원점에 가깝게 이동하기 때문이다.

〈그림 13-4〉에서 시장지배적 기업(dominant firm)이 잠재기업의 진입을 저지하는 전략을 설명하기로 한다. 시장수요곡선이 DD, 잠재적 진입기업의 평균비용이 AC^E, 한계비용이 MC^E라고 하자. 그리고 P^m을 기존기업의 이윤극대화가격이라 하자. 기존기업이 Q_1만큼을 생산한다면 잔여수요는 $d_1 d_1$이 된다. $d_1 d_1$의 잔여수요에서는 시장가격이 수요곡선 $d_1 d_1$과 AC^E가 교차하는 P^*이상에서 결정되는 한 초과이윤이 발생한다. 따라서 진입의 인센티브가 부여된다 (〈그림 13-3〉과 동일한 경우가 됨).

그러나 지배적 기업이 Q_1의 생산량을 Q_2 수준으로 증대시키면 잔여수요는 $d_2 d_2$가 된다. 이 때 진입기업의 이윤극대화 생산량은 q이고, 기존기업이 Q_2를 생산하면 시장가격이 P^{**}가 된다. 따라서, 진입기업의 한계비용과 시장

| 그림 13-4 | 진입저지가격과 생산량 |

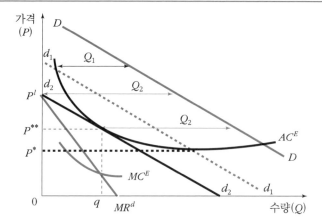

기존기업은 잠재기업의 진입을 저지하기 위해 잠재기업의 이윤이 최소화되는 가격을 설정해야 한다. 기존기업이 생산량을 Q_1에서 Q_2로 증대시킨다면, 잠재기업이 진입하여 q를 생산하는 경우 시장가격과 잠재기업의 평균비용이 일치하여 이윤이 0이 된다. 따라서 기존기업은 Q_2보다 약간 많은 생산량($Q_2 + \epsilon$)을 통해 진입을 저지할 수 있다.

가격이 같으므로($P^{**} = AC^E$) 진입기업은 정상이윤만을 획득하게 된다. 만약 기존기업이 생산량을 Q_2보다 더 늘리거나 다른 이유로 시장가격이 P^{**} 이하로 하락하면 신규기업은 진입함으로써 손실을 입게 된다. 즉, P^{**} 이하의 시장가격에서는 가격이 잠재기업의 평균비용곡선인 AC^E보다 낮은 수준에 있으므로 진입할 경우 단위당 손실을 본다. 따라서 P^{**}보다 낮은 가격으로는 신규기업의 진입이 불가능하며 시장지배적 기업은 현재의 점유율을 확보할 수 있게 된다.

이와 같은 진입전략과 관련하여 다음 사항을 유의하여야 한다. 첫째, Q_2와 같이 진입을 실질적으로 제한하는 생산량수준을 진입저지생산량(limit output)이라고 한다. 진입저지생산량은 잔여수요곡선과 진입기업의 평균비용곡선에서 결정된다.

예를 들면 〈그림 13-4〉에서 AC^E와 $d_2 d_2$곡선이 접하고 있으므로 잠재기업이 진입하여 정상이윤을 획득할 수 있다. 그러나 지배기업의 생산량이 조금만 증대($Q_2 + \epsilon$)되어도 $d_2 d_2$곡선이 AC^E 미만으로 감소하여 진입은 불가능하게 되며, 이 때의 생산량을 진입저지 또는 진입제한생산량이라고 하며 그림에서는 Q_2가 된다.

또한 잠재기업의 진입을 저지시킬 수 있는 P^l을 진입제한가격이라고 한다. P^l은 지배적 기업이 진입저지생산량 Q_2를 생산할 때의 시장가격이다. 물론 P^l 수준 아래에서도 진입저지는 이루어진다. 그러나 기존의 지배적 기업은 진입을 저지시키면서 이윤을 극대화하려고 노력하기 때문에 P^l수준보다 낮은 가격을 설정하지는 않게 된다.

둘째, 진입저지생산량의 결정요인은 시장의 규모와 진입기업의 평균비용이다. 〈그림 13-4〉에서 만약 시장규모가 증대되어 DD는 오른쪽으로 이동하고, 기존기업이 Q_2를 생산할 경우에도 잔여수요가 확대된다. 이 결과 신규진입기업은 초과이윤을 획득할 수 있게 된다. 따라서 시장규모가 확대되면 기존기업의 진입저지생산량도 Q_2 이상으로 증가하게 된다.

또한 진입기업의 평균비용곡선도 중요한 역할을 한다. AC^E가 낮으면 낮을수록 잔여수요곡선이 작은 수준에서도 이윤을 획득할 수 있게 된다. 〈그림 13-4〉에서 AC^E가 하락하여 AC_1^E가 되면 진입기업은 P^l에서 q를 생산하여 초과

이윤을 확보할 수 있다. 따라서 AC^E가 낮아질수록 진입저지생산량 수준이 증가되어야만 잠재기업의 진입을 저지할 수 있게 된다. 반대로 평균비용이 높은 진입기업은 높은 시장가격에서만 이윤을 확보할 수 있으므로 진입저지가격이 상승하고, 진입저지생산량은 감소하게 된다.

셋째, 기존 시장지배적 기업의 관점에서는 진입을 저지하는 것이 항상 바람직한 전략은 아니다. 진입을 저지시키는 가격(P^l)은 독점이윤을 추구하는 가격보다 당연히 낮은 수준에서 결정되므로 진입저지가격은 단기의 이윤을 감소시킬 수 있다. 따라서 진입저지전략은 단기의 이윤을 희생하고 신규진입을 제한함으로써 시장점유를 지속적으로 확보하는 전략이다. 단기의 이윤극대화가 진입저지보다 바람직하다고 판단되면 기업은 잠재기업이 존재하는 상황에서도 이윤을 극대화시키는 가격 P^m을 선택할 수 있는 것이다.

만약 시장규모가 방대하고 진입비용이 적어서 잠재기업의 참여가 용이한 산업이 있다면 어떤 기존기업의 전략이 바람직한가? 동태적 관점에서의 적정가격전략은 다음 절에서 상세히 논의하겠지만 정태적 관점에서는 오히려 진입을 허용하는 전략이 바람직하다. 이러한 시장에서는 시장규모가 방대하고 진입비용이 작으므로 시장지배적 기업의 진입저지는 성공하기 어렵다. 진입을 성공적으로 저지하자면 지배기업의 생산량을 초과하는 수준의 진입저지생산량이 필요할 수도 있다.

따라서 이러한 조건에서는 오히려 낮은 가격으로 진입저지를 시도하는 것보다 높은 가격으로 높은 이윤을 추구하고 신규진입과 시장을 분할하는 전략이 바람직할 수도 있다. 결국 진입저지전략의 선택 여부도 진입의 조건(진입장벽과 진입기업의 비용)과 시장규모에 따라 결정된다. 이 요인은 진입저지가격의 수준을 결정하는 요소이기도 하다.

한편, 진입장벽이 매우 높고 시장규모가 적거나 기존기업의 비용우위가 높은 경우에는 기존의 시장지배기업이 이윤극대화가격을 유지하고 있어도 신규기업의 진입이 불가능한 경우도 있다. 이것을 〈그림 13-5〉에서 살펴보자.

〈그림 13-5〉에서 DD는 시장수요곡선이며 MR^D와 MC^D는 각각 기존 지배기업의 한계수입과 한계비용곡선이다. $AC^E = MC^E$는 잠재적 진입기업의 평균 및 한계비용곡선이다. 현재 지배기업은 이윤극대화를 위해 $MC^D = MR^D$의 조

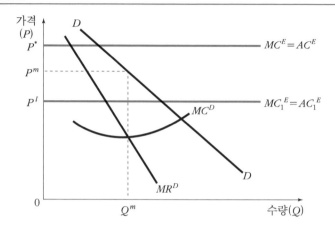

그림 13-5 진입저지가격(P^l)과 이윤극대화가격(P^m)

진입제한가격은 독점기업의 이윤극대화가격(P^m)보다 같거나 낮은 수준에서 결정된다. 진입제한 가격이 잠재기업의 한계비용(MC^E)보다 낮을 경우에는 잠재기업의 진입이 불가능하다. 그러나 잠 재기업의 한계비용(MC^E)이 P^m보다 높은 경우에도, 진입제한가격은 P^m에서 결정된다. P^*에서 의 이윤이 P^m에서보다 적기 때문이다.

건에서 Q^m을 생산하고 P^m의 시장가격을 설정하고 있다. 그러나 진입기업의 비용(AC^E)이 너무 높아서 기존기업의 독점가격 P^m에서 진입할 경우에도 손실 이 발생하게 된다. 이 경우 기존기업이 어떤 진입저지전략을 선택하지 않았어 도 잠재기업의 진입이 불가능하게 된다. 이는 P^m이 이미 진입을 충분히 봉쇄 하고 있기 때문이다.

이와 같이 기존기업의 이윤극대화가격(P^m)에서도 잠재기업의 진입이 불 가능한 상황을 진입봉쇄(blockaded entry)라고 한다. 진입봉쇄는 시장규모가 작 고 기존기업의 절대적 비교우위가 유지되고 진입비용이 매우 커야만 성립된다.

진입봉쇄가 이루어지는 상황에서도 기존기업은 물론 P^m 이상으로 가격을 인상하지는 않는다. 왜냐하면 P^m이 이윤극대화가격이기 때문이다. 이 상황에 서 기존기업이 채택하는 진입저지가격은 곧 $P^l = P^m$이 된다. 기존기업은 결코 P^*를 진입제한가격으로 선택하지 않는다. 따라서 어떤 조건에서도 진입저지가 격(P^l)은 이윤극대화가격(P^m)보다 낮은 수준에 있게 된다(즉, $P^m \geq P^l$).

만약 진입기업의 비용이 $MC_1^E = AC_1^E$로 주어진다면, P^m의 가격에서 초과

이윤을 획득하면서 진입할 수 있다. 따라서 기존기업은 이제 진입을 저지하기 위해서 $P^l = AC_1^E$의 가격을 선택하여야 한다. 그러므로 이 경우에도 $P^m \geq P^l$의 관계가 성립한다. 이것은 곧 소비자후생의 관점에서 이윤극대화가격(P^m)보다는 진입저지가격(P^l)이 더 많은 소비자잉여를 창출한다는 것을 의미한다.

13.3 잠재경쟁과 기존 지배기업의 전략

잠재기업이 존재하여 기존 시장지배기업과 잠재경쟁이 이루어질 경우 지배기업의 전략은 어떤 형태로 나타나는가? 시장지배적 기업이 갖고 있는 가장 중요한 전략수단은 생산량의 조절이다. 기존기업의 생산량변화에 따라 시장가격이 변화하고 이것이 곧 잠재기업의 진입에 영향을 주기 때문이다. 그러나 생산량의 증감은 잠재기업뿐만 아니라 기존기업의 이윤에도 직접 영향을 미치므로 가장 만족스러운 전략은 아니다. 예를 들면 기존기업이 진입저지를 위해 생산량을 증가시키면 시장가격이 하락하고 신규진입을 억제할 수 있을 것이다. 이 결과 기존기업의 시장지배적 위치는 변함이 없겠지만 이윤은 감소하게 된다.

생산량 이외에도 기존 지배기업이 선택할 수 있는 전략은 많이 있다. 특히 잠재기업(또는 소규모 한계기업)의 비용과 행태에 영향을 줄 수 있는 전략은 많이 있다. 이 중에서도 중요한 것은 기존기업의 이윤과 시장지배적 위치를 동시에 확보할 수 있는 전략이다. 이것은 곧 기존 지배기업이 장기에 걸쳐 높은 이윤과 시장점유율을 확보할 수 있는 이유를 설명해 줄 수 있을 것이다.

13.3.1 시장지배적 위치의 고수

기존기업이 시장지배적 위치를 고수하려는 전략은 일반적으로 설립초기에서부터 시작된다. 설립초기에서부터 대기업은 시장지배적 위치를 확보하려는 전략을 구사하게 된다. 예를 들면, 여타 기업이 일정기간 동안 도저히 모방할 수 없는 자산을 확보하거나 신기술을 도입하게 된다. 이 결과 기존 지배기업은 잠재기업에 대하여 비용면에서 높은 비교우위를 확보하려 한다. 진입 초기에 일단 지배적 위치를 확보한 후 지속적으로 높은 이윤과 시장점유율을 고수하기 위하여 다음과 같은 전략을 활용한다.

첫째, 기업합병전략이다. 기업합병은 가장 일반적으로 활용되는 기존기업의 대응전략이다. 예를 들어 잠재기업이 하나만 존재한다면, 기존 지배기업은 잠재기업을 합병시킴으로써 독점적 지위를 지속적으로 확보하게 된다. 이 경우의 기업합병은 잠재경쟁이 발생될 여지를 없애는 전략이 되는 것이다. 소규모 한계기업이 존재할 경우에도 마찬가지 행태가 나타나게 된다. 기업합병은 독과점규제에 관한 법령으로 제약된 경우가 많지만, 실제 현실에서는 규제를 회피하는 여러 형태로 기업합병이 발생한다.

둘째, 비용에 직접적 영향을 미치는 전략이다. 기술개발이나 마케팅과정에서 비용을 절감시켜 잠재기업에 대하여 비용면의 우위를 확보하는 것이다. 기존기업으로 볼 때 경쟁대상기업의 비용을 높이는 전략이 시장가격을 하락시키는 것보다 훨씬 바람직하다. 시장가격이 하락하면 기존 지배기업의 이윤이 하락하기 때문이다. 반면 경쟁기업 또는 잠재기업의 비용을 높이게 되면 기존기업은 부담없이 독점적 지위를 지속적으로 확보하게 된다. 경우에 따라서는 지배기업의 비용이 상승하는 것도 진입저지요인으로 작용할 수도 있다. 예를 들어 노동조합의 요구를 받아들여 임금이 상승하면 기존기업의 비용이 상승한다. 이것은 진입기업의 노동비용을 상승시켜 진입저지효과를 기대할 수 있다. 진입이 효과적으로 저지되면 기존기업은 독점적 시장행태로 종전보다도 (임금인상 전) 더 많은 이윤을 확보할 수도 있다.

일반적으로 기존 지배기업은 필수 기초원자재가격을 상승시키거나 저렴하게 공급되는 원료를 독점적으로 확보하여 잠재적 진입기업의 비용을 높이는 전략을 사용한다. 또한 성공적 진입에 필요한 투자규모를 증가시킴으로써 경쟁기업의 비용을 간접적으로 상승시키기도 한다.

13.3.2 기술우위의 전략

기존 지배기업은 기술에 바탕을 둔 진입저지전략을 구사하기도 한다. 초과설비를 보유하는 것도 기술적 우위에 바탕을 둔 경우가 많다. 생산량을 효율적으로 증대시킬 수 있는 기술을 갖고 있거나, 초과설비를 보유하면서도 효율적 생산이 가능한 방법을 갖고 있다면 진입저지에 용이하게 활용할 수 있다. 시장의 수요여건에 적절히 대응하면서 가격을 통제할 수 있기 때문이다.

기존기업의 초과설비 보유는 잠재기업에 대한 중요한 신호역할을 한다. 잠재기업이 진입하면 시장지배적 위치를 고수하기 위하여 초과설비를 활용하겠다는 의지를 나타내는 것이다.

한편, 초과설비가 잠재기업의 진입을 실질적으로 저지시키는 위협이 되기 위해서는 설비 자체의 매몰비용이 커야만 된다. 매몰비용은 기존기업이 폐업하게 될 때 현금화시키지 못하고 잃게 되는 시설을 말한다. 초과설비에 따른 매몰비용이 크다면 잠재기업의 진입위협을 실질적으로 저해하는 역할을 하게 된다. 이 결과 이윤이나 시장점유율의 감축 없이 지배기업의 위치를 고수할 수 있을 것이다. Dixit(1980)은 기존기업이 생산설비에 대한 선제적 투자를 함으로써 신규기업의 진입을 저지하는 모형을 제안하였다(부록 13.B 참조).

초과설비의 보유는 물론 기존기업의 비용을 증가시키는 원인이 된다. 따라서 초과설비를 보유하면서도 잠재기업을 효율적으로 저지하기 위해서는 기존기업의 기술적 우위가 필수적이다.

기술에 바탕을 둔 진입저지전략으로서 고려할 수 있는 다른 형태는 수직결합(vertical integration)이다. 수직적 결합은 기업의 기술적 효율을 증대시켜주는 요인이 된다. 지배기업이 만약 소비재생산을 하고 있다면 판매를 담당하는 기업과 전방결합을 시도하여 기술적 효율을 제고시키게 된다.

기존 지배기업에 의한 수직결합은 여러 가지 이유로 잠재기업의 진입결정에 영향을 준다. 무엇보다도 잠재기업의 진입비용과 비용열위를 증가시키게 된다. 예를 들어 기존기업이 제조업과 제품판매업을 수직결합하여 통합된 체제로 운영하고 있다고 하자. 잠재적 진입기업이 기존기업과 경쟁하여 신규진출을 시도할 경우 어떤 열위를 갖는가는 분명하다. 종래 기존기업이 제조업 하나만을 유지하고 있을 경우보다 훨씬 더 불리한 비용과 기술적 열위를 갖게 된다. 판매를 전담하는 기업을 설립하거나 새로운 브랜드를 창출하거나 소비자에게 직접 광고하여 유통부문의 열위를 극복해야 하기 때문이다. 만약 잠재기업도 유통부문을 통합하여 진입한다면 이것 역시 고정비용의 증대를 가져오게 된다. 따라서 기존기업의 수직결합은 잠재기업의 진입을 억제하는 역할을 하게 된다.

이밖에도 기존기업이 선택하는 진입저지전략은 제품차별화와 소비자에 대한 적극적 판촉활동 등을 들 수 있다. 제품차별화는 소비자에게 상표에 대한 이미지와 신뢰성을 심어주므로 잠재기업에게는 진입장벽의 역할을 하게 된다. 기존제품에 대한 브랜드 이미지나 소비자의 신뢰를 극복하고 진입에 성공하기 위해서는 그만큼 많은 비용과 노력이 수반되기 때문이다.

기존기업은 특정한 제품을 끼워 팔거나(tying) 대리점과의 특수계약을 통해 신규기업의 진입을 억제한다. 기존 시장지배적 기업이 이러한 형태의 판촉활동을 전개하면 소비자가 신규기업의 제품을 시험적으로 사용할 기회를 박탈하게 된다. 제품판매에서의 대량할인이나 장기계약에 의한 특혜, 유사한 재화의 동시공급 등도 모두 여기에 속한다. 예를 들면 컴퓨터를 판매하고 컴퓨터 구입자에 한해 특정한 소프트웨어를 염가로 공급하는 것을 들 수 있다. 만약 염가로 공급되는 소프트웨어가 다양하고 인기있는 것이라면 진입기업의 관점에서는 시장진입에 높은 장벽이 되는 것이다.

이상과 같이 시장지배력의 행사, 기술우위, 다양한 판촉활동 등 여러 전략으로 기존기업은 잠재기업의 진입을 억제하여 높은 시장점유율과 이윤을 동시에 확보하는 노력을 하게 된다.

풀 어 쓰 는 경 제 16

제품가격 인하와 다양화의 또다른 얼굴

사우스웨스트 항공사는 저렴한 운임과 친절한 서비스로 기존 항공사와 차별화를 시도하면서 저비용 항공시장을 개척하고 급격한 성장을 이루었다. 기존에 노선을 선점하고 있었던 항공사들은 사우스웨스트의 점진적인 노선 확장에 어떻게 반응했을까?

Goolsbee & Syverson (2008)의 연구는 기존 항공사들이 사우스웨스트의 노선 진입 위협에 대해 평균 요금을 상당히 인하했음을 발견했다. 이러한 추가적인 가격인하는 사우스웨스트의 진입 발생이 나타나기 전에 기존 항공사를 이용하는 승객 수를 증가시키는 것으로 나타났다. 반면 이미 진입이 결정되어 있는 노선에서는 요금 인하가 발생하지 않았다. 즉, 진입의 위협이 있는 노선에만 선제적으로 가격인하를 단행한 것이다.

기존업체가 자신의 가격을 낮춤으로써 더 많은 승객을 유치하여 수요를 충족시키면, 시장에 진입하고자 하는 기업에 대한 잠재적인 수요가 감소하게 되고 시장진입 시의 기대 이윤도 줄어들게 된다.

잠재적인 수요를 감소시키는 위한 또 다른 방법으로 제품의 다양화를 들 수 있다. 유사한 제품을 대량으로 출시할수록 새로운 기업의 제품에 대한 잔여 수요가 줄어들게 된다. de Haas, Herold & Schäfer(2022)의 연구는 독일 시외버스의 최대 운영자인 Flixbus의 선점 전략을 분석했다. Flixbus는 경쟁자였던 Postbus의 잔여수요를 줄이기 위해, Postbus가 운영하지 않는 노선에서 많은 수의 버스 운행을 제공하여 시장 진입 시의 수익성을 낮추는 전략을 사용했다. 시외버스 시장의 규모가 그리 크지 않았기 때문에, Flixbux의 선점 전략은 성공적이었다. Postbus는 이윤을 얻기에 충분한 고객을 확보하기 어려웠고 이 결과 Flixbus는 재정적으로 어려운 Postbus를 인수하게 되었다. Postbus의 인수 후, Flixbus는 경쟁자의 진입위협이 사라지자, 이번에는 운행 횟수를 늘렸던 노선에서 일일 운행 횟수를 줄이는 전략을 채택했다.

일일 운행 횟수가 증가하는 것처럼 차별화된 다양한 제품들이 출시되면 소비자들의 후생은 증가한다. 하지만 앞의 예에서 볼 수 있듯이 수많은 유사 제품들은 치열한 경쟁을 가져오거나 비용 효율적인 잠재 기업의 진입을 막고 있을 수도 있다. 슈퍼마켓 선반 한쪽과 냉장고를 차지하고 있는 다양한 씨리얼 제품들과 음료수들은 우리의 다양한 선호를 만족시켜주는데, 정작 이들을 생산하는 주요 제조업체의 수는 몇몇에 지나지 않는다.

13.4 잠재경쟁과 시장성과

13.4.1 잠재경쟁과 후생

잠재경쟁이론은 사회후생의 관점에서 많은 시사점을 제공하고 있다. 기본적으로 잠재경쟁의 효과는 실제경쟁과 동일한 방향으로 나타나므로 잠재경쟁이 치열할수록 사회후생은 증가된다. 기존 독점기업에 의해 지배되고 있는 산업에서 잠재경쟁이 발생하면 어떤 후생효과가 나타나는가를 살펴보자. 독점기업의 이윤극대화가격은 잠재경쟁이 없는 상태에서는 한계수입과 한계비용이

그림 13-6   잠재경쟁과 후생효과

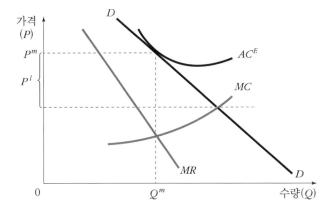

잠재기업의 비용조건이 기존기업보다 절대적으로 열위에 있는 경우에는 이윤극대화가격(P^m)이 진입제한가격(P^l)이 되므로, 아무런 후생효과를 기대할 수 없다. 그러나 잠재기업의 비용함수가 AC^E보다 낮게 유지된다면, 진입제한가격이 P^m보다 낮으므로 후생이 증진되는 효과를 가져온다.

일치되는 점에서 결정된다. 〈그림 13-6〉에서 보면 P^m의 가격에서 Q^m을 생산하게 된다. 이것은 전통적인 독점기업의 이윤극대화가격이다.

그러나 잠재기업이 존재하여 진입의 위협이 있을 경우 기존기업은 진입저지가격을 설정하게 된다. 이러한 진입저지 행태는 곧 잠재적 경쟁을 의미한다. 진입저지를 위한 가격은 당연히 P^m보다 낮은 수준에서 결정된다. 구체적인 진입제한가격은 진입장벽과 잠재기업의 비용함수 등에 의해서 결정되겠지만, 〈그림 13-6〉에서 P^l로 표시된 구간에서 설정될 가능성이 높다. 이와 같이 잠재경쟁으로 인하여 P^m의 가격이 P^l로 하락한다면 사회후생은 증가하게 된다.

만약 잠재기업의 비용조건이 기존기업에 비해 절대적으로 열위에 있다면 어떻게 될까? 〈그림 13-6〉에서 잠재기업이 AC^E와 같이 비용함수를 갖는다면 기존기업은 P^m을 고수하게 된다. 기존기업이 가격을 P^m 이상으로 상승시킬 수 있는 능력이 있다 해도 P^m이 이윤극대화를 가져오는 가격이기 때문에 P^m을 유지한다. 이렇게 잠재기업의 비용조건이 지극히 열악한 경우에는 실질적인 잠재경쟁이 발생하지 않는다. 그러나 이 경우에도 가격이 P^m보다 상승하는 것은 아니므로 사회후생을 감소시키지는 않는다.

잠재경쟁의 강화는 일반적으로 사회후생을 증가시켜주므로 잠재경쟁의 가능성을 확대하는 산업정책이 바람직하다. 예를 들어 진입장벽을 완화하여 잠재기업의 진입여건을 개선하고, 시장의 정보유통을 원활하게 하는 것도 잠재경쟁을 확대시키는 것이다. 기존기업이 일정수준 이상의 초과이윤을 획득할 수 있을 경우 잠재기업의 진입이 용이하게 발생할 수 있는 여건을 만들어주는 정책이 필요한 것이다.

기업합병에 관한 정책도 잠재경쟁이론에서 중요한 시사를 얻을 수 있다. 잠재기업이 소수에 불과한 경우 기존기업이 선택하는 가장 일반적인 전략은 수평결합이다. 잠재경쟁의 대상이 되는 기업을 합병하여 잠재경쟁의 요인을 제거하고 시장지배적 위치를 고수하려고 한다. 이러한 경우에 수평결합을 허용한다면 경쟁을 저하시키는 결과를 가져온다.

한편, 모든 형태의 잠재경쟁이 반드시 사회후생을 증가시키는 것은 아니다. 부분균형적 관점에서 잠재적 진입기업의 신규진출을 억제하기 위한 가격정책은 이윤극대화가격보다 낮게 책정된다. 그러나 시장지배적 기업이 진입기업을 저지하기 위해 과다한 초과설비를 보유하고 있다거나 기술적 우위를 남용하는 경우에는 사회적 낭비를 가져올 수도 있다. 따라서 잠재경쟁의 후생효과를 일반균형적으로 분석하기 위해서는 진입저지가격(P^l)과 이윤극대화가격(P^m)의 차이는 물론 초과설비의 보유상태 등을 종합적으로 평가하여야 한다.

13.4.2 경쟁가능시장

잠재경쟁이론에서 가장 중요한 요인은 결국 진입장벽이라고 할 수 있다. 진입장벽이 없는 산업에서 기존기업과 잠재기업의 경쟁관계는 실제 생산에 참여하고 있는 기존기업간의 관계와 거의 같게 되기 때문이다.

「보몰」(Baumol, 1982)은 진입과 이탈의 장벽이 전혀 없는 시장을 '경쟁가능시장'(contestable market)이라고 정의하고 첫째, 진입이 절대적으로 자유롭고 둘째, 이탈의 비용이 전혀 없어야 한다는 두 가지 조건을 만족하는 경우 산업의 자원배분이 완전경쟁의 결과와 동일할 수 있음을 설명하고 있다. 이는 어떤 형태의 진입장벽도 존재하지 않아야 하며 매몰비용(sunk cost)이 존재하지 않아야 된다는 것을 의미한다.

이 두 조건이 만족되는 완전경합시장에서는 현재 기존기업의 수에 관계없이 높은 자원배분의 효율이 달성될 수 있다는 것이다. 현재 생산에 참여하고 있는 기업의 수가 소수라서 불완전경쟁이 이루어지는 상태에서도 경합시장의 조건이 만족되면 자원배분의 효율성이 달성되는 것이다.

그렇다면 경합시장이 자원배분의 효율성을 경쟁시장과 동일한 수준으로 높여주는 요인은 무엇인가? 그것은 바로 경합시장에서 나타날 수 있는 신속한 진입과 이탈의 전략 때문이다. 이것은 흔히 야구경기의 '치고달리기' 전략(hit and run strategy)에 비유된다. 기존기업이 일시적으로 과다한 초과이윤을 획득하고 있다면 잠재 기업은 초과이윤이 발생하고 있는 시장에 진입하여 이윤을 극대화하려고 할 것이다. 새로운 기업의 진입은 공급을 증가시켜주므로 시장가격은 하락하고 기존기업의 초과이윤은 사라지게 된다. 이러한 현상은 이 산업에서 정상이윤만이 나타날 때까지 지속된다.

한편, 기존기업은 잠재기업의 신규진입에 대응하여 여러 가지 전략을 구사할 수 있다. 대표적인 형태는 가격을 추가로 인하하여 신규진입기업에 타격을 주는 가격경쟁이다. 그러나 이탈의 비용이 없는 경합시장에서는 신규진입기업이 기존기업의 전략적 대응이 나타나기 전에 쉽게 퇴출할 수 있다. 기존기업의 대응이 있는 후라도 신규기업은 손실이 발생되기 전에 언제라도 이탈이 가능하다. 이와 같이 반복적인 진입과 이탈은 결국 시장의 초과이윤을 축소하고 정상수준의 이윤만이 발생하는 균형점으로 유도하게 된다.

이러한 시장조건에서는 기존기업도 결국 가격과 평균비용을 일치시킴으로써 잠재기업의 참여가능성을 배제하려 한다. 다시 말하면 진입의 위협(threat of entry)이 시장의 초과이윤을 제거하고 완전경쟁수준의 이윤($P=AC$)에서 균형을 달성시켜 주는 것이다. 이러한 현상은 기존기업의 수가 소수여서 불완전경쟁이 유지되는 상황에서도 경합시장의 조건만 만족되면 언제라도 발생할 수 있다.

한편, 완전경합시장에서 2개 이상의 기업이 존재하면 완전경쟁시장에서와 같이 가격(P)과 한계비용(MC)이 일치하는 효율적 자원배분을 달성할 수 있다. 이것은 다음과 같은 방법으로 증명된다. 첫째, 경쟁가능시장에서는 기존기업의 균형이 $P \geq MC$에서 이루어진다. 만약 기존기업이 산출량 q^*를 $P<MC$에서

생산하고 있다면 P가 한계수입이므로 생산량을 감소시킬수록 이윤이 증대되기 때문이다. 둘째, 두 개 이상의 기존기업이 존재할 경우에는 항상 $P=MC$의 균형이 성립될 수 있다. 이미 앞에서 $P<MC$가 성립하지 않음을 증명하였으므로 이번에는 $P>MC$가 성립되지 않으면 자연이 $P=MC$가 성립하게 될 것이다. 만약 두 개의 기존기업 A, B가 $P>MC$에서 생산하고 있다면 잠재기업의 진입이 발생하여 균형이 성립할 수 없다. 따라서 $P>MC$와 $P<MC$가 성립하지 않으므로 $P=MC$만이 성립하게 된다. 만약 기존기업이 1개만 있을 경우에는 두 번째 증명이 성립될 수 없다. 즉, 기존기업은 정상이윤만 획득하고 $P=MC$에서 시장의 균형이 성립되어 자원배분의 효율성이 보장되는 것이다.

경쟁가능시장이론에서 가장 문제시되는 것은 시장균형의 지속성(sustainability) 또는 유지가능성 여부이다. 「보몰」 등(Baumol, Panzar and Willig, 1982)에 따르면 완전경쟁가능시장은 "현재의 가격과 생산량($P*$, $Q*$)보다 낮은 가격에서 어떤 신규기업도 이윤이 발생하는 생산활동을 할 수 없을 경우"에 ($P*$, $Q*$)에서의 지속적 균형이 확보된다(경쟁가능시장 또는 경합시장에 관한 설명은 Bamol, Panzar, Willig(1982)을 참조할 것). 물론 이 정의에서는 신규기업은 기존기업과 동일한 기술을 확보하고 있어야 하며 기존기업은 최소한 1개 이상이 존재하여야 한다. 이제 지속성의 개념을 이용하면, 경쟁가능시장은 지속성이 확보된 ($P*$, $Q*$)에서 균형을 이루는 시장으로 정의된다.

완전한 경합시장의 조건이 충족된다면 기존기업이 소수일 경우라도(2개 이상만 된다면) 완전경쟁과 동일한 사회후생을 가져오게 된다. 실제 이러한 이유로 이 시장은 '경쟁가능시장'이 되는 것이다. 이것은 기존의 전통적 미시이론에서 볼 때 중요한 몇 가지 시사점을 갖고 있다.

첫째, 진입과 이탈의 장벽이 낮은 경우에는 잠재경쟁이 촉진되고 기존기업의 수가 적은 경우에도 배분의 효율성이 나타날 수 있다. 전통적 이론은 기존기업의 수에 따라 독과점과 경쟁시장을 구분하고 이에 따른 자원배분을 분석하였으나, 경합시장에서는 잠재기업의 개념을 도입하여 활용한다. 나아가 진입과 이탈이 완전히 자유로운 경우에는 잠재기업과 기존기업이 시장에서 동등한 역할을 할 수 있음을 보여주고 있다.

둘째, 전통적인 독과점규제나 산업정책에도 중요한 시사점을 제공하고 있다. 이미 잠재경쟁의 개념에서 설명된 바와 같이 진입과 이탈의 장벽이 낮을수록 사회후생은 증대될 수 있다는 점이다. 또한 기존기업에 의한 시장구조만을 중요시하는 전통적 시장규제정책에서도 잠재기업과 진입장벽의 역할이 재평가되어야 한다는 점이다. 즉 기존기업의 수가 적은 경우에도 잠재기업의 진입여건이 개선된다면 실질적 경쟁 또는 경쟁촉진적 행태가 발생하기 때문이다.

셋째, 기존기업의 행태를 규제하는 정책에서도 잠재기업의 역할을 고려해야 한다. 잠재기업의 진입여부와 진입장벽 및 기존기업의 행태는 상호 밀접한 관련을 맺고 있다. 이러한 상호연관성을 파악하지 않은 기존기업의 행태만을 대상으로 하는 산업규제는 사회후생의 증대에 부정적 역할을 할 수도 있다.

경쟁가능시장이론이 사회후생의 증대와 산업규제정책에 많은 시사점을 제공하고 있음에도 불구하고, 이론의 현실적 적용에는 많은 한계가 있다. 한계점으로서 첫째, 경합시장의 분석은 기존기업과 잠재기업간의 상호의존적 변이(conjectural variation)를 완전히 고려하지 않은 정태모형이다. 이 이론은 기존기업이 잠재기업에 대응하여 취할 수 있는 전략변수를 가격 하나로만 고려하고 있다. 그러나 실제 진입이 발생할 경우 기존기업과 잠재기업의 상호전략적 대응은 무수히 많은 형태로 나타난다. 특히 게임이론적 분석에서 제시되는 전략적 대응이 전혀 고려되어 있지 않다. 따라서 신속한 진입과 이탈전략(hit-and-run strategy)은 너무 단순화된 가정인 것이다.

둘째, 진입의 자유와 이탈비용에 대한 가정이 너무 비현실적이라는 점이다. 특히 매몰비용이 없다는 가정은 지극히 제한적인 산업에만 적용될 수 있을 뿐이다. 대부분의 산업에서 시설과 연구개발 및 광고 등 여러 형태의 매몰비용이 존재할 수밖에 없다.

셋째, 완전경합시장이 효율적인 자원배분을 가져오려면 신규기업이 기존기업과 적어도 동등한 기술조건을 갖고 있어야 한다. 그러나 현실적으로 잠재기업이 기존기업과 동일하거나 그 이상의 기술조건을 확보하는 데는 많은 제약과 한계가 있다. 이러한 지적도 결국 경쟁가능시장의 현실적 적용가능성을 저하시키게 된다.

넷째, 경합시장의 후생효과가 극대화되려면 즉각적인 시장진입과 이탈이 이루어져야 된다는 점이다. 만약 진입과 이탈이 즉각적으로 나타나지 않고 지체된다면 그 시차만큼 경합시장의 기능은 저하된다.

이상과 같이 경합시장의 적용은 현실적으로 많은 제약을 갖고 있다. 그럼에도 불구하고 항공운송산업과 소프트웨어(software)산업 등은 경합시장이론이 적용되는 시장으로 인용되고 있다. 또한 경합시장이론은 진입장벽과 잠재기업이 사회후생에 미치는 영향을 극명하게 보여주는 이론으로서도 매우 중요한 분석으로 평가되고 있으며, 기존기업으로 구성된 시장구조에 대한 규제 없이도 완전경쟁과 같은 효율을 달성할 수 있음을 보여준다는 측면에서도 중요한 기여를 하고 있다.

13.5 약탈적 가격인하

기업간의 경쟁은 수없이 많은 형태로 나타난다. 만약 시장지배적 기업이 경쟁기업을 시장에서 몰아내기 위하여 평균비용 이하로 낮은 가격을 부과하면 단기적 손실을 감당하지 못하는 한계기업은 파산하게 될 것이다. 이 결과 시장지배적 기업은 단기에는 가격을 인하하여 손실을 입었다 할지라도 경쟁기업이 이탈한 후에는 시장을 독점하고 가격인하로 인한 단기적 손실을 충분히 보상할 수 있는 초과이윤을 확보하게 된다. 이와 같이 경쟁기업이 점유하고 있는 시장을 약탈(predation)하고 독점적 지위를 확보하기 위한 의도를 가지고 가격을 인하하는 행태를 약탈가격전략이라고 한다. 약탈적 가격인하는 일종의 반경쟁적(anti-competitive) 가격차별행위로서 경쟁자를 시장에서 축출하고 신규기업의 진입을 체계적으로 억제하기 위한 수단으로 사용된다. 미국의 스탠다드 석유회사(Standard Oil Co. of New Jersey)가 석유정제산업에서 독점적 지위를 확보하기 위해 약탈적 가격차별화를 실시하여 독과점규제법을 위반했던 것이 약탈가격의 전형적인 사례로 알려져 있다.

약탈가격의 분석은 주로 어떠한 상황에서 약탈가격이 이윤극대화를 위한 전략으로 채택될 수 있는지 그리고 약탈가격의 설정이 어떠한 시장구조에서 가능한지에 집중되어 왔다.

먼저 이윤극대화의 관점에서 약탈가격의 설정을 분석하기로 하자. 경쟁기업의 시장을 약탈하려는 약탈기업은 장기평균비용에서 공급이 가능하다고 가정하자. 이것은 지배적 기업이 여러 지방에서 생산·공급하고 일부 시장에서는 독점적 지위를 확보하고 있을 경우에 쉽게 적용될 수 있다. 약탈의 대상이 되는 목표시장을 다른 지방의 공장에서 공급할 수 있고, 운송비가 상대적으로 저렴한 경우는 더욱 용이하게 된다.

13.5.1 약탈가격의 제1단계

약탈가격의 전략이 실시되기 이전에 시장은 장기의 경쟁균형에 있고, 시장의 균형가격은 P^c라고 하자. 그리고 약탈의 대상이 되는 희생기업은 가격순응자로서 평균가변비용(AVC)을 초과하는 한계비용곡선을 따라 시장에 재화를 공급한다고 가정하자.

제1단계의 약탈과정에서 약탈기업은 장기평균비용 이하로 가격을 인하하게 된다. 즉, 〈그림 13-7〉에서 약탈기업은 A점에서 가격을 설정하여 P^*를 유지한다. 이 결과 약탈의 대상이 되는 희생기업은 $P^c = MC = LRAC$를 만족하는 q^c의 생산량을 $P^* = SRMC$가 되는 q^*로 감축시킨다. 희생기업은 단기적으로 재화 1단위당 JM만큼의 손실을 입게 된다. 희생기업의 전체손실액은 $LMJA$가

그림 13-7 제1단계의 약탈가격

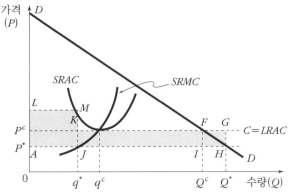

약탈기업은 P^*에 가격을 설정하고, 희생기업은 $SRAC$의 비용하에서 JM만큼의 단위당 손실을 입게 된다. 약탈기업 역시 JK만큼의 단위당 손실을 입지만 시장점유를 확대하기 위해 단기손실을 감수한다.

된다. 이는 단기에 발생되는 희생기업의 손실을 나타낸 것으로서, 이 상태에서 영업활동을 계속하는 한 손실을 지속된다. 오히려 고정비용만큼의 손실만을 감수하고 영업활동을 중단할 수도 있다.

이제 약탈을 시도하는 기업의 상황을 보자. 약탈기업이 가격을 P^*로 인하하면 시장수요는 Q^c에서 Q^*로 확대된다. 동시에 희생기업의 공급량은 q^c에서 q^*로 감축된다. 따라서 약탈가격을 유지하기 위하여 이 기업은 종전 $Q^c - q^c$의 공급량을 $Q^* - q^*$로 확대하여야 한다. 약탈기업은 재화단위당 $C - P^*$(즉 GH)만큼의 손실을 보며 총판매량 JH에서 비롯되는 총손실은 $JKGH$가 된다. 이와 같은 매 기 약탈기업의 손실을 $-\pi_p^*$라고 하자. 약탈기업의 손실과 희생기업의 손실을 비교하면 당연히 공급량이 많은 약탈기업의 기당 손실이 훨씬 크게 나타난다.

약탈가격전략에 따른 사회후생의 변화는 어떻게 나타나는가? 소비자의 후생은 당연히 증가하게 된다. 그러나 약탈기업과 희생기업이 모두 경제적 손실을 입게 되므로 사회후생은 순손실이 발생하게 된다. 즉, 약탈가격의 설정으로 인한 소비자잉여의 증대는 AP^cFH가 된다. 이 중 AP^cFI는 기존소비자가 가격인하로 인하여 얻게 되는 후생의 증가이고 IFH는 신규소비자에게 돌아가는 잉여증가분이다. IFH는 약탈가격의 설정으로 인해 Q^cQ^*만큼의 공급증가가 발생하여 신규로 구매하는 소비자에게 귀속되는 잉여라고 할 수 있다.

한편 약탈가격으로 인한 두 기업의 손실은 어떻게 되는가? 희생기업은 $LMJA$, 약탈기업은 $JKGH$의 손실을 입게 된다. 따라서 약탈가격으로 인한 소비자의 후생증대(AP^cFH)와 두 기업의 손실($ALMJ + JKGH$)을 비교하면 후자가 $P^cLMK + FGH$만큼 더 많게 된다. 따라서 약탈가격으로 인한 제1단계의 사회후생변화는 기업의 손실 때문에 순손실로 나타난다.

13.5.2 약탈가격의 제2단계

제1단계에서는 기존기업이 손실을 감수하는 대신 경쟁기업을 시장에서 축출하는 것이 중요한 목표가 된다. 약탈가격이 지속되면 경쟁기업은 결국 도산하게 되고 약탈기업이 시장을 독점적으로 지배하게 된다. 이 시점부터는 독점

그림 13-8 제2단계의 약탈가격

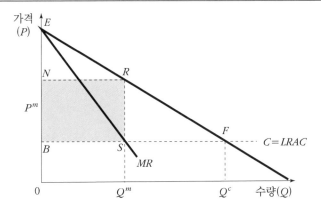

약탈가격 전략으로 시장지배력을 확보한 기업은 독점이윤의 극대화를 꾀한다. 가격은 P^m으로 상승하고, 색부분 만큼의 초과이윤을 확보하며, RSF의 사회후생 순손실이 발생한다.

기업으로서의 이윤극대화가 가능해진다. 따라서 $MR = MC$에서 최적의 생산량을 결정하고 독점가격 P^m을 부과한다. 〈그림 13-8〉에서 생산량은 Q^m이 되며 시장을 빼앗은 약탈기업의 초과이윤은 NRSB로서 색으로 표시한 부분이 된다. 또한 독점기업의 시장지배력으로 RSF만큼의 사회후생 순손실(deadweight loss)이 발생하게 된다.

이와 같은 1~2단계의 약탈기업의 전략은 결국 기업이윤에 어떤 영향을 미치게 되는가? 장기의 이윤극대화문제는 곧 현재가치의 개념으로 평가되어야 한다. 따라서 약탈기업의 약탈가격 전략으로 인한 총이윤은 초기의 손실(약탈가격 1단계에서의 손실)과 그 이후의 이윤(약탈가격 2단계에서의 이윤)의 현재가치의 합이 된다. 약탈기업이 경쟁기업을 몰아내기 위하여 LRAC보다 낮은 가격을 부과하는 기간에는 매기당 $-\pi_p^*$만큼의 손실을 입는다고 가정하자. 약탈기업이 경쟁기업을 시장에서 축출하는데 T기간이 소요된다면, 약탈가격으로 인한 손실을 현재가치로 평가하면 식 (13.1)의 $-$부호가 붙은 항과 같다.[3] 반면 시장에서 경쟁기업을 완전히 축출한 $T+1$기부터는 시장지배적 기업으로서 매기당

---

3) 여기서 r^*는 자본의 기회비용을 반영한 이자율을 나타낸다.

독점이윤 π^m을 획득하게 된다. 따라서 약탈기업 이윤흐름의 현재가치 $PV(\pi)$는 다음과 같이 표시된다.

$$PV(\pi) = -\pi_p^* - \frac{1}{(1+r^*)}\pi_p^* - \cdots \frac{1}{(1+r^*)^{T-1}}\pi_p^*$$

$$+ \frac{1}{(1+r^*)^T}\pi^m + \frac{1}{(1+r^*)^{T+1}}\pi^m + \cdots \qquad (13.1)$$

식 (13.1)의 $PV(\pi)$가 0보다 큰 값을 가진다면 시장지배적 기업은 약탈가격을 설정하게 된다. 만약 $PV(\pi)$가 0보다 작다면 약탈가격 설정은 결코 이윤을 증대시킬 수 있는 전략이 되지 못한다.

$PV(\pi)$의 값을 결정해주는 요인은 경쟁기업이 시장에서 퇴출될 때까지의 기간(T), 약탈가격설정 초기에서의 약탈기업의 손실($-\pi_p^*$), 할인율($1+r^*$), 시장을 독점적으로 지배한 후의 보상(π^m) 등이라 할 수 있다. 만약 할인율($1+r^*$)이 매우 높다면 기존의 지배적 기업은 미래의 이윤보다 현재의 이윤에 높은 비중을 두게 되므로 T기 이후의 π^m보다는 T기 이전의 P^*를 중시하게 된다. 따라서 여타 조건이 동일하다면 할인율이 낮을수록 약탈가격을 채택할 가능성이 높아진다.

약탈가격의 설정여부는 제1단계의 손실에도 크게 좌우된다. 즉, 약탈가격의 설정기간이 얼마나 길고, 이 기간 중 손실규모가 얼마나 큰가에 영향을 받게 된다. 특히 희생기업의 자산이 매몰비용의 성격이 강하다면 약탈가격으로 경쟁기업을 축출하는 데는 많은 기간이 소요된다. 매몰비용이 크면 희생기업이 이탈하면서 현금화하지 못하는 자산이 크다는 것을 의미한다. 따라서 축출목표가 되는 기업은 상당한 비용을 감수하면서도 기존 생산활동을 포기하지 않으려 한다. 또한 이 기업이 이탈할 경우에도 그 자산은 동일산업내에 남게 된다. 이 자산은 희생기업에게는 매몰자산이 되므로 신규진입기업이 상당히 낮은 가격으로 희생기업의 자산을 인수하여 생산활동에 쉽게 참여할 수 있게 된다. 이 결과 새로운 진입기업과 기존 약탈기업의 경쟁관계가 다시 형성된다. 매몰비용이 큰 산업일수록 약탈가격으로 시장을 지배할 수 있는 가능성이 작아지게 되며, 초기의 손실기간이 길어질 가능성이 높다(Martin, 1988).

한편 독점적 지위를 확보한 이후의 독점이윤(π^m)도 약탈가격의 설정 여부에 중요한 영향을 미친다. 특히 시장의 독점지배가 T기 이후에 얼마나 지속될 수 있느냐가 곧 약탈가격 전략의 보상을 결정하는 요소가 된다. 만약 진입비용이 작거나 [극단적인 경우 경쟁가능시장(contestable market)] 진입장벽이 낮으면 독점적 지위를 확보하였어도 독점이윤을 확보할 수 없게 된다. 따라서 진입비용이 상당히 소요되는 진입장벽이 있어서 독점기업의 시장지배력 행사가 가능할 경우에는 약탈가격의 전략을 채택할 가능성이 높아진다. 이 경우 일단 경쟁기업을 축출하면 시장의 독점지배력을 지속적으로 행사할 수 있는 기간이 길어지기 때문이다.

13.5.3 약탈적 가격에 대한 평가

약탈적 가격인하는 경쟁기업의 시장을 탈취하기 위한 반경쟁적인 가격행태의 하나이다. 그러나 현실에서의 가격인하가 약탈적 가격인하에 해당되는지를 평가하는 것은 결코 쉬운 일이 아니다. 또한 가격인하는 일반적으로 경쟁촉진적 행위로 간주되어 독과점규제나 공정거래제도에서 장려되는 경우가 많으므로 약탈적 가격인하를 별도로 구별하는 것은 많은 논란이 제기될 수 있다.

시카고학파에서는 기본적으로 약탈적 가격인하가 존재할 수 없다고 본다.[4] 기업이 약탈적 가격인하를 실행한다는 것은 약탈행위로 인한 손실의 충분한 보상이 보장되고 약탈적 가격인하가 최선의 전략이라는 것을 의미한다. 하지만 약탈기업이 시장을 지배하여 초과이윤을 얻는 T기 이후에도 새로운 기업이 자유롭게 진입하는 경우 시장을 약탈한 이후의 보상이 충분치 않을 수 있기 때문에 약탈적 가격인하의 전략은 채택될 수 없다고 파악한다. 그리고 새로운 기업의 진입을 저지하기 위해서는 계속해서 낮은 가격을 책정하여야 하기 때문에 이는 기존기업의 이윤극대화를 위반하는 것이다. 이러한 시카고학파의 견해는 진입장벽이 낮거나 진입과 이탈이 자유로운 시장에서는 약탈적 가격인하가 나타나지 않는다는 것을 시사하고 있다. 반면, 약탈기간이 길어질수록 약탈기업의 손실이 커지는데 이러한 약탈가격 전략 이외에도 경쟁기업을 제거하는

---

4) 대표적인 논문으로 McGee(1958)을 들 수 있다.

데 비용이 덜 드는 다른 방법들, 예를 들어 기업인수나 합병 등의 방법이 있을 수 있으며, 따라서 최선의 전략이 아닌 약탈적 가격인하는 실행되지 않는다고 주장한다.

그러나 현실적으로는 대부분의 경우 진입장벽이 존재하기 때문에 시카고학파의 가정을 절대적으로 수용하기는 어렵다. 또한, 합병과 기업인수도 경쟁기업의 축출과 동일한 결과를 가져오는 것으로 경쟁제한성으로 인한 사회에의 영향이 크다면 규제의 대상이기 때문에 시카고학파의 주장대로 기업이 항상 최선의 선택을 할 수 있는 것은 아니다. 그리고 기업간의 비대칭적 정보가 존재하는 경우에도 약탈적 가격인하를 통해 경쟁기업의 퇴출을 유도하거나 새로운 기업의 진입을 저지할 수도 있다(Milgrom & Roberts, 1982). 따라서 약탈적 가격인하를 기업의 이윤극대화 전략의 하나로서 받아들이는 것이 일반적이다.

어떠한 가격인하가 약탈적 가격인지를 판단하는 기준으로서는 다음과 같은 방법들이 활용되기도 한다. 「아리다-터너」(Areeda-Turner) 규칙은 가격이 한계비용 이하로 설정된 경우를 약탈적 가격인하로 파악한다. 하지만 기업이 가격을 한계비용보다 낮게 책정하는 경우는 매우 드물기 때문에 약탈가격으로 판정되는 경우 또한 드물다고 할 수 있다. 이는 약탈적 가격인하가 설정되기 힘들다는 아리다와 터너의 의견이 반영된 것이라 할 수 있겠다. 반면 기준이 되는 한계비용의 측정이 쉽지 않다는 실질적 제약점을 지니고 있어 한계비용 대신 단기평균비용을 기준으로 사용하기도 한다. 하지만 단기평균비용기준은 약탈가격으로 판정될 가능성을 더욱 낮추는 경향이 있다.[5] 이러한 「아리다-터너」의 규칙은 정태적 관점에서 가격인하의 정당성을 평가하는 방법이다. 보다 적극적인 방법은 약탈가격 전략의 2단계에서의 가격인상 여부와 생산량 조절을 1단계의 행태와 함께 평가하는 것이다. 즉, 희생기업의 퇴출이후 약탈기업의 손실회복 여부를 따져보는 방법이다. 하지만 다양하게 제시된 평가방법에도 불구하고 일반적으로 약탈적 가격인하는 경쟁적 가격인하와 구별되기 어렵기

---

5) 〈그림 13-7〉에서와 같이 약탈적 가격전략을 사용하는 경우 대개 약탈기업의 생산량 증가가 수반된다. 따라서 약탈기업은 최저평균비용보다 높은 평균비용, 예를 들어 U자형 단기평균비용곡선이 우상향하는 부분에서 생산을 하게 되는데 이 때의 단기평균비용은 한계비용보다 낮다. 따라서 평균비용이 기준이 되는 경우 약탈가격으로 판정이 될 가능성은 더욱 줄어든다.

때문에 불공정거래 여부의 판결에 많은 논란의 소지가 있다.

13.6 한국산업의 잠재경쟁

특정산업에서 잠재적 경쟁이 원활히 이루어지기 위해서는 진입장벽이 낮아야 하고 정보유통의 비용이 적어야 한다. 한국산업에서의 진입저지가격 행태와 잠재경쟁 여부도 이와 같은 관점에서 파악될 수 있다. 이미 시장구조의 결정요인에서 설명된 바와 같이 진입장벽은 제도적 요인과 산업별 기술적 요인으로 구분하여 설명할 수 있다. 산업별 요인은 각 산업의 특수성에 의해서 결정되므로 국가별로 공통적인 특징을 갖고 있다. 그러나 제도적 요인은 국가의 법규나 행정관행에 의해서 결정되므로 국가별 차이를 나타낸다.

우리나라의 경우에는 정부주도형 개발과정에서 많은 산업규제가 실시되어 왔다. 특히 정부는 각종 인·허가제도를 통해 신규기업의 진입을 직접적으로 통제하여 왔다. 물론 산업규제의 합리성과 비효율성은 제25장에서 논의되겠지만 진입장벽의 관점에서는 제도적 진입규제가 상당히 심화되었던 것이 사실이다. 특정산업의 경우에는 몇 년 동안 신규기업의 진입을 불허하는 법규를 운용하기도 하였다.

이와 같은 여러 형태의 진입규제는 결국 잠재기업의 활동을 억제하는 요인으로 작용한다고 볼 수 있다. 다시 말하면 신규기업의 진입이 제도적으로 허용되지 않는 상황에서는 잠재기업이 존재하기 어렵다. 따라서 기존기업은 잠재기업의 진입위협을 전혀 고려할 필요가 없으며 결국 잠재경쟁이 존재하지 않게 되는 것이다.

한국산업의 잠재경쟁 여부를 본격적으로 분석한 연구결과는 많지 않으나 일반적으로 기술적 장벽은 물론 제도적 진입장벽이 높아 신규기업의 진입이 봉쇄된 경우가 많아 잠재기업의 역할을 위축시켜 왔다고 할 수 있다.

잠재경쟁 여부를 국제적으로 비교하기 위해서는 물론 제도적 진입장벽 이외에도 정보의 유통과 자본시장의 효율성 등 진입여건에 관계되는 여러 요인이 동시에 고려되어야만 할 것이다. 이러한 비교과정에서 가장 중요한 기준은 신규기업의 진입여건이 얼마나 용이한 지에 달려 있다. 신규진출여건이 상대적으로 용이하다면 잠재경쟁의 가능성은 그만큼 높아지는 것이다.

한편 한국산업에 대한 진입제한가격의 행태 여부는 「정-마송」(Jeong & Masson, 1990)에 의해서 실증적으로 검증되었다. 이들은 여러 형태의 진입장벽과 잠재변수(latent variable)의 개념을 도입하여 62개 제조업부문에서 진입저지가격 행태를 검증하였다. 1977~81년의 자료를 분석한 이 연구결과는 한국산업에서의 진입저지행태가설이 채택되지 않고 있음을 보여 주고 있다. 즉, 한국산업의 경우에는 기존기업이 신규기업의 진입저지를 위하여 진입제한가격(limit price)을 설정하지 않고 있다고 설명하고 있다.

물론 진입저지가격이 모든 기업에게 가장 '적정한' 가격은 아니다. 한국과 같이 제도적 진입장벽이 높은 시장에서는 기존기업이 진입저지전략을 채택하지 않고서도 장기적 이윤극대화를 추구할 수 있다. 특히 성장률이 매우 높은 경제에서는 진입저지가격이 기존기업에게 바람직한 전략이 아니다. 진입제한가격의 설정은 결국 내일의 시장점유를 위해 오늘의 이윤을 희생시키는 것인데, 고도성장체제에서는 현재이윤을 희생시키지 않고서도 미래의 안정적 이윤확보가 가능하기 때문이다.

부록

13.A   Milgrom and Roberts 모형(1982)

Milgrom & Roberts 모형(1982)은 신규진입기업이 기존기업의 생산비용을 알지 못하는 불완전 정보(incomplete information) 하에서 기존기업이 전략적으로 가격을 설정함으로써 신규진입을 저지할 수 있음을 보여준다.

다음에서 2단계 게임의 간단한 예를 통해 살펴보자. 1단계에서 기존기업은 독점기업으로 1단계 가격을 결정하고 이윤을 얻는다. 신규진입기업은 기존기

업의 가격 p_1을 관찰한 후 진입 여부를 고려한다. 진입이 발생하면 2단계에서
는 두 기업이 쿠르노 경쟁을 하고 진입이 발생하지 않으면 기존기업은 독점기
업으로 독점이윤을 누릴 수 있다.

두 기업은 각 단계의 시장수요가 $P = A - BQ$임을 안다. 기존기업은 자신
의 단위비용이 단위비용이 높은지($c_1 = c_H$) 아니면 낮은지($c_1 = c_L$)를 알고 신
규진입기업의 비용에 대한 정보도 가지고 있다. 하지만 신규진입기업은 자신의
생산비용(c_2)만 알 뿐 기존기업의 생산비용에 대해 알지 못한다. 신규진입기업
은 단지 기존기업이 고비용 기업일 확률이 α이고 저비용 기업일 확률이 $1 - \alpha$
라는 믿음(belief)만을 갖는다. 기존기업은 신규진입기업이 이러한 믿음을 가지
고 있다는 것을 안다고 가정한다. 즉 기존기업과 신규진입기업간에 정보의 비
대칭성(information asymmetry)이 존재한다. 이 상황을 자연(nature)이 기존기업
의 비용을 결정하는 상황에서의 게임트리(game tree)로 그리면 〈그림 13-9〉와
같다.

모형의 단순화를 위해 기존기업은 1단계에서 자신이 고비용 기업일 때의
이윤을 극대화하는 높은 가격(p_1^H)과 저비용 기업일 때의 이윤을 극대화하는 낮

그림 13-9 불완전정보 하에서의 진입저지모형

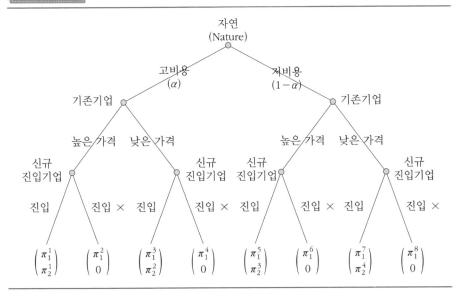

은 가격(p_1^i) 중 하나를 선택한다고 하자. 각 경우에 있어서 기존기업의 이윤은 1단계에서의 이윤과 2단계에서의 이윤의 합을 나타내고, 신규진입기업은 2단계에서만의 이윤을 나타낸다. 이 때 기존기업이 고비용 기업일 때 진입을 하는 신규기업의 이윤은 0보다 크다(π_2^1, $\pi_2^2 > 0$). 하지만 기존기업이 저비용 기업일 때 신규기업이 진입을 하게 되면 신규기업의 이윤은 0보다 작다(π_2^3, $\pi_2^4 < 0$). 반면 신규기업이 진입을 하지 않는 경우의 이윤은 0이라고 하자.

　기존기업에 있어서 가능한 네 가지 시나리오를 고려해 보자. 고비용 기업이면서 높은 가격을 책정하거나 낮은 가격을 책정하는 경우, 저비용 기업이면서 높은 가격을 책정하거나 낮은 가격을 책정하는 것이다. 만약 신규진입기업이 기존기업의 1단계 가격이 높은 가격일 때 고비용 기업이라고 믿고 낮은 가격일 때 저비용 기업이라고 믿는다고 가정한다면 기존기업은 저비용기업이면서 높은 가격을 책정하여 진입을 유도하여 자신의 이윤을 낮출 이유가 없다. 따라서 기존기업이 저비용기업이면서 높은 가격을 책정하는 경우는 제외된다.

　반면 신규진입기업은 기존기업이 생산비용과 상관없이 1단계에 낮은 가격을 책정할 수 있음을 안다. 이 경우 신규진입기업은 자신의 믿음을 바탕으로 2단계 쿠르노 경쟁을 통해 얻을 수 있는 $\alpha\pi_2^2 + (1-\alpha)\pi_2^4$의 기대이윤(expected profit)이 0보다 작은 경우에는 진입을 하지 않는다.

　이러한 신규진입기업의 기대이윤을 알고 있는 기존기업은 자신의 1단계 가격설정이 신규진입기업의 진입 여부 결정에 영향을 미침을 알며 따라서 전략적으로 낮은 가격을 책정하여 진입 저지를 할 수 있다. 왜냐하면 만약 기존기업이 고비용 기업이 1단계 가격을 낮게 책정하면 1단계에서는 낮은 이윤을 얻지만 2단계에서 진입저지를 통해 독점기업의 지위를 유지하여 독점이윤을 얻을 수 있기 때문이다. 따라서 기존기업은 고비용 기업으로 1단계 가격을 높게 책정하여 진입이 발생하여 얻는 이윤보다 낮은 가격 책정으로 진입을 저지하고 얻을 수 있는 이윤이 더 크다면 비용과 상관없이 낮은 가격을 책정하는 전략을 택한다. 이러한 1단계에서의 기존기업이 자신의 이윤극대화 가격보다 낮은 가격을 책정하는 것은 약탈행위이다.

13.B Dixit 모형(1980)

앞의 13.3절에서 논의된 정태적 진입저지모형은 기존기업이 신규기업의 진입 이후에도 종전과 동일한 생산량을 유지하며, 이러한 기존기업의 생산량에 대해 한 언약을 신규기업이 신뢰하고 진입 여부를 결정한다는 가정을 한다. 기존기업은 자신이 신규기업의 진입 결정에 영향을 줄 수 있는 장점을 이용하여 자신이 최선의 결과를 얻을 수 있도록 생산량 결정을 한다.

하지만 기존기업의 언약에도 불구하고 신규기업이 진입을 하게 되면 기존기업의 최선의 선택은 기존에 약속한 생산량이 아닌 다른 생산량을 선택하는 것일 수 있으며 이는 가정에 모순되는 결과이다. 즉 정태적 진입저지모형은 기존기업의 생산량 언약이 신뢰성을 가지는지에 대한 합리적인 설명이 부족하였는데, 이에 대해 Schelling(1960)과 Spence(1977)은 기존기업이 되돌릴 수 없는 생산설비에 대한 선제적 투자 등을 하는 경우 기존기업의 언약이 신뢰성을 가질 수 있을 것이라고 제안하였다.

본 절에서는 생산설비에 대한 선제적 투자를 고려한 Dixit(1980) 모형을 소개한다. 간단히 정리하면, 신규기업의 진입이전에 행해지는 기존기업의 생산설비투자는 자신의 한계비용을 낮추며 신규기업의 진입 여부 결정에 영향을 준다. 이 때 앞서 논의한 기존기업의 생산량 약속에 대한 신뢰성을 담보하기 위해 진입 이전의 생산설비투자는 변경이 불가능하다고 가정한다.

Dixit 모형(1980)은 2단계 게임(two-stage game)으로 1단계에서 기존기업이 생산설비의 투자수준 k_1을 결정하고, 신규진입기업은 이를 관찰한 후 진입 여부를 결정한다. 2단계에서 신규진입기업이 진입을 한 경우 기존기업과 신규진입기업이 동시에 생산량을 결정하는 쿠르노 경쟁을 한다. 만약 진입이 일어나지 않은 경우 기존기업만 생산량을 결정한다. 이러한 게임에서 진입 여부를 포함하여 어떠한 균형이 발생하는지 살펴보고자 한다.

먼저 시장수요함수는 $P = A - BQ = A - B(q_1 + q_2)$이라고 가정하자. 이 때, q_1과 q_2은 기존기업과 신규기업의 생산량이다. 기존기업은 1단계에서 생산설비투자수준 k_1을 선택하고 이 때의 고정비용은 F_1이다. 2단계에서 생산량 q_1

을 생산하는데 한계비용(MC_1)는 다음과 같다.

$$q_1 \leq k_1 \text{인 경우, } MC_1 = w \tag{13.B.1}$$

$$q_1 > k_1 \text{인 경우, } MC_1 = w + r \tag{13.B.2}$$

생산설비 1단위에 노동 1단위를 투입하여 제품 1단위를 생산할 수 있다고 가정하자. 따라서 생산설비 k_1보다 같거나 작은 생산량 q_1을 선택하면, 2단계에서는 추가적인 생산설비 없이 노동만 투입하면 되기 때문에 2단계의 한계비용은 노동 1단위의 가격인 w이다. 하지만 생산설비수준보다 많은 생산량을 선택하면 생산설비를 확장하여야 하므로 생산설비 1단위 가격인 r이 추가되어 한계비용은 $w + r$로 증가한다. 〈그림 13-10〉은 기존기업의 한계비용이 설비투자수준 k_1에서 점프가 일어남을 보여준다. 기존기업은 자신의 한계수입곡선(MR)과 한계비용곡선(MC)이 교차하는 곳에서 이윤을 극대화하는 최적생산량을 정하는데, 한계수입곡선은 경쟁기업의 생산량에 따라 변화한다. 신규진입기업의 생산량이 증가함에 따라 잔여수요가 줄어들고 따라서 기존기업의 한계수입곡선(MR)은 좌측으로 이동하게 된다.

신규진입기업의 경우, 2단계 진입과 동시에 생산량을 결정하며 고정비용은

그림 13-10 기존기업의 한계비용곡선과 한계수입곡선

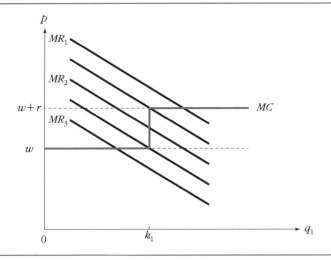

F_2이고 한계생산비용(MC_2)는 다음과 같다.

$$MC_2 = w + r$$

2단계에서 기존기업과 신규진입기업의 쿠르노 경쟁 시 각 기업의 이윤함수와 반응함수는 다음과 같다.

〈기존기업의 이윤함수와 반응함수〉

$q_1 \leq k_1$인 경우, $\pi_1 = [A - B(q_1 + q_2)]q_1 - wq_1 - rk_1 - F_1$ (13.B.3)

$$q_1 = R_1^w(q_1, q_2, k_1) = \frac{A - w}{2B} - \frac{q_2}{2}$$

$q_1 > k_1$인 경우, $\pi_1 = [A - B(q_1 + q_2)]q_1 - (w + r)q_1 - F_1$ (13.B.4)

$$q_1 = R_1^{w+r}(q_1, q_2, k_1) = \frac{A - w - r}{2B} - \frac{q_2}{2}$$

〈신규진입기업의 이윤함수와 반응함수(진입하는 경우)〉

$$\pi_2 = [A - B(q_1 + q_2)]q_2 - (w + r)q_2 - F_2, \qquad (13.B.5)$$

$$q_2 = R_2^{w+r}(q_1, q_2, k_1) = \frac{A - w - r}{2B} - \frac{q_1}{2}$$

〈그림 13-11〉은 기존기업의 절편이 다른 두 개의 반응함수와 하나의 신규진입기업의 반응함수가 나타나 있다. 기존기업은 생산설비수준 k_1을 기준으로, 그 이하의 생산량에서는 R_1^w의 반응함수를 따르고 그보다 큰 생산량에서는 R_1^{w+r}의 반응함수를 따른다.

신규진입기업이 진입하는 경우, 내쉬균형은 〈그림 13-11〉에서와 같이 두 기업의 반응곡선이 교차하는 곳에서 발생한다. (a)의 경우 두 기업이 동시 쿠르노 경쟁을 하는 경우의 내쉬균형과 동일한 T점이 선택된다. 이 때 T점에서의 기존기업의 생산량은 기존기업이 1단계에서 선택한 생산설비수준보다 더 크다. 이는 생산설비수준에서의 생산량에서는 한계수입이 한계비용보다 더 크기 때문에 생산량을 증가시킨 것을 의미하며, 즉 2단계에서 생산설비에 대한 추가투자가 일어난 것이므로 1단계에서 과소투자(underinvestment) 되었다고 할

그림 13-11 생산설비투자와 균형

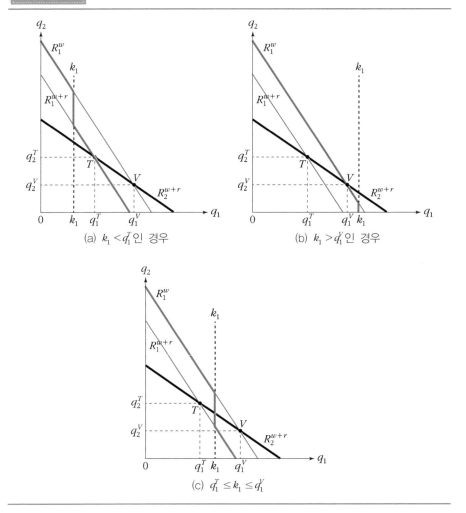

(a) $k_1 < q_1^T$인 경우

(b) $k_1 > q_1^V$인 경우

(c) $q_1^T \leq k_1 \leq q_1^V$

수 있다.

(b)의 경우 V점에서 내쉬균형이 발생하는데 기존기업은 자신의 투자수준
보다 더 낮은 생산량을 선택하므로 이는 과잉투자(overinvestment)라고 할 수 있
다. 이 경우, 기존기업은 1단계에서의 투자수준을 감소시켜 이윤을 증가시킬
수 있다. 따라서 기존기업의 생산설비수준 k_1의 선택은 (c)에서처럼 q_1^T과 q_1^V
사이에서 일어나고 2단계에서는 k_1과 동일한 단위의 생산량 q_1를 선택한다.

이제 (c)에서의 T점과 V점 사이 구간에 초점을 맞추어 기존기업의 투자수준과 생산량결정을 살펴보자. 균형은 기존기업과 신규진입기업의 상호작용에 의해 결정되므로, 기존기업의 결정 또한 신규진입기업의 진입 여부에 의해 영향을 받는다. 이 때 신규진입기업은 자신의 이윤이 0보다 클 경우에 진입한다고 가정하고, 다음의 네 가지 경우를 살펴보자(〈그림 13-12〉).

첫 번째는 신규진입기업이 내쉬균형 후보 중의 하나인 q_2^T를 생산 시에도 큰 고정비용으로 인해 이윤이 0보다 작은 경우($\pi(q_2^T) < 0$)이다. 이 경우 신규진입기업의 이윤이 0이 되는 점, 손익분기점(Break-even point)은 T점의 왼편인 B_{OT} 구간에 위치하고 신규진입기업의 반응함수는 해당 구간에서 끊긴다. 따라서 기존기업과 신규진입기업의 반응함수의 교차점은 존재하지 않는다. 기존기업은 독점기업의 생산량을 생산할 수 있는 생산시설수준 M_1을 결정한다. 이를 인지한 신규진입기업은 진입시의 최선의 선택인 q_2^M를 생산하여도 $\pi(q_2^M) < 0$임을 알기 때문에 진입을 하지 않고, 기존기업은 2단계에서 독점기업으로 M_1를 생산하며 독점기업의 이윤을 누린다.

두 번째는 신규진입기업이 T점과 M점 사이의 B_{TS}구간에서 손익분기점을

그림 13-12 진입기업의 손익분기점과 기존기업의 전략

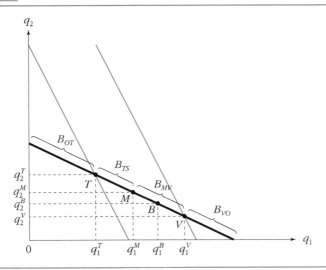

갖고 따라서 반응함수가 해당 구간에서 끊기는 경우이다. 즉 $\pi_2(q_2^T) \geq 0 \geq \pi_2(q_2^M)$인 경우로 신규진입기업이 쿠르노 균형($T$점)시의 생산량을 생산하면 0보다 크거나 같은 이윤을 얻지만 스타켈버그 균형(M점)의 생산량을 생산시에는 0보다 작거나 같은 이윤을 얻는다. 따라서 이 경우에도 첫 번째 경우와 마찬가지로 기존기업이 생산시설수준 M_1을 결정하면 신규진입기업은 진입하지 않으며 기존기업은 2단계에서 독점기업의 이윤은 누린다. 쿠르노 동시게임이었다면 생산을 할 수 있었던 신규진입기업의 진입이 선제적 투자가 가능한 2단계 게임에서 진입이 저지된 경우로 베인(Bain)은 이를 기존기업의 진입봉쇄(blockaded entry)라고 말한다.

세 번째 경우는 신규기업이 내쉬균형 후보 중의 하나인 q_2^V를 생산하는 경우 이윤이 0보다 크거나 같은 경우($\pi_2(q_2^V) \geq 0$)로 손익분기점이 B_{VO}구간에 위치한다. 이 경우 신규진입기업은 항상 진입을 하기 때문에 기존기업은 진입을 받아들일 수밖에 없으며 복점에서 얻을 수 있는 최대의 이윤을 얻고자 한다. 따라서 기존기업은 2단계에서 M_1만큼의 생산을 하겠다는 신뢰성이 있는 언약을 M_1의 생산설비투자를 통해 하게 된다. 선제적 투자를 바탕으로 2단계에서는 기존기업은 M_1을 생산하고 신규진입기업은 M_2을 생산하는, 즉 기존기업이 더 큰 이윤을 얻는 스타켈버그 균형이 형성된다. 이는 진입이 저지되지는 않으나 신규진입기업의 생산량이 제약을 받는 것과 같으므로 베인(Bain)에 따르면 비효과적인 진입저지(Ineffectively impeded Entry)라고 한다.

네 번째 경우는 신규진입기업이 M점과 V점 사이인 B_{MV} 구간에 손익분기점을 갖고 따라서 $\pi_2(q_2^M) > 0 > \pi_2(q_2^V)$이다. 이 경우에 기존기업은 진입을 허용할지 저지할지를 고려한다. 진입허용전략은 세 번째 경우처럼 M_1의 생산설비투자를 함으로써 진입을 허용하여 신규진입기업이 0보다 큰 이윤($\pi_2(q_2^M) > 0$)을 얻게 하는 것이다. 반면 진입저지 전략은 신규진입기업의 진입 시의 이윤을 0으로 만드는 생산설비수준 $K_1^B(> M_1)$을 선택함으로써 신규진입기업의 진입을 저지하는 것이다($\pi_2(q_1^B, q_2^B, k_1^B) = 0$). 기존기업은 전자인 진입허용시의 이윤($\pi_1(q_1^M, q_2^M, k_1^M)$)과 후자인 진입저지시의 이윤($\pi_1(q_1^B, q_2^B = 0, k_1^B)$)을 비교하여 더 큰 이윤을 가져다 주는 전략을 선택한다. 후자가 선택되는 경우는 베인

(Bain)의 효과적인 진입저지(Effectively impeded entry)가 발생하는 경우이다.

정리하면 Dixit 모형은 기존기업이 1단계에서 생산설비수준 k_1을 결정함으로써 k_1과 동일한 단위의 생산량 q_1를 생산한다는 신뢰성을 신규진입기업에게 주어 진입을 저지할 수도 있다는 것을 보여주는 모형이다.

제14장 경쟁제한적 시장행태

Chapter 14

경쟁제한적 시장행태

14.1 경쟁제한적 시장행태의 유형

기업의 시장행태는 제품의 특성과 비용조건, 시장여건, 기업의 전략 등에 따라 매우 다양하게 나타난다. 특히 현대산업사회에서는 마케팅기법의 발달과 더불어 이윤과 매출을 증대시키려는 기업의 시장행태가 수없이 다양한 방법으로 전개된다.

경쟁제한적 시장행태(restrictive market conduct)는 일반적으로 두 종류로 구별할 수 있다. 첫째는 경쟁의 대상이 되는 기업과 '협력'하여 시장지배력을 높이고 공동이윤을 증대시키는 행태이다. 여기에 해당되는 대표적인 사례는 담합(collusion)이다. 이것은 공동으로 가격을 고정시키거나 생산량을 조절하여 이윤을 증대시키려는 경쟁제한행태로 제15장에서 다루어진다. 두 번째 종류는 경쟁대상이 되는 기업을 시장에서 배제시켜 공정한 경쟁의 기회를 박탈해 버리는 배타적 행태(exclusive market conduct)로, 예를 들면 특수한 거래조건을 부과하거나 생산자와 유통업자의 수직적 관계를 통해 여타기업의 시장참여를 제약하는 반경쟁적 거래행태가 여기에 해당한다.

배타적 시장행태는 다시 수직적 제한(vertical restraints)과 배타적 조건부 거래(exclusive conditional trade) 등으로 구분하여 볼 수 있다. 먼저 수직적 제한은 생산·유통단계에서 상부(upstream)와 하부(downstream)에 있는 독립적 기업간에 특수한 거래조건을 형성하는 관계를 말한다. 제12장에서 논의한 수직결합은 생산단계가 서로 다른 기업간의 합병으로 외부효과를 내부화함으로써 기업 전체의 이익을 증가시킨다. 하지만 수직결합이 가능하지 않은 경우에는 독립된 기업으로 존재하면서 거래관계에 특수한 배타조건을 부과하는 약한 형태의 수직결합적 특성을 갖고 있는 수직적 제한의 방법을 사용하는 경우가 많다. 수직적 제한은 주로 생산단계의 상부인 제조업자(생산업자)와 하부유통업자(도·소매업자)간에 형성되는 경우가 많으나 제조업자간의 거래에서도 나타날 수 있다.

수직적 관리나 통제는 다음과 같이 여러 형태가 있다. 첫째, 재판매가격의 유지(resale price maintenance: RPM)로 이는 제조업자가 유통업자에게 제품의 최저가격을 지정하여 공급하는 형태이다. 물론 유통업자가 최저가격을 유지하지 않으면 제품의 공급을 중단시키는 배타적 거래조건을 갖고 있다. 최저가격의 설정이 일반적이나 최대가격을 제한하는 재판매가격 유지도 있다.

둘째, 지역제한(territorial restriction)이다. 이는 여러 형태의 지역제한을 명시하는 배타적 거래조건으로서 다음과 같이 구별된다. 제조업자가 유통업자(소매업자)의 판매지역을 제한하는 경우와 유통업자가 여타의 제조업자로부터 제품을 공급받지 못하도록 제한하는 배타적 형태가 있다. 또한 특정지역에 일정 규모 이상의 판매를 의무화하는 조건도 있고, 판매자에 관계없이 영업지역만을 한정하는 형태도 있다. 또한 여타 지역의 판매에서 얻게 되는 이윤은 그 지역의 유통업자에게 돌려주는 형태도 있다.

셋째, 고객의 제한(customer restrictions)으로 유통업자가 특수한 고객에게만 판매하도록 하는 조건을 부과하는 배타적 거래형태이다. 유통업자가 특수한 고객층에게만 할인판매를 할 수 있게 한다거나, 특정계층에게는 제조업자가 직접 공급판매하는 것도 모두 고객을 제한시키는 배타적 거래형태이다.

이러한 수직적 관리는 상부단계의 제조업자가 유통단계의 도소매업자를 어느 정도 통제할 수 있어야만 이루어질 수 있다. 다시 말하면 제조업자가 어느 정도의 시장지배력을 갖고 있어야 하며, 수직적 관계에 있는 하부독립기업을 통제할 수 있는 능력을 갖고 있어야 한다.

한편 A제품을 판매하면서 반드시 B제품을 동시에 판매하는 '끼워팔기'(tie-in sale)도 배타적 조건부 거래행태에 속한다. 이것은 두 가지 제품 이상을 동시에 구매하지 않으면 어느 것 한 가지도 구입할 수 없게 하는 조건부 거래행태이다. 이밖에 등록상표의 독점적 사용계약(franchising)도 일종의 배타적 시장행태라고 할 수 있다.

본 장에서는 경쟁제한적인 배타적 시장행태의 대표적인 사례에 속하는 재판매가격유지와 비가격 조건부 거래행태인 등록상표의 사용계약, 끼워팔기 등을 구체적으로 분석하기로 한다.

14.2 재판매가격유지

재판매가격유지(resale price maintenance: RPM)는 가장 강력한 수직적 통제 방법으로 활용되는 배타적 조건부 거래의 하나이다. 재판매가격유지(RPM)는 제조업자가 판매자로 하여금 제품을 정해진 가격에 판매하도록 하는 거래방식이다. RPM은 일정 가격 미만으로는 판매하지 못하도록 최저가격을 설정하는 최저재판매가격유지(최저RPM)와 일정 가격 이상으로는 판매하지 못하도록 최대가격을 설정하는 최대재판매가격유지(최고RPM)가 있다. 실제 직접적으로 가격을 지정하는 대신 간접적인 방법으로(예를 들면 공급량의 제한 등) 재판매가격을 통제하는 수직적 제한도 많이 실시된다. 그러나 가격에 직접적인 영향을 미치는 정도는 물론 RPM이 가장 강력하게 나타난다.

재판매가격유지는 기업간 약한 형태의 수직결합으로도 설명될 수 있다. 제조업 기업 A와 유통업 기업 B가 수직결합하게 되면 모든 수직적 제한이 한 기업 내에서 자유롭게 이루어진다. 그러나 수직결합이 불가능하거나 현실적 제약이 많을 경우에는 개별기업으로 활동하면서 수직적 통제를 실시하는 방법을 택하게 된다. 예를 들어 수많은 소매유통체인이 필요하거나 제품판매 후에 지속적인 서비스를 제공해야 하는 경우에는 생산업자가 유통업을 완전히 수직결합하기가 힘들 수 있다. 이 경우 수직결합보다는 통제의 정도가 약한 수직적 제한전략을 실시하여 이윤증대를 추구한다.

그렇다면 재판매가격유지가 어떻게 이윤을 증가시킬까? 일반적으로 제조업자의 이윤은 제조업자가 소매업자에게 판매하는 도매가격에 따라 결정된다. 따라서 도매가격이 일정하다면 소매업자가 부과하는 재판매가격은 제조업자의 이윤에 직접적인 영향을 미치지 않는다. 최저RPM의 경우에는 소매가격을 인상시켜 수요를 감소시키고 심지어 제조업자의 이윤을 감소시킬 수도 있다. 그렇다면, 제조업자의 이익과는 상관이 없거나 또는 자신보다는 소매업자에게 더 많은 이익이 돌아가게 해 주는 것처럼 보이는 RPM이 어떠한 경우에 제조업자의 이윤을 증가시키는 것일까?

RPM으로 인하여 제조업자가 이윤을 얻기 위해서는 다음 조건이 만족되어야 한다. 첫째, 수요량이 일정한 상태에서 수직적 제한행위가 도매가격을 인상시키거나 둘째, 도매가격이 일정한 상태라면 수요량이 증대되어야만 한다. 첫 번째 경우는 RPM으로 직접적인 시장지배력의 행사가 가능할 때 실현될 수 있고, 두 번째 경우는 RPM이 시장실패를 보완하는 역할을 할 때 나타난다. 예를 들어 유통서비스시장이 완전하지 못한 경우, RPM을 통해 오히려 수요를 증가시킬 수 있기 때문이다. 특정 제조업제품에 지속적인 애프터서비스(after service)가 필요한 경우에도 이에 해당되는 사례이다.

그렇다면 재판매가격유지전략이 실시되면 사회후생에는 어떤 영향을 미치게 되는가? 일반적으로 최저가격을 설정하여 판매하므로 소비자의 후생이 감소할 것이라고 생각하기 쉽다. 그러나 RPM은 사회후생에 중립적인 영향을 미칠 수도 있고, 또는 후생의 증감을 가져올 수도 있다.

먼저 RPM을 통해 수요가 증가할 수 있는 경우에 RPM이 제조업자와 소매업자의 이익 그리고 사회후생에 어떠한 영향을 미치는지 다음의 모형과 〈그림 14-1〉을 통해 좀 더 자세히 살펴보고자 한다. 이 때 완전경쟁을 하는 소매업자와 독점인 제조업자로 이루어진 시장을 가정하자. 그리고 제조업자 입장에서는 소매업자가 소비자에게 더 높은 수준의 서비스를 제공하기를 원한다고 가정하자. 예를 들어 소매업자가 제공하는 서비스의 수준이 높을수록 제품에 대한 수요가 증가하고 따라서 생산자의 이익이 증가하는 경우가 이에 해당한다. 〈그림 14-1〉에서 소매업자들이 현재의 서비스 수준을 유지하는 경우의 최종재화에 대한 수요는 D_1이라고 가정하자. 제조업자의 한계비용은 MC_M이며 제조업자는 도매가격을 P_0에서 유지할 수 있다고 가정하자.[1] 소매업자가 현재의 서비스를 제공하는데 단위당 P_0P_1의 비용이 든다면(총 P_0P_1BC만큼의 비용을 지불한다면), 소매가격은 결국 P_1에서 결정되고 수요량은 Q_1이 된다. 소매업계가 완전경쟁적이므로 초과이윤은 발생하지 않는다.

---

1) 시장지배력이나 수량제한 등 기타의 방법으로 P_0의 도매가격이 적용된다고 하자.

이제 〈그림 14-1〉에서 더 높은 수준의 서비스가 제공되면 최종재화의 수요가 D_1에서 D_2로 이동한다고 가정하자. 따라서 제조업자는 소매업자가 더 높은 수준의 서비스를 제공하여 소비자의 수요가 증가하기를 원한다. 하지만 소매업자 입장에서는 높은 수준의 서비스를 제공하기 위해서는 더 많은 비용을 지불해야만 하므로 이를 꺼리게 된다. 특히 자신이 높은 수준의 서비스를 제공하지 않더라도 다른 소매업자가 제공하는 서비스로 인해 자신의 판매량이 증가하는 경우, 또는 이와는 반대로 자신이 제공하는 높은 수준의 서비스로 인한 판매량의 증가가 자신에게 온전히 돌아오는 것이 아니라 다른 소매업자에게도 나누어지는 경우 서비스를 제공할 인센티브가 충분하지 않게 된다. 즉, 서비스의 정의 외부효과 또는 유출효과(spillover effect)로 인해 소매업자들은 높은 수준의 서비스를 제공할 동기가 크지 않으며 무임승차문제(free rider problem)가 발생한다.

이러한 무임승차문제를 해결하기 위해 제조업자가 소매가격을 P_2 이하로는 판매하지 못하도록 최저재판매가격을 설정하고 그 이하에서는 제품을 공급하지 않는 수직적 통제를 실시하는 경우를 살펴보자. 이 때 소매업자는 단위당

그림 14-1 재판매가격유지와 사회후생

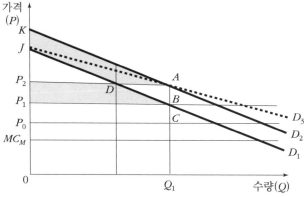

소매가격을 $0P_1$에서 $0P_2$로 유지시키고, P_1P_2 만큼의 추가마진을 AS비용에 사용하는 재판매가격유지(RPM)는 사회후생에 긍정적 기여를 할 수 있다. AS를 통한 소비자 신뢰도의 향상은 수요를 D_1에서 D_2로 이동시킨다. 만약 D_2 이상으로 수요가 증가하면, 제조업자의 이윤이 증가하고, 소비자잉여도 증가할 수 있다.

$P_1 P_2$만큼의 추가마진을 애프터서비스 제공에 사용할 수 있게 된다. 물론 $P_1 P_2$ 중 얼마만큼을 서비스비용에 사용하느냐는 여러 상황에 따라 달라지게 될 것이다. 소매업계가 완전경쟁적 상황이라면 소매업자는 $P_1 P_2$만큼을 모두 서비스 제공에 투자한다. 그렇지 않는 소매업자가 있다면, 소비자들은 동일한 제품에 대해 더 많은 서비스를 제공하는 소매업자에게로 떠나게 되어 제품을 팔지 못하는 상황에 놓이게 되기 때문이다.

이러한 RPM을 통하여 해당 재화에 대한 서비스가 향상되면 제품의 이미지와 소비자의 신뢰도가 향상되어 결국 수요가 D_1에 고정되어 있지 않고 상향 이동하게 될 것이다.

만약 수요의 증가가 〈그림 14-1〉의 D_2와 같이 발생한다면 P_2의 가격에서도 종전과 같은 Q_1의 수요를 유지하게 된다. 따라서 생산자의 이윤은 RPM이 전과 이후가 동일하게 된다. 물론 D_2 이상으로 수요가 더 확대되면 생산자이윤이 오히려 증가될 수 있다.

소비자의 후생은 어떻게 변화하는가? 가격이 종전보다 인상되었으므로 소비자에게는 부정적인 영향을 미칠 것이다. 그러나 인상된 가격에서 종전보다 많은 서비스를 제공받는다면 소비자에게 결코 부정적인 영향을 주지 않을 수도 있다. 실제 D_2의 수요곡선은 종전의 제품에 새로운 서비스를 합계한 것에 대한 수요곡선이라고 할 수 있다.

가격인상 전후(P_1과 P_2)의 소비자잉여를 각각 D_1과 D_2의 수요곡선에서 평가하여 보자. P_1의 가격과 D_1의 수요에서는 소비자잉여가 JBP_1으로 나타나고, P_2와 D_2의 조합에서는 KAP_2가 된다. 따라서 $KADJ$와 $P_2 DCP_1$이 동일하다면 RPM 전후의 소비자후생은 변함이 없다.

한편 소매업자가 RPM으로 증가된 수입을 모두 서비스의 비용으로 지출하게 된다면 소매업자의 이익도 RPM의 영향을 받지 않게 된다. 제조업체도 동일한 수량을 동일한 가격 P_2에 판매하므로 제조업체의 이익도 동일하다. 따라서 〈그림 14-1〉은 RPM전략이 생산자, 소비자 및 유통업자의 후생에 영향을 미치지 않는 후생중립적(welfare-neutral) 재판매가격유지를 보여주고 있다.

만약 RPM을 실시하여, 〈그림 14-1〉에서 수요가 D_2보다 더 많이 확대된다면 P_2의 가격에서 소비자잉여의 증가폭이 커지게 된다. 또한 수요증대로 기업의 이윤도 증가될 수 있다. 따라서 RPM이 사회후생을 증가시키는 결과를 가져오게 된다.

반면 RPM으로 인한 수요증가가 D_2와 같이 전체적인 곡선의 이동이 아닌 D_3의 형태로 나타나서 가격인상으로 소비자잉여가 감소하면 RPM전략은 사회후생을 감소하는 결과를 가져오게 된다. 따라서 RPM이 사회후생에 미치는 영향은 RPM 이후의 수요의 변화에 크게 좌우된다. 물론 RPM 이후 P_2의 가격에서도 종전과 동일한 서비스만을 제공한다면 수요의 증가가 나타나지 않으므로 사회후생은 당연히 감소하게 될 것이다.

한편 동태적 관점에서 평가하면 RPM은 재판매가격을 높게 유지시켜 신규기업의 진입을 용이하게 해주는 역할을 하게 된다. 이것은 동태적 관점에서 경쟁의 촉진과 후생증가를 가져올 수 있다.

우리나라의 경우 재판매가격유지는 공정거래법 제2조 제6호에 의해 원칙적으로 금지되어 있다. 재판매가격유지행위가 상표내의 경쟁을 제한하는 것으로 고려되어 당연위법으로 금지된다. 하지만, 시장의 상황에 따라 상표간 경쟁을 촉진시키는 등 정당한 이유가 이는 경우에는 예외적으로 허용이 된다. 정당한 이유 여부는 관련시장에서 상표간 경쟁이 활성화되어 있는지, RPM 행위로 인해 유통업자들의 서비스경쟁이 촉진되는지, 소비자의 상품선택이 다양화되는지, 신규사업자가 유통망을 원활히 확보함으로써 관련 상품시장에 쉽게 진입할 수 있는지 여부 등을 종합적으로 고려하게 된다.

14.3 비가격 조건부 거래: 배타적 사용과 지역제한

수직적 관리의 형태로서 판매지역과 판매대상자를 한정하는 배타적 계약이 있다. 예를 들면, 프랜차이징(franchising)은 생산·유통 단계에서 상위와 하위기업간에 체결하는 독점적 상표사용계약과 같은 것으로서 배타적 조건부거래의 하나이다. 프렌차이징은 반드시 제조업 분야에서만 발생하는 것은 아니며 상위생산단계의 기업이 하위생산(또는 유통)단계의 기업에게 고유 브랜드의 배타적 사용을 조건으로 하는 거래의 하나이다. 예를 들면 현재 우리나라에 들어와 있는 맥도날드 햄버거나 KFC 등 간이음식점도 대표적인 프랜차이징이다.

상표의 독점적 사용계약은 상당한 명성을 갖고 있는 기업이 지역적 제한을 설정하여 전국 유통망을 조직하는 데 많이 활용된다. 따라서 독점적 상표계약에서는 제품의 공급자가 유통업자에게 특수한 브랜드의 사용을 허가하고 주요 원료나 완제품을 공급한다. 전국적인 광고나 판촉활동은 주로 제품의 중앙공급자가 담당하고, 상표사용자는 제한된 지역에서 소비자에 대한 직접판매를 전담한다.

실제 고유 브랜드의 이미지나 신뢰도, 상표의 궁극적 가치는 소비자에 대한 판매를 직접 담당하는 각 유통업소에 의해 결정되는 경우가 많다. 소비자는 유통업소로부터 직접 구입하므로 제품의 품질, 서비스, 판매점의 환경이 모두 최종업소에 의해서 결정되기 때문이다. 중앙의 공급자도 브랜드의 이미지를 높히는 노력을 하지만 각 유통업소가 그 제품에 대한 인식을 결정하는 데 더 중요한 역할을 한다.

한편 상표의 사용허가를 받은 각 유통업소의 관점에서는 가급적 유통비용을 감소시키고 이윤을 증대시키려는 인센티브를 갖고 있다. 예를 들어, 전국적으로 N개의 유통업소가 있는데, A유통업소를 제외한 $N-1$개가 아주 좋은 품질과 서비스를 제공하면 A에게 어떤 영향을 미치는가? A는 당연히 $N-1$개 유통업소의 영향으로 낮은 품질을 공급해도 일정한 수입을 올릴 수 있게 된다. 따라서 A유통업소는 비용을 절감하고 약간 낮은 품질을 제공하려는 인센티브를 갖게 된다. 이것이 상표의 지역적 배타사용계약에서의 무임승차(free rider) 문제이다. 실제 A유통업소 뿐만 아니라 모든 체인점도 그러한 인센티브를 가질 수 있다.

이러한 문제를 해결하는 방법으로 중앙공급자는 각 유통업자에게 상표의 배타적 사용에 따른 일괄적인 고정요금(lump-sum fee)을 부과할 수 있다. 또한 유통업소에서 계약을 위반하여 낮은 품질을 공급할 경우에는 계약시 수령한 고정요금을 반환하지 않는 조건을 부과할 수 있다. 따라서 유통업소가 계약자로서 지불하는 고정요금은 저급 서비스의 제공을 방지하는 수단으로 활용된다.

한편 유통업소의 관점에서는 상표사용료를 초과하는 일정한 경제적 이익이 보장되어야 한다. 만약 중앙공급자가 현재 영업중인 A의 길 건너에 새로운 상표사용업소를 허가하면 그러한 이윤의 보장이 어려울 것이다. 따라서 프랜차이징에는 항상 지역제한의 문제가 대두된다.

〈그림 14-2〉에서 보면, *D*는 일정지역에서 상표사용계약이 이루어진 제품에 대한 수요곡선이다. *MR*은 한계수입곡선이고, *MC*는 계약에 명시된 표준제품을 공급하는 데 소요되는 유통업소의 한계비용이다. 계약시에 지불되는 일시불 사용료는 고정비용에 해당되므로 한계비용과 적정공급량에는 영향을 주지 못한다. 고정비용으로 인하여 평균비용(*AC*)은 한계비용(*MC*)보다 크게 되고 우하향하는 곡선이 된다. 중앙공급자는 상표사용료(고정비용)를 증감시켜 유통업소의 평균비용(*AC*)을 조절할 수 있게 된다.

중앙공급자가 유통업소에게 부과하는 사용료를 유통업소의 수요곡선이 *AC*와 접하는 수준으로 책정하면 최대의 상표사용료수입을 획득할 수 있다. 〈그림 14-2〉에서와 같이 *AC*가 *a*에서 접하면, *MR* = *MC*의 조건에 따라 P^m에

그림 14-2　상표의 독점적 사용과 이윤

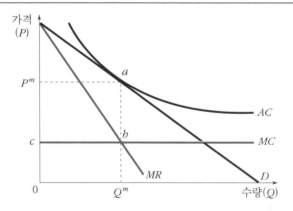

중앙공급자가 유통업소에 부과하는 고정사용료를 *AC*와 *D*가 접하는 수준으로 책정하면, 상표 사용료는 $P^m abc$로 최대가 된다. 유통업소는 $P^m = AC$로 초과이윤이 없는 상대가 된다. 반면 고정 사용료를 부과하지 않으면, *MC*가 일정하므로, *AC* = *MC*가 되고 $P^m abc$는 유통업소의 독점이윤이 된다. 따라서 중앙공급자는 고정사용료를 통해 유통업소의 독점이윤을 모두 회수할 수 있다.

서 가격이 결정된다. 중앙공급자의 상표사용료는 $P^m abc$가 된다.

유통업소는 $P^m = AC$가 되어 초과이윤이 전혀 없는 상태가 된다. 즉, 고정사용료를 부과하여 프랜차이징의 공급자가 유통업소의 이윤을 전부 가져가게 된다. 만약 하위생산단계(downstream)에 있는 유통업소에게 사용료라는 고정비용을 부과하지 않는다면 어떤 결과를 가져오는가? 고정비용이 없으므로 MC가 일정한 조건에서는 $AC = MC$가 되며, $P^m abc$는 바로 유통업소의 독점이윤에 해당된다. 다시 말하면, 중앙공급업자에게 주는 고정사용료가 없다면, 유통업소는 독점적 이윤을 확보할 수 있다.

따라서 각 지역별로 사용계약권을 가진 각 유통업소가 독점적 지위를 누리고 있음에도 불구하고, 유통업소는 실제 아무런 초과이윤을 획득하지 못하고 정상이윤만을 얻게 된다. 그러나 중앙공급자는 고정사용료를 통해 유통업자가 얻게 되는 독점이윤을 모두 회수할 수 있게 된다. 또한 고정사용료는 한계비용에 영향을 주지 않으므로, 지역제한에 따른 생산량감소현상도 나타나지 않게 된다.

한편 이와 같은 독점적 상표사용계약은 공공정책적 관점에서 다음과 같이 두 가지 의의를 갖고 있다. 우선 상표의 등록은 품질의 개선이나 기술혁신을 위해 제도적으로 보호되고 있으므로, 등록상표에 의한 초과이윤의 획득도 역시 합법적일 수밖에 없다. 또한 지역적 제한행위도 등록상표의 품질을 유지하고 무임승차의 폐해를 개선하기 위한 효율적인 방법으로 파악될 수 있다. 따라서 정책적 측면에서 문제가 될 수 있는 것은 고유 브랜드나 기술을 공여하는 중앙공급자의 독점이윤 해소이다. 이를 해소하기 위하여 지역적 제한이나 프랜차이징 자체를 규제하는 것은 이 그림에서와 같이 이론적 근거가 취약하다. 오히려 가장 바람직한 대안은 문제가 되고 있는 브랜드와 경쟁할 수 있는 새로운 브랜드의 참여를 촉진시켜 브랜드간 시장경쟁을 유도하고 프랜차이징의 독점이윤을 해소하여야 한다.[2]

---

2) 예를 들면 맥도날드시장에 KFC나 여타 브랜드를 참여시키는 정책을 말한다.

| **14.4** | **묶어팔기와 끼워팔기** |

묶어팔기(bundling)는 두 개 이상의 제품을 함께 판매하는 것을 말한다. 실생활에서 햄버거가게의 세트메뉴, 데이터와 통화가 결합된 핸드폰 월정액 요금, 야구경기의 시즌티켓 등과 같은 다양한 묶어팔기의 예를 관찰할 수 있다. 반면 끼워팔기(typing)는 한 제품을 구매할 때 다른 제품도 구매하게 만드는 것을 말한다. 독점력을 지닌 기업이 공급하는 상품이나 용역 중에서 상대방이 구매하고자 하는 상품 또는 용역을 주상품(tying good)이라 하고 이와 연계하여 상대방이 구입하고자 하지 않거나 상대적으로 덜 필요로 하는 상품을 부상품(tied good)이라고 한다. 스포츠채널을 시청하기 위해 특정 케이블 패키지 또는 특정 위성방송을 가입해야 하는 경우, 회사의 복사기 임대 시 월별 정기방문 유지보수를 받아야 하는 경우 등이 끼워팔기의 예이다. 이러한 묶어팔기와 끼워팔기는 기업의 이윤을 증가시키거나 사회후생을 증진시키기도 하지만 경쟁을 제한하여 사회후생을 저하시키는 반경쟁적 결과를 가져오기도 한다.

14.4.1 묶어팔기

묶어팔기는 순수 묶어팔기(pure bundling)와 혼합 묶어팔기(mixed bundling)로 구분할 수 있다. 순수 묶어팔기는 제품이 묶음으로만 판매되는 것을 의미하며 대개 각각의 제품을 따로 사는 것보다 낮은 가격에 제공된다. 혼합 묶어팔기는 각 제품이 별개로 판매되는 것 이외에 묶음으로도 판매되는 경우를 말한다. 전채-메인-디저트로 이어지는 코스메뉴만 판매하는 레스토랑은 순수 묶어팔기를 하는 경우이고, 코스메뉴와 함께 단품으로 음식을 선택할 수 있는 레스토랑은 혼합 묶어팔기를 하는 경우이다. 소비자들 스스로가 자신의 유보가격에 따라 단품, 묶음, 또는 비구매를 선택하게 만들어 기업은 이윤을 증가시키는데, 이렇게 나뉘어진 소비자 그룹에 따라 제품에 대해 실질적으로 지불하는 단위당 가격이 달라지게 되어 가격차별의 한 예로 고려된다.

〈표 14-1〉은 두 제품에 대해 선호도가 상당히 다른 4명의 소비자들의 유보가격을 보여준다. 두 제품에 대한 소비자들의 유보가격이 음(−)의 상관관계

표 14-1	소비자들의 유보가격	
	제품 1	제품 2
소비자 1	1,300	200
소비자 2	500	1,000
소비자 3	900	800
소비자 4	300	300

를 갖고 있는 경우이다. 이 때 기업이 단품 판매를 하는 경우, 순수 묶어팔기 또는 혼합 묶어팔기를 하는 경우의 이윤을 비교해 보자.

제품 1과 제품 2의 한계생산비용이 300원이고 고정비용은 0원이라고 가정하자. 단품으로 판매를 하는 경우 이윤을 극대화하는 제품 1의 가격은 900원이고 제품 2의 가격은 800원이다. 제품 1의 가격보다 높은 유보가격을 가진 소비자 1과 3이 제품 1을 구매하며, 이로부터의 기업의 이윤은 1,200원이다. 소비자 2와 3은 800원의 가격에 제품 2를 구매하며 기업의 이윤은 1,000원이다. 따라서 단품 판매시의 총 이윤은 2,200원이다.

순수묶음으로 판매를 하는 경우, 소비자들의 묶음에 대한 지불유보가격을 고려해야 한다. 소비자 1과 2의 지불용의가격은 1,500원이고, 소비자 3의 지불용의가격은 1,700원, 그리고 소비자 4의 지불용의가격은 600원이다. 이윤을 극대화하기 위해서 기업은 1,500원을 책정하며, 소비자 1,2,3이 구매를 하고 기업의 이윤은 2,700원이 된다.

혼합묶음으로 판매하는 경우, 소비자들의 유보가격을 살펴 소비자잉여를 기업으로 이전시킬 수 있는 가격을 책정해야 한다. 소비자 1은 제품 1에 대해 높은 유보가격을 갖고 제품 2에 대해서는 낮은 유보가격을 갖는 반면, 소비자 2는 그 반대이다. 반면 소비자 3은 소비자 1과 2와 달리 상대적으로 제품에 대해 비슷한 유보가격을 갖는다.

이러한 경우 제품 1의 가격은 1,300원, 제품 2의 가격은 1,000원, 묶음의 가격은 1,700원으로 책정하는 경우를 고려해 보자. 이 경우 소비자 1은 두 제품에 대한 유보가격의 합이 1,500원으로 묶음가격보다 낮으므로 묶음은 구매하지 않지만, 유보가격과 단품 가격이 동일한 제품 1은 구매한다. 소비자 2의 경우는 묶음은 구매하지 않고 제품 2만 구매한다. 소비자 3은 각 제품에 대한 유보가격이 단품가격보다 낮아 단품으로는 구매하지 않지만, 묶음의 경우 유보가격과 지불가격이 동일하여 묶음으로 구매하게 된다. 이 때 기업이 혼합묶음 전략을 사용하여 얻는 총 이윤은 2,800원이다.

이처럼 소비자들의 두 제품에 대한 유보가격이 음(−)의 상관관계를 갖는 경우에는 혼합 묶어팔기를 통해 한 제품의 유보가격이 상대적으로 아주 높은 소비자들에게는 해당 제품을 단품으로 높은 가격에 판매하고, 두 제품의 유보가격이 비슷하여 묶음에 대한 적절한 가격을 지불하고자 하는 소비자들에게는 개별 구입 시보다 할인이 된 묶음가격으로 판매를 하는 가격차별을 통해 이윤을 증가시킬 수 있다. 반면 소비자들이 제품 1과 제품 2에 대한 유보가격이 양의 상관관계를 갖는 경우에는 묶음 전략을 사용하지 않을 수 있다.

아래에서는 좀 더 정교한 Adams and Yellen(1976)의 모형을 바탕으로 묶어팔기에 대해 살펴본다. 독점기업이 제품 1과 제품 2를 판매하는 경우에서 세 가지 유형, 1) 각 제품을 별개로 판매하는 경우, 2) 순수 묶어팔기(pure bundling): 두 제품을 묶음으로만 판매하는 경우, 3) 혼합 묶어팔기(mixed bundling): 각 제품을 별개로 파는 동시에 묶음으로도 판매하는 경우를 살펴본다. 이 때, 제품 1과 제품 2의 한계비용 c_1과 c_2이고 묶음의 한계비용은 $c_B = c_1 + c_2$이라고 가정한다.

소비자는 자신의 유보가격과 지불가격을 비교하여 소비를 결정하며, 한 단위만을 소비한다고 가정한다. 즉, 제품 한 단위에 대한 유보가격이 지불하는 가격보다 높거나 같은 경우에 구매를 한다. 〈그림 14-3〉~〈그림 14-6〉에서 수평축 R_1과 수직축은 R_2은 소비자들의 제품 1과 제품 2에 대한 유보가격을 나타내며, 특정 소비자의 유보가격 조합(r_1, r_2)은 한 점으로 표시된다.

① 제품 1과 2를 p_1과 p_2의 가격에 별개로 판매하는 경우

〈그림 14-3〉에서 독점기업이 각 제품에 대한 가격을 p_1과 p_2로 책정하는 경우 소비자들은 네 그룹으로 구분된다. A영역의 소비자는 각 제품의 가격보다 높거나 같은 유보가격을 가지고 있어 두 제품 모두 구매를 한다. 예를 들어 점 x에 위치한 소비자의 유보가격이 (r_{x1}, r_{x2})인 경우 r_{x1}는 p_1보다 높고,

그림 14-3 단품으로 판매하는 경우

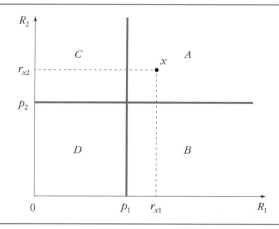

r_{x2}도 p_2보다 높다. 반면 D영역의 소비자는 각 제품의 가격보다 낮은 유보가격을 가지며 어느 제품도 구매하지 않는다. B영역의 소비자는 제품 1의 유보가격이 지불가격보다 높거나 같아 제품 1을 구매하지만 제품 2의 유보가격은 지불가격보다 낮아 구매하지 않는다. 반대로 C영역의 소비자는 제품 2만 구매하고 제품 1은 구매하지 않는다

- A영역의 소비자: $r_1 \geq p_1$, $r_2 \geq p_2$, 따라서 제품 1과 2 모두 구매
- B영역의 소비자: $r_1 \geq p_1$, $r_2 < p_2$, 따라서 제품 1만 구매
- C영역의 소비자: $r_1 < p_1$, $r_2 \geq p_2$, 따라서 제품 2만 구매
- D영역의 소비자: $r_1 < p_1$, $r_2 < p_2$, 따라서 비구매

② 순수묶어팔기: 묶음을 p_B의 가격에 판매하는 경우

소비자의 묶음에 대한 유보가격은 $r_B(= r_1 + r_2)$으로 묶음만 p_B의 가격에 판매하면 소비자는 두 그룹으로 나누어진다. 〈그림 14-4〉에서 기울기가 -1이고 절편이 p_B인 직선은 $r_B = p_B$(또는 $r_2 = p_B - r_1$)를 나타낸다. E영역의 소비자는 묶음에 대한 유보가격이 묶음 제품의 가격보다 높거나 같으므로 $(r_B \geq p_B)$, 묶음을 구매하고 F영역의 소비자는 구매를 하지 않는다. 예를 들어 E영역 y점에 위치한 소비자의 묶음에 대한 유보가격은 $r_{y1} + r_{y2}$로 묶음가격

그림 14-4	순수 묶어팔기의 경우

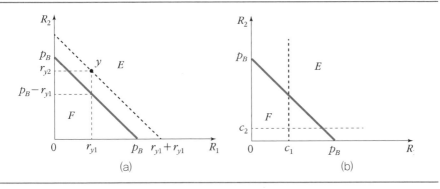

p_B보다 크다. 또한 제품 2에 대해 실질적으로 지불하는 금액을 묶음가격에서 제품 1에 대한 유보가격을 뺀 금액 $(p_B - r_{y1})$으로 나타낼 수 있는데, 기울기가 -1인 직선의 특성을 이용하여 동일한 금액을 수직축 R_2에 표시하면 $r_{y2} \ge p_B - r_{y1}$임을 알 수 있다. 이를 정리하면 아래와 같다.

- E영역의 소비자: $r_B \ge p_B$(또는 $r_2 \ge p_B - r_1$), 따라서 묶음 구매
- F영역의 소비자: $r_B < p_B$(또는 $r_2 < p_B - r_1$), 따라서 비구매

반면 E영역에서 묶음을 구매하는 일부 소비자의 경우 각 제품에 대해 갖는 유보가격이 생산비용보다 낮은 경우에도 소비를 하며 이러한 소비자들부터는 비효율이 발생하게 된다(〈그림 14-4(b)〉).

③ **혼합 묶어팔기: 단품과 묶음이 함께 판매되는 경우**

소비자는 제품 1 또는 제품 2만을 구매할지, 묶음을 구매할지, 또는 비구매를 할지 결정하며 네 개의 그룹으로 나누어진다.

먼저, 〈그림 14-5〉에서 $p_1 c p_B$영역의 소비자는 묶음구매시의 유보가격이 묶음가격 p_B보다 낮지만, 제품 1에 대한 유보가격이 단품가격 p_1보다 높으므로 제품 1만 구매한다. 동일한 논리로 $p_2 b p_B$영역의 소비자는 제품 2만 구매한다. 반면 $p_2 b c p_1$의 소비자들은 묶음도 단품도 구매하지 않는다.

이제 나머지 영역의 소비자들은 단품 구매와 묶음 구매 중에서 소비자는

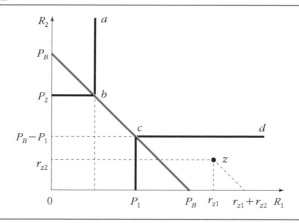

그림 14-5   혼합 묶어팔기의 경우

자신의 효용을 증대시키는 선택을 하게 된다. 예를 들어 $p_B cd$영역의 소비자 z의 경우 제품 1의 유보가격이 지불가격보다 높지만 제품 2의 유보가격은 지불가격보다 낮다. 따라서 단품으로만 구매를 한다면 제품 1은 구매하고 제품 2는 구매하지 않는다. 하지만 이제 묶음으로 제품 2를 함께 구매할지를 따져봐야 한다. 묶음 구매 시 소비자잉여(CS_B)는 $r_{z1} + r_{z2} - p_B$이고, 제품 1을 구매 시 소비자 잉여(CS_1)는 $r_{z1} - p_1$이므로 더 큰 소비자잉여를 주는 선택을 하게 된다. 이를 수평축 R_1에서 비교해 보면 후자가 전자보다 더 큼을 알 수 있다 ($CS_1 > CS_B$). 또한 소비자잉여의 비교는 $p_B - p_1 > r_{z2}$임을 나타낸다. 이는 묶음 구매 시 제품 2에 대해 실질적으로 지불하는 금액($p_B - p_1$)이 제품 2의 유보가격(r_{z2}) 보다 더 큼을 의미한다. 이는 수직축 R_2에서도 확인할 수 있다. 따라서 $p_B cd$영역의 소비자는 제품 2를 함께 구매할 이유가 없으므로 제품 1만 구매한다. 이와 동일한 논리로 $p_B ba$영역의 소비자는 제품 2만 구매한다. 마지막으로 $abcd$ 영역의 소비자는 묶음을 소비하는 경우가 단품을 소비하는 경우 보다 더 큰 소비자 잉여를 가져다 주기 때문에 묶음을 구매한다. 이를 정리하면 아래와 같다.

• $p_1 cp_B$영역의 소비자: $r_1 \geq p_1$, $r_B < p_B$, 따라서 제품 1만 구매

- $p_B cd$ 영역의 소비자: $r_1 \geq p_1$, $r_1 - p_1 > r_B - p_B$ (또는 $p_B - p_2 >$ r_1), 따라서 제품 1만 구매
- $p_2 b p_B$ 영역의 소비자: $r_2 \geq p_2$, $r_B < p_B$, 따라서 제품 2만 구매
- $p_B ba$ 영역의 소비자: $r_2 \geq p_2$, $r_2 - p_2 > r_B - p_B$ (또는 $p_B - p_2 >$ r_2), 따라서 제품 2만 구매
- $abcd$ 영역의 소비자: $r_B \geq p_B$, $r_2 \geq p_B - p_1$, $r_1 \geq p_B - p_2$, 따라서 묶음 구매
- $p_2 bc p_1$ 영역의 소비자: $r_1 < p_1$, $r_2 < p_2$, $r_B < p_B$, 따라서 비구매

독점기업은 3가지 가격전략 중 가장 큰 이윤을 가져오는 전략을 채택한다. 단 묶음 가격이 단품의 가격의 합보다 낮은, 즉 묶음할인이 있는 경우에는 혼합 묶어팔기 시의 이윤이 순수 묶어팔기 시의 이윤보다 크거나 같다. 혼합 묶어팔기에서 순수 묶어팔기시의 묶음가격을 사용하고, 단품의 가격을 적절히 책정하는 경우 혼합 묶어팔기에서의 이윤이 낮아질 수는 없기 때문이다. 하지만 각 전략에 따른 이윤은 소비자들의 분포와 독점기업의 비용함수에 달려 있기 때문에 혼합 묶어팔기가 단품으로 파는 경우보다 항상 더 큰 이윤을 가져다 주는 것은 아니다. 또한 앞의 순수 묶어팔기에서 언급되었듯이 묶음 판매의 경우에는 비용보다 낮은 유보가격을 갖는 소비자들이 소비를 함으로써 사회적 비효율성이 발생하며 독점기업의 이윤을 향상시키는데 방해가 되기 때문에 기업은 다른 전략을 선호할 수 있다.

14.4.2 끼워팔기

끼워팔기는 경우 주상품(tying good) 시장에서 독점력을 가진 기업이 주상품의 판매를 부상품(tied good)의 구매와 연결하는 방법이다. 따라서 주상품과 부상품을 동시에 구입하지 않는 한 어느 것 하나도 구입할 수 없다. 이와 같이 두 제품을 동시에 구입하도록 하는 끼워팔기조건(tying arrangement)을 부과하는 이유는 여러 관점에서 설명될 수 있다.

첫째, 제품 A와 B가 기술적으로 상호 의존적 관계(technological interdependence)에 있는 상황이다. 제품 A를 활용하기 위해서는 일정한 품질과 조건을

구비한 B가 공급되어야만 하는 경우이다. 따라서 A를 생산, 판매하는 기업의 입장에서는 제품의 명성을 유지하기 위하여 고품질의 B를 동시에 공급하여야만 된다는 논리다. 이것은 IBM이 컴퓨터와 카드리더(card reader)에 사용되는 카드를 동시에 끼워 팔면서 전개했던 유명한 논리이다.[3] 제품 A가 기술적으로 매우 정교한 경우에는 그에 적합한 B가 A와 함께 공급되는 것이 A의 효율적 사용을 가능하게 할 수 있다. 그러나 B제품이 여타 제조업자가 공급할 수 없는 정도의 특성과 기술적 조건이 요구되어야만 위의 논리가 성립될 수 있다.

둘째, 끼워팔기는 단일품목에 대한 가격규제나 이윤율규제를 회피하기 위한 수단으로 활용된다. A제품에 대한 가격규제가 엄격하게 적용될 경우, A와 B를 동시에 판매함으로써 A의 가격을 실질적으로 인상할 수 있게 된다. 따라서 기업은 끼워팔기 전략으로 정부규제를 회피하려는 인센티브를 갖고 있다.[4]

셋째, 주제품의 사용량을 계측하기 위한 수단으로 활용될 수도 있다. 예를 들어 A가 주제품이고 B는 저렴한 부대품이라고 하자. IBM이 채택했던 전략처럼 A를 판매하지 않고 임대만 한다고 가정하고, 임대료가 A의 사용량에 따라 결정된다고 하자. 이 때 A의 사용량을 계측하기 위한 수단으로서 부대품인 B가 사용될 수 있으며, A와 B를 끼워 판매함으로써 임대료결정이 용이하게 된다.

넷째, 결합판매(joint sales)에 따른 경제성을 고려할 수 있다. 만약 A와 B가 개별적으로 생산·판매될 때보다 A, B가 결합하여 생산·판매될 때 더 적은 비용이 소요된다면 끼워팔기의 인센티브가 부여되는 것이다. A와 B를 결합판매함으로써 생산비를 절감하고 이윤을 증대시킬 수 있기 때문이다. 이밖에도 불확실한 시장상황에 대처하거나 제품의 판매촉진수단으로서 끼워팔기가 실시된다. 물론 판촉활동으로 이용되는 끼워팔기는 다른 종류와는 달리 낮은 가격으로 판매되어 경쟁촉진적 결과를 가져온다.

다섯째, 최종생산에 필요한 생산요소의 끼워팔기를 함으로써 하나의 생산요소만을 생산하는 경쟁기업의 배제가 가능해지고 이는 이윤의 증가로 이어진

---

3) 그러나 IBM의 이러한 주장은 미국의 법정에서 받아들여지지 않았다[International Business Machine Corp. vs. United States, 298, U.S.131(1936)].

4) 우리나라 공정거래위원회에서 심의된 끼워팔기 사례 중에서도 정부의 가격통제를 회피하기 위한 수단으로 활용된 것으로 볼 수 있는 경우를 찾아 볼 수 있다. 예를 들면 진로의 소주·양주 및 제제주(1988), 동양맥주의 맥주·위스키 끼워팔기(1984) 사례 등이다.

다. 예를 들어 최종재 생산에 X와 Y의 원재료가 사용되고 원재료 X는 기업 A
에 의해서 독점적으로 공급되고 Y는 기업 A를 포함한 다수의 기업에 의해 경
쟁적으로 공급된다고 가정하자. 이러한 경우, 기업 A가 원재료 X와 Y의 끼워
팔기를 하는 경우, 최종재를 생산하는 기업은 원재료 Y를 기업 A에게서 구매
하고 다른 경쟁기업들로부터는 구매하지 않게 된다. 따라서 원재료 Y를 생산
하며 기업 A와 경쟁하던 기업들은 판매가 불가능해지고 시장에서 퇴출하게 된
다. 이는 기업 A가 원재료 X와 Y 시장 모두에서 독점적 지위를 확보하게 됨을
의미한다. 따라서 기업 A는 최종재 판매시장에서 발생되는 이윤을 모두 착취
할 수 있는 수준으로 원재료 가격을 인상하여 이윤을 증가시킬 수 있다.

아래에서는 복사기 임대 시장에서는 독점기업이고 복사기에 들어가는 토
너시장에서는 경쟁기업 중의 하나인 기업 A의 예를 통해 끼워팔기의 목적 및
효과를 살펴보고자 한다. 이 때 복사기를 임차하는 소비자 H와 L이 있으며 이
들의 토너에 대한 역수요함수는 각각 $P = 16 - Q_h$와 $P = 10 - Q_l$라고 가정한다
(가격의 단위는 만원이고, Q의 단위는 1개임). 기업 A는 두 소비자 모두에게 복사
기를 임대하고자 하며, 복사기 임대시의 한계비용은 0원이고 토너의 한계생산
비용은 2만원이라고 가정한다.

먼저 〈그림 14-6〉에서 토너의 시장가격이 한계생산비용과 동일하게 2만원

그림 14-6   토너시장이 경쟁시장인 경우 주상품의 가격결정

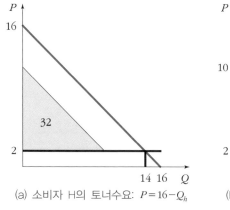
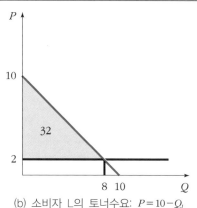

(a) 소비자 H의 토너수요: $P=16-Q_h$ (b) 소비자 L의 토너수요: $P=10-Q_l$

인 경우를 살펴본다. 왼쪽 그래프는 토너에 대한 지불용의금액이 높은 소비자 H의 수요함수를 나타내고, 오른쪽 그래프는 지불용의금액이 상대적으로 낮은 소비자 L의 수요함수를 나타낸다. 2만원의 토너가격 하에서 소비자 H와 소비자 L은 각각 14개와 8개의 토너를 구입하며, 각각 98만원과 32만원의 소비자 잉여를 얻는다. 반면 기업 A는 경쟁시장인 토너시장에서는 0의 이윤을 얻는다. 하지만 독점인 복사기 임대시장에서는 기업 A가 정의 이윤을 얻는다. 토너시장에서의 소비자잉여는 소비자가 복사기를 빌리는데 지불할 수 있는 최대금액으로 기업 A는 이를 복사기 임대료로 책정하면 된다. 두 유형의 소비자에게 동일한 복사기 임대료를 책정해야 하는 경우 기업 A는 복사기 임대료로 소비자 L의 소비자 잉여와 같은 금액인 32만원의 임대료를 책정한다. 따라서 복사기 임대와 토너 판매를 통한 기업 A의 이윤은 64만원(=32만원×2)이다.

이제 〈그림 14-7〉에서 기업 A가 복사기 임대와 토너를 끼워팔기하며 토너의 가격을 2원이 아닌 4만원으로 인상하는 경우를 살펴보자. 소비자 H와 L의 토너수요는 12개와 6개로 감소하며, 이들이 얻는 소비자 잉여도 72만원과 18만원으로 감소한다. 따라서 기업 A가 복사기 임대료로 책정할 수 있는 최대금액은 18만원이며 복사기 임대로부터 얻는 이윤은 36만원이다. 끼워팔기를 하지 않는 경우에서 보다 복사기 임대료 이윤은 줄어든다. 하지만 끼워팔기를 통

그림 14-7 끼워팔기의 경우

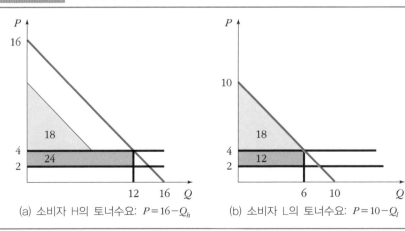

(a) 소비자 H의 토너수요: $P = 16 - Q_h$ (b) 소비자 L의 토너수요: $P = 10 - Q_l$

해 기업 A는 경쟁가격이었던 토너가격을 2만원에서 4만원으로 인상함으로써 토너시장에서 36만원의 이윤을 얻는다. 따라서 기업 A의 이윤은 72만원이 되며, 즉 끼워팔기를 통해 이윤이 증가되었음을 알 수 있다.

반면 복사기 임대와 토너에 소비자가 지불하는 총비용을 토너의 개수로 나누어 단위당 비용을 계산해 보면, 소비자 H과 L의 토너 한 개당 실질적으로 지불한 비용은 3.5만원과 5만원이다. 따라서 복사기 사용에 높은 유보가격을 지닌 소비자 H가 낮은 단위당 가격을 지불하고 소비자잉여를 누리는 반면, 상대적으로 낮은 유보가격을 지닌 소비자 L은 자신의 소비자잉여를 0이 되게 하는 단위당 가격을 지불한다. 이러한 맥락에서 끼워팔기는 가격차별의 한 예로 고려되며, 이를 통해 기업은 이윤을 증가시킬 수 있다.

또한 이 예에서 주목할 점 중 하나는 끼워팔기를 통해 기업 A가 경쟁시장인 토너시장에서 토너가격을 한계생산비용 이상으로 인상할 수 있게 된 것이다. 다른 하나는 토너에 대한 소비자의 수요가 경쟁기업으로부터 복사기를 임대하는 독점기업 A에게 이동한 것이다. 끼워팔기를 통해 주시장에서 독점력을 지닌 기업은 소비자가 선호하지 않는 부상품의 구매를 강요할 수 있게 된다. 동시에 이는 부상품 시장에서의 경쟁기업이 주상품시장에서의 독점기업으로 인해 부상품 시장에서의 경쟁을 제한당할 수 있음을 의미한다.

공정거래법에서 금지하고 있는 끼워팔기는 거래상 우월적 지위에 있는 공급자가 상품이나 용역을 공급하면서 정상적인 거래관행에 비춰 부당하게 다른 상품이나 용역을 구입하도록 하는 행위를 말한다. 예를 들면 마이크로소프트사의 컴퓨터 운영체제인 윈도우 프로그램에 인터넷 익스플로러를 탑재한 것은 미국에서 끼워팔기로 문제시 되었고, 윈도우 프로그램에 윈도우 플레이어를 탑재한 것이 유럽에서 경쟁당국에 의해 문제가 제기되었었다.

하지만 앞에서 논의된 것처럼, 끼워팔기는 다양한 동기를 가지고 시행되므로 그에 따른 후생효과는 여러 가지 관점에서 평가되어야 한다. 실질적 후생효과는 끼워팔기로 인한 결합판매의 경제성과 최종재의 수요탄력성 등에 의해 결정되어야 한다. 이것은 기업규모의 대형화에 따른 「윌리엄슨」의 상충효과(Williamson's trade-off)와 동일한 논리이다(제5장 참조).

제15장 담합

Chapter 15

담 합

담 합

　담합은 유사한 재화를 생산하는 기업간에 가격, 출하량, 거래지역 또는 거래상대방 등을 미리 결정하여 이윤을 증대시키는 전략이다. 우리나라의 경우, 8개 밀가루 제조·판매업체의 담합(2006), 4개 라면업체의 담합(2012), 4대강사업의 1차 턴키공사 담합(2012), 대형 화물 상용차 담합(2013), 고속철도 입찰 담합(2014) 등의 적발 사례가 있다. 2019년에는 76건의 담합이 적발되었고, 1981년부터 2019년까지 약 1,520여개의 담합이 적발되었다. 해외에서도 비타민 국제 카르텔(1999), 크리스티와 소더비의 담합 (2002)부터 최근의 글로벌 대형은행들의 환율 조작 담합에 이르기까지 해외기업간 또는 해외기업과 우리나라 기업이 함께 참여한 국제 카르텔들이 적발되고 있다.

　담합은 경쟁제한성이 가장 큰 행위로 경쟁가격보다 비정상적으로 높은 가격과 자원배분의 왜곡을 초래하여 사회후생의 감소를 가져오기 때문에, 각국에서 불법행위로서 금지되고 있다. 그리고 각국의 경쟁당국은 진행 중인 담합을 사후적으로 적발하여 중지시키고 또한 담합 형성을 사전적으로 예방하기 위해 자진신고자 감면제도와 신고포상금제도 등 다양한 제도를 운영하며 많은 노력을 기울이고 있다.

　이제 본 장에서는 담합의 형성과 지속가능성을 설명하는 경제학적 이론과 담합을 촉진시키는 구조적 요인을 살펴보고, 담합의 예방과 근절을 위한 우리나라 경쟁당국의 역할을 살펴본다.

15.2 담합이론

15.2.1 1기 게임에서의 담합: 죄수의 딜레마

담합은 일단 성공하면 담합에 합의한 기업의 이윤을 증대시켜 준다. 그러나 담합은 일종의 결합이윤극대화전략으로서 개별기업의 이해관계가 항상 일치하는 것은 아니다. 오히려 담합은 협정을 위반한 기업에게 이윤증대의 인센티브가 존재한다. 예를 들어 A, B, C 3개 기업이 어떤 재화를 10,000원에 판매하기로 하였다고 하자. 만약 이 중 기업 C가 담합가격보다 약간 낮은 가격에서 판매하면 이윤은 어떻게 되는가? C는 담합협정에 의한 가격을 부과하였을 경우보다 훨씬 많은 이윤을 보장받는다. 이와 같이 담합은 각 기업에게 구조적으로 협정위반의 인센티브를 부여하고 있다.

위반(cheating)의 인센티브는 〈그림 15-1〉로 설명될 수 있다. 그림에서 〈A〉는 개별기업, 〈B〉는 시장의 조건을 표시하고 있다. 시장이 완전경쟁적인 경우 가격은 P^c 생산량은 Q^c에서 결정된다. 각 기업의 생산량은 q^c에서 결정된다. 이제 가격을 인상시키는 담합이 이루어지면 시장가격은 P^*에서 결정된다. P^*의 가격수준에서는 생산량이 Q^*로 감소된다. 담합에 참여한 기업도 협약에 따라 생산량을 q^c에서 q^*로 감축시킨다고 하자. 만약 모든 담합기업이 협정을 준수하여 생산량을 q^*로 감축시킨다면 담합효과는 시장에 반영되고, P^*의 가격에서 각 기업은 π_E만큼의 이윤을 얻게 된다.

그러나 문제는 각 기업의 이윤을 극대화시킬 수 있는 생산량은 q^*가 아니라는 점에 있다. 담합에 의해 설정된 가격 P^*는 개별기업의 관점에서 '주어진' 가격이므로 한계수입이 된다. 따라서 이윤극대화는 $P^* = MR = MC$가 되는 X점에서 결정되고 생산량은 q^{**}로 증가한다. 만약 기업이 협정을 위반하여 생산량을 q^{**}로 증대시키면, 이윤은 π_E와 색으로 표시한 부분 전체를 합한 것과 같다. 실제 이 기업은 q^*의 생산량에서 $MR > MC$ 상태에 있으므로 생산을 조금이라도 증가시키면 이윤도 증가하게 된다. 따라서 담합협정을 위반하려는 인센티브가 주어지는 것이다. 이러한 속성 때문에 일부 학자들은 담합은 본질적

그림 15-1　담합과 위반의 인센티브

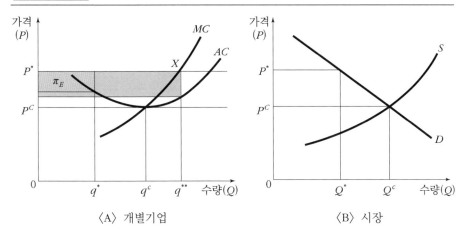

〈A〉 개별기업　　　　　　〈B〉 시장

경쟁시장에서 개별기업의 생산량은 q^c이지만, 담합이후에는 q^*로 감축한다. 그러나 q^*의 생산수준에서는 $MR > MC$상태에 있기 때문에 생산량을 증대시킬수록 기업의 이윤이 증대된다. 따라서 담합을 위반하는 인센티브가 주어진다.

으로 자기파괴적 성격을 갖고 있다고 보며, 모든 담합은 각 기업의 위반으로 인해 언젠가는 해체될 수밖에 없다고 한다.

　　담합위반의 인센티브를 또 하나의 예를 들어 살펴보자. 복점인 산업에서 기업 A와 B의 한계비용은 60이고, 고정비용은 0으로 동일한 비용조건을 가지고 있다고 가정하자. 그리고 시장수요함수는 $P = 300 - Q$이라고 가정하자.

　　먼저 기업 A와 B가 공동이윤을 극대화하는 생산량을 결정하고 이를 반씩 나누어 생산하기로 담합하는 경우를 고려해 보자. 이 때, 시장전체의 생산량은 120단위이므로 각 기업은 60단위씩을 생산하고 시장가격은 180이 된다.[1] 그리고 시장전체의 이윤은 14,400이며, 각 기업의 이윤은 7,200이다.

　　하지만 기업 B가 담합협정대로 60단위를 생산하는 경우, 기업 A의 최선의

---

1)　공동의 이익을 극대화하는 경우 $\Pi = (300 - Q)Q - 60Q$이다. 1계조건(f.o.c)은 $\dfrac{\partial \pi}{\partial q} = 240 - 2Q = 0$에서 $Q^M = 120$이고 이 때 시장가격은 $P^M = 180$이다. 각 기업은 $q^M = 120/2 = 60$단위씩 생산하고, $\pi^M = 14400/2 = 7200$를 얻는다.

표 15-1	담합이탈의 인센티브	
기업A의 전략 \ 기업B의 전략	담합협조	담합이탈
담합협조	(7200, 7200)	(5400, 8100)
담합이탈	(8100, 5400)	(6400, 6400)

생산량은 얼마일까? 기업 A의 최선의 반응곡선은 $q_A = 120 - \dfrac{q_B}{2}$이므로 $q_A(q_B = 60) = 90$이다.[2] 기업 A가 담합이탈을 하여 90단위를 생산한다면 시장 전체의 생산량은 150단위이며 시장가격은 150이 된다. 이 때 담합위반을 한 기업 A의 이윤은 8,100이 되고, 담합을 이행한 기업 B의 이윤은 5,400이 된다. 기업 A가 담합이행을 하고 기업 B가 담합이탈을 하는 경우는 이와 반대로 기업 A의 이윤이 5,400이 되고 기업 B의 이윤은 8,100이 된다.

그리고 마지막으로 기업 A와 B가 모두 담합을 하지 않고 쿠르노 경쟁을 하는 경우에는 각 기업은 80단위를 생산하며 시장가격은 140이 된다. 각 기업의 이윤은 6,400이다. 이를 〈표 15-1〉과 같이 정리할 수 있다.

〈표 15-1〉에서의 내쉬균형은 각 기업이 담합협조를 하지 않고 80단위씩을 생산하는 것이다.[3] 하지만 이는 두 기업 모두 담합에 협조하는 경우보다 파레토 열등한 균형임을 알 수 있다. 그럼에도 불구하고 각 기업이 가진 이탈 인센티브로 인해 담합이 깨짐을 알 수 있다.

15.2.2 반복게임에서의 담합

만약 두 기업의 경쟁이 지속된다면 담합이 성공할 수 있을까? 먼저 두 기업이 T기간 동안 지속되는 경우를 고려해 보면, 제3장에서도 보았듯이 역진귀납법에 의해 모든 t기에서 두 기업이 담합을 이탈하는 것이 부분게임완전균형이다. 즉, 한정된 기간의 게임에서는 담합이 일어나지 않는다.

---

2) 기업 A의 이윤함수는 $\pi_A = (300 - q_A - q_B)q_A - 60q_A$이다. 1계조건(f.o.c)은 $\dfrac{\partial \pi_A}{\partial q_A} = 240 - q_B - 2q_A = 0$에서 기업 A의 최선의 반응곡선이 $q_A = 120 - \dfrac{q_B}{2}$로 도출된다.

3) 게임의 균형에 관해서는 제3장 게임과 전략과 제6장의 과점시장을 참조.

하지만 우리는 현실에서 담합을 종종 관찰한다. 이를 설명하기 위해 두 기업의 경쟁기간을 한정된 T기에서 무한의 기간(infinite horizon)으로 연장하여 다음의 경우를 고려해 보자.

t기에 수량경쟁을 하는 두 기업이 담합을 하면 각 기업이 π^M의 이윤을 얻는다고 가정하자. 하지만 한 기업은 담합에 협조하고 다른 한 기업은 담합이탈을 한다면, 담합을 위반한 기업은 해당 t기에 $\pi^D(>\pi^M)$의 이윤을 얻는다고 가정하자. 그리고 담합이탈이 일어난 경우에는 그 다음 $t+1$기부터 두 기업 모두 쿠르노 경쟁을 하며 각각 π^N의 이윤은 얻는다고 가정하자.[4] 이러한 전략을 무자비 방아쇠 전략(Grim trigger strategy)이라고 한다. 어느 기업이라도 한 번의 담합이탈로 인해 모든 기업이 영원히 담합의 이윤을 포기하고 경쟁으로 회귀하여 낮은 이윤을 얻게 되기 때문이다.[5]

그렇다면 담합은 성공할 수 있을까? 담합이 성공하기 위해서는 두 기업 모두 이탈을 하지 않고 지속적으로 담합에 협조하여야 한다. 제15.2.1장에서 보았듯이 담합의 이탈이 일어나는 이유는 담합이탈로 인한 인센티브가 담합협조로 인한 인센티브보다 크기 때문이다. 따라서 담합이 지속되기 위해서는 담합으로 인한 인센티브가 담합이탈로 인한 인센티브 보다 커야만 한다.

무한기간의 게임에서 담합으로 인한 인센티브를 현재가치화하면 다음과 같다. 이 때 미래의 t기의 이윤을 현재가치화하기 위해 사용하는 할인율을 ρ라고 가정하자.

$$PV^{\text{담합}} = \pi^M + \rho\pi^M + \rho^2\pi^M + \rho^3\pi^M + \cdots = \frac{1}{1-\rho}\pi^M \qquad (15.1)$$

반면 담합이탈로 인한 인센티브의 현재가치는 다음과 같다.

$$PV^{\text{담합이탈}} = \pi^D + \rho\pi^N + \rho^2\pi^N + \rho^3\pi^N + \cdots = \pi^D + \frac{\rho}{1-\rho}\pi^N \qquad (15.2)$$

담합으로 인한 인센티브가 이탈로 인한 인센티브 보다 큰 경우($PV^{\text{담합}}>$

---

4) 단순화를 위해 이윤은 $\pi_t^M = \pi^M$, $\pi_t^D = \pi^D$, $\pi_t^N = \pi^N$로 매 기마다 동일하다고 가정한다.
5) 동일제품에 대한 가격경쟁을 하는 경우에서는, 담합의 이탈은 담합기업들의 이윤을 정의 이윤에서 0의 이윤으로 영원히 회귀시킨다.

$PV^{담합이탈}$)라면 담합이 유지된다. 즉, 다음의 조건이 만족되면 담합이 성공적으로 유지된다.

$$\frac{1}{1-\rho}\pi^M > \pi^D + \frac{\rho}{1-\rho}\pi^N \tag{15.3}$$

위의 조건은 담합의 이윤인 π^M이 클수록, 담합이탈의 이윤인 π^D이 작을수록, 그리고 경쟁시의 이윤인 π^N이 작을수록 만족되기 쉬움을 알 수 있다.

식 (15.3)을 할인율에 대해 정리해 보면 다음과 같이 나타낼 수 있다.

$$\rho > \frac{\pi^D - \pi^M}{\pi^D - \pi^N} \tag{15.4}$$

식 (15.4)는 사전적으로 주어진 π^M와 π^D 그리고 π^N하에서 담합이 성공적으로 유지되는 할인율에 대한 조건을 나타낸다. 즉, 어느 기업이 가지고 있는 미래의 할인율(ρ)이 특정 임계치($\rho^* = \frac{\pi^D - \pi^M}{\pi^D - \pi^N}$)보다 크다면 그 기업은 담합에 협조할 것이다.

〈표 15-1〉의 예에서와 같이 담합의 이윤(π^M)이 7200이고, 담합이탈한 기의 이윤(π^D)이 8100이고, 쿠르노 경쟁의 이윤(π^N)이 6400인 경우, 담합의 인센티브와 이탈의 인센티브는 각각 $PV^{담합} = \frac{7200}{1-\rho}$와 $PV^{담합이탈} = 8100 + \frac{6400\rho}{1-\rho}$이다. 따라서 담합의 성공을 위해서는 기업이 가지는 할인율이 다음의 조건을 만족하여야 한다. 즉, 기업의 할인율이 약 0.53보다 크다면 담합이 유지된다.

$$\rho > \frac{\pi^D - \pi^M}{\pi^D - \pi^N} \approx 0.5294 \tag{15.5}$$

15.2.3 기업간의 조율과 다양한 담합전략

담합을 위해서는 먼저 담합가격이나 수량 등에 대한 기업간의 동의가 필요하다. 때로는 거래상대방이나 거래지역을 나누는 데 동의할 수도 있다. 예를 들어 〈표 15-1〉에서는 두 기업의 전체이익을 극대화하는 생산량을 각 기업이 반(예를 들어 $Q^M/2$)씩 나누어 생산하는 것에 동의하는 것을 전제로 하였다.

그렇다면 어떠한 담합가격과 담합생산량이 결정되고 따라서 담합의 이윤

은 얼마를 얻게 되는 것일까? 이는 전래정리(Folk theorem)에서 제시되어 있
다.[6] 전래정리란 사회적으로 실현가능하며 개인합리성을 만족하는 어떠한 보
수벡터도 경기자들이 충분히 미래지향적이라면 무한반복게임의 균형으로서 달
성가능하다는 정리이다(김영세, 2015). 즉, 기업들이 어느 정도의 인내심(충분히
높은 할인율, ρ)을 가지면 담합이 가능하다고 말해 준다. 동시에 단기의 내쉬균
형보수(static Nash payoffs)를 초과하는 어떠한 보수도 무한히 반복되는 게임의
부분완전균형에 의한 보수, 즉 담합을 통해 얻을 수 있는 보수가 될 수 있다.
이를 제15.2.2장의 예에 적용하여 살펴보면, 주어진 두 기업의 미래가치에 대
한 할인율하에서 두 기업은 독점생산량의 반($Q^M/2$)과 쿠르노 경쟁시의 생산량
사이의 특정 생산량에 대해 담합동의를 하고, 이를 계속 지키면 7,200와 6,400
사이의 담합이윤을 매 기마다 유지할 수 있음을 의미한다.

반면 앞에서 살펴본 무자비 방아쇠 전략은 이름처럼 '무자비성'을 가진다.
한 번의 이탈로 인해 담합이윤의 포기하고 영원히 파레토 열등한 보수에 갇혀
있음을 의미한다. 이러한 무자비 방아쇠 전략은 현실에서 여러 가지 단점을 지
닌다. 현실에서는 기업의 담합이탈을 신속하고 또는 정확하게 탐지하기가 쉽지
않을 가능성이 크다. 예를 들어 중간재를 생산하는 제조업체들이 특정 담합가
격을 설정하는 경우를 살펴보자. 만약 상대기업들이 중간재의 담합가격을 잘
지키는지 서로 관찰하고 감시하기가 어려운 경우에는 담합기업들은 담합가격
이 잘 지켜지는 경우의 판매량을 기준으로 판단하는 수밖에 없다. 자신의 판매
량이 해당 기준판매량 보다 작은 경우에는, 누군가가 담합가격을 지키지 않고
낮은 가격으로 판매했기 때문으로 의심할 수 있는 것이다. 무자비 방아쇠 전략
에 따르면, 이러한 경우 담합이탈로 간주하여 다음 기부터 모든 담합기업들이
경쟁으로 회귀하게 된다.

그러나 자신의 판매량이 낮아진 것이 어떤 기업의 담합이탈이 아닌 중간재
수요시장에서의 수요의 감소로 인한 것이라면, 이로 인해 모두 경쟁으로 회귀
하게 된다면 그 기회비용이 너무나 크다. 따라서 무자비 방아쇠 전략의 대안이
되는 대안적인 방아쇠전략을 제안해 볼 수 있다. 예를 들어 특정 담합가격 대

---

6) 전래정리는 오랜 기간 동안 전해 내려온 정리로 Friedman(1971)에 의해 공식적으로 증명되
   었다.

신 담합가격의 범위 또는 특정 판매량 대신 판매량의 범위를 설정하는 것을 고려해 볼 수 있다. 이에 덧붙여 영원한 경쟁으로의 회귀 또는 담합이탈에 대한 영원한 징벌이 아닌, 특정 T기간 동안의 징벌을 부과하는 방안을 고려할 수 있다. 예를 들어 자신의 가격이나 생산량이 해당 범위 안에서 움직인다면 담합이 지켜지고 있는 것으로 간주하고, 해당 범위 밖으로 이동한다면 담합에서 이탈이 일어났다고 간주하는 것이다. 담합이탈이 일어났다고 의심되면 T기간 동안만 경쟁을 하고 $T+1$기부터는 다시 담합으로 회귀하는 것을 고려할 수 있다.[7]

밀가루 담합 사건

2000년 1월부터 2006년 2월까지 국내 8개 제분업체는 매월 1~2회의 영업임원회의와 영업부장회의에서 밀가루 공급물량과 회사별 판매 비율을 설정하였고, 5차례에 걸쳐 밀가루 품목별 가격을 인상하는 담합을 하였다. 약 6년간 지속된 밀가루 담합에 대해 2006년 2월 공정거래위원회는 당시 법상 최고한도인 과거 3년 평균 매출액의 5%인 총 434억원의 과징금을 부과하고 검찰에 고발하는 의결을 하였다. 단, 담합을 자진 신고하고 위반행위를 시정한 씨제이(CJ)와 삼양사는 과징금의 경감 및 고발에서 제외되었다.

하지만, 이들도 민사소송에 의한 손해배상은 피해가지 못했다. 제빵업체인 삼립식품은 씨제이와 삼양사를 상대로 민사소송을 제기하였으며, 2012년 대법원은 14억여원의 손해배상액을 확정하였다(대법원 2010다93790 판결). 제분업체의 밀가루 물량 및 가격 담합은 중간소비자인 제빵업체의 밀가루 구매 가격과 최종소비자의 빵 구매가격의 인상으로 이어진다. 대법원이 손해배상액을 산정하기 위해 의뢰한 경제분석에 따르면, 담합으로 인한 가격인상분은 삼양사의 경우 8.97%, 씨제이의 경우 5.91~15.7%로 추정되었고, 밀가루 가격 1% 상승은 빵 가격을 약 0.06% 상승시키는 것으로 추정되었다(전성훈, 2020).

반면, 담합에 따른 막대한 소비자 피해에도 불구하고, 장기간의 소송 시간과 절차, 그

---

7) 본 장에서 논의한 불완전한 정보하에서의 담합과 방아쇠 전략에 대해서는 Green & Porter (1984)을 참조하면 된다. 이외에도 완전한 정보하에서의 수요변동에 의한 가격전쟁에 대한 Rotemberger & Saloner(1986), 수요주기하에서의 담합행위에 대한 Haltiwanger & Harrington(1986) 등 담합에 대한 많은 논문이 존재한다.

리고 막대한 소송 비용 등으로 소비자는 소송을 제기하는 데 소극적일 수밖에 없다. 따라서, 소비자들의 집단소송 활성화를 위한 지원과 다양한 정책이 적극적으로 집행되어야 한다.

15.3 담합을 촉진시키는 구조적 요인들

실제 담합의 지속성 여부는 협정위반을 어떻게 탐지하고 제재하느냐에 달려 있다. 협정을 위반하는 기업이 증가할수록 담합은 지속적으로 유지되기 어렵다. 담합이 지속적으로 유지되기 쉬운 조건은 소수 기업에 의한 고집중산업, 동일한 비용조건, 높은 진입장벽 등이 된다.

첫째, 집중도가 높은 산업에서는 소수 대기업만이 존재하므로 기업간 상호합의가 쉽게 이루어질 수 있다. 동일산업에 소수기업만이 생산할 경우에는 당연히 경쟁보다는 담합의 인센티브가 크게 된다. 또한 담합이 이루어진 후에도 위반사업자를 쉽게 적발할 수 있으므로 지속적인 담합이 가능하다.

둘째, 각 기업의 비용이 비슷할수록 담합이 용이하다. 기업간 비용의 격차가 커질수록 각 기업이 선호하는 가격수준이 달라지기 때문에 담합이 그만큼 어려워진다. 예를 들어 비용이 낮은 기업은 높은 가격보다는 낮은 가격을 선호하게 될 것이다.

셋째, 진입장벽이 높을수록 담합은 오래 지속될 수 있다. 진입장벽이 낮은 산업에서는 기존기업간에 담합이 이루어진다 해도 신규기업이 용이하게 진입하므로 담합이 지속적으로 이루어지지 않는다. 담합가격이 P^*일 때, 신규기업이 P^* 아래로 가격을 부과한다면, 지속적인 담합이 불가능하게 된다.

넷째, 제품에 대한 주문이 자주 그리고 정기적으로 일어나는 산업일수록 담합은 오래 지속될 수 있다. 예를 들어 매월의 할인율(ρ)이 0.9이고, 담합으로 인해 매월 천만원 이윤을 가져오는 주문의 경우, 내년 1년 동안 담합을 지속하여 얻는 이윤의 현재가치는 약 6천 5백만원이지만, 1년 중 6월과 12월 2번에 걸쳐 천만원의 이윤을 가져오는 경우 1년 담합이윤의 현재가치는 약 8백여만원 정도이다.[8] 즉, 담합이탈을 할 경우에 포기하는 기회비용이 자주 그리고 정기적으로 발생하는 주문의 경우에서 비정기적으로 일어나는 주문보다 더 크다. 따라서 이는 담합의 이탈 가능성을 낮추기 때문이다. 또한 비정기적이거나 드물게 일어나는 주문일 경우, 담합의 이탈을 적발하는데 시간이 걸리기 때문에 적발되기 전까지 얻는 이탈의 이윤을 크게 만들어 주어 담합이탈의 유인을 높여 담합을 유지하기가 어렵다.

다섯째, 동질적인 제품을 생산하는 경우에는 하나의 특정가격을 담합의 지표로 설정하면 되기 때문에 차별적인 제품을 생산하는 경우보다 담합을 감시하고 유지하기가 비교적 용이하다. 반면 동질적 제품의 경우, 담합이탈로 인해 단기적으로 얻을 수 있는 이윤의 크기가 상당히 크기 때문에 담합이탈의 유인이 차별적인 제품의 경우보다 더 크다.

여섯째, 기업간의 정보교환이 잘 이루어질수록 담합이 촉진되거나 유지되기가 용이하다. 제품의 과거 시장가격과 현재 시장가격에 대한 정보 등의 공유는 담합에 가담한 기업들이 서로에 대한 감시를 용이하게 해 준다. 예를 들어, 산업에서 활동하고 있는 기업들이 결성한 협회는 기업들의 정보공유의 장이 되는데, 협회가 가담한 담합사건들이 적발된 경우가 관찰되기도 한다. 그리고 현실에서 기업들이 많이 사용하는 전략 중의 하나인 최혜고객대우조항(most favored customer clause)도 다른 판매자들의 가격에 대한 정보를 제공하기 때문에 상대방의 담합이탈 적발을 용이하게 하는 기능도 가지고 있다고 할 수 있다.

이밖에 소비자가 기업의 담합을 무력화시킬 수 있는 능력이 적을수록 담합이 오래 지속될 수 있다. 예를 들면 수요가 비탄력적인 재화이거나, 소비자간의 연대가 불가능한 경우가 이에 해당된다.

---

8) $\rho = 0.9$일 때, 매월 1,000만원의 이윤이 1년간 지속되는 경우의 현재가치는 $PV = 10,000,000(\rho + \rho^2 + \cdots + \rho^{12}) \approx 64,581,342$이고, 6월과 12월에 각각 1,000만원의 이윤을 얻는 경우의 현재가치는 $PV = 10,000,000(\rho^6 + \rho^{12}) \approx 8,138,705$이다.

15.4 | 담합의 적발과 공공정책

담합은 시장의 경쟁을 저해하고 독점과 같이 자원배분의 비효율을 초래하기 때문에, 우리나라에서는 독점규제 및 공정거래에 관한 법률 제19조 제1항에 의해, 미국에서는 셔먼법 제1조, 그리고 유럽에서는 TFEU(Treaty on the Functioning of the European Union) 제101조에 의해 금지된다.

우리나라의 경우 2000년대에 들어와서 담합에 대한 적발과 제제가 강화되면서 부당한 공동행위에 대한 사건건수와 과징금 또한 크게 늘어가고 있는 추세이다. 〈표 15-2〉에서 보듯이, 2023년에는 145건의 부당행위가 제재를 받았으며 과징금 규모는 약 1,300억원에 달한다. 1981년부터 2023년까지 과징금 금액의 총누계금액도 7조 3,743억원에 달하고 있다. 1981~2023년 동안, 총 3,895건의 부당한 공동행위 중에서 가격의 공동결정유지가 744건(43.7%)으로 가장 많으며, 입찰담합 705건(41.4%), 거래지역 상대방제한 79건(4.6%), 사업자 활동제한 64건(3.8%), 공동회사설립 40건(2.3%) 등으로 그 뒤를 따르고 있다.

공정거래위원회는 한정된 예산과 인력으로 담합의 사전적 예방과 사후적 적발을 효율적으로 행하기 위해 자진신고자 감면제도와 신고포상금 제도 등의 제도들을 활용하고 있다. 1997년에 도입된 자진신고자 감면제도(Corporate Leniency Program)은 부당한 공동행위에 가담한 기업이 자진신고 또는 조사협조를 하는 경우에 과징금 등의 제재조치를 면제 또는 감경해 주는 제도이다. 2005년의 개정에서는, 1순위 자진신고자(조사협조자)의 과징금 면제율이 75%(50%)에서 100%(100%) 면제로 향상되었고, 2순위 자진신고자(조사협조자)의 경우에도 30%의 과징금 감경 조항이 신설되었다. 예측가능성과 투명성을 높이는 방향으로 개정된 2005년의 개정 이후 자진신고자 감면제도를 활용하여 적발된 담합건수가 급격히 증가하였다. 〈표 15-2〉를 살펴보면 자진신고자 감면제도가 활용된 담합건수는 1997년부터 2005년까지 9년간 총 14건이었으나, 2006년부터 2010년까지 5년간 73건이었다. 2005년에는 과징금이 부과된 담합 21건 중 6건에서 2023년에는 47건 중 24건에서 자진신고자 감면제도가 활용되었으며 대부분의 경우 활용비중이 높았음을 알 수 있다. 2005년~2023년 기간 동안 과징금이 부과된 총 937건의 사건 중 55%인 513건에서 자진신고자 감면제도가 활용되었다. 이

표 15-2	부당한 공동행위 사건수와 과징금			(단위: 건, 백만원)	
	전체			자진신고자 감면제도 활용	
	총건수	과징금 부과건수	과징금 금액	총건수	과징금 부과건수
1981~1995*	162	11	4,446	0	0
1996~2005	772	128	751,730	14	10
2006~2010	554	143	1,253,819	73	67
2011	135	35	577,902	32	29
2012	76	24	398,866	13	12
2013	89	28	364,731	23	23
2014	173	56	769,428	44	44
2015	235	63	504,919	48	48
2016	273	45	756,040	30	29
2017	202	52	229,439	42	42
2018	315	94	237,950	41	41
2019	202	52	73,762	34	34
2020	211	61	149,387	48	48
2021	176	53	426,889	34	34
2022	175	45	745,066	28	28
2023	145	47	129,950	24	24
합계	3,895	937	7,374,324	528	513

주: 공정거래위원회는 1988년 최초로 과징금을 부과하였음.
자료: 공정거래위원회, 『공정거래백서』, 『통계연보』, 각년도.

외에도 2024년 담합을 신고 또는 제보하고 입증에 필요한 증거를 제출하면 포상금을 지불하는 신고포상금제도가 도입되었는데 이를 통해서도 2023년까지 총 164건의 담합신고에 대해 약 129억원의 포상금이 지급되었다.

제16장 광고

Chapter 16

광 고

16.1 광고와 제품차별화

경쟁시장에서는 제품이 차별화되어 있지 않다. 따라서 소비자가 제품의 공급자를 거의 구별할 수 없다. 각 기업도 주어진 시장가격에서 표준화된 제품을 원하는 만큼 판매할 수 있기 때문에 광고와 같은 판촉활동이 필요치 않다. 그러나 제품이 차별화된 시장에서는 모든 차별화된 제품이 서로 다른 수요곡선을 갖고 있다. 또한 차별화된 제품간에는 상호대체성이 존재한다. 따라서 이러한 시장에서는 기업이 판촉활동을 전개하여 수요를 증대시키려 노력한다. 나아가 판매촉진활동의 수단으로서 제품차별화를 증대시키기도 한다. 광고활동은 가장 대표적인 판매촉진활동의 하나이다. 광고를 이용한 판촉활동은 제품의 특성에 따라 다르게 나타난다. 일반적으로 제품의 특성은 경험적 특성(experience characteristics)과 탐색적 특성(search characteristics)으로 구별된다.

탐색적 특성은 소비자가 특정한 제품을 구매하기 전에 사전조사과정을 통해 이미 특성을 파악할 수 있는 재화를 말한다. 반면 경험적 특성은 재화를 구매하거나 실험적으로 사용하여야만 알 수 있는 특성을 말한다. 물론 대부분의 재화는 이 두 가지 특성을 모두 보유하고 있다. 그러나 일부 제품의 특성에 따라 탐색재와 경험재로 구분할 수 있다.

예를 들면 퍼스널 컴퓨터는 대표적인 탐색재에 속한다. 컴퓨터를 직접 구입해서 사용하기 전에 미리 기억 용량과 IBM과의 호환성, 디스크 드라이브의 수 등 기본적 특성을 알 수 있기 때문이다. 이와 같이 소비자가 구매이전에 직접 관찰하거나 주어진 정보만으로 제품의 특성을 쉽게 파악할 수 있는 재화는 탐색재에 속한다. 예를 들면, 생선, 야채, 고기, 의상, 보석, 가구 등도 탐색재의 성격이 강하다.

반면 소프트웨어(software)는 경험재에 속한다고 볼 수 있다. 물론 소프트웨어의 기능을 간단한 내용으로 설명할 수도 있고 짐작할 수도 있다. 그러나 소프트웨어는 프로그램이기 때문에 실제로 사용해 보지 않고서는 그 성능과 유용성을 정확히 알 수 없기 때문이다.

판촉활동으로서의 광고는 제품의 특성에 따라 달리 이루어진다. 탐색재에 대한 광고는 소비자가 구매결정을 하기 이전에 필요한 내용을 중심으로 이루어져야 한다. 따라서 탐색재의 광고는 TV보다 신문과 잡지를 활용하여 소비자가 제품의 정보를 여러 차례 읽을 수 있도록 하여야 한다. 반면 경험재에 대한 광고에서는 상세한 정보가 거의 필요 없다. 제품의 구체적 특성을 알기 위해서는 그 제품을 사용해 보아야 하기 때문이다. 광고의 목표는 상세한 정보의 제공에 있지 않다. 광고가 경험재의 수요를 증진시킬 수 있는 이유는 광고를 통해 소비자의 구매를 충동시켜줄 수 있기 때문이다.

소비자들이 광고를 많이 하는 재화를 선호하는 이유는 매우 다양하다. 대표적 이유로는 광고는 소비자에게 친근감과 상표에 대한 애착(brand loyalty)을 심어준다는 점이다. 광고는 대중에게 제품에 대한 친근감과 좋은 이미지를 심어주는 판촉활동이며 이러한 제품을 일단 사용한 소비자가 만족감을 얻게 되면 효과는 극대화된다.

경험재는 탐색재와 달리 반복해서 지속적으로 광고를 한다. 같은 TV 프로그램에서도 여러 차례 광고를 하고, 잡지나 신문에도 몇 번에 걸쳐 광고를 한다. 이러한 방법을 통해 소비자에게 친근감을 심어주려 하기 때문이다. 이와 같이 제품의 특성에 따라 제품의 차별화와 광고방법도 서로 상이하게 된다. 광고가 후생에 미치는 영향도 광고의 내용 및 방법에 따라 큰 차이가 있는 것은 물론이다.

탐색재와 경험재를 소비재와 생산재의 관점에서 제품차별화를 구분하면 〈표 16-1〉과 같다. 먼저 수직선상의 구분은 재화의 구매자에 따라 생산재 구매자와 소비재 구매자로 나누어진다. 수평선상에서는 모든 재화를 탐색과 경험이 필요한 재화로 구분한다. 구매자와 재화의 특성에 따라 제품차별화가 다양하게 나타난다.

| 표 16-1 | 차별화형태와 정도에 따른 재화분류 |

종류	재화의 특성	
	탐색재	경험재
생산재	〈A〉 형태: 객관적 특성 정도: 낮음	〈B〉 형태: 주로 객관적 특성 정도: 중간
소비재	〈C〉 형태: 주로 객관적 정도: 중간	〈D〉 형태: 객관적, 본질적 특성 정도: 높음

생산재로서 탐색재인 경우(A그룹)에는 차별화의 초점이 객관적인 특성에 치우친다. 예를 들면 크기, 모양, 구성, 판매조건 등 객관적이거나 본질적인 특성에 많은 차별화가 나타난다. 제품차별화의 정도는 총매출액 중 차별화 비용의 비율로 계측할 때 상대적으로 낮은 수준이 된다. 일반적으로 목재, 철강, 금속 등 생산재로서 탐색적 특성이 높은 재화의 차별화 비용은 총매출액의 5% 이하에 있다. 따라서 이 구분에 해당되는 재화는 기본적으로 표준화된 경쟁재에 해당된다고 볼 수 있다.

소비재로서 경험재에 속하는 재화(D그룹)는 차별화의 형태가 객관적이고 주관적인 특성을 모두 갖고 있으며 차별화의 정도도 매우 높다. 예를 들어 담배와 향수(화장품), 자동차 등은 모양과 포장, 크기 등 객관적 특성이 다름과 동시에 제품의 본질적 특성도 크게 차이가 난다. 이들 제품은 품질의 차이와 함께, 스타일, 브랜드 이미지, 포장 등도 차별화된다. 따라서 차별화의 정도나 판매촉진 활동비용이 모두 높게 나타난다. 이들 제품의 판촉비는 총매출액의 50%에 육박하는 경우도 있으며 평균적으로 10~15% 수준을 유지하는 경우가 많다.

A와 D의 두 그룹 중간에는 생산재 중 경험재와 소비재 중 탐색재가 위치해 있다. B와 C그룹은 일반적으로 제품의 본질적 특성은 차별화시키지 않고 객관적인 외부의 특징만을 차별화시키는 경우가 많다. 그러나 물론 제품의 본질적 특성에 차이가 있음을 크게 강조하여(실제로는 차이가 적다 할지라도) 소비자에게 광고하는 경우가 많다.

적정광고수준의 결정

이윤극대화를 추구하는 기업의 적정광고수준은 다음과 같이 유도될 수 있다. 먼저 불완전경쟁하의 한 기업이 이윤극대화를 추구한다고 가정하자. 이 기업의 재화에 대한 수요는 가격(P)와 광고지출(A)의 함수로 표시할 수 있다.

$$q = q(P, A) \tag{16.1}$$

물론 가격이 상승할수록 수요는 감소하고, 반면 광고지출은 증가할수록 수요가 증가한다고 가정한다. 따라서 $\partial q/\partial P < 0$, $\partial q/\partial A > 0$이 된다. 이 기업의 이윤함수는 다음과 같이 표시된다.

$$\pi(P, A) = P \cdot q(P, A) - C[q(P, A)] - A \tag{16.2}$$

P는 가격, $C[\,\cdot\,]$는 비용함수, A는 광고비지출이 된다. 편의상 광고비지출 A는 고정된 비용으로 가정한다. 이윤극대화를 위한 1차 조건은 식 (16.A.3)이 된다.

$$\frac{\partial \pi}{\partial P} = q + P \cdot \frac{\partial q}{\partial P} - \frac{dC}{dq} \cdot \frac{\partial q}{\partial P} = 0 \tag{16.3}$$

광고 A에 대한 1차 조건은 식 (16.4)가 된다.

$$\frac{\partial \pi}{\partial A} = P \cdot \frac{\partial q}{\partial A} - \frac{dC}{dq} \cdot \frac{\partial q}{\partial A} - 1 = 0 \tag{16.4}$$

이윤극대화를 위한 2차 조건이 만족된다고 가정하고, 먼저 식 (16.4)를 정리하면, 식 (16.6)이 된다.

$$P \cdot \frac{\partial q}{\partial A} - \frac{dC}{dq} \cdot \frac{\partial q}{\partial A} = 1 \tag{16.5}$$

$$\frac{P - dC/dq}{P} = \frac{1}{P \cdot \partial q/\partial A} \tag{16.6}$$

한편, 식 (16.3)을 정리하면 식 (16.7)이 되며, 식 (16.7)의 양변을 $\partial q/\partial P$로 나눈 후 다시 P로 나누면 식 (16.8)과 같다.

$$P \cdot \frac{\partial q}{\partial P} - \frac{dC}{dq} \cdot \frac{\partial q}{\partial P} = -q \tag{16.7}$$

$$\frac{P - dC/dq}{P} = -\frac{q}{P} \cdot \frac{\partial P}{\partial q} = \frac{1}{\eta_p} \tag{16.8}$$

여기에서 η_P는 수요의 가격탄력성이다. 식 (16.6)과 식 (16.8)을 결합하면 식 (16.9)로 정리된다.

$$\frac{1}{P \cdot \partial q/\partial A} = \frac{1}{\eta_P} \tag{16.9}$$

이것은 곧 $\eta_P = P \cdot \dfrac{\partial q}{\partial A}$가 되어 수요의 가격탄력성이 광고로써 얻게 되는 한계수요($\partial q/\partial A$)의 가치와 같게 된다는 것을 의미한다.

한편 수요의 광고탄력성(η_A)을 다음과 같이 정의하면, 식 (16.10)이 된다.

$$\eta_A = \frac{A}{q} \cdot \frac{\partial q}{\partial A} \tag{16.10}$$

식 (16.9)는 아래와 같이 식 (16.11)과 식 (16.12)로 정리된다.

$$\frac{P \cdot q \cdot \eta_A}{A} = \eta_P \tag{16.11}$$

$$\frac{A}{P \cdot q} = \frac{\eta_A}{\eta_P} \tag{16.12}$$

식 (16.12)의 좌변은 곧 총매출액에 대한 광고지출액의 비중이 된다. 따라서 광고매출액의 비율은 수요의 광고탄력성과 가격탄력성의 비율과 동일하게 된다. 이것은 곧 이윤극대화를 가져오는 적정광고수준을 의미하며 「스타이너-도르프만」(Steiner-Dorfman)의 조건이라고 한다. 스타이너-도르프만 조건이 의미하는 바는 적정광고수준이 수요의 가격탄력성과 동시적으로 결정된다는 점이다. 일반적으로 광고는 수요함수에 영향을 미쳐 η_P를 변화시키므로 적정광고수준은 수요변화를 가져오는 여러 요인에 의해 동시적으로 결정되는 것이다.

한편, 이미 제5장의 독점시장에서 설명된 바와 같이 이윤극대화를 추구하는 독점기업의 수요탄력성(η_P)과 가격-비용 마진은 다음과 같다.

$$\frac{(P-MC)}{P} = \frac{1}{\eta_P} \tag{16.13}$$

식 (16.13)을 식 (16.12)에 대입하면, 스타이너-도르프만 조건은 식(16.14)가 된다.

$$\frac{A}{P \cdot q} = \eta_A \cdot \left(\frac{P-MC}{P} \right) \tag{16.14}$$

따라서 이윤극대화를 가져오는 광고매출액의 비율은 가격-비용 마진이 높을수록 커지게 된다. 또한 광고증대에 따른 수요의 반응정도가 높을수록 커지게 된다.

광고는 기업의 여타 투입요소와 마찬가지로 결국 수확체감의 원리를 적용받게 된다. 처음 일정구간에서는 광고지출의 증가에 따라 수요증대가 급격히 이루어지지만 일정수준 이상의 광고는 한계수입을 크게 저하시킨다.

한편 산업의 여건이 완전경쟁적인 경우에는 가격-비용 마진이 0이 된다 $((P-MC)/P = 0)$. 이 결과를 식 (16.14)에 대입하면 이윤극대화를 위한 $\frac{A}{P \cdot q} = 0$이 된다. 따라서 완전경쟁하에서는 이윤증대를 위해 광고지출을 하게 될 인센티브가 사라지게 된다. 완전경쟁시장의 기업수요에 대한 정의에서와 같이 광고가 전혀 없는 상태에서도 시장가격에서 원하는 양을 판매할 수 있기 때문이다. 이 결과는 또한 시장여건이 완전경쟁상태에서 멀어질수록 광고매출액의 비율이 증가하는 것을 시사하기도 한다.

16.3 | 광고와 정보

기업의 광고는 일반적으로 제품의 판매촉진뿐만 아니라 소비자에게 정보를 제공하는 기능을 한다. 길거리에 있는 작은 광고라도 소비자에게는 중요한 정보를 제공해 줄 수 있다. 예를 들어 상점의 광고는 그 상점에서 판매하고 있는 제품을 소비자에게 소개하는 역할을 하지만 고속도로변의 주유소와 식당에 대한 광고는 그것을 찾는 운전자에게는 매우 중요한 정보를 제공해 준다. 신문과 TV 및 여러 대중매체를 통한 광고도 구매자에게 신상품과 구매조건 또는 새로운 기업의 출현을 알려주는 역할을 한다. 이러한 광고의 정보제공기능은 여러 관점에서 평가될 수 있다.

먼저 광고는 정보제공기능을 통하여 시장의 여건을 경쟁화시키는 역할을 한다. 광고를 통해 제품에 대한 많은 정보를 알고 있는 소비자는 특정기업의 독점적 행태를 수용하지 않게 된다. 지역별 시장의 분화현상도 광고를 통해 약화된다.

예를 들어 A지역에서 TV가 독점적으로 판매되고 있다고 가정하자. 만약 광고가 없다면 A지역 주민들은 여타 지역의 TV시장에 대한 정보를 얻기 위하여 그곳에 직접 가거나 다른 방법으로 TV에 대한 정보를 입수하려고 할 것이다. 만약 여타 지역에 관한 정보를 얻을 수 없거나 정보수집에 많은 비용이 소요된다면(예를 들면 교통비) A지역에서 독점가격에 구매할 수밖에 없게 된다. 결국 광고가 없는 상황에서는 A시장이 여타 지역으로부터 완전히 분할된 시장이 되기 쉽다. 이와 같은 시장분할현상은 소비자의 정보탐색비용(search cost)이 클수록 더욱 많이 나타난다.

이러한 상황에서 다른 지역에 있는 기업이 적극적인 광고활동을 전개한다면 소비자는 여타 지역에 관한 정보를 바로 알 수 있고, A지역에서의 독점적 행태가 사라질 수밖에 없게 된다. 따라서 광고는 정보의 전달기능을 통해 시장분할을 억제하고 지역적 독점화현상을 방지하게 된다. 또한 광고는 소비자에게 구매조건에 관한 정보를 전달하게 되어 수요의 가격탄력성을 상승시키는 효과를 가져오기도 한다. 이것은 곧 광고의 경쟁촉진적 기능에 해당된다. 다시 말하면 광고는 시장기능의 완전성을 높여 주는 역할을 하게 된다.

한편, 광고의 경쟁촉진기능은 광고 자체가 진실한 정보를 전달한다는 전제하에서 가능하다. 그러나 현실적으로 광고는 진실을 왜곡하거나 자사 제품의 우월성을 과다하게 강조하는 경우가 많다. 광고의 주목적이 자사 제품에 대한 수요를 증가시키고 경쟁재의 수요를 감소시키는 데 있기 때문이다. 일단 소비자가 광고된 제품을 선택하여 만족하게 되면 그 제품에 대한 애착심(brand loyalty)을 갖게 되고 수요의 탄력성도 작아지게 된다. 이 결과 기업은 향후 가격인상에 유리한 여건을 갖게 된다.

　　이러한 관점에서 보면 광고가 오히려 독점화를 촉진시킨다는 가설이 제기
되기도 한다. 실제로도 광고가 독점화를 유도하는 효과는 많이 나타날 수 있다.
특히 광고비 지출이 막대한 경우에는 이러한 영향이 나타날 수 있다. 광고는 또
한 진입장벽을 형성하여 신규기업의 진입을 억제하는 효과를 가져오기도 한다.
이러한 경쟁제한적 효과에도 불구하고, 광고를 진실한 정보를 제공하는 기능에
서 파악할 때는 시장의 완전성을 높이고 경쟁을 촉진시키는 역할을 한다.

살아봐야 안다

　　한국의 이혼율이 선진국을 앞서가고 있다. 2007년 통계청에서 발표한 자료에 따르면
한 해 동안의 이혼 건수는 12만 4천 6백 건으로, 이는 하루 평균 370쌍의 부부가 갈라
진 셈이다. 인구 1,000명당 이혼 건수는 2.6건이다. 백년가약으로 검은 머리가 파뿌리가
될 때까지 같이 살아야 했던 전통과 비교한다면 상당한 문화적 충격이 아닐 수 없다.
　　대체로 경기순환과 이혼율의 증가추세를 보면 경제적 이유가 아닌, 다른 사유가 존재
하는 것 같다. 경기와 상관없이 이혼율은 지속적으로 증가추세를 보이고 있지 않은가.
서로에 대해 잘 알지 못하는 상태에서 결혼하니 도저히 받아들일 수 없는 그 '무엇'을
발견했기 때문이리라. 그래서 사람의 진실한 가치도 결국은 경험해봐야 알 수 있다는
얘기가 된다.
　　이것은 결코 사람만이 갖고 있는 특성이 아니다. 디지털 경제에서는 재화나 용역도
한 번 사용해봐야 그 진가를 알 수 있는 정보재가 대부분이다. 그러한 재화를 경험재
(experience goods)라고 한다. 대표적 정보재인 '프로그램'을 생각해보자. 아무리 좋다
고 광고를 해도 소비자가 직접 사용하기 전에는 품질이 어느 정도인가를 도저히 짐작
할 수 없다. 일단 사용해 보아야만 진가를 알 수 있고, 그 이후에는 다른 것으로 바꾸지
못하고 그 제품의 충실한 고객이 된다. 실제 정보재는 거의 모두가 경험재이다. 합리적
소비자는 직접 '경험'하기 전에는 정보재를 쉽게 구매하지 않는다. 따라서 디지털 경제
에서는 마케팅 전략도 달라져야 한다. 구매하기 전에 소비자가 충분히 '경험'할 수 있도
록 무료샘플을 나누어 주고, 웹사이트에 많은 내용을 올려놓는 등 정보재의 콘텐츠의
일부를 아무런 조건없이 무료로 제공하는 전략을 채택해야만 한다.
　　경험재는 한 번 사용해서 맛을 들이면 계속 사용하게 되는 특징이 있다. 그 '경험'에

익숙해지면 그 재화와 유사한 제품의 수요도 같이 증가한다. 디즈니사의 '라이언 킹' 성공이후 유사한 영화는 물론이고, 캐릭터를 담은 유사한 정보재의 수요가 엄청나게 증가했다. 책은 두 번 읽기 힘들지만, 정보재로 공급되는 CD는 여러 차례 듣고 보게 되지 않는가. 경험재는 '보고 또 보고'하는 특성을 만들어주므로, 소비자가 일단 경험하게 하는 것이 중요하다. 콘텐츠의 내용이 뉴스나 주식 정보이든, 또는 눈요기의 이미지든 간에 일단은 무료로 소비자를 경험하게 해야만 디지털과 인터넷을 결합한 정보재가 성공할 수 있다. 물론 버전이 다른 '진짜'는 적기에 맞춰 유료로 공급해야 된다. 무료를 경험케 하여 소비자를 유인할 따름이다. 물론 경험재의 특성을 갖지 않은 재화도 있다. 내용에 대한 설명이나 겉모습만 보아도 어느 정도 품질과 성능을 짐작할 수 있는 것도 많다. 이런 재화는 탐색재(search goods)라고 부른다. 탐색재의 대표적 사례는 컴퓨터이다. CPU와 하드디스크의 용량만 알면 성능을 알 수 있으니, 우편 주문하거나 조립해도 큰 문제가 없다. 대체로 제품의 성능을 많이 광고하는 상품은 탐색재에 해당한다.

  따라서 소비자와 공급자가 하드웨어인 컴퓨터와 같은 방식으로 경험재인 '프로그램'을 매매하면 실패하기 쉽다. 경험재와 탐색재는 특성이 전혀 다르기 때문이다. 디지털 경제에서는 거의 모든 것이 정보재의 성격을 가지고 있으므로 사람을 선택할 때와 같은 일상생활에서도 역시 정보재를 선택하듯이 살아가는 지혜가 필요하다. 디지털 경제를 살아가기 위한 새로운 발상의 전환이 필요한 때이다.

정갑영, 『열보다 더 큰 아홉』, 21세기북스, 2012, p. 62.

16.4 | 광고와 진입장벽

  광고는 신규기업의 진입에 커다란 장벽이 될 수 있다. 특히 광고활동 자체에도 규모의 경제(scale economies)가 존재하거나 광고효과가 장기적으로 지속되는 성격을 갖고 있을 경우에는 광고가 진입장벽의 역할을 한다. 이것은 곧 광고활동이 시장지배력을 강화시키고 경쟁제한적인 영향을 미치게 된다는 것을 의미한다.

  먼저 광고활동에 규모의 경제가 발생하는 경우를 살펴보자. 광고의 규모가 증대함에 따라 광고단위당 광고효과가 더욱 크게 나타난다면 이것은 곧 규모의 경제를 의미한다. 광고에 따른 규모의 경제성은 기술적 차원과 금전적 차원으로 구분하여 평가할 수 있다.

기술적 차원은 광고의 메세지가 횟수를 거듭할수록 광고효과가 더욱 증대된다는 것이다. 즉, 광고횟수를 2배로 늘리면 이로 인한 판매량의 증가는 2배이상된다는 것이다. 실제 광고의 효과는 일정 수준까지 기술적 규모의 경제가발생하고 그 후로는 비경제가 나타난다.

규모의 경제가 발생하는 두번째 요인은 광고비용의 체감에서 비롯된다. 어떤 광고매체에도 대량광고는 소량광고보다 평균비용이 저렴하다. 또한 고정비용이 존재하는 경우에도 대량광고가 유리하게 된다. 이러한 여러 요인으로 광고비 지출이 증대될수록 광고메시지 단위당 비용은 점차 하락하게 된다. 이것이 곧 광고활동에서 나타나는 금전적 규모의 경제이다.

이와 같이 광고활동에도 규모의 경제가 존재하면 신규기업에게는 기존기업의 광고가 중요한 진입장벽이 된다. 특히, 생산면에서 규모의 경제와 결합되어 광고의 규모의 경제는 신규기업의 진입을 억제하는 효과를 가져온다. 광고가 규모의 경제성을 갖고 있다면 신규기업이 진입하기 위해서는 최소한 기존기업보다 불리하지 않은 수준의 대량광고를 실시하여야 한다. 이것은 곧 신규진입기업에게는 많은 부담이 되어 절대자본소요량과 같은 진입장벽의 역할을하게 되는 것이다.

한편 광고의 효과는 일반적으로 장기간 지속되는 경우가 많다. 광고는 소비자에게 자사의 상표에 대한 좋은 이미지를 심어주어 소비자를 세뇌시키는역할을 한다. 이러한 기능을 통해 광고를 소비자에게 상표에 대한 애착을 갖게한 광고는 또한 제품의 차별화를 강조하는 수단으로 활용된다. 제품의 본질적기능에는 아무런 차이가 없는 경우에도 광고는 자사 제품의 '특수성'과 여타제품과 '차별화'되는 점을 강조한다. 이러한 '특수성'이 상표에 대한 이미지와결합되면 소비자의 애착심은 크게 강화된다.

이와 같이 광고의 장기적 효과가 상표에 대한 이미지와 결합되어 나타나는현상은 신규기업에게는 주요한 진입장벽이 된다. 이러한 기업이 지배하고 있는산업에 진출하기 위해서는 기존기업의 이미지를 타파하고 새로운 브랜드를 소비자에게 심어주어야 하기 때문이다. 이를 위해서는 물론 기존기업보다도 많은광고비가 필요하며 새로운 명성을 쌓기 위한 노력도 필요하다. 따라서 기존기

업보다도 많은 추가적 비용을 부담해야 하기 때문에 신규기업의 진입을 억제
하는 진입장벽이 되는 것이다.[1]

16.5 | 광고와 시장집중률

광고와 같은 판매촉진활동은 불완전경쟁하에서 많이 발생한다. 시장집중
도가 낮은 수준(경쟁시장)에서 점차 높아짐에 따라 기업간 상호의존성이 높아지
고 개별기업의 수요곡선이 비탄력적으로 변화한다. 따라서 집중률이 높아짐에
따라 광고가 소비자의 수요에 더욱 민감하게 영향을 미친다. 광고의 변화율에
대한 수요의 변화율을 수요의 광고탄력성(advertising elasticity of demand)이라
하며 집중도가 높아짐에 따라 상승하는 경향이 있다.

집중률이 경쟁과 독점의 중간수준에 있는 과점상태에서는 어떻게 될까?
과점상태의 광고는 담합하여 결합이윤을 극대화할 경우보다 비담합상태에서
치열한 경쟁을 할 때 더욱 증가한다. 자기기업의 광고가 자사제품에 미치는 탄
력도를 파악하고, 경쟁기업의 광고가 자사제품의 수요에 미치는 영향도 평가하
여 광고활동이 결정된다. 과점상태의 경쟁기업간 담합이 이루어지지 않을 경우
에는 경쟁기업의 광고효과를 상쇄시키기 위한 광고선전이 치열하게 나타난다.
따라서 모든 여건이 동일하다면 독점보다는 과점상태에서 광고활동이 더욱 치
열하게 나타난다.

과점상태에서 독자적인 가격책정과 치열한 광고선전을 억제하는 요인이
있다면 그것은 바로 경쟁기업의 보복위협이다. 그러나 경쟁기업간 가격인하는
항상 보복이 가능하지만 광고활동에 대한 추종은 불가능한 경우가 많다. 예를
들어 과점산업에서 A기업이 가격을 인하했을 경우 경쟁기업이 모두 동일한 가
격인하를 쉽게 추종할 수 있다. 그러나 A기업이 막대한 광고선전비를 투입하
여 독창적 아이디어로 소비자에게 큰 영향을 미치는 독특한 판촉전략을 실시
한다면 과연 경쟁기업이 이와 같이 성공사례를 쉽게 모방할 수 있겠는가?

---

1) 광고와 진입장벽의 관계는 시장구조의 결정요인을 설명한 제10장에서 상세히 논의되고 있다.

    이러한 이유로 과점하에서는 제품차별화와 광고의 인센티브가 가격인하의 인센티브보다 훨씬 더 크게 나타난다. 이것은 곧 성공적인 광고로부터 기대되는 보상수준이 가격인하로부터 얻게 될 이익보다 크기 때문이다.

    한편 집중률이 독점수준으로 높아지면 광고활동은 과점상태보다 저조하게 된다. 1개 기업에 의한 완전독점이 이루어진 시장에서는 모든 광고효과가 자기 기업에게 귀속된다. 이것은 곧 경쟁기업이 없기 때문에 나타나는 현상이다. 따라서 시장이 독점화되면 광고의 인센티브가 적으므로 광고-매출액 비율은 점차 감소하게 된다.

    이상의 가설을 종합하면 광고－매출액의 비율과 집중률의 관계는 〈그림 16-1〉과 같다. 완전경쟁에서 과점상태로 이행할수록 광고-매출액의 비율이 상승하고 과점상태에서 가장 높은 수준에 이른 다음 다시 집중률의 상승에 따라 감소하게 된다. 이 결과 〈그림 16-1〉에서와 같이 광고집약도(광고선전비/매출액)(Advertising-Sales Ratio: ASR)와 상위기업의 시장집중률(CR_k)은 역 U자형관계가 성립한다. 광고집약도가 최대에 이르는 점의 시장구조는 과점이며 기업간 상호의존성이 심화되고 제품차별화 경쟁이 치열하게 나타난다. 그림에서는 CR_k^*

그림 16-1   광고와 시장집중률

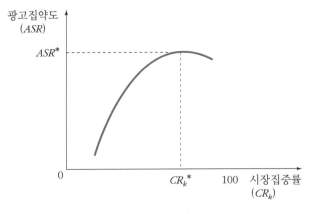

시장집중률이 높아지면 광고-매출액 비율도 올라가는 경향이 있다. 그러나 집중도가 일정수준 이상으로 높아지면 시장지배력이 확대되므로 광고의 필요성이 약화된다. 따라서 광고집약도와 시장집중도는 역 U자형이 된다.

에서 광고집약도가 ASR^*로서 가장 크다.

광고와 시장집중률에 관한 역 U자형의 가설은 「그리어」(Greer, 1971), 「서튼」(Sutton, 1974) 등에 의해서 제기되었다. 영국산업을 대상으로 한 「서튼」의 연구결과는 CR_5가 63.8%인 점에서 ASR이 2.95%로 최대값을 갖고 있다.

그러나 국가와 분석대상산업에 따라 상반된 연구결과도 많이 발표되었다. 예를 들면, 「온스타인」(Ornstein, 1977)을 비롯한 많은 실증분석결과는 역 U자 가설을 지지하고 있지 않다. ASR과 CR_k의 선형관계에 대해서도 서로 상반된 실증분석이 많아서 앞으로 계속 연구되어야 할 과제의 하나이다.

16.6 광고와 후생

광고가 후생에 미치는 영향은 두 가지 관점에서 논의되고 있다. 앞에서 논의된대로 광고가 경쟁촉진적 역할을 하게 되면 광고로 인한 사회후생은 증가하게 될 것이다. 반면 광고가 독점을 촉진하거나 기업의 이윤극대화를 위한 도구로 활용되어 수요의 가격탄력성을 비탄력적으로 변화시킨다면 사회후생은 오히려 감소될 수 있다.

광고가 사회후생에 미치는 영향을 〈그림 16-2〉에서 살펴보자. 광고는 소비자의 수요를 증대시켜 주는 역할을 하므로 기업의 수요곡선을 D_1에서 D_2로 이동시키고 각각의 한계수입은 MR_1, MR_2가 된다. 이 결과 이윤극대화를 달성하는 균형점은 변화하게 된다. 먼저 수요곡선 D_1과 한계비용 MC에서 이윤극대화 생산량은 Q_1, 가격은 P_1이 된다. 이 때의 균형은 A_1에서 이루어진다.

한편 광고로 인하여 수요곡선이 D_2로 이동한 경우에는 균형점이 A_2가 되며 이윤극대화 가격과 수량은 각각 P_2와 Q_2가 된다. 광고비를 고려하지 않는다면 광고로 인하여 기업의 매출총이익(gross profit, 광고비를 고려하지 않은 이윤임)은 색으로 표시된 만큼 증가하였다. 또한 생산량은 Q_1에서 Q_2로 증가하였고 가격도 P_1에서 P_2로 상승하였다.

광고로 인하여 이러한 변화가 나타났을 경우 사회후생은 어떻게 변화되었

그림 16-2   광고의 후생효과

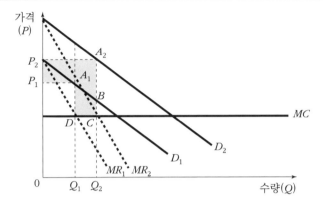

광고는 수요를 D_1에서 D_2로 이동시키고, 공급량은 Q_1에서 Q_2로 증가한다. 이 결과 광고비를 감안하지 않은 기업의 이윤은 색으로 표시한 부분만큼 증가한다. 광고비가 이 부분보다 클 경우에는 광고의 결과로 인해 오히려 이윤이 감소한다.

는가? 이 모형에서는 기본적으로 광고가 가격을 상승시켰기 때문에 소비자의 후생은 감소되었고 반면 기업의 이윤은 증대되었다. 따라서 광고가 없었던 D_1의 관점에서 평가할 때, 사회후생의 변화(ΔSW)는 다음 식 (16.15)와 같다.[2]

$$\Delta SW = \Delta \pi - Q_1 \cdot \Delta P$$
$$\Delta SW = \Delta \pi - Q_1 \cdot (P_2 - P_1) \tag{16.15}$$

이것은 곧 광고로 인한 이윤의 증가에서 소비자가 가격상승으로 부담하게 되는 추가적 후생손실을 공제한 것이다. 따라서 사회후생의 관점에서는 광고가 소비자의 후생손실을 보전할 수 있을 정도의 충분한 이윤증가가 있을 경우에만 ΔSW가 양수가 된다. 또한 광고로 인한 자원비용(resource cost)과 생산자 및 소비자간의 분배문제는 이 모형에서 고려되지 않고 있다.

더욱 중요한 것은 기업이 현재 D_1에서 이윤극대화를 가져오는 광고를 하

---

2) 엄격한 의미에서는 사회후생의 변화를 광고이전(D_1)의 기준과 광고이후(D_2)의 기준을 적용하여 각각 별개로 평가하고, 광고비가 이윤에 미치는 효과도 비교하여야 한다. 그러나 본 장에서는 단순한 비교를 위해 D_1을 기준으로 평가한다. 이에 관한 구체적 설명은 Dixit & Norman(1978)을 참조할 것.

고 있다면 현재의 이윤 π가 최대의 이윤이 될 것이다. 따라서 이 상태에서는 더 이상 광고를 한다해도 π는 증가하지 않으므로 $\varDelta\pi = 0$이 된다. 이 경우 식 (16.15)에서 광고의 증대로 인한 사회후생은 오히려 감소된다. 다시 말하면 이 경우는 광고를 감소시킬 경우에 사회후생이 증대된다는 말이 된다.

일반적으로 광고가 후생에 미치는 영향은 명확하게 분석되지 않는다. 광고는 정보를 제공하지만 광고를 통해 전달되는 정보는 소비자보다는 생산자에게 유리하게 편향되어 있는 경우가 많다. 소비자가 광고내용의 진실성을 파악하게 될 때는 이미 구매행위가 일어난 후이다. 광고가 만약 진실한 정보를 전달한다면 경쟁촉진기능을 통해 후생증대에 기여할 수 있지만 이것은 기업의 궁극적 목표와 항상 일치하지는 않는다.

광고의 진실성 여부는 제품과 소비자계층에 따라 크게 변화한다. 광고내용에 대해 이미 잘 알고 있는 소비자계층은 광고의 내용 중 진실한 정보만을 선택할 수 있으므로 광고가 후생증가를 가져오게 된다. 그러나 사전지식이 없이 광고를 통해 정보를 제공받는 소비자에게는 광고가 후생증대를 가져다 주지 못하고 오히려 사회적 비용을 증대시킬 수 있다. 물론 일부 사람들에게는 광고가 소비증대효과와 무관하게 소비자의 효용을 증대시켜주는 역할을 할 수도 있다.

한편 광고는 내용의 진실성 여부에 따라서 소비자후생에 큰 영향을 미치게 된다. 광고는 소비자의 구매를 촉진시키는 역할을 하게 되는데, 소비자가 광고내용을 얼마나 믿고 있는가 또는 광고내용이 얼마나 진실한가에 따라 소비자후생에 미치는 영향이 달라진다.

만약 소비자가 어떤 제품에 대하여 실제 이상으로 높은 평가를 하고 구매하였다면, 그 소비자는 곧 실망하게 될 것이다. 구매자의 평가는 물론 광고의 영향을 받은 것이며, 제품의 진실한 특성에 대하여 잘못된 정보를 전달받은 것이다. 이러한 과정으로 소비자가 구매하게 되는 것을 위임의 오차(error of commission) 또는 구매착오라고 한다. 즉, 광고내용을 그대로 믿고 구매하였으나 실제 재화의 품질과 특성은 기대 이하인 경우이다.

이와 같은 구매오차는 물론 소비자의 후생손실을 가져온다. 〈그림 16-3〉에서 소비자의 부정확한 정보를 바탕으로 형성된 수요곡선은 $D'D'$이다. 이것은

그림 16-3 광고의 소비자후생의 변화

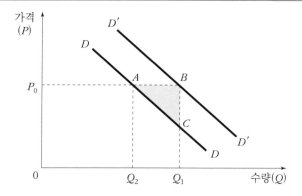

소비자가 정확한 정보를 제공하는 광고를 바탕으로 수요를 결정할 경우 시장수요는 DD이지만, 과장광고를 믿고 선택할 경우에는 $D'D'$로 증가한다. 이 결과 소비자는 Q_2ABQ_1만큼의 소비지출을 증가시킨다. 그러나 Q_2ACQ_1만큼은 진실한 정보하에서도 (DD의 수요곡선) 지불할 용의가 있었기 때문에 과장광고의 피해에 해당되지 않는다. 과장광고로 인한 소비자의 순손실은 색으로 표시한 부분이며, 이것을 위임의 오차로 인한 후생손실이라고 한다.

물론 재화에 대한 높은 기대에서 비롯된 것이므로, 정확한 정보를 바탕으로 평가한다면 소비자의 수요곡선은 DD가 될 것이다. 다시 말하면 광고가 제품을 과대선전하여 소비자의 구매를 충동한 결과 수요곡선이 DD에서 $D'D'$로 이동한 것이다.

현재의 시장가격이 P_0라면 소비자는 잘못된 정보로 인하여 Q_1Q_2만큼을 더 구매하는 착오를 범하였다. Q_1Q_2를 구매하기 위하여 지불한 비용은 Q_2ABQ_1에 해당된다. 그러나 광고에 영향을 받지 않은 소비자의 진실한 선호를 나타내는 수요곡선 DD의 관점에서 평가하면 Q_1Q_2의 구입을 위하여 소비자가 지불할 용의가 있는 비용은 Q_2ACQ_1이 된다. 따라서 소비자가 실제 지불한 비용 Q_2ABQ_1과 소비자의 진실한 평가 Q_2ACQ_1의 차이인 ABC가 순손실이 된다. 결국 과장된 광고를 바탕으로 너무 많은 재화를 구매함으로써 잃게 되는 소비자후생은 색으로 표시한 부분 ABC가 된다. 이것이 곧 위임의 오차 또는 구매착오로부터 발생되는 후생의 손실이다.

이번에는 구매착오와 반대되는 경우를 생각해보자. 이것은 곧 소비자가 정

그림 16-4 부족한 정보로 인한 후생손실

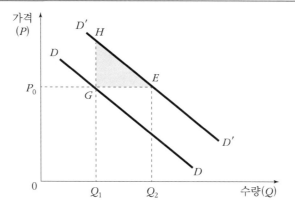

소비자가 충분한 정보를 갖고 있었다면, D'D'의 시장수요가 나타난다. 그러나 정보가 부족할 경우에는 수요가 DD로 감소하고, 소비지출도 Q_1GBQ_2만큼 줄어든다. 정보가 충분했다면 Q_1GBQ_2를 지출하고, HGE만큼의 순후생을 증가시킬 수 있다. 따라서 정보의 부족으로 HGE만큼 손실을 보며, 이것을 누락의 오차로 인한 후생손실이라고 한다.

보부족으로 인해 충분한 정보를 갖고 있을 경우보다 실제로는 더욱 적게 구매하는 경우를 말한다. 이러한 현상도 결국은 정보의 부족 또는 잘못된 정보에서 비롯된 것으로서 누락의 오차(error of omission)라고 한다.

〈그림 16-4〉에서 소비자의 구매는 현재 DD의 수요곡선으로 표시된다. 그러나 이것은 소비자의 정보부족으로 재화를 과소평가한 것이며 만약 충분한 정보로 정확히 평가하였다면 D'D'의 수요곡선을 갖게 된다. 따라서 앞의 경우와는 완전히 반대되는 사례이며, 여기에서는 DD가 부정확한 수요곡선이고 D'D'는 정확한 수요곡선이다. 주어진 가격 P_0에서 실제 구매량 Q_1보다 바람직한 구매량 Q_2를 구매하기 위해서는 Q_1GEQ_2의 비용이 소요된다. 그런데 소비자가 만약 Q_1Q_2만큼을 더 구매한다면 진실한 선호를 나타내는 D'D'에 기준을 둔 소비자의 전체잉여는 Q_1HEQ_2만큼 더 증가하게 된다. 따라서 Q_1Q_2를 더 구매하게 되면 소비자잉여(금전적 지출을 공제한)의 순증가는 HGE가 된다. 그러나 실제 소비자는 Q_1에서 구매하고 있으므로, 색으로 표시된 HGE가 곧 소비자의 구매누락으로 인한 후생손실이 되는 것이다.

환언하면 구매누락이나 구매착오는 모두 부족한 또는 부정확한 정보를 바탕으로 이루어진 구매행위에서 비롯된다. 구매착오는 특정한 재화에 자원을 과잉배분하여 발생된 것이고, 구매누락으로 인한 손실은 반대로 특정재화에 과소하게 자원을 배분함으로써 발생된 것이다. 이와 같은 후생손실은 광고의 진실성 여부, 소비자의 수용태세, 객관적인 정보공급 등에 의해서 결정된다.

구매착오와 구매누락으로 인한 후생손실을 극소화시키기 위해서는 제품의 품질을 객관적으로 평가하고 그 결과를 소비자에게 알려주는 것이 중요하다. 이러한 목적에서 실시되는 것이 KS마크나 UL마크와 같은 공공기관의 품질표시이다. 또한 등록상표제도도 이러한 취지에서 도입되었다. 등록상표나 정부공인표시가 제품의 품질을 완벽하게 반영하는 것은 아니지만, 적어도 소비자가 반복해서 착오를 범할 가능성을 어느 정도 줄여줄 수 있다.

16.7 한국산업의 광고

우리나라 기업도 광고를 통해 소비자에게 제품의 차별화를 홍보하고 새로운 수요창출을 위해 많은 전략을 채택하고 있다. 기업의 광고 수준을 계측할 때는 절대 광고 지출액보다 매출액에 대한 상대적 비율을 측정하여 기업간, 산업간 광고 수준을 평가한다. 단순히 광고비 지출총액만 비교하면, 매출규모와 광고비가 큰 대규모 산업만 높게 나타나기 때문에 광고비/매출액의 비율로 상대평가를 하게 된다.

〈표 16-2〉는 2023년도 우리나라 산업의 광고비와 매출액의 비율을 산업별로 비교한 것이다. 대기업은 평균매출액의 0.72%를 광고비로 지출하고 있는 반면 중소기업은 0.53%의 비중을 나타내고 있어서 대기업이 훨씬 활발한 광고를 통한 마케팅을 하고 있음을 알 수 있다. 산업전체에서 음료, 의복, 의료용물질 및 의약품에 매출액 대비 많은 광고비를 지출하고 있다. 대기업은 음료제품과 의료용 물질 및 의약품 등에서 각각 6.02%와 3.05%로 광고매출액의 비율이 가장 높게 나타나 있다. 반면 중소기업도 음료제품(2.77%)과 의복(2.38%) 등에서 가장 높은 광고매출액 비율을 나타내고 있다.

표 16-2	산업별 광고매출액의 비중(2022년도)		
매출액 대비 광고비 비율 (%)			
	종합평균	대기업	중소기업
식료품	1.68	2.46	0.84
음료	5.54	6.02	2.77
섬유제품(의복 제외)	0.66	0.74	0.65
의복, 의복액세서리 및 모피제품	2.17	1.96	2.38
가죽, 가방 및 신발	1.12	0.52	1.54
목재 및 나무제품(가구 제외)	0.30	0.47	0.25
펄프, 종이 및 종이제품	0.64	0.84	0.46
인쇄 및 기록매체 복제업*	0.32	0.45	0.31
코크스, 연탄 및 석유정제품	0.11	0.11	0.11
화학물질 및 화학제품(의약품 제외)	0.85	0.61	1.93
의료용 물질 및 의약품	2.72	3.05	1.34
고무제품 및 플라스틱 제품	0.60	1.25	0.22
비금속 광물제품	0.12	0.16	0.09
1차 금속	0.07	0.08	0.03
금속가공 제품(기계 및 가구 제외)	0.12	0.13	0.12
전자부품, 컴퓨터, 영상, 음향 및 통신장비	0.75	0.86	0.19
의료, 정밀, 광학기기 및 시계	1.11	1.26	1.01
전기 장비	0.89	1.14	0.37
기타 기계 및 장비	0.20	0.28	0.14
자동차 및 트레일러	0.28	0.32	0.06
기타 운송장비	0.13	0.14	0.12
가구	1.56	2.87	1.10
기타 제품 제조업	1.56	1.98	1.43
제조업 평균	0.66	0.72	0.53

자료: 한국은행, 「2022년 기업경영분석」.

   광고가 많은 산업은 대체로 제품이나 서비스가 다양하게 차별화된 경우가 많다. 대표적으로 음식료품은 청량음료와 각종 음료, 전통차 등으로 유사한 제품이 다양하게 개발되어 있고, 봉제와 의복 모피산업도 매우 다양한 제품이 시장에 공급되고 있다. 차별화를 강조하는 광고는 대체로 시장경쟁을 촉진하는 역할을 하지만, 광고가 진입장벽의 수단으로 작용하면 광고가 갖고 있는 규모의 경제성 때문에 오히려 신규진입을 규제하는 기능을 할 수도 있다. 따라서 산업정책적인 차원에서는 기업이 스스로 적정한 광고지출액을 사용하도록 유도하는 정책이 바람직하다. 또한 기업의 차원에서는 이윤의 극대화를 가져오는 광고매출액의 수준을 유지하는 것이 바람직하다(16.2절 참조).

제17장 연구개발과 기술혁신

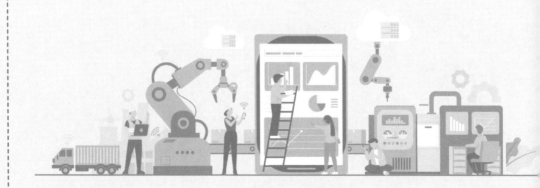

Chapter 17

연구개발과 기술혁신

기술혁신의 개념

기술혁신은 현대 산업사회의 발달에 중추적 기능을 담당한다. 기술혁신은 제품의 부가가치를 높이는 요소로서 생산비를 절감시키며 새로운 품질의 재화를 개발하는 과정이다. 기술혁신은 일반적으로 기업의 수익성을 향상시킬 뿐만 아니라 사회전체의 후생을 증가시키는 요소가 된다.

기술혁신의 중요성은 현대산업의 정보화와 개방화가 이루어지면서 더욱 강조되고 있다. 대외경쟁력을 장기적으로 확보할 수 있는 유일한 원천이 바로 기술혁신에 있기 때문이다.

산업조직론에서는 기술혁신의 문제가 여러 관점에서 다루어진다. 기술혁신을 촉진시키는 시장구조와 기업규모의 문제는 물론 기술혁신과 사회후생 및 특허의 역할 등 다양한 문제가 논의된다. 그런데 기술혁신은 여타의 주제와는 다른 몇 가지 특성이 있다.

첫째, 기술혁신은 광범위한 지식을 활용하여 연구된 결과로서 나타난다. 그리고 기술혁신에 필요한 지식(knowledge)은 공공재의 성격을 갖고 있다. 다른 보통재와는 달리 어떤 개인이 그 지식을 활용한다 해도 다른 개인의 활용에 아무런 영향을 미치지 않는다. 사유재와 달리 소유권이 배타적으로 적용되지 않기 때문이다. 기술혁신의 결과도 특허로서 보호되지 않는다면 공공재로 활용될 수 있는 경우가 많다.

둘째, 기술혁신은 동태적 현상으로 나타난다. 많은 산업조직론의 분석이 정태적 균형을 기반으로 하고 있지만 기술혁신은 균형이 변화되는 과정에서 나타난다. 기술혁신이 동태적 현상이라는 사실은 여러 가지 관점에서 많은 시사점을 제공해 준다. 예를 들어 완전경쟁시장이 정태적 관점에서는 가장 효율적인 자원배분을 가져오지만 기술혁신이라는 동태적 현상도 완전경쟁시장에서 가장 활발하게 이루어지는가는 별개의 문제이다. 동태적으로 변화하는 현상을 어떤 기준으로 계측하여 기술혁신을 설명하는가도 어려운 과제이다. 이러한 문제들이 모두 동태적 관점에서 설명되어야 하기 때문이다.

경제학에서 기술혁신에 관한 문제는 아직까지 활발하게 논의되지 못한 분야 중의 하나이다. 지금까지 기술혁신을 가장 포괄적으로 논의한 학자는 「슘페터」(Schumpeter)라고 할 수 있다. 산업조직과 기술혁신에 관해서는 「카미엔」(Kamien) 등에 의해서 집중적으로 논의되었다(Schumpeter, 1975; Kamien & Schwartz, 1982).

기술혁신은 여러 단계를 거쳐 이루어지므로 각 단계별로 개념의 정립이 필요하다. 먼저 기술혁신을 이룩하기 위한 첫번째 단계는 기초연구(basic research)에서부터 시작된다. 이것은 곧 지식의 탐구를 위한 순수한 학문적 연구과정에 해당된다. 기업에서는 학문적 연구 이외에 특정한 목적을 가진 응용연구를 실시하기도 한다.

두번째 단계는 발명(invention)이다. 발명은 특정한 지식이나 공정 및 도구의 새로운 창안에 해당된다. 발명은 기초연구나 응용연구의 결과로서 이루어진다. 발명의 결과는 물론 특허제도를 통해 보호받게 된다.

세번째 단계는 개발(development)과정이다. 개발은 발명의 결과를 상품화하는 과정으로서 기술혁신과정에서 가장 중요한 단계이다. 일반적으로 말하는 'R&D'의 가장 핵심적인 과정에 속하는 것이다. 개발과정을 거쳐 새로운 상품과 공정이 탄생된다. 발명의 결과가 개발과정을 통해 상품화되지 못하면 산업발전에 기여하지 못한다. 개발과정을 거친 발명은 흔히 산업기술이라고도 한다.

네번째 단계는 혁신(innovation)의 과정이다. 개발과정이 성공적으로 달성되면 새로운 생산함수가 등장하고 흔히 말하는 기술혁신이 시작된다. 혁신의 과정은 제품의 혁신, 공정의 혁신으로 구분된다. 기초연구의 결과는 혁신과정을 거치면서 상업화과정이 완료된다. 경우에 따라 발명과 혁신에는 매우 장기간이 소요될 수도 있다. 기업가의 혁신적 노력과 투자위험을 감수해야만 혁신의 결과를 확보할 수 있다.

　일반적으로 기술혁신을 달성한 기업은 새로운 공정이나 제품을 시장에 선보인다. 신상품이 성공하면 여타 기업의 추종현상이 나타난다. 이 단계를 모방(imitation)과정이라고 한다.

　모방은 곧 기술혁신의 다섯번째 과정에 속한다. 추종기업은 선도기업의 제품을 정확하게 모방할 수도 있고 경우에 따라서는 오히려 더 좋은 제품을 개발할 수도 있다. 모방기업은 일반적으로 기술혁신기업보다 저렴한 비용을 투자하여 혁신된 제품과 동질적이거나 유사한 제품을 개발하게 된다. 모방은 국민경제적 관점에서 사회후생을 증가시킬 수도 있지만(모방기업이 동질적 제품을 생산한다고 가정할 경우), 모방이 용이하다면 선도기업의 기술혁신 인센티브가 적어진다. 실제 이러한 현상을 방지하기 위해 특허제도가 운용되고 있다.

　기술혁신의 마지막 단계는 개발된 기술의 확산(diffusion)과정이다. 새로운 기술이 전 산업부문에 확대, 보급되는 과정을 확산단계라고 한다. 기술혁신의 효과가 국민경제적으로 극대화되기 위해서는 개발과 확산과정이 신속하게 이루어져야 한다.

　그러나 확산과정이 너무 신속하게 이루어지면 기술혁신을 선도한 기업이 누리는 기술우위기간이 짧아지는 현상이 나타난다. 이는 곧 기술혁신의 인센티브를 저하시킨다. 따라서 국민경제적 확산효과와 기술혁신의 인센티브를 조화시키는 특허제도의 운용이 필요하다. 일반적으로 확산효과가 큰 기초과학분야의 연구결과는 정부의 주도로 개발되거나 특허기간을 짧게 설정하는 것이 바람직하다고 볼 수 있다.

　이상과 같이 여러 단계의 기술혁신과정에서 가장 협의의 기술진보는 발명의 단계라고 할 수 있다. 반면 광의의 기술진보는 위의 모든 단계를 동시에 포함하는 것으로 볼 수 있다. 특히 거시경제학에서의 기술진보는 확산과정까지를 모두 포함하는 개념이다. 그러나 가장 일반적으로 사용되는 '기술혁신'이라는 용어는 연구개발과 혁신의 과정을 의미하는 것이라고 할 수 있다.

17.2 시장구조와 기술혁신

시장구조와 기술혁신의 관계는 「슘페터」의 가설에서부터 설명될 수 있다. 「슘페터」는 큰 기업이 작은 기업보다 연구개발에 투자를 더 많이 하며, 독점적 또는 과점적 시장구조를 갖고 있는 산업이 경쟁산업보다 기술혁신을 더욱 촉진시킨다고 주장하였다. 독점산업이 경쟁산업보다 기술혁신면에서 우위에 있다는 가설은 다음과 같이 설명된다.

첫째, 시장지배력을 보유하고 있는 독점산업에서는 높은 진입장벽을 바탕으로 신기술과 신제품을 개발한 후에도 여타 기업의 모방을 억제할 수 있다는 것이다. 기술혁신의 과정에서 설명된 개념을 이용하여 설명하면 독점산업은 기술혁신에 따른 모방과 확산을 쉽게 방지할 수 있으므로, 기술개발에 따른 이익을 극대화시킬 수 있다는 것이다. 따라서 기술혁신의 인센티브가 경쟁산업보다 독점산업에 더욱 크게 주어진다.

둘째, 독점산업은 경쟁산업과 달리 기술혁신에 필요한 초과이윤을 확보할 수 있다. 기술혁신에는 막대한 연구개발투자와 기술인력이 소요되는데, 이러한 사업을 수행하는 데는 독점산업이 더욱 유리하다는 것이다. 특히 기술혁신에 관련된 여러 사업들은 결과의 불확실성에 따른 위험도가 높고 외부자금을 조달할 경우 경쟁기업에 대한 정보의 누설우려가 크다로 할 수 있다. 따라서 기술혁신에는 외부자금보다 내부자금에 의한 투자가 바람직하며 이것은 곧 초과이윤을 축적할 수 있는 독점산업의 우위를 말하는 것이다.

셋째, 독점산업은 기존의 시장지배력을 바탕으로 상표에 대한 소비자 신뢰도(brand loyalty)를 경쟁산업보다 용이하게 구축할 수 있다. 이 결과 기존제품을 신제품으로 전환하여 이윤을 확보할 수 있는 기회가 경쟁산업보다 많다는 것이다. 기술혁신에 의한 신제품의 개발은 흔히 판매단계에서도 위험부담이 따른다. 소비자의 신제품에 대한 반응과 시장의 여건 등이 신상품의 성패를 좌우하게 된다. 그런데 기존의 독점산업에서는 기존의 브랜드 이미지를 통하여 이러한 위험을 경쟁산업보다 적게 감수하므로 기술혁신의 인센티브가 그만큼 많이 주어지는 것이다.

이와 같은 요인들이 독점산업의 기술혁신 우위성을 설명하는 주요 논리라고 할 수 있다. 그러나 「슘페터」의 가설과는 달리 독점산업이 경쟁산업보다 오히려 기술혁신의 유인을 적게 갖고 있다는 반론도 있다. 기술혁신에서 경쟁산업의 우위를 제시하는 가설은 주로 다음과 같은 요인에 논리적 근거를 두고 있다.

첫째, 독점산업은 이미 현재의 시장에서 초과이윤을 확보하고 있으므로, 기술혁신을 통해 신제품을 개발하려는 인센티브가 경쟁산업보다 적게 나타난다는 것이다. 독점산업은 일반적으로 현재의 시장점유율에 만족하고, 상당한 초과이윤을 확보하고 있는 것이 일반적이다. 반면 경쟁산업에서는 모든 기업이 초과이윤을 얻지 못하고 정상이윤만을 획득하고 있다. 이제 기술혁신이 ϵ만큼의 초과이윤을 가져온다고 가정한다. 이 경우 경쟁산업과 독점산업 중 어떤 시장구조가 ϵ을 추가적으로 확보하려는 인센티브를 더욱 강력하게 갖는가? 일반적으로 이윤에 대한 기업의 한계효용은 체감하므로 초과이윤을 확보하지 못하고 있는 경쟁산업에서 더욱 강력하게 나타난다. 독점산업은 상당한 규모의 이윤기회가 확보되는 기술혁신이 촉진되지 않는다는 것이다.

둘째, 독점산업이 갖고 있는 비효율로 인하여 기술혁신의 과정이 경쟁산업보다 활발하지 못하다. 독점기업의 비효율과 자원의 낭비는 이미 시장지배력의 분석에서 설명된 바와 같이 기업내부의 X비효율로 인하여 기술혁신이 촉진되지 않는다는 것이다.

이러한 관점에서 기존의 독점기업은 기술혁신의 선도자적 역할을 하는 것이 아니라 '발빠른 제2인자적 기능'만 하게 된다는 것이다. 즉, 기존의 독점기업은 현재의 독점적 지위를 최대한 활용하여 이윤을 극대화하고 신규참여기업이 신기술을 개발할 때까지 수동적으로 기다린다는 것이다. 그리고 어떤 기업이 신기술의 개발에 성공하여 시장을 잠식할 경우에는 이를 신속하게 모방하여 독점지배력을 유지하는 전략을 채택한다는 것이다.

한편 독점적 시장구조가 비록 기술혁신을 경쟁산업보다 활발하게 촉진시킨다는 가설을 수용할 경우에도 결국 사회후생의 관점에서는 독점으로 인한 정태적 후생손실을 고려하여야 한다. 따라서 정태적 효율의 한계적 손실과 기술혁신활동의 증가로 인한 동태적 사회후생의 한계적 증가가 일치되는 점에서 집중도가 결정되어야만 사회적으로 가장 적절한 시장구조라고 할 수 있다.

독점산업의 기술혁신활동이 경쟁산업보다 부진하다는 가설은 결국 시장경쟁이 결여된 독점산업에서는 비효율과 시장지배력으로 인하여 기술혁신의 인센티브가 적다고 본다. 따라서 경쟁산업과 독점산업의 기술혁신 우위논쟁은 결국 시장경쟁과 기술개발의 재원확보 및 인센티브 측면에서 어떤 시장구조가 더 바람직한가로 귀착된다.

이러한 시장구조와 기술혁신의 관계는 기업규모와 기술혁신에 관한 논의로 연장될 수 있다. 「갈브레이스」(Galbraith)는 특히 대기업이 중소기업보다 기술개발면에서 유리한 위치에 있음을 강조하고 있다. 대기업의 기술혁신 우위는 여러 관점에서 논의될 수 있다. 많은 비용이 소요되는 기술혁신활동에는 자금력이 풍부한 대기업이 더욱 적극적으로 참여하게 된다. 즉, 대기업은 연구기자재의 확보와 연구인력의 활용면에서 규모의 경제와 전문화 효과를 기대할 수 있다. 이러한 효과는 물론 중소기업에서도 나타날 수 있겠지만 기업규모 자체가 작은 중소기업에서는 연구인력과 장비에 규모의 경제를 기대하기가 어려울 것이다.

연구개발의 결과를 상품화하여 이윤을 증대시킴에 있어서도 대기업이 중소기업보다 유리한 입장에 있다. 대기업은 기존의 마케팅전략과 판매망 및 소비자에 대한 신뢰를 바탕으로 신제품의 판매에서 중소기업보다 유리한 특징을 갖고 있다. 이 밖에도 연구개발의 다양한 결과를 활용함에 있어서도 여러 재화를 생산하는 대기업이 중소기업보다 우위에 있으며 연구개발투자에 따르는 위험분산에서도 중소기업보다 대기업이 우위에 있다고 볼 수 있다. 이와 같은 여러 요인들이 대기업의 기술혁신활동을 중소기업보다 활발하다고 보는 근거가 되고 있다.

그러나 대기업이 항상 중소기업보다 기술혁신에서 우월한 요인만을 갖고 있는 것은 아니다. 대기업의 조직과 운영이 방만하게 관리될 경우에는 연구결과가 효율적으로 활용되지 못하는 경우도 있다. 대기업은 이미 제2장 '기업의 본질'에서 논의된 대로 비효율적으로 운용될 수 있는 소지를 안고 있으며 기술혁신활동에서도 비효율이 나타날 수 있다.

연구결과에 대한 성과의 보상기구(compensation mechanism)도 대기업이 중소기업보다 비효율적일 수 있다. 중소기업은 성공적인 연구결과가 연구원과 전체 종업원에게 직접 보상될 수 있는 구조를 갖고 있다. 반면 조직이 방대한 대기업은 연구성과에 대한 직접적 보상이 상대적으로 약화될 수 있다. 이러한 관점에서 보면 중소기업의 연구진에게 기술혁신의 인센티브가 더욱 강력하게 주어진다고 볼 수 있다. 중소기업은 대규모의 연구시설과 기자재가 필요한 기술혁신사업의 추진에서는 대기업보다 열위에 있는 것이 사실이다. 그러나 공정의 혁신과 소규모의 기술개발에서는 중소기업이 결코 열위에 있다고만 평가할 수는 없는 것이다.

기술혁신과 시장구조의 관계, 연구개발과 기업규모의 관계는 어떤 이론이 실증적 분석으로 채택되는가 하는 것이 중요하다. 경쟁산업과 독점산업의 기술혁신 우위논의는 결국 실제산업의 여건과 기술혁신활동을 분석하여 설명되어야 하기 때문이다.

특히 기업규모와 기술개발의 관계는 개발된 기술의 종류와 산업의 특성 등을 이용하여 실증분석을 하여야만 더욱 구체적인 인과관계를 파악할 수 있을 것이다. 지금까지 선진국을 대상으로 한 실증분석은 양이론을 모두 지지하는 결과가 많아서 아직도 논란이 지속되고 있다. 이러한 논의는 곧 시장지배력이 기술혁신에 미치는 영향과 연결된다.

17.3 시장지배력과 기술혁신

이제 시장지배력과 기술혁신의 유인을 좀 더 구체적으로 분석하기로 하자. 먼저 기술혁신을 성공적으로 이룩한 혁신가(innovator)가 경쟁산업과 독점산업 중 어떤 시장구조에서 더욱 많은 이윤을 확보할 수 있는가를 살펴보자. 먼저 기술혁신의 종류를 '공정을 개선하여 비용을 절감시키는 경우'(process innovation)로 한정하고 이에 따른 이윤의 변화와 인센티브의 크기를 비교하기로 한다.

〈그림 17-1〉은 기술혁신에 따른 비용의 절감과 독점기업의 이윤극대화생산량의 변화를 나타낸다. 분석의 단순화를 위해 평균비용은 수평이라고 가정하자. 기술개발 이전의 평균비용(한계비용)은 c_1이었으나 개발 후에는 c_2로 절하

그림 17-1 독점기업의 기술혁신

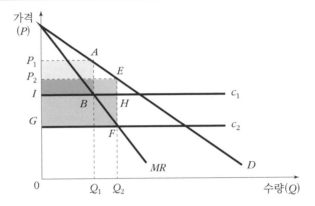

기술혁신은 독점산업에서도 가격인하와 사회후생의 증가효과를 가져온다. 기술개발로 인하여 비용이 c_1에서 c_2로 인하되면, 가격은 P_1에서 P_2로 인하되고, 이윤은 IP_1AB에서 GP_2EF로 변화한다.

된다. 이에 따라 이윤극대화가격은 P_2로 하락하고 생산량은 Q_1에서 Q_2로 증가한다.

이와 같은 기술변화로 독점기업이 획득하게 되는 이윤은 종전 P_1ABI에서 P_2EFG로 변화하였다. 결국 기술혁신으로 인한 이윤의 순증가는 P_2EFG에 P_1ABI를 차감한 면적이 된다(여기에서는 물론 기술개발에 따른 비용을 고려하지 않고 있다. 독점과 경쟁산업의 기술혁신 인센티브를 비교하기 위해서는 양산업에서 개발비용이 모두 동일하다고 가정하자).

기술혁신으로 인한 이윤의 순증가는 다음과 같이 표시하여 비교할 수도 있다.

$$(P_2 - c_2)Q_2 - (P_1 - c_1)Q_1$$
$$= (P_2 - c_2)\Delta Q + Q_1 \Delta P - Q_1 \Delta C \tag{17.1}$$

여기서는 $\Delta Q = Q_2 - Q_1$, $\Delta P = P_2 - P_1$, $\Delta C = c_2 - c_1$이다. 식 (17.1)의 첫번째 항인 $(P_2 - c_2)\Delta Q$는 $\Delta Q = Q_2 - Q_1$만큼을 추가적으로 더 판매함에 따른 이윤의 순증가를 나타내고 있다. 두번째 항인 $Q_1\Delta P$는 기존의 생산량을 낮은 가격에 판매함에 따른 이윤의 순감소를 나타낸다. 그리고 세번째 항 $-Q_1\Delta C$

그림 17-2 경쟁산업의 기술혁신

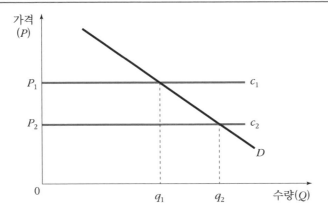

경쟁시장에서 기술개발이 특정기업에 의해 이루어지면, 해당 기업의 비용은 c_1에서 c_2로 감소하고, 이윤은 $(c_1-c_2)\cdot q_1$만큼 증가한다. 해당 기업은 기술개발 이후에도 이전의 가격 P_1에서 q_1을 생산한다고 가정하므로, 기술개발은 항상 이윤을 증대시킨다.

(>0)는 기술개발 이전에 생산된 Q_1의 수준에서 기술혁신에 따른 비용감소로 얻게 되는 이윤의 순증가를 나타낸다.

이제 이와 동일한 기술혁신이 경쟁적 시장구조에서 이루어졌다고 가정하자. 기술개발 이전에 시장가격과 평균비용은 〈그림 17-2〉에서 $P_1 = c_1$이라고 하자. 경쟁산업의 특정기업이 기술개발에 성공하였다면 비용은 c_2로 절하된다. 완전경쟁시장에서 기술개발을 이룬 이 기업은 종전과 같이 시장가격 P_1에서 q_1의 생산량을 판매함으로써 이윤극대화를 추구할 수 있게 된다.[1] 따라서 시장이 경쟁적일 경우 기술혁신으로 인한 기업의 순이윤증대는 다음과 같다.

$$(c_1 - c_2)q_1 = (-\Delta C)q_1 > 0 \tag{17.2}$$

$\Delta C = c_2 - c_1$으로 정의되어 있으므로 비용절감을 가져오는 기술혁신은 항

---

1) 사회후생을 극대화하는 사회적 계획자(social planner)가 존재하는 경우에는 〈그림 17-2〉에서 q_2의 생산량이 결정된다. 하지만 경쟁시장에서의 기업은 기술개발로 인한 추가적인 소비자후생의 증가는 고려하지 않고 자신의 이익만을 고려하며 생산량을 결정하기 때문에 생산량이 q_1에서 결정된다.

상 $\Delta C < 0$이 된다.

기술혁신으로 얻게 되는 순이윤의 증가가 어떤 경우에 더욱 크게 나타나는 가는 〈그림 17-1〉과 〈그림 17-2〉를 비교하면 명확하다. 비용과 수요조건이 동일하다면 당연히 경쟁산업의 경우에 더 많은 이윤의 증가를 가져오게 된다. 경쟁기업은 초과이윤이 전혀 없는 상태(기술개발 이전)에서 출발하였으므로 기술개발로 인한 모든 이윤이 순증가분이 된다. 반면 독점기업은 기술개발 이전에도 이미 초과이윤을 확보하고 있었으므로 기술개발 후의 이윤에서 개발 전의 초과이윤을 차감한 부분만 개발로 인한 이윤의 순증가가 된다. 즉, 위의 그림에서 경쟁산업의 경우에는 기술개발로 인한 이윤의 순증가가 단위당 $(c_1 - c_2)$가 되고, 전체규모는 $(c_1 - c_2)q_1$이 된다. 그러나 독점산업의 경우는 동일한 기술개발의 결과에서도 단위당 이윤의 증가가 $(c_1 - c_2)$보다 작고, 이윤극대화를 위한 생산량 제한으로 단위당 이윤에 생산량을 곱한 총이윤의 증가도 적게 나타난다.

그림 17-3 기술혁신과 「애로우」의 가설

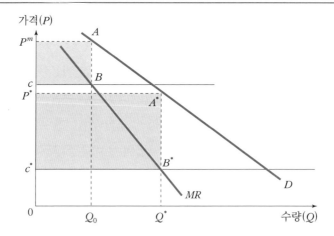

기술개발이 비용을 c에서 c^*로 감소시키면, 독점기업의 가격은 P^*로 하락하고, 생산량은 Q^*로 증가한다. 따라서 독점기업으로부터 받을 수 있는 최대의 기술사용료(R^m)는 $P^* A^* B^* c^*$에서 $P^m ABc$를 차감한 규모이다. 만약 경쟁시장의 한 기업이 독점적으로 기술개발에 성공했다면, 이윤극대화의 조건에 따라 $c^* P^* A^* B^*$의 이윤을 확보할 수 있다. 따라서 이 기술에 지불할 수 있는 최대의 사용료도 $P^* A^* B^* c^*$가 된다.

이와 같은 논리를 쉽게 이해하기 위하여 동일한 기술개발을 어떤 발명가가 독점산업과 경쟁산업에 판매하여 기술사용료인 로열티(royalty) 수입을 확보하는 경우를 가정하자. 〈그림 17-3〉에서 기술개발은 비용을 c에서 c^*로 인하시키게 된다. 먼저 독점기업이 이 기술을 도입하게 되면 가격이 종전(기술도입 이전)의 P^m에서 P^*로 하락한다. 생산량은 Q_0에서 Q^*로 증가한다. 기술도입으로 독점기업의 이윤은 $P^m A B c$에서 $P^* A^* B^* c^*$로 증가하게 된다. 독점기업은 기술도입으로 인하여 $P^* A^* B^* c^*$에서 $P^m A B c$를 차감한 만큼 순이윤의 증대를 가져왔다. 발명가가 이 독점기업으로부터 확보할 수 있는 최대의 기술사용료 (R^m)는 결국 $R^m = P^* A^* B^* c^* - P^m A B c$가 된다. 이 이상의 기술사용료를 요구한다면 독점기업은 신기술을 사용하지 않고 $P^m A B c$만큼의 이윤만을 확보하게 된다.

반면 동일한 기술을 경쟁산업의 기업에게 판매한다고 가정하자. 기술사용 이전의 가격은 $P = c$이었지만 사용이후에는 P수준 이하로 하락할 수 있게 된다. 즉, 경쟁산업의 기업이 기술을 도입하게 되면 독점적 생산기술을 확보하게 되며 이윤극대화의 원칙에 따라 이전 가격인 P보다 낮은 P^*에서 가격을 책정하게 된다. 특히 발명가의 입장에서 경쟁기업으로부터 확보할 수 있는 최대의 기술사용료는 사용기업이 독점적 형태로 이윤을 극대화하는 경우일 것이다. 따라서 경쟁기업에 판매할 경우 확보할 수 있는 최대의 기술사용료(R^c)는 $R^c = P^* A^* B^* c^*$가 된다.

이제 독점산업과 경쟁기업으로부터 얻게 되는 최대의 기술사용료를 비교하면 당연히 $R^c > R^m$이 되어 경쟁기업에게 판매하는 것이 더 많은 이윤을 가져다 준다. 만약 여기에서 가정한 발명가가 곧 각 기업이라면 이 논리는 그대로 경쟁기업에서의 기술개발이 독점기업보다 더 많은 이윤을 확보해 준다는 의미가 된다. 동일한 수요와 비용조건에서는 독점기업보다 경쟁기업에게 더 많은 기술혁신의 인센티브가 주어지게 되는 것이다.

이와 같은 논리로「애로우」(Arrow)는「슘페터」와 달리 독점기업보다 경쟁기업에게 기술혁신의 인센티브가 더욱 많이 부여된다고 설명하고 있다(Arrow, 1962).「애로우」가설의 초점은 비용과 수요조건이 동일한 가정에서 출발하여 시장구조에 따른 생산량의 차이가 기술혁신의 유인을 결정하는데 있다. 이에 대해 「뎀세츠」(Demsetz)는 생산량이 동일한 경우 기술혁신의 유인은 결코 경쟁 산업에서 더욱 유리한 것이 아니라고 비판하고 있다(Demsetz, 1969).

17.4 시장구조의 내생성(內生性)

지금까지 본 장에서는 시장구조가 기술혁신에 미치는 영향을 중점적으로 분석하였다. 그러나 일단 기술혁신이 발생하면 초기의 혁신기업은 시장점유율을 확대할 수 있을 것이고, 여타 경쟁기업의 기술혁신 여부에 따라서 산업 조직의 구조적 변화가 발생하게 된다. 따라서 '시장구조 → 기술혁신'의 인과관계가 '기술혁신 → 시장구조'의 관계로 발전하게 된다. 이러한 배경하에서 본 절은 연구개발활동과 시장구조의 내생성(endogeneity)을 살펴보기로 하자.

Dasgupta & Stiglitz(1980)는 연구개발활동과 시장집중률의 관계를 다음과 같은 모형으로 설명하고 있다. 어떤 산업의 대표기업 i의 이윤함수는 식 (17.3)으로 나타난다.

$$\pi_i = P(Q)q_i - q_i C'(X_i) - X_i \qquad (17.3)$$

여기서 Q는 산업전체의 생산량, q_i는 기업 i의 생산량, X_i는 기업 i의 연구개발비를 나타낸다. 분석의 편의를 위하여 단순한 분리가능 비용함수를 가정하고 있으므로, $C'(X_i)$는 한계비용을 나타내며 연구개발활동의 증가에 따라 한계비용이 감소한다고 가정한다. 쿠르노 가정하에서 이윤극대화를 위한 생산량과 연구개발비를 구하는 1차 조건을 구하면 식 (17.4)와 식 (17.5)가 된다.

$$\frac{\partial \pi_i}{\partial q_i} = P + q_i \frac{\partial P}{\partial Q} C'(X_i) = 0 \qquad (17.4)$$

$$\frac{\partial \pi_i}{\partial X_i} = -\frac{\partial C'(X_i)}{\partial X_i} q_i - 1 = 0 \qquad (17.5)$$

먼저 최적의 연구개발비가 결정되는 식 (17.5)를 자세히 살펴보면 다음과 같은 특징을 도출할 수 있다. 첫째, 균형에서 $-\dfrac{\partial C'(X_i)}{\partial X_i}q_i = 1$이 성립하는데, 좌변은 연구개발비의 지출이 가져오는 한계생산비의 절감으로 인한 한계혜택의 크기를 나타내고 우변은 연구개발비의 한계비용을 나타낸다.[2] 따라서 연구개발비의 한계혜택과 한계비용이 동일한 곳에서 최적의 연구개발비가 결정됨을 의미한다.

둘째, 만약 기업의 수가 증가하여 각 기업의 생산량 q_i가 감소한다면, $-\partial C'(X_i)/\partial X_i$가 증가해야 한다는 것을 알 수 있다. 연구개발비가 증가할수록 한계비용의 감소가 줄어드는 수확체감의 법칙($-\partial^2 C'(X_i)/\partial X_i^2 < 0$)을 가정한다면, $-\partial C'(X_i)/\partial X_i$의 증가는 연구개발비의 감소를 의미한다. 즉, 기업의 수의 증가로 인해 생산량이 감소하고 각 기업이 지출하는 연구개발비 또한 감소함을 의미한다. 각 기업의 생산량의 감소로 인해 연구개발비 지출로 인한 한계혜택의 크기가 줄어들고 따라서 연구개발비에 대한 투자를 줄이는 것을 알 수 있다. 반면 식 (17.5)는 각 기업의 연구개발비에 대한 결정을 나타내지만, 산업전체에서의 연구개발비 $\sum_{i=1}^{N} X_i$가 기업의 수 변화에 따라 증가하는지 감소하는지에 대해서는 말해주지 않는다.

이제 산업전체의 연구개발비와 기업수와의 관계를 알아보기 위해, 식 (17.4)를 N개의 동일한 기업이 존재하는 전체산업을 가정하여 정리하면 다음과 같은 관계를 유도할 수 있다.

$$\frac{[P-C'(X_i)]}{P} = \frac{s_i}{\eta} = \frac{1}{N\eta} \tag{17.6}$$

그리고 장기적으로 각 기업의 이윤이 0이 될 때까지 기업의 진입이 일어난다고 가정하면 식 (17.3)에서 $[P-C'(X_i)] \cdot q_i = X_i$의 조건을 구할 수 있다. 이것은 결국 기업의 한계비용 또는 평균가변비용 $C'(X_i)$와 가격 P의 차이가 정확히 연구개발비와 같게 되는 것을 의미한다.

따라서 모든 N개의 기업이 균등하고($Nq_i = Q$), 진입이 자유로운 상태에서

---

2) $\dfrac{\partial C'(X_i)}{\partial X_i} < 0$ 이기 때문에 좌변은 양의 값을 갖는다.

균형이 이루어지면 식 (17.6)은 다음과 같이 나타낼 수 있다.

$$\frac{NX_i}{PQ} = \frac{1}{N\eta} \tag{17.7}$$

이것은 곧 산업전체의 매출액 대비 연구개발비 'NX_i/PQ'의 비율이 기업수 (N)와 역의 관계에 있음을 반영하고 있다. 또한 기업규모가 균등할 경우에는 '$1/N$'이 산업집중률이 되므로 '연구개발비/매출액'의 비율이 산업집중률과 직접적인 관계에 있음을 나타내고 있다. 산업집중률이 낮은 산업에서 연구개발비의 비율이 낮음을 나타내며, 즉 경쟁적인 산업에서 연구개발비에 상대적으로 적은 투자가 이루어진다는 것을 의미한다. 이는 슘페터의 가설을 지지하는 근거가 된다. 반면 이 식은 '집중률 → 연구개발비'의 관계뿐만 아니라 '연구개발비 → 집중률'의 관계를 반영하고 있으며, 매출액 대비 연구개발노력을 많이 기울일수록 산업집중률이 높아짐을 나타낸다. 따라서 연구개발활동과 시장구조가 어떤 일방적인 관계에 있는 것이 아니라 상호동시적인 영향을 주는 내생성을 갖고 있음을 나타낸다.

이 모형은 기업규모의 균등과 단순한 비용함수를 가정한 것으로서 일반적인 모형으로 수용하기에는 무리가 있다. 그러나 시장구조가 기술혁신에 미치는 일방적인 관계뿐만 아니라 상호동시적 인과관계를 설명하는 점에서 큰 의의가 있다. 현실적으로 연구개발활동과 시장구조의 동시적 인과관계는 단기간의 정태적 현상이라기보다는 장기적 변화과정(evolutionary process)에서 파악되어야 할 과제가 될 것이다.

한편 「레빈」(Levin)은 기존기업의 기술혁신이 진입장벽의 역할을 하게 된다는 분석을 전개하여 혁신과 시장구조의 내생성을 설명하고 있다(Levin, 1978). 기존기업의 기술혁신은 잠재기업에게 비용불이익(cost disadvantage)을 안겨주어 진입장벽을 높이는 역할을 할 수 있다. 만약 기존기업이 기술혁신을 이와 같이 진입장벽을 높이는 수단으로 활용한다면 그 결과는 어떻게 될까? 기술혁신과 연구개발의 목표를 당연히 단위비용의 최소화에 두게 될 것이다. 단위비용이 절감될수록 기존기업의 비용우위는 높아지고 잠재기업의 진입장벽은 더욱 높아지기 때문이다.

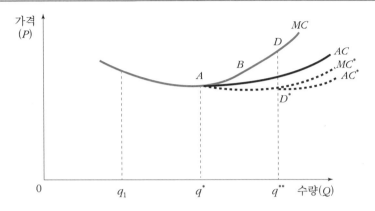

그림 17-4   경쟁산업의 기술혁신

기술혁신이 생산규모를 증대시킬 경우, 비용곡선을 MC에서 MC^*로 하향시키면 생산단위당 DD^* 만큼의 이윤이 증대된다.

나아가 기존기업이 기술혁신을 통해 얻게 되는 준지대(quasi-rents) 또는 초과이윤이 증대될수록 연구개발활동이 생산규모를 증대시키는 기술진보(scale-augmenting technical change)로 편중되는 경향을 갖게 된다. 이러한 현상은 〈그림 17-4〉로 설명될 수 있다. 어떤 기업이 현재 q_1이나 q^*에서 생산하면서 초과이윤이나 준지대를 획득하지 못하고 있다고 하자. 이 기업은 비용우위의 확보를 위해 비용곡선을 하향이동(downward shift)시키는 기술혁신에만 관심을 갖게 될 것이다. 그러나 만약 기존기업이 B나 D에서 생산하면서도 어떤 진입장벽으로 인한 초과이윤을 얻고 있다고 하자. 이 경우 그 기업은 비용곡선의 하향이동뿐만 아니라 생산규모를 증대시키려는 기술혁신을 추진하게 된다. B, D에서 생산하여 비용곡선을 MC에서 MC^*로 하향이동시키면 기술혁신은 생산비감소를 통해 초과이윤의 증대를 가져올 수 있다. 이것은 q_1, q^*의 생산에서와 동일하다.

그러나 q_1, q^*에서와는 달리 생산시설을 확장하여 규모를 증대시킬 경우에도 초과이윤의 증대효과를 얻을 수 있다. 즉, 기존기업은 적정규모를 A에서 D^*로 이동시킴으로써 단위당 DD^*의 초과이윤을 얻을 수 있게 된다. 이 결과 기술혁신기업의 비용우위는 더욱 강화되고 진입장벽도 높아진다. 그러나 q_1에서 q^*까지는 규모를 증가시켜도 AC곡선을 따라 움직이고, 초과이윤도 발생하지 않는다고 가정하였으므로, 규모확장을 통해 비용을 인하하려는 동기가 주어지지 않는다. D에서 이러한 효과가 발생하는 것은 비용이 증가하는 구간임에도 불구하고 진입장벽이나 기타 원인으로 이미 초과이윤을 획득하고 있으며, 규모증대가 기술혁신과 동일한 비용절감효과를 가져와서 진입장벽을 높이는 역할을 하기 때문이다. 따라서 기술혁신으로 인한 비용우위가 진입장벽의 역할을 하고 준지대를 창출할 경우에는 기존기업의 기술혁신이 규모의 증가를 수반하는 방향으로 나타나게 된다. 특히 이러한 현상은 고집중산업에서 기존기업이 독과점을 정당화시키는 수단으로서 활용할 수 있다. 기존의 독과점기업은 생산시설의 증대를 수반하는 기술혁신을 지속적으로 추진하면서 비용우위에 의한 초과이윤을 확보하는 것이다. 또한 비용우위에 의한 진입장벽은 시장구조를 자연히 고집중화로 유도하므로 기존 독과점기업의 정당한 수단이 될 수 있다.

부록

17.A 기술개발의 비용과 수익

기술개발의 과정에는 많은 불확실성과 위험이 수반된다. 특수한 기술개발을 위해 막대한 연구비를 투입해도 새로운 기술혁신이 항상 보장되지는 않는다. 따라서 기업가는 기술개발에 대한 투자를 결정하면서 복합적인 요인을 고려하게 된다. 기술개발에 소요되는 개발비용은 물론 기술개발의 성공가능성, 관련 기초과학의 발달, 개발이후 시장에서의 수익성 여부 등을 복합적으로 고려해야 한다. 이러한 여러 가지 요인 중에 어떤 변수가 기업가의 기술혁신에 가장 민감한 영향을 미치는가? 기업은 이윤극대화를 추구하는 생산의 주체이므로 결국 이에 대한 해답은 기업의 이윤문제와 관련된다. 기업가는 기술개발에 소요되는 개발비용과 개발 후에 얻게 될 수익(benefit)을 고려하여 수익과 비용의 차이가 가장 극대화되는 점에서 기술개발을 결정하게 될 것이다. 이제 본 절에서는 기술개발에 소요되는 기업의 비용과 기술개발로 얻게 되는 기업의 수익을 고려하여 기술혁신의 비용-수익 분석을 시도하기로 한다.

17.A.1 기술추진가설과 수요견인가설

기술혁신의 수행과정에서 제일 먼저 고려될 수 있는 요인은 물론 개발비용이다. 기초과학의 발달이 활발하고 연관산업분야의 기술수준이 고도화될수록 이 분야의 기술혁신이 빠르게 촉진될 수 있다. 이러한 산업에서는 발달된 기초과학을 용이하게 활용할 수 있을 뿐만 아니라 개발비용도 절감할 수 있다. 이와 같은 이유로 과학의 발달이 기술혁신을 촉진하게 된다고 설명하는 것이 바로 기술추진가설(technology-push hypothesis)이다. 이 가설은 기초과학과 연관산업의 발달 정도가 산업기술혁신에 결정적 영향을 미치게 된다고 파악하고 있다.

기술추진가설을 이용하면 개발비용은 기간(T)의 함수로서 정의할 수 있다. 즉, 기술혁신을 새로운 과학의 발전이 이루어질 때까지 계속 지연시키면 개발비용은 절감될 수 있다. 일반적으로 개발의 착수가 늦어질수록 개발비용은 과학의 발달로 점차 감소하게 될 것이다. 반대로 단기에 기술혁신을 이룩하자면 막대한 비용이 소요된다.

이와 같은 시간과 개발비용의 상충관계(trade-off)를 개발비용함수 $C(T)$에 반영하면, $(dC/dT) < 0$, $(d^2C/dT^2) > 0$ 을 의미한다. 이것은 곧 〈그림 17-5〉의 비용함수처럼 표시되므로, 일정기간까지는 T가 증가함에 따라 비용이 감소하지만 감소율은 점차 줄어들게 된다.

한편 기업은 개발비용을 최소화하면서 동시에 개발로 인해서 얻게 되는 수익을 극대화하려 한다. 개발수익은 공정혁신에 따르는 비용절감과 신제품의 개발로 인한 판매수익으로 구분될 수 있다. 개발수익은 시간의 변화에 따라 달라질 수 있으므로, 비용과 마찬가지로 시간의 함수 $B(T)$로서 표시된다. 다만 분석의 편의를 위해 일정한 $B(T)$를 얻는다고 가정하자. 기업의 목적은 수익과

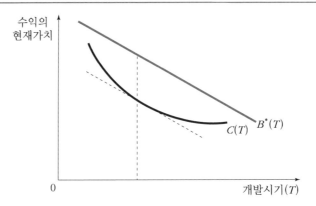

그림 17-5 기술개발의 비용과 수익분석

기술개발로 인한 수익($B^*(T)$)은 시간이 경과함에 따라 감소한다. 반면 개발비용은 일정기간까지는 감소하고, 시간이 너무 지체되면 다시 상승하는 경향이 있으므로 $C(T)$와 같이 그릴 수 있다. 수익과 비용의 차이가 극대화되는 T^*가 바로 적정한 기술개발시점이 된다.

비용의 차이를 극대화하는 데 있으므로, 장기이윤의 극대화는 식 (17.A.1)과 같다.

$$\pi = \int_0^\infty B(T)e^{-rT}dT - C(T) \qquad (17.\text{A}.1)$$

r은 할인율이며, $B(T)$는 T기의 개발수익을 나타낸다. 따라서 π는 기업이 기술개발로 얻게 되는 장기적 이윤의 흐름을 현재가치로 평가한 것이다. 다만, 비용 $C(T)$는 일시불로 초기에 지급되는 것으로 가정하고 있다.

식 (17.A.1)에서 이윤극대화를 위한 T의 선택이 곧 적정한 기술개발의 시기가 되는 것이다. 극대화조건을 구하기 위하여 T에 대해 1차 미분하면, 식 (17.A.1)을 극대화시키는 적정 T를 구할 수 있다. 이 결과는 곧 $B(T)$가 클수록 이윤극대화를 위한 적정개발시기(T)가 단축되는 것을 의미하게 된다.[3] 이것은 상식적으로 수익이 큰 개발일수록 개발기간이 단축된다는 것을 의미한다. 이러한 비용과 수익 및 개발기간의 관계는 〈그림 17-5〉와 같이 표시된다. 먼

---

3) $\dfrac{\partial \pi}{\partial T} = -B(T)e^{-rT} - \dfrac{\partial C(T)}{\partial T} = 0$ 이 되며, $\dfrac{\partial C}{\partial T} < 0$이므로 $B(T)$가 클수록 T가 단축된다.

저 비용함수는 위에 설명된 속성에 따라 〈그림 17-5〉의 $C(T)$와 같이 표시된다. 개발기간이 늦어질수록 여타 과학기술의 발달로 개발비용은 감소하지만 감소율은 점차 체감하게 된다.

반면 $B^*(T)$는 식 (17.A.1)의 첫번째 항을 나타내는 것으로서 수익 $B(T)$의 흐름을 현재가치로 합계한 것이다. 여기에서는 $B^*(T)$의 T에 대한 기울기가 음수가 된다.[4] 이것은 곧 개발이 빨리 이루어질수록 기술개발로 인한 수익이 크고, 시간이 경과함에 따라 점차 개발수익이 감소한다는 것을 의미한다.

이윤을 극대화시킬 수 있는 적정한 개발시기는 $B^*(T) > C(T)$인 구간에서 $B^*(T)$와 $C(T)$의 차이가 가장 큰 점에서 결정될 것이므로 〈그림 17-5〉에서는 T^*가 된다. T^*에서는 $C(T)$와 $B^*(T)$의 기울기가 같게 될 것이며, 이것은 곧 이윤극대화를 위한 1차 조건을 의미하기도 한다.

기술개발로 인한 수익은 공정혁신에 의한 비용과 제품판매수입의 증대에 영향을 받게 된다. 특히 제품의 판매와 밀접한 관계가 있으므로 시장의 수요여건에 좌우될 수 있다. 예를 들어 시장의 수요가 부족하면 기업의 개발수익은 개발비용을 보상할 만큼 보장되지 않을 것이다.

〈그림 17-6〉의 〈A〉에서 개발비용 $C(T)$는 개발수익의 현재가치 $B^*(T_1)$보다 항상 크게 나타나므로 기술개발이 이루어질 수 없다. 이러한 상태에서 기술개발이 이루어진다면 손실이 발생하므로, 개발의 인센티브가 주어지지 않는다. 그러나 어떤 외생적 요인의 변화로 인하여 수익선이 $B^*(T_1)$에서 $B^*(T_2)$로 이동한다면 기술개발의 인센티브가 주어지게 된다. 예를 들어 $T_1 = 1960$년이고 $T_2 = 1980$년이라면 소득증가와 소비자의 선호변화 및 기타 외생변수의 영향으로 시장수요가 크게 증대될 수 있을 것이다. 비용조건이 $C(T)$로 주어진 상태에서 수요증대로 인해 수익선이 $B^*(T_1)$에서 $B^*(T_2)$로 이동한다면 종전에는 불가능하였던 기술개발이 비로소 가능하게 된다. 이 때 기술개발로 인한 기업의 수익은 T^*에서 극대화되며 ab로 표시된다. 이와 같이 수요의 증대에

---

4) $B^*(T) = \int_0^\infty B(T)e^{-rT}dT$로 $B^*(T)$는 매기 발생되는 개발수익을 총합계하여 현재가치로 평가한 것이다.

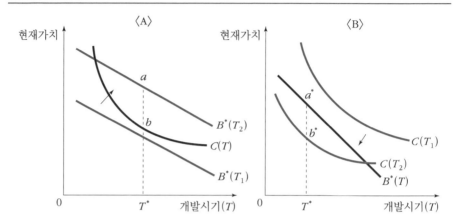

| 그림 17-6 | 수요견인가설과 기술추진가설 |

A에서는 수요의 증대로 기술개발의 수익이 $B^*(T_1)$에서 $B^*(T_2)$로 증대된다. 반면 〈B〉에서는 개발비용의 감소로 인하여 비용함수가 $C(T_1)$에서 $C(T_2)$로 감소한다. 〈A〉는 수요견인, 〈B〉는 개발에 관련된 기술의 혁신으로 기술개발의 시점이 빨라지는 경우를 설명하고 있다.

의해 기술혁신이 촉진된다는 설명이 곧 수요견인가설(demand-pull hypothesis)이다.

수요견인가설은 기술개발과정에서 수요자의 역할을 중시한다. 이 가설은 결국 소비자가 원하는 재화에 관련된 기술이 기업의 이윤기회를 확대하여 여타 기술보다 먼저 개발된다고 본다. 간단히 표현하면 "필요는 곧 발명의 어머니"라는 격언과 상통하는 내용이다.

한편 기술추진가설도 〈그림 17-6〉의 〈B〉와 같이 설명될 수 있다. 수익의 현재가치가 $B^*(T)$로 표시될 경우, $C(T_1)$의 개발비용함수에서는 기술개발의 인센티브가 발생하지 않는다. 그러나 과학기술의 발달로 인하여 개발비용이 $C(T_1)$에서 $C(T_2)$로 대폭 감소된 개발이윤이 발생하여 T^*에서 기술혁신이 발생된다. 개발이윤은 T^*에서 극대화되고 a^*b^*로 표시된다. 이러한 비용조건의 변화는 기초과학의 발달, 주요한 과학적 발견이나 발명에 의해 이룩될 수 있다.

17.A.2 기업간 경쟁과 개발시기

기술개발의 적정시기는 기업간 경쟁(rivalry)과 혁신내용의 모방(imitation) 등에 의해서도 영향을 받게 된다. 기술혁신에 따른 개발수익이 가장 극대화될 수 있는 조건은 혁신기업이 상당기간 동안 유일하게 존재하는 것이다. 이것은 곧 여타 기업의 모방과 경쟁이 배제되어야 함을 의미한다. 이 상태에서는 혁신 기업이 누릴 수 있는 절대우위는 장기간 지속될 것이다.

이것을 그림으로 표시하기 위하여 $b(t)$를 기술혁신의 결과로 얻을 수 있는 잠재적 수익(potential benefit)이라고 하자. 이것은 잠재수익이므로 실제 실현된 수익과는 다른 것으로서 시간에 걸쳐 일정하다고 가정하자. 어떤 혁신기업도 개발 직후부터 최대의 잠재수익을 현실화할 수 없을 것이므로, 실제 기업의 수 익은 어느 정도 시간이 경과한 후에 잠재수익과 동일하게 될 것이다.

〈그림 17-7〉에서 독점기업이 T_1에서 개발에 의한 신제품을 출하하였다면 실제수익은 점선으로 표시되어 점차 실선으로 표시된 잠재수익[$b(t)$]에 접근하 게 된다. 곧 그림에서 $b(t)$는 잠재수익, $b_m^*(t)$는 실제수익이 된다. 만약 T_2에

그림 17-7　기술혁신의 수익과 모방

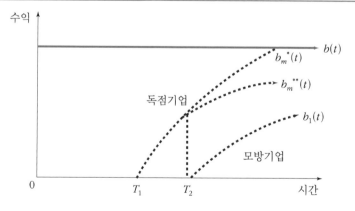

독점기업은 T_1에서 기술을 개발하여 점진적으로 잠재수익 $b(t)$에 도달한다. 그러나 모방기업은 T_2에 모방하여 $b(t)$보다 낮은 수준의 잠재수익을 추구한다. 모방기업으로 인해 독점기업의 잠재 수익은 $b(t)$에서 $b_m^{**}(t)$로 감소한다.

서 기술혁신을 모방하는 기업이 등장하게 되면 모방기업의 수익은 $b_1(t)$로 표시되고, 최초 독점기업(혁신기업)의 수익은 $b_m^{**}(t)$로 $b_m^*(t)$보다 감소하게 될 것이다(Scherer, 1986). 이와 같이 모방과 경쟁은 혁신기업의 실제수익을 감소시키는 역할을 하게 된다.

이와 같은 현상을 반영하여 각 시장구조별로 기업간 경쟁과 개발수익의 현재가치 B^*를 비교하면 경쟁시장에서는 시간의 경과에 따라 급속히 변화하고, 시장경쟁이 없는 독점에서는 완만하게 감소할 것이다. 이것은 〈그림 17-8〉과 같이 설명할 수 있다. 우선 동일한 기대수익을 창출하는 기술개발이 이루어졌다고 가정하자. 첫째, 시장경쟁이 치열한 상태에서는 개발수익의 현재가치가 빠른 속도로 감소하므로 B_c^*로 표시된다. 경쟁이 가열될수록 기대수익의 현재가치$(B)^*$를 단기에 원점으로 접근시키게 된다. 이것은 곧 완전경쟁시장에서의 혁신기업의 개발수익을 나타낸 것이 된다.

둘째, 독점산업에서와 같이 경쟁기업과 모방기업이 없는 상태에서는 개발수익의 현재가치가 경쟁시장보다 완만한 속도로 체감한다. 이것은 곧 경쟁시장

그림 17-8 경쟁과 기술혁신의 속도

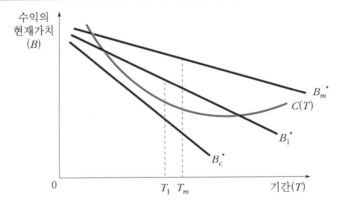

시장경쟁의 정도에 따라 기술개발의 잠재수익이 감소하는 속도도 달라진다. 독점기업은 B_m^* 처럼 점진적으로 감소하지만, 경쟁기업은 B_c^* 처럼 빠르게 감소한다. 기술개발의 시점은 잠재수익과 비용의 격차가 가장 큰 시점에서 결정된다. 따라서 독점기업의 경우(T_m)보다, 중간적 경쟁구조에서 기술개발은 더 빠르게 이루어진다.

보다도 혁신기업이 개발수익을 더 확보할 수 있는 것을 나타내는 것이다. 〈그림 17-8〉에서는 B_m^*가 독점시장의 개발수익을 반영하고 있다.

셋째, 독점과 경쟁의 중간적 시장구조에서는 개발수익의 현재가치가 B_c^*와 B_m^*의 중간인 B_1^*로 표시될 수 있다. 여기에는 경쟁과 독점시장의 속성이 혼합되어 있다.

기업의 기술개발 동기는 이윤극대화에 있으므로 적정개발시기는 비용을 차감한 순수익이 극대화되는 점에서 결정될 것이다. 즉, 주어진 비용함수 $C(T)$와 B^*를 비교하여 $B^* > C(T)$이면서 그 차이가 최대가 되는 점을 개발시기로 선택하게 된다. 주어진 비용함수의 특성상 독점산업에서는 T_m에서, 중간경쟁(intermediate competition)산업에서는 T_1에서 적정개발시기가 결정된다.[5] 그러나 경쟁이 가장 치열한 완전경쟁의 경우에는 모든 시간에 걸쳐 $C(T) > B_c^*$이므로 기술개발의 인센티브가 사라지게 된다. 이 결과 중간경쟁수준에서 적정개발시기가 가장 먼저 나타나는 것을 알 수 있다. 이것은 곧 일정한 수준까지의 경쟁은 기술개발의 시기를 단축시켜주는 역할을 하지만 완전경쟁에서는 오히려 개발의 인센티브가 사라지는 것을 보여주고 있다.

시장구조와 기술혁신의 관계에서 이 모형을 설명하면 기술혁신을 가장 단축시켜주는 시장의 독점이나 경쟁이 아니라 오히려 중간적 경쟁이 이루어지는 시장구조임을 보여주고 있다. 일정한 수준의 경쟁은 기업의 기술혁신활동을 촉진시켜주는 기능을 하지만 과다한 경쟁은 기업의 기대수익을 감소시켜 오히려 기술혁신을 저해하는 요소로 작용하게 된다. 반면 경쟁의 압력이 전혀 없는 독점시장에서는 적정개발시기가 가장 늦은 수준에서 결정된다.

17.B 특허제도와 사회후생

특허제도는 기술혁신을 최초로 수행한 기업을 보호해 주는 사회적 보호장

---

5) B^*와 $C(T)$의 수직거리가 가장 극대화되는 점은 두 함수의 기울기가 동일한 점에서 결정된다. 따라서 비용함수 $C(T)$의 속성상 T_1가 T_m보다 먼저 나타난다.

치이다. 기술혁신에는 많은 연구개발비용과 비물질적인 노력이 투입되었으므로 기술혁신의 내용을 일정기간 보호해 줌으로써 기술혁신을 수행한 기업에게 독점적 지위를 부여하고 경제적 이익을 증가시켜주는 제도인 것이다. 만약 특허제도가 없어 기술개발이 쉽게 모방될 수 있다면 기술혁신을 선도적으로 수행할 기업은 없고 모방하려는 기업만 등장할 것이다. 따라서 특허제도는 기술혁신을 촉진시켜 주는 요인으로 작용하게 된다. 이와 같이 특허는 발명가나 저작자에게 독점적 지위를 보장함으로써 기술혁신의 성과를 획득할 수 있도록 보호하는 사회제도로서 충분한 가치가 있다.

그러나 과연 가장 적당한 특허기간은 어떻게 결정되어져야 하는가? 기술혁신의 결과를 특허제도로 보호하지 않으면 기술혁신을 선도적으로 수행할 인센티브가 크게 감소할 것이다. 반대로 기술혁신에 대한 독점적 지위를 너무 장기적으로 부여한다면 독점으로 인한 사회후생의 손실이 발생하게 된다. 왜냐하면 기술혁신은 공공재의 성격을 갖고 있으므로 많은 경제주체가 혁신의 결과를 공유할 때 사회후생이 극대화 된다. 따라서 기술혁신의 인센티브를 충분히 부여하고 사회후생을 극대화시키는 적정특허기간의 문제는 산업조직론의 주요한 논제가 된다. 이와 관련된 논의는 흔히 특허의 경제학(economics of patent)이라고도 한다.

특허에 따른 사회후생의 문제를 논의하기 위해 이제 다음과 같은 모형을 분석해 보자(Nordhaus, 1969). 먼저 특허제도에 의해 기술혁신의 결과(발명, 저작 또는 여타의 창의적 성과)에 대해 특허를 부여하여 독점적 지위를 인정한다고 가정한다. ⟨그림 17-9⟩에서와 같이 경쟁시장에서 혁신의 결과 한 기업이 생산비를 c에서 c^*로 절하하였다고 가정하자. 기술혁신의 비용을 X, 현재의 공급량을 q^*라고 하면 기술혁신으로 인한 후생증대는 $B(X)$로 표시된다.[6]

이후에도 가격과 생산량이 동일하다면 개발이윤의 증가는 $cRVc^*$가 된다. 이것은 소형의 공정혁신을 가정하고 있으므로 생산량과 비용의 절하분을 곱하여서 얻은 값이다. 만약 특허를 통해 독점적 지위가 부여되지 않았다면 모든

---

6) 연구비가 많이 투입될수록 기술혁신으로 인한 후생증대의 규모가 체감적으로 증가한다면 $B'(X) > 0$이고 $B''(X) < 0$이 된다.

그림 17-9 특허제도와 사회후생

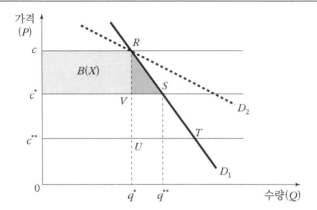

기술혁신의 결과 한계비용이 c에서 c^*로 하락하였다면, 후생의 증대는 $B(X)$가 되고, 기술개발에 따른 이윤은 $cRVc^*$가 된다. 이 기술을 특허로 보호한다면 RSV만큼의 소비자후생의 손실이 발생하나, 특허가 주어지지 않고 모든 기업이 모방할 수 있다면, 시장가격이 c^*에 접근하고, RSV의 후생손실도 사라진다. 그러나 특허제도가 없어서 기술개발 자체가 이루어지지 않는다면 비용은 c^*로 감소되지 않고 c에서 머무르게 되며, 후생증가가 전혀 나타나지 않는다.

기업이 기술개발을 모방하고 기업간 경쟁의 결과 가격은 c^*에 접근한다. 가격이 c^* 수준으로 하락하면 소비자후생은 RSV만큼 증가한다. 그러나 특허를 부과했다면 혁신기업만 기술개발의 이윤을 누릴 것이다. 따라서 특허를 부과함으로써 RSV만큼의 소비자잉여의 손실 또는 사회후생의 순손실이 발생한다. 그러나 기술혁신 자체가 나타나지 않았다면 소비자잉여의 문제도 발생되지 않게 된다.

이제 기술혁신을 수행하는 기업의 입장에서 보면 발명으로 인한 이익 $[B(X)]$에서 연구개발비(X)를 공제한 순이익의 극대화를 시도하게 된다. 따라서 장기적 관점에서 기업의 기술개발로 인한 순이익의 극대화문제는 다음과 같이 전개된다.

$$\max V = \int_0^t B(X)e^{-rt}dt - X \tag{17.B.1}$$

여기에서 t는 특허기간, r은 할인율, X는 연구개발비의 지출이다.[7] 따라

---

7) 엄격한 의미에서는 연구개발비 X도 할인율의 개념을 도입하여 평가되어야 하나 모형의 단순

서 기업은 기술혁신으로부터 얻게 되는 이익흐름의 현재가치와 비용의 차이를
극대화하는 점에서 연구개발활동을 결정하게 된다. 만약 특허기간 t를 연장시
키면 당연히 수익 $B(X)$가 증대되고 연구개발투자 X도 증가시키는 영향을 미
치게 되며 기업의 기술개발투자 인센티브가 커지게 된다.

한편 사회적 관점에서는 기업의 이익뿐만 아니라 소비자잉여도 고려하여
총사회후생의 극대화가 달성되는 특허기간(t)을 결정해야 한다. 특허기간 t가
만료되면 다른 경쟁기업들도 동일한 기술을 사용하여 한계비용이 감소하고 따
라서 가격은 c^*이 되고, 시장생산량은 q^{**}가 된다. 특허만료 후의 사회후생은
다음과 같이 정의된다.

$$SW = \int_t^\infty B(X)e^{-rt}dt + \int_t^\infty A(X)e^{-rt}dt \qquad (17.B.2)$$

여기에서 $A(X)$는 〈그림 17-9〉에서의 RSV부분을 나타낸다. 따라서 기술혁
신으로 인한 총순사회후생은 식 (19.B.1)과 식 (19.B.2)의 합으로 다음과 같다.[8]

$$TSW = V + SW = \int_0^\infty B(X)e^{-rt}dt - X + \int_t^\infty A(X)e^{-rt}dt \qquad (17.B.3)$$

이 식의 앞 부분 두 항은 식 (17.B.1)에서의 기술혁신으로 인해 특허기간
중에 기업이 얻는 기술개발이윤(V)을 포함하고 있다. 첫번째 항과 세번째 항은
특허기간이 종료된 뒤에 발생하는 소비자후생을 포함하고 있다. 따라서 특허기
간까지의 기업이익과 특허기간 이후의 소비자이익을 모두 고려하여 사회후생
이 결정되는 것이다.

화를 위해 일시적 지출이라 가정한다.

8) 결국 사회후생의 극대화를 위한 적정특허기간 t^*는 식 (17.B.3)을 t에 대하여 미분함으로
써 결정될 수 있다. 이 식에서 t^*를 간단히 구하기 위해서는 $B(X)$와 $A(X)$간의 일정한 관계
를 가정해야만 한다. 이제 〈그림 17-9〉의 RS구간에서 수요곡선의 호탄력성(弧彈力性: arc
elasticity)이 η라고 하면, 여러 단계의 계산을 거쳐 적정특허기간 t^*는 다음과 같이 결정된다.

$$t^* = \frac{1}{\rho}\left[\ln\{1+\eta B(1+K)\} - \ln(\eta BK)\right] \qquad (17.B.3)$$

K는 $B(X)$함수의 곡도(曲度)를 반영하는 것으로서 $K = \dfrac{-B''B}{2(B')^2} > 0$을 나타내고 있다. 이제
각 산업별로 η와 K에 관한 모수를 알고 있고, 할인율 r을 대입하면 이 모형에서 제시하는
적정특허기간 t^*를 계산할 수 있다.

적정특허기간에 대한 이 모형은 다음과 같은 중요한 시사점을 제공하고 있다.

첫째, 사회적으로 바람직한 특허기간은 각 산업별로 다르게 결정된다는 사실이다. 〈그림 17-9〉와 식 (17.B.3)에서 기업의 개발이윤과 소비자후생은 수요의 탄력성에 따라 크게 달라진다. 따라서 탄력성이 각 산업별로 모두 다르기 때문에 적정특허기간 역시 다르게 결정되는 것이 바람직하다.

둘째, 수요가 탄력적일수록 적정특허기간 t^*는 짧은 기간으로 결정된다. 이것은 〈그림 17-9〉에서도 쉽게 증명될 수 있는 현상으로서, 그림에서 수요곡선 D_1과 D_2를 비교하면 된다. 탄력적인 수요곡선 D_2에서는 기업의 개발이익과 비용 $[B(X) - X]$가 D_1과 차이가 없음에도 불구하고, 소비자잉여$[A(X)]$의 손실은 D_1보다 훨씬 크게 나타난다. 따라서 여타 조건이 동일하다면 수요가 탄력적일수록 사회후생의 극대화를 위한 적정특허기간은 감축되어야 한다.

셋째, 기술혁신 자체가 용이할수록 특허기간이 단축되는 것이 바람직하다. 기술혁신이 용이하다는 것은 상대적으로 적은 비용을 투입하여 많은 비용절감을 가져오는 것을 의미한다. 이제 〈그림 17-9〉에서 동일한 연구개발비 X를 투입한 기술개발이 비용을 c에서 c^*로 절약시키는 경우와 c^{**}로 감소시키는 경우를 비교해 보자. c^{**}의 개발로 인한 기업의 이익은 $cRUc^{**}$로 $cRVc^*$보다 2배 정도 증가하였지만, 소비자의 손실은 RUT로 RVS보다 2배 이상 증가하였다. 이것은 곧 개발이 쉬운 기술혁신을 특허로 장기간 보호할수록 소비자잉여가 크게 감소한다는 것을 의미한다. 따라서 기술개발이 용이한 것일수록 적정특허기간은 짧아지게 된다. 극단적으로 아무런 비용을 투입하지 않고 이룩한 기술개발인 경우, 적정한 특허기간은 물론 0이 된다.

이와 같은 특허에 관한 이론적 모형은 물론 간단한 가정을 바탕으로 이룩된 것이다. 그러나 특허제도의 현실적 운용에 있어서 산업의 특성, 소비자의 수요의 탄력도에 따라서 적정특허기간이 결정되어야 함을 분명히 보여주고 있다.

기술혁신과 사회후생

기업이 기술혁신활동에 참여하게 되는 궁극적 유인은 물론 이윤극대화에 있다고 할 수 있다. 그렇다면 이러한 유인은 완전경쟁과 독점시장에서 각각 어떻게 나타나겠는가? 이제 시장구조와 기술혁신의 관계를 함수적으로 설명하기 위하여 우선 기술혁신에 관련된 비용을 무시하고 순수한 혁신의 인센티브만을 파악하기로 하자. 또한 각 기업간 상호전략적 대응도 모두 무시하고 단지 공정의 혁신으로 비용이 절감되는 경우만을 고려하여 기술개발의 인센티브를 파악하기로 하자.

먼저 어떤 기술혁신(생산공정의 혁신)이 생산비용을 c^*에서 c^{**}로 절감시킬 수 있다고 가정하자($c^* > c^{**}$). 또한 개발된 기술을 여타 기업에 판매할 가능성이 없다고 가정하자. 이제 이러한 가정하에서 정부 또는 기업의 기술혁신 인센티브와 사회후생효과를 분석하기로 하자.

17.C.1 정부와 독점기업의 기술개발

먼저 정부(또는 중앙계획당국)가 기술혁신을 담당하게 될 경우를 살펴보자. 중앙계획당국이 기술혁신을 추진하려는 인센티브는 혁신으로 인한 사회후생의 증가에 있다고 할 수 있다. 기술혁신으로 인해 사회후생의 증가가 발생한다면 당연히 중앙계획당국이 기술혁신을 추진하게 될 것이다. 계획당국은 자원배분의 효율성을 반영하여 $P = MC$의 가격을 책정할 것이므로 기술혁신 이전에는 $P^* = c^*$, 이후에는 $P^{**} = c^{**}$가 성립한다.

정부주도의 기술혁신이 사회후생에 미치는 영향은 소비자잉여의 증대를 통해서 나타난다. 단기의 소비자잉여 증대를 V_1^s이라 하면 수요함수 $D(P)$의 적분을 통해 다음 식 (17.C.1)과 같이 나타난다(〈그림 17-9〉 참조).

$$V_1^s = \int_{p^{**}}^{p^*} D(P)dP = \int_{c^{**}}^{c^*} D(c)dc \qquad (17.C.1)$$

이것은 곧 비용이 c^*에서 c^{**}로 절하된 결과로 나타나는 소비자잉여의 증

대이다. 정부는 이윤추구를 하지 않고 가격과 비용을 일치시킴으로써 생산자잉
여는 나타나지 않는다.

이자율이 r로 일정하다면 장기에 걸친 소비자잉여는 식 (17.C.2)와 같다.

$$V^s = \int_0^\infty V_1^s e^{-rt}dt = \frac{1}{r}\int_{c^{**}}^{c^*}D(c)dc \qquad (17.C.2)$$

이것은 곧 기술혁신으로 인하여 증가되는 사회후생의 총계를 현재가치로
표시한 것이다. 정부주도의 기술혁신은 V^s의 극대화가 목표가 된다.

이제 독점기업이 기술혁신을 추진하는 경우를 보자. 재화시장에서 독점인
기업이 연구개발활동을 독자적으로 수행하는 경우를 가정하자. 먼저 비용변화
에 따른 독점기업의 이윤 π^m의 변화를 파악하면 $d\pi^m/dc = -D(P^m(c))$로 표
시된다.[9]

즉, $P^m(c^*)$는 c^*의 비용에서 독점기업의 이윤극대화 가격이다. 이제 기술
혁신전후의 독점기업이윤을 비교하여 보자. 기술개발로 인한 독점기업의 이윤
증대는 c^{**}에서의 이윤 $\pi^m(c^{**})$와 c^*에서의 이윤 $\pi^m(c^*)$의 차이가 된다. 장기
적 이윤의 현재가치를 비교하여 독점이윤의 증대(V^m)를 구하면 다음과 같다.

$$V^m = \frac{1}{r}[\pi^m(c^{**}) - \pi^m(c^*)]$$

$$= \frac{1}{r}\int_{c^{**}}^{c^*}D(P^m(c))dc \qquad (17.C.3)^{[10]}$$

---

9) 이것은 포락선정리(envelope theorem)를 이용하여 다음과 같이 유도된다.

$$\frac{d\pi^m}{dc} = \frac{d}{dc}[(P-c)\cdot D(P)]$$
$$= \frac{\partial\pi^m}{\partial P}\cdot\frac{dP^m}{dc} + \frac{\partial\pi^m}{\partial c}$$
$$= \frac{\partial\pi^m}{\partial c} = -D(P^m(c))$$

여기에서 P^m은 비용(c)의 함수로 표시된 독점가격이다. 이 식은 곧 비용의 변화에 따른 독
점이윤의 변화를 나타내고 있다.

10) $\pi^m(c^{**}) - \pi^m(c^*) = -\int_{c^{**}}^{c^*}\left(\frac{d\pi^m}{dc}\right)dc$ 이며 여기에서는 $c^* > c^{**}$가 된다.

이 결과를 정부주도형 개발과 비교하면 독점시장에서는 가격이 비용보다 높게 결정되므로 $(P^m > c)$가 되고 이것은 곧 $V^m < V^s$가 된다.[11] 이것은 독점기업에 의한 이윤극대화생산량은 중앙계획당국에 의한 생산보다 적기 때문에 나타나는 현상이다(왜냐하면 계획당국은 $P = MC$를 만족시키는 반면 독점기업은 $MR = MC$에서 생산을 결정하기 때문이다). 따라서 독점기업에 의한 공정혁신은 중앙계획당국에 의한 혁신보다 더 적은 산출량을 생산하는 과정에 적용되며 그 결과 공정혁신으로 인한 비용절감효과는 정부주도의 기술혁신에서 더욱 크게 나타난다. 즉, $V^m < V^s$가 성립되는 것이다.

17.C.2 경쟁기업의 기술개발

경쟁기업에 의해 주도되는 기술혁신을 고려해보자. 기술혁신 이전에 다수의 기업이 c^*에서 생산하고, 이윤이 0이 되는 상태에 있을 것이다. 이제 한 기업이 기술혁신에 성공하여 특허를 받았다고 가정하자. 이 경우 다음과 같이 두 사례가 발생할 수 있다. 즉, $P^m(c^{**}) > c^*$ 또는 $P^m(c^{**}) \leq c^*$의 경우이다.

먼저 $P^m(c^{**}) \leq c^*$의 경우에는 기술혁신을 주도한 기업이 독점기업으로 변신하고 여타 기업은 전혀 생산활동에 참여하지 않게 되는 경우이다. 이러한 형태의 기술혁신을 '중대한'(major) 또는 '획기적'(drastic) 기술혁신이라고 한다. 획기적 기술혁신 상태에서는 기술혁신을 이룩한 기업만이 생존할 수 있으며, 결국 독점산업과 같이 된다. 이 결과 기술혁신 후 c^{**}에서 독점가격 $P^m(c^{**})$을 부과해도 종전의 가격$(P = c^*)$보다 저렴한 경우가 발생한다.

한편 $P^m(c^{**}) > c^*$의 경우에는 결국 기술혁신을 주도한 기업이 독점적 지위를 확보하지 못하므로 $P = c^*$를 부과하게 될 것이다. 물론 시장가격도 $P = c^*$이며, 혁신기업이 독점적 행태를 나타내기에는 비용의 우위가 작은 경우가 된다. 이러한 형태의 기술혁신을 '소형'(minor) 또는 '비획기적'(nondrastic) 기술혁신이라고 한다. 물론 소형기술혁신의 경우도 공정혁신을 이룩한 기업은 종전과 달리 이윤을 확보하게 된다.

---

11) 수요곡선은 우하향하므로 $P^m > c$인 경우에는 $\int D(c)dc > \int D(P^m)dc$가 되어 $V^s > V^m$이 된다. 이것은 〈그림 17-9〉에서 평가하면 더욱 분명하다.

공정혁신기업의 기당(期當)이윤은 비용의 차이와 수요량을 곱한 것으로 $\pi_c = (c^* - c^{**}) \cdot D(c^*)$가 되며, 경쟁산업에서의 혁신추구에 대한 인센티브는 식 (17.C.4)와 같다.

$$V^c = \frac{1}{r}(c^* - c^{**}) \cdot D(c^*)$$

$$= \frac{1}{r} \int_{c^{**}}^{c^*} D(c^*) dc \tag{17.C.4}$$

한편 이것은 소형기술개발이므로 $c^* < P^m(c^{**}) \leq P^m(c)$가 되므로 $c \geq c^*$인 모든 구간에서 $D(c^*) > D(P^m(c))$가 된다. $P^m(c)$는 기술혁신 이전의 독점가격 $P^m(c^{**})$는 기술혁신 이후의 독점가격, c^*는 기술혁신 이후의 완전경쟁가격(한계비용)이 된다. 따라서 $D(c^*) > D(P^m(c))$이므로 $V^c > V^m$이 된다.

17.C.3 사회후생의 비교

지금까지 시장구조가 다를 경우마다 기술혁신의 인센티브가 어떻게 나타나는가를 설명하였다. 기술혁신의 결과로 얻게 되는 기업이윤의 증대는 모든 $c^{**} < c^*$에서 $V^m < V^c < V^s$의 관계가 성립하며 이것은 곧 정부가 개발한 기술혁신이 가장 큰 사회후생의 증가를 가져온다는 것을 의미한다. 따라서 기술혁신으로 인한 후생의 증가가 영구적으로 지속되는 경우를 가정할 때, 정부주도의 기술혁신이 가장 큰 사회후생의 증가를 가져오고, 독점기업은 경쟁기업보다 기술혁신으로부터 얻게 되는 잉여가 적은 것을 알 수 있다.[12]

---

12) 한편 획기적(drastic) 공정혁신이 이루어져 $P^m(c^{**}) \leq c^*$인 경우에도 $V^s > V^c > V^m$의 관계는 성립하게 된다. 획기적인 기술혁신의 경우에는 경쟁기업이 $P^m(c^{**})$를 부과하므로 V^c와 V^m이 각각 다음과 같다.

$$V^c = \frac{1}{r} D(P^m(c^{**})) \cdot [P^m(c^{**}) - c^{**}]$$

$$V^m = \frac{1}{r} D(P^m(c^{**})) \cdot [P^m(c^{**}) - c^{**}] - D(D(P^m(c^*)) \cdot [P^m(c^*) - c^*]$$

또한 $V^s = \frac{1}{r} \cdot \int D(c) dc$이므로 결국 $V^s > V^c > V^m$이 성립한다. $V^s > V^c$가 성립하는 이유는 〈그림 17-10〉으로 간단히 설명될 수 있다. 즉, V^c는 $c^{**}P^m BE$이고 V^s는 c^*ABFc^{**}가 된다.

기술혁신으로 인한 후생증가가 독점기업보다 경쟁기업에 더욱 크게 나타나는 이유는 다음과 같이 설명된다. 경쟁기업은 기술혁신 이전에 초과이윤이 전혀 없는 상태에서 기술혁신 이후에는 초과이윤이 발생하는 형태로(또는 독점기업으로) 전환된다. 그러나 독점기업은 기술혁신 이전부터 이미 초과이윤을 얻고 있으므로 혁신 이후에 증가되는 이윤은 종전이윤의 일부를 대체하는 성격을 지니게 된다. 이러한 이유로 「애로우」(Arrow)는 독점기업이 혁신의 인센티브가 적게 나타나는 현상을 기존 이윤의 대체효과(replacement effect)에 기인된다고 설명하고 있다.

V^m과 V^c는 각각 기술혁신으로 독점기업과 경쟁기업이 얻게 되는 생산자잉여의 증가로서 연구개발투자를 촉진시키는 인센티브가 된다. 실제 독점기업이 R&D 비용이 V^m보다 적을 경우에는 기술혁신의 인센티브가 부여되는 것이다.

한편 사회후생은 V^m과 V^c에 각각 소비자잉여를 포함하면 된다. 즉, 독점기업의 공정혁신으로 인한 사회후생의 증대는 V^m과 소비자잉여의 증대의 합을 말한다. 이러한 후생의 증대를 ΔSW^m이라 하면 당연히 $\Delta SW^m > V^m$이 성립한다. 왜냐하면 기술혁신은 단위비용을 절감시키고 가격하락을 유발하므로 소비자잉여가 증대된다. 동일한 이유로 경쟁산업에서도 $\Delta SW^c \geq V^c$의 관계가 성립하게 된다.

그런데 $V^s > V^c > V^m$의 관계가 성립함에도 불구하고 획기적 기술혁신의 경우에는 $\Delta SW^m > \Delta SW^c$가 성립하여 오히려 독점기업에 의한 기술개발이 경쟁기업보다 사회후생을 더욱 증대시킬 수 있다. 획기적 기술개발의 결과는 독점기업이나 경쟁기업이나 모두 〈그림 17-10〉에서 P^m을 부과하게 된다. 따라서 기술개발 후 나타나는 총후생은 두 시장구조에서 모두 동일하다. 즉, 독점과 경쟁시장의 기술개발 후 총후생을 $SW^m = SW^c$라 하자. 기술개발 이전 경쟁기업은 $P^c = c^*$이고 독점기업의 개발이전가격은 $P^m > c^*$로 P^c보다 높다. 이 결과 기술혁신 이전의 사회후생은 경쟁산업이 독점산업보다 훨씬 크게 나타난다. 즉, 경쟁과 독점시장의 기술개발 이전의 사회후생을 각각 SW^c_p, SW^m_p이라 하면 $SW^c_p > SW^m_p$이 된다. 따라서 기술개발로 인한 순후생의 증가는 독점기업

그림 17-10 기술혁신과 후생

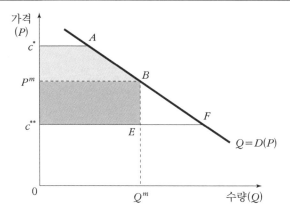

획기적인 기술개발로 비용이 c^*에서 c^{**}로 하락하였다면, 기술개발 이후 경쟁시장이나 독점시장 모두 P^m에서 가격이 결정된다. 획기적인 기술개발의 경우에는 경쟁시장에서도 기술개발에 성공한 기업만 생존할 수 있기 때문이다. 이 경우 기술혁신으로 인한 사회후생의 순증가는 경쟁시장보다 독점시장에서 더 크게 나타난다. 기술개발 이전에 경쟁시장에서 $P^c = c^*$였지만, 독점시장에서는 $P^m > c^*$로 P^c보다 높은 가격이 유지되었기 때문이다.

이 $\Delta SW^m = SW^m - SW_p^m$, 경쟁기업이 $\Delta SW^c = SW^c - SW_p^c$로서 $\Delta SW^m > \Delta SW^c$가 된다.

일반적으로 획기적인 대형기술혁신은 $\Delta SW^m > \Delta SW^c$, 소형기술개발의 경우에는 $\Delta SW^c > \Delta SW^m$이 성립한다. 이것은 결국 기술혁신으로 인한 사회후생의 순증가가 시장구조는 물론 개발된 기술의 속성에 따라서 결정되는 것을 의미한다.

풀 어 쓰 는 경 제 19

타이어보다 비싼 운동화

얼마 전 청바지를 만드는 한 중소기업을 방문하게 되었다. 최신시설을 갖추고 주로 외국의 유명 브랜드를 하청받아 수출하는 우량기업이었다. 대기업에 비하면 작은 규모였지만, 원단의 재단에서부터 염색과 가공, 포장에 이르기까지 모든 공정이 빈틈없이 이루어지고 있었다. 간단한 청바지조차도 이렇게 효율적으로 생산될 수 있다는 사실에 감탄하지 않을 수 없었다.

그러나 일행의 놀라움은 오히려 다른 데에 있었다. 우리를 의아하게 만든 것은 새 원단을 쳇바퀴처럼 돌리면서 닳게 하는 공정이었다. 거칠지 않으면서도 자연스럽고 부드럽게, 마치 입다가 닳은 옷처럼 만드는 것이 그 공정의 핵심이었다. 그러나 쉰세대의 눈에는 새것을 헌 것으로 만드는 그 과정이 오히려 가치를 파괴하는 것으로 보였다. 왜 그렇게 좋은 새 원단을 저렇게 '비용'을 들이며 닳게 만들어야 하는가? 질문이 모두 내게 쏟아졌다. 왜 헌옷을 더 좋아하는가? 혹시 무언가 잘못된 현상 아닌가?

나는 동문서답(?)을 내놓았다.

"오늘 자녀들에게 운동화 한 켤레를 선물해보시지요. 아마도 유명 브랜드의 운동화 한 켤레와 타이어 4개 값이 비슷할 겁니다."

"그게 말이 됩니까? 도대체 무슨 운동화가 그렇게 비싸단 말입니까?"

"글쎄요… 그러나 시장에서는 그런 현상이 자주 나타납니다."

아무래도 운동화와 타이어는 비교의 대상도 되지 않는다. 제작과정은 물론 원재료나 기능을 살펴보고, 내구성을 고려해도 도저히 비교될 수가 없다. 어디 그것뿐인가. 생산시설을 위한 투자는 물론 기능면에서도 타이어는 운동화보다 엄청나게 중요하다. 불량타이어가 얼마나 많은 인명을 희생시키는가. 그러나 시장가격은 완전히 거꾸로 움직인다. 운동화에 공기를 집어넣은 새 모델이기 때문이라고 한다. 그러나 타이어에는 더 많은 공기가 들어가는걸. 그렇다면 브랜드 때문인가. 아무리 브랜드가 중요해도, 누가 그렇게 비싼 것을 사겠는가. 그렇다면 품질 때문인가?

청바지나 운동화는 수요 공급의 원리에서 예외일 수 없다. 소비자가 높은 가치로 평가해야만 비싼 가격에서도 수요가 있는 법이다. 공급면에서는 희소성이 있어야만 높은 가격이 형성된다. 유명 운동화나 청바지는 이 두 조건을 모두 만족시키고 있는 것이다.

첫째, 소비자가 그 브랜드를 높이 평가한다. 이것을 상표에 대한 충성심(brand loyalty)이라고 한다. 찌그러진 반달 모양, 날렵한 말이나 의문부호 하나로 대변되는 그 상표에 소비자들이 취해버린 것이다.

둘째, 제품의 차별화에 성공했기 때문에 희소성이 있다. 차별화를 통해 자기 제품만을 선호하는 소비자 계층이 등장한다. 디자인이나 품질, 내구성, 감촉, 패션, 또래간의 유행 등 다른 제품보다도 소비자를 더 만족시켜줄 수 있는 그 무엇이 있는 것이다. 제조업뿐만 아니라 수경재배된 야채나 지역의 특성을 강조하는 쌀, 시간내에 배달하지 못하면 식비를 받지 않는 음식점 등 모두 차별화를 시도하는 사례들이다. 사람의 가치가 결정되는 과정도 예외가 아니다. 이렇게 되면 가격이 비싸도 변함없이 그 브랜드를 찾는 계층이 형성된다. 그 그룹의 소비자에게는 거의 독점적인 지위를 확보하는 셈이다. 아무리 종류가 다양해도 '그 소비자'가 찾는 청바지나 운동화는 한정되어 있기 때문이다. 이런 이유로 새것을 닳게 하여 물질을 파괴시키고 부가가치를 높이는 것이다.

비록 쉰세대가 비싸다고 외면해도 10대의 차별화된 시장만 확보하면 된다. 어른들이 유명 골프클럽에 매혹되듯이 그들도 나름대로 취향이 있기 때문이다. 비록 돈은 부모가 지불해도.

정갑영, 『열보다 더 큰 아홉』, 21세기북스, 2012, p. 116.

INDUSTRIAL ORGANIZATION

제 18 장 네트워크 효과와 표준화

Chapter 18

네트워크 효과와 표준화

18.1 네트워크 효과

　　서로 연결되어 있는 망을 네트워크라 하는데, 전화나 팩스 등의 네트워크, 수많은 판매자와 구매자가 연결되어 있는 Ebay와 같은 옥션사이트, 소셜 네트워크인 카카오톡, 페이스북, 유튜브, 컴퓨터 운영시스템 Windows과 소프트웨어들의 네트워크, 카카오톡과 다양한 게임 프로그램의 네트워크 등을 그 예로 들 수 있다. 이러한 네트워크에서는 네트워크 효과 또는 네트워크 외부효과가 존재한다.

　　네트워크 효과(network effect or network externality)는 특정재화나 서비스를 사용하는 소비자가 동일재화나 서비스를 사용하는 사람들이 가지는 가치에 주는 영향 또는 효과로 정의되는데, 앞의 예에서와 같이 동일재화를 사용하는 소비자들과의 상호작용 또는 상호호환성이 중요시되는 경우에 네트워크 효과가 발생한다. 네트워크 효과는 직접적인 네트워크 효과와 간접적 네트워크 효과로 구분될 수 있다. 특정재화나 서비스를 사용하는 소비자의 수, 즉 네트워크의 크기가 커질수록 동일재화나 서비스를 사용함으로써 얻는 효용이 커질 때 직접적인 네트워크 효과가 존재한다고 한다. 전화나 이메일, 팩스 등에서 사용하는 사람이 많아질수록 서로 의사소통을 주고 받을 수 있는 사람들이 많아지기 때문에 사용가치 또는 효용이 더 커지는 것을 직접적인 네트워크 효과라고 한다. 반면 특정재화나 서비스의 소비자가 많아질수록 그와 관련된 보완재가 많아지며 이는 다시 특정재화나 서비스의 가치를 증가시키는데 이를 간접적인 네트워크 효과라고 한다. 그 예로 컴퓨터 운영시스템, ATM 네트워크 등을 들 수 있다. 특정 컴퓨터 운영시스템의 사용자가 많으면 해당 운영시스템에서 작동하는 소프트웨어가 많이 개발되며, 소비자들은 사용할 수 있는 소프트웨어가 많은 운영시스템으로부터 더 큰 효용을 얻게 된다. ATM 네트워크의 경우에도 ATM 사용자가 많아질수록 더 많은 ATM이 설치될 것이고 소비자들은 ATM에의 접근성이 더욱 용이하고 편리해지기 때문에 ATM 네트워크의 가치는 상승하게 된다.

본 장에서는 이러한 네트워크 효과가 존재하는 경우 수요와 가격의 결정이 어떻게 이루어지는지 살펴보고, 다수의 네트워크가 존재하는 경우에서의 기술 간의 경쟁과 표준화가 성립할 수 있는 경우들을 살펴본다.

18.2 | 네트워크 효과가 존재하는 경우의 소비자 수요

네트워크 효과가 존재하는 경우, 특정재화에 대한 소비자의 수요와 기업의 공급결정을 Rohlfs(1974)의 모형을 단순화하여 살펴보도록 하자. 전화나 팩스와 같은 네트워크 서비스에 대한 소비자의 수요분석에 초점을 맞추기 위해서, 이를 제공하는 독점기업을 가정한다. 또한, 단순화를 위해서 이 독점기업은 소비자들에게 가입비 p원만 부과하고 사용량에 따른 사용료는 부과하지 않는다고 가정한다. 그리고 N명의 인구 중에 네트워크 가입자비율은 $f(0 \le f \le 1)$라고 하자. 소비자 i가 네트워크 서비스에 가입함으로써 얻는 효용 또는 가치는 $w_i f$로 정의하고, w_i는 0과 100,000원 사이의 값을 가지는 균일분포(uniform distribution)를 따른다고 가정하자. 즉, 가입자의 수가 많아질수록 개별 소비자의 효용 또는 네트워크 서비스의 가치가 높아지는 직접적인 네트워크 효과가 존재한다. 소비자는 자신이 얻는 효용이 가격보다 높거나 같으면 서비스에 가입을 하고, 그렇지 않으면 가입을 하지 않는다. 따라서 네트워크 서비스에 대한 소비자 i의 수요는 다음과 같이 나타낼 수 있다.

$$q_i = \begin{cases} 1 \ \text{if} \quad w_i f \ge p \ (\text{or} \ w_i \ge p/f) \\ 0 \ \text{if} \quad w_i f < p \ (\text{or} \ w_i < p/f) \end{cases} \tag{18.1}$$

가격과 가입자 비율이 p와 f로 주어졌을 때, 해당 가격과 소비자가 얻는 효용이 같은 소비자를 한계소비자라고 불리며 다음과 같이 나타낼 수 있다.

$$w_i^{\;*} = p/f \tag{18.2}$$

이 때 한계소비자 i보다 높은 $w(>w_i^{\;*})$를 가지는 소비자들은 모두 네트워크 서비스에 가입을 하고, 낮은 $w(<w_i^{\;*})$를 가진 소비자들은 가입을 하지 않는다. 따라서 소비자들의 w가 0과 100,000 사이의 균일분포를 따른다는 가정 하에서, $w_i^{\;*}/100,000$의 크기와 네트워크 서비스에 가입하지 않는 소비자의 비율 $(1-f)$은 동일하며 다음과 같이 나타낼 수 있다.

$$\frac{w_i^{\;*}}{100000} = 1 - f \tag{18.3}$$

식 (18.2)를 식 (18.3)에 대입하면 역수요함수가 식 (18.4)와 같이 도출되며 〈그림 18-1〉과 같이 그려진다.

$$p = 100000f(1-f) \tag{18.4}$$

이제 〈그림 18-1〉의 역수요곡선에서 나타나는 특징을 바탕으로 세 개의 균형에 대해 살펴보도록 하자.[1] 첫째, 가격 p가 25,000원보다 큰 경우 양의 f 가 존재하지 않는다($f=0$). 네트워크 서비스를 제공하는 기업이 설치비용 등의 고정비용으로 인해 적자를 피하기 위해서 가격을 25,000원 보다 높게 설정해야만 하는 경우를 여러 이유 중 하나로 들 수 있겠다. 예를 들어 가격이 30,000원으로 높게 책정되면 가입자가 존재하지 않게 되므로($f=0$), 기업은 네트워크 서비스를 제공하지 않는다. 반면 네트워크 서비스가 제공되지 않는 것이 사회전체의 후생관점에서 최선의 선택인지 생각해 보자. 만약 소비자의 절반이 가입을 하는 경우($f=0.5$), 가입자들의 평균효용은 37,500원이다.[2] 가

---

1) $100000f^2 - 100000f + p = 0$의 해는 $f = \dfrac{10^5 \pm \sqrt{10^{10} - 4 \times 10^5 \times p}}{2 \times 10^5}$ 이다.

2) 가입자들의 w은 5만원에서 10만원 사이의 값을 가지며 균일분포를 따르므로 w의 평균값은 75,000원이 된다. 그리고 소비자 i의 효용은 $w_i f$이므로 가입자의 평균효용은 $\overline{w}f$이다. f

| 그림 18-1 | 네트워크 효과가 존재하는 경우 소비자의 수요함수 |

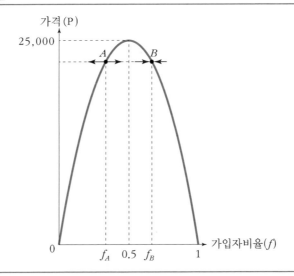

입자들의 평균효용이 가격보다 높기 때문에 사회전체로는 네트워크 서비스가 제공되어야 하지만, 시장에서는 네트워크가 제공되지 않는 시장의 실패가 발생함을 알 수 있다.

둘째, 가격 p가 25,000원보다 낮은 경우 두 개의 균형, 〈그림 18-1〉의 낮은 가입자 비율 f_A와 높은 가입자 비율 f_B가 존재한다. 예를 들어, 가격이 22,222원인 경우 균형이 되는 가입자 비율은 1/3인 f_A와 2/3인 f_B이다.[3] 먼저 f_A를 살펴보도록 하자. 가입자 비율이 1/3인 경우, 가입자들의 w는 66,666원에서 10만원 사이의 값을 가진다. w의 최저값을 가지는 가입자, 즉 한계소비자의 wf_A는 22,222원으로 네트워크 서비스 가격과 동일하다. 이 때, 가입자 비율이 f_A보다 약간 낮은 $f_A{'}$이면 소비자들의 효용 또한 ($wf_A{'}$)로 낮아진다. 따라서 22,222원의 가격에 가입을 하였던 한계소비자는 더 이상 가입을 하지 않게 되며, 이는 가입자 비율의 감소 그리고 다시 다른 소비자들의 효용의 감

=0.5이면 가입자의 평균효용은 75,000원×0.5로 37,500원이 된다.

3) 본 장의 각주 1에서의 식을 이용하면 구할 수 있다. 가격 22,222원을 예로 든 이유는 해당 가격이 독점기업의 이윤극대화 가격이기 때문이다(본 장의 뒷부분 참조).

소로 이어져 가입자들의 비율이 점점 줄어들고 결국에는 아무도 가입을 하지 않게 된다. 반면, 가입자 비율이 f_A보다 약간 높은 f_A''이면 소비자들의 효용 또한 (wf_A'')로 높아진다. 따라서 22,222원의 가격에 가입을 하지 않았던 소비자도 가입을 하게 되고, 이는 가입자 비율의 증가 그리고 다시 다른 소비자들의 효용의 증가로 이어져 가입자들의 비율이 점점 증가하여 높은 가입자 비율인 f_B에 도달하게 된다. Rohlfs(1974)가 언급했듯이 높은 가입자 비율의 f_B는 가입자비율의 변화나 가격변화에도 안정적인 균형인 반면, 낮은 가입자 비율은 f_A은 불안정적인 균형임을 알 수 있다. 이 때 낮은 가입자 비율 f_A은 임계규모 (critical mass)라고 불린다. 특정가격에 대해 가입자 비율을 적어도 f_A 이상으로 확보하면 가입자 비율은 f_B로 증가하고, 확보하지 못하는 경우에는 가입자의 수가 0이 되어 버린다. 이처럼 네트워크 효과를 지닌 특정재화나 서비스에 대한 임계규모의 확보여부는 매우 중요한 문제이다. 그리고 다수의 균형이 존재하는 경우에는 적은 수 보다는 많은 소비자가 가입하는 것이 네트워크 서비스를 제공하는 기업과 가입자 모두에게 이익이 될 수 있다. 따라서 네트워크 효과가 존재하는 재화나 서비스를 제공하는 기업은 임계규모를 확보할 수 있도록 가격을 설정하는 것이 중요하다.[4]

그렇다면 독점기업이 네트워크 서비스를 제공하는 경우 어떠한 가격을 설정할지 살펴보도록 하자. 단순화를 위해 네트워크 서비스를 제공하는데 F의 고정비용만 들어가며 각 가입자에 대한 한계생산비용은 0이라고 가정하자. 임계규모를 획득하는 가격을 설정한다는 제약, 식 (18.4)하에서의 독점기업의 이윤 극대화 문제는 다음과 같다.

$$\max \pi(f) = pNf - F = 100000Nf^2(1-f) - F \tag{18.5}$$

이 때, 이윤을 극대화시키는 f는 2/3로 전체 소비자의 약 66.6%가 가입을 한다. 그리고 이윤극대화 가격은 22,222원이다. 가입자들의 w는 33,333원에서 10만원 사이의 값을 지니며, 이들의 평균 w는 66,666원이다. 따라서 소비자의 평균

---

4) Weyl(2010)에서는, 시장에서 최적의 균형을 도달하게 하는 가격을 가입자수의 함수로 설정하여 분석한다.

효용은 44,444원으로 이에서 가격을 빼주면, 소비자들은 평균적으로 22,222원의 소비자잉여를 얻는다. 따라서 소비자 총잉여는 약 14,814N이다.[5] 반면 독점기업의 이윤은 $100,000N\left(\dfrac{2}{3}\right)^3 - F$이고 사회 총잉여는 약 $44,444N - F$이다.

이제 독점기업의 이윤을 극대화하는 가입자 비율과 사회전체후생을 극대화하는 가입자 비율을 비교해 보자. 사회전체후생을 극대화하는 가입자비율은 1이다($f = 1$). 모든 소비자가 네트워크 서비스에 가입하면 이들의 평균 w는 50,000원이고 평균효용(wf) 또한 50,000원이다. 따라서 사회 총잉여는 $50,000N - F$으로 독점기업이 소비자의 2/3에게만 서비스를 제공하는 경우($44,444N - F$)보다 큼을 알 수 있다. 하지만 독점기업이 소비자 모두에게 서비스를 제공하기 위해서는 가격이 0이 되어야만 하고 이는 독점기업의 이윤이 0이 됨을 의미한다. 따라서 독점기업은 가입자 비율을 2/3로 낮추고 높은 가격을 설정함으로써 이윤을 극대화하는 것을 알 수 있다.

18.3 네트워크 효과와 경쟁

현실에서는 다수의 기업이 네트워크 효과를 지닌 재화나 서비스를 각각 제공하며 경쟁하기도 한다. 그 예로 VHS방식과 Betamax방식의 비디오플레이어 간의 경쟁, 애플의 Mac과 윈텔진영의 PC간의 경쟁 등을 들 수 있다. 기능이 비슷한 네트워크 서비스를 각각 제공하는데, 각각의 재화나 서비스의 가치와 재화나 서비스의 성공여부는 얼마나 많은 사람들이 사용하는지에 달려 있다고 할 수 있다.

이와 같은 다수의 기업간 경쟁에서 결국에는 하나의 네트워크나 기술만이 생존하는 경향이 종종 관찰된다. 예를 들어 기업 A와 기업 B가 경쟁을 하는 경우에서 초기에 기업 A의 가입자가 많은 경우를 고려해 보자. 기업 A의 기존 가입자는 네트워크 효과로 인해 가치가 큰 기업 A의 서비스를 계속 이용하고,

---

5) 소비자의 총잉여는 평균잉여×가입자수＝$22,222 \times \dfrac{2}{3}N = 14814N$이다.

기업 B의 가입자도 기업 A의 서비스로 전환하고자 한다. 이러한 과정이 반복되어 기업 A의 서비스 가입자는 급속히 증가하고, 기업 B의 서비스 가입자는 감소하게 되어 결국 기업 A만이 생존하게 된다. 즉, 승자가 독식을 하게 되는 시장(winner-take-all market)이 된다. 이는 특히 초기 단계에서의 임계규모를 획득하고 경쟁기업에 비해 우월한 지위를 차지하는 것이 중요함을 의미한다. 하지만, 경쟁을 통해 선택된 기술이나 재화가 항상 사회후생을 극대화하는 최선의 기술이나 재화는 아니라는 문제점이 존재한다. 대표적인 예로, VHS방식의 비디오플레이어는 기술적으로는 뛰어나다는 평가를 받았던 Betamax방식의 비디오플레이어에 대해 승리를 거두어 한동안 시장을 석권하였다. 그리고 효율성 면에서 4배나 뛰어나다는 평가를 받았던 Dvorak자판은 경쟁에서 사라졌고, 우리가 현재 사용하는 모든 자판은 QWERTY방식을 따른다. 이렇게 하나의 네트워크나 기술이 시장을 지배하고 있는 경우에는 새로운 네트워크나 기술이 시장에 진입하기가 어려워진다. 새로운 네트워크가 진입에 성공하기 위해서는 기존 네트워크 가입자들의 전환이 필요하고 이들의 전환에는 상당한 비용이 발생한다. 따라서 새로운 네트워크는 이러한 비용을 충분히 만회할 수 있는 효용을 제공할 수 있는, 즉 기존의 네트워크에 비해 상당히 혁신적이고 우월해야만 하기 때문이다.

기업 A의 가입자가 기업 B의 가입자 보다 많은 초기 조건에서 극단적으로 기업 A의 독점시장이 되는 쏠림(tipping)현상에서 중요한 역할을 하는 요인들로 규모의 경제, 학습효과, 네트워크의 성장에 대한 소비자들의 기대 등을 들 수 있다. 생산의 학습효과 또는 규모의 경제가 존재하는 경우, 재화나 서비스의 가입자가 많으면 더 낮은 비용으로 제공할 수 있게 되며 이는 가입자수를 더 늘린다. 또한 기업 A의 가입자가 많아질수록 기업 A의 재정상태가 기업 B에 비해 양호해지고 따라서 투자를 통한 서비스의 향상이 이루어지는 정의 피드백 효과에 의해 기업 B의 가입자의 전환은 가속화될 것이다. 그리고 소비자들이 네트워크가 앞으로 성장할 것이라는 기대를 갖는다면 이는 소비자 자신이 네트워크 서비스로부터 받는 효용이 커질 것으로 기대를 하는 것이며 이는 가입을 촉진시킨다.

| 18.4 | 네트워크 효과와 표준화 |

앞 장에서는 네트워크 효과가 존재하는 경우 쏠림현상으로 인해 독점기업이 특정재화나 서비스, 기술 등을 제공하는 경향이 있음을 살펴보았다. 하지만 때로는 다수의 네트워크가 함께 경쟁하며 성공적으로 운영되는 경우 또한 관찰할 수 있다. 다수의 네트워크가 호환성을 가지면서 경쟁하기도 하고, 호환성을 갖지 않고 별개로 경쟁하기도 한다. 이 때 호환성(compatibility)이란 다른 네트워크나 시스템에서도 동일한 기능을 할 수 있는 것을 말한다.

예를 들어 우리나라는 에스케이텔레콤, 케이티(KT), 엘지유플러스(LGU+)가 2015년 이동통신시장을 약 50%, 30%, 20%의 비율로 나누어 점유하고 있었다. 이들은 산업기술의 표준화(standardization)를 통해 동일기술을 설정하여 네트워크간 호환성(compatibility)을 높이고 반면 동일기술내에서 기업간 경쟁을 하고 있는 것이다.

그렇다면 어떠한 경우에 산업의 표준화가 달성하는지 다음의 세 가지 경우를 들어 살펴보도록 하자. 이를 위해 경쟁기업 A와 B가 기술 X와 Y 중에서 어떤 기술을 채택할지 결정한다고 가정하자.

첫 번째 경우는 두 기업이 각기 다른 기술을 선택하는 경우로 표준화가 일어나지 않는 경우이다. 두 기업의 기술선택에 따른 이윤이 〈표 18-1〉과 같은 경우, 두 개의 내쉬균형(Nash Equilibrium)이 존재한다. 기업 A가 기술 $X(Y)$를 선택하고 기업 B는 기술 $Y(X)$를 선택하는 경우, 즉 각 기업이 경쟁기업과 다른 기술을 선택하는 경우에 높은 이윤을 얻는다. 이는 호환이 불가능한 각기 다른 기술을 선택하여 시장을 분할하는 경우를 생각할 수 있다.

| 표 18-1 | 기업들이 각기 다른 기술을 채택하는 경우 |

		기업 B	
		기술 X	기술 Y
기업 A	기술 X	(2, 2)	(3, 4)
	기술 Y	(4, 3)	(2, 2)

하지만 기업 A는 자신이 기술 Y를 채택하고 경쟁기업 B가 기술 X를 채택하는 균형을 선호하고, 기업 B는 반대로 자신이 기술 Y를 채택하고 경쟁기업 A가 기술 X를 채택하는 균형을 선호한다. 따라서 이러한 이해관계의 갈등에서 기업 A와 B는 자신이 선택하는 기술이 가장 선호되는 기술로 자리 잡도록 노력을 하며 산업의 표준기술이 되도록 치열한 경쟁을 하게 된다.

Besen & Farrell(1994)은 다른 기술을 가진 기업들이 표준화 경쟁에서 우위를 차지하기 위해서 기업들이 사용하는 전략으로 네 가지 전략을 들고 있다. 첫째, 초기에 주도권을 선점하는 전략으로, 빠른 시간 내에 많은 소비자를 확보하는 것이다. 많은 소비자들이 가입되거나 사용할수록 그리고 소비자들이 기술이나 네트워크에 대한 성장을 낙관적으로 예측하는 경우 정의 피드백 효과에 의해 경쟁기업으로의 전환이 어려워진다. 따라서 기업들은 낮은 가격을 설정하거나 자신의 재화나 서비스 시장점유율 등을 과장되게 광고를 하는 등 초기에 많은 소비자를 끌어들이는 노력을 한다. 둘째, 자신의 제품에 대해 보완관계에 있는 제품을 제공하는 공급자들을 충분히 확보하는 것이다. 간접적 네트워크 효과에서 언급했듯이 보완재가 많을수록 제품의 가치는 높아지며 따라서 더 많은 소비자들을 끌어들인다. VHS방식의 비디오플레이어가 Betamax방식의 비디오플레이어에 승리를 거둔 이유 중 하나는, 영화제작을 하는 스튜디오와의 협력으로 많은 영화가 VHS방식의 비디오테이프로 제공된 것을 들 수 있다.[6] 셋째, 미래에 출시되는 제품에 대해 미리 발표를 하여 소비자들이 경쟁기업의 제품을 구매하는 것을 포기시키거나 지연시키는 것이다. 이는 많은 기업들이 사용해 온 전략으로, 그 예로 마이크로소프트가 운영시스템 윈도우 2000을 출시하기 3년 전에 홍보를 한 것을 들 수 있겠다. 하지만 이러한 사전 공표는 경쟁기업의 제품구매를 지연시키는 동시에 자신의 제품에 대한 구매 또한 지연 또는 포기시키는 역할도 하므로 신중히 결정해야 한다. 넷째, 낮은 가격에 대한 장기적 약속을 하는 것으로 이는 장기적으로 혜택을 얻을 수 있다는 확실성을 소비자들에게 부여하여 더 많은 소비자들을 끌어들이는 것이다. 이는 특히 생산에 있어서의 규모의 경제나 학습효과가 있는 경우 초기 생산을

---

6) 보완제품의 공급뿐 아니라, 비디오플레이어가 판매되는 전자제품 매장들과의 협력을 통해 낮은 가격에 판매를 하는 전략도 함께 채택하였다.

| 표 18-2 | 기업들이 기술의 표준화에 동의하는 경우 |

a. 두 기업이 선호하는 기술이 동일한 경우

		기업 B	
		기술 X	기술 Y
기업 A	기술 X	(4, 4)	(2, 2)
	기술 Y	(2, 2)	(3, 3)

b. 두 기업이 선호하는 기술이 다른 경우

		기업 B	
		기술 X	기술 Y
기업 A	기술 X	(4, 3)	(2, 2)
	기술 Y	(2, 2)	(3, 4)

많이 함으로써 생산비용을 낮추는 역할을 하여 낮은 가격에도 기업이 이윤을
얻을 수 있게 해 준다.

이제 두 번째 경우로 두 기업이 동일한 기술을 선택하는 표준화에 동의하
는 경우를 살펴보자. 예를 들어 〈표 18-2a〉에서는 기업 A와 기업 B 모두 동일
한 기술을 채택하는 것을 선호한다. 기업 A가 기술 $X(Y)$를 선택하고 기업 B는
기술 $X(Y)$를 선택하는 두 개의 내쉬균형이 존재한다. 기술 X가 기술 Y보다
두 기업 모두에게 더 높은 이윤을 주는 기술이므로 기술 X로의 표준화에 동의
한다. 〈표 18-2b〉에서도 기업 A와 기업 B 모두 동일한 기술을 채택하는 것을
선호하며, 두 기업 모두 기술 X를 선택하거나 기술 Y를 선택하는 두 개의 내
쉬균형이 존재한다. 하지만 기업 A는 기술 X로의 표준화를 선호하고, 기업 B
는 기술 Y로의 표준화를 선호한다. 이러한 경우에는 각 기업은 경쟁기업도 자
신이 선호하는 기술을 선택할 수 있게 하는 여러 가지 전략을 구사하게 된다.
이를 위해 경쟁기업과의 협상을 하면서 동시에 우위를 점하기 위한 연구개발
에 대한 투자, 설비에 대한 투자 등의 적극적인 대응을 하기도 한다. 또는 기술의
공동개발, 복합표준(hybrid standards)의 채택 등의 양보전략을 취하기도 한다.

세 번째 경우는 경쟁에서 비대칭적인 두 개의 기업이 존재하고, 이들간의

표 18-3		비대칭적 두 기업의 경쟁에서 기술의 표준화가 이루어지지 않는 경우	
		기업 B	
		기술 X	기술 Y
기업 A	기술 X	(10, 3)	(16, 2)
	기술 Y	(12, 1)	(15, 3)

표준화가 안정적으로 이루어지 않는 경우이다. 〈표 18-3〉에서 기업간 이윤의 크기가 상당히 다른데, 기업 A는 시장에서의 지배적 기업이고 기업 B는 후발기업인 경우를 생각해 볼 수 있겠다. 지배적 기업 A가 기술 X를 채택하면 후발기업 B는 동일기술 X를 선택한다. 하지만 후발기업 B가 기술 X를 선택하면 지배적 기업 A는 기술 Y를 선택하는 등 내쉬균형이 존재하지 않는다. 즉, 지배적 기업 A가 선택하는 기술을 후발기업 B도 선택하기를 원하지만, 지배적 기업 A는 후발기업 B와 다른 기술을 선택하는, 즉 차별화를 하고 싶어 하는 상황임을 알 수 있다. 이러한 상황은 성가신 동생(The Pesky Little Brother)현상이라고 불려진다.

이러한 상황에서 지배적 기업은 후발기업들이 동일한 기술을 선택하거나 모방하지 못하도록 따돌리기 위한 노력을 한다. 특허권을 사용하거나 자신의 기술을 자주 바꿈으로써 경쟁사의 모방을 방해하기도 한다.

18.5 경쟁당국과 정부의 역할

네트워크 효과 관련 논문들을 바탕으로 네트워크 효과가 존재하는 산업에서의 현상과 특징에 대해 정리해 보면 다음과 같다. 첫째, 정의 피드백 효과에 의해 독점화가 신속하게 이루어질 수 있다. 둘째, 비효율적인 네트워크나 기술이 시장에 의해 선택되는 시장의 실패가 일어날 수 있다. 셋째, 독점시장이 된 후에는 새로운 기업들이 진입하기 어렵다. Katz & Shapiro(1986)는 이러한 논문들의 결과가 정부나 경쟁당국의 시장에의 개입을 정당화하지는 않지만, 그럼에도 불구하고 초기 단계에서 시장지배력을 지닌 기업들이 시장에서 우월한 지위를 장기적으로 형성·유지하기 위해 반경쟁적인 행태를 하는 것을 방지하는데 경쟁당국이 주의를 기울여야 한다고 지적한다. 하지만 기업들의 치열한 경쟁에서 관찰되는 행태가 경쟁적인 행태인지 반경쟁적인 행태인지 판단을 내리고, 더 나아가 반경쟁적 행태에 대한 적절한 시정조치를 취하는 것 또한 쉽지 않은 일임이 명백하다.

반면 기업들의 기술 도입과 표준화 채택에 있어서의 정부의 역할은 어떠하여야 할까? 기업들의 기술도입 결정을 조율하여 사회후생적으로 우월한 기술 도입을 촉진시킬 수 있으며 기술의 표준화를 통해 호환성을 높임으로써 진입장벽을 낮추어 주고 경쟁을 촉진시킬 수도 있다. 하지만 본 장에서 설명되었듯이 이러한 조정이나 표준화에 대해 항상 정부의 개입이 필수적인 것은 아니며 시장경쟁에 의해서도 이루어질 수 있음을 알 수 있다.

제 19 장 경매제도의 개념과 응용

Chapter 19

경매제도의 개념과 응용

19.1 경매의 분류

경매는 입찰을 통해서 판매자와 구매자가 물건을 거래하는 방식이다. 재정증권 경매, 주파수 경매, eBay 경매 등이 대표적인 경매의 사례이다. 최근 인터넷과 통신 기술의 발전으로 인하여 거래비용이 감소함에 따라 경매를 통한 거래가 활발하게 이루어지고 있다. 경매제도는 오랜 역사를 가지고 있다. 헤로도토스의 역사에는 기원전 500년에 노예를 경매하였다는 기록이 있으며 미국의 소더비경매와 크리스티 경매는 1700년대에 시작이 되었다.

경매는 개별입찰자의 입찰가격이 다른 입찰자들에게 공개되는지 여부에 따라 공개경매(open auction)와 비밀경매(sealed-bid auction) 또는 밀봉경매로 나눌 수 있다. 대표적인 공개경매 방식으로는 영국식 오름경매(English ascending auction)와 네덜란드식 내림경매(Dutch descending auction)가 있다(Pepall et al., 2008). 전자의 경우 최종 입찰자가 남을 때까지 입찰가격이 인상되는 경매방식이며 후자는 경매인이 구매자가 나타날 때까지 가격을 낮추어 부르고 제일 먼저 물건을 사겠다는 입찰자가 나타나면 그 가격에 낙찰액이 결정되면서 경매가 종료되고 낙찰자는 낙찰가격을 지불하게 된다. 오름경매는 크리스티(Christie's)와 K-옥션 등 예술품 경매에서 주로 사용되고 있으며 주파수 사용권 배분 및 eBay 등 온라인 경매에도 사용되는 것을 발견할 수 있다. 내림경매는 암스테르담의 화훼경매나 도쿄의 참치경매에서 사용되고 있다. 오름경매에서는 입찰자가 입찰가격을 관찰할 수 있고 여러 번의 입찰기회를 가지게 된다. 하지만 내림경매에서는 낙찰된 가격만을 관찰할 수 있을 뿐 다른 입찰자들의 입찰가를 관찰할 수가 없다. 이러한 측면에서 내림경매는 비밀경매와 전략적으로 동일한 경매방식이라 할 수 있다.

비밀경매에서는 입찰자들이 밀봉된 봉투에 입찰가를 적어서 제출하고 봉투를 개봉해서 가장 높은 입찰가를 적어낸 입찰자가 승리를 하게 된다. 내림경매와 마찬가지로 다른 입찰자의 입찰가를 관찰할 수가 없다. 비밀경매는 일차가격 비밀경매(first-price sealed-bid auction)와 이차가격 비밀경매(second-price sealed-bid auction)로 구분되는데 일차가격 비밀경매에서는 입찰자가 입찰금액을 제시하고 최고가를 적어낸 입찰자가 자신이 적어낸 입찰금액을 지불하고 경매 물건을 인수하는 방식으로 진행된다. 반면 이차가격 비밀경매에서는 최고가를 적어낸 입찰자가 낙찰자가 되는 것은 일차가격 비밀경매와 동일하지만 낙찰자가 지불하는 금액은 본인이 적어낸 금액이 아니라 두 번째로 높은 입찰가를 지불하게 된다.

위의 경매 방식들은 개념적으로 달라 보이지만 입찰자가 가지고 있는 정보와 전략적 측면에서 유사한 점들이 있다는 것을 알 수 있다. 우선 내림경매와 일차가격 비밀경매는 사실상 전략적으로 동일하다. 우선, 입찰을 하기 전에 다른 입찰자들의 판매물건에 대한 가치를 관찰할 수가 없다. 입찰자들은 각각 자신의 경매물건의 가치에 의존하여 입찰을 하게 된다. 또 다른 공통점은 각 입찰자의 입찰가격이 입찰에서 승리할 가능성과 낙찰되었을 때 지불가격에 영향을 미친다는 것이다.

오름경매와 이차가격 비밀경매 또한 전략적으로 동일한 경매방식이라 할 수 있다. 이는 두 경매에서 모두 입찰자는 자신의 가치만큼 입찰하는 것이 최적전략이고 두 경매가 동일한 경매결과를 낳기 때문이다. 오름경매에서는 경매가격이 입찰자 본인의 가치까지 올라올 때까지 기다리다가 입찰하는 것이 최적전략이다. 본인의 가치 이상으로 입찰하는 것은 당연히 손실이 발생하고 입찰자의 가치보다 낮은 경매가격에서 경매를 포기하면 결국 낙찰되었을 때 얻을 수 있는 수익을 포기하는 결과를 초래하게 된다. 이차가격 비밀경매에서도 자신의 가치만큼 입찰하는 것이 최적전략임을 보일 수 있다.

내림경매와 일차가격 비밀경매가 전략적으로 동일하고 오름경매와 이차가격 비밀경매 또한 전략적으로 동일하기 때문에 일차가격 비밀경매와 이차가격 비밀경매를 중심으로 경매의 균형전략에 대하여 알아보도록 하자.

19.2 경매의 균형전략

19.2.1 일차가격 비밀경매의 균형전략

판매자가 하나의 재화를 판매하고 n명의 입찰자가 있다고 가정하자. 입찰자 i의 재화에 대한 가치는 0에서 100 사이에 독립적으로 균등하게 분포되어 있다고 가정하자. 각 입찰자의 재화에 대한 가치를 v_i라 하자. 각 입찰자의 입찰가격을 b_i라 하고 입찰가격은 가치 v_i의 함수이다. 입찰자들은 경쟁 입찰자들의 가치에 대한 정보를 모르고 있으며 자신의 기대보수를 극대화시키기 위해서 입찰가를 정할 것이다. 다른 입찰자들은 자신들의 가치에 대한 일정액을 입찰한다 가정하면 $b_j = \omega v_j$, $j = 1, 2, \cdots i-1, i+1, \cdots n$로 나타낼 수 있다. 이때 다른 입찰자들의 입찰가격 중 최고 입찰가격을 $\overline{b}$ 라 하자. 즉, 입찰자 i는 b_i를 입찰하고 만약 b_i 가 $\overline{b}$ 보다 클 경우 경매 대상 물건을 낙찰받고 자신의 입찰금액인 b_i를 지불하게 되는 것이다. 이때 입찰자 i의 입찰보수는 $v_i - b_i$가 된다. 결국, 입찰자 i의 기대 입찰보수는 입찰에서 승리할 확률에 입찰보수를 곱해서 산정할 수 있다. 우선 입찰자가 i와 j만 있다고 가정해보자. 만약 i가 b_i를 입찰했다면 i가 승리할 확률은 $wv_j < b_i$, 즉 $v_j < \dfrac{b}{w}$인 확률과 동일하다. 여기서 우리는 균등분포를 가정하고 있기 때문에 이 확률은 누적확률인 $F\left(\dfrac{b_i}{w}\right) = \dfrac{b_i}{100w}$이다.[1] 따라서 i의 기대수익은 입찰보수와 승리할 확률을 곱해서 계산할 수 있다.

$$(v_i - b_i) \times \frac{b_i}{100w} = \frac{1}{100w}(v_i b_i - b_i^2) \tag{19.1}$$

이 기대수익을 극대화하는 b_i는 $b_i = \dfrac{v_i}{2}$이다.[2] 따라서 상대 입찰자가 가치의 일정액을 입찰할 경우 자기 가치의 1/2을 입찰하는 것이 입찰자 i 최적전략

---

1) 0에서 100 사이의 균등분포를 가정하기 때문에 개별 확률은 $f\left(\dfrac{b_i}{w}\right) = \dfrac{1}{100}$이고 누적 확률은 $F\left(\dfrac{b_i}{w}\right) = \dfrac{b_i}{100w}$이다.

이다. 이 경매 모형에서 입찰자는 대칭적이므로 두 명의 입찰자만 있을 경우 각 입찰자는 자기 가치의 1/2을 입찰할 것이고 결국 경매대상에 대한 가치가 높은 입찰자가 낙찰을 받을 것이다. 그리고 낙찰가는 낙찰자 가치의 1/2이 될 것이다. 이제 이것을 n명의 입찰자가 있는 상황으로 모형을 확대해 보자. 입찰자 i의 입찰가 b_i가 최고가격이 될 확률은 다른 $(n-1)$명의 입찰가격이 b_i보다 작을 확률일 것이다. $(n-1)$ 중 한명의 입찰가가 b_i보다 작을 확률은 $F\left(\dfrac{b_i}{w}\right)=\dfrac{b_i}{100w}$이므로 $(n-1)$명 모두의 입찰가가 b_i보다 작을 확률은 $\left[F\left(\dfrac{b_i}{w}\right)\right]^{n-1}=\left(\dfrac{b_i}{100w}\right)^{n-1}$이 된다. 따라서 입찰자 i의 기대수익은 입찰보수와 이 확률을 곱해서 계산할 수 있다.

$$(v_i-b_i)\times\frac{b_i^{n-1}}{(100w)^{n-1}}=\left(\frac{1}{100w}\right)^{n-1}(v_ib_i^{n-1}-b_i^n) \tag{19.2}$$

이를 극대화하는 b_i는 다음과 같다.[3]

$$b_i=\frac{n-1}{n}v_i \tag{19.3}$$

따라서 3명의 입찰자가 있을 경우 각 입찰자는 물건에 대한 자기 가치의 2/3을 4명이 있을 경우 3/4을 입찰할 것이고 결국 물건에 대한 가치가 가장 높은 입찰자가 낙찰자가 될 것이다.

이 균형에서의 특징은 우선 $w=\dfrac{n-1}{n}$이 1보다 작기 때문에 입찰자들은 자신의 가치보다 낮은 금액을 입찰가로 적어 낸다는 것을 알수 있다. 입찰에서 승리한 입찰자는 자신의 입찰액을 지불하므로 자신의 물건에 대한 가치보다

---

2) $\dfrac{1}{100w}(v_ib_i-b_i^2)$을 b_i에 대하여 미분을 하면 $\dfrac{d}{db_i}\dfrac{1}{100w}(v_ib_i-b_i^2)=\dfrac{1}{100w}(v_i-2b_i)=0$ 이므로 $v_i=2b_i$, $b_i=\dfrac{v_i}{2}$가 된다.

3) 기대수익을 i에 대하여 미분하면 $\dfrac{d}{db_i}\left(\dfrac{1}{100w}\right)^{n-1}(v_ib_i^{n-1}-b_i^n)=\dfrac{1}{(100w)^{n-1}}((n-1)vb_i^{n-2}-nb_i^{n-1})=0$이다. 즉 $(n-1)vb_i^{n-2}-nb_i^{n-1}=0$이다. 이는 결국 $b_i=\dfrac{n-1}{n}v_i$이 된다.

높은 금액을 적어내지 않는다. 자신의 가치와 동일한 가격을 적어낼 경우 승리하더라도 기대가치가 0이 되기 때문에 그렇게 할 이유가 없다. 또한 자신의 가치보다 높은 가격을 적어내면 경매에서 승리하더라도 손실을 보게 된다. 따라서 각 입찰자는 자신의 가치보다 낮은 금액을 입찰하게 되는데 입찰액이 높을수록 경매에서 승리할 확률은 커지지만 얻을 수 있는 보수는 작아지고 입찰액이 낮을수록 승리하였을 때 얻는 보수는 커지지만 승자가 될 확률은 작아지기 때문에 기대보수를 극대화 시키기 위한 입찰가를 고려하게 된다. 입찰자들의 가치가 균등분포를 따를 경우 자신의 가치의 $(n-1)/n$배를 입찰가로 내는 것이 균형전략이 된다. 입찰자가 많아질 경우 $(n-1)/n$이 상승하기 때문에 입찰가는 상승하게 된다. 즉, 입찰경쟁이 치열해지면 그만큼 입찰가격이 상승하게 된다는 것이다. 또한 경쟁에서 승리하였을 때의 보수, $v_i - b_i = \dfrac{v_i}{n}$도 감소하게 된다.

그럼 판매자의 경매수입은 어떠한가? 판매자의 경매수입은 경매에서 승리한 입찰자가 지불하는 금액과 동일하다. 따라서 기대경매수입은 낙찰자가 경매에서 승리할 확률에 지불하는 금액을 곱한 것과 같다. 그러면 특정 입찰가격이 최고가격이 될 확률은 무엇인가? $b^{\max}$를 최고 입찰가라 하고 $v^{\max}$를 최고가 입찰자의 가치라 하자. 우선 두 명의 입찰자 1과 2만 있을 경우를 가정하고 논의를 전개해 보자. $b^{\max}$가 최고 입찰자가 되는 것은 2가지 경우이다. 우선, 입찰자 1이 $b^{\max}$를 입찰하고 입찰자 2는 이보다 낮은 가격을 입찰하는 경우이다. 균형에서 입찰자들은 자기 가치의 1/2을 입찰하므로, $b^{\max} = \dfrac{1}{2}v^{\max}$이며 입찰자 1이 $b^{\max}$를 입찰하고 입찰자 2가 그보다 낮은 가격을 입찰할 확률은 $f(v^{\max})F(v^{\max})$이다. 가치가 0에서 1사이의 균등분포를 가정하면 이는 $\dfrac{1}{100}\dfrac{v^{\max}}{100}$이다. 또한 입찰자 2가 $b^{\max}$를 입찰하고 입찰자 1은 이보다 낮을 가격을 적어낼 경우도 있다. 따라서 2명의 입찰자만 존재할 경우 $b^{\max}$가 최고의 입찰가격이 될 확률은 다음과 같다.

$$2\left(\frac{1}{100}\right)\frac{v^{\max}}{100} \tag{19.4}$$

앞에서 논의된 것처럼 두 명의 입찰자만 경매에 참여하는 경우 각 입찰자는 자기 가치의 1/2만 입찰하는 것이 최적 전략이다. 따라서 판매자의 기대수입은 최고가 입찰자의 경매대상에 대한 기대가치의 1/2이 될 것이다. 그러면 최고 입찰가의 기대가치는 다음과 같이 구할 수 있다.[4]

$$\int_0^{100} v^{\max} \left(\frac{2}{100}\right)\left(\frac{v^{\max}}{100}\right) dv^{\max} = \frac{2}{100^2}\left(\frac{100^3}{3}\right) = \frac{2}{3}100 \qquad (19.5)$$

균형에서 각 입찰자는 자기 가치의 1/2을 입찰한다는 것을 기억하기 바란다. 따라서 판매자는 낙찰자의 기대가치의 1/2이 기대수입이 될 것이다. 따라서 기대수입은 (1/3)100이 된다.

이제 이를 n명 입찰자의 경우로 확대를 하면 $v^{\max}$가 최고가 입찰자의 가치가 되는 것은 n가지가 있다. n명 입찰자 각각이 최고가 입찰자가 되는 것이다. 이 각각의 결과가 나타날 확률은 다음과 같다.

$$\left(\frac{1}{100}\right)\left(\frac{v^{\max}}{100}\right)^{n-1} \qquad (19.6)$$

따라서 $v^{\max}$가 최고가 입찰자의 가치가 될 확률은 다음과 같이 나타낼 수 있다.

$$n\left(\frac{1}{100}\right)\left(\frac{v^{\max}}{100}\right)^{n-1} \qquad (19.7)$$

그리고 최고가 입찰자의 기대가치는 다음과 같다.[5]

$$\int_0^{100} v^{\max} n\left(\frac{1}{100}\right)\left(\frac{v^{\max}}{100}\right)^{n-1} dv^{\max} = \frac{n}{n+1}100 \qquad (19.8)$$

n명 입찰자가 있을 경우 각 입찰자는 자기 가치의 $(n-1)/n$만큼 입찰하

---

4) $\displaystyle\int_0^{100} (v^{\max})^2 dv^{\max} = \frac{1}{3}(v^{\max})^3 \big|_0^{100} = \frac{100^3}{3}$ 을 이용하여 계산할 수 있다.

5) $\displaystyle\int_0^{100} v^{\max} n\left(\frac{1}{100}\right)\left(\frac{v^{\max}}{100}\right)^{n-1} dv^{\max} = n\left(\frac{1}{100^n}\right)\int_0^{100} v^{\max} dv^{\max}$ 과

$\displaystyle\int_0^{100} (v^{\max})^n dv^{\max} = \frac{1}{n+1}(v^{\max})^{n+1}\big|_0^{100} = \frac{100^{n+1}}{n+1}$ 을 이용하면 쉽게 도출할 수 있다.

기 때문에 판매자의 기대수입은 다음과 같다.

$$\left(\frac{n-1}{n}\right)\left(\frac{n}{n+1}\right)100 = \left(\frac{n-1}{n+1}\right)100 \tag{19.9}$$

19.2.2 이차가격 비밀경매의 균형 전략

이차가격 비밀경매에서 경매대상은 최고가 입찰자에게 판매된다. 그러나 낙찰자는 자신의 입찰가를 지불하는 것이 아니라 차순위로 높은 입찰가를 제시한 입찰자의 입찰 가격을 지불하게 된다. 만약 입찰자가 승리하지 못할 경우에는 물건을 구매하지 못하며 아무런 금액을 지불할 필요가 없다. 따라서 입찰자가 낙찰이 되었을 경우 얼마나 지불하여야 하는지를 본인이 결정할 수가 없다. 이러한 상황에서 입찰자들은 어떠한 전략을 구사하여야 할까? 입찰자들이 동일한 입장에 있으므로 균형전략에 대해서 알아보도록 하자. 여기서 전략은 입찰자가 입찰가격을 어떻게 결정하여야 하는 문제이다. 우리는 이차가격 비밀경매에서 입찰자들의 최적전략은 자신의 물건에 대한 가치만큼 입찰하는 것이라는 것을 보이고자 한다.

다시 $\overline{b}$를 입찰자 본인을 제외한 다른 입찰자들 중 가장 높은 입찰가격이라 하자. 그리고 본인의 입찰대상 물건에 대한 가치를 v라 하자. 이 경우 만약 본인이 입찰가가 $\overline{b}$보다 클 경우 본인의 수익은 $v-\overline{b}$가 될 것이고 본인의 입찰가가 $\overline{b}$보다 낮다면 입찰 수익은 0이 될 것이다. 이러한 상황에서 입찰자가 본인의 가치를 초과하는 입찰가(overbidding)를 적어낼 필요가 있을까? 본인이 입찰가 b가 v보다 큰 경우를 살펴보자. 만약 $\overline{b} < v < b$라면 낙찰자의 수익은 $v-\overline{b}$이 될것이고 이는 v를 입찰했을 때 얻는 수익과 동일하다. 따라서 굳이 v보다 높은 입찰가를 제시할 필요가 없을 것이다. 다른 경우는 $v < \overline{b} < b$이다. 이 경우 입찰에서 승리를 하더라도 입찰에서 얻는 수익은 $v-\overline{b} < 0$가 되어 본인의 가치인 v를 입찰가로 제시하여 0 이윤을 얻는 것보다 못한 상황이 발생한다. 따라서, 어떤 경우라도 자신의 가치를 초과하는 입찰가를 제시하는 것은 본인의 가치를 입찰하는 것보다 나은 결정이 되지 못한다.

그러면 자신의 가치보다 낮은 가격을 제시(underbidding)하는 것은 좋은 전략일까? 만약 $b < v$이고 $\bar{b} < b$이면 입찰자는 승리할 것이고 $\bar{b}$를 지불할 것이다. 이 경우는 결국 자신의 가치인 v를 입찰하는 것과 다를 것이 없는 상황이다. 만약 $b < \bar{b} < v$인 경우 경매에서 승리할 수 없고 0 이윤을 얻을 것이다. 이 경우 만약 v를 입찰했다면 경매에서 승리하고 $v - \bar{b}$의 이윤을 획득할 수 있다. 따라서, 자신의 가치보다 낮은 가격을 입찰하여 이윤을 증가시킬 수 없다.[6] 이 차가격 비밀경매에서는 자신의 가치 대비 과소 입찰하거나 과대 입찰하여서 이윤을 증가시킬 수 없기 때문에 결국 최적 전략은 자신의 가치를 입찰가격으로 제시하는 것이다.

그러면 이차가격 비밀 경매에서 판매자의 수입은 어떻게 산정이 될까? 이 차가격 비밀경매에서는 입찰자가 자신의 가치를 입찰가로 제시하게 되어 있다. 따라서 판매자의 기대수입은 두 번째 높은 가치의 기대가치와 같을 것이다. 우선 입찰자가 2명의 경우를 사례로 살펴보자. 두 번째 높은 가치를 v^s라 하자. v^s가 두 번째 높은 가치가 될 경우를 살펴보면 입찰자 1의 가치가 v^s이고 입찰자 2의 가치가 v^s보다 크거나 같은 경우이다. 입찰자의 가치가 v^s보다 크거나 같은 확률은 $1 - F(v^s)$이다. 여기서 $F(v^s)$는 가치가 v^s보다 작거나 같을 확률이다. 따라서 입찰자 1이 가치 v^s를 가지고 있고 입찰자 2의 가치가 v^s보다 크거나 같을 확률은 다음과 같다.

$$f(v^s)(1 - F(v^s)) = \left(\frac{1}{100}\right)\left(1 - \frac{v^s}{100}\right) \tag{19.10}$$

다른 사건은 입찰자 2가 v^s를 가지고 입찰자 1의 가치가 v^s보다 크거나 같은 경우이다. 이 또한 위와 동일한 확률을 가지고 있다. 따라서 두 번째 입찰가격이 v^s가 될 확률은 다음과 같다.

$$2f(v^s)(1 - F(v^s)) = 2\left(\frac{1}{100}\right)\left(1 - \frac{v^s}{100}\right) \tag{19.11}$$

이에 따라 v^s의 기대가치는 다음과 같이 나타낼 수 있다.[7]

---

6) 이러한 전략을 약우월전략(weakly dominant Strategy)이라 한다. 자신의 가치를 입찰가로 제시하는 것이 이차가격 비밀경매의 약우월전략이 된다.

$$\int_0^{100} v^s\left(\frac{2}{100}\right)\left(1-\frac{v^s}{100}\right)dv^s = \frac{2}{100}\left(\frac{100^2}{6}\right) = \frac{1}{3}100 \qquad (19.12)$$

이는 일차가격 비밀경매에서 판매자의 기대수익과 동일하다는 것을 알 수 있다. 따라서 두 명의 입찰자가 있을 경우 두 경매 제도 하에서 판매자의 기대수입은 동일하다는 것을 알 수 있다.

이제 n명이 입찰자가 있는 경우를 고려해 보자. 입찰자 1이 두 번째 높은 입찰가를 제시하였다 하자. 그러면 나머지 $(n-1)$명 중 한 명은 적어도 이 가격보다 높은 가격을 제시하여야 하고 나머지 $(n-2)$명은 입찰자 1의 가격보다 낮은 가격을 제시하여야 할 것이다. 이 확률은 $f(v^s)(n-1)(1-F(v^s))F(v^s)^{n-2}$ 이다. n명의 입찰자가 두 번째 높은 입찰가를 제시할 수 있기 때문에 v^s가 두 번째 높은 입찰가가 될 확률은 다음과 같이 나타낼 수 있다.

$$n(n-1)f(v^s)(1-F(v^s))F(v^s)^{n-2} \qquad (19.13)$$

따라서 두 번째 높은 입찰가의 기대 가치는 다음과 같이 나타낼 수 있다.[8]

$$n(n-1)\int_0^{100} v^s\left(\frac{1}{100}\right)\left(1-\frac{v^s}{100}\right)\left(\frac{v^s}{100}\right)^{n-2}dv^s = \frac{n-1}{n+1}100 \quad (19.14)$$

이차가격 비밀경매의 균형 입찰자들은 자신의 가치를 입찰하기 때문에 두 번째 높은 가치의 기대치는 결국 판매자의 기대수입과 일치하게 된다. 또한 이 기대수입은 일차가격 경매에서의 기대수입과 일치한다는 것을 알 수 있다.

---

7) $\int_0^{100} v^s\left(\frac{2}{100}\right)\left(1-\frac{v^s}{100}\right)dv^{max} = \left(\frac{2}{100}\right)\int_0^{100}\left(v^s - \frac{(v^s)^2}{100}\right)dv^s$과

$\int_0^{100}\left(v^s - \frac{(v^s)^2}{100}\right)dv^s = \left[\frac{1}{2}(v^s)^2 - \frac{1}{300}(v^s)^3\right]_0^{100} = \frac{1}{6}100^2$을 이용하면 쉽게 산출할 수 있다.

8) $n(n-1)\int_0^{100} v^s\left(\frac{1}{100}\right)\left(1-\frac{v^s}{100}\right)\left(\frac{v^s}{100}\right)^{n-2}dv^s = \left(\frac{n(n-1)}{100^{n-1}}\right)\int_0^{100}\left((v^s)^{n-1} - \frac{(v^s)^n}{100}\right)dv^s$

와 $\int_0^{100}\left((v^s)^{n-1} - \frac{(v^s)^n}{100}\right)dv^s = 100^n\left(\frac{1}{n} - \frac{1}{n+1}\right) = 100^n\left(\frac{1}{n(n+1)}\right)$을 이용하면 쉽게 도출할 수 있다.

19.3	**사적가치와 수입동등정리**(Private Values and Revenue Equivalence Theorem)

앞 절에서 일차가격 비밀경매나 이차가격 비밀경매의 균형에서 판매자의 수입이 동일하다는 것을 보였다. 앞 절에서는 입찰자들의 가치가 균등분포를 가진다는 것을 가정하였는데 판매자 수입이 동일하다는 결과는 이러한 가정에 의하여 임의적으로 도출된 것인가? 사적가치 경매에서 수입이 동일하다는 결과는 좀더 일반화될 수 있음을 보일 수 있다.

우선 입찰자들이 물건에 부여하는 가치가 다른 입찰자들의 가치와 독립적으로 결정된다는 사적가치(private value)를 가정한다. 이러한 가정하에서 입찰자들이 위험중립적이고 입찰자들의 가치가 같은 확률분포로부터 서로 독립적으로 결정되며, 가장 높은 가치를 가진 입찰자가 항상 승리자가 되고 가장 낮은 가치를 가진 입찰자의 기대보수가 0이 되는 모든 경매에서 판매자의 기대수입이 동일하다는 수입동등정리(revenue equivalence theorem)가 성립된다. 즉, 영국식 오름경매, 네덜란드식 내림경매, 일차가격 비밀경매, 이차가격 비밀경매가 모두 위의 조건을 만족하기 때문에 판매자의 기대수입은 동일하다는 것이다(Vickey, 1961).

19.4	**공통가치경매**(common value auction)

앞 절에서는 경매물건에 대한 객관적인 가치가 존재하지 않고 입찰자의 가치가 입찰자별로 각기 다른 사적 경매에 대하여 살펴보았다. 경매물건에 대한 객관적인 가치가 입찰자들에게 동일하지만 입찰자들은 그 가치를 정확히 모르고 그에 대한 정보에 입각하여 그 가치에 대한 추정치만을 가지고 경매에 참가할 때 이를 공통가치경매라 한다(Milgrom, 1989). 대표적인 사례는 해저원유채굴권을 들 수 있다.

일차가격 비밀경매를 가정하고 논의를 전개해 보도록 하자. 공통가치경매에서 각 입찰자의 가치 v_i는 경매물의 실제가치의 추정치라 할 수 있으며 다음과 같이 나타낼 수 있다. 여기서 V는 실제 가치이며 ε_i는 평균이 0인 오차라 할 수 있다.

$$v_i = V + \varepsilon_i \qquad\qquad (19.15)$$

이제 각 입찰자들이 원유채굴권에 일차가격 비밀경매를 통해서 입찰한다고 하자. 입찰자 i의 원유채굴의 가치를 1천 억원으로 가정하자. 그리고 모든 입찰자가 자신의 추정치를 입찰가격으로 입찰을 하였다고 가정하자. 만약 입찰자 i가 낙찰되었다면 이 경우 경매에서 승리했다는 것이 그다지 좋은 소식만을 아닐 것이다! 왜냐하면, 경매에서 승리했다는 것은 다른 입찰자들보다 채굴권에 높은 입찰가를 적어냈다는 것을 의미하며 이는 실제 가치보다 높은 가격으로 입찰했을 가능성이 높기 때문이다. 경매에서 승리는 했지만 잠재적으로 지나치게 높은 입찰가로 인해 손실이 예상되는 상황을 우리는 '승자의 저주(winner's curse)'라 한다. 원유채굴권에 대해 입찰자들은 다른 정보를 가지고 있고 승자는 가장 낙관적인 정보를 가지고 있을 확률이 큰 것이다. 즉, 승자의 정보는 우상향의 편기를 가지고 있을 가능성이 높기 때문에 가장 높은 입찰가를 제시하게 된 것이다.

입찰자들이 승자의 저주의 상황을 예상한다면 공통가치경매에서 단순히 경매물에 대한 추정치로 입찰하지는 않을 것이다. 승자의 저주를 예방하기 위해서는 입찰자들은 보다 보수적인 접근방식을 택할 것이다. 즉, 개별 입찰자는 자신의 추정치가 가장 높은 값인 것으로 간주하고 입찰가격을 결정할 것이다. 만일 자신의 추정치가 가장 높은 입찰가가 아니면 경매에 이기지 못하고 이익도 손실도 나지 않기 때문에 그만이다. 만약 자신의 추정치가 가장 높은 값이라면 처음 추정치보다 낮은 값을 입찰함으로써 승자의 저주를 최소화 시킬 수가 있는 것이다. 처음의 추정치가 1천억원이었는데 이를 최대추정치라 가정하고 실제가치를 계산하면 훨씬 낮은 가격이 나올 것이다(Pepall et al., 2008).[9] 다

---

9) 입찰자들의 실제가치에 대한 추정치가 균등분포를 가진다고 가정하자. 즉, $v_i \sim U[0, v_{max}]$. 여기서 v_{max}는 모르는 값이라고 하자. 만약 n명의 입찰자가 있다면 최대값의 평균치는 $\frac{n}{n+1}v_{max}$이다. 위의 예에서 채굴권에 대한 추정치가 1000(억원)이므로 이를 최대라 가정하고 입찰자가 10명이 있다면 $\frac{10}{11}v_{max} = 1000$(억원)이 되어 v_{max}는 1100(억원)이 되기

른 입찰자들도 이러한 의사결정을 할 것이기 때문에 최초에 가장 높은 추정치를 가진 입찰자가 승리를 할 것이다. 다만, 승자의 저주는 최소화시킬 수 있을 것이다.

공통가치경매에서의 승자의 저주는 입찰자들로 하여금 경매물에 대한 가치이하로 저가입찰을 유도하게 된다. 승자의 저주의 가능성이 클수록 입찰가격은 낮아질 것이다. 이는 또한 공통가치경매에서는 앞에서 설명한 수입동등정리가 성립하지 않는 이유이다. 경매방식에 따라 승자의 저주의 크기가 달라지기 때문이다. 가령 영국식 오름경매에서는 입찰자들이 경매가가 상승함에 따라 경매물의 가치에 대한 더 많은 정보를 획득하게 되기 때문에 더 경쟁적으로 높은 가격에 입찰하도록 유도하여 판매자의 수입이 올라가게 된다. 또한 이차가격 비밀경매에서도 높은 경매입찰가를 유도할 수 있다. 이는 낙찰자가 두 번째로 높은 경매가를 지불하기 때문이다. 경매수입은 영국식 오름경매, 다음은 이차가격 비밀경매, 일차가격 비밀경매로 결정이 된다(Milgrom & Weber, 1982).

19.5 경매디자인

경매 디자인은 특정 물건을 대상으로 경매를 실시할 때 어떠한 방식으로 진행할 것인가에 대한 경매방식의 설계를 의미한다. 경매디자인의 목표는 경매의 효율성, 판매수입 증대 등을 들 수 있다. 대개의 경우 경매디자인의 공통의 목표는 경매수입을 극대화하는 것이다. 위험중립적인 입찰자들을 대상으로 한 사적경매에서 경매방식은 수입극대화가 문제가 되지 않는다(김영세, 2013).[10] 왜냐하면 수입동등성 원리가 제시하듯이 판매자에게 돌아가는 경매 수입이 같기 때문이다. 또한 사적가치경매의 결과는 효율적이다. 경매물에 대한 가장 높은 가치를 가지고 있는 입찰자가 승자가 되고 경매가격은 두번째로 높은 가치를 가진 입찰자의 경매물에 대한 가치평가와 동일하다. 그리고 이 경매가격은

때문에 균등분포[0,1100]하에서 결국 실제 가치의 추정치는 550(억원)이 된다.

10) 위험중립적이라 함은 입찰자가 불확실성 또는 위험의 유무에 상관없이 기댓값의 대소값만을 중요시하는 태도를 말한다.

승자가 경매물을 판매함으로써 얻을 수 있는 기회비용을 나타낸다. 즉, 경매물의 가격은 기회비용을 반영하고 있는 것이다.

그러나 공통가치경매에서는 수입동등정리가 성립하지 않기 때문에 경매디자인이 문제가 된다. 공통가치경매와 같이 경매물의 가치에 평가가 서로 상관관계가 있을 경우, 입찰자가 위험중립적이지 않을 경우에 문제가 된다. 결국 경매에서 입찰가는 높은 가격을 제시함으로써 경매물건을 획득할 수 있는 확률을 높이려는 의도와 낮은 가격을 적어냄으로써 낙찰되었을 때 얻는 기대차익에 의하여 결정될 것이다. 위험회피적 입찰자들은 낙찰에 의한 수익보다 경매물건을 획득하려는 유인이 크게 작용한다.

오름경매에서는 입찰자의 위험에 대한 선호가 최적전략이나 판매자의 수익에 영향을 미치지 못한다. 오름경매방식에서는 경매가격이 올가갈 때 이를 관찰할 수 있고 자신의 가치보다 낮을 경우 경매에 남아있고 가격이 자신의 가치보다 높을 경우 경매물건을 포기하기 때문에 입찰자가 위험중립적인지 위험회피적인지가 경매결과에 영향을 미치지 못하고 판매자의 기대수입도 영향을 받지 않는다. 반면 일차가격 비밀경매(최고가밀봉경매)에서는 다른 입찰자의 가치를 관찰할 수가 없고 물건을 획득하려는 유인이 크기 때문에 자신의 가치에 비해서 저가입찰을 하려는 의지가 약하다. 따라서 일차가격 비밀경매에서는 위험회피적 입찰자를 대상으로 한 경매가 위험중립적 입찰자를 대상으로 한 경매보다 기대판매수익이 높게 나타나게 된다. 내림경매에서도 입찰자의 위험회피성향이 판매자의 기대수익에 영향을 미친다. 앞에서 설명한 바와 같이 위험회피적 입찰자들은 물건을 획득하려는 유인이 크기 때문에 내림경매에서 경매가격이 내려올 때 경매기대차익보다는 빨리 손을 들어서 낙찰되려는 경향이 강하다. 따라서 높은 가격에서 낙찰될 가능성이 높고 판매자의 기대수입도 높게 형성이 되게 된다. 이상의 결과를 종합해보면 입찰자가 위험회피적인 경우 판매자의 기대수입을 높이기 위해서는 오름경매보다는 일차가격 비밀경매나 내림경매를 하는 것이 유리한 것을 알 수 있다(김영세, 2013).

경매에서 판매자의 수입은 입찰자들의 담합에 의해 영향을 받을 수 있다. 입찰자들이 공모를 하여 입찰가격을 낮게 유지하도록 할 수 있기 때문이다. 오름경매는 입찰담합(collusion)에 취약한 측면이 있다. 입찰가격을 올리는 입찰과정은 경매대상이 가치에 대한 정보를 제공하는 역할을 하지만 입찰자들이 서로 정보를 교환하고 공모할 기회를 제공할 수 있기 때문이다. 반면 비밀경매(밀봉경매)에서는 경매과정에서 입찰자들이 서로 공모할 기회를 제공하지 않는 장점이 있으며 보다 많은 입찰, 즉 진입을 촉진하는 측면이 있다. 오름경매에서는 경매가가 상승하면서 경매가 진행되는 과정에서 경매대상에 높은 가치를 갖고 있는 입찰자들이 더 높은 가격을 부를 가능성이 있다. 그러나 비밀경매에서는 입찰가를 한번 적어내고 다른 입찰자들이 이에 대한 정보를 모르는 상황이기 때문에 낮은 가치를 갖고 있는 입찰자들이 낙찰될 가능성이 더 높다. 왜냐하면 높은 가치를 갖고 있는 입찰자들도 저가 입찰을 해서 기대차익을 높이려는 의도를 가질 수 있고 낮은 가치를 갖고 있는 입찰자들은 자신의 가치에 대비 저가 입찰 정도가 낮기 때문이다. 따라서 일차가격 비밀경매가 오름경매 비하여 낮은 가치를 갖고 있는 입찰자들의 진입을 촉진하는 역할을 할 수 있는 것이다.

앞에서 살펴본 바와 같이 승자의 저주 또는 담합으로 인하여 경매가가 지나치게 낮게 형성될 가능성이 있을 경우 경매자는 경매 최저가격(reserve price)을 설정하는 방법을 선택할 수 있다. 최저가격은 판매자의 수입을 일정수준 이상으로 확보하면서 경매시장의 효율성도 담보할 수 있다. 최저가격이 일정수준 이상이면 경매대상 물건에 대한 가치가 높은 입찰자가 낙찰될 가능성이 높기 때문이다.

또한 경매자는 한 가지만의 경매방식을 고집하지 말고 다른 형태의 경매방식을 섞는 방식(hybrid-format)을 선택할 수도 있을 것이다(Klemperer, 2002). 앵글로-네덜란드(Anglo-Dutch) 방식의 경우 경매는 두 단계로 구성이 되어 있다. 첫 단계에서는 두명의 입찰자가 남을 때까지 오름경매를 실시한다. 두 번째 단계에서는 첫 번째 단계에서의 최종 입찰가를 최저가격으로 설정하고 일차가격 비밀경매를 시행하는 것이다. 이 복합경매방식의 이점은 다음과 같다, 우선, 두 번째 단계에서 비밀경매를 실시하기 때문에 담합을 방지할 수 있는 장점이 있다. 또한, 비밀경매로 인하여 경매물에 대한 낮은 가치를 가지고 있는 입찰자들도 낙찰확률이 높기 때문에 진입을 촉진시키는 역할을 한다. 그리고 최저가격을 설정하기 때문에 낙찰가가 지나치게 낮게 설정되는 것을 방지할 수 있다.

19.6	**경매제도의 응용사례: 주파수 경매**

앞 절에서 경매제도는 다양한 분야에서 활용되고 있다는 것을 언급하였다. 여러 분야 중 경매제도의 사례로서 주파수 경매에 대해서 살펴보고 이 장을 마치고자 한다. 주파수 경매는 국가의 한정된 자원인 주파수를 효율적으로 배분하고 입찰과정을 통해 투명하고 공정성을 제고하기 위해서 실시되고 있다(최계영·전수영, 2006). 주파수 경매는 1989년 뉴질랜드에서 최초로 도입되었으며 1994년 부터는 미국에서 이동통신(PCS)을 비롯한 주파수 할당의 도구로 활용되기 시작하였다. 2000년 이후 유럽에서 차세대 이동통신(IMT-2000) 주파수 할당에 경매제도가 활용되면서 본격적으로 전 세계적으로 주파수 할당의 주요수단으로 활용되고 있다.

경매방식은 각기 장단점을 가지고 있기 때문에 주파수 경매에서도 각국은 자국의 환경에 맞춰 경매방식을 선택하고 세부적인 규칙을 정하고 있다. 일반적으로 경매를 설계 운용할 경우 중요한 고려사항은 담합가능성의 최소화와 신규 진입의 촉진이다. 경매에서 담합이 효과적으로 방지되지 못할 경우 효율적인 주파수 분배가 약화되고 낙찰가가 주파수의 사회적 가치를 반영하지 못할 가능성이 높다. 또한 신규진입이 저해될 경우 기존사업자의 신규시장 지배가 유지되고 경쟁이 제한될 가능성이 높다.

주파수 경매 방식은 미국 FCC가 동시오름경매방식(SMRA: Simultaneous Multi-Round Ascedning Auction)을 사용하기 시작하면서 많은 국가에서 사용되고 있다. 이는 앞절에서 설명한 오름경매 방식을 여러회 실시하여 단계적으로 가격을 올려서 낙찰자를 선정하는 방식이다. 이 방식에 따르면 입찰자는 매 라운드마다 정해진 주파수 대역 중 특정 대역에 입찰할 수 있다. 특정 라운드에서 최고가 입찰자가 되면, 그 이후 라운드부터 그 대역에서 다른 최고가 입찰자가 나타날 때까지 어느 대역에도 입찰할 수 없다. 최고가 입찰자가 아닌 입찰자는 다음 라운드에서 그 대역 또는 다른 대역 중 하나의 대역에 입찰할 수 있다. 모든 주파수 대역에 더 이상의 입찰이 없는 경우 경매가 종료된다. 이 때 대역별 최고 입찰가를 그 대역의 낙찰가로, 최고가 입찰자를 그 대역의 낙찰자로 선정한다. 영국뿐만 아니라 독일, 호주 등의 3G 주파수 경매, 미국의 AWS 경매에 이를 활용하였다.

우리나라에서도 2011년, 2013년, 2016년에 주파수 경매를 실시하였는데 동시오름경매방식 또는 동시오름방식과 비밀경매를 조합한 방식을 채택하였다. 동시오름경매방식은 입찰자들이 이해하기 쉽고 입찰이 반복됨에 따라 입찰 정보가 누적되어 경매대상 주파수에 대한 가격탐색기능이 향상되는 장점이 있는 반면 지리한 입찰경쟁이 발생하여 경매종료시까지 많은 시간과 비용이 소요되는 문제점이 발생한다.[11] 한편 2018년 시행된 5G주파수 경매는 클락경매(clock-auction)를 사용하였는데 이는 무기명 블락경매 방식(CCA; combinational clock auction)을 변형한 형태라 할 수 있다. 클락경매는 2단계로 진행이 되는데 1단계에서는 입찰자들이 낙찰받을 주파수 대역의 블락수를 정하고 2단계에서는 대역의 위치를 결정하는 방식이다. 주파수를 고속도로에 비유한다면 대역폭은 차로폭 혹은 차로수에 비유될 수 있다. 따라서 대역폭이 넓을수록 데이터 전송량과 속도가 증가하게 된다. 클락경매는 주파수 대역을 블락으로 쪼개어서 경매하는 방식으로 블락량과 위치를 원하는 대로 구성해 입찰자가 원하는 주파수를 구성하게 하는 장점이 있다.

---

11) 첫 경매였던 2011년에는 800MHz, 1.8GHz, 2.1GHz 대역이 나왔고, 동시오름입찰방식으로 진행됐다. 당시 방송통신위원회는 황금주파수로 평가됐던 2.1GHz 대역에 SK텔레콤과 KT 참여를 배제했다. 3위 사업자 LG유플러스는 해당 대역을 단독으로 최저경쟁가격에 확보했다. 후발 사업자에 대한 정책적 배려였다. SK텔레콤과 KT는 1.8GHz 대역을 차지하기 위해 무려 83라운드에 걸쳐 경쟁했다. 4450억원에 시작한 주파수 가격은 9950억원까지 상승했다. 결국 SK텔레콤이 1.8GHz를 가져갔지만 '승자의 저주' 우려가 제시됐다. 2013년 이뤄진 주파수 경매에서는 동시오름에 밀봉입찰을 혼합한 방식으로 진행했다. 첫 경매에서 나타난 과열경쟁이 반복되지 않도록 라운드 횟수를 50회로 제한했다. 이후 밀봉입찰을 통해 한차례 가격을 제시한 후 최고가를 제시한 곳이 주파수를 가져가도록 했다.

풀 어 쓰 는 경·제 20

예술품 시장의 경매

주파수 경매 이외에 예술품 시장에서의 경매는 치열한 입찰경쟁의 사례를 보여준다. 경매에서 부유한 소장가, 갤러리들, 그리고 여러 기관들이 예술품을 수집하기 위해서 경쟁한다. 소더비나 크리스티 등의 경매회사들은 정기적으로 피카소, 반고호 등 유명 예술가들의 작품에 대한 경매를 주최한다. 이들 경매에서는 입찰자들이 종종 치열하게 경쟁하는 것을 관찰할 수가 있는데 이는 입찰자들이 문화적인 보물일 뿐만 아니라 수익률이 높은 투자기회로 여겨지는 상징적인 작품들을 확보하기 위해서 경쟁하기 때문이다. 예를 들면, 2015년 파블로 피카소의 Les Femmes d'Alger는 크리스티 경매에서 179.4(백만 달러)에 팔려서 최고가격을 기록하였다. 입찰경쟁은 치열하였고 다수의 입찰자가 걸작품을 구매하기 위해서 공격적으로 경쟁하였다. 다른 예술작품 경매와 마찬가지로 입찰자들의 지불의사가격은 작품의 희귀성과 미래 기대수익에 의하여 결정된다(Ashenfelter & Graddy, 2003). 예술품 경매는 주로 오름입찰방식을 적용하며 잠재적인 구매자는 최종 입찰자가 남을 때까지 점차 높은 입찰가격을 제시한다. 이러한 경쟁과정은 종종 최종가격이 최초 추정치를 넘어서는 결과를 보이며 전략적 또는 감정적 요소가 입찰자의 행태에 영향을 미치는 것을 보여준다(Mei & Moses, 2002). 예술품 경매시장은 입찰자들의 경쟁이 어떻게 가격을 상승시키고 개인이나 기관들이 입찰에서 경쟁자를 이기고 높이 평가되는 자산을 확보하는지 보여준다.

제20장 산업조직과 거시경제의 성과

Chapter 20

산업조직과 거시경제의 성과

20.1 시장구조와 가격경직성

산업조직과 거시경제학의 상호연관성은 여러 관점에서 파악될 수 있다. 거시경제를 구성하는 가장 중요한 부문의 하나는 결국 각 산업의 성과가 되기 때문에 산업조직의 변수가 곧 거시경제의 성과(macroeconomic performance)에 영향을 미치게 되는 것이다.

특히 최근에는 국민경제의 산출량과 실업 및 인플레이션에 관한 논의가 케인즈와 고전학파 및 시카고학파 등으로 다양하게 전개되면서 거시경제의 성과를 설명하는 주요 변수의 하나로서 시장구조를 파악하는 이론이 등장하게 되었다. 예를 들면 거시경제의 침체와 조정을 설명하는 한 요인으로 지적되는 가격경직성에 시장구조가 중요한 영향을 미친다는 논의를 들 수 있다. 고전학파의 논의대로 가격조정이 신축적으로 이루어지면 거시경제의 불균형은 일시적이고 가격을 통한 수요공급의 조정으로 국민경제는 완전고용균형으로 회복된다. 따라서 실업과 경기침체 등 거시경제의 성과가 악화되는 것은 일시적 현상에 불과하다. 그러나 가격경직성이 나타나면 이것은 곧 실업과 경기침체를 동반하는 거시경제의 불균형을 연장시키는 요인이 될 것이다. 따라서 가격경직성과 같은 산업조직의 문제가 거시경제의 불균형을 유발하는 원인으로서 분석되어야 할 것이다. 이와 같은 관점에서 본 장에서는 거시경제의 성과에 영향을 미치는 시장구조와 여타 산업조직의 문제를 파악하기로 한다.

실제 시장구조와 같은 산업조직의 변수가 인플레이션과 총산출량 등 거시경제성과에 미치는 영향은 오래 전부터 경제학의 분석대상이 되어 왔다. 이것은 산업조직론과 거시경제학을 연결시키는 중요한 논제의 하나라고 할 수 있다. 특히 인플레이션과 시장지배력의 관계는 현대 거시경제학의 가장 중요한 논의대상인 거시경제의 균형을 논의하는 차원에서 다루어진다.

예를 들어 수요가 감소함에도 불구하고 어떤 이유로 가격이 하락하지 않는다면 생산량은 가격이 하락할 경우보다 더 많이 감축된다(이 관계는 다음 절에서 상세히 설명되고 있음). 생산이 감축되면 실업이 증대하고 소득이 감소하며 이것은 곧 수요의 추가적 감축을 가져온다. 따라서 수요가 감소함에도 불구하고 이에 따른 가격조정(하락)이 신속하게 이루어지지 않고 가격경직성(price rigidity) 현상이 나타나면 거시경제의 침체와 불황은 더욱 연장된다. 이러한 과정에서 시장지배력이 가격경직성의 원인이 된다면 그것은 곧 시장구조가 국민경제의 실업과 침체를 설명하는 주요 변수가 되는 것이다(Hall, 1986).

실제 시장구조가 거시경제의 성과에 미치는 영향을 분석하는 이론은 그동안 많은 논란이 되어 왔다. 시카고학파는 전통적으로 시장지배력이 거시경제의 성과에 영향을 미치지 않는다는 입장을 보여 왔다. 일반적으로 경제가 완전고용균형에 있는 경우에는 이러한 입장이 받아들여질 수 있다. 그러나 완전고용균형에 있지 않는 경우에는 시장지배력이 가격경직을 유도하고 거시경제의 성과를 악화시킬 수 있다는 이론이 제기되어 왔다.

20.2 관리가격의 설정

가격의 신축적 조정과 이에 따른 거시경제의 균형은 오래 전부터 논의되었지만 산업차원에서 가격경직성이 나타나는 현상은 「민즈」(Means)에서부터 본격적으로 논의되었다(Stigler & Kindahl, 1970). 「민즈」는 대공황기가 포함된 1926~33년까지 677개 품목의 월별 가격변동을 분석한 결과 가격변동폭이 매우 작다는 사실을 발견하였다. 그 중에서도 14개 품목은 완전히 고정되었으며 77개 품목은 96개월 중 1~4개월만 변동하여 가격의 비신축성 현상이 나타났다.

가격의 산출량에 대한 비신축성(inflexibility)은 〈그림 20-1〉과 같이 설명된다. 경기침체로 어떤 특정재화시장에 수요곡선이 하향이동하는 경우를 가정하

| 그림 20-1 | 가격경직성과 수요변화 |

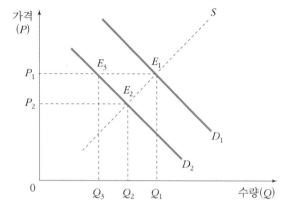

경제침체로 수요가 D_1에서 D_2로 감소하면, 시장가격도 P_1에서 P_2로 하락하고, 균형수급량도 Q_1에서 Q_2로 이동한다. 그러나 가격이 P_1에서 P_2로 하락하지 않고, P_1에서 경직적이라면, 수요는 Q_3에 불과한데 공급이 Q_1에서 이루어지므로 재고가 누적되어 결국 생산량도 Q_3로 감소된다. 가격의 경직성으로 인하여 가격이 신축적인 경우의 균형인 Q_2보다도 더 심각한 경기침체를 유발하는 결과를 가져온다.

자. 국민경제의 불황은 소득수준을 감소시켜주므로 여타 조건이 동일한 경우 수요곡선은 D_1에서 D_2로 이동하게 된다. 경쟁시장에서는 산업의 단기공급곡선을 따라서 가격하락현상이 나타난다. 이 결과 균형수급량은 Q_1에서 Q_2로 감소하고 가격은 P_1에서 P_2로 하락한다.

그러나 가격이 신축적으로 조정되지 않고 경직적이라면 어떤 결과가 나타나는가? 가격이 P_1에 고정되어 있다면 수요의 감소(D_1에서 D_2)는 생산량을 더욱 위축시켜 Q_2가 아닌 Q_3로 감소시킨다. P_1의 가격에서는 수요가 Q_3에 불과하므로 재고가 누적되어, 결국 생산량도 Q_3로 감축된다. 생산량 감축은 고용수준을 감소시키게 되므로 실업을 증가시키게 된다. 산출량이 감소할 경우 기업은 단기적으로 종전과 같은 고용수준을 유지할 수 있겠지만 결국 고용을 축소 시킬 수밖에 없게 된다. 따라서 가격이 경직적이면 가격이 신축적일 경우보다 도 수요감소로 인한 산출량감축이 더욱 크게 나타난다. 또한 실업이 증가함에 따라 가처분소득이 감소하므로 국민경제 전반에 수요위축현상이 나타나게 된다. 이 결과 각 개별 재화시장에 가격경직현상이 확산되고 거시경제의 순환적 변동을 악화시키게 된다.

실제 「민즈」는 이러한 분석결과를 토대로 시장가격과 구별되는 관리가격(administered price)의 개념을 다음과 같이 정의하였다. 즉, "시장가격은 시장에서 소비자와 생산자의 상호작용에 의해 형성되는 가격인 반면, 관리가격은 기업이 의도적으로 일정기간 동안 고정시킨 가격"이라는 것이다. 이러한 관리가격은 기업의 경영관리과정에서 의도적으로 결정된다. 관리가격의 설정은 독점기업의 시장지배력이 필수적 요인으로 지적되고 있다. 특정시장에서의 시장지배력을 확보하지 않고서는 일정기간 동안 고정된 관리가격의 설정이 불가능할 것이다.

「민즈」는 이러한 가격의 관리행태가 산업사회의 새로운 특징의 하나라고 설명하고 있다. 그는 비신축적인 관리가격이 1930년대 대공황을 더욱 심화시키고 연장시키는 역할을 한 것으로 평가하고 있다. 또한 관리가격행태는 1926~33년에만 국한되었던 현상이 아니라 1890~1936년에도 지속된 현상이라고 설명하고 있다.

이와 같은 「민즈」의 분석 이후 학계에서는 관리가격의 개념과 결정요인에 대한 많은 논의가 제기되었다. 관리가격은 판매자에 의해 설정된 고정된 가격이라고 정의되었지만, 이 개념은 사실 상당히 모호하다. 실제 식품점이나 어떤 상점에서도 가격은 판매자에 의해서 먼저 결정된다. 이러한 가격은 일정기간 동안 고정되어 있을 수도 있고 매일매일 변동될 수도 있다. 그렇다면 어떤 경우를 관리가격으로 규정할 수 있으며 경쟁시장가격 또는 독점가격과의 구분이 문제가 된다. 따라서 관리가격의 결정요인이 중요한 연구대상으로 부각되었으며, 관리가격의 설정행태도 집중적으로 분석되었다.

한편 수요견인 인플레이션이 발생할 경우에도 시장구조와 거시경제의 성과가 관리가격으로 설명될 수 있다. 수요견인 인플레이션의 초기에는 시장가격이 관리가격보다 더 급속히 상승하게 된다. 그러나 시장의 재조정이 이루어질 경우에는 시장가격이 하락하는 반면, 관리가격은 시장가격과 동일한 수준에 이를 때까지 상승하게 된다. 이것은 관리가격이 시장가격의 변화를 후행하기 때문에 나타나는 현상이다. 이 결과 관리가격은 수요견인 인플레이션의 초기단계에서는 오히려 고전적 인플레이션을 지연시키는 역할을 한다. 다만 수요견인 인플레이션의 후기단계에서 관리가격은 전반적인 물가수준을 따라 상승하게 된다.

따라서 가격상승이 지속되는 인플레이션 기간에는 관리가격의 결정요인이 되는 시장지배력이 오히려 물가상승의 조정기를 연장시켜 주는 역할을 한다. 즉, 고집중산업에서의 시장지배력이 초기의 급속한 인플레이션을 억제하는 작용을 한다는 것이다. 따라서 수요견인 인플레이션을 동반하는 경기상승기의 초기에는 고집중산업에서의 물가상승률이 여타 산업보다 낮다는 것이다. 이것은 곧 경제 전반의 인플레이션을 억제하는 역할을 한다. 그러나 경쟁산업(저집중산업)의 물가가 높은 수준에서 조정 완료된 후에도 고집중산업에서는 물가상승이 지속적으로 나타나 전반적인 물가수준으로 조정되는 것이다.

한편 미시경제차원에서의 시장지배력이 거시경제현상에 영향을 줄 수 없다고 믿고 있는 시카고학파에서는 「민즈」의 이론에 대한 반론으로서 독점기업의 이윤극대화 행태를 지적한다(Stigler, 1962). 「스티글러」(Stigler)는 "독점과 과점가격은 인플레이션과 특별한 관련이 없다"고 파악한다. 독점기업은 주어진 수요와 비용조건에서 항상 이윤극대화를 위한 가격을 결정하는 것이지 거시경제의 변동에 반응하지 않는다는 것이다. 따라서 수요와 비용이 증가하면 독점가격은 높아지며 경쟁시장가격보다 높게 결정된다는 것이다.

그러나 과점시장에서의 가격설정은 독점시장과는 다른 형태로 나타나며 시장지배력과 가격경직성의 관계가 독점보다는 과점에서 더욱 분명하게 나타난다는 이론이 많으며 이것은 곧 과점시장의 가격경직성을 거시경제의 성과와 연결시키는 역할을 하게 된다(Galbraith, 1936).

20.3 | 굴절수요곡선의 영향

「민즈」의 관리가격과 달리 「스위지」(Sweezy)는 과점기업간의 협조적 담합이 본질적으로 취약하기 때문에 가격의 경직성이 발생한다고 설명하고 있다(Sweezy, 1939). 「스위지」의 가격경직성이론은 이미 경제원론 수준에서 굴절

수요(kinked demand)곡선으로 잘 알려져 있다. 이것은 과점산업에서 각 경쟁기업이 가격 상승과 가격하락에 서로 다르게 반응한다는 것을 바탕으로 설명되고 있다.

〈그림 20-2〉에서와 같이 과점산업에서 한 기업 갑이 현재 P_k의 가격에서 q_k를 판매하고 있다고 가정하자. 시장의 수요곡선은 AA', BB'로 표시되어 있다. 기업이 담합이나 독자적 전략에 관계없이 이윤극대화를 추구한다면 P_k에서의 가격변화에 어떻게 대응하겠는가? 가격변화에 따라 기업 갑이 직면하게 되는 수요곡선은 어떻게 변화하는가?

과점시장의 가격이 현재 가격 P_k보다 하락하게 된다면 여타 경쟁기업은 가격하락을 추종하게 될 것이다. 경쟁기업이 가격을 하락시키지 않을 경우에는 시장점유율이 감소하기 때문이다. 모든 기업이 가격하락을 추종하면 갑이 가격을 하락시킨다 해서 갑의 판매수입은 크게 증대되지 않을 것이다. 따라서 P_k 이하에서 이 기업이 직면하는 수요곡선은 비탄력적이 되며 종전 수요곡선보다 기울기가 커진다.

그림 20-2　굴절수요곡선과 가격경직성

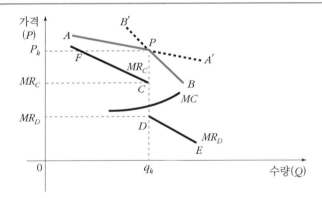

과점시장에서 경쟁기업의 가격인상은 추종하지 않고, 가격인하만을 추종할 경우에는 *APB*와 같은 굴절수요곡선이 나타난다. 수요곡선 *APB*에 대응하는 한계수입곡선은 *FCDE*로 불연속적인 형태가 된다. 이윤을 극대화하기 위해서는 *MR = MC* 조건이 충족되어야 하므로 한계비용 *MC*가 *MR*의 불연속구간인 *CD* 사이를 통과할 경우에는 가격을 변화시키지 않아야 된다. 따라서 과점시장에서는 한계비용의 변동에도 불구하고 가격이 경직적인 현상이 나타날 수 있다.

　한편 경쟁기업들은 기업 갑의 가격인상에는 일반적으로 추종하지 않게 된다. 따라서 갑이 가격을 인상할 경우에는 여타 경쟁기업들은 종전가격을 유지함으로써 갑의 시장점유를 감소시키려 할 것이다. 이것은 결국 불완전한 담합에서 발생되는 것으로 과점시장에서는 일단 협조적 담합이 구성된 뒤에도 담합을 와해시키는 인센티브가 많이 존재하기 때문에 나타나는 현상이라고 할 수 있다. 이 결과 가격인상은 판매수입의 격감을 가져오게 되므로 P_k보다 높은 가격 수준에서는 수요곡선이 수평에 가깝게 된다. 따라서 실질적 수요곡선은 APB가 된다.

　수요곡선의 기울기가 한 점에서 불연속적으로 변화할 경우에는 결국 한계수입곡선이 불연속인 함수로 나타난다. 즉, 〈그림 20-2〉에서와 같이 q_k를 중심으로 한계수입곡선은 큰 갭이 발생한다. 이것은 곧 굴절수요곡선에 대응되는 한계수입곡선을 유도한 결과로서 나타난 것이다.

　한계수입곡선이 〈그림 20-2〉에서와 같이 $FCDE$로 나타날 경우 기업의 이윤극대화가격과 생산량은 어떻게 결정되는가? 기업의 이윤극대화는 항상 한계수입과 한계비용이 일치되는 점에서 결정된다. 한계수입곡선이 CD 사이에서 갭을 갖고 있을 경우에도 이 원리가 원용된다고 할 수 있다.

　만약 갑의 한계비용이 한계수입곡선의 C와 D 구간에 있게 된다면 이 기업은 항상 P_k에서 q_k를 생산하게 된다. 이것은 다음 식 (20.1)과 같다.

$$MR_C \geq MC \geq MR_D \qquad\qquad\qquad (20.1)$$

　이 구간에서 q_k보다 생산량을 1단위 증가시키는 것이나 감소시키는 것 모두 이윤을 감소시킬 뿐이다. 따라서 한계비용 MC가 MR_C와 MR_D구간에 있는 한 P_k의 가격과 q_k의 생산량을 고수하게 된다. 따라서 수요곡선의 기울기가 불연속적으로 변화하는 시장에서는 한계비용이 일정구간에서 변동해도 시장가격이 변동하지 않게 된다. 이것은 결국 비용의 변동이 한계수입의 갭내에서 발생할 경우에는 가격변동이 초래되지 않는다는 것을 의미한다.

　같은 논리로 과점에서는 수요의 변동이 있을 경우에도 안정적 시장가격이 유지될 수 있는 것을 의미한다. 이러한 현상을 「스티글리츠」(Stiglitz)는 다음과 같이 설명하고 있다. "과점시장의 각 기업은 상대 경쟁기업의 수요변화를 모두 파악할 수 없다. 또한 각 기업은 경쟁기업의 가격인하가 담합협정을 위반하기 위한 것인지 또는 수요의 문제로 발생된 것인지를 구별할 수 없다. 담합행태에서 나타나는 안정적 가격패턴을 유지함으로써 얻게 되는 이득이 수요변화에 따른 가격의 수시적 변동의 실패에서 얻는 손실보다 더 크게 된다. 따라서 일정범위에서는 수요의 변동에도 불구하고 안정적 가격패턴을 선호하게 된다."(Stiglitz, 1984)

과점시장에서의 기업간 가격조정의 곤란이 결국 가격안정을 유지시켜 주는 요인이 된다. 이 결과 과점시장에서는 경쟁시장과 달리 수요와 비용의 변화에도 불구하고 안정적 가격을 유지하는 경향이 나타난다.

굴절수요곡선에 의해 과점시장에 가격경직성현상이 나타나면 이것은 곧 관리가격과 마찬가지로 거시경제의 균형에 영향을 미치는 요인이 된다.

20.4 완전비용과 마크업 가격

경제이론은 일반적으로 이윤극대화를 추구하는 기업이 한계비용과 한계수입을 일치시키는 생산량을 선택하는 것으로 분석된다. 그러나 현실적으로 기업이 채택하고 있는 가격설정방식은 오히려 $MR = MC$보다는 비용에 일정수준의 마크업(mark up)을 추가하는 선에서 결정한다는 조사결과가 많이 발표되었다. 이러한 형태의 가격설정을 설명하는 하나의 이론은 완전비용가격설정(full-cost pricing)으로 다음과 같이 결정된다. 즉, 가격(P_f)은 식 (20.2)가 된다.

$$P_f = (1 + \alpha)(ULC + UMC) \qquad\qquad (20.2)$$

여기에서, ULC는 목표생산량수준의 표준화된 단위노동비용, UMC는 단위재료비용, α는 비용에 추가하여 보태어지는 마크업 요인이다. 따라서 일정한 생산량 수준에서 평균비용을 완전히 커버하고 α만큼의 마크업을 추가하는 가격이 곧 완전비용가격(P_f)이 된다.

이와 유사한 논리로서 일정한 목표수익률 r_T를 확보하는 가격책정방식도 논의된다. UKC를 제품 1단위당 소요되는 자본의 투입량이라 하고, r_T를 자본에 대한 목표수익률이라 하면 가격(P_T)은 다음과 같이 결정된다.

$$P_T = r_T \cdot UKC + ULC + UMC \qquad\qquad (20.3)$$

P_T는 목표수익률을 반영하는 가격으로서 완전비용가격(P_f)과 본질적으로는 동일한 개념이다. 이는 $r_T \cdot UKC = \alpha\,(ULC + UMC)$가 되도록 r_T를 설정한다면 $P_T = P_f$가 되기 때문이다.

한편 P_f와 P_T의 가격은 실제 이윤극대화원리에서 유도된 가격과 일치하게 된다. 예를 들어 평균비용이 일정한 경우를 가정해 보자. 만약 기업이 장기균형상태에 있다면 임금과 재료비용 등도 모두 표준화된 상태에 있게 될 것이다. 이러한 균형상태에서 기업이 자본의 기회비용을 반영하는 정상수익률만을 목표로 하여 r_T를 설정하면 P_T는 곧 경쟁시장의 균형가격이 된다.

반대로 r_T를 독점적 초과이윤이 확보되는 수준으로 인상하면 P_T는 곧 독점가격이 된다. 독점과 경쟁의 중간에서 r_T를 설정하면 그것은 곧 과점시장의 가격을 반영하는 것이 된다. 따라서 완전비용가격과 같은 '주먹구구식'(rule-of-thumb)가격결정과 이윤극대화논리에 의한 $MR = MC$의 가격결정은 장기균형상태에서는 본질적으로 큰 차이가 없다.

그러나 수요의 변화나 기타 시장여건이 변동되었을 경우 가격변화가 어떻게 되는가는 두 경우에 다르게 나타난다. 먼저 이윤극대화의 원리에 의한 가격설정에서는 시장수요가 변화하면 당연히 MR이 변동되어 가격수준도 변동된다. 따라서 시장수요가 감소할 경우에는 한계수입곡선이 변화하고, 가격과 생산량도 변화한다. 결과적으로 가격과 생산량이 모두 감소하게 된다.

한편 '주먹구구식'의 개략적인 가격설정방식에서는 수요변화에 따라 가격변동이 어떻게 나타나는가? 이 규칙에 의한 가격설정에서는 일반적으로 가격변동이 나타나지 않는 경향이 있다. 수요감소에 따른 생산량감축은 단위당 평균 비용을 인상시킬 수도 있다. 그러나 가격은 일반적으로 목표생산량 수준의 표준단위비용에 기초하고 있으므로 가격변동요인이 적게 된다. 따라서 완전비용 가격이나 마크업에 의한 가격설정에서는 한계원리에 의한 가격설정에서보다도 가격이 경직적이고 산출량변동폭은 더욱 크게 나타난다(Blain, 1974).

완전비용가격과 목표수익률에 의한 기업의 가격설정행태는 시장이 균형상태에 있을 경우에는 한계원리에 의한 이윤극대화가격과 동일하지만, 수요의 변동이 나타날 경우에는 서로 다른 형태로 나타나는 것이다. 즉, 종래의 한계원리에 의한 가격설정보다 가격경직성현상이 더욱 크게 나타나게 되며 거시경제의 균형에 많은 영향을 미치게 된다. 또한 마크업 가격이나 목표수익률은 곧 시장구조와 기업행태의 상호작용에 의해 결정된다. 따라서 기업의 실제 가격결정행태는 시장구조에 영향을 받게 되고 이것은 곧 가격경직성과 거시경제의 불안정을 설명하는 원인이 된다.

20.5 메뉴비용과 가격경직성

가격경직성을 유발하는 또다른 산업조직의 변수는 거래비용(transaction cost)이다. 거래비용은 과점적 상호의존성이나 가격경쟁이 없는 상태에서도 가격경직성을 가져올 수 있다.

〈그림 20-3〉은 실질가격에 바탕을 둔 수요곡선을 나타내고 있다. 실질가격이므로 인플레이션을 모두 조정한 것이며 실질한계비용(MC_R)과 평균비용(AC_R)이 모두 동일하게 고정되어 있다고 가정하자. 모형의 단순화를 위해 고정비용도 존재하지 않는다고 가정한다. 이제 P_R^m을 실질 독점가격이라 하면 기업은 $(P_R^m - MC_R)Q^m$만큼의 초과이윤을 획득한다. 그림에서는 E와 B를 합한 면적이 된다. 만약 20%의 인플레이션이 기대된다면 기업은 명목가격을 20% 인상하여야만 동일한 실질이윤을 얻게 된다. 그런데 가격을 변동시키려면 일종의 거래비용인 T가 소요된다. T는 흔히 메뉴비용(menu cost)이라고 하는데, 새로운 가격리스트를 인쇄하고, 소비자들에게 알려주고, 판매원을 동원해서 고객에게 새로운 가격을 전달하는 데 소요되는 모든 거래비용을 의미한다(Mankiw, 1985).

그런데 만약 기업이 기대했던 인플레이션 수준이 완전히 실현되지 않고 실제는 20%보다 낮은 10%의 물가상승률이 실현되었다고 하자. 이러한 현상이 거시경제의 침체에서 유발될 수도 있고 여타 요인에 의해 시장여건이 안정적일 경우에 나타났다고 하자. 20%의 상승을 기대하여 가격을 책정하였으므로 10%만 상승하였을 경우에는 책정된 실질가격이 이윤극대화를 위한 가격(실질)보다 높게 된다. 따라서 〈그림 20-3〉에서는 P_R^m 보다 높은 P_i에서 기대착오로 설정된 가격이 결정된다.

이제 P_i의 가격에서는 $(P_i - MC_R)Q_i$만큼의 초과이윤을 획득하여 그림에서 $A+E$만큼의 이윤을 확보한다. 그런데 P_R^m은 이윤극대화를 가져오는 실질가격이므로 P_R^m에서의 이윤인 $E+B$가 $A+E$ 보다 항상 크게 된다. P_i에서 기업이 이윤극대화를 시도한다면 당연히 P_i의 가격을 P_R^m 수준으로 인하하여야 한다. P_i가 P_R^m으로 인하되면 기업은 $B-A$만큼의 이윤을 더 획득하게 된다.

이 과정에서 이제 가격변동에 따른 거래비용이 문제가 된다. 만약 메뉴비

그림 20-3 메뉴비용과 가격경직성

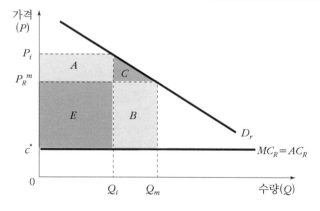

실질가격에 바탕을 둔 독점기업의 이윤극대화는 P_R^m의 가격에서 $E+B$의 이윤으로 나타난다. 만약 20%의 인플레이션을 기대하여 명목가격을 20% 인상했는데, 실제로는 물가상승이 10%밖에 나타나지 않았다면 책정된 실질가격 P_i는 P_R^m보다 높은 수준에 있게 된다. 이 경우 $A+E$의 이윤을 획득하지만 이윤극대화가격 P_R^m에서 보다는 $B-A$만큼의 이윤이 적다. 이윤을 극대화하기 위해서는 당연히 가격은 P_i에서 P_R^m으로 낮추어야 하지만, 가격을 변동시키는 데는 메뉴비용 T가 소요된다. 따라서 $B-A>T$인 경우에만 가격을 조정하고, $B-A<T$ 구간에서는 가격을 조정하지 않는다. 메뉴비용으로 인하여 가격의 경직성이 나타나는 경우이다.

용이 없는 세계에서는 당연히 P_i의 가격을 P_R^m에 일치되게 즉각 인하하여야 한다. 그러나 가격변동에는 앞서 언급된 메뉴비용이 소요되므로 가격인하로 얻게 되는 이윤의 증대와 거래비용의 규모를 비교하여야 한다. 즉, $B-A>T$일 경우에만 가격을 인하조정하고 $B-A<T$일 경우에는 가격조정을 실시하지 않게 된다. 따라서 당초에 설정된 가격이 기대착오로 인하여 이윤극대화가격이 아닐 경우에도 가격조정에 따른 이윤증대가 메뉴비용을 초과하지 않는 한 가격은 현 상태에서 경직적이 된다. 이것은 곧 거시경제의 변동이나 수요의 위축에도 불구하고 가격을 즉각적으로 조정하지 않는 또 하나의 원인이 된다.

한편 P_i의 가격이 P_R^m으로 인하되면 소비자잉여는 $A+C$만큼 증가하고, 생산자잉여는 $B-A$만큼 증대되므로 양자의 순후생증가는 $B+C$가 된다. 따라서 사회후생의 관점에서 보면 사회후생증대가 메뉴비용보다 크게 될 경우에 만 가격을 인하하여야 한다. 즉, $B+C>T$인 경우에 가격을 인하하여야 사회 후생의 증대를 가져오게 된다.

그러나 사회후생의 증대가 기업이윤이라는 사적이익(私的利益)의 증대와는 항상 일치되지는 않는다. 즉, 식 (20.4)와 같은 상황을 고려해 보자.

$$B+C>T>B-A \tag{20.4}$$

이 조건에서는 가격인하가 사회후생의 증대를 위해서 바람직함에도 불구하고 기업의 입장에서는 현재의 가격을 고수하게 되므로 가격경직성이 나타나게 된다.

한편 메뉴비용과 유사한 비용으로서 계약의 변경시에 발생하는 불확실성과 거래비용 등으로 가격의 경직성현상이 나타난다는 지적도 있다. 즉, 단기적인 시장여건의 변동이 발생함에도 불구하고 계약변경시에 부담해야 되는 거래비용으로 인하여 종래의 가격을 고수하는 가격경직현상이 나타날 수 있다. 따라서 동일한 재화에 대해서도 장기계약에 따른 경직된 가격과 현물시장에서 수시로 변동되는 가격이 동시에 존재할 수도 있다(Carlton, 1979).

이와 같이 거래비용은 시장의 수요조건이나 거시경제의 순환적 변동에도 불구하고 시장가격의 즉각적인 조정을 억제하는 요인으로 작용하게 된다. 이것은 곧 가격경직성과 거시경제의 변동이 산업조직의 변수와 깊은 관련이 있음을 설명하는 것이다.

 21

나무와 숲의 관계

"나도 봄 산에서는/ 나를 버릴 수 있으리 / 솔이파리들이 가만히 이 세상에 내리고 / 상수리나무 묵은 잎은 저만큼 지네 / 봄이 오는 이 숲에서는 / 지난 날들을 가만히 내려놓아도 좋으리 / 그러면 지나온 날들처럼 / 남은 생도 벅차리 / 봄이 오는 이 솔숲에서 / 무엇을 내 손에 쥐고/ 무엇을 내 마음 가장자리에 잡아두리/ 솔숲 끝으로 해맑은 햇살이 찾아오고 / 박새들은 솔가지에서 솔가지로 가벼이 내리네 / 삶의 근심과 고단함에서 돌아와 거니는 숲이여 / 거기 이는 바람이여 / 찬 서리 내린 실가지 끝에서 / 눈 뜨리 / 눈을 뜨리 / 그대는 저 수많은 새 잎사귀들처럼 푸르른 눈을 뜨리 / 그대 생의 고요한 솔숲에서"

(김용택, 「그대 생의 솔숲에서」).

봄 산의 연초록빛은 아름답기 그지없다. 아직 햇볕에 그을리지 않아, 미처 초록으로 변하지 않은 그 이파리들이 5월을 계절의 여왕으로 만든다. 그 숲 속에 '지나온 날들을 내려놓아도' '근심과 고단함'을 버리고 와도 모두 그 푸름 속에 녹아낼 것이다. 아직 겨울잠에서 깨지 못한 나무마저도 숲의 푸름에 가려버리고 만다. 그래서 나무는 숲을 만든다. 숲은 나무의 미세함을 포용할 수 있어서 좋다.

경제도 숲을 보듯이 먼발치로 쳐다보면 작은 나무들의 움직임은 나타나지 않는다. 그러나 어떤 나무도 연초록의 빛을 내지 못한다면 어떻게 숲이 파랗게 보일 수 있겠는가. 그래도 상당히 많은 나무가 초록으로 변해야만 제 빛을 내지 못하는 한 그루 나무를 감쌀 수 있다. 그래서 나무와 숲은 서로서로 안고 있는 것이다.

경제를 숲처럼 본다는 것은 전체의 모습을 크게 조감하는 것이다. 이를 거시경제적 접근이라 부른다. 이를테면 경제성장과 통화량은 어떠하며 국제수지는 어떤 상태인가를 보는 것이다. 성장과 물가 그리고 국제수지가 바로 거시경제의 3대 지표이다. 국내총생산, 이자율, 실업률 등도 거시경제에서 많이 활용하는 경제변수이다. 숲을 보는 시각으로 국민경제의 모습을 이해할 수 있다. 봄 산처럼 연초록인가, 여름의 진한 녹음인가, 아니면 추풍낙엽의 쇠퇴기에 있는가를 알 수 있다.

그러나 숲이 여러 수종(樹種)으로 구성되어 있듯이 국민경제의 숲을 만드는 나무들도 수없이 많다. 기업은 물론이고 개별 소비자, 정부, 근로자 등 모든 경제 주체가 모여 숲을 이루는 것 아니겠는가. 경제의 숲을 구성하는 나무 하나하나를 개별적으로 분석하는 것이 바로 미시경제이다. 현미경으로 경제를 상세하게 들여다보는 접근방법이다. 특정 산업의 현황, 시장 여건, 경쟁 상태는 물론 중소기업과 대기업의 문제를 다루는 것은 당연히 미시경제의 문제이다. 소비자나 기업과 같은 개별경제 주체가 자신의 이익 을 높이기 위해 행하는 '경제적 선택'은 모두 미시경제적 분석에 해당한다.

숲과 나무의 관계와 같이 미시경제를 구성하는 경제 주체들이 건강해야만 거시경제도 초록으로 보인다. 그러나 진한 녹음의 숲에도 병충해에 시달리는 나무가 있듯이 거시경제가 호황이라도 현미경 속에 나타난 일부 경제 주체들은 불황에 시달릴 수도 있다. 숲이 잡목으로 우거져도 파랗게 보일 수 있다. 마찬가지로 경제도 거시경제만 파랗다고 모든 것이 좋은 것은 아니다. 아카시아처럼 독점기업이 시장을 지배할 수도 있다. 통화량은 많이 풀렸어도 중소기업에는 돈 가뭄이 지속될 수 있다.

따라서 경제정책은 거시경제와 미시경제를 효율적으로 조화시키는 것이어야 한다. 정원사가 나무 하나하나를 손질하면서 조경을 생각하듯이. 그래야 솔숲 끝으로 해맑은 햇살이 찾아와 나뭇가지에 서려 있는 근심을 모두 덜어줄 수 있지 않겠는가.

정갑영, 『열보다 더 큰 아홉』, 21세기북스, 2012, p. 33.

20.6 시장구조와 가격경직성의 실증분석

이상에서 살펴본 바와 같이 미시경제적 가격경직성은 거시경제의 성과에 많은 영향을 미친다. 가격경직성은 낮은 고용수준과 산출량에서 거시경제의 불균형을 연장하는 역할을 하게 된다.

과점기업은 시장의 균형가격을 고수하는 행태를 나타내어 비용과 수요여건이 변동해도 즉각적인 가격조정을 실시하지 않는다. 또한 가격조정에 따른 거래비용이 수반될 경우와 시장지배력이 강화될 경우에도 기업은 가격경직적 행태를 나타낸다. 가격경직적인 기업의 행태는 결국 가격을 변동함으로써 얻게 되는 이윤의 증대가 가격변동에 수반되는 비용과 손실보다 작기 때문이다.

이와 같은 시장구조와 가격경직성의 관계를 실증적으로 분석한 연구결과는 「민즈」의 관리가격검증 이후 선진국을 중심으로 여러 형태로 발표되었다. 가격변화율과 시장구조를 직접 검증하는 분석에서는 관리가격을 지지하거나 기각하는 결과들이 모두 발표되었다.

예를 들면 「와이스」(Weiss)의 연구결과에서는 1953~59년까지의 기간 동안 고집중산업일수록 빠른 가격변화율을 나타내고 있다(Weiss, 1966). 반면 1967~ 69년에는 오히려 고집중도가 가격상승을 억제하는 요인으로 작용하고 있다. 당시 미국 경기변동의 특수성을 반영하면 1958~59년에는 제2차 세계대전 이후 지속된 인플레이션을 산업의 높은 집중도가 더욱 연장시키는 역할을 하고 있다고 설명하고 있다. 반면, 1967~68년에는 시장집중률이 1960년대 후반의 인플레이션을 약화시키는 역할을 하고 있다.[1]

한편 「퀼즈」(Qualls)는 가격경직성은 중간범위의 시장집중률에서 나타나는 현상이라고 지적하고 있다. 즉, 가격경직성은 곧 과점시장에서 협조적 가격조정이 실패한 결과로서 나타나는 것이므로 집중률이 낮은 경쟁적 시장에는 적용될 수 없다. 경쟁시장에서는 과점적 행태가 나타나지 않기 때문이다. 반면 집중도가 높은 산업에서는 거의 독점에 가깝기 때문에 상대기업의 행태를 쉽게 파악할 수 있다. 따라서 과점시장에서와 같은 수요굴절현상이 나타나지 않게 된다는 것이다. 이러한 원인으로 가격경직성현상은 중간적인 집중률에서 가장 많이 나타난다는 것이다.

이 결과 「퀼즈」에 의하면 시장집중도와 인플레이션의 관계가 인플레이션의 초기에는 U자형으로 나타나고, 인플레이션의 후반기에는 역 U자형으로 나타난다. 즉, 인플레이션의 초반기에는 경쟁산업과 독점산업이 모두 가격을 인상하지만 중간적인 시장구조에서는 종전의 낮은 수준에서 경직된 가격을 유지한다. 반면 인플레이션 후반기에는 경쟁산업과 독점산업에서 모두 가격인하현상이 나타나지만 중간적 시장구조에서는 오히려 높은 가격수준을 회복한 상태

---

1) 「와이스」의 연구결과는 산업별 가격지수(P)를 산업의 4대기업집중률(CR_4)에 회귀분석한 것으로서 다음과 같다.

$$P_{59}/P_{53} = 73.80^* + 0.1375^* CR_4$$

$$P_{69}/P_{67} = 92.65 - 0.037^* CR_4$$

P_{59}, P_{53}, P_{69}, P_{67}은 각 연도별 산업물가지수, *는 1%의 유의수준을 나타냄.

(catch-up period)가 지속되는 것이다(Qualls, 1978).

한편 최근의 실증분석에서는 관리가격의 이론과는 다른 각도에서 가격조정의 문제가 제기되고 있다. 즉, 전통적인 관리가격이론에서는 기본적으로 과점산업에서는 가격조정이 지연된다는 것이었다. 그러나 최근에는 집중도가 높은 산업에서는 오히려 가격조정(price adjustment)이 신속히 이루어진다는 것이다. 집중도가 높으면 기업간 협조가 효과적으로 유지될 수 있기 때문이다. 이러한 논리는 기본적으로 종전의 관리가격가설과 상반되는 내용은 아니다. 관리가격은 과점산업의 협조적 조정이 원활하게 이루어지지 않을 때 가격조정이 지연된다는 것을 강조하고 있다. 이것을 전통적 관리가격의 모형에서 보면 집중도가 낮은 산업에서는 불완전한 담합과 협조로 가격조정이 지연될 수 있는 반면 집중도가 상승할수록 과점적 협조조정이 더욱 효과적으로 이루어질 수 있다고 파악하고 있다.

이와 관련하여 가격조정의 속도와 시장구조와의 관계를 검증하는 분석도 많이 논의되고 있다. 이것은 주로 부분조정모형(partial adjustment model)을 활용한 검증으로서 어떤 특정기간 중의 가격조정속도(speed of price adjustment)에 시장구조변수가 미치는 영향을 파악하는 것이다. 부분조정모형은 다음 식 (20.5)와 같다.

$$P_t - P_{t-1} = \alpha (P_t^* - P_{t-1}), \ 0 \le \alpha \le 1 \tag{20.5}$$

여기에서 P_t^*는 t기의 바람직한 가격수준이고, P_t, P_{t-1},는 각각 t, $t-1$기의 실제 가격수준을 의미한다. 이 식을 P_t에 대해 정리하면 식 (20.6)과 같다.

$$P_t = \alpha P_t^* + (1-\alpha)P_{t-1} \tag{20.6}$$

실제가격(P_t)은 곧 바람직한 가격수준(P_t^*)과 과거 $t-1$기의 가격수준(P_{t-1})의 가중평균치가 된다. α가 1에 가까운 값이면 P_t는 P_t^*에 접근하고, α가 0에 가까우면 P_t는 P_{t-1}에 가까워져서 P_t^*로 접근하는 조정과정이 지연되는 것이다. 반대로 α가 1에 가까우면 조정속도가 빨라지게 된다.

이 모형에서 P_t^*는 곧 잠재적 변수(latent variable)이며 추정목표는 α를 결정하는 요인을 파악하는 것이다. 「돔버거」(Domberger)의 분석결과는 시장집중률(CR)변수가 조정속도 α를 상승시켜주는 역할을 하고 있는 것을 보여주고 있다. 이것은 곧 시장집중률이 가격조정을 지연시키는 것이 아니라 오히려 촉진시켜 준다는 것을 의미하고 있다.

한편, 최근 미국산업에 대한 「칼톤」(Carlton)의 연구결과는 가격의 경직기간이 시장집중률과 정(+)의 관계에 있음을 보여주고 있다. 즉, 집중도가 높은 산업일수록 가격이 고정된 기간이 길어진다는 것을 의미한다. 이것은 「돔버거」의 결과와는 상반된 내용으로서 가격조정의 속도와 시장구조와의 관계는 앞으로 더욱 연구되어야 할 과제가 되고 있다.

시장집중률이 가격조정속도를 촉진시키게 된다는 것은 거시경제적 의미에서 많은 시사점을 제공하고 있다. 이것은 외부충격에 반응하여 가격조정이 신속하게 이루어지는 것을 의미하지만, 높은 집중률이 생산물시장에서 불균형상태를 단축시켜주는 역할을 하게 된다는 설명이 된다. 반면 가격조정기간이 단축됨으로써 나타나는 신속한 가격상승현상은 경제전체에 인플레이션에 대한 기대를 확산시킬 수도 있다. 가격상승이 완만하게 이루어지는 상태에서는 가격조정기간이 길어지고, 인플레이션 기대를 유발할 가능성이 적어진다. 그러나, 특정산업(고집중산업)에서 가격조정이 신속히 이루어져 일시에 가격상승현상이 발생하면 임금인상압력은 물론 여타의 인플레이션 기대확산현상을 가져올 우려가 있다. 인플레이션 현상에 따라 각 경제주체의 소득분배도 많은 영향을 받게 될 것이다.

결국 인플레이션에 대한 기대변화는 거시경제의 장기적 성과에는 직접적인 영향을 줄 수 없지만, 단기적으로는 경기변동을 유발하는 원인이 될 수 있다. 이러한 이유로 시장구조와 가격조정의 속도는 거시경제의 균형에 많은 영향을 미치는 요인으로서 향후 많은 연구가 이루어져야 할 과제인 것이다.

제21장 산업규제와 효율

Chapter 21

산업규제와 효율

규제의 합리성

규제(regulation)는 정부가 시장기능에 직접 개입하여 자원배분에 영향을 주는 행위를 의미한다.

정부의 규제는 특정부문의 국유화, 가격의 통제, 신규기업의 진입제한, 품질과 규격의 기준설정 등 여러 형태로 나타난다. 정부의 산업에 대한 규제는 그 목적에 따라 다양한 규제수단이 채택된다.

가장 많이 활용되는 규제방법은 진입장벽의 설정과 가격통제로서 이러한 규제를 흔히 경제적 규제(economic regulation)라고도 한다. 반면 사회적 규제 (social regulation)는 대부분 환경과 안전 및 사회후생에 관련된 규제를 말한다.

정부의 산업규제가 합리화될 수 있는 전통적 근거는 시장기능의 실패에 있다.

시장은 완벽하지 못하므로 그 기능이 불완전하게 되는 경우에는 시장기능에 의한 성과가 사회후생을 극대화시킬 수 없다. 따라서 시장의 실패를 보완하기 위하여 정부의 규제가 불가피하다고 본다.

시장기능의 실패를 보정하는 경제적 규제가 필요한 경우는 자연독점 (natural monopoly)과 과당경쟁 및 외부성이 존재하는 산업이라고 할 수 있다. 이제 각 사례별로 산업규제의 합리성을 파악해 보자.

21.1.1 자연독점

자연독점은 모든 생산수준에서 1개 기업이 독점생산할 경우 2개 이상의 기업이 분할생산하는 것보다 생산비가 적게 소요될 경우에 발생한다. 일반적으로 평균비용곡선은 U자형을 유지하므로 일정 규모 이상의 생산량에서는 비용이 다시 상승한다. 따라서 1개 기업이 독점생산한다고 해서 비용이 항상 낮아지는 것은 아니다.

그러나 자연독점이 성립하기 위해서는 규모의 경제가 발생하여 평균비용이 지속적으로 하락하여야 한다. 1개 공장에서 여러 재화가 동시에 생산될 경우에도 범위의 경제(economies of scope)가 존재하여, 여러 기업이 분할생산하는 것보다 결합생산하는 것이 더욱 생산비가 낮아야 한다.

이와 같이 규모의 경제나 범위의 경제가 지속적으로 존재할 경우에는 1개 기업에서 독점생산하는 것이 가장 낮은 단위당 생산비가 소요된다. 이것은 1개 기업이 생산을 독점할 때 생산의 효율이 극대화된다는 것을 의미한다.

〈그림 21-1〉은 자연독점이 발생하는 평균비용곡선이다. 산업전체의 생산량이 Q^*일 경우, $\frac{1}{2}Q^*$와, $\frac{1}{4}Q^*$를 생산하는 기업의 생산비를 비교해보자. 당연히 $\frac{1}{2}Q^*$를 생산하는 기업의 평균생산비가 낮게 된다. 그런데 만약 모든 산

그림 21-1 자연독점과 평균비용

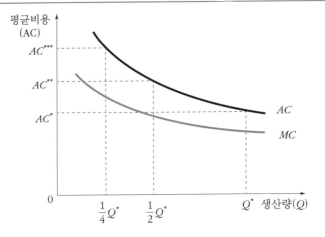

생산량이 증가할수록 평균비용이 감소하면, $\frac{1}{2}Q^*$를 생산하는 기업보다 Q^*를 생산하는 기업의 비용이 더 낮아지게 된다. 즉, 많이 생산하는 기업의 평균비용이 지속적으로 하락하는 규모의 경제가 발생하여 시장을 독점하게 된다. 한계비용은 평균비용의 최소점을 통과해야 하므로 평균비용이 지속적으로 하락하면, 항상 평균비용보다 낮게 된다.

업의 수요 Q^*를 어느 한 기업이 독점한다면 평균비용은 AC^*로서 어떤 생산수준보다도 가장 낮게 된다.

이러한 비용곡선의 구조하에서는 설령 여러 기업이 경쟁상태에 있다 해도 가장 많이 생산하는 기업이 가장 낮은 생산비를 갖고 있다. 결국 규모의 경제로 인한 대기업의 우위로 시장은 자연독점화된다.

어떤 산업이 자연독점화된다면 독점기업은 이윤극대화를 위해 시장지배적 행태를 나타내게 될 것이다. 따라서 자연독점화된 산업에서 독점지배력의 행사를 억제하기 위하여 정부규제의 정당성을 찾을 수 있다.

특히 자연독점이 나타나는 산업에서는 자원배분의 효율성이 시장기능에 의해 성취될 수 없다. 이것을 〈그림 21-1〉에서 보면 다음과 같다. 즉, 자원배분의 효율성은 완전경쟁시장에서와 같이 $P=MC$에서 달성된다. 그러나 MC는 AC의 최소점을 지나므로 〈그림 21-1〉과 같은 경우에는 MC가 항상 AC보다 낮게 나타난다.

기업이 만약 한계비용과 같은 수준으로 가격을 결정하면 어떻게 되는가? 자원배분의 효율성을 가져오는 $P=MC$에서는 결국 $P=MC<AC$가 된다. 따라서 이 가격하에서는 기업이 항상 손실을 입게 된다. 이 결과 독점기업은 $P=MC$에서 가격을 결정하지 않게 된다.

한편 자연독점이 발생하는 산업에서는 신규기업의 진입에 의한 경쟁도 불가능하다. 신규진입의 가능성이 있는 잠재기업은 자연독점의 비용조건하에서 두 기업간 경쟁이 불가능하다는 것을 알고 있기 때문이다. 설령 신규기업의 진입이 발생한다 해도 가격이 인하된다는 보장이 없다. 왜냐하면 두 기업이 생산하는 것보다 한 기업이 독점생산하는 것이 오히려 더 많은 비용절감효과를 가져오기 때문이다.

이러한 여러 가지 이유로 시장기능에 의한 경쟁과 자원배분의 효율성이 달성될 수 없다. 따라서 정부개입의 합리성이 등장한다. 정부규제를 통해 단일기업에 의한 최소비용의 생산을 이룩하고 한계비용에서 가격을 설정하도록 유도하는 것이다.

〈그림 21-2〉는 자연독점에 대한 정부의 규제를 설명하고 있다. 규제받지 않는 독점기업(unregulated monopolist)는 Q^U에서 생산하고 P^U의 가격을 부과

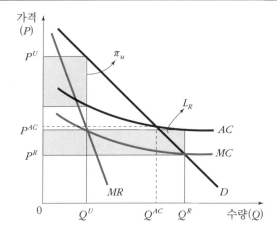

| 그림 21-2 | 자연독점의 규제 |

독점기업은 규제받지 않는 상황에서 $MC=MR$을 만족시키는 P^U의 가격에서 Q^U를 생산하고 π^U의 이윤을 차지한다. 만약 규제가격을 P^R에 설정하고, Q^R을 공급하도록 유도하면, Q^U보다는 사회후생이 증대된다. 그러나 자연독점에서는 $MC<AC$이므로 P^R의 가격에서는 L_R만큼의 손실이 발생한다. 반면 수요와 공급을 일치시키는 $P=AC$의 가격이 설정되도록 규제할 수도 있다. 즉, P^{AC}에서 Q^{AC}를 생산하면, $P=MC$의 가격설정에서 발생하는 손실을 방지할 수 있다.

하여 π_U만큼의 독점이윤을 획득한다. 물론 이 산업에서 두 기업이 분할하여 생산한다면 가격은 더욱 높아지게 된다.

이 때, 정부가 개입하여 시장의 수요와 공급을 일치시키는 점에서 $P=MC$를 결정하면 P^R이 된다. 생산량은 Q^R이 되므로 규제받지 않은 상태보다 더욱 증대된다. 따라서 규제받지 않는 상태보다 더욱 바람직한 후생수준을 달성할 수 있다.

그러나 이러한 정부규제가 전혀 문제가 없는 것이 아니다. 우선 P^R의 가격에서는 독점기업이 L_R만큼의 손실을 입게 된다. 이 손실분은 어떤 형태로든 보전되어야 한다. 예를 들면, 정부보조금의 지급이나 차별적 가격의 부과가 이루어져야 한다. 손실을 보전하는 것이 규제로부터 얻게 되는 혜택보다 적다는 보장도 없다. 따라서 규제자체도 상당한 비용을 수반하는 것이다.

$P=MC$의 가격에서 나타나는 손실보전의 문제로 $P=AC$의 가격설정이

이루어지기도 한다. 수요와 공급을 일치시키는 $P=AC$ 가격은 〈그림 21-2〉에서와 같이 P^{AC}에서 결정된다. 정부가 규제를 통해 P^{AC}의 가격과 Q^{AC}의 생산을 유도하는 것이다. 이 방법은 $P=MC$에 의한 규제수단보다 용이한 방법이라 할 수 있다. 평균비용(AC)이 한계비용(MC)보다 계측하기 쉬울 뿐만 아니라 기업의 손실이 발생하지 않기 때문이다.

그러나 이 방법 역시 현실적으로 많은 문제가 있다. 우선은 규제당국이 기업의 비용을 어디까지 합리적 수준으로 받아들일 것이냐의 문제이다. 또한 $P=AC$의 가격설정은 기업에게 비용절감의 인센티브를 주지 않아 효율적 생산을 유도하기도 어렵다.

규제당국이 기업의 이윤을 인정하지 않으면 비용절감과 이윤극대화의 인센티브가 존재하지 않게 된다. 만약 일정한 투자수익만을 이윤으로 인정하면 기준수익률을 달성한 후 비용을 증가시키거나 과다한 투자를 하게 될 가능성이 많다.

이와 같이 자연독점은 시장의 자율적 기능에 의해 효율적 자원배분을 달성하지 못하므로 정부개입의 합리성이 존재한다. 그러나 정부가 규제한다 해도 모든 문제가 완전히 해결되는 것은 아니다.

21.1.2 과당경쟁

과당경쟁은 효율적인 생산기술의 활용을 위해 고정투자가 많이 소요되는 산업에서 발생하기 쉽다. 또한 수요의 기복이 심하여 모든 기업이 평균적으로 초과설비를 보유하는 산업에서도 많이 발생하게 된다. 예를 들어 수요가 대폭 확대될 때 신규기업의 진입이 발생하면 수요가 감소될 경우에는 경쟁이 치열하게 된다.

이 결과 적정수준의 대체투자를 유지할 수 없는 정도로 낮은 가격에서 과당경쟁이 이루어지게 된다. 낮은 가격에서는 적절한 대체투자가 이루어질 수 없고 생산기술도 낙후된다. 이것은 결국 장기적으로 효율적인 생산기술의 활용을 불가능하게 한다.

이러한 형태의 과당경쟁은 파괴적 경쟁(destructive competition)이라고도 한다. 이러한 이유로 교통과 통신산업에서의 다수 기업에 의한 과당경쟁이 규제되는 경우가 많다. 파괴적 경쟁을 방지하기 위하여 정부는 신규기업의 진입을 억제하거나 시설확장을 규제하는 수단을 채택하게 된다.

과당경쟁의 당위성에도 불구하고 많은 국가에서 이 개념이 남용되어 파괴적 경쟁의 발생가능성이 적은 산업에도 정부규제가 도입된 경우가 적지 않다. 시장경쟁이 파괴적 경쟁으로 악화되기 위해서는 최첨단 고효율의 생산기술을 활용하기 위하여 막대한 고정투자가 이루어져야만 한다(Kahn, 1988).

21.1.3 공공의 이익

자연독점이나 파괴적 경쟁 이외에도 공공의 이익을 위해 정부규제가 필요한 분야가 많다. 이를 열거하면 다음과 같다. 첫째, 완전히 비탄력적인 재화를 공급하는 산업이나 생활에 절대 필요한 서비스를 공급하는 분야는 공공의 이익보호를 위해 정부규제가 필요하다. 물론 모든 생활필수품에 대하여 정부규제가 필요한 것은 아니다.

그러나 수요가 완전 비탄력적인 경우에는 공급자가 높은 가격을 부과하게 될 가능성이 높으며 사회적 혼란을 야기시킬 수도 있다. 대표적인 예는 전력과 통신서비스라 할 수 있다. 이 산업은 물론 자연독점의 차원에서도 정부규제의 필요성이 존재하지만 공공의 이익이라는 관점이 더욱 중요시된다.

둘째, 공급자와 수요자의 관계가 상호경직적이어서 실제 시장경쟁이 제한되는 경우이다. 예를 들면 수도나 도시가스, 전화 및 유선 TV 등은 관이나 연결망(network)을 통해 공급되므로 수요자가 공급자를 쉽게 바꿀 수 없다. 이것은 수요자와 공급자의 물리적 관계가 경직적이기 때문이다. 이러한 관계에서는 공급자가 독점적 가격이나 차별가격을 부과하기 쉽다. 따라서 공공의 이익보호라는 차원에서 정부의 개입과 규제가 불가피하다고 할 수 있다.

셋째, 수요의 가격탄력성이 소비계층에 따라 큰 격차를 나타내는 산업에서도 정부규제가 필요하다. 이 경우에는 수요의 탄력성이 큰 계층에게는 낮은 가격에 판매하고 작은 탄력성을 나타내는 시장에서는 아주 높은 가격을 부과할 수 있다. 따라서 불공정한 가격차별과 왜곡된 시장행태의 규제가 필요하다고 할 수 있다.

이와 관련하여 탄력성뿐만 아니라 여타의 수요조건이 복잡하고 다양한 경우에도 정부의 개입과 규제가 요구된다. 예를 들면 요일과 시간에 따라 수요가 고도로 집중되어(peak demand) 산출량의 변동폭이 큰 재화나 용역이 여기에 해당된다.

전화와 전기는 물론 시내버스 등도 이러한 예에 속한다. 수요가 복잡다양하여 산출량의 변화가 심할 경우에는 수요계층에 따라 부당한 가격차별화를 실시할 가능성이 높다. 따라서 이러한 산업의 행태를 규제할 필요성이 대두되는 것이다.

지금까지 정부의 산업규제가 정당화되는 여러 가지 경우를 평가해 보았다. 이를 요약하면 크게 두 가지로 분류된다. 첫째는 규모의 경제가 존재하여 생산효율의 달성을 위해 산업의 독점화가 불가피한 산업이다. 둘째는 가격차별화의 가능성이 높은 산업에서 공급자의 부당한 시장지배력 행사를 규제하는 것이다.

이 모든 경우에 정부의 규제는 공공의 이익을 극대화하고 자원배분의 효율성 제고를 목표로 하고 있다. 그러나 정부의 규제가 항상 이상적 성과를 달성할 수 있는 것은 아니다. 이제 정부의 산업규제수단을 설명하고 규제의 경제적 효과를 논의하기로 한다.

21.2 규제의 형태와 기준

정부의 산업규제는 매우 복잡한 과정을 거쳐 이루어진다. 정책목표와 규제 당국의 의지에 따라서 각종 수단을 활용하게 된다. 일반적으로 정부의 산업규제는 다음과 같은 목표를 갖고 있다. 즉, 효율을 극대화하고 공정성(fairness)을 확보하며 산업의 사회적 기여를 확대시키는 것이다. 이러한 목표하에서 자연독점을 규제하고 과당경쟁을 방지하며 사회적 공공성을 확보하는 규제정책을 실시한다.

한편 규제받는 산업의 관점에서는 이러한 정책목표에 부응하여 행동할 유인이 충분히 주어지는가? 규제산업이 자발적으로 정부의 정책목표를 따라갈 동기나 유인을 갖고 있지 않다면 산업규제는 그만큼 실효성을 갖기 어렵다고 할 수 있다. 규제당국의 정책추진과 감시비용이 증대되기 때문이다.

　규제받는 산업은 일반적으로 다음과 같은 일정한 특혜를 누리게 된다. 규제된 산업은 경쟁으로부터 완전히(최소한 부분적으로) 보호된 상태에서 독점적 지위를 누리게 되며 신규기업의 진입이 엄격히 제한된다. 규제산업은 일정한 수준의 가격과 이윤을 보장받으며, 생산활동을 위한 토지수용권과 법적인 특혜가 많이 주어진다.

　이와 같이 특혜적 '권리'가 주어진 상황에서 규제산업은 다음과 같은 의무를 동시에 안게 된다. 즉, 가격과 이윤은 '합리적' 수준 이상이 되어서는 안되며, 시장의 수요를 충족시킬 수 있는 공급이 이루어져야 한다. 또한 공급과 가격조건에 대한 사전승인을 받아야 하며, 공공의 안전을 보장해 주어야 한다. 한편 규제산업의 운영과 소유형태는 다양하다. 정부가 완전히 소유권을 확보하고 있는 국영기업부터 완전한 민간기업에 이르기까지 다양한 형태로 존재한다. 민간기업이 규제를 받게될 경우에는 이윤극대화를 추구하는 행태도 나타나지만 규제당국의 정책수단에 따라 큰 영향을 받게 된다. 그러나 기업소유의 형태를 불문하고 규제산업은 신규진입에 대한 제한이 엄격하여 실제경쟁과 잠재경쟁으로부터 보호되어 있다.

　이러한 상황에서 규제당국은 가격과 이윤의 수준, 가격의 구조, 기업내부의 효율 등을 정책목표로 설정하여 규제를 실시한다. 규제목표가 되는 첫번째 대상은 가격과 이윤의 수준이다. 규제당국은 규제산업에 대하여 적정한 수익률을 보장하고 과다한 수익을 방지하려 한다.

　수익률은 흔히 (총수입 − 총비용)/(자본)으로 정의되며 자본에는 생산에 활용되는 모든 고정자산이 포함되어 있다. 적정한 수익률 또는 공정한 수익률(fair return)은 어떤 절대적 기준이 있는 것은 아니다. 일반적으로 생산활동에 소요된 자본의 비용(cost of capital)을 보전하는 수준이라고 할 수 있다. 규제당국은 산업별 특성과 시장여건 및 여타 산업의 수익률 등을 감안하여 적절한 수익률을 설정하고, 이 목표수익률의 유지를 중요한 규제수단의 하나로 파악한다.

　두번째 규제수단은 가격의 구조이다. 생산물과 서비스는 항상 다양한 수요자에게 공급된다. 예를 들면 전기는 가정용과 업무용, 농업용 등 다양한 수요층을 가지고 있다. 또한 서비스의 공급자체도 다양하게 이루어진다. 시간과 공급조건 및 수량에 따라 서로 다른 서비스가 이루어진다. 예를 들면 심야전력과 피크타임의 산업용 전력은 서로 다른 서비스라고 할 수 있다. 따라서 이러한 경우에는 수요와 공급여건에 따라 가격을 차별화하고 상이한 가격-비용 비율을 적용할 가능성이 높다.

규제당국은 가격구조의 규제를 통해서 부당한 가격차별을 제한하는 수단을 활용한다. 규제당국의 목표는 효율적 자원배분에 있으며, 이것은 곧 생산비에 따라 가격을 부과하는 것을 말한다. 즉, 서비스의 제공에 수반되는 '진실한' 한계비용에 따라 가격을 부과하도록 규제하여야 한다.

가장 이상적인 목표는 가격과 한계비용을 일치시키는 것으로서 다음과 같은 단순한 규칙으로 설명될 수 있다. 즉, $P = K \cdot MC$의 규칙이다. $K = 1$이면 $P = MC$로서 가격과 한계비용이 같게 되어 규제당국의 목표가 실현될 수 있으나 기업은 K를 수요계층에 따라 변화시켜 비탄력적 수요계층에는 K를 높이게 된다. 이러한 과정을 통하여 이윤을 극대화하고 새로운 경쟁을 회피하려고 한다(비탄력적 수요계층에는 경쟁기업이 거의 없음). 따라서 규제당국은 비용과 수요 여건에 따라 적절한 가격구조가 유지되도록 유도하려고 한다.

규제당국의 세번째 목표는 기업내부의 비효율 방지이다. 규제산업은 외부로부터 경쟁이 차단되어 있으므로 시장의 경쟁압력을 받지 않게 된다. 또한 규제과정 자체가 산업의 비효율을 유발하는 경우도 있다.

따라서 규제당국은 일정한 효율수준을 목표로 설정하고 기업이 내부경영의 혁신을 통해 높은 효율성을 유지하도록 유도하고자 한다. 그러나 현실적으로 이것은 가장 달성되기 어려운 규제당국의 목표라고 할 수 있다. 규제당국이 기업의 내부효율을 감시할 기구가 거의 없으며, 규제산업이 내부효율을 추구할 인센티브가 약하기 때문이다.

규제산업은 규제당국이 일정한 기준과 여타 규제수단에 부응하는 것을 기업의 1차적 목표로 삼을 뿐, 기업의 내부효율을 추구하려는 유인이 적은 것이다. 이것은 산업규제가 갖는 비효율의 하나로서 다음 절에서 다시 논의하기로 한다.

21.3 | 적정규제

정부의 산업규제는 시장의 불완전성을 보정하는 것이 목표이기 때문에 사회후생의 극대화를 실현시킬 수 있는 적정규제 수준이 중요한 관건이 된다. 가장 일반적으로 채택되고 있는 규제수단은 가격규제와 진입제한규제라고 할 수 있다. 규제가격은 외부성과 기업의 재무상태를 고려하여 사회후생함수를 극대화시키는 수준에서 결정되어야 한다. 규제가격이 고정되어 있어 신규기업의 진입을 유발할 경우에는 진입제한규제를 실시할 필요도 있다. 이것은 주로 과당경쟁 또는 파괴적 경쟁을 규제하기 위한 수단으로 활용되어진다.

실제 정부의 가격통제(price control)는 가장 일반적 산업규제수단임에도 불구하고 적정규제가격을 설정하는 것은 어려운 과제이다. 〈그림 21-3〉에서 일반적 독점산업에 대한 가격통제를 살펴보자. 그림에서 $SRAC$, $SRMC$는 각각 단기평균비용과 단계한계비용, $LRAC$는 장기평균비용을 나타낸다. 가격통제가

그림 21-3 | 적정규제가격의 결정

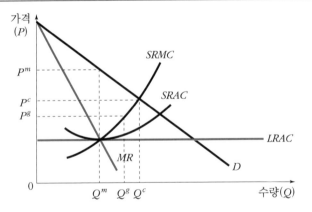

독점기업의 이윤극대화 가격은 P^m이지만, 정부가 규제하여 $P=MC$가 만족되도록 $P^c=SRMC$의 가격을 설정할 수 있다. P^c에서는 P^m보다 사회후생이 증가된다. 만약 규제가격이 P^c보다 낮은 P^g에서 설정된다면 P^g자체가 MR이 되어 $MR=SRMC$조건에 따라 생산량이 Q^c보다 적은 Q^g로 축소된다. 반면 가격인하($P^c \rightarrow P^g$)로 수요는 오히려 증가되므로, 공급부족을 유발하게 된다.

없을 경우 독점기업은 이윤극대화를 위해 $MR = SRMC$가 이루어지는 P^m에서 가격을 설정하고 Q^m을 생산하게 된다.

만약 정부가 통제가격을 $P = SRMC = MR$인 P^c에서 결정하였다고 하자.[1) P^c의 가격에서는 Q^c만큼이 생산되므로 정부의 가격통제는 가격인하와 함께 생산량 증대효과를 가져오게 된다. 따라서 가격통제는 〈그림 21-3〉에서와 같이 후생증대효과를 가져온다.

그러나 과연 P^c가 적정규제가격인가? 많은 사람들은 정부가 P^c를 통제가격으로 결정한다 해도 이를 적정가격으로 받아들이지 않을 가능성도 있다. 왜냐하면 독점기업은 P^c의 가격에서도 초과이윤을 획득하고 있기 때문이다.

P^c를 더욱 인하하면 어떻게 되는가? 정부가 규제가격을 현재의 P^c보다 낮은 수준으로 인하한다면 한계수입(MR)이 단기한계비용($SRMC$)보다 낮아지게 된다. 가격통제하에서는 규제가격 자체가 MR이기 때문이다. 따라서 생산량이 현재(Q^c)보다 작게 결정될 것이다.

예를 들어 P^g에서 규제가격을 결정하면 독점기업은 $MR = SRMC$에서 생산량을 결정하므로 Q^c보다 작은 P^g에서 산출량이 결정된다. 반면 수요는 가격인하의 결과로 증가되기 때문에 공급부족현상이 발생된다. 또한 과다한 가격규제는 재화나 서비스의 품질을 저하시키는 요인이 될 수 있다.

이러한 여러 이유로 적정한 가격규제를 실시하는 것은 매우 어려운 과제이다. 이 과제를 이론적으로 해결할 수 있다 하더라도 현실적으로 비용과 수요에 대한 정보의 부족으로 제약이 많다.

실제 정부의 가격통제는 이미 5,000년 전 이집트에서부터 실시된 후 전세계에서 많이 활용되어 왔지만 단기적 성과에도 불구하고 장기적인 가격통제가 성공한 것은 거의 없는 것으로 분석되고 있다(Schuettinger & Butler, 1979).

---

1) P^c에서 통제가격을 설정하면 OQ^c구간의 한계수입 MR은 수평이동되어 가격선 P^c가 된다. 따라서 P^c에서는 $P^c = MR = MC$가 성립한다.

21.4 규제가격의 설정

이미 앞에서 설명된 바와 같이 자연독점하에서 $P = MC$에서 가격이 규제되면 기업의 손실을 초래한다. 정부가 규제가격을 $P = MC$에서 유지한다면 기업에게 보조금을 지급하거나 여타 방법으로 손실을 보상해야만 한다. 보조금의 지급은 또다른 분배의 왜곡문제를 야기할 수도 있다. 정치적 이유로 보조금 지급이 어려운 경우도 많다.

따라서 자연독점하에서 적정한 가격차별화를 인정하여 기업의 손실을 보전하고 후생을 극대화하는 것이 규제의 수단으로 활용될 수 있다. 여기에서 고려될 수 있는 것은 일종의 2차 가격차별로서 〈그림 21-4〉와 같은 경우이다.

장기의 평균비용곡선($LRAC$)이 지속적으로 하락하는 경우에는 한계비용($LRMC$)이 항상 평균비용의 아래에 위치하게 된다. 따라서 기업의 손실을 유발하지 않고 $P = MC$를 만족시키는 것은 불가능하다.

이 때 가격차별화를 실시하면 수요자의 유보가격(reservation price)이 높은

그림 21-4 ┃ 자연독점과 가격차별

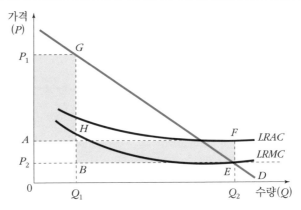

자연독점하에서 적절한 가격차별화를 용인하면 기업의 손실보전과 사회후생의 증가를 동시에 달성할 수 있다. 소비자가 지불할 용의가 있는 가격이 높은 계층에는 OP_1의 가격에 OQ_1을 판매하고, OP_2의 가격에서는 Q_1Q_2를 공급한다. 기업은 P_1GHA의 이윤을 얻고, $HFEB$의 손실을 부담한다. 기업의 이윤과 손실이 동일하도록 가격차별화를 실시하면, 효율적인 자원배분이 가능하다.

계층에게는 높은 가격을 부과하여 손실을 보전할 수 있게 된다. 즉, 〈그림 21-4〉에서 OQ_1은 OP_1의 가격에서 판매하고 Q_1Q_2는 OP_2의 낮은 가격에서 판매하게 된다.

OP_1의 가격에서 얻게 되는 이윤은 P_1GHA로 표시되고 OP_2에서 입게 되는 손실은 $HFEB$로 표시된다. OP_1의 가격은 AC나 MC보다 높은 가격이지만 소비자가 지불할 용의가 있는 유보가격에 기초하고 있다. 또한 OP_2의 가격에서 $P = MC$가 만족되고 있다. 산출량의 총계는 OQ_2로서 $P = MC$에서 달성될 수 있는 자원배분의 효율을 만족하고 있다.

여기에서 P_1과 P_2가 적정가격이 되기 위해서는 P_1에서 얻게 되는 이윤과 P_2에서 잃게 되는 손실이 일치해야만 한다. 즉, P_1GHA와 $HFEB$의 면적이 동일해야 된다. 결국 이러한 가격차별에서 자원배분의 효율성을 달성하는 산출량이 생산되고 기업의 이윤과 손실이 완전경쟁기업과 같은 수준이 되므로 적정한 규제수단이라고 할 수 있다.

램지(Ramsey)가격의 설정은 주어진 일정한 조건하에서 가격-비용 마진(price-cost margin)을 기준으로 한 소비자후생의 손실이 극소화되도록 규제가격을 정하는 방법이다. 이것은 3차 가격차별의 논리를 이용한 개념으로서 규제당국이 다음 조건을 만족시킬 수 있는 규제가격을 설정하는 것이다. 즉, 각 시장 i에서 러너지수가 수요탄력성의 역수와 일정한 비율을 유지하도록 가격을 설정하는 것으로서 식 (21.1)과 같다(Ramsey, 1927; Baumol & Bradford, 1970).

$$\frac{P_i - MC_i}{P_i} = R\frac{1}{\eta_i} \tag{21.1}$$

먼저 전체시장은 수요의 탄력성에 따라 여러 개로 분할된다. R은 램지값(Ramsey number)으로서 0과 1 사이에 존재하며 η_i는 분할된 시장 i에서 수요의 가격탄력성이다. 만약 어떤 시장 i에 $R = 1$을 적용하면 그 시장에서는 독점기업이 가격차별화를 실시하는 것과 동일하다. 독점기업의 이윤극대화에서는 러너지수가 $1/\eta$가 되기 때문이다. 반면 $R = 0$이면 경쟁기업의 균형과 동일한 결과를 얻게 된다.

따라서 시장여건에 따라(예를 들면 η의 크기에 따라) R을 1과 0 사이에서 변화하게 함으로써 자연독점기업이 어떤 시장에서는 어느 정도의 독점지배력을 행사하게 하여 비용을 보전할 수 있게 한다. 그러나 한편으로는 다른 시장에서 R을 0에 접근시키고 과다한 수입을 규제하는 방법이다. 예를 들면 여름철 피크타임에 전기요금을 높게 책정하여 할증료를 부과하고 심야시간에는 할인요금을 적용하는 것도 기본적으로는 수요의 특성에 따라 R을 조정하는 램지가격이라 할 수 있다.

램지가격의 효율성은 〈그림 21-5〉로 설명될 수 있다. 두 시장(1, 2)에서 한계비용이 같다($MC_1 = MC_2$)고 가정한다. 또한 $P^* = MC$가 성립하는 점에서 수요의 크기도 같다고 가정한다. 그러나 두 시장에서의 수요의 탄력성이 다르다고 가정한다.

위 가정하에서 두 시장의 수요는 E점에서 교차하고 생산량은 Q^*가 된다. 이제 $P = MC_1 = MC_2$의 가격에서는 비용이 보전되지 못하므로 두 시장에서 가격을 인상한다고 가정하자. 먼저 OP^A의 가격을 두 시장에 공통적으로 부과하

그림 21-5 램지가격의 효율성

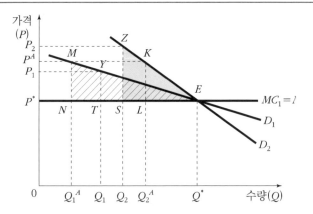

한계비용이 동일한 재화를 수요의 탄력성이 다른 두 시장에 동일한 가격으로 공급하면, 자원배분의 비효율성이 발생한다. 그러나 D_1의 수요가 있는 시장에는 P^A 대신에 P_1로, D_2의 시장에는 P_2의 가격으로 공급하면, 사회 순후생손실은 YET와 ZES의 합이 된다. 이는 P^A시의 사회순후생손실인 MNE과 KLE의 합보다 적다. 가격차별화로 사회후생의 감소를 최소화시킬 수 있다.

자. 시장 2에서의 순후생손실(deadweight loss)은 *KLE*이고 시장 1에서의 손실은 *MNE*로서 첫번째 시장에서의 손실이 더욱 크게 나타난다. 이것은 물론 시장 1의 수요곡선이 더욱 탄력적이므로 가격인상에 따른 수요감축이 크게 나타나기 때문이다.

이것은 P^A로의 가격인상이 두 시장에서 동일한 가격-비용 마진의 상승을 가져오지만 후생손실의 크기는 서로 다르게 나타난다는 것을 의미한다. 따라서 만약 두 시장의 가격을 차별화한다면 후생의 손실을 줄이면서도 일정 수준의 가격-비용 마진을 획득할 수 있게 된다.

예를 들어 시장 1에서는 P^A 대신에 P_1을 부과하고, 2에서는 P_2를 부과한다. 이 결과 시장 1에서의 순후생손실은 *YET*로 감소되고, 시장 2에서는 *ZES*로 증가된다. 이 결과 사회전체로는 종전보다 작은 후생손실을 수반하면서 기업은 비용을 보전할 수 있게 된다. 이 때 높은 가격을 비탄력적 수요에 부과하고 낮은 가격을 탄력적 수요에 부과하게 된다.

따라서 램지가격의 설정은 일종의 차선(second best)의 논리에 의한 것으로서 가격의 왜곡이 불가피한 상황에서 후생의 순손실의 극소화(또는 사회후생의 극대화)를 추구하는 규제방법이다. 일반적인 3차 가격차별은 이러한 원리에 의해서 이루어지지만 램지가격 설정에서는 규제당국이 식 (21.1)의 램지값 R을 결정하여 비용을 초과하는 초과이윤의 획득을 규제하게 된다.

21.5 규제의 비용과 비효율

21.5.1 규제의 사회적 비용

정부의 산업규제가 정당화되는 경우가 있음에도 불구하고 실제 정부규제는 많은 비용과 비효율을 수반하게 된다. 첫째, 규제산업은 일반적으로 경쟁산업에 비해 낮은 효율성을 나타낸다. 규제산업은 정부의 진입규제로 인하여 경쟁이 제한되어 있고 독과점적 지위가 보장되어 있으므로 효율성을 제고시키는 인센티브가 결여되어 있다. 이것은 기업내부의 $X-$비효율(X-inefficiency)

과도 관계가 있으며 자본-노동의 비율을 증대시키려는 경향과도 연관되어 있다.

예를 들어, 규제당국이 수익률의 상한을 규제하는 정책을 채택한다고 가정하자. 수익률(ρ)은 $\rho = (P(Q) \cdot Q - wL)/K$로 정의되므로 총수입에서 영업비용을 뺀 값을 K로 나눈 값이다. 규제당국은 ρ를 규제하지만, 기업은 이윤을 극대화한다. 기업이윤은 $\pi = P(Q) \cdot Q - wL - rK$로 정의된다. 따라서 기업은 ρ의 제약하에서 π를 극대화하는 전략을 선택하게 된다. 규제당국이 설정하는 수익률상한 ρ^*는 자본의 가격 또는 자본비용 r보다는 크게 된다. 그렇지 않으면 규제기업이 결국 손실을 보게 된다. 이러한 상황에서 기업이 이윤을 극대화하는 것은 결국 K를 증대시켜 자본-노동 비율(K/L)을 적정수준 이상으로 높게 유지하게 된다.[2] 이 결과 규제기업은 비효율적으로 높은 자본-노동 비율을 유지하게 되는데 이러한 현상을 아버취-존슨효과(Averch-Johnson Effect)라고 한다(Spulber, 1989).

둘째, 정태적 비효율뿐만 아니라 동태적 비효율도 증대된다(Averch & Johnson, 1962). 규제산업은 경쟁의 압력이 없으므로 기술혁신의 인센티브가 적게 나타난다. 최근의 실증 분석은 독점기업이 기술혁신에 더욱 유리하다는 가설보다 경쟁산업의 우위성 이 많이 강조되고 있다(Kamien & Nancy, 1982). 이러한 관점에서 파악하면 정부규제는 진입장벽을 높이고 기술혁신을 저해하는 동태적 비용을 유발한다.

셋째, 잠재적 경쟁(potential competition)의 가능성을 배제하여 사회후생을 저하시킨다. 이미 제16장에서 설명된 바와 같이 경쟁가능시장 또는 경합시장(contestable market)이론에서 중요한 시사점은 진입장벽이 없는 상태에서는 현재의 기업수에 관계없이 완전경쟁과 같은 자원배분을 가져올 수 있다는 점이

---

2) 이 경우 기업의 목적함수는 다음과 같이 표시된다.

$$\pi(\rho^*) = \max P(Q) \cdot Q - wL - rK$$
$$\text{s.t.} \quad Q = f(K, L)$$
$$\rho^* K \geq P(Q)Q - wL$$

이 식의 해는 $\pi(\rho^*) = (\rho^* - r)K(\rho^*)$의 형태로 표시되어 $\rho^* > r$인 상태에서는 K를 증가시켜야만 이윤 $\pi(\rho^*)$가 극대화된다. 상세한 증명은 다음을 참조할 것,
Daniel F. Spulber, *Regulation and Markets* (Cambridge, MA.: MIT Press 1989), pp. 288-291.

그림 21-6 규제의 비용

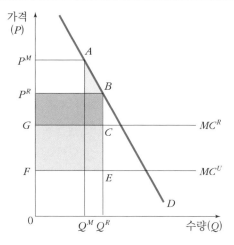

규제로 인하여 기업내부의 비효율이 한계비용을 MC^U에서 MC^R로 상승시킨다면, $GCEF$의 손실을 유발한다. 기득권 보호를 위한 비용이 규제로 얻게 되는 수익과 동일하다면, 털럭비용은 P^RBCG 가 된다. 따라서 규제로 인한 비용은 이 두 면적과 독과점화로 인한 후생손실 및 규제의 실행비 용의 합계가 된다.

다. 또한 진입제한가격(limit price theory)이론에서도 진입장벽이 낮게 되면 실제 기업과 잠재기업간의 잠재경쟁이 유발되어 사회후생이 증대될 수 있음을 시사 하고 있다. 이러한 관점에서 평가할 때 정부규제는 제도적 진입장벽을 형성하 여 기존기업과 잠재기업의 경쟁가능성을 배제함으로써 사회후생의 손실을 증 대시키게 된다.

　넷째, 규제과정에서 발생되는 사회적 비용을 무시할 수 없다. 실제 정부규 제의 집행과정에서는 명확한 공공성과 형평성에 의한 규제기준을 파악하기 어 렵고, 일반적으로 자의적 선택에 의해 기존기업을 보호하는 경향이 많이 나타 난다. 따라서 시장의 수요와 비용 및 기술조건이 변화하여 규제해제가 필요함 에도 불구하고 정부규제가 타성적으로 지속되는 경우가 많다. 실제 규제산업 의 기존기업은 이러한 특혜적 보호를 지속적으로 확보하기 위하여 많은 비용 을 투입하게 된다. 정부의 규제와 보호라는 특혜적 지위를 확보하기 위하여 기 존기업이 지출하는 비용은 사회적 낭비로서 흔히 털럭비용(Tullock cost)이라고 부른다(Tullock, 1967). 예를 들면 규제를 도입하여 진입제한을 유도하는 입법활동에 대한 로비나 규제완화를 지연시키기 위한 비용이 모두 「털럭」의 사회적 비용인 것이다.

만약 규제로 인한 기업내부의 비효율이 〈그림 21-6〉에서 한계비용을 MC^U에서 MC^R로 상승시키고 기득권의 보호를 위한 「털럭」의 사회적 비용이 규제로부터 얻게 되는 수익의 흐름과 동일하다면 이로 인한 비용은 $P^R BCG$가 될 것이다. 따라서 규제의 비용은 기업내부의 비효율로 인한 손실 $GCEF$와 사회적 비용 $P^R BCG$를 합하고 독과점화로 인한 후생의 손실과 규제의 집행에 따른 비용을 추가적으로 고려해야 할 것이다.[3] 규제로부터 얻게 되는 사회적 이득은 이러한 비용을 감안하여 평가되어야 할 것이다.

21.5.2 규제정책의 비효율

정부는 실제 광범위한 분야에서 산업규제정책을 실시하고 있다. 특히 우리나라와 같이 정부주도하에 공업화를 이룩한 경제에서는 각 산업분야에 정부의 규제와 간섭이 많이 실시되어 왔다. 그런데 실제 정부의 규제는 이론적으로 논의되는 '적정기준'에 입각하여 실시되는 경우가 많지 않다. 적정기준에 따라 산업규제를 실시하는 데는 현실적으로 다음과 같은 문제가 있다.

첫째, 정보에 관련된 문제이다. 현실세계는 불확실하고 이론에서 제시되는 정보를 확보할 수 없는 경우가 많다. 또한 필요한 정보가 존재한다 해도 소수 집단에게만 이용가능한 경우가 많다. 특히 규제당국이 정확한 정보를 확보하지 못할 경우가 많으며, 규제대상기업이 정보를 제공해야 할 입장에 있는 경우도 많다. 규제대상기업은 실제 비용과 감가상각비 등을 과장하여 제공할 유인을 갖게 된다. 산출량과 투입량 및 비용을 부당하게 책정하면서 기업의 이익을 극대화시키려는 인센티브가 있는 것이다(Sappington & Stiglitz, 1987).

이러한 정보의 제약은 규제당국이 적정한 규제를 실시하는 데 많은 어려움을 안겨준다. 특히 규제의 내용을 기업이 준수하는가를 감시하는 데 많은 어

---

3) 털럭비용은 규제완화가 이루어진 후에도 완전히 회복되는 것은 아니다. 규제가 실시되기 이전에 완전히 지출된 비용이라면 일종의 매몰비용(sunk cost)으로서 규제완화시에도 회수될 수 없는 성격의 지출이 된다. 구체적 논의는 McCormick, et al. (1984)을 참조할 것.

려움이 따른다.

둘째, 규제기업에 대한 감시를 어떤 기준하에 실시하느냐의 문제이다. 현실 세계에서 규제는 효율의 증진보다는 여타 목적을 위하여 실시되는 경우가 많다. 예를 들면 분배의 개선이나 공공이익 및 형평을 추구하는 경우가 많다. 따라서 이 경우에는 가격차별화를 실시하여 특정계층에 높은 가격을 부과하고 분배구조의 개선을 목표로 하는 계층에 낮은 가격을 책정하게 된다. 이러한 산업규제정책하에서는 어떤 기준이 가장 적정한 것인가를 판단하기는 어렵다. 이것은 가치판단의 문제이며 경제적 효율만을 고려해서 결정될 수는 없는 문제이다.

셋째, 제도적 규제의 적정성 여부를 평가하기가 곤란하다. 흔히 활용되는 진입제한은 규제의 효율성보다는 사회성을 반영한 경우가 더욱 많다. 사회적 공평과 경제적 형평을 위하여 대기업의 신규진입은 금지하고 중소기업의 참여만을 허용하는 경우도 있다. 나아가 신규기업의 실질적 참여를 불가능하게 하는 제도적 규제도 많다. 이러한 규제는 경제적 기준보다는 사회적 또는 정치적 고려에서 이루어진 것으로서 적정한 기준을 설정하기가 곤란하다.

넷째, 현실적 규제는 이미 생산활동을 수행하고 있는 기존기업을 참여의 가능성이 있는 잠재기업으로부터 보호하는 경우가 많다. 이것은 이미 앞에서 논의한 바 있는 잠재경쟁을 제한하는 결과를 가져온다. 기존기업은 지속적인 진입장벽을 구축하기 위하여 보호적 규제를 입법화하려 한다. 규제를 통해 보호된 산업에서 렌트를 추구하려 한다. 기존기업의 노력은 여러 가지 형태로 이루어지는데 대표적인 예는 규제당국이나 입법기관에 대한 로비활동이다. 이로 인한 사회적 비용은 이미 시장지배력을 설명하면서 논의된 바 있다. 규제를 통해 특혜이익을 확보하기 위한 사회적 비용은 독과점의 비용보다도 더욱 크게 나타날 수도 있다.

이와 같은 여러 요인으로 인하여 규제산업은 진입가능성이 있는 잠재기업과 잠재경쟁이 없는 상태에서 보호적 규제를 받게 되는 경우가 많다. 이 결과 규제산업은 과다한 비용으로 인한 비효율, 다양한 형태의 비가격경쟁, 과다한 초과설비의 보유 등을 유발하게 된다.

규제산업에 대한 많은 실증적 분석도 이를 뒷받침하고 있다(Pera, 1989). 규제산업에서는 특히 비용의 과다지출로 가격은 높고, 이윤율은 오히려 저하되는 전형적인 비효율현상이 많이 나타난다.

21.5.3 재산권과 X-비효율

산업규제는 집행과정에서 뿐만 아니라 규제자체가 비효율을 수반하는 속성을 가지고 있다. 이러한 속성은 여러 관점에서 찾아볼 수 있는데 먼저 재산권의 제약을 생각해보자. 규제는 일반적으로 수익률의 상한을 제한하므로 기업내부에서 재산권의 구조를 약화시킨다. 이 결과 효율추구를 적극적으로 추진하지 않는 경향이 나타난다. 효율을 추구하지 않는 기업의 행태는 여러 측면에서 관찰될 수 있다.

정부의 직접적인 규제대상이 되는 많은 공기업의 예를 들어 보자. 대부분 일정한 수익률을 기준으로 가격책정과 규제를 실시한다. 이러한 규제기업은 수익률을 낮게 유지하면 되므로 투입요소를 비효율적으로 활용하는 경향을 갖고 있다. 간부와 종업원을 위한 비용을 확대하고 여러 형태로 불필요한 비용을 증대시킨다. 이 결과 경영의 X-비효율이 발생하게 된다.

특히 공기업의 운용과 규제에서 X-비효율은 크게 유발된다. 민간기업의 경우에는 기업의 주인인 주주와 주식시장을 통해서 X-비효율을 유발하는 행태를 직·간접으로 통제한다. 그러나 공기업의 경우에는 이러한 통제가 존재하지 않고 효율적 기업활동의 인센티브가 적은 것이다. 이것은 곧 기업의 수익성을 약화시킨다. 따라서 공기업과 같은 규제산업에 투자된 자본이 비효율적으로 활용되고 주주의 재산권이 침해되는 결과를 가져온다.

국영기업과 여타 공기업에 관한 많은 실증분석에서도 규제기업이 상대적으로 비효율적이라는 사실을 보여주고 있다. 공기업은 사기업에 비하여 상대적으로 매우 낮은 효율성을 유지하는 경향이 나타나는 것이다. 이것은 규제를 통한 산업보호가 경쟁을 제약함으로써 나타난 결과라고 할 수 있다.

21.5.4 규제의 동태적 비용

적정한 산업규제는 비용조건과 수요의 특성에 따라서 결정되어져야 한다. 그런데 규제받는 산업은 비용과 수요 등 외생적 요인의 변화에 능동적으로 적응하지 못하는 경우가 많다. 따라서 현재 시점에서 비용과 수요를 감안할 경우에는 적정한 규제라 할지라도 시간이 변화함에 따라 비효율적 규제가 될 수도 있다. 즉, 정태적 관점에서는 효율적 규제라 할지라도 동태적 관점에서는 비효율을 유발하는 경우가 많다.

특히 시간이 변화함에 따라 수요와 비용조건이 달라지고 규모의 경제 또는 범위의 경제의 개념이 달라질 경우도 존재한다. 예를 들면 수요가 급격히 증가되거나 비용이 하락하면 산업의 여건이 크게 변화된다. 〈그림 21-7〉에서 A점을 종전의 균형점이라고 가정하자. A점에서는 장기평균비용이 지속적으로 하락하고 $LRAC > LRMC$에 있으므로 주어진 수요(DD)에서는 자연독점이 발생하게 된다. 이 상태에서는 1개 기업이 시장을 독점하고, 독점기업의 가격과 이윤을 적절히 규제하는 것이 바람직하다. 따라서 정태적 관점에서는 규제의 정당성이 입증된다.

그러나 시간이 변화함에 따라 비용과 수요조건이 모두 달라졌다고 가정하

그림 21-7 규제의 동태적 비용

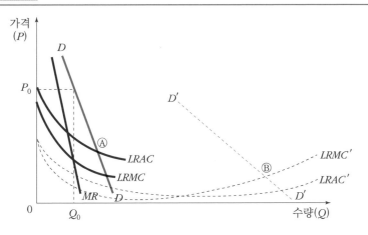

수요가 DD로 작은 시장에서는 자연독점이 발생하여 규제가 필요하다. 수요를 충족시키는 A점에서도 평균비용이 지속적으로 하락하기 때문이다. 그러나 시장여건이 변화하여 수요가 $D'D'$으로 확대되었음에도 불구하고, 규제가 지속된다면 많은 사회적 비용이 발생한다. $D'D'$의 수요에서 규제가 이루어지는 B에서는 신규기업의 진입이 가능할 뿐만 아니라, 비용도 효율적인 상태를 벗어나 있다.

자. 장기평균비용과 한계비용은 종전보다 하락하여 $LRAC'$와 $LRMC'$로 바뀌었고, 수요도 D에서 D'으로 급격히 확대되었다. 이 결과 시장여건이 Ⓐ에서 Ⓑ로 변화되었다고 가정하자. Ⓑ에서는 한계비용이 평균비용보다 높으며 시장의 수요가 충분하므로 1개 기업에 의한 자연독점보다 신규기업의 참여가 이루어져 다수 기업이 존재하여야 한다. 따라서 이 경우에는 산업규제를 해제하고 신규기업의 참여를 유도하여 경쟁을 촉진시켜야만 효율증진을 가져올 수 있다.

그러나 시장여건의 동태적 변화에도 불구하고 현실적으로 이러한 규제완화와 경쟁촉진이 이루어지기는 매우 어렵다. 규제당국이 자발적으로 규제완화 조치를 선택하기 어려울 뿐만 아니라 규제받는 산업도 신규기업의 진입규제를 통해 지속적인 보호를 원하기 때문이다. 규제당국의 규제완화는 스스로의 권한을 포기하고 기구의 축소해체를 의미하는 것이므로 현실적으로는 이루어지기 힘들다. 미국과 서구의 많은 실증적 연구결과에서도 규제산업에 대한 신규기업의 진입이 장기간 이루어지지 않고 있음을 보여주고 있다. 나아가 규제의 대상이 되는 공기업은 대부분 법적으로 독점적 지위를 장기적으로 부여받고 있다(Kahn, 1970). 우리나라에서도 시장여건에 관계없이 오랫동안 많은 산업에서 기존기업이 독점적 지위를 부여받고 있는 경우가 있다.

규제의 동태적 비율은 기술진보의 지체에서도 찾아볼 수 있다. 규제는 일반적으로 경쟁을 저하시키며 이것은 곧 기술혁신활동의 부진을 의미하는 것이다. 최근 산업조직론의 연구에서는 기술혁신을 촉진하는 요인으로서 경쟁의 압력을 크게 강조한다. 대표적인 예로서 「스펜스」(Spence)는 "독점기업은 경쟁의 압력이 없기 때문에 연구개발활동이 적정수준보다 낮고, 가격을 인하시키려는 경향이 적다"고 분석한다(Spence, 1987). 설령 비용을 절감시키는 기술개발이 이루어진다 해도 독점기업은 이윤을 확대할 뿐 가격을 인하시키지 않으며, 기술개발의 효과가 여타 기업으로 파급되지 않게 된다.

이러한 이론에서와 같이 경쟁이 기술개발을 자극하는 주요한 요인이라면 과다한 산업규제는 기술개발을 저해하는 원인이 될 수 있다. 이미 제19장에서 논의한 것과 같이 많은 실증분석에서도 경쟁적 시장구조와 연구개발활동이 직접적 상관관계를 나타내고 있음을 보여주고 있다. 또한 진입장벽이 낮은 산업에서 신규기업의 진입이 활발히 이루어짐과 동시에 기술개발이 촉진되고 있다. 이러한 연구결과에 비추어 정부의 산업규제는 정태적인 정당성에도 불구하고 동태적 관점에서는 경쟁의 억제로 인한 기술개발의 저해라는 비용을 지불하게 된다.

붉은 깃발을 단 자동차

1865년 영국에서는 '붉은 깃발법(Red Flag Act)'이 선포되었다. 자동차의 등장으로 퇴색하기 시작한 마차를 보호하기 위해 빅토리아 여왕이 성은(聖恩)을 내린 것이다. 기발한 아이디어로 가득한 그 법안의 주요 내용은 이러하다.

"(1) 한 대의 자동차에는 세 사람의 운전사가 필요하고 그 중 한 사람은 붉은 깃발 (낮)이나 붉은 등(밤)을 갖고 55미터 앞을 마차로 달리면서 자동차를 선도해야 한다. (2) 최고 속도는 시속 6.4킬로미터, 시가지에서는 시속 3.2킬로미터로 제한한다. (3) 밤에는 촛불이나 가스불을 달고 운행해야 한다. (4) 시경계를 지날 때는 도로세를 내야 한다."

산업혁명 이후 엔진의 발명으로 급속히 발전된 자동차는 법안이 선포될 당시 이미 시속 30킬로미터 이상으로 달릴 수 있었다. 그러나 영국에서는 빅토리아 여왕의 성은 으로 시속 6.4킬로미터로, 그것도 마차가 선도하면서 달릴 수밖에 없었다. 누가 영국 땅에서 자동차를 타고, 좋은 자동차를 개발하겠는가. 이 법은 1896년에 폐지되었다. 그러나 이미 영국에서는 달리지 못하던 자동차가 이미 프랑스와 독일에서 대량생산체제를 갖추며 대단한 인기를 누리고 있었다. 사양산업인 마차를 보호하기 위한 규제가 결국은 마차와 자동차를 모두 잃게 한 셈이다.

경제는 때로 법대로 움직이지 않는다. 환율을 규제하면 암달러상이 등장하고 알사탕 가격을 규제하면 봉지 속의 사탕 숫자를 줄인다. 그것도 모자라면 알사탕에 구멍을 만든다. 경제는 법보다는 시장이 움직이고 시장은 자신의 이익을 추구하는 우리의 마음이다. 그 마음에 과연 누가 돌을 던지겠는가.

법대로 안 되는 사례는 우리 주변에 수두룩하다. 영세 상인을 보호하기 위해 백화점 셔틀버스의 운행을 제한했지만 그 효과는 미미하다. 오히려 백화점 주변은 승용차로 교통만 더 복잡해졌다. 별다른 실익도 없이 사회적으로 더 큰 비용만 유발한 것 아닌가. 영세상을 보호하려면 영세상이 소비자의 마음을 끌게 하여야 한다. 버스를 폐지한다고 시장의 발걸음이 방향을 바꾸는 것은 아니다. 요즘처럼 인터넷으로 슈퍼에 들어가는 세상에 어떻게 그런 기대를 할 수 있겠는가.

의약분업과 건강보험의 적자도 너무 당연한 시장의 결과이다. 의약분업으로 국민건강을 증진하는 효과가 달성된다 해도 시장의 유인은 보험재정의 악화를 불러올 수밖에 없다. 의사는 종전보다 자유롭게 고가약을 처방하며 처방료를 얻고 약사는 약값에다 조제료를 다시 부과한다. 거래단계마다 부가가치가 발생하고 또 다른 비용이 추가되는 셈이다. 약을 한꺼번에 처방하기보다는 여러 차례 나누고, 규제받지 않는 비보험 서비스를 더 즐겨하지 않겠는가. 그렇게 해야만 자신에게 이익이 되기 때문에 시장은 더 많은 보험지출을 유발하는 쪽으로 움직인다. 의약분업은 국민건강에 기여하지만 보험재정의 건실화를 유도할 아무런 인센티브도 없는 셈이다.

시장이 법대로 움직인다면, 그것은 바로 법이 시장논리를 따르기 때문이다. 버스전용차선제를 보라. 법이 벌과금이라는 시장의 힘을 활용하고 있기 때문에 성공하는 것이다. 이것을 시장친화적 규제라고 한다. 그럼에도 반시장적 규제가 오래가는 이유는 역시 규제의 성은을 즐기는 계층이 많기 때문이다. 자동차를 즐기는 '야타'족의 출현을 시기하는 '마차 족'이 있었기 때문에 한 번 등장한 '빨간 깃발'은 쉽게 사라지지 않았던 것이다. 그런 마차족 때문에 선진국에서는 모든 규제법이 일정 기간이 지나면 자동으로 그 효력을 상실하게 하는 일몰법(日沒法)을 적용한다.

정갑영, 『나무 뒤에 숨은 사람』, 21세기북스, 2012, p. 134.

21.6 한국산업의 개방과 규제완화

우리 경제는 그동안 정부주도의 고도성장이 추진되어 민간부문에 대한 정부의 개입과 규제가 일반화되어 왔다. 정부의 산업규제는 유치산업 보호와 과당경쟁의 방지를 위하여 필요한 경우도 있었지만 대부분 자율적 기업활동을 억제하는 기능을 하여 왔다. 특히 특정산업에서 신규기업의 진입을 규제하고 기업의 행태와 성과를 직·간접적으로 제한하는 산업규제가 일반화되어 왔다.

이와 같이 과다한 정부규제가 지속되는 가운데 국내시장은 급속하게 개방되는 환경에 직면하고 있다. 즉, 국내기업에 대한 대내적 산업규제가 계속되는

| 그림 21-8 | 개방화과정의 산업규제완화 |

I . 정부규제의 일반화	II . 대내적 규제완화	III . 국내산업의 대외개방

기본방향:
정부주도의 산업개발
• 전략산업의 보호육성
• 유치산업의 보호
• 과당경쟁의 방지
• 엄격한 수입규제

기본방향:
국내산업의 경쟁력·효율성
제고
• 국내시장의 경쟁촉진
• 민간기업의 자율성 제고
• 자원배분의 효율성 향상
• 국내산업의 성장잠재력
  배양

기본방향:
개방체제의 산업규제
• 개방체제의 효율성 제고
• 교역증대를 통한 국민
  후생 극대화
• 사회적 규제강화
• 대내외기업의 공정거래
  질서 강화

산업규제:
시장구조의 인위적 규제
• 신규진입제한
• 경쟁제한
• 인허가 제도의 운용

시장형태 및 성과규제
• 경직된 정부규제
• 민간자율성의 저하
• 경쟁력 저하

산업규제:
경쟁적 시장구조의 유도
• 신규기업의 참여 허용
• 진입장벽의 제거
• 잠재경쟁의 유도

시장행태 및 성과규제의
완화
• 행정규제 완화
• 개방체제의 대응력 강화
• 국내시장의 공정거래
  질서확립

산업규제:
대외적 시장개발
• 시장 접근
• 내국민 대우

자율적 시장기능 존중
• 제한적 정부규제의 운용
• 공정거래제도의 강화
• 불공정 무역거래에
  대한 제재 강화

정책과제:
• 산업규제의 평가분석
• 규제의 효율성 분석
• 각종 정부규제의 정비
• 산업경쟁력 향상을 위한
  지원제도
• 점진적 규제완화의 도입

정책과제:
• 국내산업의 대외경쟁력 평가
• 대외개방으로 인한 국내산업의
  영향분석
• 산업별 개방정책 수립
• 공공성과 사회후생의 증대를
  위한 정부규제 강화

상태에서 외국기업에게 국내시장 접근을 허용해야만 하는 상황을 맞게된 것이다.

개방화과정의 산업규제완화는 〈그림 21-8〉과 같은 모형으로 체계적인 접근방법을 모색할 수 있다. 정부규제는 일반적으로 제1단계인 규제의 일반화 과정에서 제2단계인 대내적 규제완화 과정을 거친 후 국내산업의 대외개방이 이루어져야 한다. 따라서 산업규제의 철폐와 완화과정이 먼저 국내기업을 대상으로 이루어져야 하고, 제2차적으로 외국기업에 대하여도 규제가 완화되고 개방과 자율화가 이루어지는 형태를 유지하여야 한다. 그동안 국내산업에 적용되었던 '정부규제의 일반화'과정에서는 전략산업의 보호육성과 유치산업의 육성 및 과당경쟁의 방지를 위한 진입규제가 이루어져 왔다. 이 과정에서 정부의 인위적인 진입제한과 시장분할 및 경쟁제한적 규제가 실시되었고 결과적으로 민간의 자율성을 제약하는 효과를 가져 왔다.

제1단계의 정부규제 일반화에서 제2단계인 대내적 규제완화 과정으로 이행되는 과도기에서 가장 문제가 될 수 있는 요소는 규제당국의 이해관계와 과당경쟁의 방지를 위한 규제의 지속여부라고 할 수 있다. 일반적으로 정부규제는 기존기업을 보호하고 경쟁을 제한시키는 속성을 갖고 있으므로 정부와 기존기업은 밀착된 관계를 유지하게 된다. 또한 정부의 인위적인 진입제한과 시장분할 등은 모두 관계부처의 권한과 직결되어 있으며, 규제완화는 곧 관계부처의 권한축소를 의미한다. 이러한 정치경제학적 논리로 인하여 시장여건이 더 이상 정부규제를 필요로 하고 있지 않음에도 불구하고 정부 스스로가 권한을 포기하면서 규제완화를 적극 추진하기는 매우 어렵게 된다. 따라서 규제완화는 과감한 정책의지를 필요로 하며 일종의 경제개혁에 속하는 조치라고 할 수 있다.

과당경쟁의 제한도 중요한 문제가 될 수 있다. 특히 소요자본이 대규모로 투자된 산업에 정부규제가 해제되어 신규기업의 진출이 허용되면 기존기업의 투자자본회수가 어렵게 될 뿐만 아니라 과당경쟁을 유발하는 경제적 낭비가 초래된다. 또한 신규기업의 참여가 이윤이 높은 특정분야에서만 이루어질 때 더욱 그러하다. 따라서 과당경쟁의 방지를 목적으로 한 신규진입 허용은 기존기업의 투자성과와 시장여건의 변화 및 대외경쟁력의 확보 여부 등 다양한 요인이 복합적으로 고려되어 평가되어야 한다. 이러한 평가결과에 따라 기존기업을 보호하는 정부규제가 일정기간 동안 한시적으로만 실시되어야 한다.

제2단계의 대내적 규제완화 단계는 국내산업의 경쟁력과 효율성을 제고시키고 대외개방을 준비하는 과정이라고 할 수 있다. 이를 위해 국내시장의 국내기업간 경쟁촉진과 민간기업의 자율성 제고, 자원배분의 효율성 향상을 추진하여야 한다. 일반적인 규제정책은 규제완화정책으로 전환되어야 하며 신 규 기업의 참여허용과 진입장벽의 제거, 행정적 규제완화, 대외경쟁력의 강화 등이 추진되어야 한다. 정부규제가 완화된 상태에서 이와 같은 대내적 시장경 쟁의 결과를 분석하고, 국내산업의 대외경쟁력을 평가한 후에 점진적인 대외 개방이 이루어져야 한다. 그리고 제2단계에서는 특히 폐쇄경제체제에서 국내 기업만을 대상으로 하였던 각종제도와 인허가정책이 개방체제에 적합하게 개 정되어야 한다.

대외개방이 이루어지는 제3단계의 '국내산업 대외개방기'에는 규제의 목표가 직접적인 산업규제(제1단계)에서 환경과 후생·복지 등에 중점을 두는 사회적 규제로 전환되어야 한다. 따라서 개방체제에서의 국내산업의 효율성 증대를 위한 노력과 함께 국민후생의 극대화와 환경보전 및 사회적 안전, 공정거래 질서의 확립을 위한 규제를 실시하여야 한다. 특히 개방체제에서는 국제적으로 공인되는 범위내에서 불공정수입거래를 규제하고, 자국의 실질적 산업피해를 구제할 수 있는 보완조치 등이 강화되어야 한다. 또한 개방체제에서의 비효율적 규제는 결국 국내산업의 장기적 경쟁력을 저하시키게 되는 효과를 간과해서는 안 될 것이다. 따라서 직접적인 산업규제에서 탈피하여 장기적으로 국내산업의 경쟁력을 향상시킬 수 있는 개방체제의 산업정책이 필요한 것이다.

이상에서 분석한 바와 같이 개방화과정의 산업규제는 기존의 과다한 정부규제(정부규제의 일반화 단계)에서 대내적 규제완화를 거쳐 완전한 대외개방이 이루어지는 단계로 발전되어야 할 것이다. 각 단계별 기본 정책방향도 기존의 정부 주도에서 국내산업의 경쟁력과 자율성 제고단계를 거쳐 개방을 통한 국민후생의 증대로 점진적 규제완화와 대외개방이 이루어져야 한다. 정부규제의 수단은 과거 시장구조의 경직적 규제(제1단계)에서 국내시장구조의 경쟁화 유도(제2단계)를 거친 후 산업별로 외국기업에 대한 시장접근과 내국인 대우 등이 허용되어야 한다.

개방화과정에서는 특히 산업별로 체계화된 규제완화의 정책모형이 도입되어야 한다. 각 산업의 특성과 기존 규제정책에 대한 평가를 바탕으로 체계화된 산업규제 완화정책이 추진되어야 한다. 체계화된 완화모형에 의거 국내산업의 대내적 경쟁촉진과 구조조정의 필요성 및 중소기업의 효율화 등이 추진되어야 할 것이다. 체계적인 완화모형의 실시는 기존기업의 경쟁력 강화를 위한 준비는 물론 잠재기업의 참여 여건을 신장시키고 전반적인 시장의 효율화에 기여하게 된다.

대외개방에 앞서 일정기간 동안 대내기업의 자율적 진입을 보장하는 대내적 진입규제의 완화가 실시되어야 한다. 이것은 국내산업의 경쟁력 제고에 필수적인 과정으로서 대외개방의 전제조건이 되어야 한다. 대내적 개방이 제약된 가운데 대외적 개방을 먼저 추진하거나 대내외 개방이 동시에 실시되는 규제완화정책은 장기적인 국민경제 발전에 바람직하지 않다. 국내기업간의 자율적 시장경쟁과 대외경쟁력이 어느 정도 확보되지 않은 상태에서 대외개방이 먼저 이루어지면 장기적으로 국내산업의 대외종속이 심화될 것이다.

또한 기존 정부규제정책의 효율성과 당위성을 평가하는 작업이 선행되어야 한다. 산업별 특성에 따른 적정기업의 수와 대내외적 개방의 필요성 및 정부규제의 효과 등을 객관적으로 평가하고 이를 바탕으로 체계적 규제완화가 도입되어야 할 것이다.

 23

밸리 포지의 교훈

1777년 겨울은 조지 워싱턴에게 너무나 혹독했다. 당시 워싱턴은 미국 독립혁명군의 총사령관으로서 펜실베니아 주 밸리 포지에서 힘겨운 전투를 치르고 있었다. 그의 적은 영국군과 헤시안 용병만이 아니었다. 그의 군대는 살을 에는 추위에다 극심한 식량부족으로 거의 아사 상태에 빠져 있었던 것이다. 이런 상태에서 어떻게 전쟁의 승리를 기대할 수 있었겠는가?

아이러니하게도 그의 군대를 이렇게 처참하게 무력화시킨 또 다른 적은 전혀 엉뚱한 곳에 있었다. 그것은 바로 아군을 위해 제정한 가격통제법이었던 것이다. 현지에 주둔해 있는 워싱턴의 주력부대를 돕기 위해 펜실베이니아 주는 1777년에 식량을 포함한 군수물자의 가격을 통제하는 법안을 제정하였다. 입법 의도는 누가 봐도 정당한 것이다. 식량과 의류가격을 통제하여 군비부담을 줄이고 충분한 물자를 공급하여 전투력을 향상시킨다는 것이었다. 그러나 결과는 전혀 반대로 나타났다. 통제받지 않은 물자와 수입재의 가격은 폭등했고 고시 가격에 불만을 느낀 농부들은 식량을 내놓지 않았다. 일부에서는 오히려 적군인 영국군에게 더 비싼 값으로 금을 받고 팔아버렸다. 이런 상황에서 군인들이 어떻게 아사를 면할 수 있었겠는가.

역사책에 나오지 않는 공포의 적, 가격통제법. 드디어 1778년 6월, 13개 주의 연합의회였던 대륙회의는 워싱턴의 참패를 교훈 삼아 "재화에 대한 가격통제는 유효하지 않다. 그뿐만 아니라 공공 서비스를 극도로 악화시키므로 다른 주에서도 유사한 법령을 제정하지 말 것"을 결의하였다. 그러나 이미 한 번의 실험으로 엄청난 비용을 치른 후였다.

이 경험 속에 또 다른 십계명이 숨어 있다. 정부의 '보이는 손'은 만병통치약이 아니라는 것이다. 오히려 거의 모든 문제는 시장에서 해결되고, 정부의 역할은 제한적이다. 시장에서 해결되어야 할 일에 정부가 개입하면 시장은 엉뚱하게 반응한다. 모든 국민이 애국자라면 그 전장에서 왜 식량을 아군에게 공급하지 않겠는가. 아무리 가격이 낮아도 무료로라도 제공하지 않겠는가.

그러나 경제현상은 반드시 윤리나 규범으로만 움직이는 것이 아니다. 경제주체가 인센티브에 따라 움직인다는 계명을 살펴보지 않았는가. 아무리 엄격한 법령에 대해서도 시장은 입법의도와 다르게 움직일 수 있다. 그래서 왜곡된 결과를 가져온다. 때로는 왜곡의 정도가 지나쳐 회복할 수 없는 부작용을 가져오기도 한다. 그렇기 때문에 정부의 개입은 항상 제한적으로 이루어져야 한다.

그렇다면 어떤 경우에 '보이는 손'이 약손이 될 수 있는가. 시장이 실패하는 경우에 개입하라고 한다. 예를 들면, 시장이 누구 한 사람의 손에서 놀아날 때 약손이 필요하다. 바로 독점기업이 시장지배력을 행사하는 사태이다. 도로, 항만, 공항, 공원 등 공공재를 공급할 때도 정부가 필요하다. 시장에 맡기면 수익성이 낮아서 아무도 시설을 확충하지 않기 때문이다. 환경문제와 같이 제3자에게 엉뚱한 영향을 미칠 때에도 정부의 개입이 필요하다. 화학공장에서 배출하는 오염물질이 환경을 오염시켜 주변 사람들에게 영향을 주는 사례이다. 시장의 공급자와 수요자와는 관계없이 많은 사람에게 피해를 주기 때문에 정부가 무엇인가 역할을 해야 한다. 이런 경우 이외에는 정부가 시장보다 비효율적이다.

'보이는 손'이 수시로 등장하면 약효가 떨어진다. 너무 많은 약을 쓰면 이것 역시 부작용을 유발한다. 때로는 그 약화(藥禍)가 전쟁의 참패를 가져올 수도 있다. 손의 마력만 믿고 벨리 포지의 교훈을 잊어서는 안 된다.

정갑영, 『나무 뒤에 숨은 사람』, 21세기북스, 2012, p. 50.

제22장 독점규제와 공공정책

Chapter 22

독점규제와 공공정책

22.1 공공정책의 목표

경제학의 과제는 일반적으로 희소한 자원을 어떻게 활용하여 생산하고 누구를 위하여 분배하는가로 집약된다. 시장은 이러한 과제를 해결함에 있어서 적절한 통제(control)와 조정(coordination)을 수행하게 된다. 따라서 시장을 통하여 이러한 과제를 해결하는 것이 가장 효율적인 해결방법으로 알려져 있다.

그러나 시장이 모든 문제를 항상 완벽하게 해결하는 것은 아니다. 시장의 실패가 나타나는 경우도 있으며, 아예 시장기능으로는 해결이 불가능한 경제·사회적 문제도 있다. 또한 시장경쟁의 결과가 효율성 여부에 불문하고 사회적으로 가장 바람직한 상태라는 보장이 항상 주어지는 것은 아니다. 이 경우 정부의 개입과 규제가 필요한 것은 이미 제21장에서 살펴본 바와 같다.

이러한 여러 가지 이유로 정부의 '보이는 손'(visible hand)이 시장에 개입하여 사회적으로 바람직한 성과를 달성할 수 있도록 유도하는 것이 바로 공공정책(public policy)의 핵심이 된다.

공공정책은 상당히 광범위한 개념으로서 공공의 이익을 위해 정부가 개입하는 모든 행위를 포함한다. 그러나 산업조직론에서는 공공정책의 개념을 주로 시장과의 관계에서 파악한다. 따라서 독과점으로 인한 시장의 불완전성을 해소하기 위한 정책, 경쟁촉진적인 산업정책, 공정거래의 정착을 위한 접근 등이 산업조직론에서 많이 논의되는 공공정책이다.

그렇다면 공공정책의 목표가 되는 '바람직한 성과'(desirable performance)는 어떤 기준에 의해 결정되어야 하는가? 물론 사회의 구성원이나 문화적 배경에 따라 이상적인 사회의 가치기준은 달라질 수 있다. 동일한 공동체에서도 각 개인이 추구하는 사회적 가치는 달라질 수 있다. 그럼에도 불구하고 경제학적 관점에서 고려될 수도 있는 사회의 가장 이상적인 가치기준은 다음의 5가지로 정의될 수 있다.

자유(freedom)와 평등(equality), 정의와 공정성(justice and fairness), 후생(welfare) 그리고 진보(progress)로 요약된다. 이와 같은 궁극적 가치는 매우 추상적이고 불분명한 개념이지만 실제 경제현실에서는 구체적으로 실현되어야 할 정책과제로 파악될 수 있다. 예를 들면 자유라는 궁극적 가치는 재화선택의 자유, 직업선택의 자유, 진입과 이탈의 자유 등을 통해서 실현된다. 경제적 의미의 자유는 곧 경제적 의사결정 과정에 아무런 제약을 받지 않는 것을 의미한다.

경제사회가 추구하는 궁극적인 가치의 기준과 구체적으로 현실화되는 사례는 〈표 22-1〉에 요약되어 있다. 이제 개별적인 가치와 공공정책의 관계를 설명하기로 한다.

첫째, 경제적 자유는 일반적으로 시장기능을 통해 가장 폭넓게 실현된다. 정부의 계획이나 명령, 통제 등과 다르게 시장은 개인의 경제적인 행위를 제한하지 않기 때문이다. 그러나 시장의 진입장벽, 독점지배력, 가격통제 등 제한적 행태는 모두 경제적 자유를 제한하는 결과를 가져온다. 이 경우 정부의 공공정책은 민간기업에 의해 형성될 수 있는 자유의 제한행태를 방지하는데 주력하게 된다. 만약 정부의 개입이 지나치면 공공정책 자체가 자유를 제약하게 된다. 이것은 곧 앞 장에서 설명된 정부의 실패와 연결된다.

둘째, 사회구성원이나 집단간의 평등을 추구하는 것이다. 각 개인의 경제적 자유는 항상 일치된 방향으로 움직이는 것은 아니다. 개인간의 자유와 이해가 서로 상충될 경우에는 형평(equity) 또는 평등(equality)의 기준으로 해결되어야 한다. 이것은 곧 모든 개인의 선호나 경제적 욕구가 동등하게 행사되어야 함을 의미한다. 경제력집중이나 노사관계의 불평등, 불균등한 기회 등은 모두 형평을 왜곡시키게 된다. 따라서 형평이 왜곡된 시장에서 공공정책의 필요성이 대두된다.

셋째, 정의와 공정성을 확보하는 문제이다. 정의와 공정성은 경제사회의 중요한 이상적 가치이다. 그러나 현실세계에서는 부당한 거래와 불공정한 행위, 불공평한 구매조건이 자주 등장한다. 따라서 정의와 공정성을 확보하기 위

이상적 가치	주요 실현 목표
자유	제품선택의 자유 직업선택의 자유 신규진입과 이탈의 자유 정부개입의 제한 국가안보 정치적 자유
평등	경제력집중의 완화 구매자와 판매자간의 동등한 거래 기회의 균등화 소득분배의 균등화
정의·공정성	공정한 거래와 계약 노사간 대등한 관계 형성 정보접근의 형평 공정한 경제질서
후생·행복	자원배분의 효율성 완전고용 가격안정 환경보전
진보	소득의 증가 기술개발 경제성장

표 22-1 경제사회의 이상적 가치

자료: Greer(1984), p. 6.

한 수단으로서 공공정책의 필요성이 등장한다.

넷째, 후생과 행복을 추구하는 것도 중요한 가치기준이 된다. 국민경제의 궁극적인 목표의 하나는 결국 후생과 행복의 달성이다. 실제 자유와 형평 등의 가치는 후생과 행복을 '어떻게' 달성하느냐는 문제인 것이다. 경제적 의미에서는 완전고용과 자원배분의 효율성, 가격의 안정 등을 통해 국민후생을 극대화시킬 수 있다. 만약 시장행태가 이러한 목표에 역행하거나 비효율적 배분을 초래한다면 공공정책을 통해 이를 시정하게 된다.

다섯째, 진보(progress)는 동태적 관점에서 국민후생의 극대화를 가져다주는 방법이다. 자유와 형평 및 후생의 증대가 장기적 관점에서 유지되기 위해서는 항상 기술진보가 필요한 것이다. 따라서 공공정책은 진보를 촉진시킬 수 있는 시장행태를 유도하게 된다.

이상에서 설명된 모든 궁극적 가치가 항상 조화롭게 추진될 수 있는 것은 아니다. 예를 들어 형평을 증진시키기 위한 공공정책은 불가피하게 경제적 자유를 제한하는 경우가 많다. 나아가 공공정책이 항상 모든 궁극적 가치를 실현시킬 수 있다는 보장도 없다.

따라서 공공정책의 목표와 수단은 시대적·정치적·사회적 환경에 따라 다르게 결정될 수 있다. 예를 들어 최근 우리나라에서는 자유보다는 오히려 형평을 강조하는 계층도 많다. 대기업을 억제하고 중소기업을 육성해야 한다거나 소득분배의 개선에 정부가 적극적으로 개입해야 한다는 주장이 바로 여기에 해당된다. 학파에 따라서도 전통적인 고전학파나 시카고학파는 자유를 가장 중요시한다. 일반적으로 '보수적 학파'(conservative school)는 자유를 존중하는 반면 '진보적 학파'(liberal school)는 형평이나 공정성을 강조하는 경향이 많다. 그러므로 공공정책은 경제·사회적 환경에 따라서 또는 학파의 철학에 따라 다르게 결정될 수 있다. 이것은 곧 가치판단에 관련된 문제인 것이다. 결국 현실세계에서 적정한 정책은 민주적 과정을 통하여 사회구성원의 욕구를 조정하고 각각의 이상적 가치를 적절히 조화시키는 것이라고 할 수 있다.

22.2 독점규제의 기준

22.2.1 효율성과 소비자

독점규제는 정부의 가장 강력한 공공정책의 하나로서 후생과 형평을 증진시키려는 목표를 갖고 있다. 구체적으로 독점규제는 불완전경쟁시장의 폐해를 방지하고 경쟁적인 시장구조를 유도하여 자원배분의 효율성을 증진시키는 목적을 갖고 있다. 이를 위해 시장구조는 물론 행태와 성과를 규제하여 완전경쟁적 시장성과를 유도하는 정책을 실시한다. 또한 불공정한 거래질서와 부당한 기업행태를 억제하여 경제사회의 이상가치인 공정성의 형평을 증진시키는 목표를 갖고 있다. 이러한 기본목표하에서 각국의 독점규제 및 공정거래제도가 운용되고 있다.

그러나 이론적 관점에서 독점규제의 궁극적인 기준이 어떻게 설정되어야 하느냐의 문제는 논란의 여지가 있다. 즉, 독점규제의 목표로서 시장지배력에 의한 자원배분의 왜곡과 이로 인한 사회후생의 순손실(deadweight loss)을 최소화시키는 것과 시장지배력의 행사로 인한 소비자의 피해를 최소화시키는 것은 이론적으로 상당한 차이가 있는 것이다.

이제 사회후생의 순손실을 최소화시키는 목표를 G_A라 하고, 시장지배력의 행사로 인한 소비자의 피해를 최소화시키는 목표를 G_B라고 하자. G_B는 소비자의 피해를 기준으로 한 개념이므로 사회후생의 순손실에서 오는 피해도 포함되지만 독점으로 인해 소비자의 후생이 생산자로 이전되는 부분도 포함된다.

이미 제5장에서 논의된 시장지배력과 독점의 문제를 〈그림 22-1〉에서 다시 살펴보자. 독점가격은 P^m, 경쟁시장가격은 P^c, 한계비용은 MC로 표시되어 있다. G_A는 단순히 〈그림 22-1〉의 BGE를 최소화하는 목표이다. 그러나 G_B는 P^mBGP^c가 독점으로 인해 소비자로부터 생산자로 이전되는 소득이므로 $(G_A + P^mBGP^c)$를 최소화시키는 목표이다. 환언하면 사회후생의 순손실과 독점기업의 초과이윤을 합한 것이 최소화의 목표변수이다.

시장지배력의 효과를 〈그림 22-1〉에서 다시 설명하면 IT부분은 독점지배력으로 인하여 나타난 소비자로부터 생산자로의 소득이전(income transfer) 부분이다. DL은 독점으로 인한 사회후생의 순손실이며, OS는 다른 산업으로의 지출이전을 나타낸다. 경쟁상태에서는 Q^c가 균형수급량으로서 OS의 소비지출이 이루어졌으나 독점으로 인하여 (Q^c-Q^m)에 대한 소비지출이 여타 산업으로 이동한 것이다.

G_A와 G_B를 동시에 달성할 수 있는 수단은 물론 존재한다. 〈그림 22-1〉에서 생산량 수준이 Q^m에서 Q^c로 증가된다면, 독점으로 인한 경제적 손실이 모두 사라진다. 따라서 시장지배력으로 인한 생산량 제한으로 해소해야 된다는 점에서는 모든 학파의 접근방법이 일치된다. Q^m에서 Q^c로 확대되어 DL이 사

그림 22-1 시장지배력의 배분효과와 재배분효과

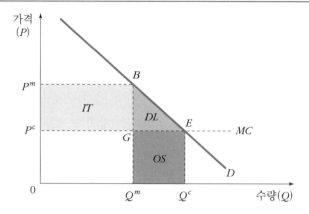

독점으로 인하여 시장가격이 P^c에서 P^m으로 상승하면 DL만큼의 사회후생의 순손실이 발생한다. 그러나 소비자후생의 관점에서 보면 $IT+DL$의 손실이 발생한다. IT는 독점으로 인해 소비자로부터 생산자로 이전되는 부분이다. 반면 OS는 독점시장에서의 소비지출 감소를 나타내며, 다른 산업으로의 지출이전에 해당된다.

라진다면 IT도 동시에 사라지므로 두 G_A와 G_B의 목표가 동시에 달성될 수 있기 때문이다. 시장지배력을 행사하는 기업이 존재하지 않는다면 결국 장기적으로는 자원배분의 왜곡도 소득재분배효과도 나타나지 않는다.

그러나 독과점규제의 기준으로서 G_A를 채택하여 자원배분의 왜곡을 중요시하는 관점과 G_B를 선호하여 소비자의 후생을 우선시하는 접근은 여러 측면에서 현격한 차이를 보이고 있다. 자원배분의 왜곡을 중시하는 G_A의 목표에서는 생산자의 경제적 이윤도 사회후생의 하나로 파악하고 시장지배력으로 인한 소비자의 후생감소를 상쇄시킬 수 있다고 본다. 즉, 소비자의 후생과 생산자의 경제적 이윤을 동질적으로 파악하는 것이다. 반면 소비자의 후생을 중요시하는 G_B의 관점에서는 독점이윤을 사회후생의 증진으로 간주하지 않는다. 따라서 소비자잉여의 손실이 모두 사회후생의 손실로 간주된다.

G_A와 G_B의 기준 중 실제 어떤 목표를 추진하는가는 각국의 독점규제와 공정거래제도에 따라 다르게 나타난다. 또한 제도의 운용과정에서도 많은 차이가 나타날 수 있다. 예를 들면, 사회후생의 손실을 중시하는 G_A를 채택할 경우

에는 생산효율을 증대시킬 수 있는 기업결합이 쉽게 인정될 수 있다. 기업결합으로 인한 효율증대와 비용감소효과가 소비자의 후생으로 이전되지 않는 경우에도, 생산자의 이윤은 사회후생의 증대를 가져오므로 기업합병을 용인한다는 입장이다. 그러나 소비자후생을 중시하는 G_B의 기준에서는 합병으로 인한 지배력 확대가 소비자가격을 상승시킬 우려가 있는 경우에는 기업결합을 용인하지 않게 된다.

　이러한 기본적 관점의 차이에도 불구하고 실제 정책의 선택은 경제적 논리보다 정치적 관점에서 해결되는 경우가 많다. 즉, G_A의 기준에서는 소비자로부터의 생산자로의 소득이전이 사회적으로 용납될 수 있다고 평가한다. 반면 G_B의 기준에서는 이러한 소득이전이 사회적으로 용납될 수 없다고 보는 것이다.

　사회후생의 순손실(DL)만을 중시하는 경제적 논리는 소비자의 후생과 생산자의 잉여를 동질적으로 취급하는 중립성을 배경으로 하고 있다.

　전통적으로 시카고학파는 독점규제의 유일한 목표가 시장지배력에 의한 자원배분의 왜곡을 최소화하는 G_A에 있다는 입장을 견지해 왔다(Bork, 1967). 소비자가 경쟁시장보다 높은 가격을 지불함으로써 나타나는 소득이전은 결코 문제가 되지 않는다는 것이다.

　이것은 실제 소비자로부터 독점기업의 소유자로 소득이 이전되는 것인데, 기업의 소유자는 결국 주주인 소비자이기 때문에 사회적 관점에서는 서로 다른 소비자 계층간의 소득이전이라는 것이다. 이것은 결코 사회후생의 손실이라고 파악될 수 없다는 견해이다. 따라서 생산자와 소비자간의 소득이전현상은 시장지배력의 피해로 간주될 수 없다는 설명이다.

　이 논리는 물론 독점이윤과 여타 소득간의 기본적 차이를 무시하고 있다고 볼 수 있다. 즉, 임금과 이자 및 지대 등과 같은 소비자의 소득은 생산요소를 제공한 대가로서 얻게 되는 것이다. 다시 말하면 '소비자'로서 소득을 얻는 것이 아니라 '생산요소의 공급자'로서 소득을 획득하는 것이다. 그러나 독점이윤은 생산요소시장이 아닌 생산물시장에서 시장지배력에 의해 발생되는 것으로서 여타 요소소득과는 본질적 원천이 다른 것이다. 이러한 차이가 있음에도 독점이윤이 소비자의 여타소득과 동질적으로 취급될 수 있느냐의 여부는 경제적 논리보다 오히려 정치·사회적 관점에서 파악되는 경우가 많다. 특히 현대 자본주의사회에서 기업이 상장법인으로서 주주가 완전히 분산되어 있고 기업이윤이 많은 주주에게 배분되는 제도를 유지할 경우에는 평가기준이 더욱 모호해진다.

22.2.2 경쟁과정

독과점규제제도는 개별기업간 경쟁을 촉진하고 기업활동의 자유를 보장해 주는 목적도 갖고 있다. 이미 제5장에서 논의된 것과 같이 경쟁시장은 자원배분의 효율성과 소비자후생을 극대화시킬 수 있기 때문이다. 따라서 자원배분과 소비자후생의 두 목표(G_A, G_B)의 달성을 위해서도 시장의 경쟁과정(competitive process)을 촉진시키는 것이 중요한 목표가 된다. 다시 말하면 효율을 달성하기 위한 수단으로서 시장경쟁이 필요하다고 본다. 이러한 관점은 전통적인 구조 → 행태 → 성과모형과 같은 입장이다. 즉, 진입장벽을 낮추고 경쟁기업의 수를 증가시켜 시장구조를 개선하면 바람직한 시장성과가 달성된다고 파악하는 것이다.

그러나 시카고학파의 전통에서는 자원배분과 생산효율을 향상시키는 것 외에는 어떤 다른 기준도 독점규제를 합리화시킬 수는 없다는 입장이다. 만약 경쟁촉진을 독과점규제와 공공정책의 목표로 삼을 경우에는 모든 기업이 결국 원자식으로 분열되고 수없이 많은 소규모 기업만이 등장하게 된다는 것이다 (Bork, 1978, pp. 58-59). 따라서 독과점규제는 효율성의 제고를 기준으로 삼아야 하며 경쟁과정 자체를 목표로 해서는 안 된다는 입장이다.

실제 독과점규제제도에는 대부분 경쟁을 촉진하고, 개별기업의 자유로운 의사결정을 보장하며 진입장벽을 낮추는 내용들이 포함되어 있다. 이러한 정책은 물론 모든 기업의 소규모화나 기업규모 자체의 제약을 목적으로 하고 있지는 않다. 실제 이러한 제도가 선진공업국에서 운용되고 있다는 사실은 기업의 생산활동이나 규모를 크게 제약하지 않으면서도 독과점규제가 경쟁을 촉진하는 기능을 할 수 있다는 반증이 될 수도 있다.

22.2.3 일반균형과 차선이론

지금까지 독과점규제의 기준은 부분균형분석의 관점에서 논의되었다. 주어진 특정시장에 국한하여 시장지배력에 따른 영향을 분석하면 당연히 배분의 비효율이라는 결과를 얻게 된다.

이제 국민경제의 모든 산업을 고려하는 일반균형분석을 통해 독점규제의 기준을 파악해 보자. 먼저 N개의 시장으로 구성된 국민경제에서 모든 부문이 완전경쟁상태에 있다가 1개 시장만이 독점화되었다고 가정하자. 일부 소비자들이 독점화된 시장에서 떠나 여타 시장으로 이전하는 지출이전현상이 나타나고 국민경제의 후생은 당연히 감소한다. 시장지배력의 행사로 인한 사회후생의 순손실이 발생하기 때문이다. $N-1$개 시장이 경쟁적인 상황에서 1개 시장만이 독점화된다면 지금까지 논의된 독점의 비효율이 그대로 적용될 수 있다.

그러나 A, B 두 시장만이 존재하는 경제에서 첫번째 시장(A)이 독점이고 두번째 시장(B)도 독점화된다고 가정하자. 일반균형적 관점에서 두번째 기업의 독점화가 과연 사회후생의 손실을 의미하는가?

먼저 A시장에서는 독점으로 인해 사회적으로 바람직한 생산량보다 작은 규모가 공급된다. B시장 마저 독점화된다면 자원이 B시장에서 다른 시장으로 이동하는 현상이 나타난다. 만약 B시장에서 이동된 자원이 A시장에 투입되어 A시장의 산출량이 충분히 증가된다면 어떤 현상이 나타나는가? 나아가 A시장의 산출량 증가로 얻게 되는 후생증대가 B시장의 독점화에 따른 후생손실보다 크게 나타난다면 B의 독점화는 오히려 전체 사회후생을 증가시키는 효과를 가져온다.[1] 따라서 B시장의 독점화를 금지시키는 독과점규제정책은 오히려 전체 사회후생을 감소시키는 결과를 초래한다.

모든 산업이 완전경쟁적이 아닌 현실세계에서도 이와 같은 차선의 원리가 적용될 수 있다. 현실적으로 모든 독과점을 제거하는 것은 불가능한 일이다. 또한 독과점규제법을 위반하지 않고서도 기업효율이나 경쟁을 통해 시장지배력을 확보할 수 있는 경우도 존재한다.

---

1) 구체적 사례와 차선의 이론 및 독점에 관한 문제는 제5장 제6절을 참조할 것.

차선의 이론은 독과점이 만연된 현실세계에서 독점규제정책은 특정시장에서의 효율은 증대되어도 사회전체의 효율은 오히려 감소되는 결과를 가져올 수도 있다는 것을 시사하고 있다. 다시 말하면 많은 산업의 독과점화를 방치한 채 특정산업에서만 경쟁을 촉진시키는 것은 사회전체의 후생에 부정적 영향을 미칠 수도 있음을 시사하고 있다.

물론 실제 독점규제정책이 사회후생의 손실을 가져올 수 있느냐의 여부는 여러 요인에 의해 결정된다. 각 산업의 독점화정도 이외에도 B시장의 독점이윤에 따른 사회적 비용의 크기, B시장의 독점에 따른 사회후생손실의 규모, B시장을 경쟁화시킴에 따른 사회적 이익의 규모 등에 따라 결정된다.

따라서 차선이론이 제시하는 시사점에도 불구하고 전통적인 독점규제정책의 유용성이 크게 제약되는 것은 아니다. 이 점에서는 전통적인 구조-행태-성과분석이나 시카고학파의 견해가 모두 일치되고 있다.

22.3 독점규제정책의 효율성

독점규제정책은 여타 정부규제와 마찬가지로 정책효과 못지 않게 상당한 비용을 수반할 수도 있다. 정책수행에 따르는 직접비용은 물론 독점규제당국이 사용하는 지출도 사회적 비용에 해당된다. 이밖에도 많은 간접비용이 소요된다. 예를 들면 민간기업은 독점규제정책에 대응하기 위한 비용을 지출하게 되며, 이것은 사회적 관점에서 간접비용에 해당된다. 또한 정부의 시장간섭에 따른 개입비용(interference cost)이 추가된다. 독점규제정책은 민간기업의 경제활동을 제약하는 경우가 많으므로 정부개입은 자원분배과정에서 많은 비용을 수반할 수 있다.[2]

물론 독점규제정책에 따른 사회적 이익도 많이 발생한다. 자원배분의 효율을 증진시켜 주고 소비자후생의 손실도 감소시켜 줄 수 있다. 따라서 독점규제의 순효과는 정책집행에 따른 비용과 결과적으로 얻게 되는 사회적 이익을 비

---

2) 이것은 제21장의 산업규제에서 설명된 바 있다.

교 분석하여 평가되어야 한다.

정책집행에 따른 직·간접비용이 작고 정책효과가 크게 달성될 수 있는 경우가 가장 바람직한 정책이라고 할 수 있다. 그러나 독점규제의 목표가 항상 완벽하게 달성되는 것은 아니기 때문에 정책의 효율성에 대한 평가가 필요한 것이다.

특히 독점규제는 여타 공공정책과 마찬가지로 현실적 집행과정에서 상당히 많은 비효율을 초래하는 경우가 있다. 예를 들어 규제당국의 정책은 경제학적 의미에서 가장 바람직한 대안을 선택하는 것이 아니라 타협의 결과로 결정되는 경우가 많다. 즉, 기업과 소비자 및 정책당국이 적절히 양보·타협하는 정치적 논리로서 결정되는 것이다. 이러한 결정과정에 대한 정치경제학적 논리는 바로 타협(compromise)이 계층간의 이해상충을 조정하는 수단으로서 합리적인 방법이라고 파악하는 것이다.

나아가 장악이론(capture theory)에 의하면 기업을 통제해야 할 정책당국이 오히려 정책결정과정에서 기업에 의해 장악될 수 있다고 본다. 이 이론에 의하면 정책당국은 결국 기업의 의견을 대변하는 규제정책을 채택하며 소비자의 후생증진에는 기여할 수 없게 된다는 것이다.

실제 정책당국이 완전히 독립적으로 현실과 타협하지 않고 정책목표를 추진하려는 의지를 갖고 있는 경우에도 여러 가지 제약에 직면하게 된다. 즉, 위험을 회피하는 관료의 행태와 비효율적인 조직, 정보의 부족 등으로 궁극적인 정책목표의 실현에는 많은 한계를 갖고 있다.

이제 독점구조를 개선하여 시장을 경쟁화시키려는 목표를 예로 들어 간단한 그림으로 정책의 효율성을 평가해보기로 한다. 먼저 독점규제정책이 실시되면 시장의 경쟁화가 촉진될 수 있다고 가정한다. 한편 규제정책이 실시되지 않는 경우에도 시카고학파의 견해처럼 시장의 자생적인 힘(natural force)에 의해 독점이 제거된다고 하자. 물론 정부의 인위적인 노력이 자연적인 시장의 힘보다는 시장의 경쟁화를 더 빨리 촉진시킨다고 가정하자.

이러한 가정하에서 독점규제에 따른 비용과 기대효과는 〈그림 22-2〉로 설명할 수 있다. Y축은 시장의 독점도, X축은 시간을 나타내고 있다. 만약 독과점규제정책이 실시되지 않는다면 시장의 독점현상은 점선(B)을 따라서 느린 속

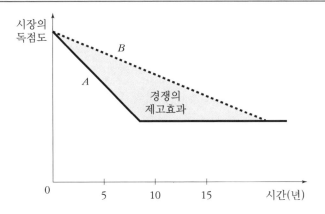

그림 22-2 ┃ 독과점규제의 순경쟁 제고효과

독점시장에 대한 규제가 없다면, 시장은 점선(*B*)을 따라 점진적으로 경쟁구조도 변화한다. 만약 규제가 효과적으로 실시된다면 실선(*A*)을 따라 *B*보다 빠른 속도로 경쟁구조로 전환될 수 있다.

도로 완화될 수 있을 것이다. 이것은 시장의 자연적 힘에 의한 것으로서 정부규제 없이도 독점산업에 신규기업이 진입하면서 점진적으로 경쟁이 회복되는 과정이다.

독과점규제가 효과적으로 실시되면 시장의 자연적 경쟁력보다 짧은 기간 내에 독점현상을 해소할 수 있을 것이다. 이 과정은 실선(*A*)에 표시되어 있다. 독과점규제당국의 정책목표에 따라 일정한 기간에 목표수준의 시장경쟁을 회복할 수 있을 것이다. 시장의 자연적 힘(*B*)과 독과점 규제정책(*A*)에 의해서 달성된 시장경쟁의 시간적 차이는 색으로 표시한 부분과 같은 경쟁효과를 가져온다. 이것이 곧 독과점규제에 의해서 달성된 경쟁의 순증가효과(net increase in competition)라고 할 수 있다.

만약 자연적 독점감소(*B*)가 느린 속도로 이루어지고 규제당국에 의한 조치가 빠른 속도로 실시된다면 경쟁의 증가효과는 크게 된다. 반면 자연적 감소효과가 빠르고 규제효과가 느리게 나타나면 독과점규제의 경쟁제고효과는 크지 않을 것이다.

독과점규제의 실질적 영향도 이러한 규제조치의 경쟁제고효과를 기준으로 분석되어야 할 것이다. 독점규제의 비용과 효과를 그림으로 표시하면 〈그림

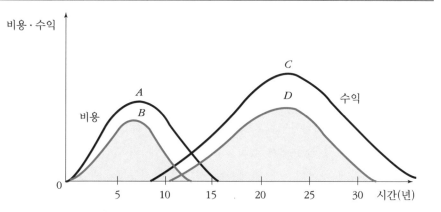

그림 22-3 독점규제의 효율성 평가

독점규제의 명목비용은 *A*이고, 할인된 실질비용은 *B*로 표시된다. 규제의 결과로 얻게 되는 수익은 시차를 두고 나타나므로 명목수익은 *C*, 할인된 실질수익은 *D*로 나타난다. 따라서 독점규제의 효율성은 *D−B*로 계측할 수 있다.

22-3)과 같다. 이 그림에서 비용은 독점규제정책의 실시에 따른 직·간접 비용을 모두 포함한다. 전체 명목비용은 *A*로 표시되고, 시간경과에 따른 할인율을 반영할 경우에는 *B*로 표시된다.

규제의 결과 얻게 되는 사회적 이익은 일정한 시차를 두고 발생하므로 *C*와 같다. 이것 역시 시간경과에 따른 할인율을 반영할 경우에는 *D*와 같이 표시된다. 비용(*B*)과 수익(*D*)를 비교하여 *D*의 면적이 *B*의 면적보다 클 경우에만 독과점규제의 순효과가 나타난다.

이와 같은 비용-수익 분석에 의한 독점규제정책의 효율성 평가는 여러 관점에서 해석될 수 있다. 시카고학파는 일반적으로 정부의 규제정책이 없어도 자연적인 시장경쟁에 의해 독점지배력이 빠른 속도로 감소하므로 규제로 인한 경쟁촉진효과가 적다고 주장한다. 이들은 독점지배력이 정부규제가 없는 경쟁상태에서는 실질적 영향을 갖고 있지 않으므로, 규제로 인한 후생증진효과도 크지 않다고 본다. 또한 장기적으로 정부개입에 의해 창출되지 않은 독점은 시장경쟁에 의해 사라진다고 본다. 따라서 이들은 독과점의 제거를 위한 시장구조의 규제에 큰 비중을 두지 않는다.

반면 전통적인 산업조직론의 관점에서는 시장의 경쟁압력에 의한 독과점이 자연적으로 감소되는 현상이 매우 느리게 나타난다고 본다. 따라서 정부의 강력한 독점규제가 필요하고 그 효과도 상당히 크다고 주장한다.

실제 정부규제를 통하여 기존의 독점구조를 경쟁산업화시키는 것은 매우 제한적이며 실효를 거두지 못하는 경우도 많다. 이것은 이미 앞에서 논의된 정부의 산업규제가 갖고 있는 속성과도 관련이 있다. 독점규제정책의 효율성은 일반적인 결론을 제시할 수 없으며 구체적 사례에 따라 평가되어야 한다. 다만 분명한 것은 현재의 독점도가 높고 자연적 기능에 의해 경쟁시장으로 전환되는 속도가 느리게 나타나는 산업에서는 정부의 독점규제정책에 의한 경쟁촉진 또는 후생증진효과가 크게 나타날 수 있다는 점이다. 반면 규제정책이 비효율적으로 추진될수록 독점규제가 가져오는 긍정적 효과는 감소하게 될 것이다.

22.4 │ 한국의 독점규제제도

우리나라는 1960년대 이후 정부주도하에 고도성장위주의 경제발전을 추진해 왔기 때문에 독점규제제도가 상당히 늦게 도입되었다. 고도성장을 지향하는 정책목표하에서는 자원배분의 효율성이나 소비자의 후생을 중요시하는 독점규제제도가 중요시되지 않았기 때문이다. 또한 초기의 공업화과정에서 희소한 자원을 소수 전략산업과 기업에 집중 지원하는 정책을 채택해 왔기 때문에 정부 스스로가 고도성장의 전략으로서 시장집중화를 추구한 경향이 많았다.

따라서 1980년대 이전까지는 독점규제에 관한 제도가 정립되지 않았으며, 다만 물가안정의 차원에서 대기업이나 시장지배적 사업자의 행태를 규제하는 제도만이 도입되었다. 예를 들어 1961년의 「가격조절에 관한 임시조치법」과 73년의 「물가안정법」, 1975년의 「물가안정과 공정거래에 관한 법률」이 모두 물가안정을 주목적으로 하는 제도였다.

1980년 12월 31일에 제정·공포된 「독점규제 및 공정거래에 관한 법률」은 우리나라에서 최초로 독점규제를 명시한 법령이라 할 수 있다. 이 법은 우리나라의 독과점규제와 공정거래정책을 뒷받침하는 기본법으로서 "사업자의 시장지배적 지위의 남용과 과도한 경제력집중을 방지하고, 부당한 공동행위 및 불공정거래행위를 규제하여 공정하고 자유로운 경쟁을 촉진함으로써 창의적 기업활동을 조장하고 소비자를 보호함과 아울러 국민경제의 균형있는 발전을 도모"³⁾하는 것을 목적으로 하고 있다. 이 법은 1986년 경제력집중의 억제를 강화하기 위하여 1차 개정되어 계열기업간 상호출자의 금지와 기업결합의 제한 등이 추가되었다. 이어 1990년의 2차 개정에서도 경제력집중의 억제시책이 추가되었고, 법규위반 사례에 대한 제재조치가 강화되었으며 공정거래위원회의 독립성과 조직이 확대되었다. 1992년의 개정에서는 계열기업 상호간의 채무보증한도를 제한한 반면, 출자총액제한대상이 일부 완화되었다. 외환위기를 거치면서 1999년에 지주회사의 설립이 허용되었으며, 이후 개정된 법규에서 설립요건이 지속적으로 완화되었다. 1998년 외환위기를 거치며 폐지된 출자총액제한제도는 출자총액대상그룹들의 출자비율이 높아지자 2001년 다시 도입되었지만 2009년 3월 25일 다시 폐지되었다.

1980년 제정 후 2015년까지 총 50차에 걸쳐 개정·보완된 현행「독점규제 및 공정거래에 관한 법률」(이하「공정거래법」이라 약칭함)은 2015년 현재 총 14장 71조로 구성되어 있으며, 주요 내용은 〈표 22-2〉와 같이 요약될 수 있다. 먼저 공정거래법의 내용 중 실제 독점을 직접적으로 규제하거나 시장구조를 개선시키기 위한 항목은 기업결합의 제한과 경제력집중의 억제라고 할 수 있다. 이 두 항목도 기존 독점기업이나 기업집단을 구조적으로 규제하는 것이 아니라 신규 독과점구조의 형성을 억제하는 것을 목적으로 하고 있다. 이밖에 시장지배적 사업자의 지위남용과 부당한 공동행위 및 불공정거래행위의 제한 등은 모두 행태규제를 실시하는 항목이다.

따라서 우리나라의 독점규제와 공정거래제도는 구조·행태·성과의 체계에서 구조보다는 행태를 주로 규제하는 특징을 갖고 있다. 이러한 독점규제정책을 폐해규제주의라고 부르기도 한다. 반면 행태와 성과를 결정하는 구조를 직접규제하여 독점자체를 부정하는 정책은 원인금지주의라고 한다.

우리나라는 폐해규제주의를 선택하고 있기 때문에 기존의 독과점적 시장

---

3) 「독점규제 및 공정거래에 관한 법률」의 제1조.

표 22-2	「독점규제 및 공정거래에 관한 법률」의 주요 내용	
장	제 목	주요 규제 내용
제2장	시장지배적 지위의 남용금지	• 부당한 가격결정 · 유지 · 변경 • 부당한 출고조절 • 신규진입방해 • 타사업자의 활동방해 • 경쟁제한 · 소비자이익 저해행위
제3장	기업결합의 제한 및 경제력집중의 억제	• 경쟁제한적 기업결합 • 지주회사 설립 및 행위제한 • 상호출자의 금지 • 계열회사의 채무보증금지 • 금융 · 보험회사의 의결권제한 • 기업결합의 신고 • 대규모기업집단 지정
제4장	부당한 공동행위 제한	• 가격판매조건의 공동결정 • 거래지역 및 거래상대방 제한 • 상품종류 및 규격제한 • 자진신고자감면제도
제5장	불공정거래행위의 금지	• 부당한 고객유인, 거래상 지위남용, 거래거절, 거래강제, 사업방해활동, 부당지원 등 각종 불공정거래행위의 금지
제6장	사업자단체	• 사업자단체의 부당한 공동행위 • 구성사업자의 사업내용 · 활동 제한행위
제7장	재판매가격유지행위 제한	• 재판매가격유지행위 금지
제8장	국제계약의 체결 제한	• 부당한 공동행위, 불공정거래행위 및 재판매가격유지행위에 대한 국제계약체결 제한

구조를 인정하고 다만 시장지배적 사업자의 지위남용을 금지하고 있다.[4] 시장지배적 사업자로 추정되지 않은 사업자들의 부당한 행위는 제5장의 불공정거래행위의 금지에서 다루어진다. 경제력집중의 억제도 기존기업집단의 직접규제보다는 경제력집중의 심화를 방지하는 차원에서 여러 억제수단을 채택하고

4) 공정거래법 제2장 제4조에 의하여 시장점유율이 50% 이상인 사업자와 상위 3개 사업자의 시장점유율의 합계가 75% 이상인 경우의 사업자를 시장지배적 사업자로 추정한다. 단, 일정한 거래분야에서 연간매출액 또는 구매액이 40억원 미만이 사업자는 제외한다.

있다. 반면 시장행태로 나타나는 여러 폐해에 대해서는 부당한 공동행위, 불공정거래행위의 금지 등을 채택하여 직접적인 규제를 실시하고 있다. 따라서 우리나라의 제도는 독점규제의 성격보다는 불공정거래행위를 규제하여 경쟁질서의 확립을 도모하는 성격이 강하다고 할 수 있다.

공정거래법은 현재 국무총리 소속의 장관급 중앙행정기관이자 합의제 준사법기관인 공정거래위원회에 의해서 운용되고 있으며 위원장, 부위원장을 비롯 대통령이 임명하는 9인의 위원회에서 공정거래에 관련된 사항을 심의, 의결하고 필요한 처분, 명령을 내리고 있다.

공정거래법은 제조업과 건설업 등 거의 산업전분야에 적용되고 있다. 그러나 농림수산업과 광업은 적용대상에서 제외되어 있으며, 다른 법률에서 인정된 행위, 저작권법, 특허법 등에 의한 권리행사에도 적용이 면제된다.

한편 공정거래법과는 별도로 「하도급거래 공정화에 관한 법률」이 1984년 12월에 제정되어 제조 및 위탁사업에 관한 원사업자와 수급사업자의 공정한 거래를 규정하고 있다. 하도급거래는 제조업과 건설업에서 많이 이루어지는 위탁가공, 수리위탁, 건설위탁 등의 거래로서 대기업과 중소기업간에 형성되는 경우가 많다. 따라서 원사업자의 대금미지급, 부당감액, 어음할인료의 미지급 등 부당한 거래가 발생할 소지가 많다. 우리나라는 특히 중소기업의 수가 많아서 하도급거래의 비중이 상당히 크기 때문에 부당한 사례가 많이 발생하여 왔다. 1981~2019년 기간 동안 하도급관련 사건 처리건수는 약 3만 9천 여건이 넘으며, 공정거래 관련 법(공정거래법, 소비자보호관련법, 하도급법, 가맹사업법, 대규모유통업법)의 사건 누적처리건수의 43.7%를 차지하고 있다.

하도급의 거래공정화는 물론 공정거래법의 부당한 거래에 해당되지만, 중소기업이 많고 하도급거래의 비중이 높은 우리나라 산업조직의 특수성을 반영하여 별도 법령으로 제도화되어 있는 것이다. 이 제도의 운용은 물론 공정거래위원회에 의해서 공정거래법과 같이 운용되고 있다. 하도급거래의 공정화도 일종의 행태규제로서 여타 부당한 경쟁제한행위와 동일한 차원에서 파악될 수 있다.

22.5 | 한국의 공정거래제도의 운용

우리나라의 독점규제와 공정거래제도는 짧은 역사를 갖고 있다. 1960년대
에서 1980년대까지 고도성장일변도의 경제정책을 추진하는 과정에서 시장경쟁
과 자원배분의 효율성을 강조하는 독점규제와 공정거래정책은 큰 관심을 끌지
못하여 왔다. 1960년대와 1970년대에는 시장구조를 직접 규제하는 정책보다는
시장지배적 사업자의 지위남용이나 각종 불공정거래를 제한하는 데 중점을 두
었다. 이에 따라 공정거래제도가 독과점규제보다는 물가안정이라는 차원에서
시장지배적 사업자의 가격인상을 억제하는 수단으로 도입되었다. 1980년대에
는 1980년의 '독점규제 및 공정거래에 관한 법률'의 제정을 필두로 1986년 독
점을 규제하는 기업집단의 경제력집중을 억제하는 제도의 도입과 1984년 중소
하도급기업을 보호하기 위한 '하도급거래 공정화에 관한 법률'의 제정 등 경쟁
법의 기본적 틀을 갖추기 시작했다. 1990년대에는 1995년 경제기획원 소속으
로부터 중앙행정기관으로 독립한 공정거래위원회는 경쟁정책과 중소기업 보
호 그리고 소비자 보호정책까지 그 역할을 확장하였다. 2000년대에 들어와서
는 부당공동행위, 경쟁제한적 기업결합, 시장지배적 지위 남용행위 등 이른

표 22-3 위반사건의 행위유형별 시정 실적 (단위: 건)

유형 / 연도	1981~2000	2001~2010	2011~2015	2016~2020	2021	2022	2023
시장지배적 지위남용	13	59	6	8	3	0	3
기업결합제한 규정위반	202	372	142	115	31	3	116
경제력집중 억제위반	75	647	313	406	90	76	87
부당한 공동행위	316	471	322	449	69	76	65
사업자단체 금지	470	783	334	176	20	28	34
불공정거래행위	1,917	3,737	932	226	52	32	33
불공정하도급 거래행위	2,608	16,893	5255	3,909	993	446	786
계	5,487	22,962	7,304	5,289	1,258	661	1,124

자료: 공정거래위원회, 『공정거래백서』, 『통계연보』, 각년도.

바 경쟁법의 3대 기둥이라 일컬어지는 분야로 집중하고자 하는 노력이 행하여
져 왔다(윤창호 · 장지상 · 김종민, 2011).

현행 독점규제와 공정거래에 관한 법률은 불공정거래 행태와 시장지배적

표 22-4	위반유형별 과징금 부과 현황				(단위: 백만원, 건)
유형 연도	2010	2020	2023	합계 (1988~2019)	구성비
공정거래법					
시장지배적 지위남용	11,104 (4)	12,538 (4)	69651 (3)	1,785,615 (56)	16.8%
경제력집중 억제위반	290 (1)	0 (0)	0 (0)	52,597 (94)	0.5%
부당한 공동행위	585,822 (26)	149,387 (61)	129,950 (47)	7,374,346 (937)	69.3%
사업자단체 금지행위	176 (7)	500 (1)	2,379 (7)	28,783 (297)	0.3%
불공정거래행위	9,721 (18)	126,382 (16)	137,424 (16)	1,396,466 (1,313)	13.1%
소계	607,114 (56)	288,797 (72)	339,404 (73)	10,637,807 (2,697)	100.0%
소비자보호관련법	276 (5)	415 (8)	40,367 (19)	151,695 (234)	1.4%
하도급법	718 (5)	39,193 (18)	4,681 (12)	233,791 (400)	2.1%
가맹사업법	0 (0)	0 (0)	877 (4)	13,179 (36)	0.1%
대규모유통업법		51,587 (11)	5,982 (8)	126,300 (84)	1.1%
대리점법		351 (1)	265 (2)	2,764 (7)	0.0%
합계	608,108 (66)	380,340 (110)	391,576 (118)	11,180,180 (3,456)	100%

주: ( ) 안의 숫자는 과징금을 부과받은 사건수임.
자료: 공정거래위원회, 『공정거래백서』, 『통계연보』, 각년도.

사업자의 권리남용을 주로 규제하는 「공정거래법」 또는 「경쟁촉진법」의 성격이 강하다고 할 수 있다. 이러한 특성은 공정거래 위반사건의 유형별 시정실적에도 잘 나타나 있다. 〈표 22-3〉에서 자진시정하게 하거나 경고 이상으로 조치된 위반사건 처리실적을 보면 불공정하도급거래와 불공정거래행위로 시정처리된 건이 가장 많았다.

물론 위반건수를 기준으로 공정거래제도의 운용성과를 평가하는 것은 많은 문제점이 있다. 예를 들어 시장구조를 직접 규제하는 원인규제주의에서도 구조와 관련된 시정사례는 현저하게 적게 나타날 수밖에 없다. 그럼에도 불구하고 〈표 22-3〉은 우리나라의 경우 불공정거래에 관련된 행태가 수적인 면에서 절대적으로 많은 비중을 차지하고 있음을 보여주고 있다.

반면 과징금을 기준으로 살펴보면 〈표 22-4〉에서 부당한 공동행위, 즉 담합에 대한 과징금이 가장 크며, 불공정거래행위에 대한 과징금이 그 다음으로 크다. 담합으로 인한 경제적 피해의 규모가 상대적으로 가장 크다고 고려될 수 있겠다.

이하 본 절에서는 공정거래제도의 주요 운용실적을 시장구조의 규제와 행태로 분류하여 평가하기로 한다.

22.5.1 시장구조의 규제

① 기업결합의 제한

공정거래법은 경쟁을 제한하거나 불공정한 방법에 의한 기업결합을 제한하고 있다. 기업결합은 규모의 경제와 범위의 경제 등을 통해 기업의 이윤증대와 더불어 사회적 후생에도 긍정적인 영향을 미칠 수 있으나, 반면 경쟁기업의 수가 감소하고 시장경쟁의 약화, 가격의 상승 등 부정적인 영향을 미칠 수도 있다. 따라서 공정거래법은 주식의 취득, 합병, 영업양수, 합작회사의 설립참여 등을 기업결합의 유형으로 명시하고, 일정기간내에 신고하도록 하고 있다. 기업결합의 규제대상이 되는 행위는 타회사 주식의 취득·소유, 임원 및 종업원에 의한 타회사 임원지위의 겸임, 기업합병, 영업양수, 합작회사의 설립참여 등이다.

다만 산업합리화 또는 국제경쟁력의 강화를 위하여 필요하다고 인정할 경

표 22-5		기업결합의 유형별 사례				
유형＼연도	1981~2000	2005	2010	2015	2020	2023
수평결합	1,306 (23.7)	192 (29.2)	172 (34.5)	188 (28.1)	118 (23.0)	348 (37.5)
수직결합	922 (16.8)	73 (11.1)	82 (16.5)	85 (12.7)	85 (16.5)	96 (10.4)
혼합결합	3,278 (59.5)	393 (59.7)	245 (49)	396 (59.2)	311 (60.5)	483 (52.1)
계	5,506 (100)	658 (100)	499 (100)	669 (100.0)	514 (100.0)	927 (100.0)

주: ( ) 안의 수는 해당 연도에 각 결합이 차지하는 비중 퍼센트임.
자료: 공정거래위원회, 『공정거래백서』, 『통계연보』, 각년도.

우에는 기업결합을 제한하는 공정거래법의 적용을 배제하고 있다. 한편 주식의 소유를 통하여 국내회사의 사업내용을 지배하는 것을 주된 사업으로 하는 지주회사의 설립도 제한적으로만 허용하고 있다.

　기업결합 제한규정의 적용을 받는 일정규모 이상의 기업결합 사업자가 타회사 주식 또는 신규설립회사 주식을 소유 인수하거나 타회사 임원을 겸직하는 경우 등은 공정거래위원회에 신고토록 되어 있다. 이러한 규정에 의거 공정거래위원회에 신고된 기업결합을 유형별로 분류하면 〈표 22-5〉와 같다.

　2023년도의 신고실적을 보면 혼합결합이 483건(52.1%)로 가장 많고, 수평과 수직결합은 각각 348건(37.5%), 96건(10.4%)를 차지하고 있다. 2023년 대규모 기업집단 소속회사에 의한 기업결합 건수는 231건, 금액은 22.5조원으로 국내기업의 기업결합 건수의 31.2%, 국내기업에 의한 기업결합 금액의 54.3%에 해당하였다.

　② 기업집단의 규제

　공정거래법상 기업집단은 '동일인이 사실상 사업내용을 지배하는 2개 이상의 회사의 집단'을 의미한다. 기업집단에 대한 규제는 흔히 말하는 재벌에 의한 경제력집중을 억제하기 위한 조치로서 도입되었다.

　　기업집단의 규제를 위하여 공정거래위원회는 일정기준 이상의 기업집단을 대규모 기업집단으로 지정하고 이들의 상호출자와 출자총액을 규제하고 있다. 상호출자는 두 개 이상의 회사가 서로 주식을 취득 인수하는 것으로서 실질적인 자금의 도입 없이 가공적으로 자본금을 증가시키거나 계열기업수를 확장하는 수단으로 이용된다. 현재 공정거래제도는 대규모 기업집단의 상호출자를 금지하고 있다. 다만 회사의 합병 또는 영업전부의 양수, 담보권의 실행 및 대물변제의 수령을 위한 경우 등 예외를 인정하고 있다.

　　출자총액의 제한은 대규모 기업집단의 계열확장을 억제하여 소수 기업집단에 의한 경제력집중을 억제하기 위한 제도이다. 대규모 기업집단에 소속되어 있는 회사는 현재 순자산액의 25%를 초과하여 다른 회사의 주식을 취득·소유하는 것을 금하고 있다. 이 제도는 직접적인 상호출자로서 여러 형태의 출자와 계열확장을 제한하기 위하여 실시되고 있다. 또한 대규모 기업집단의 국내계열회사에 대한 채무보증도 제한하고 있다.

　　이밖에 기업집단을 규제하는 규정으로서는 대규모기업집단에 속하는 계열기업으로서 금융업 및 보험업을 영위하는 회사는 취득 또는 소유하고 있는 국내계열회사 주식에 대한 의결권행사의 금지조항(법 11조)이 있다. 또한 기업집단에 속한 계열회사간의 부당한 내부거래와 국내회사에 대한 주식보유현황 및 주주현황과 재무상황 등의 신고의무가 주어져 있다.

22.5.2 시장행태의 규제

　　공정거래법 제19조는 일정한 거래분야에서 실질적인 경쟁을 제한하는 부당한 공동행위를 규제하고 있다. 이 조항에서 금지되고 있는 사업자간 부당한 공동행위를 열거하면 다음과 같다.

　　즉, 1) 가격을 공동으로 결정·유지하는 행위(가격카르텔), 상품과 용역의 판매조건·대금의 지급조건을 정하는 행위, 2) 생산·출고·수송 또는 판매의 제한행위, 3) 거래지역 거래상대방의 제한행위, 4) 생산 또는 용역의 제공을 위한 설비의 신·증설, 장비도입을 제한하는 행위, 5) 생산판매시에 상품의 종류·규격을 제한하는 행위, 6) 영업의 주요 부문을 공동으로 수행하거나 관리하기 위한 회사를 설립하는 행위, 7) 다른 사업자의 사업내용 또는 활동을 부당하게 제한하는 행위 등으로 규정하고 있다. 이와 같은 부당한 공동행위를 약정하는 사업자간 계약도 무효로 규정하고 있다. 다만 산업합리화와 불황극복, 산업구조의 조정, 중소기업의 경쟁력 향상 및 거래조건의 합리화를 위한 경우에는 적용을 배제하고 있다.

한편 공정거래법은 사업자의 이익집단인 각종 협회, 협의회, 조합 등을 통한 사업자단체의 활동도 규제하고 있다. 사업자단체는 '2개 이상의 사업자가 공동의 이익을 증진할 목적으로 조직한 결합체 또는 연합체'를 의미하고 있다. 사업자단체는 1) 일정한 거래분야의 경쟁을 실질적으로 제한하는 행위, 2) 일정한 거래 분야에서 사업자수를 제한하는 행위, 3) 구성사업자의 사업내용 또는 활동을 부당하게 제한하는 행위, 4) 재판매가격의 유지행위, 5) 불공정거래

표 22-6	불공정거래행위의 사례				(시정사건 기준, 단위: 건)	

연도 \ 유형	1981~2000	2001~2010	2011~2020	2021	2022	2023
공정거래법 제4장						
거래 거절	236	99	13	1	2	1
차별적 취급	255	17	5	0	0	0
경쟁 사업자 배제	40	3	0	0	0	0
부당한 고객 유인	1,183	2,639	659	21	7	7
거래 강제	197	81	31	0	1	1
거래상 지위 남용	1,166	606	317	15	9	9
구속 조건부 거래	246	63	32	3	1	1
사업 활동 방해	22	38	8	1	0	1
부당 지원	68	90	38	7	4	6
기타	2,835	0	0	0	0	0
소계	6,248	6,685	1,103	48	24	26
공정거래법 제7장						
재판매 가격 유지	209	101	51	4	8	7
합계	6,457	3,737	1,154	52	32	33

자료: 공정거래위원회, 『공정거래백서』, 『통계연보』, 각년도.

행위 등이 금지되어 있다.

한편 공정거래법에서는 불공정거래행위를 다음과 같이 규정하고 있다. 즉, 1) 부당한 거래질서나 거래상대방의 차별적 취급, 2) 부당한 경쟁사업자의 배제, 3) 부당한 고객유인 및 강제, 4) 부당하게 지위를 이용하여 상대방과 거래하는 행위, 5) 구속조건부거래, 6) 허위·기마적 표시광고행위로 규정하고 있다. 또한 제29조에서는 사업자의 재판매가격 유지행위를 금지하고 있다. 국제계약에서도 부당한 공동행위, 불공정거래행위 및 재판매가격 유지행위에 해당되는 내용을 포함하는 것을 제한하고 있다.

한편 불공정거래행위로서 시정조치된 내용을 요약하면 〈표 22-6〉과 같다. 2023년에 불공정거래행위로서 시정권고 이상의 조치를 받은 사례 중에서는 거래상지위 남용(9건)이 가장 많은 건수를 나타내고 있다.

참고문헌

Adams, W. J. & J. L. Yellen, "Commodity Bundling and the Burden of Monopoly," Quarterly Journal of Economics, Vol. 90(August 1976).

Adelman, M. A., "Effective Competition and the Antitrust Laws," *Harvard Law Review*, vol. 61 (1959).

Adelman, M. A., "Comment on the 'H' Concentration Measure as a Number Equivalant," *Review of Economics and Statistics*, vol. 51 (February 1969).

Alchain, A. A. & H. Demsets, "Production, Information Costs, and Economic Organization," *American Economic Review*, vol. 62 (December 1972).

Allen, C. T., & Rao, A. G. (2000). "Analysis of Price Competition between Brand Manufacturers and Private Labels," *Marketing Science*, 19(1), 82-104.

Areeda, P. & D. F. Turner, "Williamson on Predatory Pricing," *Yale Law Journal*, vol. 87 (June 1978).

Arrow, K. J., *"Economic Welfare and the Allocation of Resources for Invention,"* in *The Rate and Direction of Inventive Activity* (Princeton, N.J.: Princeton University Press, 1962).

Ashenfelter, O., & Graddy, K. (2003). "Auctions and the Price of Art," *Journal of Economic Literature*, 41(3), 763-787.

Auerbach, P., *Competition: The Economics of Industrial Change* (Oxford: Basil Blackwell, 1988).

Averch, H. & L. L. Johnson, "Behavior of the Firm under Regulatory Constraint," *American Economic Review*, vol. 52 (December 1962).

Bain, J. S., "The Profit Rate as a Measure of Monopoly Power," *Quarterly Journal of Economics*, vol. 55 (February 1941).

Bain, J. S., *"Price and Production Policies,"* in H. S. Ellies, ed., *A Survey of Contemporary Economics* (Homewood, Ill.: Irwin, 1948).

Bain, J. S., "Relation of Profit Rate to Industry Concentration: American Manufacturing, 1936-1940," *Quarterly Journal of Economics*, vol. 65 (August 1951).

Bain, J. S., *Industrial Organization* (New York: John Wiley & Sons, Inc., 1959).

Bain, J. S., *Barriers to New Competition* (Cambridge, MA.: Harvard University Press, 1962).

Baldwin, W. L., *Market Power, Competition, and Antitrust Policy* (Homewood, Ill.: Irwin,1987).

Barton, D. M. & R. Sherman, "The Price and Profit Effects of Horizontal Merger," *Journal of Industrial Economics*, vol. 33 (December 1984).

Baumol, W. J., *Business Behavior, Value and Growth* (New York: Harcourt B. Jovanovich, 1967).

Baumol, W. J. & D. Bradford, "Optimal Departures from Marginal Cost Pricing," *American Economic Review*, vol. 60 (June 1970).

Baumol, W. J, "*Contestable Markets: Uprising in the Theory of Industry Structure*," *American Economic Review,* vol. 72 (1982).

Baumol, W. J., J. C. Panzar & R. D. Willing, *Contestable Markets and the Theory of Industry Structure* (New York: Harcourt Brace Jovanovich, 1982).

Bertrand, J., "Review," *Journal des Savants.* 68. pp. 499-508(Reprinted in English translation by James Friedman in A. F. Daughety, ed., 1988, Cournot Oligopoly, Cambridge: Cambridge University Press).

Besen, S.M. & J. Farrell, "Choosing How to Compete: Strategies and Tactics in Standardization," Journal of Economic Perspectives, vol.8 (Spring, 1994).

Best, M. H., *The New Competition: Institutions of Industrial Restructuring* (Cambridge: Polity Press, 1990).

Blain, J. M., "Market Power and Inflation: A Short-Run Target Rate of Return Model," *Journal of Economic Issues*, vol. 8 (June 1974).

Blair, R. D. & D. L. *Kaserman, Antitrust Economics* (Homewood, Ill.: Irwin, 1985).

Borenstein, S. (1989). "Hubs and High Fares: Dominance and Market Power in the U.S. Airline Industry," *RAND Journal of Economics*, 20(3), 344-365.

Bork, R. H., "The Goals of Antitrust Policy," *American Economic Review*, vol. 57 (May 1967).

Bork, R. H., *The Antitrust Paradox* (New York: Basic Books, 1978).

Brander, J. A. & P. R. Krugman, "A 'Reciprocal Dumping' Model of International Trade," *Journal of International Economics*, vol. 15 (June 1983).

Brander, J. A., "Intra-Industry Trade in Identical Commodities," *Journal of International Economics*, vol. 11 (March 1981).

Brozen, Y., "Concentration and Structural, and Market Disequilibrium," *Antitrust*

Bulletin, vol. 16 (Summer 1971).

Brozen, Y., "Concentration and Structural, and Market Disequirium," *Journal of Political Economy*, vol. 87 (October 1979).

Carlton, D. W., "Contracts, Price Rigidity, and Market Equilibrium," Journal of Political Economy, vol. 87 (October 1979).

Carlton, D. W., "The Rigidity of Prices," *American Economic Review*, vol. 76 (September 1986).

Caves, R. E., *Multinational Enterprise and Economic Analysis* (Cambridge: Cambridge University Press, 1984).

Caves, R. E. J.A. Frankel & R. W. Jones, *World Trade and Payments*, 8th ed. (Boston: Little Brown, 1999).

Chamberlin, E. H., *Theory of Competition: A Re-Orientation of the Theory of Value* (Cambridge Mass.: Harvard University Press, 1939).

Clark, J. M., "Toward a Concept of Workable Competition," *American Economic Review*, vol. 30 (June 1940).

Clarkson, K. W., "Managerial Behavior in Nonproprietary Organization" in *The Economics of Nonprietary Organizations*, eds. K. W. Clarkson & D. C. Martin (Greenwich, Conn.: JAI Press, 1980).

Clarkson, K. W. & R. L. Miller, *Industrial Organization* (New York: McGraw-Hill, 1982).

Clarke, D. G., "Econometric Measurement of the Duration of Advertising Effect of Sales," *Journal of Marketing Research*, vol. 13 (November 1976).

Coase, R. H., "The Nature of the Firm," *Economica*, vol. 4 (November 1937).

Coase, R. (1972). Durable Goods Monopolists. Journal of Law and Economics, vol. 15, pp. 143-150.

Coase, Ronald, "Durability and Monopoly," *Journal of Law and Economics*, vol. 15(1), pp. 143-149, 1972.

Collins, N. R. & L. E. Preston, "Price-Cost Margins and Industry Structure," *Review of Economics and Statistics*, vol. 51 (August 1969).

Comanor, W. S. & T. A. Wilson, "Advertising, Market Structure and Performance," *Review of Economics and Statistics*, vol. 49 (November 1967).

Cournot, A., Researches into the Mathematical Principles of the Theory of Wealth, Paris: Hachette, 1836 (English translation by N.T. Bacon, New York: Macmillan, 1897).

Cowling, K. G. & D. C. Mueller, "The Social Cost of Monopoly Power," *Economic Journal*, vol. 88 (December 1978).

Cowling, K. G. & D. C. Mueller, "The Social Cost of Monopoly Power Revised," *Economic Journal*, vol. 91 (September 1981).

Cowling, K. G. & M. Waterson, "Price-Cost Margins and Market Structure," *Economica*, vol. 43 (December 1976).

Cremer, J., & Weitzman, M. L. (1976). "OPEC and the Monopoly Price of World Oil," *European Economic Review*, 8(2), 155-164.

Curry, B. & K. D. George, "Industrial Concentration: A Survey," *Journal of Industrial Economics*, vol. 31 (March 1983).

Dasgupta, P. & J. Stiglitz, "Industrial Structure and the Nature of Innovative Activity," *Economic Journal*, vol. 90 (1980).

Davies, S. W., "Choosing between Concentration Indices: The Iso-Concentration Curve," *Economica*, vol. 46 (March 1979).

Demsetz, H., "Information and Efficiency: Another Viewpoint," *Journal of Law and Economics*, vol. 12 (April 1969).

Demsetz, H., "Industry Structure, Market Rivalry, and Public Policy," *Journal of Law and Economics*, vol. 16 (April 1973).

Denerckere, R. & C. Davidson, "Incentives to Form Coalitions with Bertrand Competition," *Rand Journal of Economics*, vol. 16 (Winter 1985).

Dixit, A., "A Model of Duopoly Suggesting a Theory of Entry Barriers," Bell Journal of Economics, vol. 10. (1)(Spring 1979).

Dixit, A., "The Role of Investment in Entry-Deterrence," Economic Journal, vol. 90 (March 1980).

Dixit, A. K. & A. S. Kyle, "The Use of Protection and Subsidies for Entry Promotion and Deterrence," *American Economic Review*, vol. 75 (1985).

Dixit, A. K. & V. D. Norman, "Advertising and Welfare," *Bell Journal of Economics*, vol. 9 (Spring 1978).

Dixit, A. K. & V. D. Norman, *Theory of International Trade* (Boston: Cambridge University Press, 1980).

Domberger, S., "Price Adjustment and Market Structure," *Economic Journal*, vol. 89 (March 1979).

Domowitz, I., R. G. Hubbard, & B. C. Peterson, "Business Cycles and Relationship between Concentration and Price-Cost Margins," *Rand Journal of Economics*, vol. 17 (Spring 1986).

Domowitz, I., R. G. Hubbard, & B. C. Peterson, "Market Structure and Cyclical Fluctuations in U. S. Manufacturing," *Review of Economics and Statistics*, vol. 70 (February 1988).

Dornbusch, R. & S. Fischer, *Macroeconomics*, 4th ed. (New York: McGraw-Hill, 1987).

Enke, S., "Some Notes on Price Discrimination," *Canadian Journal of Economics and Political Science*, vol. 30 (February 1964).

Friedman, J., *Game Theory with Application to Economics* (London: Oxford University Press, 1986).

Friedman, J. "Noncooperative Collusion under Imperfect Price Information," Econometrica, vol. 52 (January 1984).

Friedman, J. "A Non-Coopeartive Equilibrium Supergames," Review of Economic Studies, vol. 38 (January, 1971).

Gabszwics, J. & J. F. Thisse, "Price Competition, Quality and Income Disparities," Journal of Economic Theory," vol.20.(1979).

Galbraith, J. K., "Monopoly Power and Price Rigidities," *Quarterly Journal of Economics*, vol. 50 (May 1936).

Gibbons, Robert, Game Theory For Applied Economists (Princeton University Press, 1992)

Gilbert, R. J., "The Role of Potential Competition in Industrial Organization," *Journal of Economic Perspectives*, vol. 3 (Summer 1989).

Gisser, M., "Price Leadership and Welfare Loss in U. S. Manufacturing," *American Economic Review*, vol. 76 (September 1986).

Glen, W. E., "A Price Theory of Multi-sided Platforms," American Economic Review, vol.100 (2010).

Goolsbee, Austan & Syverson, Chad (2008). "How do incumbents respond to the threat of entry? Evidence from the major airlines," *The Quarterly Journal of Economics*, 123 (4), 1611-1633.

Green, C., *Canadian Industrial Organization and Policy*, 2nd ed. (New York: McGraw-Hill Ryeron Limited, 1985).

Green, E. J. & R. H. Porter, "Noncooperative Collusion under Imperfect Price Information", Econometrica. vo. 52 (1984).

Greer, D. F., "Advertising and Market Concentration," *Southern Economic Journal*, vol. 38 (July 1971).

Greer, D. F., *Industrial Organization and Public Policy*, 2nd ed. (New York:

Macmillan Publishing Co., 1984).

Grether, E. T., "Industrial Organization: Past History and Future Problems," *American Economic Review*, vol. 60 (May 1970).

Griliches, Z., *R & D, Patents, and Productivity* (Chicago: The University of Chicago Press, 1984).

Grossman, G. M., "Promoting New Industrial Activities: A Survey of Recent Arguments and Evidence," *OECD Economic Studies* (Spring 1991).

Hall, M. & N. Tideman, "Measure of Concentration," *Journal of the American Statistical Association*, vol. 62 (March 1967).

Hall, R. E., "Market Structure and Macroeconomic Fluctuation," *Brookings Paper on Economic Activity* (1986).

Haltiwanger, J & J. Harrington, "The Impact of Cyclical Demand Movements on Collusive Behavior", Rand Journal of Economics, vol. 22, (1986).

Hamada, K. "Strategic Aspects of Taxation on Foreign Investment Income," Quarterly Journal of Economics, vol. 80 (August 1966).

Hamilton, J. L. & S. B. Lee, "Vertical Merger, Market Foreclosure, and Economic Welfare," *Southern Economic Journal*, vol. 52 (1986).

Harberger, A. C., "Monopoly and Resource Allocation," *American Economic Review*, vol. 44 (May 1954).

Harberger, A. C., "Three Basic Postulates for Applied Welfare Economics: An Interpretive Essay," *Journal of Economic Literature*, vol. 9 (September 1971).

Hay, D. H. & D. J. *Morris, Industrial Economics* (Oxford University Press, 1979).

Helpman, E. & P. R. Krugman, *Market Structure and Foreign Trade: Increasing Returns, Imperfect Competition and the International Economy* (Cambridge, Mass.: The MIT Press, 1985).

Hendel, I., & Nevo, A. (2006). "Measuring the Implications of Sales and Consumer Inventory Behavior," *Econometrica*, 74(6), 1637–1673.

Herfindal, O. C., *Concentration in the Steel Industry*, Ph. D. dissertation (Columbia University, 1950).

Hirschman, A. O., "The Paternity of an Index," *American Economic Review*, vol. 54 (September 1964).

Horstmann, I. & J. R. Markusen, "Up the Average Cost Curve: Inefficient Entry and the New Protectionism," *Journal of International Economics*, vol. 20 (1986).

Hotelling, H. "Stability in Competition." Economic Journal, vol. 39 (March, 1929).

Itoh, M. & K. Kiyono, "Welfare-Enhancing Export Subsidies," *Journal of Political Economy*, vol. 95 (1987).

Jacquemin, A., *The New Industrial Organization: Market Forces and Strategic Behavior* (The MIT Press, 1987).

Jeong, K. Y., "Industrial Concentration and Profitability in the Korean Manufacturing Sector," *Korean Economic Review*, vol. 2 (September 1987).

Jeong, K. Y., "Industrial Concentration and Market Adjustment," *Social Science Journal*, vol. 16 (Spring 1990).

Jeong, K. Y. & R. T. Masson, "Market Structure, Entry and Performance in Korea," *Review of Economics and Statistics*, vol. 72 (August 1990).

Jeong, K. Y. & R. T. Masson, "Entry during Explosive Growth: Korea during Take-Off," in *Entry and Market Contestability* eds, P. Geroski and J. Schwalbach (Oxford: Basil Blackwell, 1991).

Jeong, K. Y. & R. T. Masson, "A New Methodology Linking Concentration Dynamics to Current and Steady State Profits: Examing Korean Industrial Policy during Take-off," International Journal of Industrial Organization, vol. 21 (2003).

Kahn, A. E., *The Economics of Regulation*, (Cambridge, MA: MIT Press, 1988).

Kamien, M. I. & N. L. Schwartz, *Market Structure and Innovation* (Cambridge: Cambridge University Press, 1982).

Karp, L., & Newbery, D. M. (1993). "OPEC and the Dynamics of Oil Prices," *Economic Journal*, 103(419), 460-487.

Katz, M. L. & C. Shapiro, "Technology Adoption in the Presence of Network Externalities, Journal of Political Economy, vo. 94 , (1986).

Kenneth W. Clarkson, "Managerial Behavior in Nonproprietary Organizations," in *The Economics of Nonproprietary Organizations*, eds. K. W. Clarkson & D.C. Martin (Greenwich, Conn.: JAI Press, 1980), p. 5.

Kirkpatrick, C. H., N. Lee, & F. I. Nixon, *Industrial Structure and Policy in Less Developed Countries* (London: George Allen & Unwin, 1984).

Klemperer, P. O., "What really matters in auction design," Journal of Economic Perspectives 16(winter 2002), pp. 161-189.

Kmenta, J., *Elements of Econometrics* (New York: Macmillan Publishing Co., 1971).

Kreps, D. M. and J. A. Scheinkman, "Quantity precommitment and Bertrand competition yield Cournot outcomes," *Bell Journal of Economics*, vol. 14, pp. 326-337, 1983.

Kreps, D. M., & Scheinkman, J. A. (1983). "Quantity Precommitment and Bertrand Competition Yield Cournot Outcomes," *The Bell Journal of Economics*, 14(2), 326-337.

Krouse, C. G., *Theory of Industrial Economics* (Oxford: Basil Blackwell, 1990).

Krugman, P. R., "The Narrow Moving Band, the Dutch Disease, and the Competitive Consequences of Mrs. Thatcher," *Journal of Development Economics*, vol. 27 (1987).

Laherrère, J. H. (1999). "World Oil Supply-What Goes Up Must Come Down, But When Will It Peak?" *Oil & Gas Journal*, 97(5), 57-67.

Lancaster, K. & R. G. Lipsey, "The General Theory of Second Best," *Review of Economic Studies*, vol. 24 (June 1957).

Lee, N., "Business Concentration in LDCs," *Industrial Structure and Policy in Less Developed Countries*, Kirkpatrick, Lee & Nixon, eds. (London: George Allen & Unwin, 1984).

Lee, S. H., "The Price of Final Product after Vertical Integration," *American Economic Review*, vol. 77 (December 1987).

Leff, N. H., "Entrepreneurship and Economic Development: The Problem Revisited," *Journal of Economic Literature*, vol. 17 (1979).

Leff, N. H., "Industrial Organization and Entrepreneurship in the Developing Countries: The Economic Groups," *Economic Development and Cultural Change*, vol. 13 (1979).

Leibenstein, H., "Allocative Efficiency vs. 'X-Inefficiency'," *Ameican Economic Review*, vol. 56 (June 1966).

Leibenstein, H., "Competition and X-Inefficiency: Reply," *Journal of Political Economy*, vol. 81 (May-June 1973).

Leontief, W., "Factor Proportions and the Structure of American Trade: Further Theoretical and Empirical Analysis," *Review of Economics and Statistics*, vol. 45 (1978).

Levin, R. C., "Technical Change, Barriers to Entry and Market Structure, Economica, vol. 45 (1978).

Machlup, F., "Theories of the Firm: Marginalist, Behavioral, Managerial," *American Economic Review*, vol. 57 (March 1967).

Mallela, P. and B.Nahata, "Theory of Vertical Control with Variable Propritions,"

Journal of Political Economy, vol.88(October 1980).

Mankiw, G. N., "Small Menu Costs and Large Business Cycles: A Macroeconomic Model of Monopoly," *Quarterly Journal of Economics*, vol. 100 (May 1985).

Marris, R. & D. C. Mueller, "The Corporation, Competition, and the Invisible Hand," *Journal of Economic Literature*, vol. 18 (March 1980).

Martin, S., "Advertising, Concentration and Profitability: The Simultaneous Problem," *Bell Journal of Economics*, vol. 10 (Autumn 1979).

Martin, S., *Industrial Economics: Economic Analysis and Public Policy* (New York: Macmillan Publishing Co., 1988).

Mason, E. S., *Economic Concentration and Monopoly Problem* (Cambridge, Mass.: Harvard University Press, 1957).

Masson, R. T., "Executive Motivations, Earnings and Consequent Equity Performance," *Journal of Political Economy*, vol. 79 (November/December 1971).

McCormick, R.E., W. F. Shugart & R. D. Tillison, "The Disinterest in Regulation," *American Economic Review*, vol. 74 (December 1984).

McFarland, H., "Evaluating q as an Alternative to the Rate of Return in Measuring Profitability," *Review of Economics and Statistics*, vol. 70 (November 1988).

McGee, J. S., "Predatory Pricing: The Standard Oil (N. J.) Case," *Journal of Law and Economics*, vol.1 (1958).

McGee, J. S., *Industrial Organization* (Prentice-Hall, 1988).

McGuire, J. W., J. S. Chiu, & A. O. Elbing, "Executive Incomes, Sales and Profits," *American Economic Review*, vol. 52 (September 1962).

Mei, J., & Moses, M. (2002). "Art as an Investment and the Underperformance of Masterpieces," *The American Economic Review*, 92(5), 1656-1668.

Milgrom, P. and J. Roberts, "Limite Pricing and Entry under Incomplete Information: An Equilibrium Analysis." Econometrica, vol.50 (March 1982).

Milgrom, P. R., "Auctions and Bilding: A primer." Journal of Economic perspectives 3(summer): 3-22, 1989.

Milgrom, P. R and R. J. Weber, "A Theory of Auctions and Competitive Bidding" Econometrica 50 (September 1982), 1089-1122.

Mueller, D. C., "A Theory of Conglomerate Mergers," *Quarterly Journal of Economics*, vol. 83 (November 1969).

Nair, H. (2007). "Intertemporal Price Discrimination with Forward-Looking Consumers: Application to the US Market for Console Video-Games," *Quantitative Marketing and Economics*, 5(3), 239-292.

Nelson, R. & S. Winter, *An Evolutionary Theory of Economic Change* (Cambridge, Mass.: Harvard University Press, 1972).

Nordhaus, W. D., *Invention, Growth and Welfare* (Cambridge, Mass.: MIT Press, 1969).

OECD, *Merger Policies and Recent Trends in Mergers* (Paris: OECD, 1984).

Ornstein, S. I., *Industrial Concentration and Advertising Intensity* (New York: American Enterprise Institute for Public Policy Research, 1977).

Papandreou, A. G., "Market Structure and Monopoly Power," *American Economic Review*, vol. 39 (September 1949).

Parthsaradhi, Mallela & Babu Nahata, "Theory of Vertical Control with Varible Proportions," *Journal of Political Economy*, vol. 88 (October 1980).

Pepall, Lynne, Pan Richards, George Norman, Industrial Organization: Contemporary Theory and Empirical Application, 4e, Blackwell Publishing, 2008.

Pera, A., "Deregulation and Privatization in an Economy-Wide Context," *OECD Economic Studies* (Spring 1989).

Pigou, A. C., *The Economics of Welfare* (London: Macmillan, 1920).

Phlips, L., The Economics of Price Discrimination (Cambridge: Cambridge University Press, (1983).

Posner, R. A., "The Social Cost of Monopoly and Regulation," *Journal of Political Economy*, vol. 83 (August 1975).

Qualls, D. P., "Market Structure and Price Behavior in U. S. Manufacturing 1967~1972," *Quarterly Review of Economics and Business*, vol. 18 (Winter 1978).

Ramsey, F. J., "A Contribution to the Theory of Taxation," *Economic Journal*, vol. 37 (March 1927).

Rao, A. R., & Monroe, K. B. (1989). "The Effect of Price, Brand Name, and Store Name on Buyers' Perceptions of Product Quality," *Journal of Marketing Research*, 26(3), 351-357.

Ravenscraft, D. J., "Structure-Profit Relationships at the Line of Business and Industry Level," *Review of Economics and Statistics*, vol. 65 (Februay 1983).

Reder, M. W., "Chicago Economics: Permanence and Change," *Journal of Economic Literature*, vol. 20 (March 1982).

Reid, G., *Theories of Industrial Organization* (Oxford: Basil Blackwell, 1989).

Richard Schmalensee, "Output and Welfare Implication of Monopolistic Third-Degree Price Discrimination," *American Economic Review*, vol. 71 (March 1981), pp. 242-247.

Robinson, J., *The Economics of Imperfect Competition* (London: Macmillan, 1933).

Robinson, J., *The Economics of Imperfect Competition*, 2nd ed. (London: St. Martin Press, 1969).

Rohlfs, J., "A Theory of Interdependent Demand for a Telecommunications Service," BELL Journal of Economics and Management Science. vol. 5 (1974).

Rotemberg, J. J. & G. Saloner, "A Supergame-Theoretic Model of Price Wars during Booms", American Economic Review, vol. 76, (1986).

Salant, S. W., S, Switzer, & R. J. Reynolds, "Losses from Horizontal Merger: The Effects of an Exogenous Change in Industry Structure on Cournot-Nash Equilibrium," *Quarterly Journal of Economics*, vol. 98 (May 1983).

Salop, S. "Monopolistic Competition with Outside Goods," Bell Journal of Economics, vol. 10 (1979).

Samuel de Haas, Daniel Herold & Jan Thomas Schäfer (2022). "Entry deterrence due to brand proliferation: Empirical evidence from the German interurban bus industry," *International Journal of industrial Organization*, 83.

Sappington, D. & J. E. Stiglitz, "Information and Regulation," in E. E. Baily, *Public Regulation: New Perspectives on Institutions and Polities* (Cambridge: MIT Press, 1987).

Saving, T. R., "Concentration Ratios and the Degree of Monopoly," *International Economic Journal*, vol. 11 (Februay 1970).

Schelling, T. C., *The strategy of conflict.* (Cambridge, MA: Harvard University Press, 1960).

Scherer, F. M., *Industrial Market Structure and Economic Performance*, 2nd ed. (Chicago: Rand McNally College Publishing Company, 1980).

Scherer, F. M., *Innovation and Growth: Schumpeterian Perspectives* (Cambridge: MIT Press, 1986).

Scherer, F. M. & D. Ross, *Industrial Market Structure and Economic*

Performance, 3rd ed. (Boston: Houghton Mifflin Co., 1990).

Schilie, T., *A Comparative Assessment of the U. S. Civil Aircraft Industry* (Westview Press, 1986).

Schmalensee, R. (1978). "A Model of Advertising and Product Differentiation," *Journal of Political Economy*, 86(3), 485-503.

Schmalensee, R., "Output and Welfare Implications of Monopolistic Third-Degree Price Discrimination," *American Economic Review*, vol. 71 (1981).

Schmalensee, R., "The New Industrial Organization and the Economic Analysis of Modern Markets," in *Advances in Economic Theory*, W. Hildenbrand(ed.) (Cambridge: Cambridge University Press, 1982).

Schmalensee, R., "Intra-Industry Profitability Differences in US Manufacturing," *Journal of Industrial Economics*, vol. 37 (June 1989).

Schmitz, H., "Growth Constraints on Small-scale Manufacturing in Developing Countries: A Critical Review," *World Development*, vol. 10 (1982).

Schubik, M., *Game Theory in the Social Sciences* (Cambridge: MIT Press, 1984).

Schuettinger, R. L. & E. F. Butler, *Forty Centuries of Wage and Price Control* (Washington, D. C.: Carolina House Publisher, 1979).

Schumpeter, J. A., *Capitalism, Socialism, and Democracy* (New York: Harper & Row, 1975).

Selton, R., "The Chain Store Paradox," *Theory and Decision*, vol. 9 (April 1978).

Shaked, A. & J.Sutton, "Relaxing Price Competition through Product Differentiation," Review of Economics and Statistics, vol.49 (1982).

Shepherd, W. G., *Public Policies toward Business* (Illinois: Richard D. Irwin Inc., 1985).

Smith, A., "Strategic Investment, Multinational Corporations and Trade Policy," *European Economic Review*, vol. 31 (1987).

Spence, A., "Entry, Capacity, Investment and Oligopolistic Pricing," *Bell Journal of Economics*, vol. 8, (1977).

Spence, D. M., "Cost Reduction, Competition and Industry Performance," in J. E. Stiglitz & G. F. Mathewson, *New Developments in the Analysis of Market Structure* (London: McMillan, 1987).

Spulber, D. F., *Regulation and Markets* (Cambridge, MA.: MIT Press 1989).

Stackelberg, H. von, Marktform und Gleichgewicht, Berlin and Vienna, 1934 (English translation by A. T. Peacock, 1952, London: William Hodge).

Stavins, J. (2001). "Price Discrimination in the Airline Market: The Effect of

Market Concentration," *The Review of Economics and Statistics*, 83(1), 200–202.

Stigler, G. J., "Administered Price and Oligopolistic Inflation," *Journal of Business*, vol. 35 (January 1962).

Stigler, G. J., "The Literature of Economics: The Case of the Kinked Oligopoly Demand Curve," *Economic Inquiry*, vol. 16 (April 1978).

Stigler, G. J. & J. K. Kindahl, *The Behavior of Industrial Prices* (New York: National Bureau of Economic Research, 1970).

Stiglitz, J. E and G. F. Mathewson, *New Developments in the Analysis of Market Structure*, (London: Mcmillan, 1987).

Stiglitz, J. E., "Price Rigidities and Market Structure," *American Economic Review*, vol. 74 (May 1984).

Stopford, J. M. & J. H. Dunning, *Multinationals: Company Performance and Global Trends* (London: Macmillan Pub., 1983).

Strickland, A. D. & L. W. Weiss, "Advertising, Concentration, and Price-Cost Margins," *Journal of Political Economy*, vol. 84 (October 1976).

Suslow, V. Y., "Estimating Monopoly Behavior with Competitive Recycling: An Application to Alcoa," *Rand Journal of Economics*, vol. 17 (Autumn 1986).

Sutton, C. J., "Advertising Concentration and Competition" *Economic Journal*, vol. 84 (March 1974).

Sweezy, P. M., "Demand under Conditions of Oligopoly," *Journal of Political Economy*, vol. 47 (August 1939).

Tirole, J., *The Theory of Industrial Organization* (Cambridge, MA.: MIT Press, 1988).

Tullock, G., "The Welfare Costs of Tariffs, Monopolies, and Theft," *Western Economic Journal*, vol. 5 (June 1967).

Utton, M. A. & A. D. Morgan, *Concentration and International Trade* (Boston: Cambridge University Press, 1983).

Varian, H. R., *Microeconomic Analysis*, 2nd ed. (New York: W. W. Norton & Co., 1984).

Waldman, M. (2003). "Durable Goods Theory for Real World Markets," *Journal of Economic Perspectives*, 17(1), 131-154.

Waterson, M., Economic Theory of the Industry (London:Cambridge University Press, 1984).

Waterson, M., *Regulation of the Firm and Natural Monopoly* (Oxford: Basil

Blackwell, 1988).

Weiss, L. W., "Business Pricing Policies and Inflation Reconsidered," *Journal of Political Economy*, vol. 74 (April 1966).

Weyl, E. G., "A Price theory of Multi-sided Platform," *American Economic Review*, vol. 100 (September 2010).

White, L. J., "Industrial Organization and International Trade: Some Theoretical Considerations," *American Economic Review*, vol. 64 (December 1974).

Williamson, J., "Profit, Growth and Sales Maximization," *Economica*, vol. 33 (February 1966).

William G. Shephard, *Public Policies Toward Business* (Homewood: Richard Irwin Inc., 1985), p. 289.

William J. Adams and Janel L. Yellen (1976) Commodity Bundling and the Burden of Monopoly. *The Quarterly Journal of Economics*, Vol. 90, No. 3, 475-498.

Williamson, O. E., *The Economics of Discretionary Behavior: Managerial Objectives in the Theory of the Firm* (Englewood Cliffs: Prentice-Hill, 1964).

Williamson, O. E., "Hierarchical Control and Optimal Firm Size," *Journal of Political Economy*, vol. 75 (April 1967).

Williamson, O. E., "The Vertical Integration of Production: Market Failure Considerations," *American Economic Review*, vol. 61 (1971).

Williamson, O. E., *Market and Hierarchies: Analysis and Antitrust Implications* (New York: Free Press, 1975).

Williamson, O. E., "Economies as an Antitrust Defense Revisited" in Economic Analysis and Antitrust Law, eds., T. Calvani & J. Siegfried (Boston, MA.: Little Brown & Co., 1979).

Williamson, O. E., "The Modern Corporation: Origins, Evolution, Attributes," *Journal of Economic Literature*, vol. 19 (December 1981).

Williamson, O. E., *Antitrust Economics* (Oxford: Basil Blackwell, 1987).

Yotopoulos, P. A. & J. B. Nugent, *Economics of Development: Empirical Investigations* (New York: Harper & Row Publishers, 1976).

『공정거래백서』, 각년도
공정거래위원회, 『통계연보』, 각년도

김영세, 『게임이론: 전략과 정보의 경제학』 제7판, (박영사, 2015).

강철규·장석인, 『가공무역과 산업조직: 내외 여건 변화에 따른 한국산업조직의 효율화 방안』(서울: 산업연구원, 1987).

김기태, "한국제조업의 시장구조와 시장성과간의 관계에 대한 연구: 상장기업을 중심으로,"『한국경제』, 성균관대학교, 제 2 권 제 1 호, 1984.

김안호, "한국산업조직정책의 효과에 관한 연구," 한국산업조직학회 Monograph, No. 91-3, 1991.

김적교·조병택, 『연구개발과 시장구조 및 특성』, 한국개발연구원, 1989.

대법원 2012. 11. 29. 선고 2010다93790 판결 [손해배상(기)] [공2012상,5]

박진근, 『미시경제학』(서울: 법문사, 1988).

신의순, "한국 제조업의 시장구조와 이윤성간 상호관계의 실증적 연구,"『산업과 경영』, 연세대학교 산업경영연구소, 제20권 제 2 호, 1983.

신의순·정갑영, 『독과점규제 및 공정거래제도가 기술개발에 미치는 영향 분석』, 과학기술정책연구평가센터, 1988.

윤창호·이규억, 『산업조직론』(서울: 법문사, 1985).

윤창호·장지상·김종민, 『한국의 경쟁정책』. (형설출판사, 2011).

이경의, 『한국 경제와 중소기업』(서울: 도서출판 까치, 1984).

이규억, "한국 제조업의 시장구조 행태·성과의 상호관계 분석,"『한국개발 연구』, 한국개발연구원, 1981년 여름호.

이규억·이성순, 『기업결합과 경제력 집중』, 한국개발연구원, 1985.

이규억·이재형·김주훈, 『시장과 시장구조』, 한국개발연구원, 1984.

이성순, "국제무역과 산업성과,"『한국경제』, 제10권 제 2 호, 1982.

이성순, 『시장경제체제의 고도화와 공정거래 질서: 유통거래행위를 중심으로』(서울: 한국경제연구원, 1986).

이원영·정진승, "시장구조와 기술혁신,"『한국개발연구』, 한국개발연구원, 제 7 권 제 4 호, 1985.

이학종, 『기업문화론』(서울: 법문사, 1989).

임양택, 『기술혁신의 산업조직적 특성에 관한 연구』, 한국개발연구원, 1988.

전성훈, 『공정거래 사건과 경제분석』 박영사, 2020.

정갑영, 『나무 뒤에 숨은 사람』, 21세기북스, 2012

정갑영, 『열보다 큰 아홉』, 21세기 북스, 2012

정갑영, "시장구조와 규모의 경제,"『산업과 경영』, 제23권 제 2 호, 연세대학교, 1986.

정갑영, "시장구조와 기술혁신",『산업과 경영』, 제24권 제 2 호, 연세대학교, 1987.

정갑영, "한국제조업의 진입행태 분석",『경영경제연구』, 제 8 권 제 1 호, 외국어대학교, 1989.

정갑영, "개방화와 산업규제," 『한국경제연구』, 제 4 권 제 2 호, 한국경제연구원, 1990.

정병휴, "독점금지정책의 전개와 과제," 『경제논집』, 제23권 제 4 호, 1984.

조병택, "고도성장과정하에서의 가격-비용마진율 결정에 관한 실증적 접근," 『경제연구』, 제 3 권, 한양대학교 경제연구소, 1982.

최정표, 『산업조직경제학』(서울: 형설출판사, 1990).

최계영·전수연, 주파수경매제: 이론과 현실, KISDI 이슈리포트 06-08, 2006.

한국개발연구원, 『시장구조조사』 2013

인명색인

사항색인

공저자 약력

정갑영

연세대학교 상경대학 경제학과 졸업
미 펜실베니아대 대학원 경제학과(경제학 석사)
미 코넬대 대학원 경제학과(경제학 박사)
연세대학교 상경대학 경제학부 교수
감사원 감사혁신위원회 위원장
연세대학교 제17대 총장
유니세프 한국위원회 회장
(주)대한항공이사회 의장
Economist상(매일경제) 수상
다산경제학상(한국경제) 수상
청조근정훈장 수훈
현 연세대학교 명예특임 교수
현 Editor, *Global Economic Review* (Routledge, UK)
　YouTube－"정갑영의 쉬운 경제이야기"

주요논문 · 저서

"Market Structure, Entry and Performance in
　Korea"(*Reveiw of Economics and Statistics*,
　1990)
"A New Methodology Linking Concentration
　Dynamics to Current and Steady-State Profits:
　Examining Korean Industrial Policy during
　Take-Off"(*International Journal of Industrial
　Organization*, 2003)
"Governance Inhibitors in IT Strategy and
　Management: An Empirical Study of Korean
　Enterprises"(*Global Economic Review*, 2008)
「한국의 산업조직」(박영사, 1993)
「미시경제학」(공저)(박영사, 2000)
「카론의 동전 한 닢」(삼성경제연구소, 2005)
「이명옥과 정갑영의 명화 경제 토크」(공저)
　(시공아트, 2005)
「열보다 더 큰 아홉」(21세기북스, 2012)
「나무 뒤에 숨은 사람」(21세기북스, 2012)
「위기의 경제학」(21세기북스, 2012)
「1461일의 도전」(21세기북스, 2016)
「대학교육의 혁신」(공저) (21세기북스, 2016)
「정갑영의 첫 경제학」(박영사, 2017)
「한국경제, 혼돈의 성찰」(공저) (21세기북스,
　2019)

김동훈

연세대학교 상경대학 경제학 졸업
미 코넬대 대학원 경제학과(경제학 석사, 박사)
한국은행 이코노미스트
미 코네티컷 주립대 교수
한국자원경제학회 회장
현 연세대학교 국제학대학원 교수

주요논문 · 저서

Does the proliferation of smartphones reduce
　consumer search costs? The case of the
　Korean gasoline market (*Asian Economic
　Journal*, 2024)
Price Response, Information and Asymetry
　of Price Dispersion (*Applied Economics*,
　2019)
Differences in Consumer Loyalty and Will-
　ingnees to Pay for Service Attributes
　Across Digital Channels: A Study of the
　Japanese Digitla Content Market (*Telecom-
　munication Policy*, 2008)
Cost Pass-Through in the Differentiated Pro-
　duct Markets: The Case of U.S. Processed
　Cheese (*Journal of Industrial Economics*,
　2008)
Estimation of the Effects of New Brands on
　Incumbents' Profits and Consumer Welfare:
　The U.S. Processed Cheese Market Case
　(*Review of Industrial Organization*, 2004)
Development Prospects for North Korea(공
　저) (Routledge, Taylor & Francis Group,
　2020)

최윤정

연세대학교 상경대학 경제학과 졸업
미 코넬대 대학원 경제학과(경제학 석사, 박사)
일본 도쿄대 조교수, 경희대학교 부교수
공정거래위원회 비상임위원
국민경제자문회의 위원
홍조근정훈장 수훈
현 연세대학교 상경대학 경제학부 교수

주요논문

"Vertical Integration and Market Foreclosure:
  Empirical Evidence from the Korean Movie
  Industry"(*Korean Economic Review*, 2019)
"Effects of the Sunday Shopping Restriction in
  Korea"(*Contemporary Economic Policy*, 2016)

"Does Media Coverage of a Celebrity Suicide
  Trigger Copycat Suicides?: Evidence from
  Korean Cases"(*Journal of Media Economics*,
  2016)
"Life Insurance and Suicide: Asymmetric
  Information Revisited"(*B.E. Journal of Econo-
  mic Analysis and Policy*, 2015).
"How Does a Corporate Leniency Program
  Affect Cartel Stability? Empirical Evidence
  from Korea"(*Journal of Competition Law
  and Economics*, 2014)

제 7 판
산업조직론

초판발행	1991년 8월 20일
제2판발행	2001년 3월 20일
제3판발행	2004년 3월 20일
제4판발행	2009년 1월 30일
제5판발행	2016년 3월 9일
제6판발행	2021년 1월 3일
제7판발행	2025년 1월 27일

공저자	정갑영·김동훈·최윤정
펴낸이	안종만·안상준
편 집	배근하
기획/마케팅	장규식
표지디자인	BEN STORY
제 작	고철민·김원표
펴낸곳	㈜ 박영사
	서울특별시 금천구 가산디지털2로 53, 210호(가산동, 한라시그마밸리)
	등록 1959. 3. 11. 제300-1959-1호(倫)
전 화	02)733-6771
f a x	02)736-4818
e-mail	pys@pybook.co.kr
homepage	www.pybook.co.kr
ISBN	979-11-303-2168-4 93320

정 가   36,000원